OS DESBRAVADORES

A marca FSC é a garantia de que a madeira utilizada na fabricação do papel deste livro provém de florestas de origem controlada e que foram gerenciadas de maneira ambientalmente correta, socialmente justa e economicamente viável.

FELIPE FERNÁNDEZ-ARMESTO

Os desbravadores
Uma história mundial da exploração da Terra

Tradução
Donaldson M. Garschagen

Companhia Das Letras

Copyright © 2006 by Felipe Fernández-Armesto

Título original
Pathfinders: a global history of exploration

Capa
Mariana Newlands

Foto de capa
© Stapleton Collection/ Corbis/ Latinstock
© Bettmann/ Corbis/ Latinstock

Preparação
Célia Euvaldo

Índice remissivo
Luciano Marchiori

Revisão
Angela das Neves
Daniela Medeiros

Dados Internacionais de Catalogação na Publicação (CIP)
(Câmara Brasileira do Livro, SP, Brasil)

Fernández-Armesto, Felipe
    Os desbravadores : uma história mundial da exploração da
Terra / Felipe Fernández-Armesto ; tradução Donaldson M.
Garschagen . — São Paulo : Companhia das Letras, 2009.

    Título original: Pathfinders : a global history of exploration
    ISBN 978-85-359-1386-6

    1. Descobertas geográficas 2. Exploradores — História
I. Título.

08-11818   CDD-910.9

Índice para catálogo sistemático:
1. Exploração da Terra : História 910.9

[2009]
Todos os direitos desta edição reservados à
EDITORA SCHWARCZ LTDA.
Rua Bandeira Paulista, 702, cj. 32
04532-002 — São Paulo — SP
Telefone (11) 3707-3500
Fax (11) 3707-3501
www.companhiadasletras.com.br

Para Rafael del Pino

Dá-me, então, o amor e o impulso de Eros,
amavios com que domas deuses e mortais.
Aos extremos da terra multinutriz, vou
ao pai dos deuses ver, o Oceano [...]

Homero, *Ilíada*, canto 14
(tradução de Haroldo de Campos)

Antes de tudo, filho meu, observa que neste mundo viajamos
entre aparências e enigmas, uma vez que o espírito da verdade
não pertence a este mundo nem pode ser alcançado nele. Somos
carregados para o desconhecido, mas apenas como metáfora
[...]

Nicolau de Cusa, carta a Nicolaus Albergati

Sumário

PREFÁCIO 11

1. A dispersão 13
   Os primeiros exploradores: das culturas coletoras aos grandes impérios

2. A expansão marítima 61
   A exploração dos oceanos há cerca de mil anos

3. Os caminhantes 95
   Explorações terrestres no fim da Antiguidade e na Idade Média

4. O impulso 140
   O avanço marítimo da Idade Média tardia e a penetração no Atlântico

5. O salto 194
   O grande salto avante na década de 1490

6. A circunavegação 241
   A ligação entre as rotas globais, c. 1500-c. 1620

7. A confluência 304
   A "reconvergência" global, c. 1620-c. 1740

8. O avanço final 357
   A busca da imagem completa do mundo, c. década de 1740-c. década de 1840

9. A globalização.. 431
O horizonte se estreita, c. 1850-c. 2000

NOTAS 497
CRÉDITOS DAS ILUSTRAÇÕES............................... 515
ÍNDICE REMISSIVO 517

Prefácio

Este livro trata de encontros — encontros de culturas — e da dimensão das ambições, imaginações, iniciativas e inovações que os possibilitaram. É, também, o resultado de uma confluência de espíritos. A vontade de escrever alguma coisa do tipo esteve martelando em minha cabeça durante pelo menos uma década e meia — desde que comecei a editar *The Times atlas of world exploration*. No entanto, nunca esperei realmente ter a oportunidade ou a capacidade de conceber uma forma viável de abordar o tema, vasto e complexo, até que uma conversa, ao jantar, com meus amigos Carlos Martínez de Campos, presidente da Sociedad Geográfica Española, e Virgilio Oñate, presidente da Fundación Geográfica Española, deu-me o impulso que faltava e ajudou-me a vislumbrar o caminho.

O incentivo decisivo foi o de Rafael del Pino y Moreno, engenheiro, empresário e notável filantropo. À época de nossa reunião, ele havia completado uma viagem, seguindo o mesmo caminho dos grandes exploradores marítimos, num iate por ele próprio projetado. "Espero", disse, "ver você escrever uma história global das explorações ainda antes que eu morra." Havia um toque de humor mórbido nessa proposta irresistível, pois ele era então um octogenário robusto e cheio de vida, dono de impressionante energia. Mas enquanto eu trabalhava nos estágios iniciais do livro, ocorreu-lhe um terrível acidente, que o deixou quase inteiramente paralítico e tornou o projeto, para mim, um empreendimento urgente e ao qual me dediquei de todo coração. Don Rafael suportou sua desdita com exemplar fortaleza de ânimo. Sou-lhe grato pelo estímulo para escrever este livro, assim como pelo interesse e pelas idéias com as quais alimentou e animou meu trabalho. Não menos profunda é minha dívida para com a Fundação que leva seu nome, por uma bolsa para pesquisa e por um generoso subsídio adicional para cobrir o custo dos mapas e ilustrações: sem essa ajuda magnânima eu não poderia dispor de tempo para o trabalho. Durante todo o transcorrer da obra, Amadeo Petitbò, diretor da Fundación del Pino, não poupou esforços para me prestar assistência permanente, além de compreensão e apoio. À medida que a obra avançava, ele e Virgilio Oñate se desdobraram para ler os originais e me ajudar a refletir sobre eles e melhorá-los.

Sou grato também aos editores da Oxford University Press por seus comentários valiosos e pertinentes, e a meus preparadores de texto — Luciana O'Flaherty, da Oxford University Press; Steve Forman, da Norton; e Mauricio Bach, da Destino — por seu talento e paciência. Meus colegas dos departamentos de História e Geografia e do Centro de Pesquisa de Artes no Queen Mary's College, Universidade de Londres, onde a maior parte do livro foi escrita, proporcionaram — com a ajuda da diretoria e da administração do Queen Mary, de extraordinária lucidez — o melhor ambiente imaginável para lecionar e aprender. Terminei o livro no Departamento de História da Universidade Tufts, onde tive a sorte de contar com uma calorosa acolhida e inesgotável espírito de cooperação. No decurso de um período mais extenso, aprendi a maior parte do que sei sobre as explorações com meus colegas da Hakluyt Society e meus colaboradores no *The Times atlas of world exploration*. Lacunas de conteúdo e erros factuais certamente deslustram o livro: essas falhas, pelo menos, são exclusivamente minhas.

F. F. A.

1. A dispersão
Os primeiros exploradores: das culturas coletoras aos grandes impérios

Tantos deuses, tantos credos,
Tantos caminhos que serpeiam, serpeiam [...]
Ella Wheeler Wilcox, "The world's need"

A História conta duas grandes histórias. A primeira é a do longuíssimo processo pelo qual as culturas humanas divergiram — como se separaram e se diferenciaram, sem se conhecerem ou se menosprezando mutuamente. A segunda constitui o tema principal deste livro: uma história relativamente curta e recente de convergência — como os grupos humanos voltaram a se pôr em contato, trocaram dados culturais, copiaram os modos de vida uns dos outros e se tornaram novamente mais parecidos entre si.

A primeira narrativa ocupa a maior parte da história, cobrindo cerca de 150 mil anos, pois se estende, em linhas gerais, desde o surgimento do *Homo sapiens* até o presente: a crônica do modo como as culturas humanas se formaram, diferenciaram-se umas das outras, distanciaram-se e se tornaram mais díspares e dessemelhantes, até chegarmos onde estamos: um mundo transbordante de diversidade, em que, paradoxalmente, o pluralismo é o único grande valor comum a que não ousamos renunciar. Imaginemos uma observadora cósmica (digo uma observadora porque, com base em minha própria experiência de vida doméstica, considero que a onisciência e a onipresença são atributos femininos) a contemplar a humanidade de um espaço e um tempo imensamente remotos. Ela nos vê com uma objetividade que nós — enredados em nossa própria história — somos incapazes de alcançar. Imaginemos que lhe perguntássemos como ela descreveria a história de nossa espécie na Terra. Sua resposta seria breve, pois criaturas insignificantes como nós, habitantes de um fragmento minúsculo do universo, não mereceriam muitos comentários. A observadora cósmica com certeza diria que nossa história era, acima de tudo, a experiência de uma crescente diversidade.

A segunda história, que para nós é tão importante, mas que, desconfio, a observadora cósmica talvez mal notasse, tem-se sobreposto à primeira durante os últimos 10 mil anos, mais ou menos. Aos poucos ela foi se tornando a história predominante, à medida que os intercâmbios culturais se aceleravam e cresciam em abrangência, até que, na atualidade, o modo como a cultura global parece tornar-se cada vez mais homogênea — até mesmo mais uniforme — transformou-se para nós no aspecto da experiência humana, em todo o mundo, que mais chama a atenção.[1]

Ambas as histórias, sustento, tratam de explorações. Mas sobre a primeira sabemos muito pouco para que ela mereça mais que algumas páginas neste livro. As sociedades jamais teriam se distanciado umas das outras se não fossem os desbravadores que, por rotas divergentes, as conduziram para ambientes contrastantes e regiões separadas. Elas nunca teriam restabelecido relações entre si — e se modificado mutuamente — sem gerações posteriores de exploradores, que descobriram as rotas de contato, de comércio, de conflitos e de contágio responsáveis por reuni-las. Os exploradores foram os engenheiros das infra-estruturas da história, os construtores das estradas da cultura, os forjadores de vínculos, os tecedores de redes.

A convergência gerou grande quantidade de indícios que chegaram até nós; a era de divergência, quase nenhum. A convergência é aquilo que chamamos de nossa história: os fatos de que necessitamos para explicar a nós mesmos o mundo em que vivemos, a fim de compreendê-lo e planejar seu futuro. É o que justifica dedicar todo um livro a explicar como isso aconteceu. Antes, porém, vale a pena examinar sucintamente o trabalho dos desbravadores que lideraram as comunidades humanas e as separaram umas das outras, pois também isso foi um triunfo da exploração. Traçar um esboço desse trabalho nos ajudará a avaliar melhor as realizações dos exploradores que vieram depois e a compreender até que ponto aqueles desbravamentos foram importantes para a formação do mundo em que vivemos hoje.

COMEÇA A DIVERGÊNCIA

A pergunta fundamental feita pelos historiadores é a seguinte: "Por que a história acontece?". Percebe-se o sentido dessa pergunta comparando os seres humanos com outros animais sociais e culturais. As sociedades humanas mudam muito mais depressa que a de outras espécies. O processo de mudança, a que chamamos história, é tão sutil e lento para a maioria delas, ou tão uniforme ou repetitivo, que é quase impensável a história de uma colônia de baleias ou formigas. É difícil, mas possível, escrever a história de uma tribo de chimpanzés. Jane Goodall registrou as crises e conflitos de liderança entre chimpanzés selvagens que ela estudou, e sua narrativa não difere da crônica do jogo político de alguns grupos humanos simples — a história de uma quadrilha, digamos, ou de uma tribo ou clã. Outro pioneiro da primatologia, Frans de Waal, descreveu as estruturas da política do poder entre os chimpanzés e comparou os princípios da política desses primatas com os de Maquiavel: os pretendentes à liderança conspiram em busca de apoio, montam campanhas de subversão e dão golpes.[2]

No entanto, até onde o atual estágio da pesquisa nos permite saber, nem mesmo as sociedades de chimpanzés — que entre as não-humanas são as que mais se assemelham à nossa — nada têm da impressionante volatilidade da cultura humana. Entre os chimpanzés e outros animais sociais não-humanos, as mudanças políticas ocorrem segundo parâmetros previsíveis. Os líderes se sucedem, as alianças se formam, dividem-se e voltam a se formar, mas os modelos são sempre os mesmos. Tampouco os grupos de chimpanzés diferem tanto entre si em outros aspectos culturais quanto os grupos humanos. O mesmo é válido para os grupos de outras espécies culturais.

Não obstante, sem dúvida os chimpanzés e muitos outros animais têm uma cultura: adquirem novos métodos, técnicas e estratégias para adaptar-se a seus ambientes, sobretudo coletar e distribuir alimentos. Ensinam e aprendem essas estratégias e as transmitem de geração a geração. Em certos aspectos e em alguns casos raros, até faz sentido dizer que os chimpanzés ritualizam a distribuição de alimentos: os caçadores, por exemplo, distribuem o alimento que conseguem segundo modelos bastante fixos, determinados sobretudo pela hierarquia do indivíduo na tribo e pelas estratégias sexuais dos caçadores líderes. Depois de adquiridas inovações culturais, os animais culturais as transmitem por meio da tradição. E assim começa a divergência. Por exemplo, nas florestas do Gabão, alguns grupos de chimpanzés capturam cupins com varetas; outros racham cocos com pedras que usam como marretas e bigornas. Nas planícies da África oriental, algumas sociedades de babuínos mantêm relações monogâmicas sucessivas, ao passo que, em outras, machos polígamos dispõem de haréns. Em Bornéu e Sumatra, orangotangos divertem-se com diferentes jogos. No caso mais bem documentado, de que primatologistas no Japão foram testemunhas oculares, uma macaca genial, Ima, descobriu uma maneira de lavar batatas-doces e ensinou o método à sua tribo. Isso ocorreu em 1950. Desde então, os macacos vêm utilizando a técnica, que permanece circunscrita à sua colônia.[3]

Diante desse pano de fundo, não surpreende que também as culturas humanas se modifiquem e, por conseguinte, divirjam. Afinal, os seres humanos são primatas e devemos esperar que nossa história revele características de primatas. Todavia, o que queremos investigar é por que as sociedades humanas divergem tanto e por que mudam tão depressa.

Para responder a essas perguntas, o melhor ponto de partida é nosso ancestral comum mais recente: a mulher — ou melhor, a seqüência de DNA — que os paleantropologistas conhecem como a "Eva mitocondrial", a quem se atribui aproximadamente 150 mil anos.[4] Na época dessa Eva, é plausível supor que os habitantes da África oriental, cujo número não passava de alguns milhares, partilhassem a mesma cultura: viviam dentro da mesma economia, valiam-se da mesma tecnologia, consumiam os mesmos alimentos e, presumivelmente, se essas coisas já existiam em data tão recuada, praticavam o mesmo tipo de religião e usavam a mesma linguagem. De início lenta e intermitentemente, algumas pessoas de espírito aventureiro começaram a tirar suas comunidades da área da Eva mitocondrial e levá-las para novos ambientes, a que tiveram de se adaptar, o que gerou mudanças. Essas comunidades perderam contato entre si e, em relativo isolamento, passaram a apresentar diferenças cada vez maiores.[5]

Os primeiros problemas da história da exploração, portanto, são os seguintes: Como as pessoas se espalharam pelo mundo? O que possibilitou tal migração? Quem as conduziu e por quê? Como se transformaram durante o processo?

Trata-se de problemas realmente fundamentais e complexos, para os quais não dispomos de comparações que nos ajudem a elucidá-los. Outras espécies mantêm-se resolutamente adstritas aos ambientes a que melhor se adaptaram. Quando migram, fazem-no sazonalmente, em busca de estabilidade ambiental. Quando se dispersam, permanecem em áreas contíguas e muitas vezes retornam ao antigo habitat ao fim da crise que as impeliu a migrar. As raposas apresentam uma dispersão geográfica quase igual à humana, mas suas diferentes espécies mostram variações genéticas muito maiores, de um habitat para outro, que as variações mensuráveis dos grupos humanos. Outros casos de espécies que passaram de um ambiente para outro ajudam um pouco a explicar como e por que as populações humanas migraram: um caso recente e bem estudado é o dos gorilas das montanhas de Ruanda, que parecem ter procurado seu atual habitat, alto e relativamente frio, para fugir do ambiente competitivo das florestas tropicais das planícies. Ali eles desenvolveram um modo de vida viável, embora ao preço de uma alimentação escassa, o que talvez tenha contribuído para que eles, exclusivamente vegetarianos, se tornassem menores e mais fracos que os outros gorilas. Mas trata-se de um caso de reassentamento muito limitado, num ambiente adjacente ao antigo habitat dos gorilas. Não pode ser tomado como modelo para explicar o enorme âmbito das transposições dos primeiros colonizadores humanos.

Mesmo as populações humanas raramente ou nunca procuram novos ambientes de boa vontade, ou se ajustam a eles com facilidade. Em casos recentes e bem documentados, no transcurso dos últimos quinhentos anos, aproximadamente, as colonizações mais bem-sucedidas em geral tiveram como destino ambientes semelhantes aos do ponto de partida dos migrantes. Quando os grupos humanos migram, costumam recriar a atmosfera da pátria no país adotado. Assim, os colonizadores fundaram a Nova Inglaterra, a Nova França, a Nova Zelândia, a Nova Gales do Sul e outras versões ligeiramente modificadas de seus locais de origem. Criaram a Nova Espanha e, uma vez aclimatados ali, passaram para o Novo México. Buscavam reconforto em sua cultura e transportavam consigo o máximo que podiam de seu ambiente físico. Levavam animais e plantas com que estavam familiarizados — e em geral isso exigia que as áreas novas fossem semelhantes às que tinham deixado.

Na grande era da colonização européia de muitas áreas pouco conhecidas do mundo, nos séculos xix e xx, os migrantes procuraram e transformaram "Novas Europas" — áreas com clima semelhante aos de suas pátrias em regiões temperadas da América do Norte, América do Sul, África do Sul e Austrália. No fim desse período, abandonaram a maioria dos ambientes tropicais onde haviam se instalado essencialmente como elites temporárias, administrando, defendendo, desenvolvendo ou explorando territórios imperiais. Esses são ainda os habitats principais de comunidades migrantes. Atualmente, colonizadores chineses transformam partes da Ásia central em simulacros da China — com seu aspecto, seus cheiros e sons. E em certa medida fazem o mesmo em bairros chineses de cidades ocidentais. Toda nossa atual ansiedade com relação às possibilidades da manutenção do êxito do multiculturalismo advém do fato de que, quando grupos humanos se transferem para um novo ambiente, normalmente não rejeitam o antigo.

O torrão natal da Eva africana não era nenhum Éden, mas convinha a nossa ancestral e sua prole. Ali podiam compensar as deficiências com as quais tinham evoluído. Subiam mal em árvores, mas, nas savanas e florestas, compensavam essa debilidade com a postura ereta e a capacidade de enxergar longe. Podiam utilizar o fogo para delimitar as áreas de pastagem dos animais que caçavam. Podiam encontrar materiais com que fabricar armas e ferramentas, principalmente os dardos e lanças, endurecidos a fogo, que usavam para abater os animais, e as pedras afiadas com que os retalhavam. Comparados com as espécies competidoras, nós, os seres humanos, contamos com sentidos menos desenvolvidos de visão, olfato e audição, movimentos lentos, dentes e unhas nada ameaçadores, pouca capacidade de digestão e corpos fracos que nos confinam ao chão. Só dispomos — pelo menos os espécimes humanos saudáveis — de duas importantes vantagens físicas: primeiro, nossa capacidade de manter uma atividade enérgica durante longas perseguições, suando profusamente para impedir a elevação da temperatura: segundo, nossa perícia no uso de projéteis — braços certeiros e boa coordenação entre olhos e mãos — para manter afastados predadores rivais.

Por todos esses motivos, seria de esperar que o *Homo sapiens* se mantivesse na savana. No entanto, suas migrações o reassentaram em ambientes bem diferentes: densas florestas e pantanais, onde suas técnicas habituais eram de pouca utilidade; climas frios, aos quais eram ainda menos adequadas; desertos e mares, que exigiam tecnologias que não tinham sido adquiridas. Em todos esses novos ambientes, pode-se presumir que grassassem doenças antes desconhecidas. Entretanto, os migrantes continuaram a se embrenhar neles e a atravessá-los, conduzidos pelos primeiros exploradores da história. Ainda estamos tentando compreender como essa dispersão se deu.

Essa migração — ou algo parecido — já tinha ocorrido anteriormente. Há cerca de 1,5 milhão de anos, hominídeos da espécie que chamamos *Homo erectus* começaram a deixar o leste da África e parecem ter-se espalhado pela maior parte da África e da Eurásia. Esse movimento civilizatório foi mais lento e mais irregular do que o realizado por nossa própria espécie. Durou pelo menos 300 mil anos e, mais provavelmente, cerca de meio milhão de anos, ao passo que o *Homo sapiens* chegou mais longe — igualando os limites da penetração do *Homo erectus* na Ásia e na África, ocupando uma área muito mais ampla da Europa e atingindo até a Austrália em apenas um terço desse tempo e talvez, segundo os cálculos mais favoráveis, em somente um décimo dele.[6] Em certo sentido, a dispersão do *Homo erectus* prefigurou a do *Homo sapiens*: deu-se em grande parte do mesmo território. Além disso, de alguma forma, tal como no caso do *Homo sapiens*, os viajantes conseguiram transpor mares abertos, pois têm sido encontrados fósseis do *Homo erectus* em partes da Indonésia que na época dessa colonização estavam separadas do continente asiático. É até possível que o *Homo erectus* tenha contado com um corpo de exploradores especializados — é tentador dizer "profissionais". Clive Gamble aventou a hipótese de que, nas sociedades dos hominídeos, machos jovens tivessem a incumbência de percorrer o território em busca de caça, em parte para mantê-los afastados das fêmeas dos mais velhos e em parte devido à sua maior mobilidade. Essa especialização levaria a outras: primeiro, a procura de rotas para as migrações sazonais; depois, investigações mais audaciosas sobre a possibilidade de coleta de alimento em áreas distantes.[7] Mas é arriscado levar longe demais as possíveis analogias entre o caso do *Homo erectus* e o do *Homo sapiens*. O *Homo erectus* se manteve na África durante cerca de meio milhão de anos antes de começar a dispersão — o dobro ou o triplo de toda a duração (até hoje) da existência do *Homo sapiens*. Há aproximadamente 250 mil anos, uma expansão semelhante foi realizada por grupos migrantes de uma espécie aparentemente ancestral do homem moderno, em geral chamada de *Homo helmei*. Entretanto, uma glaciação posterior de grandes proporções dizimou todas as colônias do *Homo helmei* fora da África, e os grupos que lá permaneceram logo desapareceram, talvez expulsos ou aniquilados por nossos próprios ancestrais.

O quadro geral das áreas e épocas em que ocorreram as migrações do *Homo sapiens* no processo de povoamento do planeta pode ser reconstituído — ainda que os dados arqueológicos sejam muito irregulares e, no estado atual da análise, às vezes pareçam contraditórios — medindo-se as diferenças entre as atuais populações no tocante ao tipo sangüíneo, ao DNA e, em certa medida, à língua.[8] Em termos simples, quanto maiores as diferenças, maior será o tempo em que os ancestrais das populações estudadas estiveram sem contato com o restante da humanidade; por conseguinte, há mais tempo migraram para sua localização atual.

É difícil efetuar esses cálculos com confiança ou precisão. É raro o isolamento durar muito tempo. Na maior parte da Eurásia e da África, onde os movimentos populacionais foram extremamente intensos nos tempos históricos, as miscigenações têm sido submetidas com freqüência a novas interações. No caso das línguas, não existem meios consensuais para medir suas diferenças, e julgamentos subjetivos podem distorcer as conclusões baseadas em dados tão duvidosos. No entanto, com certa reserva, pode-se situar, com base nos mais cuidadosos estudos disponíveis atualmente, uma progênie de Eva no Oriente Médio há aproximadamente 100 mil anos. Mas essa colônia fracassou e foi refeita cerca de 20 mil ou 30 mil anos depois. Todos os seres humanos extra-africanos provêm desse único grupo migrante, cujos descendentes se espalharam pelo mundo com surpreendente rapidez. Parecem ter alcançado as vizinhanças de Penang, na Malásia, há 74 mil anos, quando uma erupção vulcânica recobriu de cinzas seus assentamentos. Os mais antigos indícios arqueológicos do *Homo sapiens* na China têm pelo menos 67 mil anos (embora, enigmaticamente, algumas escavações tenham levado a datações anteriores para ossadas estranhamente parecidas com as do *Homo sapiens*).

O povoamento parece ter avançado, de início, ao longo das costas da África e da Ásia, provavelmente por mar, num processo em que os migrantes se mantinham junto ao litoral ou saltavam de ilha em ilha. Pode parecer surpreendente que o homem já houvesse desenvolvido uma tecnologia náutica em data tão remota; mas os primeiros colonizadores da Austrália, há cerca de

60 mil anos, certamente a conheciam, pois naquela época os territórios que hoje formam a Austrália e a Nova Guiné já tinham se separado da Ásia. De certa forma, o que há de estranho em relação aos povos da Austrália não é que tenham chegado ali tão cedo, mas sim que depois disso tenham permanecido isolados por tanto tempo. Mares estreitos e varridos por monções, facilmente navegáveis, os separavam de Java e da Nova Guiné. É seguro afirmar que havia um comércio com a Nova Guiné durante muitos séculos antes da chegada de novas ondas de exploradores, vindos de mais longe, nos tempos modernos. É difícil crer que não existisse contato com Java, embora não haja comprovação disso. O fato de terem os primeiros habitantes da Austrália chegado ali por mar já é em si instigante — mas torna ainda mais misteriosa a exigüidade da história da navegação naquela área.[9] De acordo com uma teoria vista com desdém pela maioria dos paleantropologistas (e que, se verdadeira, explicaria nossa vocação para o mar), o *Homo sapiens* teria evoluído a partir de um "macaco aquático".[10] Mas os argumentos a seu favor são, no melhor dos casos, fragílimos e baseados inteiramente em semelhanças inconclusivas entre os seres humanos e mamíferos aquáticos.

Assim que se criavam assentamentos em novas terras, os migrantes embrenhavam-se pelo interior. Parece remota a probabilidade de que um dia possamos reconstituir o trabalho dos batedores de rotas, mas dois pressupostos são razoáveis: eles seguiam a caça e mantinham-se próximos à costa. É de presumir, portanto, que tenham começado explorando as bacias hidrográficas dos rios que deságuam no oceano Índico. Mas, ultrapassados esses limites, como foram além? Talvez tenham percorrido os trechos superiores dos rios Indo e Amarelo, à sombra das montanhas da Ásia central, seguindo os caminhos que mais tarde seriam conhecidos como as Rotas da Seda; ou, mais provavelmente, pelas cabeceiras do Amur, atravessando a estepe siberiana, ao norte do deserto de Gobi: aqui, a região do lago Baikal e os vales de alguns dos maiores rios da Sibéria são pontilhados de sítios arqueológicos que têm mais de 30 mil anos.[11]

A Europa recebeu o *Homo sapiens* há cerca de 40 mil anos apenas: ali e nessa época, nossos antepassados encontraram os neandertalenses e a eles sobreviveram — ou os exterminaram. Os colonizadores da Europa não saíram da África por uma rota direta e independente: também eles eram descendentes dos mesmos migrantes que iniciaram o povoamento da Ásia. Partiram das nascentes do Tigre e do Eufrates, provavelmente seguindo a orla litorânea do

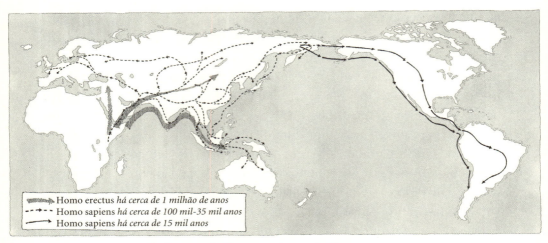

Explorações do Homo sapiens *e do* Homo erectus.

planalto da Anatólia e avançando pela costa do Mediterrâneo ou subindo o vale do Danúbio. Indícios genéticos apontam para uma outra rota, aberta talvez 10 mil anos depois, que partia da estepe russa e cruzava a planície européia.[12] O norte da Ásia e o da América — regiões na época isoladas pela barreira impenetrável do frio — foram colonizados, provavelmente, muito depois. A cronologia é debatida acaloradamente e, como veremos, ainda não existem dados arqueológicos amplamente aceitos que indiquem uma colonização do Novo Mundo antes de 15 mil anos atrás. Não obstante, os dados genéticos parecem inequívocos: os migrantes que ocuparam a América eram também, em última análise, descendentes do mesmo grupo proveniente da África. Do mundo atualmente habitado, somente a Polinésia permanecia na época despovoada: chegar ali exigia o domínio da navegação de alto-mar, que só se tornou possível há mais ou menos 3 mil ou 4 mil anos.

Sendo correto, esse sumário da expansão do *Homo sapiens* implica um espantoso crescimento demográfico. Não temos nenhuma idéia — afora palpites — do número real de pessoas envolvidas nas migrações, mas podemos postular um número da ordem de milhões no fim do processo. Os filhos de Eva se multiplicaram de tal forma que puderam se espalhar pela maior parte do Velho Mundo em menos de 100 mil anos. Mas isso foi a causa ou um dos efeitos das migrações?

Na época, ao que tudo indica, todos coletavam alimentos. Os coletores em geral limitam o tamanho de suas famílias: ou impõem regras rigorosas quanto a quem pode casar com quem, a fim de reduzir o número dos casais procriadores, ou praticam formas de controle da natalidade. O principal método de contracepção é a lactação prolongada — enquanto amamentam os filhos, as mães são relativamente inférteis. Um grande número de filhos não condiz com uma sociedade coletora, uma vez que a vida nômade dificulta para as mães levar consigo, de um lado para outro, mais que umas poucas crianças.[13] Por conseguinte, as comunidades coletoras têm populações estáveis. O crescimento demográfico que povoou o planeta parece contrariar o padrão de estabilidade populacional próprio daquelas comunidades. A busca de uma explicação para esse fenômeno tem de considerar duas características inter-relacionadas da população na época: a multiplicação demográfica e a mobilidade.

É possível que o emprego do fogo para cozinhar contribua para uma explicação. O uso do fogo encerrava um enorme potencial para melhorar a nutrição das pessoas e aumentar a população, pois facilitava a digestão dos alimentos e os tornava mais saborosos. Para criaturas como nós — que temos vias digestivas curtas, mandíbulas fracas, dentes pouco afiados e apenas um estômago, sendo por tudo isso restritos às fontes de energia que podemos mastigar e digerir — tudo que aumentasse o leque dos alimentos disponíveis representava uma importante vantagem evolucionária. Mas simplesmente não sabemos quando o homem começou a empregar o fogo para cozinhar. Dados incontestáveis apontam para 150 mil anos atrás, o que coincide à perfeição com os primórdios da explosão populacional; no entanto, é muito provável que os fogos que arderam em cavernas há meio milhão de anos, e dos quais restam vestígios, tenham sido acesos por hominídeos, deliberadamente, para cozinhar. O sítio de Zhoukoudian, na China, oferece um exemplo muito convincente. Ali, o padre jesuíta Pierre Teilhard de Chardin, um dos pais da moderna ecologia, desenterrou indícios numa escavação feita em 1930. Um herói da moderna arqueologia, o Abbé Breuil, identificou-os logo como os restos de uma lareira. "Impossível", disse o jesuíta, "essa peça vem de Zhoukoudian." "Não me importa de onde ela vem", replicou o Abbé. "Isso foi feito por um homem, e esse homem conhecia o uso do fogo."[14] Mais recentemente, um dos mais insignes paleantropologistas do mundo, Richard Wrangham, afirmou que o emprego do fogo para cozinhar teve início há mais de 2 milhões de anos; entretanto, sua argumentação não se baseia em indícios diretos, mas sim em inferências a partir do modo como evoluíram os dentes humanos, que, segundo se afirma, se tornaram menores e menos afiados naquele período, supostamente como resultado da ingestão de alimentos modificados por chamas.[15] Não se conhece nenhum vestígio de fogo doméstico em tempos tão antigos.[16] A mesma incerteza ronda a cronologia de outras tecnologias que, por facilitarem as caçadas, podem ter melhorado a dieta: a fabricação de lanças endurecidas a fogo (os mais antigos exemplos conhecidos têm apenas cerca de 150 mil anos), a manutenção de currais e a construção de corredores de pedras pelas quais impelir a caça a fim de capturá-la.

Se não foram novas técnicas que possibilitaram ao *Homo sapiens* migrar, talvez ele tenha sido levado a isso por novas tensões. O esgotamento das fontes de alimento ou desastres ecológicos poderiam explicar essa necessidade, mas não há nenhuma prova que fundamente especulações nesse sentido. Carência de alimentos e catástrofes parecem incompatíveis com uma população crescente. Em todos os demais casos de que temos conhecimento, qualquer que seja a espécie, a população diminui com a redução das fontes de alimento.

No entanto, existe outra possível fonte de tensão: a guerra. Entre os cavaleiros do Apocalipse, a guerra é o elemento estranho: as epidemias, a fome e as catástrofes naturais tendem a inibir a ação humana, ao passo que a guerra nos incita e impulsiona à inovação. Mas quando tiveram início as guerras? Esse é um dos mais fascinantes problemas da história. De acordo com uma respeitável tradição liberal, a guerra é "natural" para os seres humanos. O comandante das forças britânicas na Segunda Guerra Mundial, o marechal-de-campo Montgomery, costumava recomendar a quem lhe perguntava como ele explicava as guerras que lesse *A vida das formigas*, de Maeterlinck. Vários antropólogos eminentes do século XX expressaram a mesma opinião, argumentando, em analogia com outros animais, que o homem tinha instintos agressivos e violentos nele implantados pela evolução.[17] Os primitivistas românticos discordavam: a natureza humana era em essência pacífica, antes de ser corrompida pela competição. Margaret Mead, a grande antropóloga liberal das décadas de 1920 e 1930, afirmava que a guerra era "uma invenção, não uma necessidade biológica".[18] De início, os dados pareciam duvidosos. Ainda não dispomos de nenhuma comprovação arqueológica de um conflito armado em grande escala antes da mais recuada batalha de que se tem notícia, que foi travada em Djebel Sahaba, perto da atual fronteira egípcio-sudanesa, há cerca de 11 mil anos, num contexto em que a agricultura era incipiente.[19] O morticínio foi de absoluta ferocidade, com a intenção não de selecionar as vítimas a serem mortas, mas de massacrá-las e exterminá-las de modo indiscriminado. Muitas vítimas foram lanceadas repetidamente. Além disso, o que ocorreu ali foi uma guerra total, voltada não somente contra os combatentes do inimigo, mas também contra mulheres e crianças. O corpo de uma mulher apresentava 22 ferimentos perfurantes. A estratégia de massacre é encontrada hoje tanto entre povos que praticam a agricultura rudimentar quanto entre aqueles tidos na conta de representantes da "modernidade" e da "civilização". Esses fatos induzem à tentação de imaginar que as guerras mais antigas se davam entre comunidades sedentárias que competiam por recursos. Ao menos, parece que as guerras adquiriram maior intensidade ou passaram a ser travadas de maneira mais sistemática assim que as pessoas criaram assentamentos físicos para poder cuidar de lavouras.

No entanto, ao que parece, a guerra organizada entre comunidades deve ter surgido muito antes. Jane Goodall relatou guerras entre comunidades de chimpanzés, nas florestas do Gabão, na década de 1970. Os animais usavam de uma selvageria total para eliminar "grupos dissidentes" que se separavam de suas comunidades de origem. Isso pode representar uma pista para explicar o processo que deu início às migrações humanas: conflitos podem ter tornado obrigatório ou conveniente que grupos dissidentes migrassem em busca de segurança. Se correta, tal hipótese suscita novos problemas: Que tensões ocasionaram guerras há 100 mil anos? Mais uma vez, o aumento da população? Maior competição por fontes de alimentos em declínio? Ou temos de reverter a afirmações referentes à onipresença da agressividade "animal"?[20]

O povoamento da Terra levou tanto tempo que o processo certamente teve múltiplas causas, em diferentes combinações, em diferentes lugares e épocas. Algumas migrações foram seguramente *sui generis*: episódios singulares, não influenciados nem motivados por causas rotineiras. Como hoje consideramos que os pioneiros são revolucionários e inovadores, é provável que subestimemos a força do conservadorismo para induzir algumas comunidades a pôr-se em marcha. Entre as migrações recentes e documentadas estão as de minorias religiosas e ideológicas — dos amish nos Apalaches a nazistas no Chaco — que se dispuseram a mudar para um novo ambiente a fim de preservar seu modo de vida. Imagino os primeiros "*boat people*" que colonizaram a Austrália como os não-conformistas de 150 mil anos atrás, que optaram por abandonar mundos em transformação a fim de se instalar num novo continente em que pudessem manter seu modo de vida tradicional. De maneira geral, se as pessoas se transferiam de suas terras para novos ambientes, deviam ser atraídas por estes, e não expulsas daquelas. Não era devido a uma escassez de recursos em suas terras que se punham em marcha, e sim porque uma abundância de novos recursos em outras áreas as seduziam. As novas oportunidades tinham como fatores predisponentes, e talvez causais, mudanças ambientais inescapáveis: novas tendências no quadro climático global.

A MIGRAÇÃO PARA OS GELOS

O povoamento do planeta se deu durante o mais convulsionado período de mudança climática experimentado pelo *Homo sapiens* antes da atualidade. Não devemos dizer que a mudança climática tenha "causado" as grandes migrações, mas ela foi uma influência inevitável. As fases de resfriamento e de aquecimento do planeta são periódicas; uma ou outra está sempre ocorrendo. A cada período de 100 mil anos, mais ou menos, a órbita da Terra sofre uma distorção que afasta do Sol o hemisfério norte. Em ciclos mais freqüentes, um tanto irregulares, o eixo da Terra se inclina e oscila. Quando esses dois fenômenos ocorrem ao mesmo tempo, as temperaturas se alteram de forma acentuada. Sobrevêm eras glaciais. Um forte resfriamento teve início há cerca de 150 mil anos, coincidindo aproximadamente com as grandes migrações que povoaram o mundo — como se os homens não só apreciassem o frio mas também até o buscassem.

Depois, há cerca de 20 mil anos, o resfriamento chegou ao fim. O mundo começou a sair da Era Glacial. Consideramos o aquecimento global um problema da atualidade — e realmente é. Mas o aquecimento global, de peculiar intensidade, a que assistimos hoje é apenas a fase mais pronunciada de um aquecimento que vem ocorrendo desde então.

Na verdade, os climas frios convinham aos grupos humanos da época. A compleição física humana é fraca e, em comparação com a da maioria dos predadores e rivais de nossos antepassados, pouco habilitada à sobrevivência. Isso porque — recapitulando — somos lentos, fisicamente débeis, carecemos de dentes ou garras afiadas e temos sistemas digestórios delicados. A maior parte de nossas vantagens evolutivas são mentais; fisicamente, somos uma espécie em desvantagem — os fracotes da natureza. No entanto, em dois aspectos importantes o físico humano se sai muito bem, do ponto de vista evolucionário, em épocas de forte mudança climática.

Primeiro, nossa compleição física adapta-se bem a uma grande variedade de climas. Não contando os microrganismos que infestam nosso corpo e nos acompanham aonde quer que vamos, e as raposas, presentes em praticamente todos os tipos de habitat, temos o corpo mais adaptável da criação, do ponto de vista ambiental. Em princípio, isso possibilitou ao homem explorar rotas de migração em diversas zonas climáticas, mesmo durante períodos de intensa e rápida mudança no clima.

Nossa segunda grande vantagem já estava bastante desenvolvida e era muito explorada nos habitats de savana de nossos ancestrais: a relativa perícia no arremesso de projéteis. Outros primatas também atiram objetos, mas raramente atingem o alvo. A coordenação entre mão e olhos, característica do homem, permitiu a nossos ancestrais utilizar projéteis para matar animais competidores que fossem rápidos demais para ser capturados ou demasiado fortes ou grandes para ser abatidos em luta corporal. Cabe observar que o uso de projéteis não era o método de caça predileto do homem da Era Glacial. A estratégia mais simples e produtiva consistia em encaminhar rebanhos de grandes quadrúpedes para despenhadeiros. Ainda hoje, a quantidade de ossadas de animais encontradas neles, em número muito superior ao que era possível comer, atesta a eficiência esbanjadora e mortífera dos caçadores. Mas onde não havia um despenhadeiro, o melhor método alternativo consistia em utilizar um rio, lago ou atoleiro para deter os animais; a partir daí, os caçadores recorriam a sua destreza no uso de lanças. De qualquer forma, os projéteis eram sempre úteis para a defesa ou para afugentar rapinantes após a morte da presa.

A combinação dessas duas vantagens — corpos adaptáveis a vários climas e habilidade no uso de projéteis — conduziu as comunidades humanas em direção ao limite da zona gelada. O frio não era um ambiente simplesmente tolerável: na verdade, era apropriado para caçadores que, armados de projéteis, podiam abater animais de grande porte. Quanto maior o animal, maior a recompensa: fazer um mamute cair de um despenhadeiro exige relativamente menos energia do que tocaiar furtivamente presas menores e mais ágeis; e, ademais, obtém-se mais alimento. Além disso e de modo geral, quanto mais frio o clima, maiores serão as reservas de gordura dos animais. E a gordura — ainda que injustamente desprezada pelos nutricionistas de hoje — tem sido, ao longo da maior parte da história, o alimento mais apreciado pelos homens, por concentrar alta quantidade de energia.

A vida era boa perto dos limites do gelo e, quando as geleiras recuaram, os grupos humanos as acompanharam. O extremo norte da Escandinávia já estava repovoado há mais de 11 mil anos. Até mesmo planaltos aparentemente marginais achavam-se colonizados por volta do ano 7000 a.C. Florestas sucederam-se à calota glacial que recuava para o norte. Bosques de bétulas, árvores adaptadas a climas frios tornaram-se comuns há cerca de 11 mil anos. Há 7 mil anos, o carvalho apresentava mais ou menos a mesma distribuição de hoje.[21] Para os povos não adaptados, as florestas são um ambiente mais inóspito que a tundra: o êxodo, rumo ao norte, de caçadores de renas explica o entusiasmo com que foram colonizadas áreas expostas pelo degelo.

Passada a fronteira climática, os ambientes diversificavam-se e as espécies se multiplicavam. O recuo do gelo ofereceu aos homens alguns dos ambientes mais propícios: climas temperados, solos férteis, rios navegáveis, montanhas ricas em minérios. As oportunidades podem ser lidas nos bem estudados sambaquis do sul da França, que têm entre 10 mil e 20 mil anos, com seus números crescentes de ossos de veados e porcos, bisões europeus e alces; ou nos assentamentos de coletores que se desenvolveram algum tempo depois no Crescente Fértil e em partes da Califórnia e do Japão, onde havia florestas de frutos secos e bolotas ou gramíneas comestíveis em quantidade suficiente para suster a vida. À proporção que os ambientes se diversificaram, os migrantes encaminharam-se para todas as direções. Por esse motivo, a divergência cultural intensificou-se à medida que a cultura se adaptava ao ambiente.

Ainda assim, parece difícil explicar as migrações que povoaram as Américas. Segundo a versão tradicional, perto do fim da Era Glacial, quando o leito marinho ainda se achava exposto onde hoje se localiza o estreito de Bering, um povo de caçadores provenientes da Ásia penetrou no continente e rapidamente se propagou pelo hemisfério. É verdade que a arqueologia americana ainda está em sua infância, mas ainda assim os dados hoje disponíveis tornam esse mito insustentável. São tantos os sítios arqueológicos, espalhados do Yukon ao Uruguai e das proximidades do estreito de Bering ao canal de Beagle, e cobrem um período tão vasto, em tantos contextos estratigráficos diferentes, com tão ampla gama de diversidade cultural, que se impõe a seguinte conclusão: os colonizadores chegaram ali em épocas diferentes, trazendo diferentes culturas. Alguns deles vieram, sem dúvida, pela ponte terrestre que ligava a América do Norte à Ásia; outros podem muito bem ter chegado por mar.

Não existe nenhuma prova irrefutável de que nesse hemisfério existissem assentamentos humanos antes de aproximadamente 15 mil anos atrás; e o curioso é que alguns dos mais antigos sítios conhecidos ficam no leste dos Estados Unidos, entre os rios Ohio e Savannah.[22] Há cerca de 12 500 anos, uma comunidade de caçadores vivia em Monte Verde, no Chile, numa construção de madeira, com vinte metros de comprimento, coberta de peles. Retalhavam mastodontes e traziam sal da costa e ervas da montanha, tudo isso num raio de 65 quilômetros. Bolos de algas marinhas, meio mastigados, ainda deixam ver a marca de seus dentes. As pegadas de um menino sobrevivem no revestimento de argila de um poço.[23] Se tais pessoas chegaram ao cone sul das Américas em decorrência de migrações da Beríngia — a ponte terrestre de Bering —, seria maravilhoso saber como isso pôde acontecer: é raro uma colonização que transpõe tantas zonas climáticas, adaptando-se a tantos ambientes pouco familiares.

Sintetizando os dados e as discussões, chegamos a uma explicação plausível para o povoamento do planeta. O processo começou numa época de intenso resfriamento global, quando alguns grupos humanos abandonaram a savana e se deslocaram pela costa, às vezes por terra, outras por mar, mantendo-se próximos das abundantes fontes de alimentos representadas por lagoas e por charcos entre as rochas. Descobriram as fontes alimentares das estepes frias, das tundras e do limite do gelo. Quando o resfriamento chegou ao auge, e a calota glacial começou a recuar para o norte, alguns desses grupos a acompanharam. Os grupos migrantes, ao que parece, eram duplamente dinâmicos: não só eram móveis, como também sujeitos a mudanças sociais — divisivas e violentas, mas que também encerravam formas comunitárias e construtivas para organizar sua vida. Os indícios arqueológicos que chegaram até nós prestam pouco ou nenhum esclarecimento sobre essas formas, mas podemos fazer algumas conjecturas plausíveis. Cabe imaginar que crises e oportunidades estimularam mudanças na liderança. Os líderes de secessões partiram para novos territórios. É provável que o desbravamento de rotas de migração tenha se tornado uma das funções de novos tipos de chefes, aos quais a mudança climática deu proeminência.

A divergência cultural prosseguiu mesmo depois de cessada a migração. Em certos aspectos, ela se intensificou quando a população se assentou em comunidades sedentárias, pois, até então, grande parte da cultura era comparti-lhada até pelos grupos mais dispersos: todos tinham economias coletoras e, em conseqüência, dietas e hábitos alimentares semelhantes, tecnologias semelhan-tes e, ao que sabemos pelos dados proporcionados pela arqueologia cognitiva, o mesmo tipo de vida espiritual, baseada provavelmente no xamanismo e no culto a divindades femininas férteis. Consideramos a uniformidade cultural de âmbito planetário um fenômeno de nossa era de globalização. Nada mais diante da realidade: a grande era da cultura global — a era mais "globalizada" da histó-ria — foi a Idade da Pedra. Terminada essa era, acelerou-se a diversificação. Quando algumas comunidades começaram a trocar a caça e a coleta pela agri-cultura e abandonaram o nomadismo em favor da vida urbana, surgiram as mais nítidas diferenças de cultura já experimentadas por qualquer espécie.

O COMEÇO DA CONVERGÊNCIA

Portanto, a observadora cósmica — se li sua mente de maneira correta — estaria certa. A divergência dominou a maior parte do passado da humani-dade. Entretanto, não é assim que a maioria das pessoas vê a história, nem, tampouco, como os historiadores a escrevem. Estamos muitíssimo mais inte-ressados na história da convergência do que na da divergência. Vivemos tem-pos convergentes — tempos anômalos pelos padrões da maior parte da histó-ria — porque somos participantes ativos do processo de globalização. Nossas sociedades sobrepõem-se em parte e são interdependentes, trocando influên-cias com muito empenho e rapidez. Nossa economia global e nossas redes de informações disseminam formas análogas de cultura por todo o mundo.

Isso é muito mais do que apenas uma história de "ocidentalização", ou o triunfo mundial do consumismo, do individualismo, do capitalismo, da demo-cracia, do êxito do difuso poder global americano, do poderio das grandes empresas transnacionais ou da "McDonaldização" ou do "coca-colonialismo" — embora todos esses fenômenos sejam de imensa importância para tornar todos os lugares familiares a qualquer pessoa e recobrir nosso mundo plural com uma camada superficial de cultura comum. Os sinais de convergência dei-xam marcas ainda mais fundas no mundo. As últimas culturas de caçadores e coletores estão desaparecendo. Algumas poucas religiões universais dividem entre si a maior parte dos fiéis de todo o mundo, e o diálogo "inter-religioso" as torna ainda mais parecidas. Línguas estão morrendo, dialetos desaparecendo. O inglês e, talvez, algumas outras "segundas línguas" tornaram-se línguas francas mundiais. O meio ambiente está se alterando, no sentido de que, cada vez mais, as mesmas espécies alimentícias, ou espécies muito semelhantes, são cultivadas e consumidas em todas as partes do mundo.

A situação atual do mundo nesse aspecto — a intensidade e o caráter global dos intercâmbios culturais — tem fortes antecedentes históricos, origens remotas e uma longa pré-história. A convergência é um fenômeno quase tão antigo quanto a divergência, pois podemos afirmar com bastante segurança que assim que as sociedades se separavam, procuravam aproximar-se de outras e fazer contato com comunidades vizinhas; assim que desenvolviam diferenças culturais, tornavam-se especialistas em técnicas que lhes eram próprias e que podiam ser vendidas a outras sociedades. Assim que se adaptavam a novos ambientes, tornavam-se potencialmente fornecedoras de produtos desconhecidos pelas pessoas de outras regiões climáticas.

A convergência é hoje intensa (embora seja precipitado supor que a divergência tenha cessado, ou que os dois processos não possam ocorrer de modo simultâneo, em diferentes níveis e maneiras). Durante, talvez, os últimos quinhentos anos — período demasiado breve para que a observadora cósmica atente para ele — a convergência tem sido claramente visível. As explorações entrelaçaram todas as partes do mundo mediante rotas de contato. Seguiram-se, em enorme escala, as migrações, o comércio e os intercâmbios culturais. Por isso, sabemos muito mais sobre a convergência que sobre a divergência. Durante os últimos cinco séculos mais ou menos — período no qual, em virtude do ritmo do crescimento demográfico global, viveu a maior parte dos seres humanos — ela fez parte da experiência da maioria das pessoas. Devido ao interesse pelas origens e pelos fundamentos da convergência cultural, podemos começar a traçar a história desse fenômeno, a partir de um passado distante.

Para a reconstituição dos primórdios desse processo, a imaginação deve preencher as lacunas existentes nos indícios arqueológicos. A descoberta de rotas entre as culturas tornou-se uma atividade importante e talvez, em certa medida, especializada, pois as comunidades precisavam fazer contato com vizinhos de outros habitats a fim de obter produtos inexistentes em seu próprio território. As primeiras trocas comerciais à grande distância foram as de artigos de luxo: não fazia sentido as pessoas se instalarem em locais onde não pudessem atender a suas necessidades básicas. Objetos mágicos, como o ocre vermelho e o fogo, foram provavelmente os primeiros artigos de comércio. Para algumas culturas, o fogo era sagrado demais para ser aceso em qualquer lugar: devia ser buscado em locais distantes e transportado, sem que se extinguisse, para onde fosse necessário. Mesmo as sociedades modernas, materialistas, conservam ecos dessa noção primitiva, transportando tochas olímpicas e acendendo chamas "eternas" consagradas aos mortos em guerras. Em tempos históricos, certas comunidades aborígines australianas faziam questão de obter o fogo com tribos vizinhas, não porque ignorassem a técnica de produzi-lo, mas porque seus costumes proibiam tal sacrilégio. Em muitas regiões, talvez em todo o mundo, considerava-se que o ocre tinha poderes mágicos e por isso era usado como oferenda em túmulos de 40 mil anos atrás — entre os quais alguns dos mais antigos sepultamentos em que se encontrou esse tipo de homenagem. Algumas dessas oferendas foram depositadas a centenas de quilômetros de suas origens, sendo assim provável que fossem obtidas através de alguns dos mais antigos intercâmbios comerciais. Outros produtos muito procurados eram ungüentos, substâncias aromáticas e artigos de adorno pessoal.

Se pensarmos bem, não surpreende que artigos de luxo predominassem nesse primitivo comércio. A antropóloga americana Mary W. Helms reuniu um fascinante conjunto de dados sobre a maneira como as pessoas valorizam o que vem de longe.[24] Esse apreço parece ser um exemplo daquela coisa rara que são traços universais das culturas humanas. Os objetos ganham valor na razão direta da distância de onde provêm. De acordo com a mesma pesquisa, as pessoas, assim como os objetos, são mais valorizadas se viajaram muito (ainda que, em certos contextos culturais, isso possa ter conotações negativas por constituir uma possível ameaça ou causar perplexidade). Não temos como conhecer a identidade dos primeiros exploradores que abriram as rotas de convergência cultural, mas podemos afirmar com segurança que ao menos alguns deles eram reverenciados: glorificados pelas distâncias percorridas, convertidos em seres extraordinários pela posse de produtos exóticos.

Com o surgimento das mais antigas cidades agrícolas conhecidas, que se desenvolveram entre 9 mil e 11 mil anos atrás, na Anatólia e no Levante mediterrâneo, começam a acumular-se indícios claros dos esforços no sentido de criar e manter rotas de comunicação entre comunidades muito distantes entre si. Vestígios das atividades desses exploradores podem ser encontrados em Çatalhüyük, a mais impressionante dessas cidades. Erguia-se numa planície aluvial, junto de uma das desembocaduras do rio Çarşamba, que desaguava num lago hoje desaparecido. Sua população, que vivia de trigo e leguminosas, construiu uma colméia de casas de tijolos de barro que ocupavam 130 mil metros quadrados e eram ligadas não por ruas como as que conhecemos, mas por passarelas sobre os tetos planos das moradias. Çatalhüyük dispunha de comunicações com outros assentamentos. Ainda existe ali uma pintura do que pode ter sido um núcleo urbano semelhante, a que a cidade estava ligada por laços de comércio ou lealdade. Os produtos que chegavam a Çatalhüyük eram procedentes do mar Vermelho e dos montes Taurus. Um mural no sítio arqueológico mostra claramente uma montanha; essa pintura talvez deva ser considerada o mais antigo registro conhecido do relato de um explorador.[25]

Mesmo sítios anteriores, menores que Çatalhüyük, mas um tanto parecidos, tinham comunicação com o vale do Jordão, relativamente distante, onde se concentravam mais núcleos urbanos: vilas como Çayönü, cujos habitantes construíam pilhas de crânios e realizavam sacrifícios sobre lajes de pedra polida. Trocando produtos artesanais por matérias-primas, seus habitantes enriqueceram, para os padrões da época, pois reuniram tesouros como magníficas espadas e espelhos, feitos de obsidiana, e objetos elaborados com a tecnologia de fundição do cobre, que aos poucos desenvolveram.

Esses padrões, discerníveis na área que hoje chamamos de Oriente Próximo, repetiam-se onde quer que nascessem cidades. Há 4500 anos, por exemplo, grandes núcleos de agricultores surgiram nas planícies aluviais da costa do Peru, principalmente no vale do rio Supe, onde existem mais de trinta sítios arqueológicos. Eram entrepostos comerciais que reuniam produtos de diferentes ecossistemas, trocando conchas marinhas multicores, alimentos de zonas montanhosas e ornamentos de plumas vindos das florestas situadas a leste dos Andes.[26] Também nesse caso cabe inferir, com base nos indícios da existência de trocas comerciais, uma atividade prévia de desbravadores de rotas. Alimentos e materiais de construção e têxteis só entraram no mundo do comércio a longa distância quando grandes populações começaram a se concentrar em determinados locais. Isso aconteceu, em parte, porque os grupos que praticavam a agricultura sedentária geravam excedentes de alimentos que podiam ser

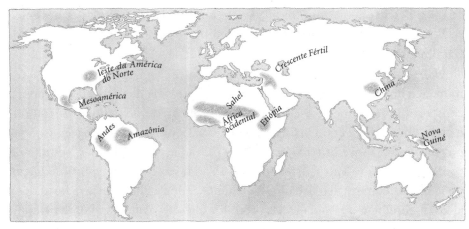

Surgimento das primeiras regiões agrícolas, c. 7000-c. 9000 a.C.

trocados pelos produtos, para eles pouco familiares, de seus vizinhos, e em parte porque os núcleos sedentários às vezes cresciam tanto que esgotavam as reservas locais de gêneros de primeira necessidade, como o sal. Por fim, a urbanização levou à especialização. Os artesãos reuniram-se onde estavam seus mercados, e não, necessariamente, onde suas matérias-primas eram produzidas.

Os exploradores eram vetores: levavam consigo sua cultura. A agricultura e a vida sedentária eram, em si, formas transferíveis de cultura, propagadas por contato humano.[27] Núcleos agrícolas já existiam no leste da Grécia no sétimo milênio a.C., mas a Europa ocidental e setentrional conheceu a agricultura quando a paisagem se abriu e a floresta latifoliada retrocedeu, entre 5 mil e 6 mil anos atrás. Parece provável (embora os indícios sejam escassos e sujeitos a múltiplas interpretações) que exploradores — fossem eles invasores, colonizadores pacíficos ou simples comerciantes — tenham penetrado nesse ambiente cada vez mais favorável vindos do sudeste. Trouxeram consigo seus implementos agrícolas e suas línguas indo-européias — a família lingüística da qual provém a maioria das atuais línguas da Europa.

É provável que migrações semelhantes tenham levado a agricultura a várias regiões da Ásia central, ao sul da estepe. A agricultura que se desenvolveu em terrenos aluviais na Anatólia e no vale do Jordão colonizou ou transformou todas as partes da região onde era viável: os habitantes de alguns lugares na área dos montes Zagros, em altitudes acima de seiscentos metros, substituíram as espécies silvestres por cultivares há 8 mil ou 9 mil anos. No período entre o sétimo e o quarto milênio antes da era cristã, o sul do Turcomenistão tinha, de modo geral, clima mais úmido do que hoje, mas já era uma área de oásis dispersos, os quais, há cerca de 6 mil anos, achavam-se interligados por uma ampla rede de canais de irrigação sugestivamente semelhantes a outras, mais antigas, encontradas em áreas mais ocidentais. No subcontinente indiano não ocorreu uma fase intermediária entre a coleta e a agricultura, fase em que os coletores tivessem levado uma vida sedentária, de modo que o aparecimento súbito, no mesmo período, de núcleos urbanos bem planejados deveu-se provavelmente a influências externas. A rota seguida pelos exploradores, a partir do sudoeste da Ásia, passava por Mehrgarh, no Baluchistão, onde marcas de cevada e trigo em tijolos de argila e ossos de cabras domésticas apontam para um sistema agrícola por volta de 9 mil anos atrás.[28]

Em grande parte da América do Norte, foi lento o intercâmbio cultural, inibido por barreiras climáticas e pela topografia adversa.[29] É claro, ainda assim, que os exploradores devem ter desempenhado um papel nele. A transmissão da agricultura foi marcada pela disseminação do milho em direção ao norte, a partir de seu local de origem, em Oaxaca, no centro do México, mas esse foi um processo vagaroso, de vários milênios de duração, que exigiu o desenvolvimento sucessivo de diferentes variedades de milho, cada uma delas adaptada a diversos ambientes contrastantes, à medida que esse cultivo atravessava distintas zonas climáticas em seu caminho para o norte; nesse ínterim, alguns povos da América do Norte começaram a cultivar plantas nativas com sementes ou raízes comestíveis, como abóbora-de-coroa (alcachofra-de-jerusalém), girassol e bagas. Também na América do Sul pode-se seguir o caminho pelo qual a agricultura se propagou a partir das zonas mais elevadas dos Andes, ou transpondo-os, pela bacia do alto Amazonas.

Quando se tenta explicar os primórdios da agricultura na África, é difícil acreditar que a aparição de um complexo agrícola no Saara egípcio não tivesse ligação alguma com a que ocorreu no vale do Nilo há cerca de 9 mil anos, ou que o cultivo do trigo no vale do Nilo fosse independente de cultivos semelhantes no outro lado do istmo de Suez. Se tais relações existiram, os viajantes que atravessavam o deserto devem ter contribuído para criá-las. A propagação da agricultura em direção ao sul, a partir da África ocidental, entre 4500 e 2500 anos atrás, teve lugar, provavelmente, no contexto da migração, reconstituída com base em dados arqueológicos e lingüísticos, de grupos de língua banta; esses grupos partiram de sua terra de origem, onde hoje fica o oeste de Camarões e da Nigéria, em direção ao sul, seguindo a costa do Atlântico, e em direção a leste, acompanhando a borda do Saara, na época em expansão, até o vale do Nilo, onde novamente infletiram para o sul.

A origem da agricultura na Oceania é tema de um debate ainda inconcluso. Em particular, não sabemos como ou quando chegou ali a batata-doce — que, com o porco, constitui a base dos sistemas de produção alimentícia na maior parte da região. Segundo a explicação mais aceita atualmente, a agricultura ali resultou de difusão a partir da Nova Guiné, passando por muitas adaptações à medida que se espalhava lentamente pelas ilhas do Pacífico, levada por migrantes que viajavam por mar.

O ENIGMA DOS PRIMEIROS MAPAS

Até que as rotas passassem a ser registradas em mapas, temos de inferir o âmbito das explorações pela extensão do comércio e pela disseminação da cultura. No entanto, é claro que, mesmo no neolítico, existiam mapas. Na arte rupestre da África aparecem elementos topográficos, sobre os quais se dispõem os animais, as pessoas e as moradias. Linhas e pontos representam os caminhos que os xamãs seguem em transe, conduzindo os animais cativos ao acampamento ou viajando ao mundo dos espíritos. Mapas de rios e serras, aparentemente destinados a servir de guias para a localização de áreas de caça, foram encontrados por todo o sudoeste da América do Norte. Outros exemplos têm sido interpretados, de maneira convincente, como mapas celestes ou representações de fenômenos astronômicos. Em algumas das culturas mais antigas do mundo foram achados planos de cidades e vilas, assim como mapas que indicam a localização dos cemitérios e dos santuários.

É inevitável concluir que, provavelmente, os primeiros mapas não se destinavam a registrar rotas. Uma pista sobre como deviam ser os mapas em sua origem são os tipos de mapa mais difundidos atualmente entre as culturas do mundo. Se considerarmos os diagramas cósmicos — representações da ordem divina do universo — como mapas, são os mais comuns nessa categoria. Os dogons da África central, por exemplo, representam o universo como uma criatura em forma de formiga, cuja cabeça, semelhante a uma placenta, representa o céu e cujas pernas simbolizam a terra.[30] Em regiões do Congo e de Angola, um cosmograma de quatro partes — em forma de cruz ou losango, com remates ornamentais semelhantes a sóis — aparece em muitos objetos funerários e de culto.[31] Na Ásia central e na China, segundo interpretações bem fundamentadas, petróglifos do terceiro milênio a.C. conteriam símbolos cosmográficos.

Depois dos diagramas cósmicos, seguem-se, como o tipo de mapa mais difundido, as representações do mundo em forma esquemática. A mais antiga tentativa conhecida de representar o mundo como um todo foi pintada, talvez há 7 mil ou 8 mil anos, na parede de uma gruta em Jaora, no estado indiano de Madhya Pradesh. Em torno de um disco central vazio, figuras complexas — ziguezagues, quadriláteros, losangos e objetos em forma de chaves ou de remos — dispõem-se em faixas praticamente verticais, como peles de animais postas a secar.[32] Plantas aquáticas e peixes aparecem ao longo de uma borda, e aves palmípedes, semelhantes a patos, em outras duas. Outras aves se aproximam da pintura, voando de fora dela.

É possível, naturalmente, que os desbravadores de rotas fizessem registros de suas descobertas na forma de mapas muito efêmeros, rabiscados na terra ou compostos de varas, sementes e seixos. Em muitos dos primeiros relatos europeus de viagens pela África e pela América encontramos referências a mapas que informantes nativos desenhavam na areia ou montavam com palhas, varas e seixos: com efeito, seria quase impossível aos europeus explorar qualquer área daqueles continentes sem esse tipo de ajuda por parte de seus habitantes. Mas, para as pessoas que já sabiam os caminhos, esses métodos de registro e transferência de conhecimento só poderiam ser uma forma excepcional de ajudar aqueles que não os conheciam. A maneira óbvia de registrar as rotas consistia em decorá-las, talvez com a ajuda de pontos de referência terrestres ou celestes, de cantos e versos, de rituais e gestos. Até hoje, os ritos de iniciação dos lubas, do Congo, exigem que o candidato aprenda a localização dos povoados, santuários e rios com a ajuda de mapas riscados a giz numa parede.[33] Nos séculos XVIII e XIX, os navegadores que exploravam as ilhas Carolinas conheciam de cor mapas celestes graças a uma parlenda por eles declamada a que davam o nome de "colheita da fruta-pão".

Outra possibilidade é que os exploradores de rotas marcassem seus descobrimentos com sinais, diretamente no terreno, como o fio que Ariadne

O Disco de Ouro de Moordorf, encontrado perto de Aurich, na Alemanha Ocidental. O continente central está cercado por anéis concêntricos: o primeiro é um oceano; o segundo, outro continente (com montanhas); o terceiro, mais um oceano (representado por triângulos).

estendeu pelo labirinto. Até onde sabemos, poucos ou nenhum desses sinais chegaram até nós, embora se possa especular se não seria essa a finalidade de montículos de pedras e de petróglifos para os quais não há outra explicação. Entretanto, o uso de marcadores de rotas está bem documentado em estudos posteriores de sociedades que adotavam métodos análogos aos de povos ágrafos ou subágrafos. Os incas, ao que saibamos, não dispunham de mapas como os que conhecemos, mas para encontrar os caminhos se orientavam, segundo parece, com base nas formas criadas entre importantes santuários no alto de montanhas, e linhas ao longo de serra por onde passavam exércitos e peregrinos. Europeus que tiveram contato com índios iroqueses observaram que eles entalhavam marcas em certas árvores ao longo das rotas de comércio, de guerra ou de caça. É possível que as sociedades sedentárias tivessem menos necessidade de marcar rotas de caça — muito embora, ao que saibamos, a caça tenha continuado a ser, em todas elas, uma forma suplementar de obtenção de alimentos ou uma atividade de elite. Outros tipos de descrições topográficas continuavam úteis. Uma das mais antigas pinturas de um núcleo agrícola que chegaram até nós é o plano urbano de Çatalhüyük. Do ponto de vista da história da exploração, porém, os mapas foram um recurso de importância marginal.

COMUNICAÇÃO ENTRE CIVILIZAÇÕES

Até aqui, nossa história do descobrimento das rotas para a convergência envolveu percursos relativamente curtos, como os que ligavam os primeiros núcleos agrícolas do Oriente Próximo, bem como transmissões de cultura a grandes distâncias, mas lentas e progressivas, como a que levou a agricultura a novas áreas a partir dos poucos centros, dispersos, em que essa atividade se desenvolveu de modo independente. A história mais importante — sobre como civilizações separadas puseram-se em contato — ainda não foi narrada. Essa história começa com o hesitante movimento de aproximação empreendido, no segundo milênio a.C., pelas quatro grandes civilizações da Eurásia e da África: as que se desenvolveram nos vales do Nilo, do Tigre e do Eufrates, do Indo e do Amarelo. Esse movimento intensificou-se, no primeiro milênio a.C., com os contatos estabelecidos ao longo de toda a Eurásia, entre a China, a Índia, o Oriente Próximo e o Mediterrâneo. (Iniciativas subseqüentes, que fizeram as civilizações da África subsaariana e das Américas participar dessa corrente, serão tratadas em capítulos posteriores.)

No começo do segundo milênio a.C., as cidades do Indo prosperavam em virtude de contatos a longa distância. Seus postos militares no exterior estavam claramente localizados de modo a favorecer o comércio — para atrair ou proteger navios e caravanas que vinham de longe. Em Shortughal, onde hoje é o norte do Afeganistão, comerciava-se lápis-lazúli e cobre. Na mesma região, em Mundigak, onde se concentravam muitas caravanas, atrás de formidáveis muralhas dotadas de bastiões quadrados, avultam as ruínas de uma portentosa cidadela, a exibir fileiras de longas pilastras redondas — bastante erodidas atualmente, mas ainda colossais — como as costelas de uma fera que, agachada, vigia a planície,

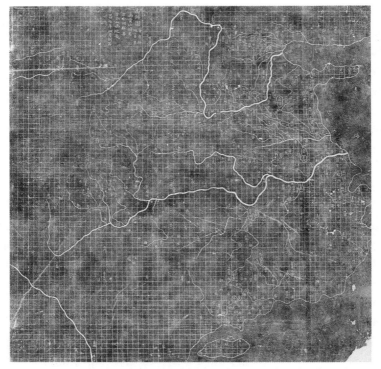

O Yu ji tu (mapa dos Caminhos de Yu, o Grande), decalque do relevo em pedra do ano 1136. Vê-se a quadrícula utilizada pelo cartógrafo chinês, na qual os rios e a linha da costa estão traçados com precisão assombrosa.

atenta a qualquer ameaça às rotas do comércio. O plano das cidades do vale do Indo foi reproduzido num ambiente contrastante, no porto de Lothal, junto ao golfo de Cambay. A partir dali, algumas das rotas marítimas mais longamente utilizadas do mundo ligavam a civilização do Indo com a da Mesopotâmia, por reinos insulares, que mal conhecemos, ao largo da costa da Arábia.

Não há como conhecermos os pioneiros que abriram essas rotas mercantis, pois o povo do Indo não deixou nenhum registro decifrável e o da Mesopotâmia documentava somente rotas locais e a chegada de tributos, que vinham até de locais distantes, como a região dos montes Taurus, na Turquia, e as montanhas do Irã. Com relação à China, apenas lendas sobrevivem para lembrar as explorações internas do segundo milênio a.C., que integraram a bacia do rio Amarelo e transformaram a área num estado riscado em todas as direções por estradas e canais, e pouco a pouco empurraram a fronteira para o sul, de modo a incluir o Yangtze. As lendas sobre Yu, o Grande, personificaram esse processo, apresentando-o como um heróico imperador-engenheiro, um escultor de paisagens na tradição dos contos acerca de gigantes. "Os Caminhos de Yu, o Grande," foi o nome dado posteriormente a mapas da China: existe ainda um exemplo desses mapas que data de 1136.

Por outro lado, existe uma quantidade relativamente abundante de registros de explorações do antigo Egito. É neles que encontramos os primeiros exploradores, assim como seus clientes, em carne e osso, conhecemos seus nomes e podemos acompanhar suas aventuras. No terceiro milênio a.C., o Egito era um reino longo e estreito, a que o Nilo dava unidade. A rede de comunicações internas era simples. A rota fluvial avançava entre "ancoradouros do faraó". Os desertos em ambas as margens do rio restringiam as ambições territoriais dos reis egípcios, mas ampliar o império em direção ao sul, ao longo do Nilo, era um de seus mais constantes objetivos. O que atraía a atenção dos egípcios para o sul era a abundância de marfim e de mercenários que havia na Núbia, assim como as possibilidades do comércio ao longo do rio, que fez com que o ouro fosse no Egito "abundante como a areia do mar".

A exploração pelos egípcios da zona no centro da África, em que havia possibilidade de expansão imperial, havia começado por volta de meados do terceiro milênio a.C., quando Harkhuf, a quem podemos com propriedade chamar de explorador especializado, realizou três expedições. Trouxe de volta "incenso, ébano, óleo perfumado, presas, armas e toda sorte de artigos de qualidade". O menino-faraó Pepi ficou fascinado com um escravo pigmeu de Harkhuf, "que executa danças divinas da terra dos espíritos". Numa carta ao líder da expedição, o faraó determinou que ele fosse guardado com o máximo de atenção: "vigie-o dez vezes a cada noite. Pois mais do que todos os produtos do Sinai e do Punt, desejo ver esse pigmeu".

O contato e o comércio levaram à formação de um estado núbio, segundo o modelo egípcio, depois da segunda catarata. A partir de mais ou menos 2000 a.C., o Egito tentou influenciá-lo ou controlá-lo, ora erguendo fortificações, ora empreendendo invasões, ora estendendo sua própria fronteira sul além da terceira catarata. Inscrições faraônicas despejavam maldições sobre os núbios à medida que eles se tornavam mais poderosos e rebeldes. Por fim,

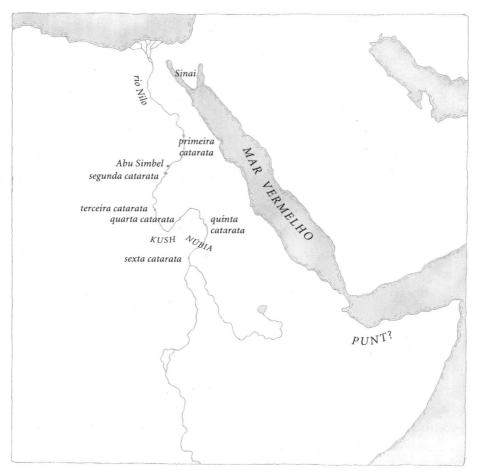

Exploração egípcia no sentido sul.

em torno de 1500 a.C., Tutmés I lançou uma ofensiva que atravessou a quarta catarata, dominou o estado então conhecido como Kush e fez da Núbia um território colonial, que o Egito encheu de fortes e templos. O último destes, dedicado a Ramsés II, em Abu Simbel, foi o edifício mais monumental construído pelos egípcios em 2 mil anos, e desde então tem sido um símbolo de poder. Para que o Egito abandonasse a Núbia no fim do segundo milênio a.C., depois de tantos esforços e de ter-lhe atribuído tanto valor simbólico, a necessidade de redução de despesas deve ter sido realmente grave.[34] Na época, perturbações socioeconômicas e incursões de migrantes e invasores convulsionavam o Mediterrâneo oriental, criando a situação que alguns historiadores chamam de "a crise da Idade do Bronze".

No mesmo período, o Egito estava empenhado na exploração de novas rotas comerciais ao longo do mar Vermelho. A mais expressiva documentação disso é um mural de meados do segundo milênio a.C., pintado na metade de uma parede do templo funerário da rainha Hatchepsut, a temível soberana que reinou com o título de faraó. A cena representa uma expedição naval à mais remota região do mundo conhecida pelos egípcios, rica em incenso e marfim, panteras e macacos, tartarugas e girafas, ouro, ébano e antimônio. Não sabemos onde ficava o território do Punt, mas a julgar pela forma como o artista o representou, era visivelmente africano, com um clima tropical ou semitropical. A Somália é a localização mais provável. Hatchepsut planejava construir um jardim de incenso consagrado ao deus Amon-Rá, e o propósito da expedição era comprar as plantas. Outro objetivo subjacente fica óbvio: a tentativa de legitimar seu poder num estado onde um faraó do sexo feminino era uma aberração. Tal como um verdadeiro faraó, ela teria sido concebida pelo amor do deus Amon-Rá, que se infiltrara no corpo de sua mãe, "com o eflúvio da fragrância divina, e todos os seus odores eram os da terra do Punt".

A expedição envolvia uma longa viagem ao sul pelo mar Vermelho. Qualquer jornada a vela pelo mar Vermelho tende a ser longa e arriscada, em virtude das penosas condições de navegação. As árvores de madeira aromática eram mercadorias pouco volumosas e de alto preço, mas os egípcios tiveram de mandar cinco navios para trazê-las, pois tinham de pagá-las com grande quantidade dos alimentos que sua agricultura avançada produzia em abundância. O Punt possuía "todas as maravilhas", diz o texto egípcio, ao passo que o Egito oferecia em troca "todas as coisas boas". O ouro do Punt foi medido com pesos em forma de touro, e as árvores de incenso transplantadas em vasos e transportadas para as embarcações egípcias. Os egípcios pagaram-nas com "pão, cerveja, vinho, carne e frutas".

A menos que o texto egípcio embeleze os fatos — o que é bem possível —, a gente do Punt ficou atônita à chegada dos exploradores. "Como haveis alcançado esta terra desconhecida pelos egípcios?", teriam indagado com as mãos erguidas, num gesto de surpresa. "Haveis descido aqui pelos caminhos do céu?" E acrescentaram: "Ou viajastes pelo mar?", como se isso fosse igualmente improvável.[35] Colombo afirmou que os ilhéus que o saudaram ao fim de sua primeira viagem transatlântica usaram palavras e gestos semelhantes. A afirmação de que as populações nativas recebiam os exploradores que vinham por mar como seres divinos é de tal forma recorrente que perde credibilidade.

Além de esquadrinhar o mar Vermelho e o alto Nilo, os exploradores egípcios criaram uma rede de rotas no Mediterrâneo oriental, ligando Creta — pelo menos — a cidades do Oriente Próximo. Nas ilhas do Mediterrâneo, fora do alcance dos navios egípcios, floresciam culturas marítimas havia milênios, mas não temos como saber com exatidão até onde seus navegadores eram capazes de chegar. No quarto milênio a.C., estavam em Malta as construções monumentais de pedra mais antigas do mundo; outras ilhas do Mediterrâneo ocidental tinham, mil anos depois, elites que construíam enormes túmulos com câmaras interiores. No fim do terceiro milênio, as ilhas Cíclades exibiam cortes que deixaram exemplos suntuosos de cultura material: elegantes esculturas de harpistas, espelhos cravejados de jóias, banhos. Creta, no segundo milênio, contava com várias cidades comerciais e com palácios que funcionavam como armazéns: o comércio com o Egito fica evidente em alguns objetos de lá importados e representados em pinturas murais que chegaram até nós. No sul da Grécia, logo depois surgiram cidades, graças ao intenso comércio de âmbar do Báltico, que chegava ali, presumivelmente, por intermediações de mercadores. Algumas de suas construções apresentam notável semelhança com túmulos do noroeste da Europa — na Grã-Bretanha e na Bretanha — que já tinham milhares de anos. Parece improvável que no segundo milênio a.C. algum explorador já tivesse atravessado ou contornado todo o continente europeu, da Grécia até a Grã-Bretanha ou a Escandinávia, mas é fora de dúvida que comerciantes haviam traçado uma série de rotas que cruzavam o continente.

DO MEDITERRÂNEO AO ATLÂNTICO

Durante o segundo milênio a.C., todas as grandes civilizações da Eurásia conheceram extinção, deslocamento geográfico ou transformação. As de Creta, do sul da Grécia e da Anatólia desapareceram. O Mediterrâneo oriental entrou numa "era de trevas", sem registros escritos até o século VIII a.C. As cidades do Indo reduziram-se a pó; quando os centros de civilização na região se reergueram, no milênio seguinte, estavam muito distantes de sua localização original, no vale do Ganges e onde hoje fica o Sri Lanka. A China foi conquistada por uma dinastia invasora proveniente da periferia da área cultural do rio Amarelo, e no século VII a.C., havia se dissolvido naquilo que os historiadores chineses chamam há muito de "estados guerreiros". Enquanto isso, o Egito a custo sobrevivia a invasões e migrações que, mais ou menos no século XIII a.C., destruíram as cidades do Levante.

Entretanto, o relato de um extraordinário viajante egípcio, redigido muito provavelmente no ano 1075 a.C., transmite uma idéia do novo mundo que emergiu do caos da época. "Guiado", diz ele, "somente pela luz das estrelas", Wenamun, um emissário egípcio, cruzou "o Grande Mar Sírio" a caminho da cidade-estado de Biblos, no litoral do atual Líbano. Sua missão: adquirir madeira de cedro, proveniente das florestas das montanhas costeiras, para a construção da barca sagrada de Amon.

Ao chegar, Wenamun alugou aposentos para si e ergueu um altar a Amon, o deus que pronunciava oráculos para os faraós. De início, o rei Zeker-Baal recusou-se a recebê-lo, preferindo, como alegou, reservar suas florestas para seus próprios interesses. Manteve Wenamun esperando durante semanas e afinal mandou chamá-lo, no meio da noite, presumivelmente como um ardil de negociador. Entretanto, em seu relato, Wenamun interpreta a atitude do rei como uma reviravolta radical induzida por uma revelação profética.

"Encontrei-o sentado em seu salão oficial", diz Wenamun, "e quando deu as costas para uma janela, as ondas do Grande Mar Sírio quebravam contra sua nuca." O emissário registra então, palavra por palavra, o diálogo que se seguiu — adulterado, sem dúvida, mas ainda assim bastante revelador. Houve dissimulação de parte a parte.

"Vim", começou Wenamun, "buscar a madeira para a grande e nobre barca de Amon-Rá, o rei dos deuses." Wenamun apelou a seguir para os precedentes do pai e do avô de Zeker-Baal, que haviam enviado madeira ao Egito, mas o rei se ofendeu com a insinuação de que a madeira tinha de ser fornecida como tributo.

"Eles forneceram a madeira como uma transação comercial", respondeu ele. "Quando me pagares, assim procederei." Depois de alguma altercação quanto ao preço, os negociadores desafiam-se mutuamente. "Invoco em voz alta o Líbano, que faz os céus se abrirem", jactou-se Zeker-Baal, "e a madeira é posta junto ao mar."

"Falso!", retorquiu Wenamun. "Não existe navio que não pertença a Amon. Dele é também o mar. E a ele pertence o Líbano, do qual dizeis: 'É meu'. Fazei o que ele determina e tereis vida e saúde."

A retórica era eloqüente, mas os egípcios acabaram tendo de pagar o preço pedido por Zeker-Baal: quatro "jarras" de ouro e cinco de prata, uma quantidade não especificada de linho, quinhentos rolos de papiro, quinhentas peles de boi, quinhentos rolos de corda, vinte sacos de lentilhas, vinte cestos de peixe. "E o rei ficou satisfeito e forneceu trezentos homens e trezentos bois para a derrubada das árvores. Executaram esse trabalho durante o inverno e a madeira foi levada ao mar."[36]

O documento é fascinante, não só por sua força e dramaticidade, que excedem a de muitas obras de ficção, e pela maneira como capta o diálogo, como também pelo quadro que transmite da recuperação da costa levantina que viria a ser chamada de Fenícia e da sobrevivência e retomada de antigas rotas comerciais. Cidades como Biblos, na Fenícia, e outras que, a partir do século VIII, começaram a se desenvolver na Grécia, tornaram-se berços de exploradores heróicos. Não tinham alternativa: as cidades do interior do Levante ofereciam poucas possibilidades, o que obrigava seus cidadãos a acumular riqueza como comerciantes. Por outro lado, como lamentou um poeta, "a Grécia e a pobreza", eram "irmãs".[37] A maioria das cidades gregas tinha como esteio econômico a atividade manufatureira — principalmente de azeite de oliva e artigos de cerâmica — e precisava encontrar mercados. Ambas as regiões — o Levante e a Grécia —, cujas populações excedentes não encontravam ocupação devido a restrições econômicas, espalharam colônias do outro lado do mar.

Mercadores fenícios atuavam no sudoeste da Espanha na primeira metade do primeiro milênio a.C. De acordo com uma tradição grega, a colônia fenícia de Gadir, hoje Cádiz, foi fundada antes do começo do milênio, mas é provável que a data real de fundação não seja anterior ao século IX a.C.[38] As colônias gregas da costa leste da Espanha surgiram no século VII a.C. Os orientais encontraram ali um mercado pronto numa civilização rica em prata. Em dois pontos de sua obra, Heródoto dá versões opostas da descoberta de Tartesso, na costa atlântica da baixa Andaluzia:

Um navio de Samos, cujo comandante se chamava Cóleo, seguia em direção ao Egito, mas [...] foram levados pelo vento leste para além das colunas de Hércules e chegaram a Tartesso, como que guiados por um deus. Na época esse mercado ainda não tinha sido explorado. Por conseguinte, ao retornarem a seu país, os homens de Samos tinham obtido mais lucros com a venda de suas mercadorias que quaisquer outros gregos de quem tenhamos conhecimento, exceto Sóstrato de Egina, pois não há quem se lhe compare.

A outra versão de Heródoto é ainda mais rica no que se refere ao contexto histórico e a pormenores circunstanciais:

> Foram os fócios os primeiros entre os gregos a empreender longas viagens marítimas e a conhecer o mar Adriático, a Tirrênia, a Ibéria e Tartesso. Não se serviam de embarcações redondas, mas de navios de cinqüenta remos. Tendo chegado a Tartesso, caíram nas graças de Argantônio, que governou durante oitenta anos, tendo vivido 120 anos. Souberam, decerto, fazer-se estimar por esse soberano, que os aconselhou a deixar a Jônia e se estabelecerem na região de Tartesso que mais lhes conviesse; mas não conseguindo persuadi-los e tendo sabido por eles que as forças dos persas estavam aumentando, deu-lhes certa quantia em dinheiro para cercarem sua cidade de muralhas. E fez isso sem poupar gastos, pois eles ergueram um círculo de muralhas com muitos estádios de extensão, todas de pedras enormes e muito juntas.[39]

Em outras palavras, as relações dos fócios com Tartesso já eram firmes em meados do século VI a.C. — aproximadamente uma geração após a instalação das primeiras colônias gregas na Catalunha. Talvez os fócios tenham recorrido às doações dos tartéssios como uma explicação lendária para a robustez da famosa muralha, que resistiu ao sítio de Ciro, o Grande, em 546 a.C. O interesse de Argantônio pela criação de uma colônia grega em seu reino aponta para o desejo de quebrar o monopólio dos fenícios ou de fortalecer suas defesas contra uma ameaça por parte dos fenícios ou mesmo interna. Ou pode indicar uma disposição de atrair navios e empreendedores para tirar proveito da ampliação de círculos de comércio.

Tartesso, voltado para o Atlântico, era um posto de trânsito para mercados e fontes de riqueza mais distantes. As rotas de comércio dos pioneiros fenícios e gregos subiam para norte, das colunas de Hércules para as ilhas Britânicas, ricas em metais. As colônias desses pioneiros eram escalas na construção

OS DESBRAVADORES

de uma nova economia — contribuíam para que mercadorias, pessoas e idéias transpusessem ou contornassem o poderoso divisor de águas que separa a Europa mediterrânea da atlântica. No século IV a.C., existiam na colônia grega situada onde hoje fica Marselha descrições plausíveis de rotas para o arquipélago das Shetland e o Elba. Também partes do oceano Índico já eram rotas marítimas para o comércio de longo curso.

Em fins desse século, um viajante que não era, ao que parece, um mercador, e sim um desinteressado investigador científico, realizou uma bem documentada viagem, partindo de Marselha, aparentemente com o objetivo de explorar os mercados do norte da Europa. É provável que, em vez de circunavegar a Ibéria, Pítias tenha tomado a rota terrestre, direta, desde sua cidade natal até o Atlântico, tendo subido o Aude e descido o Garona e o Gironda. Embora só restem fragmentos do relato que ele fez de sua viagem, copiados posteriormente por outras mãos, algumas das descobertas por ele narradas são facilmente identificáveis. Ele chegou à Bretanha — uma enorme projeção, com muitos promontórios que avançam pelo Atlântico. Visitou a região produtora de estanho, hoje chamada Cornualha, e fez observações, não necessariamente de primeira mão, sobre o comércio de âmbar da Escandinávia. Relatou que a Grã-Bretanha era cercada por inúmeras ilhas, apontando as Órcadas, as Hébridas, Anglesey, as ilhas de Man e de Wight e outros grupos que talvez possam ser identificados com as Shetland ou as Sorlingas: ao que parece, navegou em direção ao norte, entre a Grã-Bretanha e a Irlanda, em busca da terra mais setentrional a que pudesse chegar. Descreveu a Grã-Bretanha como aproximadamente triangular e tentou calcular suas dimensões. Maravilhou-se com as marés. Ao longo da viagem, fez observações com um gnômon para determinar sua latitude. Descreveu a relação entre a Estrela Polar e as estrelas-guia.

Até onde foi Pítias? Segundo ele, o ponto mais setentrional a que chegou se chamava "Thule". O indício que mais se aproxima de suas palavras aparece num texto de meados do século I da era cristã. Diz ele, entre outras observações registradas em *No oceano*: "Os bárbaros nos mostraram, em várias ocasiões, o lugar onde o sol se põe. Ocorre que em torno desses lugares a noite é curtíssima: duas horas em alguns, três em outros, de modo que depois do ocaso, conquanto pouco tempo tenha transcorrido, o sol logo nasce de novo". Sabe-se, pois, que ele ao menos subiu o bastante em direção ao norte para registrar esse tipo de detalhe por informação da população local.[40]

48

Transposto o estreito de Gibraltar, era possível rumar tanto para sul, singrando o Atlântico africano, quanto para norte, em busca do comércio de ouro, que, segundo Heródoto, era praticado na costa do Saara por meio do "comércio mudo", em que os traficantes deixavam seus artigos na praia, retiravam-se para os navios e voltavam depois para pegar o ouro que os nativos deixavam em pagamento.

Heródoto registra uma viagem fenícia, do mar Vermelho para o oceano Índico, encomendada por um faraó egípcio por volta da virada do século VI para o VII a.C.:

> No outono, desembarcaram na Líbia, no ponto onde se achavam, e semearam o trigo. Chegada a época da messe, colheram o trigo e fizeram-se novamente ao mar. Depois de dois anos de navegação, dobraram as colunas de Hércules e regressaram ao Egito. Contaram, ao chegar, que navegando em torno da Líbia tinham o sol à sua direita, o que não me parece crível, embora a muitos possa parecer. Foi assim, pois, que a Líbia se tornou conhecida pela primeira vez.[41]

Provavelmente no final do século V, um aventureiro cartaginês deixou uma inscrição sobre uma viagem extraordinariamente ambiciosa pela costa africana. Tal inscrição chegou a nós numa versão muitas vezes copiada e, por isso mesmo, bastante deturpada. No entanto, dela emerge uma história plausível. Depois de fundar uma série de entrepostos comerciais ao longo da costa, Hanno chegou a uma região de elefantes, e logo a outra de crocodilos e hipopótamos. Numa terra em que jorros de lava, provenientes de uma montanha vulcânica, precipitavam-se no mar, ele caçou feras "que têm o corpo coberto de pêlos revoltos, a que nossos intérpretes chamavam gorilas". A darmos crédito a algum desses detalhes, os exploradores só podem ter chegado até Serra Leoa e talvez contemplado o monte Camarão.

Mais ou menos na mesma época, dados fragmentários, que geógrafos e poetas da Antiguidade colheram em portulanos, creditam a outro cartaginês, Himilco, explorações distantes no Atlântico. Em meio a elementos fantásticos e inacreditáveis — monstros e baixios oceânicos — descrições de grandes massas de algas e latitudes sem ventos evocam o mar dos Sargaços e a zona das calmarias. A viagem de Himilco pode ter sido fictícia, mas o conhecimento dos cartagineses sobre o Atlântico médio parece baseado em experiências reais.[42]

As explorações nutriram a cosmografia. Aos poucos, os geógrafos gregos foram construindo uma imagem do mundo. O primeiro mapa-múndi grego que conhecemos serviu como um expediente diplomático, exibido em Mileto por volta de 500 a.C. numa tentativa de persuadir os estados gregos a tomarem armas contra a Pérsia. Mostrava um mundo dominado por uma vasta Europa, que se agigantava em relação à Ásia e à África. Proliferavam os mapas especulativos, a julgarmos pelo desprezo de Heródoto por "mapas do mundo desenhados sem uma pitada de razão a guiá-los". Mas a atividade mostrou-se irresistível, por motivos estratégicos e científicos. No século IV a.C., a ambição de Alexandre, o Grande, de conquistar o mundo exigia uma idéia da Terra como um todo. Sábios vasculharam portulanos e relatos de viajantes como Pítias. Obras de geografia e cartografia, egípcias e mesopotâmicas, agora perdidas, serviam-lhes de base. Um mapa babilônio que se conservou, talhado em pedra e datado de meados do primeiro milênio a.C., mostra as possibilidades existentes: nele aparecem o Eufrates e os nomes Babilônia, Assíria e Armênia. Por volta de 200 a.C., Eratóstenes, o bibliotecário de Alexandria, produziu sua estimativa do tamanho da Terra, de espantosa precisão, utilizando a sombra projetada por um gnômon em dois pontos considerados como dispostos sobre o mesmo meridiano para medir a distância subtendida por um grau de latitude sobre a superfície da Terra. Também estimou, com razoável aproximação, que o mundo conhecido ocupava somente um terço da superfície do globo. No século II a.C., Ptolomeu propôs a confecção de um mapa-múndi por meio de uma malha de linhas de latitude e longitude. A sugestão era prematura, uma vez que a longitude só podia ser estimada, na melhor das hipóteses, muito grosseiramente. Mas incentivou várias iniciativas nessa área.[43]

Especulações ousadas preenchiam as lacunas no conhecimento. Heródoto tratou a Ásia central como uma espécie de terra de sonhos da qual os viajantes só podiam voltar como fantasmas. No século I a.C., procurando reconstruir o quadro que Homero havia feito do mundo, Estrabão zombou de outros geógrafos que se preocupavam com o outro lado do Atlântico, onde, talvez, uma série de mundos desconhecidos esperavam ser descobertos. "Não é necessário", afirmou, "que os geógrafos percam tempo com lugares fora de nosso mundo habitado."[44] O enigma do que havia além do Saara e, em especial, a questão da localização da nascente do Nilo ocupavam de modo obsessivo os geógrafos gregos. Ptolomeu achava que o oceano Índico talvez fosse fechado.

Mecenas, conselheiro de Augusto — ao menos nas especulações lisonjeadoras de seu cliente, o poeta Horácio —, vivia preocupado com o que os chineses poderiam estar tramando.[45]

AS ROTAS DA SEDA

É improvável que Mecenas estivesse de fato alarmado com as atividades dos chineses, mas as rotas comerciais que cruzavam a Eurásia certamente se desenvolviam rápido na época, fazendo com que Roma e China tivessem pelo menos conhecimento uma da outra, ainda que não mantivessem contato direto. O comércio da Eurásia expôs disparidades de riqueza que contribuíram para plasmar a história dos dois milênios seguintes. Já no século I da era cristã, o geógrafo romano Plínio preocupava-se com esse fato: o mundo romano produzia pouca coisa que seus parceiros comerciais desejavam. As sedas que chegavam por terra através da Eurásia e as especiarias e essências aromáticas da Arábia e do oceano Índico eram artigos de demanda universal. A única forma como os europeus podiam adquiri-los era pagando em dinheiro vivo. Hoje em dia, chamaríamos isso de balança comercial adversa. Os problemas relacionados com a maneira de financiar essa balança adversa — e, por fim, de superá-la e invertê-la — tornaram-se uma questão crucial na história do Ocidente e, a mais longo prazo, do mundo.

As rotas marítimas foram mais importantes para a história universal que as terrestres: transportavam maior variedade de mercadorias, de forma mais rápida, a custo menor e em quantidade superior. Não obstante, nas fases iniciais do desenvolvimento das comunicações através da Eurásia, a maior parte do comércio de longo alcance se fazia em pequena escala, envolvendo mercadorias de elevado valor e pequeno volume. Tinha como base o "comércio de mercados" — o transporte de bens por meio de uma série de mercados e intermediários — e não expedições que cruzassem oceanos e continentes. Na era Axial, como a chamou Karl Jaspers, as rotas que cruzavam a Eurásia por terra foram pelo menos tão importantes quanto as marítimas para a história dos contatos culturais.

Já nos tempos de Plínio, esse comércio era antiqüíssimo. A partir de meados do primeiro milênio a.C., amostras de sedas chinesas surgiram na Europa,

OS DESBRAVADORES

em Atenas, em Budapeste e numa série de túmulos no sul da Alemanha e na Renânia. No fim do milênio, já se podia traçar uma rota de difusão de manufaturas chinesas que ia do mar Cáspio, ao sul, ao mar Negro, no norte, e daí para os reinos então ricos em ouro do sudoeste da estepe eurasiana. Entrementes, partindo da Grécia, os exércitos de Alexandre tinham usado as estradas reais persas para atravessar os territórios onde ficam hoje a Turquia e o Irã, conquistar o Egito e a Mesopotâmia, alcançar o golfo Pérsico e, nas extremidades de sua marcha rumo ao Oriente, tocar os montes Pamir e cruzar o Indo. Também mercadores podem ter se servido dessas rotas.

A primeira comprovação escrita desse presumido comércio ocorre no relato de Zhang Qian (na grafia tradicional, Chang Ch'ien), um emissário chinês que em 139 a.C. partiu em direção à Báctria — um dos reinos na Ásia central criados como conseqüência das conquistas de Alexandre e dominados pelos gregos. Suas principais missões eram, primeiro, recrutar aliados contra a agressão de imperialistas das estepes que investiam contra as fronteiras setentrionais da China e, segundo, conseguir para o exército chinês cavalos provenientes dos melhores criadores, no coração da Ásia central. A missão de Zhang Qian foi uma das grandes aventuras da história. Capturado no caminho, ele permaneceu como refém dos povos da estepe durante dez anos, antes de fugir e dar prosseguimento à sua missão, cruzando os montes Pamir e o rio Oxus, e voltar pelo Tibete, sem encontrar quaisquer possíveis aliados. Foi novamente capturado, voltou a fugir e regressou à sua terra, levando uma esposa da estepe, depois de uma ausência de doze anos. Do ponto de vista comercial, seus relatos foram favorabilíssimos. Os reinos além do Pamir tinham "cidades, casas e mansões como na China". Em Ferghana, os cavalos "suam sangue e descendem da raça dos cavalos celestes". Viu tecidos chineses na Báctria. "Quando perguntou como obtinham aqueles produtos, as pessoas lhe disseram que seus mercadores as traziam da Índia, um país que fica a várias centenas de li* a sudeste." A partir da época de sua missão, "espécimes de coisas estranhas começaram a chegar" à China "de todas as partes".[46]

No ano 111 a.C., uma guarnição chinesa fundou o posto avançado de Dunhuang — o nome significa "farol fulgurante" — além dos limites ociden-

---

* Li: unidade de medida chinesa, equivalente a cerca de 576 metros. (N. E.)

A DISPERSÃO

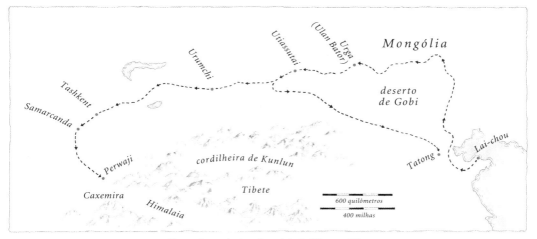

Rota do embaixador chinês Zhang Qian.

tais do império, na orla de uma região de desertos e montanhas. Ali, segundo um poema gravado numa das cavernas onde os viajantes se abrigavam, ficava "a garganta da Ásia", onde "os caminhos para o oceano ocidental" convergiam como as veias do pescoço. Hoje, damos-lhes o nome de "Rotas da Seda". Esses caminhos contornavam o deserto de Taklamakan, delimitado por montanhas ao norte e ao sul. É uma viagem muito penosa, assombrada, segundo os relatos chineses, por vociferantes demônios tamborileiros — personificações de ventos cruéis. Mas o deserto era de tal modo inóspito que até mesmo salteadores o evitavam, e as montanhas ofereciam certa proteção contra os nômades facínoras que viviam além delas. Atravessar o Taklamakan exigia trinta dias, se os viajantes se ativessem a suas bordas, onde a água escoa das montanhas circundantes. Para chegar aos mercados da Ásia central ou para atingir a Índia, mais a oeste, era preciso transpor algumas das mais assustadoras cordilheiras do mundo.

Poucos anos depois da fundação de Dunhuang, um exército chinês, que seria formado por 60 mil homens, percorreu essa rota a fim de proteger os desfiladeiros na extremidade oeste do deserto e obrigar os criadores de cavalos de Ferghana a negociá-los. Pinturas numa caverna mostram o general chinês, Wudi, ajoelhado diante dos "homens dourados" que as forças chinesas capturaram. (Fantasiosamente, o pintor representou-os como budas.)[47] Em 102 a.C., os chineses invadiram Ferghana, desviaram um rio e se apoderaram de 30 mil cavalos a título de tributo. Entrementes, caravanas originárias da China chegavam à Pérsia, e artigos chineses tornaram-se comuns no Levante mediterrâneo.

No ano 79 da era cristã, a China enviou a Roma um emissário, Kan Ying, que retornou do mar Negro depois de receber ameaças de inimigos de Roma que viviam na região e aos quais não interessava o sucesso da missão. Disseram-lhe: "Se o embaixador se dispuser a esquecer a família e sua terra, pode embarcar". A partir dos dados que pôde reunir, Kan enviou a seu país um relato favorável sobre os romanos: "As pessoas têm uma índole comparável à dos chineses [...] Comerciam com a Índia e a Pérsia por mar". Isso foi o máximo a que chegaram os impérios romano e chinês no tocante a relações mútuas diretas.[48]

OS EXPLORADORES DAS MONÇÕES

Kan Ying estava certo ao asseverar que mercadores do mundo romano mantinham comércio por mar com o oceano Índico. Graças às campanhas de Alexandre, os gregos descobriram a sedução dos empórios árabes e tiveram acesso à Índia — metas antes monopolizadas por mercadores persas. Por volta do fim do século VI a.C., o imperador persa Dario I, entusiasta das explorações, determinou que fossem estudados os mares, desde Suez até o Indo. É provável que essa empresa tenha ampliado a navegação naquela zona, já que o mar Vermelho era de difícil navegação, devido aos recifes submersos e às perigosas correntezas. Uma das conseqüências disso foi a criação de colônias penais nas ilhas do golfo Pérsico. Um canal construído de Suez ao Nilo indica que existia ali um comércio que seria beneficiado por ele, e o resultado foi fomentar ainda mais esse comércio.

Antes de sua morte, em 323 a.C., Alexandre, o Grande, organizou expedições navais para que os gregos adquirissem experiência de primeira mão com relação à rota do mar Vermelho para o oceano Índico e patrulhassem a rota que ia do golfo Pérsico à foz do Indo. Por conseguinte, os gregos passaram a compilar seus próprios portulanos, desenhar cartas náuticas e reunir informações sobre as costas do mar que chamavam de Eritreu — o moderno mar da Arábia, juntamente com o mar Vermelho e o golfo Pérsico. Provavelmente em meados do século II a.C., Agatárquides de Cnido — uma colônia grega que se localizava onde hoje é o sul da Turquia — coligiu dados sobre a exploração do mar Vermelho; chegaram até nós fragmentos de outros textos que narram expedições originárias de colônias gregas no Egito, com o propósito de procurar os mercados de elefantes e essências aromáticas ou para cumprir alguma ação militar ou naval. Plínio afirmou conhecer a duração de uma viagem de Áden à Índia. Os portos da costa oeste da Índia e quase toda a extensão da costa da África oriental são enumerados em *O périplo do mar Eritreu*, guia grego para mercadores que singravam o oceano Índico que data provavelmente de meados do século I da era cristã.[49]

Com efeito, a Arábia era o vértice do comércio de longa distância, o ponto de conexão entre a área do mar Mediterrâneo e a do oceano Índico, assim como a fonte de essências aromáticas empregadas em perfumes e cosméticos, principalmente incenso, mirra e um sucedâneo árabe da canela chamado cássia. Portos importantes para o comércio de longa distância alinhavam-se em suas costas. Em Gerrha, por exemplo, provavelmente nas proximidades da moderna Al-Jubail, negociantes descarregavam manufaturas indianas. Perto dali, Thaj também era um bom local onde armazenar produtos importados, protegido por muralhas de pedras de cantaria com cerca de 2500 metros de perímetro e 4,5 metros de largura. Um comerciante de Ma'in, no sul da Arábia, fornecia incenso a templos egípcios no século III a.C. Sabemos disso porque morreu no Egito e em seu sarcófago está gravada sua biografia.

Escritores romanos e gregos tinham as cidades comerciais de Omã em alta conta nos séculos anterior e posterior ao do nascimento de Cristo. O Iêmen era uma terra tão rica em especiarias que se dizia que ali os homens "queimam cássia e canela para acompanhar suas atividades cotidianas". Referindo-se aos principais povos mercantis da Arábia, o autor de um texto do século II da era cristã acreditava que "nenhuma nação parece ser mais rica que a dos sabeus e gerrhanos, que agenciam toda e qualquer mercadoria que possa ser transportada da Ásia e da Europa. Foram eles que tornaram a Síria rica em ouro e que proporcionaram comércio lucrativo e milhares de outras coisas para aos negociantes do Levante mediterrâneo". A localização privilegiada da Arábia e suas prósperas cidades portuárias explicam o desejo manifestado por Alexandre, o Grande, que aspirou a dominar o mundo, em seu leito de morte: conquistar a Arábia.[50]

As rotas abertas no mar da Arábia contribuíram para o surgimento de uma rede de comunicações muito mais ampla, que uniu quase todas as costas da Ásia e grande parte da costa oriental da África. Os mapas-múndi desenhados por geógrafos indianos do período dão pistas para as explorações realizadas. Cumpre dizer que os mapas dão a impressão de ser obra de geógrafos que nunca arredaram pé de casa. A conhecida representação do mundo da época pós-védica, o "Mundo de Quatro Continentes", retrata um mundo centrado no Himalaia. Quatro "ilhas-continentes" irradiam-se de um núcleo montanhoso, o Meru, ou Sineru, cercado por sete círculos concêntricos de rochas. O maior, ao sul, é o Jambudvipa, no qual se localiza a maior parte da Índia. A leste fica o Bhadravati, que provavelmente pretende incluir o Nepal e parte do norte de Bihar. O continente setentrional, Uttarakuru, parece corresponder à Ásia central. O quarto, Ketumala, estende-se para oeste. A partir do século II a.C., esse quadro deu lugar, gradualmente, ao "Mundo de Sete Continentes", aparentemente ainda mais distante da realidade. Cada continente aparecia agora cercado por um mar distinto, respectivamente de salmoura, caldo de cana, vinho, *ghee* (manteiga líquida clarificada), coalhada, leite e água. Tratava-se, essencialmente, de uma geografia budista. A dos autores jainistas era ainda mais fantasiosa, representando o mundo como uma série de troncos de pirâmide.

Contudo, não cabe deduzir dessa cosmografia formal e sagrada que os indianos da época nada soubessem do mundo. Isso seria o mesmo que acreditar que os habitantes de uma cidade grande de nosso tempo pensam que o mapa do metrô seja uma representação exata do percurso de suas diversas linhas. Sob as metáforas dos mapas detectam-se observações reais extraídas dos relatos de exploradores. O mundo é agrupado em torno da grande cordilheira do Himalaia, o que inclui a forma triangular da Índia, semelhante à de uma pétala, com o Sri Lanka a cair dela como uma gota de orvalho. Entre os diferentes mares, alguns são imaginários ou pouco conhecidos, mas outros representam rotas reais para destinos e centros comerciais bem freqüentados. O mar de leite, por exemplo, corresponde aproximadamente ao que chamamos mar da Arábia, e o culto solar atribuído à população do continente de Saka, banhado pelo mar lácteo, assemelha-se à religião dos zoroastristas na Pérsia, com seus ritos de boas-vindas à aurora. Kusa, em seu mar de manteiga, nos faz pensar na Etiópia.

Os indianos tinham muito conhecimento direto desses mares. Nos Jatakas, coletâneas de contos da tradição budista — guias para alcançar o nirvana —, aparecem histórias de navegações indianas durante o final do primeiro milênio a.C., talvez nos séculos III ou II. Nesses textos, pilotar uma embarcação "mediante o conhecimento das estrelas" é um dom divino. O próprio Buda pilota seu navio guiando-se pelas estrelas, "conhecendo o rumo dos luzeiros celestes", familiarizado com as partes de uma embarcação e com todos os sinais a que um marujo deve atentar, inclusive os "peixes, a cor da água, os reflexos do leito marinho, as aves, as rochas". Assim, "sendo hábil na arte de zarpar com uma nau e trazê-la de volta, ele exerceu a profissão de quem conduz mercadores por mar ao seu destino". Em Sri Lanka, o Buda salva marinheiros das garras de feiticeiras sedutoras e canibais. Improvisa uma embarcação insubmersível para um explorador piedoso. Seguindo o conselho de um sábio búdico, um comerciante da cidade de Benares compra um navio a crédito e vende a carga com um lucro de 200 mil moedas de ouro. Manimekhala, uma deidade-guardiã, salva vítimas de naufrágios se elas combinarem comércio com peregrinação "ou que sejam dotadas de virtude ou cultuem os pais".[51] Tudo isso são lendas, mas os contos que sobreviveram contêm tal quantidade de pormenores práticos que só podem ter surgido com base em navegações reais. Lendas semelhantes aparecem em fontes persas, como a história de Jamshid, herói que é a um só tempo rei e construtor naval e que cruza os oceanos "de região a outra com grande rapidez".

A explicação para a longa tradição de audazes navegações no oceano Índico reside na regularidade do sistema de ventos das monções. Acima da linha do equador, prevalecem no inverno ventos que sopram de nordeste. Mas quando termina o inverno, a direção dos ventos se inverte. Durante a maior parte do resto do ano, os ventos sopram regularmente do sul e do oeste, sendo sugados para o interior da Ásia à medida que o ar se aquece e se eleva sobre o continente. Calculando suas viagens de modo a tirar partido das previsíveis mudanças na direção do vento, os navegantes podiam zarpar com a certeza de um vento firme para a viagem de ida e de outro para seu regresso.

Um fato pouco observado é que a história da exploração marítima se fez, predominantemente, contra a direção do vento. Quando editei *The Times atlas of world exploration*, dei-me conta, atônito, de que a maioria dos exploradores preferia navegar contra os elementos — na verdade, evitando um vento de popa —, presumivelmente porque era no mínimo tão importante voltar para casa quanto chegar a algum lugar novo. Foi assim que fenícios e gregos abriram o Mediterrâneo à colonização e ao comércio de longa distância, pois ali predominam os ventos de oeste. Como veremos, a mesma estratégia possibilitou aos

Barco que ilustra um conto dos Jataka, relevo em uma parede do templo de Borobudur, em Java.

navegantes das ilhas dos mares do sul, naquele período, explorar e colonizar as ilhas do Pacífico, navegando sempre contra os ventos de sudeste.

O sistema de monções do oceano Índico livrava os navegadores dessas limitações. Ponhamo-nos na posição daqueles que sentiam o vento, ano após ano, alternadamente no rosto e depois nas costas. Pouco a pouco, os futuros navegantes compreenderam como as mudanças na direção do vento viabilizavam suas incursões marítimas: eles sabiam que a direção do vento se inverteria e por isso podiam arriscar-se a uma jornada mar afora sem medo de não ter oportunidade de voltar para casa. O oceano Índico encerra inúmeros perigos. É açoitado por borrascas, principalmente no mar da Arábia, no golfo de Bengala e na mortal faixa de condições meteorológicas instáveis que atravessa o oceano a cerca de dez graus ao sul do equador. Os contos de Simbad estão cheios de naufrágios. Mas a previsibilidade de um vento de popa no retorno tornava esse oceano o mais benigno do mundo para viagens de longo curso. Já os regimes de ventos fixos do Atlântico e do Pacífico tornavam quase impossível atravessar esses oceanos com a tecnologia da Antiguidade; não temos conhecimento de nenhuma viagem de ida e volta na época.

Mesmo em comparação com outros mares navegáveis, a previsibilidade das monções oferecia outras vantagens. Nenhuma fonte fidedigna registra a duração de viagens nesse período, mas a julgar por estatísticas posteriores, uma travessia do Mediterrâneo, de leste a oeste, contra o vento, levaria de cinqüenta a setenta dias. Com a monção, um navio podia atravessar todo o mar Eritreu, entre a Índia e um porto no golfo Pérsico ou perto do mar Vermelho, em três ou quatro semanas, tanto numa direção quanto na outra.

Apesar da crescente importância dos mapas para a documentação do mundo conhecido pelos letrados das grandes civilizações da Eurásia, raramente ou nunca as novas rotas eram mapeadas. As culturas que desenhavam mapas os usavam para outros fins: os gregos para a diplomacia, os indianos para a religião, os chineses para a guerra e a administração. O *Guanzi*, tratado chinês do século III a.C. sobre liderança, com textos de política, economia e filosofia, aponta o conhecimento dos mapas como uma das mais importantes qualificações de um líder: "Todos os comandantes militares devem primeiro examinar e vir a estudar os mapas. Devem conhecer em pormenores a localização de passagens serpenteantes nas montanhas, as torrentes que possam inundar seus carros, as montanhas mais importantes, os vales transitáveis, os grandes rios, as zonas montanhosas e de colinas, os lugares onde crescem gramíneas, árvores e juncos; as distâncias das estradas, o tamanho das cidades e das muralhas suburbanas, as cidades famosas e as abandonadas, bem como as terras áridas e as cultivadas" e, acima de tudo, "as entradas e as saídas" das terras que seus exércitos atravessam.[52] O túmulo de um soldado, provavelmente do ano 239 a.C., em Tianshui, na província de Gansu, contém documentos que são obviamente mapas militares da região, com rotas de trânsito de exércitos que ligam assentamentos populacionais e cruzam rios. Existem ainda mapas de administradores chineses, mais ou menos do mesmo período, e muitos textos confirmam sua importância que tinham nos arquivos oficiais do estado. Mas a forma do mundo como um todo era de somenos importância para os primeiros cartógrafos chineses; com exceção de diagramas do universo, em que a Terra normalmente aparece como uma forma retangular no centro de um universo esférico ou oval, não chegou até nós nenhuma representação, da época Han, do mundo como um todo. A descoberta de rotas para civilizações distantes e mercados remotos era uma atividade prática de comerciantes e marinheiros, mas de nenhuma relevância ou valor para as elites intelectuais, religiosas e administrativas que elaboravam os mapas. Ao que parece, os mercadores decoravam suas rotas. Os navegantes, no máximo, registravam-nas na forma de portulanos.

OS LIMITES DA CONVERGÊNCIA

Na segunda metade do primeiro milênio a.C., o mundo começou a encolher, por três vias principais. As rotas comerciais terrestres abriram as comunicações através da Eurásia. As viagens marítimas ligaram o Mediterrâneo à costa atlântica da Europa. E o desenvolvimento das viagens possibilitadas pelas monções começou a espalhar uma rede de comunicações em torno das costas da Ásia e de grande parte da África oriental. Ademais — embora isso seja sobretudo um tema a ser tratado no próximo capítulo —, podem-se detectar os começos de contatos regulares entre o litoral do Mediterrâneo e civilizações emergentes da África ocidental, do outro lado do Saara. Portanto, grande parte da infra-estrutura da história global já estava lançada. Eram agora possíveis trocas de idéias e técnicas de um lado a outro da Eurásia, e essas trocas exerceram efeitos formativos sobre as civilizações presentes na região. Mas os laços que as uniam eram ainda poucos e frágeis. E a maior parte do mundo — a América, o Pacífico, a Austrália e grande parte da África e do norte da Ásia — permanecia fora da rede. O restante deste livro conta como descobridores de rotas fortaleceram os laços existentes e preencheram as lacunas que subsistiam.

2. A expansão marítima

A exploração dos oceanos há cerca de mil anos

O Oceano circundante nos espera: busquemos os campos abundantes, os campos e as ilhas ricas.

Horácio, *Epodo* 16

Somos os Peregrinos, capitão. Havemos de ir
Sempre um pouco mais adiante; talvez
Além daquela última montanha azul barrada de neve,
Cruzaremos aquele mar furioso ou tremeluzente.
James Elroy Flecker, *A jornada dourada a Samarcanda*

Vivemos num mundo aquático. A água constitui mais de 90% da biosfera e mais de três quartos da superfície do planeta. Para pôr todas as partes do mundo em contato entre si, foi essencial descobrir caminhos marítimos. Ao longo das costas navegáveis, isso era fácil. No caso de mares relativamente pequenos, fechados ou quase fechados, a empresa exigia somente um certo arrojo. Em sistemas de monções, viagens de longo curso, que implicavam a travessia de oceanos, tornaram-se comuns em épocas surpreendentemente recuadas.

No entanto, os grandes oceanos, nos quais dominam sistemas de ventos fixos, cobrem a maior parte do mundo. Esses ambientes constituíam obstáculos muito mais difíceis de transpor. Os exploradores tinham de decifrar — como se fossem códigos — o regime dos ventos e das correntes antes que os navegadores pudessem estabelecer rotas permanentes, de ida e volta, entre costas opostas. Para que ocorresse o intercâmbio cultural que transformaria o mundo, era fundamental criar rotas de relevância cultural: rotas capazes de transmitir influências vitais entre os povos que geravam idéias e técnicas transformadoras.

Durante a maior parte dos tempos históricos, a maioria desses povos viveu em duas faixas do mundo, limitadas e densamente povoadas: a faixa da Eurásia, que começa no Japão, na China e na Coréia, passa pelo sul e sudoeste da Ásia e chega à bacia do Mediterrâneo e à Europa; e a faixa do Novo Mundo, na Mesoamérica e nas áreas norte e central dos Andes. As rotas capazes de pôr essas regiões da Eurásia e da América em contato teriam de cruzar os trechos mais largos do Atlântico e do Pacífico. A abertura dessas rotas teve de esperar a criação de tecnologia apropriada e o surgimento, na Espanha dos séculos xv e xvi, de exploradores dotados das características culturais e espirituais adequadas — e o papel ímpar da Espanha nesse sentido terá de ser exposto em capítulos posteriores. O Ártico, onde o gelo impede qualquer tipo de navegação, teve de esperar ainda mais para se tornar uma arena de intercâmbio. Mesmo hoje, o Ártico está apenas começando a desempenhar um pleno papel nas comunicações globais, pois só pode ser transposto por aviões ou submarinos.

Não obstante, no período que transcorreu há cerca de mil anos, e que constitui o tema deste capítulo, os exploradores deram os primeiros passos para a exploração a longa distância de rotas transatlânticas, de caminhos marítimos que adentraram o alto Pacífico e de vias de comunicação no Ártico. A penetração do Pacífico foi obra de pilotos nativos dos mares do sul, principalmente polinésios. Os navegadores árticos, nativos do Pacífico norte, abriram caminho em torno do litoral norte da América, até a Groenlândia, criando colônias à medida que avançavam. A travessia do Atlântico coube a marujos nórdicos que, partindo da Escandinávia, aos poucos alcançaram a Islândia e a Groenlândia e chegaram à América.

Entre suas histórias, tratadas nas páginas que se seguem, encontra-se a descrição do último grande episódio de divergência global. Para recuperá-las — elas se passaram num período do qual sobrevivem poucas fontes escritas — podemos recorrer a fontes da arqueologia e da antropologia, às tradições orais e ao trabalho realizado por modernos exploradores com o objetivo de reconstituir as rotas de seus predecessores antigos. Enquanto alguns dos povos até então separados restabeleciam relações, a divergência continuava nas últimas regiões não colonizadas do mundo habitável — no Pacífico. Ali, navegações empreendidas por polinésios exploraram as últimas partes habitáveis do planeta e criaram — em lugares onde era impossível manter contato regular com o mundo exterior ou, no caso de alguns assentamentos, sem absolutamente nenhum contato — algumas das culturas mais isoladas e peculiares do mundo. Pelo contrário, as odisséias de exploradores do Ártico e do Atlântico constituem uma fase de notável convergência: encontraram-se na Groenlândia. Posteriormente, depois de narrarmos suas histórias, poderemos voltar ao oceano Índico para ver como as rotas das monções continuaram a se desenvolver e a crescer, enquanto tinham lugar as primeiras explorações dos sistemas de ventos fixos.

A ÚLTIMA DIVERGÊNCIA:
A EXPLORAÇÃO DO PACÍFICO POR POLINÉSIOS

As mesmas migrações que levaram o homem à Austrália, há talvez 50 mil anos, também o conduziram à Nova Guiné, ao arquipélago Bismarck e às Ilhas Salomão. Passadas estas últimas, entretanto, o oceano era praticamente desabitado. Grande parte dele até hoje parece não ter abrigado populações, pois sinais inequívocos de colonização humana na época são extremamente raros. Milhares de anos se passaram antes que exploradores de uma cultura marinheira começassem a descobrir a região. Essas explorações de longo curso só tiveram início no segundo milênio a.C., e durante muito tempo avançaram de modo hesitante e lento.

Onde e como surgiu essa cultura marinheira? Ao que saibamos, dentro do estágio atual do conhecimento, a história da formação do povo que lançou as primeiras explorações do Pacífico começa em meados do quarto milênio a.C., com sociedades ambiciosas e aventureiras que habitavam ilhas ao largo do Sudeste Asiático. Por volta dessa época, uma gigantesca explosão vulcânica — uma das maiores a que o homem já havia assistido — recobriu de cinzas a região. Sobre a camada de cinzas encontram-se vestígios de assentamentos maiores que os anteriores; os instrumentos — sobretudo anzóis — apresentam melhor qualidade; são comuns facas de obsidiana, adquiridas em trocas comerciais;

animais domésticos, como cães, galinhas e porcos; e objetos de cerâmica. Mais tarde, por volta de meados do segundo milênio a.C., surgem característicos recipientes redondos, com uma complexa decoração gravada na argila com punções em forma de dente. Aproximadamente nessa época, o povo a que correspondia essa cultura — os lápitas, como os designam os arqueólogos — ocupava grande parte das ilhas do Sudeste Asiático, desde Taiwan (Formosa) e as Filipinas até Sulawesi, Halmahera, o arquipélago Bismarck e ilhas circunjacentes. Isso aponta para uma exploração mediante saltos de uma ilha a outra, talvez a partir de Taiwan.

Depois de um intervalo de duzentos ou trezentos anos, o modelo foi retomado, em fins do milênio, com navegadores que se aventuraram em territórios mais distantes. Margearam a Nova Guiné, sem criar assentamentos ali — o que pode indicar que, deliberadamente, procuravam ilhas pequenas, de preferência pouco habitadas ou desertas. Em outras palavras, essas viagens eram — ou tornaram-se — empreendimentos coloniais, e não missões comerciais. Em torno do ano 1000 a.C., os viajantes haviam ido além das Ilhas Salomão, levando seu modo de vida às ilhas Reef, Tikopia, Vanuatu, Lealdade (na Nova Caledônia) e até mesmo a pontos distantes como Fiji, Samoa e Tonga. Essas viagens eram notáveis, realizadas em etapas, cada uma das quais com muitas centenas de quilômetros em mar aberto: feito sem precedentes na primeira fase da expansão lápita de ilha em ilha e sem paralelo em outras partes do mundo da época.

Se observarmos essas ilhas num mapa, o fundamento lógico das viagens torna-se óbvio. Todas elas eram feitas diretamente contra o vento, numa área do Pacífico em que os alísios de sudeste sopram continuamente durante todo o ano. Os navegantes aproavam contra o vento, o que nos presta alguma informação sobre a tecnologia náutica da época, pois suas embarcações só podiam estar armadas com velas manobráveis, triangulares, para fazer frente às condições da navegação. As mudanças ocasionais do vento predominante — inevitáveis em qualquer sistema de ventos, por mais regular que seja — permitiriam que os navegadores avançassem mais depressa, sem se afastar da rota de regresso. Nesse caso, navegavam até encontrar algo digno de exploração ou até escassearem as provisões — situação na qual tinham certeza de um rápido regresso. Esse é o tipo de procedimento que, talvez surpreendentemente, explica um dos grandes paradoxos da história das explorações marítimas. Caberia esperar que as viagens longas fossem feitas a favor do vento, o que de fato às vezes aconteceu. Normalmente, porém, como já vimos e voltaremos a ver repetidamente no decorrer deste livro, os exploradores aproavam contra o vento, exceto em mares de monções, pois tão importante quanto descobrir coisas novas era poder regressar ao porto de partida.

Uma vez povoadas todas as ilhas descobertas, tornava-se possível manter o contato entre elas e estabelecer trocas comerciais. Com efeito, vários artefatos, principalmente de obsidiana, circulavam por toda a faixa de 4500 quilômetros ocupada pela cultura lápita. Por isso, os marujos habituaram-se à navegação de longo curso com vento a favor. É compreensível, portanto, que tentassem variar um pouco seu rumo de modo a explorar as áreas ao norte e ao sul do principal corredor dos alísios. Ao sul, nada existia a uma distância acessível; ao norte, porém, estavam as ilhas da Micronésia.

A julgar pelos dados arqueológicos hoje disponíveis, é provável que a Micronésia tenha começado a ser colonizada há cerca de 2 mil anos, não a partir do continente asiático, relativamente próximo, mas do sudeste, a partir de bases nas Ilhas Salomão e nas Novas Hébridas, ou talvez até mesmo em Fiji e Samoa. Em seu novo ambiente, a cultura trazida pelos recém-chegados alterou-se — de modo relativamente súbito, mas com ritmo bastante diferente nas diversas ilhas — de uma forma que ainda está por ser explicada. A ilha onde isso mais cedo se deu foi Pohnpei, na extremidade oriental das Carolinas: em outras palavras, na ilha mais próxima ao local de origem dos colonizadores e a mais distante do Sudeste Asiático, que dispunha de oportunidades relativamente limitadas de passar pelas modificações culturais que os intercâmbios com sociedades diferentes podem acarretar. Ademais, Pohnpei é pequena — provavelmente incapaz de sustentar mais que 30 mil habitantes —, mas era um centro de atividade de surpreendente ambição por volta do ano 1000 da era cristã. Um grande número de trabalhadores foi mobilizado para construir ilhotas artificiais onde se erigiram centros cerimoniais, cada vez mais grandiosos, destinados a receber túmulos e atos ritualísticos, como o sacrifício de tartarugas e a criação de enguias sagradas. Na ilha Kosrae, próxima, logo teve início um desenvolvimento semelhante. Dentro de poucos séculos, brotavam cidades com ruas pavimentadas e cercadas por muralhas altas e robustas — observadas com "total perplexidade" por uma expedição francesa que por acaso veio ter à cidade de Lelu em 1824.

O que aconteceu em Pohnpei pode ser considerado um modelo para a maneira como as culturas se desenvolveram no Pacífico: quanto mais longe a

OS DESBRAVADORES

exploração levava a cultura das colônias originais, maior era a liberdade e a amplitude com que essa cultura divergia.

Além da Micronésia, no Pacífico sul, e fora do alcance do povo lápita, estendia-se uma das mais desanimadoras fronteiras do mundo: um oceano grande demais para ser cruzado com a tecnologia da época, no qual os ventos de sudeste sopram quase sem trégua e vastas distâncias separam as ilhas exploráveis. A conquista desse ambiente ocorreu, principalmente, na segunda metade do primeiro milênio da era cristã, levada a cabo pelo povo que hoje chamamos de polinésios.

Os polinésios são comumente definidos como falantes de um grupo de línguas muito próximas entre si. É difícil encontrar um traço cultural de outra natureza que lhes seja comum. Pode-se, entretanto, com base em dados arqueológicos e lingüísticos, reconstituir a vida que levavam durante os primeiros séculos de seu avanço pelo Pacífico. Cultivavam o taro e outros tubérculos, suplementados com coco, fruta-pão e banana, e criavam galinhas. Deram nome a 150 espécies de peixes e mariscos, que utilizavam para fabricar instrumentos — lixas feitas com espinhas de ouriços-do-mar, anzóis com cascas de ostras. Consumiam a *kava*, bebida fermentada produzida a partir de uma planta cujas raízes têm propriedades narcóticas, usadas na indução de transes e na celebração de ritos.[1] Embora a concepção que faziam do sagrado não possa ser recuperada pela arqueologia, ela pode ser inferida a partir de sua língua e de outros indícios posteriores. Segundo concebiam, o mundo era regido pelo *mana*, uma força sobrenatural que dava vida a todas as coisas e lhes conferia sua natureza característica. O *mana* de uma rede, por exemplo, era o que a fazia capturar peixes; o *mana* de uma erva dava-lhe propriedades curativas.

A cultura polinésia foi, em suas origens, uma cultura de fronteira. Surgiu no Pacífico central, provavelmente nas ilhas de Tonga e Samoa, há cerca de 2 mil ou 3 mil anos, talvez da mesma maneira que a cultura que construiu cidades nas ilhas Carolinas: como uma modificação da cultura lápita, ocorrida em conseqüência da distância em que se achavam os colonizadores e de seu relativo isolamento em relação às terras de seus antepassados. A cronologia da expansão polinésia, envolta em muitas incertezas, vem sendo debatida incessantemente. Mas não há dúvidas quanto à trajetória geral da civilização polinésia — rumo a terras desconhecidas e por mar. Desde suas primeiras aparições nos registros arqueológicos, os polinésios foram constantes viajantes, aventu-

66

A EXPANSÃO MARÍTIMA

rando-se cada vez mais longe pelos caminhos dos alísios de nordeste, que restringiam o âmbito das navegações mas ao menos prometiam aos exploradores bons prognósticos de retorno ao lar.

Em fins do primeiro milênio a.C. e durante surtos de exploração no milênio seguinte, muito separados no tempo, houve claramente períodos de "decolagem" cujos indícios arqueológicos se multiplicam pelo oceano, cobrindo milhares de ilhas, até a remota ilha de Páscoa. A cronologia é pouco precisa e acaloradamente debatida, pois não há consenso entre os arqueólogos quanto ao valor de certos tipos de indícios. Por exemplo, nos casos em que inexistem indicadores diretos de habitação humana, que grau de importância deve ser atribuído a pistas ambientais, como os indícios de perda de cobertura florestal, que se obtêm no pólen, ou a presença de ratos ou lesmas, que, segundo se crê, acompanharam os migrantes humanos pelo Pacífico?[2] No caso das ilhas da Nova Zelândia — tão grandes que é mínima a probabilidade de serem encontrados ali indícios diretos dos primeiros povoadores —, os estudiosos se baseiam tradicionalmente no cômputo de gerações, conservado pelos nativos, para fixar a data das primeiras chegadas. Esse método produz resultados que variam entre os anos 800 e 1300 da era cristã. A solução mais próxima de um consenso provém de intérpretes de outros dados — principalmente sinais de modificações ambientais e proezas de prestidigitação estatística, o que inclui tentativas de estimar a data de chegada pela extrapolação das estatísticas posteriores do crescimento demográfico da população nativa. Tais métodos levam a crer, com reservas, que os primeiros colonizadores chegaram por volta do ano 1000 d.C.

Por que foi tão longo o período de confinamento dos polinésios em suas ilhas de origem? E por que teriam deixado essas ilhas tão subitamente, em termos relativos, para ocupar uma área tão vasta do oceano? No atual estágio do conhecimento, que as futuras escavações certamente hão de ampliar, a melhor síntese dos dados disponíveis seria dizer que suas colonizações foram precedidas por explorações e que, em diferentes períodos, a partir do primeiro milênio a.C., eles devem ter necessitado de mais espaço, talvez devido a tensões demográficas ou talvez porque uma transformação da dinâmica social, religiosa ou jurídica tenha levado grupos marginalizados ou banidos a partir em busca de liberdade.

É de se presumir que tenham explorado o Pacífico, além do corredor dos ventos alísios, aventurando-se, pouco a pouco, por regiões onde o regime dos ventos lhes era desconhecido, mas das quais podiam ter esperança de retornar às zonas dos alísios em caso de extrema necessidade. A partir do núcleo polinésio, fica óbvio que tanto as ilhas Cook, quanto as ilhas da Sociedade, Taiti e as ilhas Tuamotu, até Mangareva, situam-se na trajetória familiar, bem na rota das embarcações que seguem contra o vento. As Marquesas, ao norte, e as ilhas Austrais e Rapa, ao sul, localizam-se em alguns pontos fora da rota dos alísios, mas dentro da faixa que se pode considerar acessível a tripulações audaciosas, mas não temerárias.

A ilha de Páscoa fica muito longe dessa área, bem no meio do oceano, porém no prolongamento da linha reta que passa pelas ilhas de origem dos polinésios e segue pelos arquipélagos intermediários. De acordo com os dados mais recentes, sua colonização não deve ter ocorrido depois de 400 d.C. Não restam dúvidas sobre a direção da qual vieram os migrantes. Pode-se pôr de lado a balela de Thor Heyerdahl — a afirmação de que a ilha de Páscoa não foi de modo algum, em sua origem ou essência, um assentamento polinésio, mas que foi descoberta e colonizada por navegadores sul-americanos que viajavam em balsas. Heyerdahl demonstrou que era possível realizar essa viagem a partir do Peru, em balsas como as usadas pelos incas, e escreveu uma interessante história sobre a maneira como a reconstituiu. No entanto, entre possibilidade e realidade medeia o abismo.[3] A cultura da ilha está por demais saturada de elementos de óbvia origem polinésia para que a tese de Heyerdahl mereça consideração. Pukapuka e as ilhas Fênix situam-se bem mais ao norte, mas poderiam ter sido descobertas por ocasião de viagens de retorno de exploradores para o núcleo polinésio original, pois acham-se no corredor dos alísios e, com efeito, eram pontos de referência comuns para os navios europeus no Pacífico nos tempos modernos.

Em fases posteriores de sua expansão, os polinésios colonizaram as ilhas em direção ao norte, até o Havaí, por volta de 500 d.C., chegando finalmente à Nova Zelândia e às ilhas Chatham, talvez há mil anos. Essas ilhas são diferentes da longa e intermitente série que se estende na direção contrária ao vento, a partir do local de origem dos polinésios. Não só estão muito distantes das trajetórias dos ventos alísios, como na realidade situam-se em áreas que, do ponto de vista dos marujos polinésios, eram buracos negros náuticos, aos quais o vento não levava. O navegante pode alcançar facilmente a Nova Zelândia vindo do oeste — tirando partido dos chamados "Quarenta rugidores", ventos que sopram de oeste, entre 40 e 50 graus de latitude sul —, mas não do norte, de onde vieram os polinésios. O acesso ao arquipélago do Havaí é tão difícil que mesmo os exploradores europeus, que esquadrinharam resolutamente o Pacífico no começo da era moderna, tardaram 250 anos para avistá-lo.

A colonização de tantas ilhas, muitas das quais pareciam extremamente afastadas entre si, foi uma façanha tão surpreendente que durante muito tempo os pesquisadores imaginaram que só poderia ter ocorrido por acidente. Os historiadores se recusavam a crer que os antigos polinésios pudessem ter singrado deliberadamente milhares de quilômetros em mar aberto — a menos que tivessem sido levados ao léu até novas terras, por ventos inusitadamente fortes. Mas esses pressupostos são falsos. Simulações de computador não mostram nenhum exemplo de ilhas situadas fora da área central da Polinésia que possam ser descobertas por embarcações à matroca. É impossível chegar ao Havaí, digamos, ou à Nova Zelândia, dessa maneira.

A navegação de longo curso é parte natural da vida em ilhas pequenas — um modo característico de maximizar recursos, ampliar oportunidades econômicas, diversificar o ecossistema. Foi o feito de povos inspirados por uma cultura aventureira. Essa cultura ficou registrada em numerosas epopéias sobre viagens heróicas. Transparece também em seus ritos — o festim canibal, por exemplo, em honra do regresso de um navegante tonganês chegado de Fiji, que teve como testemunha um marinheiro inglês em 1810. Esses povos marítimos praticavam também o exílio marítimo, semelhante ao dos vikings, e, de acordo com suas próprias lendas, faziam longas peregrinações marítimas a fim de participar de rituais distantes. Na década de 1970, Ben Finney, um "arqueólogo experimental", tentou reconstituir viagens do Taiti ao Havaí e de Raratonga à ilha de Páscoa. Comprovou que poderiam ser realizadas com as típicas canoas a vela da era das migrações: naturalmente, ele sabia para onde estava indo, o que os primeiros descobridores ignoravam, mas suas iniciativas mostraram que as premissas convencionais eram falsas.

Relatos de antropólogos sobre navegações mais recentes entre ilhas dos mares do sul nos dão uma idéia de como era o mundo dos navegadores polinésios e de como criaram e desenvolveram sua tecnologia de alto-mar. Tradicionalmente, na véspera de começar a trabalhar numa nova embarcação, o construtor de canoas depositava sua machadinha no interior de um recinto sagrado, onde ela passava a noite, com o acompanhamento de cantos rituais. No dia seguinte, após um festim dedicado aos deuses, em que se consumia um porco cevado, ele se levantava antes do nascer do sol para cortar e juntar a madeira, sempre atento a augúrios. Para uma viagem de longo curso, construía uma canoa com flutuador lateral ou um catamarã, guarnecido com velas em forma de unha, para que o mastro e o cordame ficassem leves. Um remo largo, a ré, servia de leme; essa função podia ser exercida também por uma prancha de madeira que era mergulhada na água perto da proa, para virar a embarcação contra o vento, ou manobrada na popa, se o piloto desejasse girar a favor do vento. Para se alimentarem, os marinheiros embarcavam frutos e peixes secos, cocos e uma pasta cozida de fruta-pão, batata doce e outros vegetais. A capacidade de armazenamento era exígua, e decerto os marujos tinham de suportar longos períodos sem alimentação nas viagens mais longas. A água — em quantidade limitada — podia ser levada em cabaças, em gomos de bambu ou em bolsas feitas de algas. Bastava uma pequena tripulação: dois timoneiros, um ajustador de velas, um encarregado de esvaziar a embarcação e um ajudante. O membro mais importante da tripulação era o navegador, cujos anos de experiência lhe permitiam encontrar a rota, pela vastidão do Pacífico, sem instrumentos e sem uma estrela fixa.[4]

Métodos quase inimagináveis para os marinheiros de hoje mantinham as embarcações no rumo certo. Os navegantes polinésios literalmente achavam o caminho pelo tato. "Pare de olhar para a vela e pilote pela sensação do vento no rosto" era um tradicional conselho de navegadores, registrado ainda na década de 1970. Alguns marinheiros costumavam deitar-se no flutuador lateral para "sentir" as vagas. Segundo um observador europeu, "o instrumento mais sensível de um homem são seus testículos". Era possível corrigir uma variação de poucos graus no vento observando as vagas largas produzidas pelos ventos alísios. Embora as correntes não possam ser percebidas pelo tato, os navegadores acumularam sobre elas um conhecimento prodigioso. Nativos das ilhas Carolinas entrevistados em épocas modernas conheciam as correntes espalhadas por uma área de quase 3500 quilômetros de largura. Além de tudo, calculavam a latitude pelo sol e acompanhavam o rumo pelas estrelas. Os navegantes das ilhas Carolinas aprenderam a avaliar sua posição mediante a observação de dezesseis grupos de estrelas-guia, cujos movimentos recordavam por meio de parlendas ritmadas. Um exemplo que ficou do passado compara a navegação com "a colheita da fruta-pão", estrela por estrela. De acordo com um visitante espanhol em 1774, eles sabiam associar estrelas a determinados destinos, com precisão suficiente para encontrar à noite o porto desejado, onde lançavam suas rudes âncoras de pedra e coral. O navegador taitiano Tupaia, admirado pelo capitão Cook, conhecia ilhas em quase todos os principais arquipélagos do Pacífico sul. Cartas náuticas feitas de juncos mostravam a localização de ilhas e a força e direção das vagas. Algumas dessas cartas, confeccionadas nas ilhas Marshall nos últimos séculos, sobrevivem em museus ocidentais.[5]

A tradição oral dá uma idéia do âmbito das viagens e da destreza dos navegantes. O conto mais heróico talvez seja o de Hui te Rangiora, cuja viagem, iniciada em Raratonga em meados do século VIII, levou-o a passar por rochedos brancos e nus que se erguiam em mares muito revoltos e chegar a um local de gelos contínuos. Alguns mitos atribuem o achamento da Nova Zelândia a Maui, herói de características divinas, que capturava raias gigantes usando como isca seu próprio sangue; uma figura menos nebulosa é Kupe, inequivocamente humano, que afirmava ter sido orientado em sua viagem, começada em Raratonga, talvez em meados do século X, por uma visão de Io, o deus supremo. No entanto, é possível que ele tenha simplesmente seguido a migração do cuco-de-cauda-longa. Suas instruções de navegação diziam: "Que o rumo avance à direita do sol poente, da Lua ou de Vênus no segundo mês do ano".[6]

Por volta do ano 1000, os polinésios devem ter chegado perto do limite das possibilidades da navegação com a tecnologia de que dispunham. Sua expansão deixou comunidades isoladas nos locais mais remotos a que chegaram: o arquipélago do Havaí, a Nova Zelândia, a ilha de Páscoa e as ilhas Chatham. Nos séculos seguintes, os habitantes desses postos avançados da humanidade não tiveram nenhum contato com o resto do mundo. O Havaí situava-se fora do rumo do vento; sua descoberta tinha sido um caso único, irrepetível, salvo por acidente, até que tecnologias revolucionárias levaram novos tipos de navios ao Pacífico, no século XVIII. A ilha de Páscoa, a Nova Zelândia e as Chatham estavam simplesmente longe demais para manter contato com os núcleos polinésios originais. Mergulharam em absoluta solidão, sem vínculos com o restante da humanidade. Até mesmo as ilhas Pitcairn e Henderson, que se localizam a apenas alguns dias de navegação de Mangareva, caíram num isolamento tão completo que, quando a guerra pôs fim a seu comércio com Mangareva, há cerca de quinhentos anos, seus habitantes as abandonaram. Se a ilha de Páscoa houvesse permanecido em contato com outras sociedades polinésias, seus habitantes certamente disporiam de cães e porcos. Mas na ilha só havia frangos, provavelmente porque esses eram os animais que os primeiros colonizadores puderam levar vivos. Se não tivesse permanecido em isolamento, a ilha de Páscoa tampouco poderia ter criado uma cultura tão característica: foi a única ilha polinésia a desenvolver a escrita, e suas famosas estátuas de pedra, ainda que semelhantes às do restante da Polinésia, apresentam uma feição própria. As culturas da Nova Zelândia diferenciaram-se enormemente em relação às das demais ilhas da Polinésia. As línguas ainda conseguem ser mutuamente inteligíveis, mas a estética, os rituais e, sobretudo, as instituições surpreenderam os etnógrafos quando estes começaram a compará-las, no século XIX, pois mostravam pouquíssimos paralelos. O Havaí assemelhava-se ao resto do mundo polinésio, mas contava com uma agricultura bastante desenvolvida e com clãs, relativamente grandes, que por fim se aglutinaram num império espalhado por todo o arquipélago. Por outro lado, os habitantes das ilhas Chatham renunciaram à agricultura, que era a base da vida em todas as demais ilhas polinésias.

Se os navegadores polinésios não conseguiam manter os contatos entre as diferentes ilhas, obviamente não tinham como expandir sua presença no oceano. Os polinésios foram os mais intrépidos e inventivos dos marinheiros pré-modernos. Criaram, em mares abertos, redes de rotas com milhares de quilômetros que eclipsavam qualquer coisa análoga que todas as demais sociedades da época poderiam realizar fora de mares de monções. Em sua expansão, os povos insulares completaram o povoamento do mundo, mas jamais atravessaram todo o Pacífico. Tampouco puderam criar rotas sustentáveis de ida e volta que cobrissem toda a sua área de colonização. Essas realizações teriam de esperar pela tecnologia mais avançada de uma era posterior.

A GRANDE CONVERGÊNCIA: O ÁRTICO E O ATLÂNTICO

Quase no mesmo momento em que o esforço dos polinésios chegava a seu clímax, façanhas de exploração não menos heróicas abriam novas rotas em outros dois oceanos que pareciam, a seu modo, igualmente inacessíveis à tecnologia da época: o Atlântico e o Ártico. E o mais impressionante foi que essas expansões se encontraram.

A EXPANSÃO MARÍTIMA

Há cerca de mil anos, um período relativamente quente transtornou o modo de vida consagrado na região ártica da América do Norte. Levas de migrantes espalharam-se pela costa sul do oceano Ártico, avançando, de oeste para leste, pelo caminho que denominamos Passagem do Noroeste. Hoje dizemos que esses migrantes são os inuítes de Thule. O nome Thule, escolhido pelos estudiosos modernos, provém de um sítio arqueológico na Groenlândia, mas parece muitíssimo apropriado: a Última Thule era o limite para a imaginação clássica, a terra que ficava no fim do Ocidente. Como vimos, esse era o objetivo final de Pítias em suas incursões pelo oceano.[7]

O povo da cultura thule estava habituado à vida no mar. Eram caçadores de baleias, que faziam longas viagens por mares abertos em embarcações frágeis e rebocavam para a costa os cetáceos que matavam. Inflavam bexigas de focas ou morsas para fazer bóias que prendiam a seus arpões, e essas bexigas tinham tal capacidade de flutuação que ajudavam a evitar que as baleias feridas mergulhassem. O Nakaciuq, ou Festival das Bexigas, ainda comemorado anualmente no sudoeste do Alasca, mais ou menos na época do Natal, perpetua alguns ritos praticados pelos thules quando preparavam as bexigas ou se desfaziam delas depois de usadas. Segundo acreditavam, as bexigas continham as almas das criaturas a que tinham pertencido e que os nativos homenageiam como parceiras na caçada. Após uma série de banquetes, danças com máscaras e fumigações rituais, as bexigas usadas são devolvidas solenemente ao mar.[8]

A proeza dos thules tem algo de assombroso. A tecnologia ocidental só conseguiu encontrar uma passagem pela banquisa do Ártico norte-americano em 1904, quando Roald Amundsen utilizou um potente quebra-gelos. Mas esse foi um dentre os muitos casos em que uma tecnologia que consideramos "primitiva" adequava-se bem ao ambiente para o qual foi criada. O povo de Thule dispunha de dois tipos de embarcações: caiaques finos, conduzidos por um único caçador em viagens curtas, e barcos grandes, chamados umiaques, para viagens longas. O umiaque é uma embarcação magnífica. Na década de 1970, o explorador John Bockstoce comprou um umiaque que já tinha cerca de quarenta anos e fora construído segundo modelos tradicionais. Restaurou-o com materiais usados pelos nativos: cinco peles de morsa esticadas sobre um cavername de madeira e atadas com cordas feitas de pele de foca. Não era fácil coser as grossas peles evitando atravessá-las completamente com as agulhas, a fim de produzir costuras impermeáveis. O resultado foi uma embarcação capaz

73

OS DESBRAVADORES

de transportar oito ou nove passageiros com suas bagagens, uma barraca, duas estufas, um motor, barris com cerca de quinhentos litros de água, duas focas grandes, uma dúzia de patos e dois gansos.[9]

Os esquimós que ensinaram Bockstoce a manejar seu umiaque apelidaram-no de Velho Comilão, por sua disposição de comer qualquer coisa que houvesse. Sua determinação era tão grande quanto seu apetite. Bockstoce fez uma reconstituição da navegação dos thules em torno da América e seu esforço confirma os fatos conhecidos. Embora tenha utilizado um motor de popa num momento ou outro, ele enfrentou as mesmas dificuldades que os antigos navegadores no gelo. Usando barcos de pequeno calado, podiam costear a terra e avançar entre os bancos de gelo que se apóiam no fundo evitando as massas de gelo flutuantes que mais tarde vieram a imobilizar os grandes navios europeus que tentavam explorar a Passagem do Noroeste. Seus barcos eram leves e podiam ser facilmente levantados para livrá-los dos gelos obstrutivos. A tripulação podia acampar na costa sempre que desejasse e usar um umiaque emborcado como abrigo. Assim, aos poucos, os thules foram avançando em torno da América e chegaram à Groenlândia, provavelmente no século XII.[10]

Nesse ínterim, colonos nórdicos tinham chegado à mesma região por meios completamente diferentes para os padrões da navegação polar da época. Enquanto os thules cruzavam o Ártico cosendo-se à costa, os nórdicos tinham de fazer longas travessias por mar aberto para penetrar no Atlântico e atravessá-lo. Construíam grandes navios de madeira, com tábuas unidas com pregos de ferro, e usavam velas. Na Islândia, os bardos lembravam — ou diziam lembrar — essas aventuras. Segundo eles, todas as colonizações dos nórdicos foram resultados heróicos de mares borrascosos e sociedades ainda mais revoltas. Atribuíam a descoberta da Groenlândia a um vento anômalo que havia carregado Gunnbjorn Ulf-Krakason para oeste, contra sua vontade, no começo do século X. De acordo com o mesmo conjunto de relatos tradicionais islandeses, Erik, o Ruivo, deu início à colonização da ilha ao ser expulso da Islândia por ter cometido um assassinato, no ano 982. O Novo Mundo teria sido avistado pela primeira vez por um aventureiro que tentava seguir o pai à Groenlândia e passou além dela.

Na verdade, era mais que natural que navios nórdicos fossem os primeiros a cruzar o Atlântico. Uma série de correntes e de ventos rodopiam sob o círculo Ártico, ligando a Noruega à Terra Nova. A última etapa da viagem, da Groen-

74

O umiaque com que John Bockstoce fez sua expedição avançar entre gelos e baixios, impelido por varejões, na enseada Russell, no norte do Canadá, em julho de 1978.

lândia à Terra Nova, é um trajeto curto, que uma corrente ajuda a fazer. Na viagem de volta à Islândia, porém, os navegadores eram obrigados a se arriscar a longos percursos em mar aberto, em vista do predomínio de ventos de oeste.

O verdadeiro heroísmo dos navegadores nórdicos não foi aquele que os bardos lhes atribuíram, mas simplesmente sua disposição para afrontar os ventos e as correntes: cruzar os mares que nas representações artísticas da época aparecem infestados de monstros. Com efeito, a característica principal dessas viagens, em comparação com a maioria das expedições de exploração marítima, foi o fato de os exploradores não se limitarem a viagens feitas contra o vento. Os nórdicos não se deixavam deter por esses obstáculos no Atlântico. Ao que saibamos, achavam ancoradouros na costa e cruzavam mares abertos sem mapas e quase sem adjutórios técnicos. A bússola, surgida no oceano Índico, ainda não tinha chegado à Europa. O único instrumento disponível era o chamado relógio de sol — uma tabuinha de madeira a que se prendia uma haste. Se o navegante tivesse a sorte de encontrar céus sem nuvens, podia comparar a sombra projetada pela haste, ao meio-dia, em dias sucessivos. Isso lhe permitia verificar se estava mantendo a mesma latitude.

A grande convergência, c. 1000 d.C.

Para marinheiros afeitos à bússola ou a instrumentos eletrônicos de precisão absoluta, parece um milagre que os nórdicos conseguissem chegar a algum lugar com uma tecnologia tão rudimentar. No entanto, a tecnologia avançada embota a capacidade de observação, que os pilotos nórdicos tinham em grau muito desenvolvido. Mesmo sem recorrer ao relógio de sol, eles eram capazes de estimar aproximadamente sua latitude, em relação a um lugar conhecido, observando a olho nu a altura do sol ou da estrela Polar. Quando havia nebulosidade ou nevoeiro, tudo quanto podiam fazer, naturalmente, era navegar por palpite até o templo clarear. Quando se aproximavam da terra, observavam as nuvens ou seguiam o vôo de retorno das aves à terra, como os lendários descobridores da Islândia no século IX, que transportavam corvos para soltá-los de vez em quando. Tal como os polinésios e alguns modernos pescadores do Atlântico, é possível que os colonizadores que seguiram Leif Eriksson à Terra Nova, no começo do século XI, se orientassem também pela direção das ondas.

Suas embarcações não eram os furtivos navios-serpente usados pelos piratas vikings, nem as "esplêndidas feras com boca de ouro" cantadas pelos poetas nórdicos. Eram barcos largos e de grande calado. Em 1962, arqueólogos desenterraram em Skuldelev um bom exemplo desses navios. A quilha e as cavernas eram de carvalho. As tábuas sobrepostas do forro exterior eram de pinho, fixa-

O navio viking Skuldelev 1, *após sua restauração.*

das com cavilhas de tília. Outras uniões eram feitas com rebites de ferro, fabricados, possivelmente, pelo circunspecto ferreiro barbudo que trabalha com um fole, martelo e pinças, representado num relevo do século XII em Hylestad. Os espaços entre as tábuas estavam calafetados com meadas de pêlos de animais empapadas com resina de pinheiro. O mastro central era armado com uma vela redonda de grosso tecido de lã, útil principalmente com vento de popa. Quando colhida, a vela repousava sobre grandes forquetas em forma de T. Alguns navios contavam ainda com uma pequena vela adicional, para simplificar as manobras. Eram veleiros, e não navios impelidos a remos. Havia somente algumas aberturas para remos, a vante e a ré, para manobras perto da costa. Destituídos de leme, esses navios eram governados por meio de um varão mergulhado na água perto da popa, no costado de boreste. Como não dispunham de um convés superior para drenagem, exigiam que a água fosse tirada do interior quase constantemente, com baldes de madeira. As provisões — mantimentos salgados, coalhada, cerveja — eram conservadas num porão aberto a meia-nau, em odres e barricas sempre molhados. Não se podia cozinhar a bordo, mas todos os navios dispunham de enormes caldeirões para

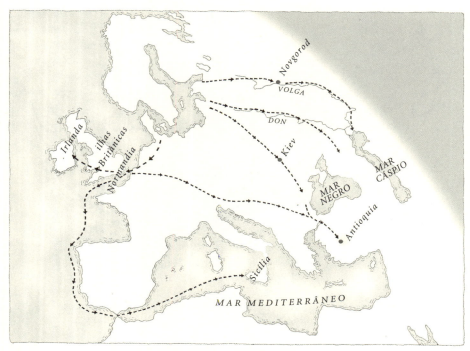

Penetração dos nórdicos na Europa.

serem usados em terra — um indício dos sofrimentos impostos à guarnição durante as viagens. Quanto à "sua pergunta sobre o que as pessoas procuram na Groenlândia e por que viajam para lá arrostando tantos perigos", a resposta, segundo um livro norueguês de 1240, é: "reside na natureza tríplice do homem. Um dos motivos é a fama, outro a curiosidade e um terceiro a busca de riquezas". O avanço dos nórdicos no Atlântico foi parte de um prolongado fluxo de colonizadores provenientes da Escandinávia. Entre os séculos VIII e XII, esses colonizadores chegaram até o mar Negro e o Cáspio — pelos vales do Volga e do Don —, ocuparam grande parte das ilhas Britânicas, alcançaram a Normandia e dali desceram para o Mediterrâneo, fundando reinos e principados na Irlanda, Inglaterra e Sicília, bem como em Novgorod, Kiev e Antioquia.

Até a Islândia, a penetração no Atlântico se fez, em parte, mediante saltos de ilha em ilha, em mares já explorados por monges irlandeses, que haviam colonizado as ilhas Faroë no começo do século VIII. Como relatou um deles, uma "navegação de dois dias e duas noites com velas pandas e um vento incessante" levou-os aonde, por volta do solstício de verão, as noites eram tão claras que "tudo quanto um homem desejar fazer, até mesmo catar piolhos em sua camisa, pode realizar com a mesma precisão que em plena luz do dia". A partir dali, com "um dia de navegação para norte encontraram o mar gelado".[11]

Os monges irlandeses chegavam a extremos impressionantes nas viagens que impunham a si mesmos como penitência e em sua busca de lugares ermos nos quais pudessem imitar o isolamento de João Batista e a resistência de Cristo às tentações. Serviam-se de embarcações construídas segundo os modelos dos tradicionais *curraghs* ou coracles dos pescadores irlandeses, construídos com materiais típicos de uma sociedade pastoril: couros de boi esticados sobre armações leves, impermeabilizadas com gordura e manteiga, cujo massame era constituído de cabos feitos de tiras de couro de boi. Içavam uma única vela redonda, pois viajavam com espírito de exílio e penitência e entregavam-se conscientemente a Deus. Como Abraão, dirigiam-se não a um destino por eles mesmos escolhido, e sim a "uma terra que eu te mostrarei". "Não é Deus o piloto de nosso barquinho?" Com essas palavras um abade censura seus tripulantes, num texto do século X, por remarem em direção à praia com pressa excessiva. "Deixem os remos", continua ele, "pois Ele nos conduz para onde manda a Sua vontade."[12] Como estavam dispostos a se abandonar aos ventos e às correntes, os monges tinham por isso mesmo mais possibilidades de ir mais longe e descobrir algum território do que navegantes que se conduziam com determinação.

Naturalmente, estavam também mais sujeitos a sofrer desastres ou ficar presos em algum lugar, sem esperança de retorno. Parece incrível que suas embarcações resistissem aos mares encapelados do Atlântico Norte, mas o infatigável explorador Tim Severin tentou uma simulação de suas viagens na década de 1980 e, partindo da Irlanda, chegou à Terra Nova sem nenhum contratempo.[13] É possível que algumas das antigas habitações de turfa achadas por arqueólogos na Groenlândia, e até na Terra Nova, tenham sido construídas por eremitas irlandeses. Tanto os materiais quanto os métodos de construção eram comuns à tradição nórdica e irlandesa.

A *Navigatio Sancti Brandani Abbatis*, obra hagiográfica que chegou até nós em dezenas de versões posteriores ao século X e que provavelmente remonta a um protótipo do século VI, pretende ser uma crônica das viagens marítimas de um grupo de monges que buscavam o paraíso terrestre ou a "terra prometida dos santos". Trata-se, evidentemente, de uma obra de ficção. Mistura tradições irlandesas da terra das fadas com lugares-comuns da literatura ascética cristã. São Brandão encontra-se com Judas em seu lugar de tormento; desembarca numa baleia, que confunde com uma ilha; encontra colunas de fogo, de nuvens e de gelo; exorciza demônios, foge de monstros, conversa com anjos decaídos em forma de aves e ascende, em estágios penitenciais, ao estado de graça no qual o paraíso terreal lhe é revelado. Certos detalhes atestam a imaginação do escritor: uma ilha de carneiros mais gordos que bois lembra um delírio fradesco de terça-feira de carnaval. Ao mesmo tempo, porém, o *Navigatio* descreve o mar em termos que mostram a influência de relatos reais, baseados em experiência própria. A descoberta de uma ilha habitada por um único monge é um episódio que pode ter realmente ocorrido durante as jornadas dos monges irlandeses. O texto inclui uma descrição plausível de um iceberg. No fim do livro, o guia misterioso e um tanto angelical que acompanha Brandão em sua viagem refere-se explicitamente às anotações de um explorador e confia a Brandão provas de suas descobertas, ao mesmo tempo em que fere uma nota mística:

> Disse ele então a são Brandão: "Esta é a terra que por tanto tempo procuraste; mas tardaste a achá-la porque Deus desejava mostrar-te Seus muitos segredos no vasto oceano. Retorna, pois, à terra em que nasceste, levando contigo o quanto teu barco possa transportar dos frutos dessa terra e de suas gemas; porque os dias de tua peregrinação se aproximam do fim, quando descansarás entre teus ancestrais. Passados muitos anos, na verdade, esta terra será desvelada aos que vierem empós de ti, quando a perseguição se abater sobre os cristãos. O grande rio que vês aqui divide a ilha. Tal como ela se mostra a ti agora, regorgitante de frutos maduros, assim ela permanecerá para todo o sempre, não escurecida pela noite, pois sua luz procede de Cristo". [...] Eis, pois, que são Brandão de fato juntou frutos da terra e todas as espécies de pedras preciosas, e tendo recebido a bênção desse mancebo e do guia, embarcou com seus irmãos e começou a navegar de volta em meio à escuridão.[14]

Brandão foi a inspiração direta de posteriores expedições que exploraram o Atlântico a partir da Europa. A "ilha de São Brandão" aparece em muitas cartas náuticas e atlas dos séculos XIV e XV. Navegantes de Bristol, a cujas atividades voltaremos no próximo capítulo, procuraram-na ativamente na década de 1480. Colombo referiu-se a essa lenda em sua última viagem transatlântica.[15] A forma como muitas vezes as nuvens se dispõem sobre o Atlântico, dando a falsa impressão de que logo se tocará em terra, reforçava o mito. No século XVI veio à luz uma crônica da conquista da ilha. Embora a ilha de São Brandão não existisse, as navegações de anacoretas irlandeses realmente ocorreram. Eles podem ou não ter atravessado o Atlântico, mas decerto chegaram à Islândia, e na década de 790 começaram a criar mosteiros ali.

Aos irlandeses seguiram-se os nórdicos, de início com ânimo hostil. Ao que parece, os monges das ilhas Faroë foram exterminados no começo do século IX, deixando, segundo um relato irlandês, ilhas cheias de carneiros. Os nórdicos os substituíram. O que aconteceu em seguida poderia ser previsto por qualquer conhecedor da história da colonização. Cada região de fronteira gera colonizadores para a região mais próxima. Na década de 860, colonizadores provenientes da Noruega e das ilhas Faroë estavam dividindo a Islândia com os monges e, com relativa rapidez, expulsando-os de lá. A precedência dos irlandeses parece comprovada num dos primeiros nomes dados pelos nórdicos à Islândia, "Ilha dos Irlandeses". Mas a tradição nórdica afirma o contrário e assevera que esse nome foi dado como referência a escravos irlandeses que fugiram e foram massacrados pelos colonizadores. No ano 930, quatrocentas famílias nórdicas — segundo os mais antigos relatos subsistentes — haviam dividido a ilha entre si, trazendo consigo mais escravos irlandeses. Com efeito, a Islândia era mais ou menos um condomínio nórdico-irlandês, tantos eram os irlandeses — principalmente na condição de escravos e concubinas — entre os colonizadores.

A descoberta da Islândia é narrada em muitas sagas que se contradizem, mas a da Groenlândia é assunto de uma única tradição, que parece ser, portanto, mais digna de crédito. Erik, o Ruivo, era um homem de índole colérica, expulso da Noruega por homicídio e depois da Islândia, pelo mesmo delito. Partiu, então, resolvido a encontrar a terra que Gunnbjorn Ulf-Krakason tinha avistado anos antes, ao ser impelido para oeste por uma tempestade. Passou os três anos de seu degredo explorando a costa e planejando a colonização. De volta à Islândia, encheu de colonos 25 navios, quatorze dos quais chegaram à Groenlândia para lançar os fundamentos de uma colônia que durou cerca de quatro séculos e meio.

Para os navegantes que saltavam de ilha a ilha, era fácil alcançar a Terra Nova partindo da Groenlândia: um percurso breve, facilitado por correntes favoráveis. Nas sagas, a história da primeira travessia está eivada de incoerências, mas pode ser resumida, com reservas. Em 987, um visitante norueguês, Bjarni Herjólfsson, tentou navegar até a Groenlândia por uma rota que nenhum de seus tripulantes conhecia, perdeu-se e avistou uma terra que até então ninguém tinha visto. Após um intervalo de quinze anos, Leif Eiriksson, filho de Erik, o Ruivo, foi ao lugar descoberto por Bjarni, navegou para sul, acompanhando uma longa costa, e deu a partes dela os nomes de Helluland, Markland e Vinland. A descrição dessa última área na saga coincide, em todos os sentidos, com o norte da Terra Nova. Seguiu-se uma missão colonizadora chefiada por Thorfinn Karlsefni, mercador que se sentiu atraído pela história de Leif, mas entrou em conflito com os repulsivos nativos que os nórdicos chamavam de Skraelingar. O assentamento teve de ser abandonado, numa data desconhecida, no começo do século xi.

Teriam os nórdicos ido além da Terra Nova? Quando lecionei na Universidade de Minnesota como professor-visitante, achei engraçado que o time de futebol americano de Minneapolis se chamasse Vikings. Mas logo percebi que para muitos moradores da cidade não havia nisso nenhuma piada. No século xix, o estado de Minnesota recebeu grande número de imigrantes escandinavos. Até hoje, algumas comunidades comem *lutefisk** no dia de Ação de Graças. Muitos cidadãos orgulham-se de uma suposta ascendência nórdica. A afirmação de que inscrições rúnicas espalhadas pelo estado comprovam a presença de nórdicos em Minnesota é muito comum em sites da internet e em outros lugares onde pessoas que acreditam nisso se reúnem para confirmar suas convicções. O que dizem é que, vindo da Groenlândia, os nórdicos subiram o rio São Lourenço, carregaram seus barcos por terra a fim de ultrapassar as corredeiras e as cataratas e depois atravessaram os Grandes Lagos. Versões ainda mais disparatadas da história afirmam que eles avançaram pelo curso superior do Mississippi e chegaram ao interior dos Estados Unidos. Segundo outras lendas, os escandinavos desceram além da Terra Nova, costeando o continente, chegando até a Nova Inglaterra e ainda mais a sul. O Mapa de

---

* *Lutefisk*: literalmente, peixe com soda cáustica; prato tradicional da Noruega. (N. E.)

Vinland — um tesouro da biblioteca da Universidade Yale tido por muitos como um documento medieval que comprova o conhecimento que os nórdicos tinham do mundo — mostra-a recortada por dois grandes braços de mar, que têm sido interpretados como alusões ao São Lourenço e a praticamente todas as massas de água importantes desde o Hudson até o Caribe, passando pela baía de Chesapeake.

Nenhuma dessas especulações tem fundamento. As supostas inscrições rúnicas de Minnesota são evidentemente falsas. Aliás, é provável que o mesmo aconteça com o Mapa de Vinland, ainda que nesse caso a falsidade seja menos clara. Não só, ou principalmente, porque testes científicos lançam dúvidas sobre a idade de sua tinta, mas sobretudo porque, em estilo ou desenho, ele não se assemelha a nenhum outro mapa da época em que teria sido feito: o documento simplesmente não parece convincente para quem conhece o contexto. Os "especialistas" que o autenticaram quando ele veio à luz — suspeitamente, numa transação comercial, sem nenhuma comprovação de sua origem — foram, como muitos especialistas em circunstâncias semelhantes, induzidos a erro por uma euforia momentânea e depois se fecharam num mutismo ditado pela conveniência.

Isso não significa que as navegações e colonizações verdadeiras dos nórdicos sejam destituídas de importância histórica. Quando criadas, as colônias na Islândia e na Groenlândia eram o único destino oceânico para o comércio originário de qualquer parte da Europa, e essa situação se manteve até o desenvolvimento das Canárias e dos Açores nos séculos XIV e XV. Além disso, a experiência dos nórdicos demonstrou fatos de enorme significado para o futuro do mundo. Vir de trás não era desvantagem na corrida espacial da Idade Média, e um lugar nas fronteiras da civilização era um bom ponto de partida. Para o êxito de iniciativas comerciais e imperiais, a motivação era mais importante que o avanço técnico. A pobreza podia ser uma fonte de impulso, uma alavanca para a realização pessoal. Quando a exploração global teve início mais tarde, a partir de bases européias, foram os países periféricos e mais pobres, Espanha, Portugal e Países Baixos, que lideraram o processo. Em todos os casos, uma ordem social e uma escala de valores apropriados tiveram mais importância do que os amplos meios de que as potências asiáticas dispunham.

O OCEANO ÍNDICO: A AMPLIAÇÃO E O DESENVOLVIMENTO DAS ROTAS DAS MONÇÕES

Como vimos, já na Antiguidade o oceano Índico era um palco de comércio transnacional. No entanto, havia muita margem para o desenvolvimento e a ampliação das rotas tradicionais. À medida que a riqueza se acumulava nas diversas áreas do oceano, as viagens comerciais se multiplicavam. Os indícios são proporcionados basicamente pela arqueologia, entre eles mercadorias originárias de uma das extremidades do Índico encontradas na oposta e vice-versa; mas os poucos documentos que chegaram até nós corroboram o quadro. Grande parte do comércio de longa distância originava-se da Índia. Mercadores indianos, já afeitos ao golfo Pérsico e ao mar Vermelho, ampliaram suas atividades em direção ao leste. Um relato do século V da era cristã parece inserir-se numa tradição de curiosidades geográficas sem paralelo em outras partes do mundo na época. A história se refere a um navio levado pelo vento a uma montanha chamada Srikunja.

> Ouvindo a história, narrada pelo capitão do navio, o príncipe Manohara registrou numa tábula de madeira os pormenores a respeito do mar em que ela acontecera, da direção e do lugar. De posse dessas informações, providenciou um navio comandado por um capitão experiente e saiu em busca do lugar. Impelido por um vento favorável, alcançou o destino desejado.[16]

O que haveria na tábula de Manohara? No caso de se tratar de uma carta náutica, ela seria, com precedência de vários séculos, a mais antiga referência a um guia nessa natureza. Mais provavelmente, tratava-se de um portulano, algo bastante comum em outras culturas e que, de modo geral, tinha a preferência dos navegantes.

O Sudeste Asiático, para onde confluíram o comércio indiano e o chinês, tornou-se palco de navegações heróicas. Estados de Sumatra enviavam missões à China em meados do século V,[17] embora a ligação jamais tenha sido muito segura. Já foram encontrados na costa da China destroços de navios de Sumatra que datam ainda do século VII, cujas tábuas eram atadas entre si e não levavam pregos. A última missão que se sabe ter saído de Srivijaya, o mais bem documentado estado de Sumatra na época, chegou à China no ano 742.

A EXPANSÃO MARÍTIMA

Nessa altura, os navegantes mais ambiciosos concentravam-se, ao que parece, na ilha de Java. Em 767, forças chinesas expulsaram invasores javaneses do golfo de Tonquim. Em 774, javaneses devastaram a costa meridional de Annam. Inscrições do povo cham, encontradas na região que é hoje o sul do Vietnã, falam com horror de "homens nascidos em terras estrangeiras, que se alimentam de coisas ainda piores que cadáveres humanos, assustadores, muito escuros e magros, mortalmente perigosos, que vieram em barcos". Outras inscrições, a partir do ano 778, registram invasões por parte de "exércitos de Java que chegaram em barcos". Uma coletânea árabe de relatos de mercadores do oceano Índico, datada do século X, registra uma expedição javanesa ao Camboja a fim de substituir um rei hostil por um vassalo subserviente. Não é raro que grandes povos comerciais e imperiais comecem como piratas. Quase na mesma época, os vikings estavam fazendo mais ou menos a mesma coisa. Mais tarde, venezianos, genoveses, ingleses e holandeses fundariam impérios marítimos e comerciais que começaram com a pirataria. O grandioso templo de Borobudur, edificado no sudoeste de Java por reis da dinastia Sailendra no fim do século VIII e começo do IX, é decorado com relevos de viajantes afamados. Um dos mais famosos desses relevos representa a viagem de Hiru à sua terra prometida. Esse fiel ministro do lendário rei-monge Rudrayana conquistou as graças dos céus ao intervir junto ao perverso filho do rei e seu sucessor, que havia proposto, entre outras iniqüidades, enterrar vivo o conselheiro espiritual do pai. Advertido, por via milagrosa, a fugir antes de uma tempestade de areia que sufocaria a corte, Hiru foi transportado a uma costa paradisíaca, em que abundavam celeiros, pavões, árvores de todo tipo e gente hospitaleira. No relevo de Borobudur, ele aparece chegando numa embarcação dotada de flutuadores laterais, com os conveses abarrotados e velas latinas em ambos os mastros e no gurupés. O artista tinha presenciado cenas como essa. Sabia como era cada um dos componentes de um navio e como funcionavam. É irresistível o paralelo com a história de são Brandão. Mais uma vez as tônicas são fantasia e piedade, mas aqui abundam também sinais de um conhecimento cada vez maior do mar, de países estrangeiros e das possibilidades existentes além deles.

O mesmo escultor entalhou, nas proximidades dessa cena, uma outra que exprime com clareza ainda maior os valores de um povo marinheiro. A segunda cena representa um naufrágio: a tripulação arriando as velas, os passageiros se amontoando numa balsa com mastro. A cena alude à história do virtuoso mer-

85

cador Maitrakanyaka. Seu pai, mercador de Benares, morrera no mar, e sua mãe procurou evitar, com mentiras piedosas, que o filho tivesse a mesma sorte. Ele tentou, sucessivamente, todas as profissões que, segundo sua mãe, o pai havia exercido, fazendo fortuna em cada uma delas e distribuindo-a em esmolas. Para livrar-se dele, comerciantes rivais revelaram-lhe a verdade. Despedindo-se da mãe com aspereza, explorou os mares, encontrando em toda parte lindas *asparas*,* até ser finalmente amarrado a uma roda de tortura como punição pela crueldade com que tratara a mãe. Só seria libertado, disseram-lhe os captores, quando aparecesse um sucessor para substituí-lo, depois de 66 mil anos. No entanto, Maitrakanyaka declarou que preferia suportar o castigo eterno a permitir que outro ser humano passasse pela mesma agonia — e com isso foi prontamente solto e ascendeu à condição de buda. A história decerto captura algo da realidade da vida javanesa na época: a religião aliada ao comércio, e este como estímulo à exploração.[18]

Numa data incerta, não posterior ao século x, um episódio notável levou colonizadores austronésios a cruzar o Índico, partindo da Indonésia e chegando a Madagáscar e a áreas costeiras próximas do continente africano. Esse foi um acontecimento importante na história da marinharia, pois representa a primeira vez em que, ao que saibamos, se realizou uma viagem fora da faixa das monções. Os waqwaqs, como são normalmente chamados, podem ter aproveitado as monções numa parte da viagem, mas em algum ponto, para chegar a Madagáscar, tiveram de se arriscar a rumar para sul, fora da faixa da monção, cruzando o caminho dos ventos dominantes de sudeste, presumivelmente usando-os para navegar rumo a oeste, mas mantendo-se ainda bem ao sul da trajetória do vento. Por outro lado, podem ter zarpado de algum ponto no arquipélago indonésio e, contornando a zona das monções pelo sul, utilizado os alísios de sudeste para atravessar o oceano. A ser verdadeira essa hipótese, essa viagem foi notável, por ter sido realizada com vento de popa — coisa que antes só tinha sido feita, ao que saibamos, em mares de monções, nos quais os exploradores podiam ter certeza de que mais tarde o vento viraria para levá-los de volta. Mas o motivo pelo qual os migrantes empreenderam essa viagem, tão

---

*Na mitologia hinduísta e budista, seres sobrenaturais que assumem a forma de dançarinas. Às vezes são comparadas com as valquírias ou as sereias. (N. T.)

A EXPANSÃO MARÍTIMA

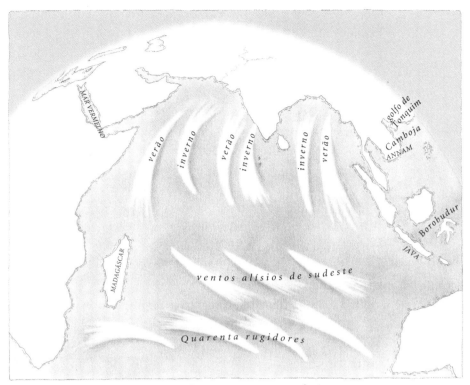

Sistemas de monções no oceano Índico.

longa e arriscada, sem nenhuma esperança de regressar, continua a ser um mistério. Descendentes desses navegadores waqwaq ainda vivem em Madagáscar, ilha cuja língua exibe óbvias origens austronésias.

Pelo que podemos saber, com base nos documentos que chegaram até nós, o conhecimento geográfico acumulado em decorrência da contínua utilização das rotas do oceano Índico ainda não estava sendo registrado em mapas. Havia, evidentemente, uma dissociação entre os conhecimentos geográficos do mundo, por parte dos navegantes, e as imagens sagradas que continuavam a dominar a maneira como os letrados imaginavam o planeta e o representavam. Afora o texto de um geógrafo indiano que imitou os textos geográficos chineses por volta do ano 900 d.C., nada existia na Índia que lembrasse a geografia acadêmica do Islã, da cristandade e da China. Os mapas-múndi chineses só começaram a mostrar o oceano Índico com algum detalhamento no século

xiii. Java conheceu uma espécie de época áurea da cartografia náutica no fim do século xv e começo do xvi — mas só temos notícias a respeito desse fenômeno por fontes portuguesas, e na verdade é possível que ele tenha surgido em resposta a uma demanda européia: os marujos locais e os iniciados do Índico não precisavam de cartas, pois sabiam as rotas de cor.

No Islã, as coisas se passaram de maneira bastante diferente, por três motivos. Em primeiro lugar, as conquistas árabes dos séculos vii e viii unificaram uma imensa faixa territorial, facilitando todos os tipos de intercâmbio e melhorando as oportunidades de comércio. Segundo, os geógrafos muçulmanos tinham acesso ao conhecimento da Antiguidade grega e romana, assim como ao da Pérsia e da Índia. E, por fim, à medida que o Islã se propagava, crescia também o trânsito de peregrinos em direção a Meca. As oportunidades para abrir novas rotas e ganhar dinheiro com elas nunca tinham sido tão amplas.

Alguns textos geográficos baseavam-se em experiências reais. Por exemplo, al-Yaqubi, geógrafo do século ix, era um incansável viajante, e suas descrições de terras do Islã e de áreas vizinhas, inclusive do império Bizantino, não são meras compilações de obras anteriores, mas baseiam-se, pelo menos em parte, em conhecimentos que ele obteve pessoalmente. No começo do século seguinte, al-Masudi suplementou suas obras acadêmicas com um relato, hoje perdido, de suas próprias viagens, desde o Mediterrâneo até o mar Cáspio. Algumas de suas especulações podem hoje parecer cômicas. Ele julgava, por exemplo, que o Pacífico e o mar Negro estavam unidos por uma passagem em torno da costa ártica da Ásia. Mas essa teoria tinha origem em indícios reais: o autor tinha visto madeiros de um navio árabe levados pelas ondas a uma praia de Creta. Mais tarde, no século x, o sírio al-Muqaddasi veio a tornar-se o principal geógrafo do mundo islâmico. Sua obra descreve em minúcias o território que vai da Síria até Khorasan, enumerando pela ordem as grandes cidades, as capitais provinciais, as cidades e os povoados.[19]

Nessa época, a iniciativa da navegação no oceano Índico passou para mercadores muçulmanos, tanto árabes quanto persas. Cerca de cem anos depois da morte de Maomé, navios muçulmanos atracavam com freqüência em portos da Índia, sobretudo em Daybul, perto da foz do Indo, e na costa de Malabar, onde se concentravam os grandes empórios de pimenta. No século ix, a rede muçulmana de comércio veio a incluir a China. As histórias sobre o mercador Suleiman, que parecem datar do meado desse século, incluem referências à

China. Os portulanos árabes da época incluem dados a respeito de destinos distantes como a Coréia.[20] Consta que quando rebeldes saquearam Cantão em 878, milhares de muçulmanos estavam entre as vítimas. Al-Masudi ouviu referências à confluência de comércio árabe, persa e chinês na península da Malásia. Segundo ele, comunidades de mercadores muçulmanos, com milhares de integrantes, espalhavam-se pela costa ocidental da Índia.

Buzurg ibn Shahriyar, que, como filho de um capitão de navio persa, conhecia bem a cultura marítima de sua época, compilou algumas das melhores histórias sobre a navegação no Índico. As mais interessantes dizem respeito a Abhara, o famoso navegante, que, partindo de sua terra no golfo Pérsico, fez a viagem de ida e volta à China sete vezes, num tempo em que era incomum um homem sobreviver a duas dessas expedições. Em certa ocasião, um navio mercante árabe que seguia para a China o encontrou a navegar sozinho num bote no golfo de Tonquim. Adivinhando que uma catástrofe se abatera sobre seu navio naquele mar sacudido por tempestades e cheio de rochedos, a tripulação convidou-o a subir a bordo, mas Abhara recusou. Chamaram-no de novo. Mais uma vez ele declinou do convite. Suplicaram que salvasse sua vida, ficando com eles. Ele tornou a dizer que não, a não ser que fizessem dele seu capitão, que o obedecessem cegamente e sem delongas, e ainda concordassem em recompensá-lo com a quantia, sem precedentes, de mil dinares. "A situação de vocês", avisou-os, "é pior que a minha." Os tripulantes ficaram consternados, mas após uma confabulação concluíram que valeria pagar aquela exorbitância para gozarem da vantagem de contar com a presença do maior navegador da época num mar tão perigoso. Além disso, se Abhara se sentia capaz de impor exigências tão radicais, devia saber de alguma coisa que seria benéfica para eles. Assim, concordaram com suas condições e o receberam a bordo. Imediatamente Abhara determinou que o navio fosse despojado de tudo quanto não fosse essencial, em termos de cordame, aprestos e âncoras, e insistiu em que, com exceção da carga mais valiosa, tudo o mais fosse atirado borda fora. No íntimo furiosos, mas cumprindo o acordo, os tripulantes obedeceram. Mal tinham acabado de executar as ordens de Abhara, surgiu no céu o sinal revelador de um tufão: uma nuvem "não maior que a mão de um homem". Graças às precauções de Abhara, sobreviveram à tormenta, chegaram à China e regressaram com um belo lucro. Até aí a história não é implausível. Mas agora vem um detalhe ao estilo do barão de Munchausen — um exagero que tresanda a invencionice. De volta para casa, ao passarem pelo golfo de Tonquim, Abhara conduziu-os exatamente para os rochedos onde as ondas haviam depositado as âncoras que tinham arremessado ao mar.[21]

Embora seja impossível reconstituir os estágios mediante os quais foram surgindo novas rotas na zona das monções, alguns desses estágios e parte do contexto ficam evidentes. O volume do tráfego direto entre o mar da Arábia e a China era substancial no século VIII: já naquele tempo havia grandes comunidades comerciais muçulmanas nos principais portos chineses. Cada vez mais, esse comércio direto passou a atravessar diretamente o oceano, passando pelas Maldivas, em vez de ater-se às lentas rotas costeiras de cabotagem de porto a porto.[22]

Abhara e seus contemporâneos levavam, normalmente, setenta dias para atravessar todo o Índico, do golfo Pérsico a Palembang, em Sumatra. A viagem podia ser abreviada se a partida se desse mais cedo, no início da estação de ventos favoráveis, mas raramente isso era conveniente para os comerciantes. Era mais exeqüível no caso de diplomatas e peregrinos, pois significava retardar o regresso; os navios mercantes se viam obrigados nesse caso a permanecer por mais tempo nos portos de destino, aguardando a virada do vento. Uma vez em Sumatra, bastavam mais quarenta dias para chegar à China.

Aos poucos, o oceano Índico tornou-se uma espécie de Lago Islâmico: pelo menos a região situada na zona das monções, até a Indonésia, a leste, ficou delimitada por um litoral governado por muçulmanos, muitas vezes habitado por populações muçulmanas e dominado pelo comércio muçulmano. No século XIV, o maior escritor de viagens da época — de todas as épocas, querem alguns — percorreu a região. Ibn Battuta considerou que em alguns lugares que visitou não se observavam corretamente as leis do Islã. Ficou chocado com os seios nus das mulheres em Mogadíscio e com a frouxa moralidade que viu nas Maldivas, onde seu conhecimento da xariá, a lei islâmica, fez com que ele fosse procurado como juiz. Mas em todas as etapas de sua viagem, até Java, recebeu as boas-vindas de outros muçulmanos.

Cerca de cem anos depois, o hábil piloto Ahmad ibn Majid fez uma síntese dos conhecimentos marítimos dos últimos séculos, transmitidos por escrito e pela tradição oral. Os mais antigos portulanos por ele mencionados eram do começo do século XII e incorporavam dados provenientes de textos de um século antes. Mas a maior parte das informações foi colhida em épocas

A EXPANSÃO MARÍTIMA

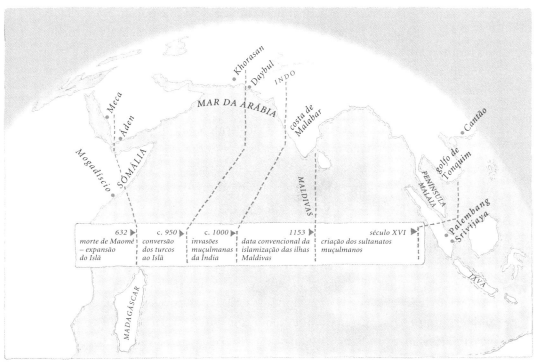

Expansão do Islã na região do oceano Índico.

recentes por profissionais, entre os quais seu pai e seu avô, que tinham sido pilotos antes dele. Sempre muito vaidoso, ibn Majid atribuía a si mesmo muitas explorações. No mar Vermelho, verificou pessoalmente recomendações conflitantes de pilotos quanto a certas rotas. Orgulhava-se, com justiça, de "meu singular conhecimento" do mar Vermelho,[23] e toda a sua descrição da costa africana nesse ponto baseava-se em observações pessoais. Sua reputação cresceu a tal ponto que marinheiros de Áden passaram a vê-lo como um santo e lhe dirigiam preces pedindo sua proteção quando se faziam ao mar.[24]

Para entendermos por que a navegação se desenvolveu tanto e tão cedo no Índico, em comparação com outros grandes oceanos, convém começar nossa investigação, talvez paradoxalmente, pelo Japão. O arquipélago japonês é o ponto mais distante que se podia alcançar seguindo as rotas das monções. Um texto japonês do século X, *O conto da árvore oca*, narra a história de uma estranha viagem marítima até a Pérsia. É provável, porém, que aquilo que o autor conhecia da Pérsia tenha vindo de fontes chinesas intermediárias. Na verdade, navegar nos mares do Japão era tão assustador que os marinheiros raramente se aventuravam além deles, a não ser, raramente, para viajar à Coréia, à China ou às ilhas Ryukyu. Um documento do ano 936 nos dá uma idéia clara de como eram as águas japonesas. Em forma de diário, conta a história de uma viagem marítima de Tosa, na prefeitura de Kochi, no sul da ilha de Shikoku — na época, a mais remota província do Japão — até a baía de Osaka. No mapa, a distância parece pequena, mas na época essa era uma viagem enorme — uma jornada que partia de uma região distante, ligação entre a capital e um posto insular avançado. A autora é identificada como a esposa de um governador que retornava à corte depois de cumprir seu período de serviço. "Os diários são escritos por homens, dizem-me", diz ela. "Ainda assim, estou escrevendo um, para ver o que uma mulher pode fazer." Muitos estudiosos contestaram a descrição que a autora faz de si mesma, alegando que o documento não pode ser obra de uma mulher. Diz-se que algumas cenas humorísticas — em um episódio o vento levanta a saia de uma dama — seriam indecorosas no texto de uma mulher; um preconceito masculino tende a atribuir o texto, de mais que primorosa redação, a um homem. Não obstante, poucas gerações depois, algumas mulheres figuravam entre as mais importantes figuras literárias do Japão, e o diário da dama de Tosa parece ser autêntico. O entusiasmo com um texto bem escrito pode cegar o leitor para a diferença que existe entre narração factual e artifício literário, mas mesmo os ornamentos nessa obra refletem de maneira convincente uma experiência genuína, embora se possa suspeitar que nem todos os incidentes tenham ocorrido exatamente como são relatados.

Embora os viajantes conhecessem bem a rota, o texto capta alguma coisa do espírito com que os marinheiros japoneses, no decorrer de muitos séculos, aos poucos foram percorrendo suas próprias costas e formando uma imagem dos contornos do Japão. Nas páginas do diário está bastante presente o medo do mar. Antes da partida, em meio a despedidas "que duraram todo o dia e entraram pela noite", os viajantes rezaram "por uma jornada calma e pacífica" e cumpriram ritos de propiciação dos deuses marinhos, lançando à água sortilégios e ricas oferendas. Depois de sete dias de navegação, ventos contrários os detiveram em Ominato, onde esperaram durante nove dias, compondo poemas e ansiando com dignidade pela chegada à capital. Ao partir de novo, a tripulação remou energicamente, afastando-se da visão reconfortante da costa,

A EXPANSÃO MARÍTIMA

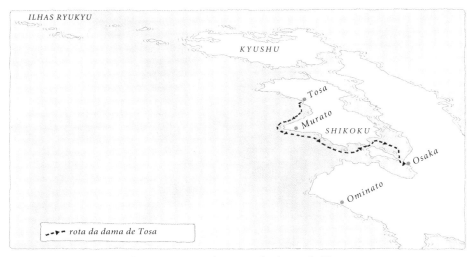

Japão, mostrando a rota da dama de Tosa.

"saindo cada vez mais em direção ao mar alto. A cada remada, os amigos sumiam na distância". Quando as montanhas e o mar escurecem e aumenta o medo, o piloto e os marinheiros põem-se a cantar para fortalecer o moral. Em Muroto, o mau tempo provoca mais cinco dias de retardo. Quando, por fim, retomam a viagem, com "remos furando a lua", uma repentina nuvem escura alarma o piloto. "Vem aí um vendaval. Vou retornar." Seguem-se então duas mudanças bruscas de estados de espírito dos navegantes: uma manhã nasce brilhante, mas "o capitão observa o mar, ansioso. Piratas? Terror!... Todos nós ficamos de cabelos brancos. Dizei-nos, Senhor das Ilhas, o que é mais branco: a espuma nas penedias ou a neve em nossas cabeças?".

Fogem aos piratas mediante vários procedimentos: entoam preces "a deuses e budas", lançam mais amuletos de papel ao mar, na direção do perigo, e "enquanto as oferendas são levadas pela corrente", a oração torna-se mais vibrante: "Dai à embarcação mais velocidade". Por fim, os tripulantes recorrem a remar de noite — um expediente tão arriscado que só um perigo muito maior os abalançaria àquilo. Com novas orações, evitam o temido vórtice de Awa, ao largo de Naruto. Pouco dias depois de iniciado o terceiro mês da jornada, um vento persistente os atrasa. "O deus de Sumiyoshi deseja algo que está a bordo", murmura sombriamente o piloto. Por fim, o capitão sacrifica às ondas seu precioso espelho e a viagem prossegue. Chegam a Osaka no dia seguinte. "Há muitas coisas que não podemos esquecer e que nos causam sofrimento", conclui a narradora, "mas não posso registrar todas elas."

O formato de diário possibilita informações precisas sobre a duração da viagem. Começou no 22º dia da 12ª lua e terminou no sexto dia da terceira lua do ano novo. Como o percurso não pode ter passado muito de seiscentos quilômetros, a viagem exigiu 69 dias no mar ou em portos de escala, à espera de vento favorável. São muitos os motivos para que essa viagem tenha sido de excepcional lentidão. É possível que a dignidade dos viajantes impusesse um ritmo seguro e pausado. No caso desse grupo, é possível que a relutância em viajar de noite tenha sido maior que a normal. É possível que a preparação de alimentos, presumivelmente farta, tenha sido deixada para ser feita em terra, o que garantiria fácil acesso a provisões e água fresca, o que impediria seguir rotas mais diretas por mar aberto. Entretanto, com tudo isso, 69 dias parece um tempo espantosamente longo. Por outro lado, talvez a autora do diário tenha aumentado a duração da viagem de modo a dar-lhe mais dramaticidade, distribuindo os incidentes com mais eficácia ao longo da narrativa. Ainda assim, a duração da viagem deve ter sido plausível, para que a obra não perdesse impacto e realismo.[25]

O diário da dama de Tosa mostra as dificuldades da navegação nos mares que circundam o Japão e, por contraste, as vantagens oferecidas pelo oceano Índico. Devido a essas vantagens, foi no Índico ou em torno dele que ocorreram, durante o período de desenvolvimento de suas rotas internas, alguns dos grandes intercâmbios que modificaram o curso da história: a propagação do hinduísmo, do budismo e do Islã no Sudeste Asiático; o transporte de peregrinos — agentes de intercâmbio cultural — a Meca; a transformação do oceano, durante o período que chamamos de Idade Média tardia, num lago islâmico; o comércio marítimo da Ásia oriental com a África e o Oriente Médio, e, em parte, a transferência para o Ocidente da tecnologia chinesa. O volume de tráfego no oceano Índico era incomparavelmente maior que em qualquer outro sistema antigo de rotas marítimas, como o do Mediterrâneo, do Báltico, do Caribe, da baía de Benin e das águas costeiras da Europa atlântica e do Pacífico japonês. Antes de examinar como essa situação se inverteu em favor do Atlântico e do Pacífico, devemos observar o que estava acontecendo em todo o mundo, até onde sabemos, com relação à exploração terrestre.

3. Os caminhantes

*Explorações terrestres no fim da Antiguidade
e na Idade Média*

> *"Aonde vais?", perguntou o letrado ao viajante,*
> *"O vale é fatal quando ardem as fornalhas,*
> *Ali fica a estrumeira, cujo odor enlouquece,*
> *Aquele passo é o túmulo de todos os valentes."*
>
> W. H. Auden, "O where are you going?"

> *Avante, que estamos todos prontos!*
> *Nossos camelos farejam o anoitecer, estão felizes.*
> *Avante, chefe da Caravana:*
> *Avante, príncipes mercantes de Bagdá.*
> *[…]*
> *Não viajamos somente pelo lucro:*
> *Ventos mais quentes animam nossos corações.*
> *A ânsia de conhecer o que não deve ser sabido*
> *Nos leva a fazer a Jornada Dourada a Samarcanda.*
>
> James Elroy Flecker, *The golden journey to Samarkand*

Quando o primeiro milênio da era cristã estava por terminar — ou seja, no período de aproximadamente três séculos que antecedeu o ano 1000 —, as novas rotas oceânicas dos nórdicos, dos thules e dos polinésios foram as grandes façanhas da exploração. Mas há também histórias importantes, ainda que menos difundidas, a contar sobre a abertura de rotas terrestres no mesmo período. Da mesma forma como as rotas já existentes no Oceano Índico estavam sendo desenvolvidas e ampliadas, com pouca repercussão nos registros mas enormes efeitos no mundo, o mesmo acontecia com as rotas terrestres que punham em contato culturas dispersas. Ao mesmo tempo, principalmente em algumas partes da Eurásia, a exploração multiplicava as rotas internas que uniam determinados estados e civilizações, conectando e ampliando suas fronteiras, incorporando comunidades antes isoladas em suas redes de controle e de intercâmbio.

É difícil reproduzir esses processos com as fontes de que dispomos hoje. Normalmente, as rotas novas ou que estavam sendo abertas naquele período só aparecem documentadas, nos textos que se conservaram, em época relativamente tardia, por pessoas que faziam uso delas quando já estavam bem estabelecidas — mercadores, peregrinos, cartógrafos, missionários, diplomatas, burocratas, guerreiros, pesquisadores itinerantes e viajantes curiosos — e não pelos exploradores que as descobriram ou melhoraram. Às vezes, geógrafos — que se tornaram numerosos no Islã a partir do século IX e não eram desconhecidos na cristandade, na Índia e na China — interrogavam os desbravadores e anotavam suas respostas numa espécie de diálogo entre letrado e viajante. Com a ajuda dos documentos de que dispomos, podemos esboçar o surgimento de algumas rotas novas, ou, pelo menos, de rotas anteriormente não documentadas, começando pela Ásia para logo passar às rotas que cruzavam a Eurásia, a África e a América. O quadro pode não ser completo e cobre o planeta apenas em parte, mas mostra algumas das principais rotas de longa distância do mundo, que mais tarde fariam parte da rede de comunicação mundial: as "estradas" que, partindo da China, chegavam aos confins da Eurásia; as grandes artérias de comércio e intercâmbio cultural da África, através do Saara e ao longo da Grande Fossa Africana, no leste do continente; as rotas americanas pelas quais se difundiram os principais cultivos agrícolas e as tradições culturais a partir de "berços" de civilizações, na Mesoamérica e no centro e no norte dos Andes. Como nas formas anteriores de intercâmbio cultural, o comércio foi uma parte ineludível do processo: espalhou nas rotas descobertas pelos pioneiros os únicos indícios que temos de seus empreendimentos.

A EXPANSÃO DAS ROTAS DA SEDA

Na época que os ocidentais chamam de Idade Média, as caravanas que iam da China para a Índia descreviam quase sempre, ao que parece, uma longa e tortuosa trajetória, seguindo a Rota da Seda até o interior da Ásia central, antes de se voltarem para o sul, e outra vez para o leste, a fim de chegar à Índia através do Hindu Kush. Esse dificultoso acesso poderia ser abreviado, teoricamente, tomando-se a rota pelo Tibete, que era, afinal de contas, o destino final de muitas caravanas. Mas a inexistência de saídas do Tibete para o sul talvez explique o relativo abandono daquele caminho. Uma rota alternativa para a Índia, a mais óbvia e direta, e a mais curta, era a que se dirigia para sudoeste, passando por Sichuan e Yunnan. Entretanto, a Rota da Seda do Sul, como os historiadores a chamam atualmente, se desenvolvia com extrema lentidão.[1]

Foi só no século XI que Sichuan passou realmente a fazer parte da China. Aos olhos dos chineses, era "uma terra de rios e cavernas"— uma descrição que parece romântica para os ocidentais, mas causava horror aos confucionistas. Ouyang Xiu (na grafia tradicional, Ou-yang Hsiu), burocrata extraordinariamente suscetível ao romantismo da fronteira, assim a retratou:

> Bambus purpúreos e florestas azuis se elevam, ocultando o sol.
> Arbustos verdes e laranjas vermelhas refulgem na face do outono
> Como pintura. As trilhas são sempre abruptas. Homens se curvam sob pesados
>   fardos.
> Vivendo nas margens dos rios, os nativos são nadadores exímios.
> O mercado de peixe e sal do ano-novo fervilha na manhã.
> Em santuários informais, tambores e flautas tocam durante todo o feriado.
> Sob fortes aguaceiros, penhascos mergulham no interior do rio.[2]

Sichuan era o faroeste da China, uma fronteira colonial à espera de desbravamento e sinização. O chefe tribal que reinava sobre os bosques de bambu e de abetos tinha reputação de mago ou demônio, comparável aos demônios britânicos que, no imaginário anglo-saxão, assombravam os pântanos da East Anglia. Os chineses classificavam as tribos em "cruas" e "cozidas", a depender do nível de selvageria que lhes atribuíam. Um chefe conhecido como Senhor dos Demônios liderava os mais selvagens — os Yi do Osso Preto. Em 1014, a mais bem-sucedida de uma série de campanhas reduziu as tribos a algo próximo da pacificação. Enquanto isso, as reformas administrativas dividiam a província em "rotas", ao longo das quais o governo distribuía gigantescas parcelas de terra: esse foi um raro caso de incentivo à colonização empreendida pelo estado chinês e comandada por aristocratas, em contraposição à preferência dos mandarins pela centralização e pelo controle burocrático. Colonos vindos da China começaram a alterar a paisagem: o efeito sobre o império foi uma transformação tão intensa, em certo sentido, quanto foram a colonização de Xinjiang e do Tibete para a China de nossos dias. Para Sichuan, o resultado foi ainda mais radical. As "colinas proibidas" foram despojadas de suas florestas. Em 1036, o Senhor dos Demônios tornou-se funcionário do estado. As minas de sal foram as "fontes da cobiça" que levaram a dinastia Song a se apropriar da província; outros atrativos econômicos, embora menos importantes, foram as plantações de chá e amoras.[3]

Sichuan continuou a ser uma região de fronteira durante meio milênio. Além dela ficava Yunnan, terra da prata, atraente porém de exploração ainda mais difícil. O clima tropical era hostil. Não havia um centro nervoso de poder que os chineses pudessem conquistar ou controlar, e o território não oferecia nenhuma segurança aos colonos. Os exércitos chineses tomaram conta da região no fim do século XIII, e os membros das tribos gradualmente se acostumaram a pagar tributos à China e a se considerar súditos do império; mas passaram-se séculos antes que a região fosse integrada. Transposto o território de Yunnan, Mianmar (antes Birmânia) era também um obstáculo na rota sul para a Índia: uma terra inóspita da qual a China nunca conseguiu conquistar mais do que algumas faixas e pela qual as caravanas normalmente só podiam transitar comprando segurança a preços exorbitantes.

Por causa desses problemas, durante toda a Idade Média a Rota da Seda do Sul foi um caminho entre a China e a Índia pouco utilizado — um caminho possível, basicamente. Estava intransitável quando o explorador budista Faxian (na grafia tradicional, Fa Hsien) partiu de Chang'an (atual Xian) no ano 399 da era cristã. Foi essa a primeira — ou a primeira de que se tem notícia — de uma série de viagens à Índia empreendidas por monges chineses, motivados pela religiosidade a visitar santuários budistas e impelidos pela erudição a buscar os textos autênticos das escrituras budistas. Os monges chineses que fizeram essas peregrinações provavelmente seguiram rotas descobertas por missionários budistas da Índia, dos quais eles sabiam pouco, mas que eram atuantes na China desde o tempo da chegada do monge Kumarajiva, tradutor das escrituras budistas para o chinês, no fim do século IV ou início do V.

Nessa época, começava a se formar ao longo da rota uma rede de mosteiros que davam abrigo a viajantes e atraíam donativos. As pinturas de cavernas de Dunhuang descrevem a vida nas estradas, a fé dos mercadores e até mesmo, em alguns casos, seus rostos e os de parentes que tinham deixado para trás. Mostram o mosteiro como uma grande encruzilhada do mundo, um ponto de encontro das culturas da Eurásia — o lugar onde, de acordo com ditados chineses, "os nômades e a China se comunicam", na "garganta da Ásia", onde as estradas "para o oceano ocidental" convergiam "como as veias no pescoço". As cavidades abertas na escarpa eram lugares de repouso para os que viajavam milhares de quilômetros, procedentes da China, da Índia, da Ásia central e da área que hoje chamamos de Oriente Próximo. As rotas que convergiam para o mosteiro confluíam para outras redes de comunicação, que chegavam ao Japão e à Europa e cruzavam o oceano Índico até o Sudeste Asiático, a costa da Arábia e a África oriental.[4]

O caminho para Dunhuang atravessava o deserto de Gobi, entre postos militares intermediários situados a intervalos irregulares, onde viajantes podiam dormir sobre peles de cabra e conseguir cavalos descansados. Entre um posto e outro, excrementos de camelo indicavam o caminho e forneciam o único material combustível num deserto quase sem mato. "Mostre-me excremento de camelo", disse um dos companheiros de Owen Lattimore em sua travessia do Gobi em 1926, época em que os procedimentos e perigos tradicionais da rota permaneciam basicamente os mesmos, "e irei a qualquer parte."[5] Passado o Edsin Gol, bastavam quatro dias de marcha forçada para se transpor o trecho mais desolado. Aqui, Lattimore viu corpos de camelos espalhados praticamente em todo o trajeto, muitos em estado de decomposição, e os que tinham morrido mais recentemente ainda exibindo feridas sanguinolentas e pústulas nas patas.

Faxian cruzou o Gobi à sombra dos montes Kunlun, mas considerou o caminho muito arriscado, devido ao perigo representado por saqueadores. Assim, por motivos de segurança, a caravana em que viajava adentrou pelo deserto de Taklamakan — mas pagou um alto preço em sacrifícios, enfrentando o que o monge chamou de "sofrimentos sem igual" no "deserto dos demônios malignos e ventos tórridos".[6] À beira do Taklamakan, as caravanas paravam para se recuperar durante uma semana e se abastecer de provisões para um mês. Segundo a norma geral, quanto maior a caravana, maior a segurança. Mas não mais de cinqüenta homens de cada vez, com seus animais, seriam capazes de sobreviver com os parcos recursos hídricos que podiam esperar encontrar nos trinta dias subseqüentes: um ocasional pântano salgado, um rio que mudava seu curso entre as dunas ou congelava no frio da noite desértica. O maior perigo era se perder, "desviados do caminho por espíritos demoníacos",

> e mesmo à luz do dia os homens ouviam a voz desses espíritos e muitas vezes imaginava-se estar ouvindo o som de muitos instrumentos, sobretudo tambores, e o estalejar de armas. Por esse motivo, os grupos de viajantes faziam questão de se manter muito juntos. Antes de dormir, deixavam um sinal apontando a direção que deveriam tomar. E ao redor do pescoço dos animais amarravam chocalhos de modo que, ouvindo seu tilintar, evitassem desviar-se do caminho.[7]

Um pintor do século XIV representou os demônios como negros, atléticos e cruéis, brandindo os membros de cavalos esquartejados. Os mongóis recomendavam untar o pescoço das alimárias com sangue como meio de afastá-los. As tempestades de areia, diziam os guias, eram um artifício dos demônios para desorientar os viajantes. O céu ficava escuro de repente. A poeira embaçava o ar. O vento levantava uma rajada de grãos de areia e um turbilhão de pedras de bom tamanho que colidiam em pleno ar e despencavam sobre homens e animais.[8]

Depois do deserto, vinham as montanhas. No norte, o deserto de Taklamakan termina diante da cadeia Tianxan (na grafia tradicional, Tien Shan), "as montanhas do céu". Trata-se de uma cordilheira com 3 mil quilômetros de comprimento, até quinhentos quilômetros de largura e 7300 metros de altitude. Poucas montanhas são mais imponentes. Depressões profundas tornam a região ainda mais estranha: mentalmente perturbadora e fisicamente extenuante. Turfan, no meio das montanhas, está mais de 150 metros abaixo do nível do mar. Quando Owen Lattimore tentou atravessar essas montanhas, em 1926, um vento "macabro" obrigou-o a voltar, "impelindo cortinas de neve

OS CAMINHANTES

Bandidos assaltam mercadores na Rota da Seda no século VII. As rotas pelo deserto eram as mais seguras, mas não estavam de todo isentas de perigos.

abrasiva como a areia", enquanto mil camelos rangiam os dentes de frio "com um som agudo que penetrava os ouvidos como se fosse um prego".[9]

Faxian foi parar em Khotan, importante oásis comercial no leste do Turquestão. Já nessa época o lugar era mais do que um entreposto — era um centro manufatureiro conhecido por seus tapetes, suas sedas e suas jóias em jade. Então, fechando o caminho para a Índia, outras montanhas tinham de ser enfrentadas, lá "onde a neve permanece no inverno e no verão e onde dragões cospem vento". Faxian desceu pela vertente leste do Hindu Kush até Peshawar, no atual Paquistão. Por fim, chegou ao primeiro objetivo de sua viagem, o mosteiro de Jetavana, e parou para meditar. A seguir desceu o vale do Ganges, desviando-se com freqüência da rota para fazer excursões e visitar mosteiros, e na baía de Bengala embarcou num navio para regressar a seu país. Navegou pelo Sri Lanka, onde ouviu falar dos mercadores-demônios que no passado tinham habitado a ilha.

101

OS DESBRAVADORES

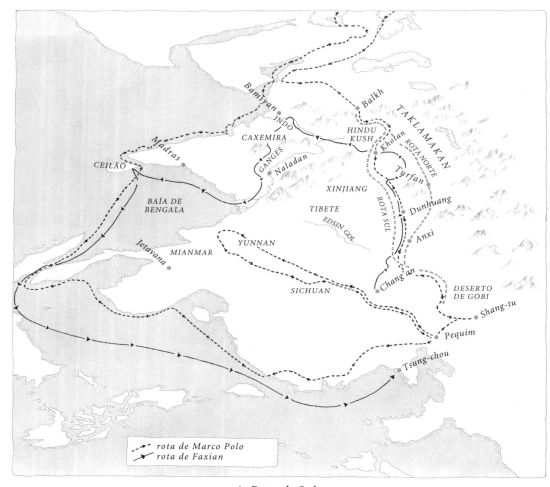

As Rotas da Seda.

Faxian foi um autêntico desbravador. No fim do século VII, o monge Yijing, que tinha feito sua própria peregrinação à Índia no ano 671, registrou 56 viagens subseqüentes mais ou menos do mesmo tipo feitas por monges budistas em busca de iluminação. Muitos seguiram os passos de Faxian, pelas Rotas da Seda. Outros viajaram pelo Tibete ou pelo Nepal.

O relato mais detalhado que se conservou é o da jornada de Xuanzang, que em 629 deu início a uma viagem que duraria dezesseis anos "não em busca de riquezas, ou proveito mundano ou fama, mas apenas por amor à verdade religiosa". Xuanzang era um exilado, um foragido da turbulência política de seu tempo, que, de acordo com seus discípulos, previu a queda da dinastia Sui em 618. Decidido desde a juventude a "difundir a luz do budismo", seguiu à risca o "nobre exemplo" de Faxian, "para orientação e benefício do povo". Um sonho no qual escalava o Meru, a montanha sagrada que, segundo o mapa mental dos budistas, fica no centro do mundo, levou-o a seguir seu caminho. Seu futuro guia o advertiu: "As rotas ocidentais são ruins e perigosas. Se às vezes tempestades de areia as obstruem, em outras ocasiões são os demônios e os ventos ardentes. Ninguém que os encontre consegue escapar. Muitas vezes, grandes caravanas se perderam e sucumbiram". Destemido, o peregrino prosseguiu sozinho quando seu guia desertou. O deserto de Gobi torturou-o com os problemas de orientação próprios de um ambiente sem pontos de referência:

> Sozinho e abandonado, ele atravessou o ermo arenoso sem condições de encontrar o caminho a não ser seguindo as pilhas de ossos e os montes de excremento de cavalo. [...] Em todas as quatro direções, a imensidão não tinha limites. Não se via o rastro de nenhum homem ou cavalo e, à noite, demônios e duendes acendiam fogueiras para embaralhar as estrelas. [...] Recitando passagens do Sutra do Coração da Sabedoria e orando ao Boddhisattva da Misericórdia, ele chegou, como que por milagre, a uma área onde havia vegetação e uma poça d'água.

Obrigado a subir a cadeia Tianxan para evitar salteadores, o peregrino foi acometido da cegueira da neve, mas ainda assim conseguiu evitar as avalanches. Tomou um desvio para Turfan, onde o cã local procurou dissuadi-lo de seguir para a Índia: "Temo que não resistas ao calor", disse. "As pessoas são selvagens. Não vale a pena percorrer todo esse caminho para vê-las." No entanto, fortalecido pela convicção de que "é melhor morrer tentando ir para o oeste do que viver voltando para o leste", Xuanzang atravessou as montanhas Tianxan e chegou a uma área onde sentiu-se em casa, entre grande número de comunidades budistas.

Em Balkh havia cem mosteiros e mais de 3300 monges. Em Bamiyan, Xuanzang viu o famoso Buda "de 40 ou 45 metros de altura, cor de ouro brilhante", entalhado na pedra — a estátua que os talibãs mandaram pelos ares em 2002. Depois de atravessar o Hindu Kush e chegar à Índia, passou dois anos em preparação espiritual na Caxemira antes de seguir o curso do Ganges, de mosteiro em mosteiro. Passou o período de 633 a 637 em Nalanda, Bihar, onde, montado em elefantes, visitou lugares sagrados budistas, antes de prosseguir pela costa leste do subcontinente até Madras. Quando seus anfitriões souberam que ele queria partir, disseram que "a Índia é o lugar onde Buda nasceu. Que felicidade maior haveria do que passar o resto da vida visitando os lugares santos? Além disso, a China é uma terra de bárbaros e por isso os budas nunca nascem lá". Xuanzang respondeu: "O fato de Buda nunca ter ido à China não significa que seja um reino insignificante". Em vez de voltar de navio, atravessou a Índia, subiu o Indo e percorreu de volta grande parte do caminho da ida, levando vinte cavalos carregados com 150 partículas da carne de Buda, seis estátuas e 657 volumes de escrituras sagradas.[10]

O texto sobre a jornada de Xuanzang recorda os relatos de viagem dos Jatakas ou do *Navigatio Brandani*:[11] enaltece as viagens longas, que se tornam uma analogia da jornada da alma à procura da perfeição. A busca da piedade, os encontros edificantes com budas e mestres, a ocorrência de milagres e as provas do poder da oração podem levar o leitor a esquecer que essa é a história de uma viagem real, indicativa do desenvolvimento de uma das grandes rotas de intercâmbio cultural do mundo. Xuanzang agiu como missionário e também como peregrino, e o texto inclui relatos de conversões ao budismo, especialmente de zoroastristas e, numa ocasião, de uma cidade inteira de hindus. O escritor insiste na condição de campeão da tradição maaiana de seu herói, em sua resistência às tentações, e nos reis que tentaram desviá-lo de seu caminho com promessas de poder. Mas intercala pormenores profanos na topografia sagrada: o clima, a localização de minas e a observação de elefantes de cores inusitadas.

O EFEITO MONGOL

A partir de então, o que de mais importante ocorreu na história das Rotas da Seda não foi a abertura de novos caminhos, e sim o aumento da segurança que acompanhou a ascensão do império mongol no século XIII. A *Pax Mongolica* (Paz Mongol) unificou o grande corredor de comunicação através da Ásia, dos confins da Europa até a China, sob um único poder. Como diziam os próprios mongóis, a unidade do céu refletia-se na Terra. A primeira etapa desse processo foi a unificação dos povos das estepes numa única confederação sob o comando de Gengis Khan, ocorrida entre sua ascensão a chefe supremo dos mongóis, em 1206, e sua morte, pouco mais de vinte anos depois.

Changzhun, um sábio taoísta, pôde comprovar o efeito disso sobre a Rota da Seda quando Gengis Khan chamou-o a sua presença em 1219. "Para atravessar um rio", explicou o soberano, "construímos barcos e lemes. Da mesma forma, convocamos sábios e escolhemos assessores para manter o império em boa ordem." Changzhun declarou-se "pronto ao primeiro chamado da Corte do Dragão". Aos setenta anos, depois de "longos anos nas cavernas das pedras" como recluso, ele deu início à penosa jornada de três anos que o levaria de sua casa em Laizhou, no litoral chinês, onde se encontra a atual península de Shandong, ao encontro de Gengis Khan, no sopé do Hindu Kush.

Uma testemunha ocular descreveu Changzhun da seguinte maneira: ele se sentava com a rigidez de um cadáver, levantava-se com a rapidez de uma árvore, se mexia como um raio e caminhava como um remoinho.[12] Sua reputação de santidade era tal que, de acordo com o discípulo que nos deixou um relato da viagem, até mesmo os salteadores batiam em retirada quando ouviam seu nome. "O Mestre", escreveu um admirador que o conheceu, "preparava-se para percorrer milhares de quilômetros no mais espinhoso dos terrenos, através de regiões nunca mapeadas e de desertos jamais regados por chuvas ou orvalho."

No início de março de 1221, Changzhun deixou a China, acompanhado por seguidores, viajando de Pequim para o norte na direção das montanhas Khingan, onde "a China — seus costumes e seu clima — repentinamente chega ao fim", antes de se voltar para o oeste, em direção à Mongólia. De certa forma, era um viajante exigente. Recusava-se a viajar ao lado de mulheres recrutadas para o harém imperial ou aventurar-se por uma terra sem vegetais — entendendo por isso a estepe. No entanto, atravessou o deserto de Gobi, subiu "montanhas de frio extremo" e enfrentou imensidões onde seu acompanhante recorria à prática usual entre os mongóis de manchar o pescoço dos cavalos com sangue para repelir demônios. Os mosteiros taoístas tornaram mais fácil seu caminho.

A descrição da rota, feita pelo discípulo de Changzhun, mostra a sensibilidade à paisagem característica dos taoístas, cujo respeito pela natureza faz deles excelentes observadores. Ele notou alhos-das-vinhas e salgueiros nas vertentes das montanhas Kerulen, cobertas de pinheiros, a trilha de cebolas silvestres e ervas perfumadas que nasciam ao longo do rio Uliassutai, e as berinjelas de Samarcanda, "em forma de dedos monstruosos e de cor púrpura vibrante". Relata histórias de demônios e duendes "sobre os quais o mestre não fazia comentários". O grupo chegou a Samarcanda em dezembro de 1221, onde encontrou, para sua surpresa, jardineiros chineses cuidando de alguns dos melhores terrenos que havia.

Quando Changzhun finalmente encontrou Gengis Khan, em maio de 1222, teve uma amarga decepção. Apesar de todas as afirmações sobre seu amor ao saber e a necessidade de estudar, sua primeira pergunta ao sábio foi "Que poção da imortalidade me trouxeste?" e o mais perto que chegaram de um acordo foi numa discussão sobre a pertinência da caça — e mesmo nisso divergiram. Ao voltar à China, Changzhun encontrou uma carta do imperador que manifestava com exatidão os meios pelos quais o poder mongol policiava e promovia o uso das rotas:

> Santo súdito, entre a primavera e o verão empreendeste uma jornada nada fácil. Gostaria de saber se foste servido adequadamente de provisões e montarias. Em Hsuan-te e em outros lugares em que estiveste, os funcionários lhe proporcionaram condições satisfatórias de alojamento e alimentação? Ao pedir ajuda às pessoas, foste atendido? Estou sempre pensando em ti e espero que não me esqueças.[13]

Com a melhora da segurança, deu-se um aumento do tráfego. Em virtude da Paz Mongol, ficou relativamente fácil cruzar toda a Eurásia, da Europa à China. Mercadores e missionários aproveitaram a situação e passaram a transitar regularmente pelas Rotas da Seda. Marco Polo é a melhor testemunha dos rigores permanentes da rota, assim como um dos mais influentes escritores de relatos de viagens de todos os tempos. De acordo com sua própria narrativa, ele deixou sua Veneza natal para viajar pelas Rotas da Seda quando era menino, em 1271-4, em companhia do pai e do tio, que já tinham experiência de viagens pela China. Os dezessete anos de serviços que prestou à corte imperial e à administração provincial não causaram muito impacto na China, mas produziram em Marco impressões que deslumbraram a Europa quando ele as revelou, ao retornar. De acordo com o livro em que esses anos estão registrados, ele ditava suas observações a um companheiro de prisão depois de ser capturado numa batalha naval entre Veneza e Gênova. Como a maior parte dos relatos de viagens, para os quais acabariam se tornando modelo, as páginas de Marco Polo estão cheias de fantasias e sensacionalismo, mas encerram também uma enorme quantidade de descrições sugestivas e em boa medida confiáveis.

"Tiveram muitas dificuldades para completar a viagem em três anos e meio", relatou Marco Polo, descrevendo a experiência de seu próprio grupo na Rota da Seda, "por causa da neve, da chuva, das enchentes dos rios e das violentas tempestades nas regiões por onde tinham de passar, já que no inverno não conseguiam cavalgar tão bem quanto no verão."[14] Ladrões, extorsões por parte de funcionários e atrasos devido à burocracia contribuíam para tornar mais lentas as caravanas. A veracidade dos relatos que Marco Polo fez de suas viagens tem sido posta em dúvida com certa freqüência, porque as fontes chinesas não se referem a ele e porque suas observações sobre a China parecem cuidadosamente seletivas. Ocorre, porém, que as fontes chinesas em geral ignoram aqueles que eram considerados bárbaros desprezíveis. E devemos ter cautela com um argumento *ex silentio*. O fato de Marco não mencionar uma coisa não quer dizer que ele nunca a tenha visto ou ouvido falar dela. Por exemplo, para uma pessoa acostumada ao modo de vida chinês o chá pode ter parecido demasiado corriqueiro para merecer registro; em sua época, a Grande Muralha provavelmente estava necessitada de restauro, e sua importância tinha diminuído muito sob o domínio do império mongol, que pouco se importava com ela. De qualquer modo, essas reflexões excluem a questão central: Marco Polo foi uma espécie de Xerazade masculina, cuja função — a julgar pelo tipo de informação que reuniu para seu livro — era entreter o supremo cã com notícias interessantes, representativas da extensão e da diversidade dos domínios chineses.

Quase na mesma época em que Marco Polo chegava à China procedente da Europa, o viajante que conhecemos como monge Rabban Bar Sauma empreendia uma jornada semelhante — uma viagem sem paralelo, até onde podemos saber hoje — no sentido oposto, de Pequim para o oeste. Bar Sauma era súdito do imperador chinês e se dizia tártaro ou mongol. Como toda a sua família, era cristão, mais precisamente nestoriano — ou seja, adotava a doutrina segundo a qual a natureza humana e divina de Cristo corresponde a duas pessoas, uma humana e outra divina. O nestorianismo não era incomum entre os chineses da época, sobretudo os oriundos da Ásia central. De fato, na Ásia central e na China, o nestorianismo floresceu na Idade Média tardia, quando a perseguição e o menosprezo dominantes varreram-no da Europa. Mosteiros nestorianos, assim como edificações budistas, pontilhavam as Rotas da Seda. A cultura chinesa influenciou claramente o clã de Bar Sauma, pois as comunicações entre eles incluem referências sobre seus antepassados e a continuidade da linhagem familiar. Sua história foi marcada pela inquietação espiritual: renunciou a seu casamento e desafiou os pais para dedicar-se à vida monástica, retirando-se por algum tempo para levar uma vida de solidão.

Quando Bar Sauma deixou a China, provavelmente por volta de 1276, pretendia fazer uma peregrinação a Jerusalém com um companheiro, um monge budista turco chamado Markos: também no mundo turco havia muitos nestorianos, embora o cristianismo nunca tenha se tornado uma preferência majoritária entre esses povos. Fica claro que a peregrinação não era uma forma de religiosidade praticada tradicionalmente no mosteiro de Bar Sauma, haja vista seus relatos sobre as tentativas de dissuadi-lo feitas por seus companheiros monges. Mas guiados pela ambição de Markos de conhecer a Terra Santa, eles persistiram. Estavam certos de contar com mosteiros nestorianos amigos onde pudessem se hospedar, ao longo da Rota da Seda.[15]

Tomaram a rota do sul, ao pé das montanhas Kunlun, e levaram dois meses para chegar a Khotan a partir do mosteiro nestoriano de Ningxia (na grafia tradicional, Ning-Hsia), onde se prepararam para a travessia do deserto. Fontes antigas — embora não o relato do próprio Bar Sauma nem documentos oficiais chineses — afirmam que a missão tinha sido apoiada e parcialmente financiada por Kublai Khan, o que coincide com a política geral de Kublai de favorecer minorias religiosas.

Quando chegaram à Pérsia, tinham sido capturados e logo postos em liberdade por bandidos, atravessado o deserto e as montanhas em condições penosíssimas e perdido todos os seus pertences — os relatos de Bar Sauma que se conservaram não explicam se isso ocorreu devido a pilhagem ou a acidente. Já na Pérsia, conheceram o patriarca nestoriano de Maragha, atualmente no Azerbaijão. Naquela época, a cidade era um centro de cultura sem paralelo no mundo. Sua biblioteca tinha 400 mil livros. Seu observatório, recém-criado, era uma obra-prima da tecnologia astronômica e ponto de encontro de estudiosos: um posto avançado para a difusão, no ocidente, do saber oriental.

O patriarca profetizou que Bar Sauma completaria sua viagem, mas depois fez o que pôde para retê-lo, tentando persuadi-lo a entrar para seu serviço. Quando o patriarca morreu, o companheiro de viagem de Bar Sauma foi eleito seu sucessor. Finalmente, em 1286, Bar Sauma conseguiu retomar suas viagens — mas não para Jerusalém, pelo menos no início. O governante da Pérsia encarregou-o de visitar cortes cristãs na Europa, na esperança de conseguir aliados contra o Egito. A mensagem levada por ele dizia: "O rei dos mongóis, unido por laços de amizade com o Catholicus" — ou seja, o patriarca nestoriano — "tem o desejo de tomar a Palestina e as terras da Síria, e vos pede ajuda para tomar Jerusalém".[16] Dois mercadores italianos de volta da China acompanharam-no como intérpretes.

A rota provavelmente percorrida por Bar Sauma levou-o por terra a Trebizonda, de onde ele embarcou para Constantinopla, cidade à qual chegou no início de 1287. Contemplou as relíquias com devoção, e as grandes igrejas com assombro: nunca tinha estado num país onde o cristianismo fosse a religião majoritária e a do estado. Viu a erupção do Etna em 18 de junho e uma batalha entre dinastas rivais em Nápoles, em 24 de junho, quando estava a caminho de Roma. "Enquanto isso, Rabban Sauma e seus companheiros, sentados no telhado da missão em que viviam, admiravam a maneira como os francos faziam a guerra, pois não atacavam ninguém que não fosse realmente combatente."[17] Quando Bar Sauma chegou a Roma, havia uma eleição papal em curso e nenhuma gestão podia ser feita. Os cardeais pareciam mais interessados em discutir a profissão de fé de Bar Sauma do que sua proposta de aliança. Assim, ele viajou para Paris, cuja universidade admirou, e a Bordeaux, onde ministrou a eucaristia ao rei da Inglaterra. Do novo papa, Nicolau v, recebeu o mesmo sacramento no Domingo de Ramos de 1288. Em Veroli, antes de voltar à Pérsia, juntamente com outros clérigos, apôs seu selo em algumas indulgências com a inscrição "Barbazoma, Tartarus Orientalis" ["Barbazoma, tártaro oriental"]. O resto de seus dias foi dedicado — ele morreu em 1294 — principalmente à construção de uma igreja para abrigar as relíquias que recolhera em suas viagens.

Bar Sauma não teve êxito em estabelecer uma aliança. Sua viagem demonstrou que, apesar das rotas que cruzavam a Eurásia, sob a proteção dos mongóis, o continente ainda estava dividido por abismos culturais. Teve de recorrer à língua persa para tentar comunicar-se com seus anfitriões na cristandade, e é claro que grande parte do que foi dito entre eles perdeu-se na tradução. Interpretou negativas feitas com diplomacia como assentimento efetivo e expressões de fraternidade cristã como total acordo doutrinário. Não obstante,

OS DESBRAVADORES

o fato de ter realizado sua viagem enquanto Marco Polo e outros ocidentais faziam o mesmo no sentido oposto demonstra que a Paz Mongol conseguiu tornar a Eurásia um território transitável. Sem dúvida, o texto de Bar Sauma — apesar de estar rasgado e muito deteriorado — continua a ser a prova mais viva da acessibilidade entre as extremidades do continente naquele tempo. É tentador inferir disso que as experiências revolucionárias da civilização ocidental da época — o progresso tecnológico, as inovações artísticas, a reformulação das noções de realidade por meio de uma nova espécie de ciência — deveram-se em parte a influências exercidas ao longo das Rotas da Seda e dos caminhos abertos nas estepes.

Depois disso, o uso da Rota da Seda tornou-se rotineiro: um "caminho seguro dia e noite". O *Libro dell pratticatura*, guia da década de 1340, proporcionava informações úteis aos comerciantes italianos. "O viajante deve deixar a barba crescer e não se barbear." Em Tana, no mar de Azov, deveria contratar um bom guia, sem poupar despesas. "E se um comerciante quiser levar consigo uma mulher de Tana, poderá fazê-lo." Ao partir de Tana, eram necessárias apenas provisões de farinha e peixe salgado para 25 dias — "outras coisas o viajante encontrará em quantidade suficiente, principalmente carne". Era importante levar consigo um parente próximo; em caso contrário, se o comerciante morresse, seus bens seriam confiscados. O guia informava as taxas de câmbio em cada parada e os meios de transporte adequados para cada etapa: carro de boi ou carroça puxada por cavalos para Astrakhan, dependendo da rapidez com que se pretendia viajar e do quanto se estava disposto a pagar; depois disso, uma caravana de camelos ou mulas até chegar à rede hidroviária da China. A prata, informava o guia, era a moeda corrente na estrada, mas devia ser trocada por papel-moeda junto às autoridades chinesas na chegada.[18]

A TRAVESSIA DA ESTEPE

O que mais surpreende com relação às Rotas da Seda é o próprio fato de terem existido. Os caminhos através da estepe cruzam a Eurásia quase de um extremo a outro. Os obstáculos são poucos. As pastagens abundam. Há água por quase todo o caminho. Qualquer interessado em viajar entre a Europa e a Ásia — mantidas constantes as demais condições — acharia muito mais fácil

OS CAMINHANTES

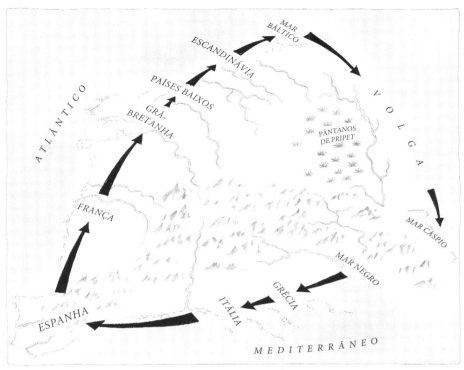

Configuração esquemática da Europa
A Europa tem a forma aproximada de um triângulo, delimitado por três rotas
históricas de intercâmbio: a do Mediterrâneo, a do Atlântico e a do Volga.
Áreas montanhosas e de pântanos as separam. Segundo um ponto de vista,
a história da Europa tem sido a história da integração dessas três zonas
e do desenvolvimento de comunicações entre elas.

tomar a rota da estepe do que arrostar desertos e escalar montanhas. Mesmo para caravanas com destino à Índia, já que a estrada do sul normalmente permanecia fechada e os viajantes provenientes da China estavam obrigados, de qualquer modo, a atravessar a maior parte da Ásia para atingir a Índia pelo oeste, faria mais sentido rumar para o norte a partir de Tianxan: a viagem talvez fosse mais longa, mas atravessava terrenos muito mais fáceis.

No entanto, durante grande parte da história, a rota da estepe foi impraticável. A estepe era habitada por pastores, que viam o comércio de modo muito diferente de seus vizinhos sedentários. Como não tinham bens para trocar, viam as caravanas como objeto de pilhagem ou como uma oportunidade de cobrar pedágio ou resgate. Normalmente, o território em que viviam estava dividido entre grupos hostis e beligerantes — um quadro desfavorável para os viajantes e, no melhor dos casos, dispendioso para os comerciantes. A vantagem das Rotas da Seda residia precisamente no fato de permitirem aos viajantes evitar os povos das estepes. Os desertos eram relativamente seguros justamente por serem escassamente povoados. A cadeia Tianxan era tolerável para os viajantes exatamente por ser hostil aos povos das planícies e seus grupos de assaltantes montados. É claro que mesmo nas Rotas da Seda a segurança não era total. Agressores nômades representavam um perigo freqüente. Zhang Qian[19] foi capturado nas estepes da China por grupos guerreiros, os Xiongnu, tanto na viagem de ida quanto na de volta. Mas a diferença entre as Rotas da Seda e as estepes era óbvia: a mesma que existe entre o risco aceitável e o desastre inevitável.

Tudo isso mudou no século XIII. Os mongóis estenderam seus domínios além de sua terra de origem, separada da China pelos montes Altai. Como se vangloriava um bispo de Pequim no século XIV, "antes dos tempos dos mongóis ninguém acreditava que a terra fosse habitável além dessas montanhas [...] mas os mongóis atravessaram-nas, com a graça de Deus, e com admirável empenho [...] E eu também fiz isso".[20] O reinado de Gengis Khan trouxe paz à estepe e tornou-a transitável. O enviado papal Giovanni da Pian del Carpini deixou o primeiro relato de viagem pelas estepes sob a proteção dos mongóis. Em 1246, juntas de cavalos mongóis transportaram seu volumoso corpo, como ele mesmo o diz, ao longo de 5 mil quilômetros em 106 dias. Encontrou os mongóis depois de três semanas de viagem, a partir de Kiev, e foi recebido num acampamento no Volga, ao sul de Saratov. A partir dali, encontrou postos mongóis a cada cinqüenta quilômetros em média, ao longo da rota que margeava o mar Cáspio e o mar de Aral pelo norte, seguia pela margem sul do lago Balkhash, cruzava os montes Altai e finalmente chegava à corte do supremo cã, perto de Karakoram.

Do ponto de vista diplomático, a missão foi desastrosa. Giovanni voltou horrorizado com a arrogância e a selvageria dos mongóis e sua disposição de submeter o mundo a seu domínio. "Portanto, se os cristãos quiserem se salvar", concluiu, deveriam "mandar homens para combater os tártaros antes que comecem a se disseminar pelo mundo."[21] Os mongóis eram o povo mais estranho e o que mais dificuldades conceituais apresentava até então à etnografia européia — a descoberta mais inquietante que havia surgido aos olhos do Ocidente, à medida que o mundo conhecido pelos ocidentais se ampliava. Não chegavam a se enquadrar na categoria de *similitudines hominis*, os monstros que a cartografia medieval distribuía pelos confins da Ásia: homens com cabeça de cachorro, anões de uma perna só e "homens cuja cabeça cresce abaixo dos ombros". Mas era difícil enquadrá-los nas categorias conhecidas — o quadro da humanidade que a doutrina clássica e bíblica havia difundido antes que a ciência elucidasse a questão. Eram classificados de modos diversos: como um flagelo de Deus, como castigo pelos pecados, como demônios ou bestas. De acordo com relatos às vezes conflitantes, seus hábitos eram bestiais, ladravam como cães e tinham o rosto achatado como os macacos. Comiam carne crua e bebiam sangue: pelo menos isso era verdade, no que se refere aos habitantes das estepes, pois não tinham vegetais e precisavam se alimentar de vísceras e sangue fresco para obter a quantidade de aminoácidos indispensável para a saúde.

Eram acusados até mesmo de canibalismo, mas essa era uma imputação falsa. Fontes chinesas, tibetanas, armênias e georgianas também manifestam aversão pelos mongóis, mas não os acusam desse excesso em particular. As leis mongólicas não proibiam o canibalismo — provavelmente porque não era necessário.[22] Essas acusações não eram fruto de observação mas da leitura, de conjecturas e do medo. O canibalismo era uma das formas de selvageria que os escritores clássicos atribuíam aos bárbaros do Norte. Mais significativamente, pertencia a uma categoria de atividades tidas pelo saber medieval como contrárias à lei natural. Isso era importante, porque os que violavam a lei natural ficavam privados da proteção que ela oferecia e, por conseguinte, podiam ser atacados e escravizados.

Não obstante, as cortes européias tentaram com persistência chegar a algum tipo de entendimento com os mongóis. Trocavam-se emissários. A eles se seguiam missionários, que continuaram a usar a rota da estepe — assim como as Rotas da Seda e, ocasionalmente, a rota marítima pelo oceano Índico — para chegar ao centro da Mongólia e até mesmo à China. As observações mais detalhadas sobre a rota da estepe foram feitas por frei Guilherme de Rubruck, enviado pelo rei da França em 1253 numa missão tida por ele próprio como estritamente espiritual, mas que do ponto de vista do rei tinha utilidade diplomática e de coleta de informações. Guilherme cruzou o mar Negro e em maio saiu de Tana para atravessar a estepe numa carroça. "Três dias depois", escreveu, "encontramos os mongóis e me senti realmente como se

Guilherme de Rubruck e outro frade despedindo-se de Luís IX e, na parte inferior, durante sua viagem.

estivesse chegando a outro mundo." Em novembro chegou a Kenkek, "faminto, sedento, gelado e exausto". Em dezembro, quando estava na parte alta da temida cordilheira Altai, recitou a fórmula "entre precipícios assustadores, para pôr os demônios em debandada". Finalmente, no Domingo de Ramos de 1254, entrou na capital mongólica, Karakoram — um pólo de atração, como ele a viu, para artesãos de toda a Eurásia, inclusive um ourives parisiense e monges de toda a Ásia.[23]

Graças ao desenvolvimento das rotas que cruzavam a Eurásia, a influência cultural da China teve um efeito dinamizador sobre o pensamento e a tecnologia da Europa. A pólvora chegou à Europa no século XIII; o alto-forno, no século XIV. O renascimento das ciências experimentais no Ocidente coincidiu com esse período de comunicações francas — o que levanta a suspeita de que foi também resultado da polinização do pensamento ocidental pelas tradições de observação da natureza dos chineses, particularmente os taoístas. É difícil imaginar a grande descoberta da beleza do mundo natural que ocorreu nessa época no Ocidente — e que associamos principalmente a são Francisco de

Assis — sem a fertilização cruzada com a civilização chinesa, que já tinha uma notável tradição de apreço pela paisagem.

EXPLORAÇÕES INTERNAS: O CASO DO JAPÃO E O DA EUROPA

A exploração, entretanto, nem sempre ocorre a partir de um núcleo central para o exterior: com freqüência existem num território espaços em branco a preencher, áreas ainda a explorar. O caso do Japão é um dos mais bem documentados do período que estamos analisando, pois ao mesmo tempo que se pôs em prática um programa de estudos, promovido pelo império, para mapeamento do território, o estado estava passando por um processo de burocratização segundo modelos chineses e os arquivos achavam-se muito bem organizados. O primeiro desses estudos foi encomendado em 645, mas se algum mapa foi efetivamente realizado nessa época, nada resta dele. Os mais antigos mapas japoneses que ainda existem referem-se a propriedades do século VIII. São numerosos e demonstram a precocidade e a precisão dos levantamentos japoneses na época. Iniciativas de missionários budistas complementavam as do estado. Gyogi (*c.* 688-749), missionário que percorreu o país de norte a sul e de leste a oeste, produziu mapas enquanto construía, ou mandava construir, estradas, pontes e canais.[24]

O império na época ocupava somente o centro e o sul da ilha de Honshu, e também as de Kyushu e Shikoku. Os mapas mais antigos mostram como os japoneses demoraram a explorar suas próprias ilhas. A região norte de Honshu aparece apenas em esboço e sem detalhes. Ainda estava fora do alcance do poder japonês — era o domínio dos ainos, que só gradualmente foram obrigados a retroceder. Hokkaido era mal conhecida. Ao sul ficava uma "terra de demônios" que devoravam marinheiros sobreviventes de naufrágios. As únicas rotas marítimas bem conhecidas de ponta a ponta eram as da Coréia, da China e das ilhas Ryukyu.

O Japão não foi o único estado ou civilização da época que promoveu a exploração interna. Em 971 teve início um projeto de reconhecimento da China imperial. No começo do século XI, já chegava a 1566 capítulos. Ao iniciar-se o século XII, foi gravado em pedra um dos mais famosos mapas da China: o Mapa dos Caminhos de Yu, o Grande, de precisão assombrosa.[25] Os

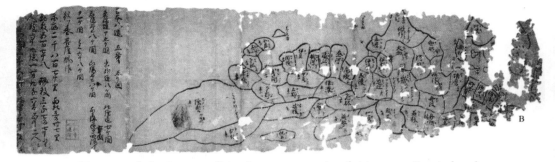

Um mapa do Japão na tradição do monge e cartógrafo itinerante Gyogi, datado de 1305, que mostra as províncias (listadas no texto na p. 115) e as rotas. O sul aparece na parte superior do mapa.

geógrafos árabes e persas mencionados no capítulo anterior estavam empenhados num projeto similar que consistia em coordenar dados sobre o Dar al-Islam, bem como em localizar o Islã no contexto da geografia mundial. Mas foi talvez na cristandade latina que o trabalho de compilação do conhecimento esteve mais estreitamente ligado à exploração interna: a região, afinal de contas, ainda era subdesenvolvida se comparada à China e ao Islã. Comunidades vizinhas tinham mais o que aprender umas com as outras; as vias de comunicação precisavam ser ampliadas e interligadas.

Do século XI ao início do XIV, enquanto se alargavam os horizontes da cristandade latina, estava em curso também um processo de expansão interna. A população crescia. Novos recursos passavam a ser explorados e novas tecnologias aumentavam a produtividade dos tradicionais. Novas terras passavam a ser cultivadas, às vezes com novas culturas, ou se transformavam em pastagens. As florestas recuavam. Drenavam-se pântanos. A colonização ocupava solos marginais e se estendia pelos montes. Nas cidades em crescimento, tornavam-se possíveis novas atividades econômicas. A igreja e o estado incorporavam comunidades antes isoladas por florestas, pântanos ou montanhas — os bárbaros do interior da Europa cuja evangelização, antes desse período, era incipiente e cujos habitats apareciam em branco no mapa.

Aumentaram a velocidade e o alcance da mobilidade humana. Viagens longas eram ainda uma experiência rara, reservada a peregrinos e a pessoas para quem os deslocamentos tinham importância profissional, como mercadores, soldados, letrados e religiosos. Mas essas categorias se tornaram mais numerosas. Novas rotas de comércio ligaram o litoral do Atlântico ao do Mediterrâneo numa economia única. A Europa ocidental compreende, naturalmente, duas áreas econômicas — a mediterrânea e a nórdica — separadas por um estreito com condições de navegação profundamente diversas em ambas as margens e por uma série de divisores de águas, que determinam o curso dos rios e, portanto, a direção dos intercâmbios comerciais. Durante grande parte da história européia, a comunicação entre essas duas áreas não foi fácil. Os poucos acessos, pela passagem de Toulouse, pelo corredor do Ródano e pelos passos alpinos, mantinham vivas formas restritas de comércio, mesmo nos períodos em que a navegação de um mar para outro foi abandonada. No século XIII, as frotas do Mediterrâneo — sobretudo as de Gênova, Maiorca e Catalunha — retomaram as longas travessias pela costa atlântica. Comerciantes alemães unificaram os mares do norte de forma análoga, unindo Londres e Bruges a Lübeck e Riga. Lübeck, fundada em 1143, foi a cidade pioneira do que viria a ser a Liga Hanseática.

O trânsito aumentou e um número cada vez maior de pessoas pôde viajar em segurança — como migrantes, comerciantes, peregrinos e "intelectuais itinerantes" — pelas novas vias de comunicação que atualmente chamaríamos de infra-estruturas da Europa: estradas e pontes, além de rotas recém-abertas. A cristandade latina tornou-se um mundo em autêntica expansão, que se estendia para horizontes cada vez mais remotos. Também nela peregrinos fizeram o papel de pioneiros. A peregrinação a Jerusalém aumentou enormemente no fim do século X, em parte por causa da pacificação dos magiares, o que abriu uma rota terrestre segura pela Hungria até as fronteiras dos impérios búlgaro e bizantino, e em parte porque o aumento do comércio no leste do Mediterrâneo tornou a Terra Santa cada vez mais acessível por mar. Mas nessa direção não se pode dizer que peregrinos cristãos tenham aberto novas rotas. Por outro lado, mais ou menos na mesma época, um novo santuário próximo do extremo oeste da Europa começou a atrair um outro tipo de pioneiros. A peregrinação a Compostela era, vista de nossa perspectiva atual, uma luta para atravessar terras virgens. Levava à extremidade noroeste da Espanha, ao *Finis Terrae*, ou fim do mundo, um dos "quatro cantos" do mundo — nos mapas, realmente se assemelhava e ainda se assemelha a um canto ou esquina.

Quebrando pedras com as próprias mãos, os eremitas construíam estradas e pontes para uso dos peregrinos como obra de caridade, "e que suas almas

Expansão da cristandade latina.

descansem na paz eterna", diz o guia do clérigo que dava a si mesmo o nome de Aimery Picaud. A engenharia contribuiu para a adaptação ao meio ambiente. A construção de estradas e pontes era uma tarefa urgente de utilidade pública, que os monarcas assumiram até certo ponto como responsabilidade sua, e pela qual — por exemplo — Domingo de la Calzada, que realizou essas obras para os peregrinos que usavam o caminho de Compostela, foi canonizado. Aos pioneiros seguiram-se os oportunistas. Ser hospitaleiro para com os peregrinos era uma obrigação universal: de acordo com o mesmo autor, "aquele que os acolher acolhe a são Tiago e ao próprio Deus". Na prática, os donos de hospedarias eram geralmente acusados de ganância ("Judas vive em cada um deles", escreveu o autor de uma exortação à romaria) ou desonestidade. Por sorte, porém, nas estradas para Santiago abundavam os albergues das ordens religiosas cuja única remuneração eram os donativos a critério dos peregrinos. Nos Pireneus, o redator do guia recomendava com entusiasmo a Hospedaria de

Santa Cristina, mas sua principal rival, a de Rolando, em Roncesvaux, fazia uma propaganda especialmente sedutora, prometendo atendimento por "mulheres belas e virtuosas", que lavavam pés, penteavam barbas, cortavam cabelo e proporcionavam "cuidados além dos que o viajante possa imaginar". Assim eram os núcleos e os raios de civilização com que os ermos medievais foram sendo aos poucos conquistados e vencidos.

Um guia do século XII relaciona todos os perigos. Mosquitos infestam a planície pantanosa ao sul de Bordeaux, onde os peregrinos que perdem o rumo afundam no lodo até os joelhos. Nenhum alimento pode ser obtido na região, e aquele que pretender atravessá-la deve levar provisões para três dias. Em Sorde, nas proximidades dos Pireneus, os peregrinos cruzam o rio em troncos escavados, com risco de afogamento. Depois de uma subida íngreme de doze quilômetros até uma passagem entre as montanhas, encontram extorsionários que, munidos de chicotes, exigem o pagamento de um pedágio ilegal. A comida espanhola deve ser evitada pelos que não estão habituados a ela "e se alguém conseguir comer o peixe que servem sem passar mal, é porque deve ter uma constituição muito mais forte que a maior parte de nós". Nas margens de um ribeiro de águas salobras, no lado oposto das montanhas, curtidores bascos vivem exclusivamente dos rendimentos proporcionados pelo couro de cavalos envenenados pela água. Em Rioja, os nativos derramam veneno nos cursos d'água para aumentar a venda de vinho. Os companheiros de viagem, inevitáveis nos caminhos mais freqüentados — o mito da "rota única" é um erro grosseiro —, devem ser escolhidos com cuidado, já que uma tática comumente empregada por ladrões consiste em se disfarçar de peregrinos para se aproximar dos desavisados. Onde quer que as estradas apresentem trechos despovoados, pedintes profissionais se aproveitam da obrigação dos peregrinos de dar esmolas, sujando seus membros de sangue, fingindo-se de leprosos e agitando folhas de palmeira. Para o peregrino sensível — que o guia imagina ser francês — certos hábitos dos estrangeiros podem parecer repulsivos, sobretudo os dos navarros. Nas montanhas e florestas vivem marginais, cujas inclinações antinaturais — sodomia e bestialismo — podiam dar lugar a espetáculos obscenos. Quando o autor do guia descreve os bascos, fica claro que os considera primitivos, pois refere-se a eles em termos geralmente aplicados aos povos ditos "bárbaros", situados pela ciência da época fora dos limites da lei natural e da vida civilizada:

OS DESBRAVADORES

Eles se vestem de modo realmente asqueroso, e comem e bebem de modo asqueroso [...] Se os visses comendo pensaria que são cães ou porcos. Se os ouvisses falar, lembrarias os uivos dos cães [...] É uma raça de bárbaros, diferente de todas as outras em seus costumes e em sua essência, cheios de todo tipo de maldade, de cor preta e aspecto diabólico [...] selvagens e rudes [...] Os bascos praticam até a fornicação incestuosa — com o gado. Consta mesmo que o basco costuma utilizar o cinto de castidade em suas éguas ou mulas, para evitar que outra pessoa copule com elas.

Para os propósitos pervertidos dos bascos, afirma o redator do guia, uma mula vale tanto quanto uma mulher. Deixemos a última frase do relato na pudica obscuridade e uma língua culta: *"vulvæ etiam mulieris atque mulæ basia præbent libidinosa"*.[26]

Dessa forma, povos menosprezados foram postos sob as tênues luzes do saber. E apesar do comodismo e do preconceito, esse autêntico "trabalho de campo" etnográfico produziu algumas imagens realistas de povos marginais e suas sociedades. No fim do século XII, por exemplo, procurando suas raízes celtas em Gales e na Irlanda, o cônego Giraldus Cambrensis escreveu um relato notavelmente simpático aos povos nativos dessas plagas, considerando que seu modo de vida pastoril representava um estágio do modelo universal de desenvolvimento social humano.

Por toda a Europa, novos assentamentos e novas formas de exploração modificaram ambientes até então despovoados ou de escassa população. Nos habitats montanhosos, a civilização ocidental ocupou encostas antes desabitadas ou abandonadas ao domínio de montanheses hostis, considerados bárbaros por seus vizinhos da planície. Ao mesmo tempo, outros ambientes sofriam transformações e seus ecossistemas eram perturbados, à medida que os ribeirinhos da Europa ocidental conquistavam as matas virgens. Isso foi mais que uma atividade econômica: foi uma missão sagrada — uma espécie de *Reconquista* que devolvia a Deus parte dos domínios do paganismo. As florestas estavam maculadas pela sensualidade pagã e habitadas por duendes, demônios e "selvagens das matas". Árvores veneradas por gerações obscurantistas caíram sob os golpes do machado religioso.

ALÉM DAS FRONTEIRAS DA CRISTANDADE

Abrir caminhos para leste e para o norte através da floresta foi um trabalho de exploração — o reconhecimento das rotas de missionários e exércitos. "Levando-se em conta a distância entre Schleswig e Aalborg", relatou um guerreiro do século XI, "a viagem é questão de cinco a sete dias. É o caminho do imperador Oto", que combateu nessa estrada em 974, "até o distante mar de Wendila, cujo mar é chamado até hoje de Ottisand, em homenagem à vitória do rei."[27] Para um historiador de Bremen do fim do século XI, a Suécia e a Noruega pareciam "outro mundo [...] até agora quase desconhecido", mas Svein Estrithson, rei da Dinamarca, que tinha muita experiência em guerras naquelas paragens, podia afirmar "que a Noruega dificilmente pode ser atravessada no decorrer de um mês, e a Suécia não se atravessa facilmente em dois meses. 'Eu mesmo comprovei isso', disse ele, 'quando há algum tempo lutei durante doze anos naquela região sob as ordens do rei Jaime'", no fim da década de 1020 e na de 1030.[28] Um século depois, quando o bispo Oto de Bamberg se preparava para levar o cristianismo à Pomerânia, seu capelão, Herbord, descrevia a estrada:

> Depois de passar pelo castelo de Ucz, que fica na fronteira da Polônia, entramos na vasta e espinhenta floresta que separa a Pomerânia da Polônia. Mas aquele caminho é tão difícil de percorrer quanto de descrever: por pouco não perecemos ali. Isso porque a floresta nunca tinha sido atravessada por nenhum mortal, exceto pelo duque [da Polônia] numa missão de pilhagem anterior à pretendida submissão de toda a Pomerânia. Ele abriu uma trilha para si e para seu exército, marcando e cortando árvores. Chegamos rapidamente às marcas, mas com grande dificuldade devido às serpentes e animais selvagens de todo tipo, e à inconveniência de cegonhas aninhadas nos galhos das árvores, que nos atormentavam com seus guinchos e bater de asas. Ao mesmo tempo, os caminhos pantanosos faziam atolar nossas carruagens e carroças, de modo que demoramos seis dias para atravessar a floresta e chegar às margens do rio que marca a fronteira da Pomerânia.[29]

No fim do século XI, Adão de Bremen foi testemunha ou cronista da exploração em direção ao norte, bem como o geógrafo que descreveu as terras que a expansão para o leste ia acrescentando ao território da cristandade latina. Vale a pena deter-se em seu trabalho porque ele foi um geógrafo singularmente confiável para sua época, com contatos diretos com os exploradores. Foi o cronista oficial das "façanhas" dos bispos de Bremen, porto de entrada para a Alemanha para quem vinha da Escandinávia. Adão serviu ali como cônego da catedral, mostrando apaixonado interesse pelo progresso da conversão dos povos ao norte da diocese, onde os missionários eram exploradores. Com isso, seu livro tornou-se um relato da exploração do Báltico, do mar do Norte e do Atlântico Norte, enriquecido com os dados que ele obtinha junto aos muitos comerciantes, homens do mar e religiosos em visita à Escandinávia que chegavam ao porto de Bremen.

Entre seus informantes estava Svein Estrithson em pessoa, que, em suas campanhas contra suecos e eslavos, foi ao mesmo tempo paladino e pioneiro. Adão menciona também suplicantes que procuravam o tribunal dos bispos vindos da Islândia, da Groenlândia e das Órcadas.[30] Menciona uma ilha no Báltico onde "todas as casas são habitadas por videntes, adivinhos e necromantes pagãos", consultados por pessoas em busca de respostas mágicas "vindas de todas as partes do mundo, principalmente espanhóis e gregos". É difícil imaginar uma expressão mais clara da maneira como a Europa começava a constituir uma unidade. Adão nos conta que em Schleswig podia-se pegar um barco para as ilhas próximas, para a Eslávia "e até mesmo para a Grécia". Menciona a existência de uma rota terrestre da Escandinávia à Grécia, "mas os povos bárbaros que vivem nos territórios por ela cortados tornam difícil a viagem". O Báltico "se estende por um longo caminho entre as regiões dos citas até a Grécia".[31]

A exploração conscienciosa é tema fundamental no trabalho de Adão. Ao descrever o Báltico, por exemplo, remete a Einhard, famoso cronista das gestas de Carlos Magno, no século IX: "O que Einhard diz sobre a parte inexplorada desse golfo", comenta,

> foi recentemente comprovado pelos empreendimentos de homens denodados, como Ganuz Wolf, líder dinamarquês, e Harald [Hardrada], rei dos noruegueses. Depois de explorar esse mar em toda a sua extensão, em uma viagem penosa e de muitos perigos para seus aliados, finalmente voltaram, exaustos e abatidos por repetidos ataques de piratas. Mas dinamarqueses afirmam que muitos já explora-

ram esse mar de um extremo a outro. Com ventos favoráveis, alguns viajaram da Dinamarca a Ostrogard, na Rússia, no decurso de um mês. No que se refere a sua largura, Einhard garante que "em parte alguma passa de cem milhas [...] e em alguns pontos é muito mais estreito [...] Ao sair dos limites da Dinamarca, o mar abre seus braços, que só voltam a juntar-se na região dos godos. Assim, quanto mais se avança, mais separadas ficam suas costas".

Em alguns manuscritos são acrescentadas numerosas instruções de navegação que explicam, por exemplo, quanto tempo se leva para chegar do Báltico a Compostela, Lisboa, Gibraltar, Barcelona e Marselha. Adão afirma que a Heligolândia foi descoberta e colonizada por um pirata regenerado e que "todos os marinheiros tinham pavor do lugar". Recomenda Helsingborg como a melhor rota para a Suécia. Mostra-se bem informado a respeito do clima e da fauna silvestre das terras do norte, e descreve o sol da meia-noite sem sensacionalismo. Sempre confronta seus dados com os das obras clássicas no assunto, identificando a Islândia, por exemplo, com a Thule de Pítias, e reportar-se à afirmação de Martianus Capella sobre a existência de um mar gelado ao norte de Thule para corroborar a informação de Svein Estrithson, segundo a qual, além de Vinland, "não existe nenhuma terra habitável naquele oceano, mas todos os lugares além dali estão tomados por gelos impenetráveis e por profunda escuridão".

Adão menciona viagens realizadas por Harald Hardrada para explorar o oceano: o rei deu meia-volta ante "os confins sombrios de um mundo crepuscular". Um grupo de frísios, registra Adão,

> largou velas para o norte com o objetivo de percorrer o oceano, pois os habitantes afirmavam que por uma rota direta em direção ao norte, a partir da desembocadura do rio Weser, não se encontrava terra alguma, mas somente o mar conhecido como Libersee. Os expedicionários se comprometeram sob juramento a investigar essa nova afirmação e, com um alegre chamado aos remadores, zarparam da costa da Frísia.

As aventuras que eles relataram na volta — uma ilha do tesouro, gigantes, monstros — não inspira confiança em que tenham levado muito longe seus propósitos.[32]

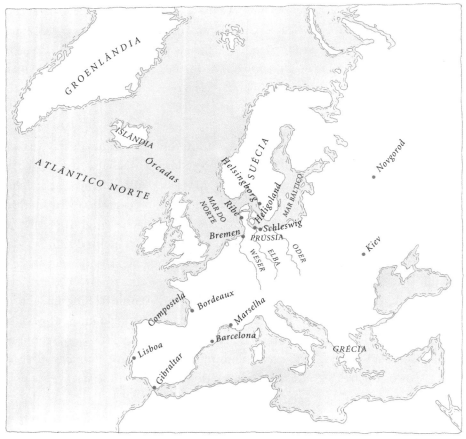

Lugares mencionados por Adão de Bremen.

A etnografia de Adão é fantasiosa e se dedica principalmente a atribuir horríveis atos de barbárie aos pagãos — sede de sangue causada pelo vício da idolatria, sacrifícios humanos oferecidos a dragões, preferência por matar em vez de escravizar guerreiros. Aparecem antropófagos, assim como amazonas emprenhadas por monstros "que não são raros por lá". Cinocéfalos "costumam ser vistos na Rússia como cativos e emitem latidos em vez de palavras". "Naquele território vivem muitos outros tipos de monstros que os marinheiros afirmam ter visto com freqüência, embora para nosso povo isso seja difícil de crer." Essas afirmações representam algo mais que vestígios folclóricos e de mitos antigos. Na verdade, é a formação de um novo mito, o de uma "missão civilizatória" que se justifica denegrindo e satanizando o outro. É parte de um projeto de negação da alteridade.

No entanto, Adão dispôs-se também à tarefa, muito pouco compatível com a anterior, de idealizar o outro — em casos escolhidos — a fim de censurar os ocidentais por imoralidade e falta de fé. Confundindo — por uma compreensível ignorância — os prussianos, que viviam pouco além do limite oriental da cristandade, com os samis, ou lapões, que habitavam seus extremos ao norte, ele relata que a Sâmbia é

> habitada pelos samis, ou prussianos, um povo bastante humanitário, que acorre a ajudar os que estão em perigo no mar ou são atacados por piratas. Têm pouco apreço pelo ouro e pela prata. Possuem peles exóticas em abundância, cujo cheiro inoculou em nosso mundo o veneno mortal da ostentação. Mas consideram essas peles como esterco, é claro, para nossa vergonha, creio, porque cobiçamos uma pele de marta como a suprema felicidade. Eles trocam peles por roupa de lã. Muitas coisas louváveis poderiam ser ditas sobre esses povos em relação a sua moral bastando para isso que eles tivessem fé em Cristo, cujos missionários são por eles cruelmente perseguidos.

Adão alimentava muitas esperanças na conversão dos suecos, "que não tomam nada como motivo de se vangloriar, seja ouro, prata, gastos suntuários, pele de marta ou castor, coisas que nos fazem perder a cabeça de admiração. Só nas relações sexuais com mulheres eles não conhecem limites". Ele conhecia a Groenlândia e seus habitantes, que imaginava "de cor esverdeada por causa da água salgada".[33]

Deixou também descrições detalhadas das terras que ficam além do rio Elba, que os romanos nunca tinham visto, mas que se tornaram familiares a combatentes e missionários a partir do século VIII. O conhecimento que Adão tinha da "Eslávia", como chamava o território que ficava além do Oder, é uma compilação de crônicas de exploradores, pelo menos no que se refere às terras que ficavam além da Polônia — reino que ele supõe ser conhecido por seus leitores —, os vastos domínios ainda habitados nessa época por povos pagãos. Nomes de tribos abundam nesses relatos, juntamente com os de santuários e cidades, além de lamentos sobre o obscurantismo da religião dos eslavos. Só no século XV, quando Nicolau de Cusa colheu dados e registrou-os sob a forma de mapas extraordinariamente precisos, pode-se dizer que essa região passou a ser plenamente documentada.

A iniciativa de Nicolau fazia parte de um projeto pessoal no qual a ciência se punha a serviço da teologia. Chegou a "acreditar que o homem pode falar sobre o que não conhece — Deus e a natureza — somente falando sobre o que conhece — o mundo de sua própria experiência e de sua invenção".[34] Louvava a tecnologia com o entusiasmo de um *philosophe* que desenha lâminas para ilustrar a *Encyclopédie*.

> Porque só o homem descobre como suplementar a falta de luz acendendo uma vela, para assim enxergar, como melhorar a visão deficiente com lentes, como corrigir erros relacionados à visão com a arte da perspectiva. Torna o alimento cru agradável ao paladar cozinhando-o, combate o mau cheiro vaporizando fragrâncias e o frio com roupas, fogo e casas. Vale-se de mapas e embarcações para viajar mais depressa, usa armas em defesa própria e aperfeiçoa a própria memória com a invenção da escrita e a arte da mnemônica.[35]

Os mapas, na opinião de Nicolau, ilustram a peculiar faculdade humana de dar forma ao mundo e, em certo sentido, dominá-lo.

> Depois de ter feito uma descrição completa do mundo sensível que constitui sua cidade, ele a representa num mapa bem organizado e de medidas proporcionais, de modo a não perdê-la. Logo retorna a esse mapa, dispensa os mensageiros e relaciona sua visão interior com a do Criador do mundo [...] Pensa que Ele está em relação com o mundo, com anterioridade, da mesma forma como o cosmógrafo está em relação com o mapa, e dada a relação entre o mapa e o mundo real, o cosmógrafo pensa em si mesmo como o Criador do mundo, contemplando em sua mente a verdade de uma imagem, o significado através do signo.[36]

Sobre a Rússia, Adão de Bremen não registrou nada além da existência das cidades de Novgorod e Kiev. Essa ignorância é surpreendente, pois ao mesmo tempo que os nórdicos exploravam o Atlântico, escandinavos viajavam também para o leste. Os varegos — que eram, ou pelo menos incluíam, os nórdicos exploradores do leste — fizeram do Volga o mais longo corredor de comércio da Europa no século x. Não se sabe como e quando chegaram ali.

As nascentes que alimentam o Volga não ficam longe do Báltico. Indícios encontrados em crônicas russas de data muito posterior apontam o meado do século IX como o período crucial desse avanço, aludindo a guerras entre "varegos de além-mar" e eslavos nativos, que culminaram em 862 com a submissão dos eslavos. Levados ao desespero pela desordem que havia entre eles, segundo a Primeira Crônica Russa, os nativos "cruzaram o mar e se apresentaram aos varegos russos" e disseram: "Nossa terra é grande e rica, mas nela não há ordem. Venham ordená-la e reinar sobre nós". Se esse fato realmente aconteceu, deve ter sido um episódio de uma história muito mais longa de penetração da região por invasores, colonos e mercadores escandinavos.

Ibn Fadlan, membro de uma missão diplomática enviada por Bagdá à corte dos búlgaros do Volga em 922, dedicou a maior parte de seu relato de viagem aos meses passados entre os que ele chamou de "*russiya*", que descreve com repulsa, em virtude de costumes bárbaros que lhe pareceram de inacreditável selvageria. Ao testemunhar um sacrifício humano, ficou profundamente impressionado com o horror daquilo. A cerimônia realizou-se na pira fúnebre de um nobre, construída num barco encalhado no rio. A escrava escolhida para ser imolada com seu amo cantou canções de adeus sobre a última taça de bebida antes da cópula ritual com seu verdugo. Uma anciã chamada "Anjo da Morte" enrolou no pescoço da jovem uma corda, cujas pontas estendeu aos homens postados a seu lado. Guerreiros batiam em seus escudos para abafar os gritos da vítima. Quando a corda ficou bem apertada, o Anjo da Morte cravou um punhal repetidas vezes no peito da moça. Então, assistentes acenderam a pira e alimentaram o fogo até que pira e barco se reduzissem a cinzas. "Depois disso, no lugar onde o barco ficara ao ser retirado do rio, ergueram uma espécie de montículo arredondado. No meio dele, escreveram o nome do morto e o do rei dos *russiya*. Aí foram embora."[37] Outras fontes esclarecem qual era a base da atividade dos varegos: o comércio de peles. Zibelinas e esquilos das florestas boreais eram transportados rio abaixo até o Cáspio e dali para Bokhara e Samarcanda, onde eram trocados por prata árabe, cristais persas e sedas chinesas.

A formação de uma rede de rotas comerciais dos varegos ao longo do Volga e da área por ele banhada marcou o começo de uma nova era na história do intercâmbio comercial na Eurásia. A Europa tem a forma aproximada de um triângulo. Um de seus lados é limitado pelo Mediterrâneo — a primeira grande rota de comércio de longa distância, que pôs em contato todos os povos do sul da Europa no tempo das explorações de gregos e fenícios, no início do primeiro milênio a.C. O extremo sul da Espanha é o vértice. A partir desse ponto, o litoral atlântico e o do mar do Norte formam o outro lado do triângulo. Como vimos, as comunicações marítimas uniam também essa região já na Antiguidade. Assim, antes do surgimento do império romano, havia na Europa dois sistemas comerciais, duas economias de escala continental. Entretanto, era difícil integrá-las, separadas que estavam por um divisor de águas montanhoso, do qual corriam rios em direções opostas. As passagens existentes, principalmente as que seguiam o Ródano e as que cruzavam ou contornavam os Alpes, eram muito freqüentadas, mas a unificação das duas áreas num sistema único dependia, na realidade, de uma árdua tarefa: o desenvolvimento de comunicações marítimas em torno do estreito de Gibraltar, com suas fortes correntes, e pelo golfo de Biscaia, sempre ameaçado por tempestades destruidoras. Tanto a rota do norte quanto a do sul terminavam em becos sem saída: o Báltico, no norte, e o mar Negro, no sul.

Mas o Volga é o terceiro mar da Europa — um grande curso d'água, navegável praticamente em toda a sua extensão, largo e bastante profundo para suportar todo o trânsito que a região possa originar. Não chega a encontrar os outros lados do triângulo: durante a maior parte dos tempos históricos, um pequeno mas árduo trecho terrestre ligou o Volga ao Báltico. Em seu extremo sul, o rio corre em direção a um mar fechado, o Cáspio. Para chegar ao Mediterrâneo, o trânsito pelo vale do Volga tinha de ser desviado para a bacia hidrográfica do Don. Por esse motivo, era mais difícil integrar o Volga à economia européia do que o Mediterrâneo e o mar do Norte. Mesmo na atualidade, o mapa político e econômico da Europa mostra como o processo foi demorado. Rússia, Belarus, Cazaquistão e Ucrânia, estados sucessores de um império que tomou forma na bacia do Volga, na Idade Média e no início do período moderno, permanecem fora da União Européia. Entre os países aceitos tradicionalmente — embora não de modo unânime — como europeus, são os únicos que não são membros ou estão negociando a admissão. No momento em que escrevo, ainda ressoa na Ucrânia o debate político sobre se o país permanece na esfera econômica da Rússia ou se passa a gravitar em torno do resto da Europa.

A ÁFRICA

A África e as Américas são mais difíceis de explorar do que a Eurásia. A África é circundada por costas situadas a sotavento que impedem a navegação de longo curso. O interior, em sua maior parte, é difícil de atravessar, por apresentar enormes desertos e florestas em que grassa a malária. Embora muitos rios penetrem profundamente no continente, nenhum deles, exceto o Níger, é navegável em grande parte de seu curso. Em quase todo o continente, o relevo escarpado faz os rios serpentearem e cria corredeiras e cataratas em seu curso. Não há trilhas ao longo do continente comparáveis às Rotas da Seda e a das estepes da Eurásia. O Sahel é um cinturão de savana que se estende do Atlântico ao vale do Nilo; mas nunca um império conseguiu unificá-lo como os mongóis unificaram as estepes da Ásia, e as civilizações da África ocidental e da Etiópia aparentemente nunca foram beneficiadas por contatos recíprocos, como ocorreu com as que ocupavam os extremos da Eurásia. As Américas apresentam obstáculos semelhantes. Florestas, montanhas, gelo e barreiras desérticas cortam o hemisfério. Até onde sabemos, nunca houve contato entre as civilizações da Mesoamérica e as da região andina antes do século XVI, por ação dos recém-chegados conquistadores espanhóis. Ao que tudo indica, a navegação de longo curso nunca foi praticada fora do Caribe e do golfo do México até aquela época.

Mesmo assim, tanto nas Américas quanto na África foi possível a ocorrência de transmissão cultural, embora lenta e intermitente. Antes da era cristã, as línguas e a tecnologia — agricultura e fundição do ferro — da África ocidental espalharam-se pela maior parte do continente ao sul do Saara, talvez por meio de migrações, talvez pela transmissão paulatina de influências culturais. Nenhum tráfego permanente manteve abertas essas vias de comunicação, mas a partir do século V, aproximadamente, acumulam-se aos poucos indícios da existência de rotas comerciais importantes, sobretudo ao longo da Grande Fenda Africana, na África oriental, e através do Saara. A primeira dessas rotas está muito pouco documentada, mas seus resultados estão à vista: ela ajudou a manter sucessivos impérios nas áreas montanhosas da Etiópia, de onde os imperadores puderam dominar o tráfico de algália, sal, marfim e ouro dos vales do Zambeze e do Limpopo, bem como do planalto que, situado entre eles, segue na direção norte, para a Etiópia e o mar Vermelho.

Mercados: o Magreb e o Saara na Idade Média.

As rotas transaarianas, em contraste, inspiraram muita literatura por causa do fascínio que o ouro transportado por elas suscitava no Magreb e no Mediterrâneo. Em meados do século IX, o geógrafo egípcio Ibn'Abd al-Hakam compilou os mais antigos dados sobre a exploração da região pelos árabes. À medida que ia penetrando no Saara, na década de 660, o exército conquistador indagava, em cada lugar que invadia: "Vive alguém além daqui?", e seguiu em frente enquanto obteve resposta positiva. Uma expedição à "terra dos pretos", como a região era chamada, "teve um sucesso jamais visto antes e conseguiu todo o ouro que queria".[38] Poucos anos mais tarde, o trabalho de al-Yaqubi incluiu detalhes circunstanciais — nomes de reis e colônias — e os primeiros relatórios com o nome de Gana, estado que controlava a maior parte do fluxo de ouro. Uma fonte do início do século x registra — mas isso deve ser tomado com reserva — o primeiro muçulmano de nome conhecido a visitar a corte do "rei do Sudão", que descreveu Mohammed bin'Arafa como "belo de rosto e temível por seu porte e comportamento".[39] Antes da abertura de rotas marítimas em torno da protuberância litorânea que avança para o oeste, para terem acesso ao ouro dessa área a única opção dos comerciantes do Magreb consistia em cruzar o deserto e trocá-lo por sal.

Durante os duzentos anos seguintes, geógrafos do Magreb reuniram conhecimentos sobre Gana, suas cercanias e os oásis que levavam até lá e, sobretudo, sobre sua extraordinária riqueza, mas tinham pouco interesse na logística da viagem. A primeira descrição detalhada de uma travessia do Saara aparece no trabalho de Ibn Battuta, que empreendeu a viagem em meados do século XIV, quando o comércio de ouro no Saara estava no auge. Levou dois meses de Sijilmassa a Walata, na fronteira do império do Mali. Não havia estradas à vista — "só areia levantada pelo vento. Vemos montanhas de areia num lugar. Aí vemos que foram carregadas para outro". Por causa disso, os guias cobravam preços elevados. O de Ibn Battuta foi contratado por mil mitkais de ouro. Diziam que os cegos eram os melhores guias, já que no deserto a visão era enganadora. Os demônios brincavam com os viajantes, enganando-os para que se perdessem.

Depois de 25 dias, a rota levou-o às minas de sal de Taghaza, cidade infestada de moscas varejeiras, onde se produzia o único artigo que os malineses podiam trocar por ouro. As casas de Taghaza eram escavadas em blocos de sal. A água era salobra mas preciosa. A etapa seguinte da viagem consistia normalmente em dez dias sem água — exceto por aquela que fosse eventualmente sugada do estômago dos animais selvagens que perambulavam pela imensidão. O poço seguinte antes de Walata estava a mais ou menos quinhentos quilômetros da cidade, numa região "assombrada por demônios", onde "não se divisa estrada ou trilha [...] nada além de areia levada de cá para lá pelo vento". Ainda assim Ibn Battuta achou o deserto "luminoso, radiante", e formador de caráter — até que os viajantes entraram numa área ainda mais quente, a poucos dias de Walata. A partir daí, tiveram de marchar durante a noite. Ao chegar, o escritor, que vinha de uma longa linhagem de intelectuais e pessoas cultivadas, achou a população da África subsaariana decepcionante. Quando entendeu que entre eles o conceito de hospitalidade não ia além de oferecer uma xícara de coalhada com um pouco de mel, concluiu que nada de bom poderia esperar deles.

Essa era uma experiência comum para os visitantes do Mali. Como todo eldorado, era uma terra fadada a decepcionar. As expectativas eram muito grandes. Exploradores da cristandade latina sentiram-se frustrados por essas expectativas. Já em meados do século XIII, empreendedores de Gênova começaram a se interessar pela busca das fontes do ouro africano. Em 1283, Raimundo Lúlio, maiorquino que empreendeu missões entre os muçulmanos, relatou que o "mensageiro de um cardeal" tinha partido de Ceuta rumo a Sijilmassa com o propósito de encontrar a "terra dos Pretos". Na década de 1320, chegou à Europa o seguinte boato sobre o soberano do Mali, que sucedera a Gana como império dominante no Sahel: numa peregrinação a Meca, ele teria distribuído tanto ouro aos santuários do caminho que provocou inflação no Egito.[40] O Atlas Catalão, feito em Maiorca no fim da década de 1370 ou início da seguinte, falava dele como "o rei mais rico" da região — com barba e cetro à moda européia. Filtrada por fontes do Magreb, a imagem que os europeus tinham do Mali era resplandecente, com mesquitas e palácios riquíssimos, miríades de súditos, rituais secretos na corte. Mas na época em que os primeiros exploradores europeus definiram uma rota viável para o Mali — em meados do século XV, subindo o rio Gâmbia a partir do mar, como veremos no próximo capítulo — o império já estava em declínio, e sua pobreza e abandono decepcionaram os observadores e confirmaram preconceitos desfavoráveis sobre a capacidade dos negros.

A volta pelo Saara era ainda pior que a viagem de ida. Os oásis tingiam de negro as roupas brancas. As tâmaras eram o único alimento fresco, disputadas aos gafanhotos e colhidas antes do amanhecer. Nas minas de cobre de Taggada, as caravanas tinham de ser abastecidas com provisões para os setenta dias de marcha até Sijilmassa. Depois, as neves dos montes Atlas castigavam os viajantes no caminho para Fez.

Mas a febre do ouro continuou a animar exploradores europeus a percorrer a rota e buscar meios de melhorá-la. Segundo um relato de 1413, Anselme d'Isalguier retornou à sua Toulouse natal vindo de Gao, no Níger, com três eunucos pretos e um harém de negras — embora ninguém soubesse como ele tinha conseguido chegar tão longe. Em 1447, Antonio Malfante partiu em busca do caminho através do deserto em nome do estado genovês, mas voltou atrás sem ter conseguido ir além de Touat. Em 1470, o comerciante florentino Benedetto Dei declarou ter estado em Timbuktu e visto ali um animado comércio de tecidos europeus.

Diante dos problemas da rota terrestre até as fontes do ouro, é surpreendente que os exploradores tenham demorado tanto a procurar um caminho por mar. Apesar de disporem de muitas embarcações e de marinheiros experientes, andaluzes e magrebinos da Idade Média mostraram pouco interesse em explorar a costa africana. Segundo al-Idrisi, aventureiros de Lisboa "embarcaram no mar das Trevas para ver o que havia lá e onde acabava", mas tudo o que ele soube sobre essas descobertas foi uma fábula obviamente ficcional como as de Simbad. O único explorador consciencioso que conhecemos pelo nome e fez a tentativa foi Ibn Fatima, cujos comentários foram reunidos numa compilação feita em Granada por volta de 1280. Diz ele: "Ibn Fatima relata que uma vez empreendeu a viagem pelo oceano Atlântico para Nul Lamta, mas o navio foi desviado de seu curso e entrou numa região de baixios envolta em brumas". Mas como a população daquela costa falava a língua berbere, não parece plausível que essa viagem tenha chegado muito longe em direção ao sul, embora Ibn Fatima afirme ter feito leituras de latitude que mostravam um grau ao sul do equador. Um trabalho do início do século XIV que reúne narrativas de diversos comerciantes do Mali e de países vizinhos inclui o relato de outro desembarque inesperado de um navio mercante, num lugar cujos habitantes eram "gente do Sudão. Quando viram que éramos brancos, ficaram muito surpresos e pensaram que tínhamos pintado o corpo com cal". Mas, como muitas outras informações da mesma fonte, isso mais parece uma história fictícia convencional.[41]

Assim, os magrebinos deixaram aos europeus, cujas navegações são descritas no próximo capítulo, a abertura da rota marítima à África ocidental. Por que essa timidez? Parte da inibição pode ter vindo das lendas sobre um mar de Trevas, habitado por monstros e circundado por águas tropicais em ebulição. É possível também que os magrebinos, sabendo que o ouro vinha do interior remoto, imaginassem que uma busca por via marítima seria infrutífera.

OS DESBRAVADORES

AS ROTAS PELO INTERIOR DAS AMÉRICAS

No que se refere às Américas, não sabemos quem foram os pioneiros que abriram as rotas que surgiram e se desenvolveram nesse período, nem mesmo, em muitos casos, o curso exato que seguiram. Só podemos inferir a existência dessas rotas, a partir da distribuição de artefatos e da transmissão de influências. Elas se irradiavam a partir dos dois grandes centros de civilização das Américas da época: a Mesoamérica e os Andes centrais e setentrionais. Mas essas civilizações nunca se encontraram. Ao que tudo indica, é improvável que os habitantes de uma dessas regiões soubessem da existência da outra até que os conquistadores espanhóis promoveram o contato entre elas, no século XVI.

A partir do vale do México, um grupo de rotas levava às terras dos maias e à América central, ao sul. Graças a algumas inscrições fragmentárias dos maias, é possível acompanhar o progresso de um grupo de pioneiros vindo do norte. Chegaram à região dos maias em janeiro de 378 d.C., logo depois do início da estação chuvosa anual, na planície tropical úmida que é hoje o leste da Guatemala. Vinham de Teotihuacán, a 2300 metros de altitude, situado no vale cercado de montanhas do México central. O clima era bem diverso: a estação de chuvas em Teotihuacán era mais moderada e ocorria no verão. Os viajantes não vinham em grande número ou fortemente armados, a julgar pela imagem que deles — ou de outros semelhantes a eles — pintou um artista, ao término da viagem. Alguns deles se apresentavam e se comportavam como embaixadores, usando ornatos de cabeça com borlas que indicavam a investidura diplomática, levando vasilhames cerimoniais, entalhados ou pintados com cenas mitológicas e mensagens políticas, como presentes diplomáticos. Atravessaram centenas de quilômetros de montanhas e florestas, ou talvez tenham descido por mar, seguindo a costa. O chefe do grupo era conhecido entre os maias como Siyaj K'ak, que significa "filho do fogo". Anteriormente, era chamado pelos historiadores de Rã Fumegante — numa interpretação literal do ideograma que representava seu nome. Seus contemporâneos no mundo maia acrescentaram-lhe uma alcunha: "o grande homem do oeste". Mas por que ele teria vindo?

Seu destino era a cidade de Tikal, a cerca de mil quilômetros de sua terra natal, na região atualmente chamada Petén, onde os templos de pedra calcária

Área explorada por Siyaj K'ak.

e as cristas dos telhados pintadas de cores berrantes se destacam acima da densa floresta. Tikal era uma das mais antigas e sem dúvida a maior das muitas cidades-estado em que se dividia o mundo maia. Na época, talvez tivesse mais de 30 mil habitantes. Mas se Tikal era uma grande cidade para os padrões maias, era mínima se comparada a Teotihuacán, provavelmente três vezes maior. Além disso, Teotihuacán não era apenas uma cidade-estado, mas o centro nervoso de um império que cobria o vale do México e se estendia a regiões vizinhas, atualmente chamadas Tlaxcala e Morelos. Sua influência e seu poder de arrecadar impostos iam ainda mais longe. Durante muitas décadas os mercadores do México central penetraram fundo nos domínios maias. Os contatos com sua área montanhosa, rica em jade, ao sul e a oeste de Tikal, tornaram-se cada vez mais freqüentes.

As relações entre Tikal e Teotihuacán eram importantes para ambas as cidades devido ao caráter complementar de seus ecossistemas: os maias supriam o México de produtos inexistentes nas montanhas, inclusive plumas de aves da floresta, usadas como ornamento, borracha para bolas de jogos apreciados pelas elites da região, cacau (que fornecia para essa elite uma bebida levemente narcótica), jade para a joalheria e espécies raras de incenso para os rituais. Mas visitantes como Siyaj K'ak e seus teotihuacanos eram raros ou talvez até sem precedentes. À medida que eles se aproximavam de Tikal, pouco a pouco, ao longo do rio atualmente chamado San Pedro Mártir, as comunidades pelas quais passavam registravam o fato sem comentários, mas presumivelmente com apreensão, e transmitiam as informações aos vizinhos. Quais seriam as intenções dos recém-chegados? Seriam invasores ou convidados? Conquistadores ou colaboradores? Emissários ou aventureiros? Seriam mercenários ou, quem sabe, casamenteiros? Teriam vindo para intermediar disputas existentes ou para usá-las em benefício próprio?

As inscrições que registram esse episódio são demasiado fragmentárias para responder a tantas perguntas, mas contam uma história sugestiva. A chegada de Siyaj K'ak a Tikal, em 31 de janeiro, precipitou uma revolução. Justamente naquele dia, se é que as inscrições podem ser entendidas literalmente, a vida do governante da cidade, Chak Tok Ich'aak (ou Garra da Grande Onça, como os historiadores costumavam chamá-lo) chegou ao fim. Ele "entrou nas águas", como diziam os maias, depois de um reinado de dezoito anos, pondo fim à supremacia de uma linhagem real que já dera à cidade treze monarcas antes dele. Os monumentos dessa dinastia foram quebrados em pedaços ou desfigurados e enterrados: placas de pedra em que havia imagens entalhadas dos reis, celebrando as guerras que travaram, os prisioneiros que tinham capturado, as observações astronômicas que registraram e os sacrifícios que ofereceram aos deuses — às vezes, de seu próprio sangue; outras, da vida de seus cativos.

A julgar pelos retratos deixados pelos escultores de sua corte, o novo rei, entronizado por Siyaj K'ak, vestia-se à maneira de seus chefes teotihuacanos, usava adornos com imagens dos deuses do México central e portava armas como as que lá se usavam. Seus potes de chocolate vieram de Teotihuacán ou foram copiados de modelos feitos por lá. Quando ele morreu, no início do século seguinte, foi sepultado com o relevo de um deus do mundo dos mortos, sentado num trono de ossos humanos, segurando uma cabeça decepada.[42]

Siyaj K'ak investiu novos reis não somente em Tikal, mas em diversas outras cidades menores na região, num período de poucos anos. Inscrições mutiladas indicam que algumas das cidades envolvidas, senão todas, juraram lealdade a um governante cujo ideograma consistia em uma coruja com um lançador de dardos: imagem comumente associada à guerra e ao poder em Teotihuacán, indicando que a supremacia de Teotihuacán, ou pelo menos de teotihuacanos, era um dos aspectos da nova ordem. Além disso, nos anos seguintes, uma série de novas cidades foram fundadas na planície sob a influência de Tikal, ainda que, aparentemente, muitas delas tivessem logo se declarado autônomas ou procedido como se o fossem. Seria ir além dos indícios existentes falar do nascimento de um novo estado regional, ou da fundação de uma nova província no império de Teotihuacán. Mas pelo menos podemos afirmar, sem medo de errar, que os contatos através da Mesoamérica aumentavam, que o processo de formação de novos estados crescia e se acelerava e que estava em gestação um complexo sistema político: o de ambiciosas cidades maias, que se ajudavam mutuamente e também competiam entre si e cujas elites muitas vezes provinham do império de Teotihuacán ou eram por ele apoiadas.

A rede de comunicações mais ampla, de que fazia parte a rota percorrida por Siyaj K'ak, só pode ser reconstituída de forma hipotética. O sistema de transporte por canoas em torno do golfo do México e pelo Caribe era parte disso: eram essas as rotas que Colombo viu em funcionamento e pelas quais os pilotos nativos o guiaram. Por terra, tanto as áreas montanhosas do oeste da Guatemala, como as planícies alcançadas por Siyaj K'ak, eram acessíveis a partir do México central: Cortés viajou a Honduras, com ajuda de mapas e guias nativos, em 1524. Outras rotas terrestres levavam ao norte, a partir do golfo do México, seguindo o vale do Mississippi, ou cruzavam os desertos do norte do México e do sudoeste da América do Norte, passando por Casas Grandes, um entreposto comercial no deserto. Ali, no fim da Idade Média, existia um centro de processamento de penas de arara que proporcionava aos soberanos do norte e do sul plumagem para seus ornamentos. Por essas estradas transitaram as influências culturais que propiciaram a lenta propagação de certas características da civilização mesoamericana no norte do continente: cidades monumentais, quadras de jogo de bola, a cultura do milho e possivelmente uma língua comercial comum — uma espécie de uto-asteca rudimentar que, quando os exploradores seguiram essas rotas dos nativos, no século XVI, era compreendido numa área amplíssima, que chegava até o norte do Texas e o Arizona.

Na América do Sul, os Andes constituíam, por si sós, um grande eixo de comunicação. No século XVI, os conquistadores do Peru encontraram guias capazes de conduzi-los nas alturas andinas para toda parte, do departamento de Tolima, na Colômbia, ao rio Bío-Bío, no Chile. Esse enorme mapa mental era memorizado, até onde sabemos, sem a ajuda de qualquer coisa semelhante a um mapa físico. A geografia andina nos oferece uma pista de como isso era possível. Em dias claros, alguns pontos privilegiados proporcionavam vistas de até 160 quilômetros. As rotas de peregrinação eram sinalizadas diretamente entre os santuários situados nos cumes das montanhas, chamados huacas. A mais extensa dessa rotas ainda em uso quando chegaram os espanhóis, no fim da década de 1520, percorria trezentos quilômetros, em linha reta, de Cusco, o centro cerimonial do estado inca, a Tiahuanaco, passando pela "casa do sol" de Vilcanota e da ilha do lago Titicaca — a "ilha do sol". Cultos religiosos regulares ajudavam os sacerdotes a memorizar a malha de caminhos e de linhas de visada.[43]

Também os rios eram vias de transmissão cultural. Uma das revelações notáveis da arqueologia recente foi a continuidade cultural existente entre ambientes tão diversos como as regiões elevadas dos Andes, por exemplo, e as planícies úmidas da Amazônia. No início da década de 1540, os primeiros espanhóis que navegaram pelo Amazonas encontraram cidades que se sustentavam, em parte, pela aqüicultura, praticada em palafitas nas margens do rios. As características plataformas de pedra construídas pelas civilizações andinas têm um correspondente nos montículos da ilha de Marajó, na foz do Amazonas.

A história da exploração medieval resume-se no seguinte: as novas rotas de longa distância dos nórdicos, dos thules e dos polinésios, levaram a becos sem saída ou deixaram comunidades isoladas em seus pontos extremos, além de não conseguir estabelecer comunicações estáveis com elas. No século XIV, desastres ambientais frearam a expansão de grandes civilizações da Eurásia e do norte da África: o início de uma "pequena era do gelo", com temperaturas médias mais baixas, coincidiu com o advento de uma "era da peste", que conteve o crescimento populacional no século XIV e ajudou a controlá-lo durante os trezentos anos seguintes. Enquanto isso, o império mongol desmoronava. Os descendentes de Gengis Khan se desentenderam e cada qual tomou seu caminho. Os governantes mongóis foram expulsos da China em 1368. A rota da estepe através da Eurásia tornou-se novamente impraticável. As Rotas da Seda voltaram a ser perigosas. A nova Rota da Seda do Sul manteve-se transitável de forma intermitente, no melhor dos casos. Os exploradores da África e das Américas nunca chegaram a vencer realmente as barreiras impostas pela geografia. Houve, nesse período, movimentos e tentativas, mas nada além disso. Assim, as frustrações dessa época alimentaram as ambições da seguinte. As explorações internas tinham sido levadas a cabo de forma exaustiva, onde quer que tenham sido documentadas: na cristandade, na China, no Islã, no Japão, em Java. Na Europa, a imaginação incendiada produziu mapas hipotéticos com descobertas ainda por fazer. Os mercadores de ouro, desiludidos com o Saara, voltaram-se para o mar. E não foram os únicos. Como veremos no próximo capítulo, a Idade Média tardia foi um tempo de novas aventuras marítimas na exploração de regiões remotas como a China, a Rússia e — com maior persistência — o litoral atlântico da Europa.

4. O impulso

O avanço marítimo da Idade Média tardia e a penetração no Atlântico

Tímidos comerciantes, aí vêm os iberos morenos.
Matthew Arnold, "The scholar Gypsy"

Talvez porque fosse um usurpador e tivesse muito o que explicar, o imperador chinês Yongle estava disposto a pagar praticamente qualquer preço pela glória. A partir do momento em que se apoderou do trono, em 1402, até sua morte, 22 anos depois, travou guerras incessantes nas fronteiras da China, principalmente nas frentes mongol e anamita. Enviou pelo menos 72 missões a todos os territórios acessíveis que ficassem além das fronteiras chinesas. Mandou prata para o xógum japonês (que já a possuía em abundância) e estátuas de Buda, pedras preciosas e sedas a governantes do Tibete e do Nepal. Trocou embaixadas mal-humoradas com potentados muçulmanos da Ásia central e coroou reis na Coréia, em Malaca, Bornéu, Sulu, Sumatra e Ceilão (atual Sri Lanka). Esses contatos com reinos distantes provavelmente custavam mais em presentes do que rendiam em termos daquilo que os chineses chamavam de "tributos": ocapis vivos de Bengala, elefantes brancos do Camboja, cavalos e concubinas da Coréia, tartarugas e macacos brancos de Sião, pinturas do Afeganistão, enxofre, pérolas e armaduras de samurais do Japão. No entanto, representavam esplêndidas oportunidades de ostentação,

O IMPULSO

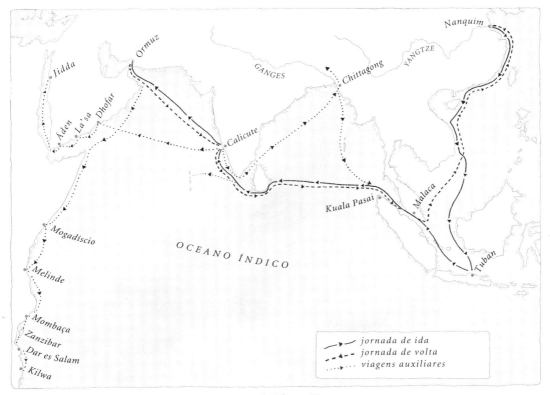

Rotas de Zheng He.

que valiam a Yongle prestígio em sua própria corte e, talvez, uma certa sensação de segurança.[1]

As missões mais imponentes e dispendiosas viajavam por mar. Entre 1405 e 1433, sete grandes expedições, marcadas por um nacionalismo exacerbado, sulcaram as águas do oceano Índico, comandadas pelo almirante Zheng He. A escala dessas iniciativas era gigantesca. Consta que a primeira expedição compreendia 62 juncos, os maiores já construídos, 225 embarcações de apoio e 27 780 homens. A julgar por uma prancha de suporte de leme descoberta recentemente, o tamanho dos navios justificava o espanto com que os contemporâneos os descreveram, pois deviam deslocar mais de 3 mil toneladas — ou seja, dez vezes o tamanho das maiores naus européias da época. Cada viagem durou, em média, dois anos, e foram visitados pelo menos 32 países das costas do

Índico. As três primeiras viagens, realizadas entre 1405 e 1411, chegaram apenas até a costa de Malabar, a principal fonte mundial de pimenta, e percorreram as costas do Sião, da Malásia, de Java, Sumatra e Ceilão. Na quarta viagem, de 1413 a 1415, os navios pararam nas Maldivas, em Ormuz e Jidda, e recolheram emissários de dezenove países.

Ainda mais que a recepção aos embaixadores, o que causou sensação quando a frota retornou à China foi a presença de uma girafa entre os tributos coletados por Zheng He. Até então, os chineses nunca tinham visto uma girafa. Zheng He conseguiu essa em Bengala, onde o animal tinha chegado como curiosidade para uma coleção do príncipe, em resultado de relações comerciais com a África oriental. Logo os chineses atribuíram ao bicho procedência divina. Segundo uma testemunha ocular, tinha "corpo de veado, cauda de touro e um chifre carnudo e sem osso, além de manchas luminosas como uma névoa vermelha ou púrpura. Caminha com majestade e a cada movimento observa um ritmo". Arrebatado e confundindo a girafa com o mítico *qilin*, ou unicórnio, o mesmo observador declarou: "Sua voz, harmoniosa, lembra o som do sino ou de um instrumento de sopro".

A chegada da girafa foi tomada como sinal de benevolência divina. Xendu, o artista que retratou o animal num desenho que chegou até nós, juntou-lhe o seguinte texto, que descreve a recepção do animal na corte:

> Os ministros e as demais pessoas se juntaram para admirá-lo e seu entusiasmo não se abate. Eu, vosso servo, já escutei que quando um sábio possui a virtude da suprema benevolência, de forma que ilumina os locais mais sombrios, aparece então um *qilin*. Isso demonstra que a virtude de Vossa Majestade iguala a do céu. Suas bênçãos compassivas se espalharam por toda parte, de forma que seus harmoniosos eflúvios geraram um *qilin*, como uma bênção infinda para o estado, por anos e anos sem conta.[2]

Ao acompanhar os emissários a seus países, numa quinta viagem, que durou de 1416 a 1419, Zheng He não perdeu a oportunidade de repetir o sucesso obtido pela girafa. Reuniu um conjunto prodigioso de animais exóticos para o zoológico imperial: leões, leopardos, camelos, avestruzes, zebras, rinocerontes, antílopes e girafas, bem como um bicho misterioso, o *touou-yu*. Desenhos o mostram como um tigre branco com manchas pretas, ao passo que

O IMPULSO

*Uma girafa e seu tratador, pintura de Xendu,
século XV.*

relatos escritos se referem a um "animal virtuoso", que não pisava na grama, era rigorosamente vegetariano e aparecia "apenas quando chamado por um príncipe de beneficência e sinceridade irrepreensíveis". Havia também muitas "aves estranhas". Uma inscrição registrava: "Todos eles viravam o pescoço e olhavam em torno com satisfação, batendo os pés, assustados e surpresos". Não se tratava de uma descrição das aves, mas sim dos cortesãos fascinados. Com efeito, Xendu teve a impressão de que "todas as criaturas que pressagiam boa sorte estão aqui".[3]

Em 1421 começou a sexta viagem de Zheng He, que teve como principal objetivo reconhecer a costa oriental da África. O almirante visitou, entre outros lugares, Mogadíscio, Mombaça, Melinde, Zanzibar, Dar es Salaam e Kilwa. Depois de um intervalo, causado provavelmente por mudanças no equilíbrio de poder entre as facções da corte em conseqüência da morte do imperador Yongle, em 1424, a sétima viagem, de 1431 a 1433, terá sido, provavelmente, a que o levou mais longe. Cobriu ao todo cerca de 20 300 quilômetros, segundo a melhor estimativa disponível, e renovou os contatos com os estados árabes e africanos que já tinham sido visitados anteriormente.[4]

A rigor, as viagens de Zheng He não foram de exploração. Como vimos, as rotas comerciais do Índico, pelas costas da Ásia e em direção à África oriental, já eram conhecidas dos chineses havia séculos. Desde começos do século XIII, dispunham do *Zhufanjie* (Descrição dos bárbaros), um manual prático destinado aos comerciantes que viajavam ao Sudeste Asiático e à Índia. Sem dúvida havia possibilidades de ampliar o mercado respaldando as iniciativas comerciais com demonstrações de força. O comércio na região era altamente lucrativo e envolvia especiarias, madeiras perfumadas, drogas medicinais valiosas e produtos exóticos de origem animal. Os chineses chamavam a frota de Zheng He de "navios do tesouro". Os motivos disso, porém, transcendiam o comércio. Zheng He estava empenhado naquilo que hoje se chamaria de missões de "demonstração de bandeira", impressionando os portos que visitava com o poder chinês e reavivando a reverência da própria corte do imperador com coisas exóticas que os chineses classificavam como o tributo de povos distantes.[5] O pretexto oficial para suas missões — no qual poucos acreditavam, tanto na época quanto hoje — era procurar um ex-imperador foragido, que estaria escondido no exterior. Havia nessas viagens claras considerações estratégicas. Zheng He intervinha ativamente na política de alguns portos do Sudeste Asiático que eram importantes para o comércio e a segurança da China. Um império potencialmente hostil havia surgido recentemente na Ásia central, liderado por um chefe mongol conhecido no Ocidente como Tamerlão, e a apreensão pode ter induzido os chineses a investigar a possibilidade de conseguirem aliados e informações nas proximidades da nova ameaça. Quaisquer que tenham sido as motivações das viagens, parte do efeito que produziram foi a consolidação do conhecimento que os chineses tinham das rotas utilizadas por Zheng He e sua descrição em mapas e portulanos.

O ALMIRANTE era um eunuco muçulmano de ascendência mongol. Tudo nele o marcava como um estranho à elite letrada e confuciana que dominava a política chinesa. Sua nomeação, pelo imperador, como comandante da primeira força-tarefa oceânica em 1403, representou um triunfo para três facções inter-relacionadas da corte, cujos interesses conflitavam com os valores confucianos. Primeiro, havia o lobby comercial, interessado na mobilização de apoio naval para os comerciantes chineses no oceano Índico. Aliado aos comerciantes, um grupo imperialista queria retomar o programa de ataques militares que, empreendido pela dinastia anterior, sofria a oposição dos confucianos, para os quais o império devia expandir-se, mas atraindo os "bárbaros" para sua órbita. Havia também o lobby budista, sempre poderoso, que desejava manter os recursos do estado longe das mãos de confucianos céticos ou anticlericais, aplicando-os em outros projetos, e que talvez visse na expansão imperial uma oportunidade para divulgar seu credo.

As expedições realmente exibiam o potencial da China como núcleo de um império marítimo: a capacidade produtiva de seus estaleiros, sua capacidade de organizar expedições de forte poderio e enviá-las a grandes distâncias. Os encontros de Zheng He com adversários demonstravam sem sombra de dúvida a superioridade chinesa. Na primeira expedição, ele enfrentou um pirata chinês que havia fundado um estado criminoso particular na capital do desaparecido reino de Srivijaya, em Sumatra. Os piratas foram aniquilados e seu rei enviado à China para ser executado. Na terceira viagem, o rei do Ceilão, da etnia cingalesa, tentou atrair Zheng He a uma cilada para se apoderar de sua frota. Os chineses desbarataram suas forças, tomaram sua capital, deportaram-no para a China e instalaram um pretendente ao trono em seu lugar. Na quarta expedição, um chefe de Sumatra que se recusou a cooperar na troca de presentes para os tributos foi subjugado, capturado e, por fim, executado. De todos os atos de intervenção política de Zheng He, talvez o mais importante, em termos de conseqüências a longo prazo, foi sua tentativa de criar um reino-fantoche chinês que controlasse o comércio do estreito de Malaca, o gargalo vital na rota normal entre a China e a Índia. Decidiu dar apoio a Paramesvara, chefe de uma quadrilha de bandidos que havia sido expulso de seu próprio reino e criara um feudo nos pântanos da região hoje denominada Malaca, na costa malaia. Em 1409, Zheng He conferiu-lhe o selo e as togas reais. Paramesvara viajou à China a fim de render tributo em pessoa e estabelecer uma rela-

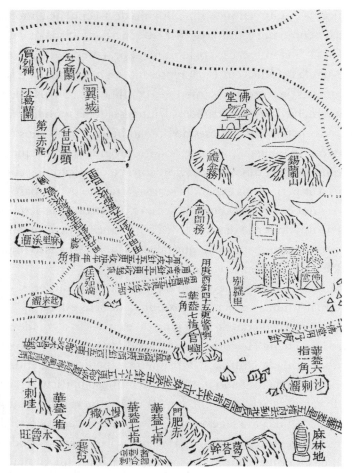

Os documentos oficiais das viagens de Zheng He à África foram destruídos, mas portulanos em forma de diagrama se conservaram e foram publicados em 1621. Este exemplo mostra as Maldivas e a África oriental.

ção de clientela com o imperador. O apoio chinês transformou o modesto feudo num importante e rico núcleo comercial.

A percepção que Zheng He tinha de seu próprio papel parecia combinar um impulso imperial com a motivação pacífica do comércio e da busca de conhecimento. A inscrição numa estela por ele erigida em 1432 começava num tom de extremado nacionalismo: "Ao unificar os mares e continentes, a dinastia Ming excede até mesmo os feitos da Han e da Tang. [...] Os países situados além do horizonte e nos confins do mundo tornaram-se súditos". Isso era um exagero, mas ele aduziu, em deferência a comerciantes e geógrafos: "Por mais longe que se localizem, suas distâncias e as rotas para chegar a eles podem ser calculadas".[6] Um dos resultados das viagens foi um "levantamento completo das costas do oceano". Cópias de suas cartas náuticas chegaram a nós por terem sido reproduzidas numa obra impressa de 1621. Tal como as cartas européias do mesmo período, não pretendem ser representações em escala, e sim diagramas de instruções de navegação. Caminhos acompanhados de indicações de rumo mostram as rotas entre os portos principais e representam de forma gráfica os portulanos que Zheng He havia registrado, e todas assumem a seguinte forma: "Siga tal e tal marcação por tal e tal número de sentinelas". Cada porto está marcado com sua latitude, de acordo com a elevação da estrela Polar acima do horizonte, que Zheng He havia verificado por meio de "placas de estrelas" — tiras de marfim, com várias larguras, mantidas a uma distância fixa do rosto do observador de modo a preencher com exatidão o espaço entre a estrela e o horizonte.

O resultado desses contatos numa escala até então inimaginável foi o assombro mútuo. No prefácio a seu próprio livro sobre as expedições, Ma Huan, intérprete que integrava a frota de Zheng He, lembrou que, quando jovem, ao contemplar as estações, climas, paisagens e pessoas de terras distantes, pensou com enorme surpresa: "Como pode haver tais diferenças no mundo?".[7]

Suas viagens com o almirante eunuco convenceram-no de que a realidade era ainda mais estranha. A chegada dos juncos chineses a portos do Oriente Médio, com cargas de artigos exóticos e preciosos, causava sensação. Um cronista da corte egípcia descreveu a agitação provocada por notícias da chegada dos juncos ao largo de Áden e da intenção da frota chinesa de lançar ferros no ancoradouro mais próximo possível a Meca que lhe fosse permitido.

No entanto, essa atividade naval por parte da China não podia durar muito. As razões de seu abandono têm sido bastante discutidas. Em muitos aspectos, renunciar às dispendiosas missões em territórios distantes foi uma decisão acertada da classe dirigente chinesa: cumpre reconhecer o mérito das autoridades por terem recuado nesse programa de dispendiosas viagens a grande distância: a maioria das potências que empreenderam expedições desse tipo, com o objetivo de impor seu domínio sobre países distantes, arrependeu-se depois. Os valores confucianos, como vimos, davam prioridade ao bom governo em seu próprio país: os "bárbaros" se submeteriam a ser governados pela China se e quando se dessem conta dos benefícios disso; tentar subjugá-los à força ou persuadi-los a se submeterem era um desperdício de recursos. Ao optar por consolidar seu próprio império continental e abster-se do imperialismo naval, os governantes chineses garantiram a longevidade de seu estado: todos os impérios marítimos fundados no mundo nos últimos quinhentos anos se desintegraram. A China continua lá.

Pelo menos uma parte do contexto que levou ao abandono das missões de Zheng He está clara. O sistema de exames para acesso ao serviço público e a eliminação gradual de outras formas de recrutamento teve sérias conseqüências. A China passou, cada vez mais, a ser governada por letrados, que se mostravam indiferentes à expansão, e por nobres, que desprezavam o comércio. Nas décadas de 1420 e 1430, a balança de poder na corte favoreceu os burocratas, em prejuízo dos budistas, eunucos, muçulmanos e mercadores que haviam apoiado Zheng He. Ao suceder a Yongle no trono em 1424, um dos primeiros atos do novo imperador, Hongxi, foi cancelar a próxima viagem de Zheng He. Hongxi reconduziu os funcionários confucianos, que seu predecessor havia demitido, e reduziu o poder das outras facções. Em 1429, o orçamento para a construção naval foi reduzido a quase zero. A elite de letrados rejeitava a tal ponto as aventuras oceânicas e as facções que as haviam promovido que destruíram os registros de Zheng He, numa tentativa de obliterar sua memória. Por outro lado, com a renovação do poder mongol, as fronteiras terrestres chinesas tornaram-se pouco seguras. A China precisava dar as costas ao mar e cuidar da nova ameaça.[8]

Foram profundas as conseqüências disso para a história universal. A expansão ultramarina chinesa ficou limitada à migração extra-oficial e, em grande parte, ao comércio clandestino, com pouco ou nenhum incentivo ou proteção por parte do governo imperial. Isso não deteve a colonização ou o comércio chinês. Ao contrário, a China continuou a ser a mais dinâmica economia mercantil do mundo e a maior fonte de emigrantes para países ultramarinos. A partir do século xv, os colonizadores chineses no Sudeste Asiático deram contribuições vitais para a economia de todos os lugares onde se instalavam e o dinheiro que enviavam para as famílias teve um papel importante no enriquecimento da China. A tonelagem dos navios que atracavam em portos chineses na mesma época provavelmente igualava ou mesmo excedia a de todos os outros navios, em todos os portos do mundo, somados. Mas a hostilidade do estado à expansão marítima (exceto no que se referia a ilhas próximas), que jamais voltou a abrandar enquanto durou o império, garantiu que a China nunca construísse o tipo de império global que os países da costa atlântica formaram. Um observador das relações internacionais no século xv teria certamente previsto que os chineses seriam os primeiros, entre todos os povos, a descobrir rotas transoceânicas de circunavegação e a criar o imperialismo marítimo global. Na realidade, nada disso veio a ocorrer, e a arena se manteve aberta para que os exploradores europeus, muito menos promissores, abrissem os caminhos ao redor do mundo.

O destino do mundo, claro está, não foi determinado por uma única decisão tomada na China em 1433. A renúncia da China ao imperialismo marítimo faz parte de um vasto contexto de fatores que ajudam a explicar as vantagens que beneficiaram os países europeus da borda do Atlântico na "corrida espacial" global. Alguns desses fatores foram ambientais, outros econômicos. O alcance das navegações de Zheng He dá uma pista para os fatores ambientais. A costa da Ásia e a da África oriental delimitam uma região de monções de extraordinária extensão, onde a navegação de longo curso se baseia, como vimos, na regularidade das mudanças na direção dos ventos. Nos ambientes de ventos fixos, fora dessa região, os navegantes se deparam com condições desconhecidas e desfavoráveis. No sul do Índico ou além do Sudeste Asiático, penetrando no Pacífico, seriam compelidos a navegar contra o vento; ou, em outras direções, corriam o risco de viajar com vento de popa e, provavelmente, nunca voltar para casa. Além disso, é difícil sair do Índico. Abaixo de aproximadamente dez graus de latitude sul, uma faixa de zonas de tempestades dificulta em muito a navegação. A rota pelo sul da África, para o Atlântico, exige contornar costas de sotavento na região onde hoje fica a província sul-africana de KwaZulu-Natal, que nos séculos XVI e XVII se transformou num notório cemitério dos navios que ali se aventuravam. Essa era, provavelmente, a localização de um lugar denominado Ha-pu-erh nos mapas traçados com base nas viagens de Zheng He. Além desse ponto, segundo as anotações dos mapas, os navios não prosseguiam, devido à violência das tempestades. No extremo oriental da costa da Ásia fica o mar do Japão, açoitado por tufões, e a vastidão do Pacífico.

OS DESBRAVADORES

Para se aventurar nesses mares hostis, os navegantes do oceano Índico precisariam de um forte incentivo. É nesse ponto que entra a economia. O Índico era uma área de tamanha atividade comercial e de tanta riqueza que não fazia sentido para seus povos buscar mercados ou fornecedores em outros lugares. Quando os mercadores do norte ou do centro da Ásia ou da Europa alcançavam o Índico, chegavam como pedintes, em geral desprezados por sua pobreza, e enfrentavam dificuldades para vender os produtos de suas terras de origem. De modo geral, só prosperavam tornando-se transportadores ou viajantes das empresas comerciais já existentes.

A decisão chinesa de distanciar-se do mundo exterior não foi determinada por nenhuma deficiência tecnológica ou por falta de curiosidade. Navios chineses poderiam perfeitamente ter chegado à América ou à Europa, se assim desejassem. Na verdade, é provável que, vez por outra, exploradores chineses tenham dobrado o cabo da Boa Esperança, de leste para oeste, durante a Idade Média. Um mapa chinês do século XIII mostra a África de maneira bastante próxima da realidade. Um cartógrafo veneziano de meados do século XV relatou ter visto um junco chinês ou, talvez, javanês, na costa sudoeste da África.[9] Mas não havia razão para dar continuidade a tais iniciativas: levavam a regiões que não produziam nada do que os chineses pudessem desejar. Ainda que os indícios de que embarcações chinesas tenham um dia atravessado o Pacífico e chegado à América sejam, no mínimo, questionáveis, é perfeitamente possível que isso tenha acontecido. Do mesmo modo, seria tolice insistir nessas viagens ou tentar sistemáticos contatos transoceânicos. Não havia naquelas terras ninguém com quem os chineses pudessem querer negociar.

Em menor medida — mas sem deixar de ser relevantes —, as mesmas considerações se aplicam a outros povos marinheiros do Índico, da Ásia oriental e do Sudeste Asiático. Os árabes, as comunidades de mercadores suaílis, os persas, indianos, javaneses e outros povos insulares da região, assim como os japoneses, todos eles desfrutavam de amplas oportunidades comerciais em seu próprio oceano, suficientes para mantê-los plenamente ocupados. Na realidade, se algum problema eles tinham era a escassez de navios em relação à escala da demanda do comércio inter-regional. Era por isso que, de forma geral, no século XVI recebiam bem entrelopos europeus, que eram truculentos, exigentes, rudes e muitas vezes violentos, mas aumentavam a capacidade de transporte oceânico e, por conseguinte, contribuíam para o aumento geral da riqueza. Paradoxalmente, pois, a pobreza favorecia os europeus, obrigados pela escassez de oportunidades econômicas em seus países a procurá-las em outra parte. Além disso, as explorações mais espetaculares partiram da periferia de uma periferia — pois a Europa era a borda da Eurásia, e a borda da Europa, sua projeção no oceano, era a península Ibérica.

POR QUE A PENÍNSULA IBÉRICA?

Madri é o ponto mais distante do mar a que se pode chegar na península Ibérica. No entanto, a cidade está cheia de restaurantes de frutos do mar e tem o maior mercado de peixe da Europa. A paixão castelhana pelo mar é um aspecto curioso da história e da cultura de um povo cujas origens se localizam no interior do continente e que em períodos importantes de seu passado esteve quase sem acesso à costa. A maior parte da costa atlântica da península Ibérica, na qual ficam as desembocaduras dos maiores rios, o Tejo e o Douro, pertence a Portugal, que tem constituído um estado independente, muitas vezes hostil a Castela, desde o século XII. Povos que falam o catalão ou línguas aparentadas ocupam a maior parte do litoral mediterrâneo; só foram plenamente incorporados ao estado espanhol muito depois da criação, por Castela, de um império marítimo. As margens setentrionais, que, do outro lado de uma muralha de montanhas, voltam-se para o mar Cantábrico, pertenceram, durante a maior parte dos últimos mil anos, à mesma entidade política que Castela; entretanto, os povos que ocupam a maior parte de seu litoral, inclusive seus melhores portos, não são castelhanos, e sim galegos e bascos — comunidades que contribuíram com uma parcela desproporcional da mão-de-obra nas empreitadas ultramarinas da Espanha. No sul, a saída direta de Castela para o Atlântico, pelo rio Guadalquivir, e para o Mediterrâneo, através das terras quase áridas de Murcia, só foram incorporadas a seu território em meados do século XIII. Até então, a economia de Castela dependia das penosas viagens de tropas de burros pelas montanhas entre os campos produtivos do planalto do norte e os portos cantábricos.

Surpreendentemente, em vista desses inícios pouco promissores, a Castela da Idade Média tardia — ou baixa Idade Média — demonstrou uma espécie de vocação marítima coletiva com um empenho que levou, no começo da era moderna, às mais amplas explorações e ao mais extenso império que o mundo já tinha visto. Esse império foi também, sem termo de comparação, o maior já criado com uma tecnologia pré-industrial. Nos séculos XVI e XVII, o oceano Pacífico e o Atlântico eram "lagos" espanhóis, nos quais a frota espanhola controlava e praticamente monopolizava as melhores rotas transatlânticas. É tentador procurar explicar o aparente paradoxo através da psicologia — por analogia, digamos, com o caso de um antigo colega meu cujo interesse pelo mar só despertou, segundo ele, quando se mudou para o Kansas.

As ambições marítimas de Castela no fim da Idade Média foram parte de um movimento ibérico mais amplo em direção ao mar. A contribuição portuguesa para a exploração, que também começou no século XIV e ganhou proeminência no século XV, igualou ou superou a de Castela. Em certo sentido, a vocação marítima de Portugal parece menos surpreendente: o país possui longas costas e pequeno território interior. Mas Portugal achava-se mal equipado em outros aspectos.

"Portugal não é um país pequeno" foi uma palavra de ordem no tempo de Salazar. Até mesmo o ditador, porém, dispunha-se a admitir que antes da expansão colonial Portugal era pequeno. O contraste entre a amplitude do imperialismo português e as modestas dimensões da metrópole é um dos maiores mistérios da história portuguesa e um dos mais enigmáticos contrastes da história universal. Os dados estatísticos disponíveis não permitem mais que comparações muito grosseiras, mas é provável que no começo do século XVI a população de Portugal fosse pouco superior à metade da inglesa, um quarto da castelhana, um décimo da francesa e muito menor até que a dos Países Baixos. Poucos eram os recursos capazes de compensar a exigüidade do território e da população. As salinas de Setúbal eram os únicos bens materiais abundantes oferecidos pela natureza. Pobreza e fome eram tribulações corriqueiras.[10]

Os recursos disponíveis eram insuficientes para a ambição marítima que a situação geográfica de Portugal inspirava. Entre seus possíveis rivais na busca de um império ultramarino, só os Países Baixos tinham menos acesso à madeira e ao ferro para a construção naval. Mas mesmo com recursos tão exíguos, Portugal apresentava grande vulnerabilidade, pois a fronteira terrestre era longa e exposta, não protegida por nenhuma barreira natural facilmente defensável e colada a um vizinho de intimidante poderio. A única vantagem que os historiadores por vezes atribuem a Portugal — a paz interna após a renovação dinástica de 1385, enquanto grande parte da Europa ocidental achava-se convulsionada em guerras civis no século xv — teve conseqüências pouco claras. As guerras civis são com freqüência os prelúdios de impérios, pois criam elites agressivas que precisam achar ocupação e porque desencadeiam uma busca de novos recursos que pode abrir caminho para terras distantes.

Por conseguinte, tanto no caso de Portugal, quanto no de Castela, pode-se aplicar à península Ibérica, como ponto de partida para exploradores destinados a fundar impérios, as palavras de um camponês a quem um motorista pediu informações sobre o caminho: "Se eu fosse o senhor, não começaria daqui". O dinamismo na atividade marítima às vezes resulta da abundância de recursos, de um poder dominante ou da emigração de excedentes populacionais. O dinamismo da península Ibérica pertence a uma categoria menos privilegiada. A iniciativa marítima da Espanha e de Portugal assemelhou-se às que se tomam hoje em dia pelos países do "Terceiro Mundo", na busca desesperada de recursos externos, confiando de início em capitais e em know-how externos, pois empresários e técnicos italianos, sobretudo genoveses, desempenharam um papel importante nas explorações marítimas de espanhóis e portugueses nos séculos xiv e xv.

Nenhuma explicação torna os empreendimentos marítimos da Espanha e de Portugal menos surpreendentes. Mas quanto mais amplo for o quadro de comparação, mais fácil fica compreendê-los. O empreendimento marítimo a grande distância parte amiúde de um país pobre ou de recursos limitados, com oportunidades restritas em seu território. Povos marginais, situados na periferia ou fora dos domínios das grandes civilizações, sentem-se com freqüência tentados a aventuras coloniais ou comerciais. Já vimos muitos exemplos disso. O *locus classicus*, em todos os sentidos da expressão, é o da Grécia antiga — "a irmã da pobreza", para Hesíodo, uma mão esquelética, segundo a descrição de Platão, na qual os ossos de pedra sobressaíam da carne magra do solo. Os fenícios, grandes rivais dos gregos na colonização de locais distantes, partiam de uma costa estreita. O sul da Arábia, o Guzerate e Fukien, com uma situação geográfica análoga, abrigaram grandes civilizações marítimas.[11] O Japão não é normalmente visto como metrópole de um imperialismo marítimo, mas ocupa uma posição semelhante à da península Ibérica na extremidade oposta da Eurásia, e em alguns aspectos vitais vivenciou uma história parecida. Em vista das difíceis condições de navegação em suas águas, foi impressionante o âmbito do império marítimo japonês, sem sair daquelas ilhas que acabamos por considerar como seu próprio território. Suas duas tentativas de expansão marítima além desses limites são significativas: a primeira, no fim do século XVI, foi frustrada pela insuficiência da tecnologia disponível; a segunda, no século XX, quando navios a vapor puderam vencer as limitações ditadas pelo regime dos ventos, foi derrotada por dificuldades insuperáveis.

Também na Europa ocidental, as únicas iniciativas marítimas de longa distância de que temos notícia, até o fim da Idade Média, começaram em locais periféricos e relativamente pobres: as peregrinações oceânicas de eremitas irlandeses e as incursões de assaltantes, piratas e colonizadores oriundos da Escandinávia. Os impérios marítimos do Mediterrâneo medieval foram criados a partir de costas estreitas, nos casos de Gênova e da Catalunha; ou das ilhas em águas salobras e pantanosas, nada promissoras, da laguna veneziana. Os exploradores que, em sua época, com mais sucesso imitaram e desafiaram os ibéricos vinham dos Países Baixos, outra nação marginal e carente de recursos naturais. A França e a Inglaterra — países mais bem equipados e mais ricos em recursos, além de estarem, aparentemente, bem posicionados — acumularam, por muito tempo, fracassos sucessivos. Na corrida pela conquista dos oceanos, no começo da era moderna, era preferível vir de trás.

Assim, a liderança da Espanha e de Portugal na formação de impérios ultramarinos só pode ser plenamente compreendida no contexto das histórias da exploração por parte de outras comunidades marítimas pequenas e periféricas. Mais concretamente, essas histórias se inserem numa tradição marítima característica da Europa ocidental. Em geral se fala, de modo vago — e confuso — de um imperialismo marítimo "europeu" no começo da era moderna. Não obstante, os únicos impérios marítimos da Europa foram fundados, para sermos mais precisos, por países da costa ocidental da Europa, de onde procedia a maior parte dos exploradores. À primeira vista, essa região parece muito heterogênea. Estendendo-se do Ártico ao Mediterrâneo, compreende uma ampla variedade de climas, ecossistemas, culinárias, igrejas, folclores, tradições musicais, memórias históricas e modos de embebedar-se. Suas línguas, mutuamente ininteligíveis e com raízes específicas, têm uma história de 4 mil anos. O prato nacional dos noruegueses é a bacalhoada, segundo um modelo espanhol ou português, e para que a iguaria seja autêntica sua receita exige azeite de oliva. Mas esses vestígios de uma experiência comum são raros. Para quem desce pelo litoral, de norte para sul, tudo parece mudar, a não ser a presença do mar.

Esse mar deu aos povos da Europa atlântica um papel singular e de tremendo impacto na história universal. Praticamente todos os grandes impérios marítimos mundiais da história moderna foram fundados por países dessa orla. Houve, no máximo, três possíveis exceções. A Itália teve um pequeno império, breve e modesto, construído entre a década de 1880 e a de 1930, na Líbia, no Dodecaneso e no Chifre da África, lugares que podiam ser alcançados pelo Mediterrâneo e pelo canal de Suez, sem passar pelo Atlântico. No Pacífico, a Rússia teve uma espécie de império nas ilhas Aleutas, com postos avançados na costa ocidental da América do Norte, até o Alasca ser vendido aos Estados Unidos em 1867. Por fim, houve as efêmeras redes de entrepostos de escravos e ilhas produtoras de açúcar, fundadas a partir de portos bálticos, na Curlândia e em Brandemburgo, no século XVII.[12]

Não só praticamente todos os impérios marítimos foram fundados por países da borda do Atlântico, como não houve, de fato, nenhum estado desses que não tivesse um império. As únicas exceções possíveis foram a Noruega, a Irlanda e a Islândia, porém esses estados não conquistaram soberania antes do século XX, quando a grande era do imperialismo marítimo já havia terminado. A Islândia é um país singular em quase todos os sentidos. Os irlandeses, embora não tivessem um império próprio, foram tanto participantes quanto vítimas do império da Inglaterra. Com certa Schadenfreude [prazer com o desfortúnio alheio], os noruegueses estão redescobrindo o sentimento de culpa de seus ancestrais por seu passado quase imperial como partícipes em empreitadas escravagistas de dinamarqueses e suecos. Com relação aos restantes, todos os estados europeus com uma costa atlântica fizeram-se ao mar, no decurso da história moderna, com intenções imperialistas. Fizeram-no nações pequenas e relativamente periféricas, como Portugal e os Países Baixos, e até a Escócia, por algum tempo, quando ainda era um estado soberano, mas também outras, de que são exemplos Espanha, Alemanha e Suécia, de duas faces opostas, como o deus Jano, cuja costa atlântica é relativamente pequena e com grandes áreas interiores que atraíam seu interesse para outras direções.

Ao receber um título de doutor honoris causa, quando estava na casa dos oitenta, Salvador de Madariaga, o estadista e intelectual que serviu à República espanhola no exílio, declarou que julgava a homenagem inusitadamente prematura. O mesmo se pode dizer da carreira imperialista a partir da costa atlântica da Europa. Nesse sentido, o que "o milagre europeu" tem de milagroso é o fato de o milagre não ter acontecido muito antes. Nós, europeus ocidentais — e posso dizer isso com toda sinceridade porque sou galego e meus antepassados por parte de pai viveram e morreram no extremo oeste da Europa —, gostamos de pensar que nossos ancestrais moldaram o passado e o presente de nosso continente e, por implicação, do mundo. No entanto, de determinado ponto de vista, os ocidentais são o resíduo da história da Eurásia, e a projeção onde vivemos é o sumidouro para onde essa história escoou. Não importa que tenha havido um ou três renascimentos, a expansão da cristandade latina na Idade Média, a revolução científica, o Iluminismo, a revolução francesa e a industrialização — todos esses fenômenos podem ser descritos corretamente como processos históricos que tiveram início no Ocidente e se propagaram em direção ao leste. Entretanto, numa perspectiva verdadeiramente de longo prazo, a parte ocidental da Europa esteve sempre na extremidade receptora das grandes transmissões de cultura. A propagação da agricultura e da mineração, a chegada das línguas indo-européias, as colonizações de fenícios, judeus e gregos, o advento do cristianismo, as migrações de germânicos, eslavos e dos povos da estepe, a aquisição do conhecimento, o gosto, a tecnologia e a ciência da Ásia: tudo isso representou influências exercidas do Oriente sobre o Ocidente. Muitos desses movimentos deixaram refugiados na extremidade atlântica da Europa, ocupando áreas que, durante a maior parte da história, foram inóspitas e sem perspectivas de desenvolvimento. Ali permaneceram durante centenas, ou talvez, em certos casos, milhares de anos, sem realizar nenhuma atividade marítima importante.

Em sua esmagadora maioria, os povos da costa atlântica da Europa podem ser hoje classificados, à luz de sua história moderna, como povos marítimos. O Atlântico lhes possibilitou dedicar-se à pesca, à navegação e ao comércio regional. Assim que a tecnologia náutica permitiu, o oceano ofereceu caminhos para a emigração e a formação de impérios. No entanto, o paradoxo ainda inexplicado da história européia é que o chamado do mar demorasse tanto para ser escutado. Quando chegaram à praia, em geral esses povos se detiveram ali, como que imobilizados pelos ventos do oeste, que predominam nessas costas. A navegação de cabotagem mantinha suas comunidades em contato umas com as outras; monges navegadores contribuíram para a mística do mar; e em alguns lugares desenvolveu-se uma atividade pesqueira em alto-mar em datas não registradas. Mas, exceto no caso da Escandinávia, o avanço civilizatório na

Europa ocidental deveu pouco ou nada ao horizonte marítimo até a época que chamamos de Idade Média tardia.

Entrementes, a Europa ocidental ocupava um extremo dos mapas-múndi da época. Os letrados da Pérsia e da China, confiantes na superioridade de suas respectivas civilizações, julgavam a cristandade pouco digna de menção em seus estudos. As tentativas de expansão da cristandade latina para leste e sul — para a Europa oriental, por via terrestre, ou para a Ásia e a África, através do Mediterrâneo — fizeram algum progresso, mas de modo geral eram rechaçadas ou obrigadas a recuar devido a pestes ou ao frio.

AS ORIGENS DA PENETRAÇÃO DO ATLÂNTICO: OS COMEÇOS EM GÊNOVA E MAIORCA

Além disso, um fato a destacar é que quando começou a exploração ininterrupta e documentada do Atlântico, no fim do século XIII, nenhum dos povos da costa atlântica européia participou dela. O "descobrimento" europeu do Atlântico foi um movimento nascido no Mediterrâneo, principalmente por parte de navegantes genoveses e maiorquinos, que abriram uma saída em seu mar, ultrapassando o estreito de Gibraltar, mesmo contra a corrente antagônica. A partir dali, alguns tomaram o rumo do norte, para ter acesso ao comércio com a França, a Inglaterra e os Países Baixos. Outros rumaram para sul, entrando em águas que — ao que saibamos — ninguém tinha singrado durante séculos, em direção à costa atlântica da África e aos arquipélagos da Madeira e das Canárias. Essa foi a rota tomada, por exemplo, pelos irmãos Vivaldi, de Gênova — os mais antigos participantes desse movimento que conhecemos pelo nome —, em 1291, para procurar "as regiões da Índia pelo caminho marítimo", antecipando, em quase dois séculos, o projeto de Colombo, exatamente nos mesmos termos. Quase nada sabemos a respeito deles, a não ser que eram membros de uma destacada família de comerciantes; há ainda a lacônica referência de um cronista à expedição que empreenderam. Nunca mais se soube dos irmãos, mas sua iniciativa contribuiu para estimular viagens posteriores. Um de seus sucessores, o genovês Lancelotto Malocello, batizou com uma adaptação de seu nome a ilha de Lanzarote, nas Canárias, que um mapa de 1339 enfeitou com uma bandeira genovesa. Na década de 1330, as ilhas Canárias tornaram-se também conhecidas por Petrarca — sobre as quais ele afirmou, talvez com certa licença poética — que pertenciam à França.[13]

O entusiasmo provocado pela costa atlântica da África na época pode ser avaliado por uma série de documentos ainda existentes, datados de abril de 1342. Somente naquele mês, pelo menos quatro viagens que tinham como destino as ilhas Canárias, foram autorizadas em Maiorca. Devido a uma reclamação relativa a salário por parte de um marinheiro, chamado Guillem Joffre, sabemos que pelo menos uma dessas viagens se concretizou. Um relato minucioso do que pode ter sido uma quinta viagem, mais ou menos nessa época, subsiste, mutilado, num livro impresso no século seguinte, que descreve um desembarque fortuito, nas ilhas Canárias, de piratas que perseguiam uma galera ou uma frota do rei de Aragão.[14]

Os navios mencionados nas licenças eram cocas, provavelmente embarcações mercantes de casco redondo, de difícil manobra com ventos contrários, concebidas de modo a tirar partido da corrente das Canárias. A nomenclatura dos tipos de embarcações da Idade Média tardia é extremamente confusa: a maior parte dos documentos que sobreviveram foi escrita por marinheiros de água doce, que, tal como os de hoje, tendiam a empregar mal os termos, que aos poucos foram sendo usados com acepções variadas e acabaram mudando de significado. Num mundo ideal, ao encontrar referência a uma "coca", saberíamos que a palavra designa um navio de casco redondo e velas quadradas, ao passo que ao ler "caravela" pensaríamos numa embarcação de menor calado, talvez mais hidrodinâmica, com ao menos uma vela triangular, mais própria para a navegação contra o vento. Mas nunca podemos estar seguros de que o redator de um contrato de transporte, de uma licença de navegação ou de uma crônica queria dizer exatamente o que escreveu. Depois de realizar uma viagem de ida com os ventos alísios a favor, uma coca clássica não seria capaz de regressar pela mesma rota. Tendo feito a viagem de ida, normalmente, entre fevereiro e abril, precisaria deixar as ilhas em outubro — o mês mais indicado para esse fim — e seguido para o norte, em busca de vento favorável para o retorno.

Uma lacuna nos arquivos maiorquinos não nos permite conhecer as viagens nos anos seguintes, embora pareça improvável que o ritmo febril do começo da década de 1340 tenha se mantido por muito tempo. A reclamação de salário feita por Guillem Joffre deixa claro que a viagem de que ele participou foi um fracasso comercial e que seu líder morreu. Isso pode ter desestimu-

O navio de Jaume Ferrer representado no Atlas Catalão, de Abraham Cresques, décadas de 1370-80.

lado outros exploradores, mas uma alusão contida num atlas de meados do século XIV indica que durante os anos esparsamente documentados as viagens continuaram sem interrupção. Junto do desenho de uma coca na costa ocidental da África, o cartógrafo informa que um navegante chamado Jaume Ferrer sofreu um naufrágio em 1346 quando buscava o "rio do Ouro" — talvez o uádi Draa, alquimicamente transmutado, ou mesmo o rio Senegal.

Os historiadores tendiam a julgar, no passado, que a exploração do Atlântico houvesse sofrido uma forte redução em meados do século XIV, devido à Peste Negra, a deficiências técnicas dos navios e dos instrumentos de navegação e aos efeitos cumulativos de fracassos e naufrágios. No entanto, quando ressurgem os registros do arquivo, em 1351, o tráfego marítimo parece tão intenso quanto antes. Ainda assim, pode ter ocorrido que parte do ímpeto comercial das primeiras viagens tivesse se perdido: a julgar pelos registros subsistentes, parece que a maioria das expedições partidas de Maiorca na geração seguinte foi empreendida por missionários.[15]

O pioneirismo de Maiorca na corrida espacial do Atlântico na baixa Idade Média não surpreende, ainda que seja com demasiada freqüência esquecido ou ignorado. A própria Maiorca era, de certa forma, uma sociedade colonial e uma zona remota, reconquistada aos mouros apenas um século antes. Durante algum tempo, de 1276 a 1343, a ilha foi o núcleo de um reino independente, que vivia do comércio, ou seja, do mar. Maiorca foi também um centro de avanços técnicos, nas áreas de navegação e de cartografia, que contribuíram para tornar as rotas pelo Atlântico viáveis em grande escala. Os cartógrafos de Maiorca, os mais renomados da Europa, eram diligentes coletores de informações geográficas. Muitos eram judeus, e seu acesso a dados era facilitado por sua ampla rede de ligações comerciais marítimas e por seu papel privilegiado como mediadores entre as tradições intelectuais muçulmana e latina. A exploração do Atlântico africano era uma extensão natural dos interesses dos maiorquinos no comércio com o Magreb. Além disso, navios maiorquinos transportavam os produtos da Catalunha para a Europa setentrional em fins do século XIII e começos do XIV. As permissões concedidas aos maiorquinos para que comerciassem com os muçulmanos lhes valiam uma situação privilegiada para navegar pela costa africana. A ilha tinha sido, durante muito tempo, um ponto de escala para os navegantes genoveses que demandavam o oeste. E, ademais, Maiorca era também sede de uma escola de missionários, que se dedicavam com muito empenho a evangelizar os nativos das ilhas Canárias e mantiveram uma missão na Grande Canária de 1330 a 1393.

As ilhas Canárias parecem muito presentes nos documentos. Realmente, contavam com alguns produtos comerciais importantes, principalmente os excelentes pigmentos extraídos de liquens nativos e a seiva da árvore chamada "sangue de dragão". Os habitantes nativos foram perseguidos e escravizados. Desapareceram de modo tão completo nos tempos coloniais — exportados como escravos, massacrados ou assimilados à população imigrante — que hoje fica difícil termos alguma idéia de seu aspecto. Descendiam, provavelmente, da população pré-berbere do norte da África, não muito diferentes de povos de pescadores como os imraguens e os zenagas, que sobrevivem hoje em pequeno número na orla do Saara. Mas eram um recurso econômico modesto: numericamente poucos, difíceis de capturar e — em vista da oposição dos clérigos a sua escravização — difíceis de manter como cativos. A princípio, as Canárias foram importantes não por si mesmas, mas porque os ventos e as correntes levavam as embarcações da península Ibérica para lá. Eram importantes como uma escala para os exploradores que desejavam ir além, em busca das fontes do comércio de ouro através do Saara.

Os europeus, carentes de dinheiro vivo, eram altamente suscetíveis à sedução do ouro, que em meados do século XIV era trocado pela prata — numa aproximação muito grosseira — a uma razão de 1 para 10.[16] A maior parte do ouro que chegava à Europa vinha através do Saara, adquirido no interior do continente africano por intermediários magrebinos, que o trocavam por sal. As fontes do metal localizavam-se na região de Bure, entre as nascentes dos rios Senegal e Níger, e, em menor medida, em torno do curso médio do Volta. Mas essas localizações eram segredos guardados a sete chaves, escondidos principalmente dos exploradores magrebinos e europeus, pelos monopolistas negros do império do Mali, na África ocidental, por cujo território, atravessado pelo rio Níger, passavam as caravanas dos comerciantes de ouro. Segundo todos os relatos — talvez baseados mais em convenção que em convicção —, o ouro era obtido por meio do "comércio mudo", no qual as mercadorias eram deixadas num lugar para serem recolhidas,[17] e gerava teorias bizarras a respeito de suas origens: crescia como cenouras; era trazido à luz do dia por formigas, em forma de pepitas; era minerado por homens nus que viviam em tocas. Mas, viesse de onde viesse, europeus empreendedores queriam descobri-lo.

ENTRAM EM CENA OS IBÉRICOS

Mais surpreendente que o pioneirismo das primeiras iniciativas maiorquinas foi o fato de os reinos à beira do Atlântico, Portugal e Castela, terem começado tão tardiamente a exploração das ilhas desse oceano. O primeiro relato realmente detalhado que conhecemos de uma expedição sobrevive numa cópia, aparentemente feita por Bocaccio e com data, talvez indigna de crédito, de 1341. O manuscrito tratava, ao menos em parte, de uma iniciativa portuguesa, guiada por pilotos italianos, que incluía, em nível subalterno, profissionais castelhanos e marinheiros "de outras partes da Espanha". O relato chegou a Florença por intermédio de mercadores italianos de Sevilha e acabou nas

OS DESBRAVADORES

mãos de Bocaccio. A razão pela qual o humanista se interessou pelo assunto é transparente: Bocaccio pretendia reconstituir a história da linguagem, e o que mais o fascinou foi um apêndice do documento que mostra fragmentos da língua dos canarinos nativos.[18]

O primeiro indício conhecido de interesse oficial da coroa de Castela na exploração do Atlântico aparece pouco depois, em março de 1345, na forma de uma tentativa do papa de conceder a Luis de la Cerda, descendente exilado da casa real de Castela, o direito à conquista de um reino insular, que se chamaria "Principado de Fortúnia" e compreenderia as Canárias e a ilha de Jalita, no Mediterrâneo. Não está claro o motivo que levou Clemente VI a tentar formar um estado tão pouco plausível; mas, se tivesse chegado a existir, poderia ter funcionado como ponto de partida para uma cruzada no norte da África. Respondendo ao pedido do papa de ajuda para o projeto, o rei Afonso XI de Castela afirmou a precedência de seu direito sobre as ilhas Canárias, que, declarou, tinham feito parte das prerrogativas de seus predecessores desde os tempos dos visigodos, prerrogativas pelas quais "são nossos os direitos de conquista dos reinos da África".[19]

Em um primeiro momento, os fatos não davam respaldo a essas palavras. Existem provas claras de que aragoneses e portugueses tentaram conquistar as Canárias nas décadas de 1360 e 1370. Entretanto, tais indícios são bastante problemáticos, pois sobrevivem principalmente na forma de mapas, e os mapas do período são sabidamente difíceis de comprovar e interpretar. Quem quer que já tenha visto um mapa-múndi ou um portulano da baixa Idade Média há de compreender os sentimentos de um poeta siciliano, expressos numa missa do terceiro quarto do século XV: maravilhado com a beleza dos mapas, procurou neles uma ilha mais bela que a sua, mas em vão. O mais bem-acabado exemplo da cartografia do período, o Atlas Catalão, da Bibliothèque Nationale, em Paris, atribuído ao maiorquino Abraham Cresques, é suntuoso e variado como uma caixa de jóias espalhadas sobre uma mesa, e nele resplandecem imagens fortes de seres exóticos e riquezas inauditas. Há referências a mapas de magnificência ainda maior e com iluminuras mais rebuscadas, mas estão perdidos. Eram presentes reais, feitos com vistas tanto à ostentação quanto ao uso, porém mesmo os portulanos, mais modestos e mais práticos, eram desenhados com requinte e adornados com ilustrações ou, pelo menos, com uma cuidada caligrafia e delicada malha de linhas loxodrômicas. Foi um período em que um mapa podia inspirar músicas. Foi quase certamente um mapa — talvez tenha sido até o próprio Atlas Catalão — que em 1402 induziu o aventureiro Gadifer de La Salle, de Poitou, a empreender uma viagem em busca do mítico rio do Ouro, que o levou à ruína. No fim do século xiv, o autor anônimo do *Libro del conoscimiento de todos los reynos* idealizou, com base em legendas de mapas, uma viagem fantástica que ultrapassou os limites do mundo conhecido e até mesmo do acessível.

Estudos recentes deslindaram os problemas relacionados aos mapas relevantes da época — sua autenticidade, cronologia e confiabilidade — a ponto de permitir certas conclusões seguras. Em 1339, algumas das ilhas Canárias e o grupo da Madeira apareceram pela primeira vez num mapa conservado ainda hoje. Em mapas datados de maneira fidedigna da década de 1380, as Canárias aparecem quase completas, junto com as ilhas Selvagens, o arquipélago da Madeira e, aparentemente, todas as ilhas dos Açores, com exceção de duas. Esse foi um feito notável, pelos perigos a que se expuseram as embarcações, pela utilização de tecnologias novas e pelo fato de não ter paralelo na experiência dos marinheiros da época. Pesquisadores céticos duvidaram que o feito fosse sequer possível. Como as ilhas que se podem identificar com os Açores se acham mal dispostas em termos de longitude e se fazem acompanhar de representações de outras ilhas hipotéticas, cabe realmente questionar se os arquipélagos do leste do Atlântico eram realmente conhecidos na Europa em data tão recuada. No entanto, uma análise detalhada dos mapas, levando em conta a geografia da região, decide a questão em favor de uma conclusão positiva. Como os ventos e as correntes do Atlântico formam, naturalmente, um sistema de canais, que tendem a empurrar os navios para sudoeste, a partir das Colunas de Hércules e, na maioria das estações, forçam os navios que retornam em direção ao norte, a exploração das Canárias foi, necessariamente, a primeira fase da exploração. As Canárias situavam-se na rota das embarcações que rumavam para o Atlântico africano; os Açores se espalhavam pelo melhor caminho de regresso. Nas viagens de retorno, contra o vento, navegadores que não dispunham de absolutamente nenhum meio de verificar sua longitude recorriam, cada vez mais, a enormes desvios no oceano, à procura de ventos de oeste que os levassem de volta ao ponto de partida. Essa solução arriscada foi recompensada com a descoberta dos Açores — um arquipélago em pleno oceano, a mais de novecentos quilômetros da terra mais próxima. Esse foi um descobrimento subestimado nos estudos sobre a exploração do Atlântico, mas de colossal significado: viagens oceânicas de envergadura sem precedentes na história européia tornaram-se possíveis a partir de então, e passaram a ser quase rotineiras a partir da década de 1430, quando os portugueses criaram nos Açores entrepostos onde se cultivava o trigo ou se criavam ovelhas selvagens.

Só voltamos a encontrar dados que relacionem a navegação castelhana com o Atlântico africano na década de 1390, quando começou a se formar em Sevilha um consórcio para buscar oportunidades comerciais na região. A partir de 1390, requerentes começam a solicitar permissão real para empreender uma expedição de conquista. De acordo com um registro do século XVI, o rei Henrique III confiou a conquista a um fidalgo sevilhano, Fernán Peraza. Em 1393, a família Peraza aliou-se com os Guzmán — uma das dinastias aristocráticas mais poderosas de Sevilha — para organizar uma expedição. Na realidade, foi uma incursão para captura de escravos, representativa, sem dúvida, de muitas outras no mesmo período. Segundo o relato de um cronista da corte, participaram dessa viagem marinheiros sevilhanos e bascos, que capturaram um chefe nativo e sua mulher na ilha de Lanzarote e informaram ao rei "quão fácil seria conquistar essas ilhas, se tal fosse vossa vontade, e a baixo custo".[20] Esse tipo de previsão irrefletida haveria de arrastar muitos conquistadores a um destino funesto no decorrer da expansão castelhana em ultramar.

A partir daí não houve nenhuma atividade nas ilhas Canárias sem alguma participação castelhana — vale dizer, sevilhana. Entretanto, no caso da primeira conquista que criou uma colônia européia duradoura no arquipélago, os líderes e grande parte dos marinheiros vieram da França — da Normandia, de Poitou e da Gasconha. Jean de Béthencourt e Gadifer de La Salle foram aventureiros atraídos pelas lendas sobre o rio do Ouro. Ao que parece, pelo menos de início tinham imaginado realizar a expedição sob os auspícios da coroa francesa. Mas necessidades logísticas logo os fizeram procurar o apoio e a proteção de Castela. Parte da inspiração e dos recursos para essa empresa foram proporcionados por Robert de Braquemont, primo de Béthencourt, que estava ligado, pelo casamento de sua irmã, a importantes famílias de Castela, como os Guzmán e os Peraza. Sevilha tornou-se a base das operações dos aventureiros franceses. Béthencourt prestou vassalagem ao rei de Castela. Suas conquistas — as ilhas de Lanzarote, Fuerteventura e Hierro — tornaram-se feudos da coroa de Castela.

Esse episódio representou um daqueles acidentes que às vezes acontecem na história e marcam época. Seu resultado imprevisto foi que Castela criou a primeira colônia européia em latitudes centrais do Atlântico e — o que foi mais importante para o futuro do mundo — uma base quase na trajetória dos alísios do Atlântico, da qual era possível explorar os confins remotos do oceano e seu litoral oposto. Quando mais tarde, no mesmo século, teve início a era das navegações transoceânicas, Castela estava em condições de controlar as rotas determinadas pelo sistema de ventos do Atlântico. Adaptando-se uma frase famosa, se Jean de Béthencourt não tivesse existido, Colombo seria inconcebível. E sem o preâmbulo nas Canárias, a cortina nunca teria sido aberta para o drama do império transatlântico de Castela.

Os direitos de Béthencourt acabaram passando para o clã dos Peraza, que acrescentaram a suas conquistas a ilha de Gomera. No entanto, durante seis décadas, nem Béthencourt nem seus sucessores lograram conquistar as ilhas mais populosas, que tinham os solos mais ricos. Palma, a Grande Canária e Tenerife mostravam-se indomáveis. Consta que os esforços dos Peraza custaram-lhes 10 mil ducados e a vida do jovem e promissor herdeiro da fortuna da família, Guillén Peraza, que caiu combatendo os nativos de Palma em data incerta, provavelmente 1458. "Chorai, damas", diz uma balada, talvez contemporânea:

> *Chorai, damas, se Deus vos permitir!*
> *Guillén Peraza deixou em La Palma*
> *a flor fanada que luziu em seu rosto.*[21]

A tenacidade com que os nativos, armados literalmente com paus e pedras, resistiram aos exércitos europeus é um aspecto notável e mal compreendido do episódio. A bravura desses nativos teve duas conseqüências vitais: primeiro, rechaçaram os ataques portugueses, garantindo que Castela não teria de dividir o arquipélago com outra potência européia; segundo, sua resistência aos esforços privados dos Peraza levou a coroa espanhola a empenhar, mais tarde, recursos oficiais na conquista.

OS DESBRAVADORES

A EXPLORAÇÃO PORTUGUESA NA COSTA ATLÂNTICA DA ÁFRICA

O mundo de Gadifer de La Salle e Guillén Peraza, impregnado de regras de cavalaria, constituía o contexto inescapável em que se desenrolou a exploração. O duque de Bourbon, que tinha sido chefe de La Salle e de Béthencourt, era o arquétipo da virtude cavalheiresca e um dos heróis a serviço dos infantes de Portugal, que, durante a maior parte do século xv, tornaram-se os principais patronos e propugnadores da exploração do Atlântico. Para um dos mais destacados estudiosos modernos da historiografia tradicional da exploração portuguesa, John Russell-Wood, ela "tem sido vitimada pela descrição dos avanços de cabo a cabo na construção do império e da fundação de inumeráveis paraísos por aventureiros indômitos".[22]

Como muitos príncipes da Renascença, os infantes portugueses estavam dispostos a investir fortemente em "fama", pois viviam numa época que estimava a historiografia grandiloqüente e os apelos àquilo que seria chamado hoje de "o julgamento da história". O renome póstumo era um critério do bom exercício da autoridade política, e os cronistas punham a dinastia portuguesa nas nuvens. Nenhum príncipe foi mais louvado do que dom Henrique. Hoje em dia ele é conhecido como Henrique o Navegador, mas a alcunha, no sentido moderno, leva a um mal-entendido, pois se aplica a um patrono de navegantes que nunca fez mais do que duas ou três viagens marítimas breves, por rotas conhecidas, entre Portugal e o Marrocos. O cognome só se tornou corrente no século xix e foi criado, no máximo, no xvii.

Henrique viveu num mundo de aparências. Seus subsídios a homens de letras, embora bem aplicados, eram tirados de parcos recursos. Sua fortuna, adquirida precocemente, parece ter tido origem na pirataria,[23] bem como em sua crescente habilidade num monopólio de sabão. Embora se referisse, verbalmente e por escrito, a suas atividades como belicosas, esforçava-se por conciliar seus objetivos comerciais com o espírito de uma cruzada. Mesmo quando não lograva encontrar ouro ou fazer negócios lucrativos com escravos, seus navios recolhiam produtos valiosos das regiões litorâneas circundantes ao Saara: pigmentos naturais nas ilhas Canárias; couros de órix, algália e goma arábica no continente; carne e sangue de tartarugas (um suposto remédio para a lepra) nas ilhas de Cabo Verde. Seu castelo em Sagres, em geral descrito falsa-

166

mente como um salão de sábios, provavelmente estava mais próximo, em espírito, a uma prefiguração do Castle Drogo, de Julius Drew, fundador da cadeia Home and Colonial Stores, ou talvez — por causa do sabão — do Thornton Manor, de William Lever, fundador da Unilever.*

Ele foi, de certo modo, um arrivista — um príncipe real não primogênito com ambições acima de sua condição. Nascido príncipe, queria ser o monarca. Membro de uma dinastia de modestos recursos e recém-chegada ao poder — detinha a coroa portuguesa desde 1385, somente —, ansiava pelo tipo de riqueza que o controle sobre o comércio do ouro prometia. Para compensar a ausência de uma "antiga fortuna", que Aristóteles definia como indicador da verdadeira nobreza, Henrique impregnou-se dos valores aristocráticos dominantes em sua época — o "código" cavalheiresco.

Isso porque no pólo oposto da imagem de Henrique como mercador temos a imagem igualmente falsa, mas ao menos contemporânea, de Henrique como o *beau idéal* do romantismo: uma figura arturiana, cercada de cosmógrafos êmulos de Merlin e de cavaleiros audazes e fidalgos, que arrostava os mares no cumprimento de missões de virtude cavalheiresca e cristã, combatia os infiéis morenos, descobria ilhas exóticas, afrontava terrores sobrenaturais no Mar da Escuridão e lutava pela fé. Henrique sem dúvida acreditava nessa auto-imagem. A generosidade e a castidade contavam-se entre suas qualidades pessoais mais exaltadas. Conquanto nunca tivesse se tornado membro de uma ordem de cavalaria, um dos cargos lucrativos que a coroa lhe havia concedido era o de administrador da Ordem de Cristo — a mais rica de Portugal. Henrique tratava os bens da ordem como se fossem seus, e os ideais por ela defendidos como aspirações pessoais. Admirassem ou detestassem Henrique, seus contemporâneos uniam-se para confirmar a uma só voz a imagem cavalheiresca que ele fazia de si mesmo: para os amigos, tinha um "grande coração" e era desassombrado no cumprimento de proezas; para os inimigos, era "soberbo" e carente de espírito prático.[24]

A atração pelas façanhas — *grandes fectos* — o empolgava. Henrique considerava que dar combate aos infiéis era "mais honroso" que guerrear contra

---

* O castelo Drogo, numa imitação do estilo medieval, foi construído no interior da Inglaterra nas décadas de 1910 e 1920 para moradia de Julius Drew. O Thornton Manor, nos arredores de Liverpool, foi construído na década de 1850 e adquirido por Lever em 1893, que o reformou e ampliou, adicionando ao estilo gótico original alas em estilo elizabetano. (N. E.)

cristãos. A honra e a fama, dizia, eram, depois da salvação, as grandes metas da vida. Elevava adversários primitivos, pagãos, à condição de "sarracenos" — objetivos dignos da espada de um cruzado — ou os rebaixava à categoria dos lendários selvagens das florestas, *homines silvestri*, que figuravam comumente na arte da época como os oponentes simbólicos dos cavaleiros.

No entanto, seria temerário dar importância excessiva à retórica a favor das cruzadas. Afora as subvenções concedidas na fase final de sua carreira para o estudo de teologia em Lisboa e Coimbra, Henrique nunca destinou quaisquer recursos para a divulgação da fé. O reino cuja expansão ele apoiava era, ao que tudo indica, um reino deste mundo. É interessante notar que os únicos frades que obtiveram bulas para atividades missionárias na costa da Guiné — ou seja, na África ao sul do Marrocos — durante a vida de Henrique ou logo depois, nem súditos portugueses eram, mas sim franciscanos da província eclesiástica de Castela, para os quais os portugueses eram "piratas chamados de cristãos".[25]

Numa famosa análise das motivações de Henrique, o cronista que trabalhava para ele, Gomes Eanes de Zurara (falecido por volta de 1474), ressaltou sua curiosidade desinteressada e o fervor de cruzado — motivos que têm sido aceitos como fatores influentes por quase todos os historiadores, mas que nenhuma outra fonte sobre Henrique confirma. A lisonja de que ele era alvo em sua época como homem de ciência não representava mais do que os títulos honoríficos conferidos hoje em dia por reitores obsequiosos a "estadistas" sem escrúpulos ou a " piratas" bem-sucedidos do mundo dos negócios.

Ironicamente, o único ponto da análise das motivações de Henrique em que Zurara parece ter reproduzido a verdadeira voz de seu amo foi rejeitado de forma quase unânime pelos historiadores.[26] "A motivação que deu origem a todas as demais", de acordo com Zurara, "foi a fé depositada por Henrique em seu próprio horóscopo."[27] Marte e Saturno eram nele as influências dominantes, com Marte na sétima casa, a "dos segredos e ambições". A posição desses planetas fazia com que Henrique estivesse destinado a "grandes e nobres conquistas e desvelar segredos até então ocultos aos homens". Realmente, o infante tinha profundo interesse pela astrologia. Escreveu um livro intitulado *O segredo dos segredos da astrologia*, que tratava, "brevemente"— como revela uma sinopse conservada como parte da biblioteca do filho caçula de Colombo —, "das virtudes dos planetas, juntamente com sua influência sobre o mundo sublunar e, devidamente, da arte da predição astrológica".[28]

Muitos dados levam a crer que Henrique era impelido pela fé em seu destino. Estava convicto de possuir um "talento" ou um "dom", ou uma *vocatio qua vocatus est* [vocação à qual foi chamado], nas palavras dos embaixadores do rei Duarte de Portugal.[29] Segundo o documento que esses embaixadores submeteram ao papa Eugênio IV, Henrique preferia "sobremaneira fazer com que o talento de que foi dotado brilhasse diante do Senhor a enterrá-lo no chão". O uso do termo bíblico "talento" evoca a divisa da bandeira pessoal de Henrique — *Talent de bien faire* [Talento para fazer bem-feito] — que ele se sentia no dever de demonstrar. O que ele julgava ser seu talento? A nota dos embaixadores presta algum esclarecimento. D. Henrique estava "diligenciando fazer render o talento que Deus lhe deu, seguindo a sua vocação e os passos de seu falecido pai, rei João, de quem recebera, como em herança, a missão de difundir o nome cristão", embora a última frase talvez possa ser vista apenas como uma forma de tornar o infante benquisto junto ao papa.

O herdeiro de um rei poderá vir a ser rei, e a percepção de Henrique de seu dever filial implicava uma ambição de realeza. Ele era, jactava-se Zurara, o mais régio dos príncipes portugueses. Tal como seu parente João de Gante, podia ser uma ameaça para a coroa e deveria procurar uma coroa própria em outra parte. Um memorando de 1432, dirigido ao rei pelo conde de Arraiolos, que conhecia Henrique intimamente e que desempenhara, ele próprio, um papel na "cruzada" de Portugal no Marrocos, chamou a atenção para isso de modo claríssimo. Referindo-se ao desejo do infante de conquistar Granada ou o Marrocos, o conde observou que Henrique poderia "apoderar-se do reino de Granada ou uma grande parte de Castela e ter os negócios deste reino [Portugal] na palma de sua mão, e as ilhas Canárias, que vós desejais". O mesmo receio poderia ser percebido no séquito quase real de indisciplinados "cavaleiros e escudeiros" mantidos por Henrique com elevado custo e não poucos problemas: uma proporção surpreendente dos documentos referentes a Henrique que conhecemos são indultos concedidos a membros de seu séquito responsáveis por crimes violentos, sobretudo homicídio e estupro.[30] Esse séquito não constitui apenas indicação das pretensões de Henrique; também o obrigava a procurar concretizá-las, a fim de gerar recursos com que recompensar seus seguidores.

Uma fonte esclarecedora, em geral desdenhada pelos historiadores, porque ocorre apenas numa versão tardia e modificada, é o relato de Diogo Góes, escudeiro do séquito de Henrique, que participou pessoalmente, sob os auspícios do príncipe, da exploração da África.[31] A explicação dada por Diogo para os motivos de seu senhor é perfeitamente crível: Henrique precisava de ouro para poder recompensar seus seguidores. O "mar de areia" que se interpunha entre a costa e o ouro era intransponível por cristãos. Só o "navio do deserto" podia atravessá-lo. Por isso, Henrique procurou superar a dificuldade com navios de outra espécie.

Europeus tentaram atravessar o Saara no século xv. Consta que em 1413 Anselme d'Isalguier retornou de Gao a Toulouse com um harém de negras e três eunucos negros, embora não se saiba como conseguiu chegar tão longe no coração da África. Em 1447, o genovês Antonio Malfante chegou a alcançar Touat, antes de voltar com notícias sobre o comércio de ouro. Em 1470, como vimos, o florentino Benedetto Dei afirmou ter estado em Timbuktu e visto ali um próspero comércio de tecidos europeus. E entre a década de 1450 e a de 1480, mercadores portugueses fizeram freqüentes tentativas de abreviar a travessia do deserto, partindo de Arguim, através de Waddan, visando ao mesmo destino: pelo menos, parecem ter conseguido, vez por outra, desviar caravanas de ouro para com elas negociar. Na época em que cessaram essas tentativas, já se havia estabelecido a comunicação por mar com as regiões auríferas. Com efeito, as dificuldades encontradas na rota por terra impunham uma solução marítima.[32]

Do texto de Diogo Góes se depreende que a busca de ouro estava ligada à tentativa de retomar a antiga estratégia, utilizada por Luis de la Cerda na década de 1340, de vincular a conquista das Canárias à aquisição de um porto do Magreb que servisse de ponto terminal do comércio de ouro. Segundo Diogo, as surtidas portuguesas contra as ilhas começaram em 1415 — o ano da captura de Ceuta pelos portugueses, episódio no qual Henrique desempenhou papel destacado. E embora não disponhamos de dados que comprovem um contínuo interesse de Henrique pelas Canárias antes da década de 1430, há documentos que atestam a preocupação castelhana com a atuação de entrelopos portugueses nas ilhas já a partir de 1416. Uma grande expedição portuguesa, que contaria com 2500 homens e 120 cavalos, aparentemente idealizada por Henrique mas paga pela coroa, foi lançada contra a Grande Canária, e derrotada, em 1424. E se Luis de la Cerda pôde conceber um principado que incluísse as Canárias e Jalita, nada havia de inerentemente impossível num projeto que ambicionasse conquistar as Canárias e Ceuta. O ataque a Ceuta é visto tradicionalmente como uma extensão da Reconquista ou, cada vez mais, como parte da criação de um amplo império tritícola português. A importância econômica de Ceuta como fonte de coral também pode ter sido um fator. Não obstante, a expedição contra Ceuta tem, pelo menos, tanta relação com as tentativas européias de controlar o comércio de ouro através do Saara quanto com qualquer um desses contextos.

Sem necessidade de dar crédito às informações de Diogo Góes, podemos ter certeza de que as ilhas Canárias foram o principal objetivo de Henrique a partir da década de 1430, e que o comércio de ouro foi sua principal motivação. Zurara omitiu qualquer comentário sobre a importância das Canárias — talvez deliberadamente, pois o malogro das iniciativas de Henrique no sentido de conquistá-las constituiria um relato nada heróico, ou talvez porque, como ele diz, narrou os acontecimentos em outra crônica, agora perdida. Todavia, a correspondência de Henrique com os papas mostra que o arquipélago era o foco de seu interesse.[33] Como se tinha por certo que as Canárias estavam excluídas da série de bulas gerais para a conquista da África concedidas aos portugueses a partir de setembro de 1436, Henrique não cessou de assediar o papa com solicitações para que seus direitos de conquista fossem renovados.

Houve novos ataques portugueses contra as ilhas, em 1440 e 1442, além de esforços quase contínuos, na década de 1440, para se chegar a um entendimento pacífico com os nativos de Gomera. Em 1446, Henrique tentou proibir que navios portugueses fossem às Canárias sem sua permissão. Em 1447, obteve um duvidoso direito sobre as ilhas junto ao herdeiro de Jean de Béthencourt, Mathieu de Béthencourt, que já não possuía nenhum título legal de que pudesse dispor. Fortalecido com esse direito especioso, Henrique empenhou-se repetidamente, entre 1448 e 1454, em tomar Lanzarote a seus colonizadores e a Grande Canária a seus nativos, mas sem alcançar êxito duradouro em nenhum caso.

Esse esforço contínuo para apoderar-se das Canárias não pode ter sido ditado por capricho. O próprio Henrique sempre afirmou — assim como aqueles que escreviam ou falavam em seu nome — que era levado somente por motivos religiosos: "mais, com efeito, a bem da salvação dos habitantes pagãos", alegava seu irmão, "que visando ao ganho pessoal, que não existia". No entanto, essa afirmação não era sincera. Para Henrique, tanto quanto para Béthencourt e La Salle, cujos exemplos lhe saltavam aos olhos, as ilhas Canárias representavam um meio de evitar a rota tradicional de acesso ao ouro através do Saara, uma escala oceânica nas proximidades do lendário rio do Ouro — o nome é usado por Zurara e outras fontes próximas a Henrique. O infante pode também tê-las encarado como uma espécie de território bifocal, em parte canarino e em parte magrebino, que abarcaria a desejada rota de acesso ao ouro.[34]

O que se depreende dessa história subverte a idéia tradicional segundo a qual a exploração da África era o objetivo prioritário de Henrique. O mais celebrado feito português, a que o nome de Henrique está indissoluvelmente ligado, foi a passagem do cabo Bojador, em 1434. Essa vitória resultou de seu esforço para apoderar-se das Canárias. A toponímia costeira era eivada de imprecisões, e a cartografia nas latitudes em questão não merecia muito crédito. Cabe duvidar que os navegadores portugueses mostrassem coerência ao dar nomes aos diferentes cabos. Entretanto, é provável que o cabo normalmente chamado de "Bojador" não se localizasse além do cabo Juby. Este já tinha sido transposto antes — provavelmente muitas vezes. Diziam os portugueses que as Canárias situavam-se "além do cabo Bojador". Somente numa escola de navegação relativamente recente, como a de Henrique, tal descrição poderia parecer significativa. Se o cabo já não era sequer recordado por ocasião da morte de Henrique, em 1460, dificilmente sua lembrança consolaria o infante de seus muitos fracassos: as Canárias lhe haviam escapado; coroa alguma lhe adornava a fronte; e do ouro da África, ele não pusera as mãos em mais que umas poucas pepitas.

Para além da costa atlântica africana, exploradores portugueses tentaram várias vezes, durante o século xv, investigar o espaço oceânico. Entretanto, a maioria dessas expedições terminou em fracasso, por terem começado na faixa dos ventos de oeste — presumivelmente porque os navegantes faziam questão de garantir a possibilidade de regresso. Podemos ainda acompanhar, em raros mapas e em um ou outro documento, os lentos progressos obtidos nessas iniciativas. Num mapa é mencionada a viagem, não citada em nenhuma outra fonte, que o navegante português Diogo de Silves realizou em 1427. Esse documento precioso quase foi destruído quando George Sand, durante um dos invernos que passou em Maiorca com Chopin, examinou o mapa e derramou tinta sobre ele. Silves determinou pela primeira vez a posição aproximada entre cada uma das ilhas dos Açores, acentuando os fracassos dos navegadores que o haviam antecedido. Antes dele, os mapas mostravam as ilhas enfileiradas de norte para sul; após seu estudo, começaram a aparecer mais ou menos em escala e exibindo as diferenças reais em longitude. Nos primeiros anos da segunda metade do século xv foram alcançadas as ilhas do arquipélago que ficam mais a oeste.

Datados de 1452, quando se descobriram as ilhas mais ocidentais dos Açores, a 1487, quando o flamengo Ferdinand van Olmen foi encarregado de procurar, como Colombo, "ilhas e continentes" no oceano, conservam-se os documentos de pelo menos oito autorizações, dadas a portugueses, para viagens a regiões remotas do Atlântico.[35] No entanto, a partir de 1481, no máximo, como veremos no próximo capítulo, navegantes de Bristol se empenhavam, ansiosamente, em sua busca da lendária ilha do Brasil. As expedições que partiram dos Açores, como a de van Olmen, estavam condenadas ao insucesso, uma vez que os ventos de oeste, predominantes, as obrigavam a dar meia-volta. As que saíam de Bristol tinham de começar e terminar no decurso de uma primavera perigosamente breve e, em vista das condições de navegação no lado oposto do oceano, teriam dificuldades para ir além da Terra Nova.

A CONTORNO DA PROEMINÊNCIA OCIDENTAL DA ÁFRICA

Pouco a pouco, enquanto os portugueses não logravam êxito nas Canárias, a África adquiria importância cada vez maior. O período mais produtivo da longa seqüência de viagens exploratórias celebradas por Zurara começou em 1441. A essa altura, já não restavam dúvidas de que era pouco ou nenhum o ouro que seria obtido nas latitudes das Canárias, região que daí em diante se tornou importante principalmente como posto avançado "para a maior perfeição", como escreveu Zurara, das façanhas de Henrique. Era necessário dar prosseguimento à busca mais ao sul e explorar o principal recurso da região — escravos. Quantidades significativas de ouro, obtidas por escambo e procedentes do oeste da África, começaram a chegar a Portugal em meados da década de 1440, vindas da África ocidental, mas os grandes avanços, quer no âmbito das explorações, quer na descoberta de ouro, ocorreram depois da morte de dom Henrique, quando exploradores portugueses conseguiram rodear a proeminência oeste da África.

Perto do fim da vida do príncipe, foi contratado um navegante de certo talento, o genovês Antoniotto di Usodimare, que em meados da década de

1450 subiu os rios Senegal e Gâmbia, estabelecendo contatos com postos avançados do reino do Mali. Em pelo menos uma de suas viagens, foi acompanhado por um veneziano com notável inclinação para a reportagem. Alvise da Mosto era uma figura comparável a Vespúcio, homem inclinado a afirmações exageradas, mas parece inegável que conhecia bem o território do povo wolof, de Senegâmbia, e seu relato está cheio de observações autênticas. É provável que as ilhas de Cabo Verde já tivessem sido avistadas antes, mas as viagens de Usodimare e Da Mosto as documentaram com minúcias.

Pode ser tentador ver o êxito desses "mercenários", em oposição ao lento progresso do séquito de cavaleiros e escudeiros de Henrique, como exemplo da importância, para a formação do império luso, de profissionais e técnicos estrangeiros. No entanto, como sua narrativa deixa claro, Da Mosto demonstrava interesse pessoal pela exploração, pela geografia e pela etnografia da África — tinha "muita curiosidade de ver o mundo", como expressou Diogo Góes —, ao passo que os seguidores do infante tinham outras prioridades, fossem elas empreender cruzadas, aprisionar escravos, criar feudos em principados insulares ou procurar ouro.[36]

O maior impulso para as explorações portuguesas no oeste da África partiu do próprio território de Portugal: a "privatização" do direito de exploração, concedido a um comerciante de Lisboa, Fernão Gomes, organizador de expedições que, entre 1469 e 1475, acrescentaram 3200 quilômetros de costa à zona percorrida por navios portugueses, chegando até o ponto que os portugueses denominaram cabo de Santa Catarina, situado a 2 graus de latitude norte — um avanço expressivo em relação aos modestos ganhos ocorridos durante a existência daquele que foi chamado de Navegador. Mas as condições eram agora mais propícias. Os portugueses haviam transposto a costa da proeminência da África, onde as condições de navegação eram muito adversas, e criado colônias nos arquipélagos da Madeira e dos Açores que facilitavam o retorno à pátria. A lucratividade das viagens à África ocidental havia sido comprovada pelo comércio de ouro, escravos, marfim e pimenta-malagueta.

A coroa retirou em 1475 o monopólio dado a Fernão Gomes, talvez com o objetivo de fazer frente a entrelopos castelhanos. As viagens à África ocidental passaram a ser responsabilidade do príncipe herdeiro da casa real, o infante dom João. Daí em diante, Portugal teve um herdeiro e, após sua acessão ao trono em 1481, um rei comprometido com a exploração geográfica e econômica da África. Ao que parece, dom João concebia a costa ocidental africana como uma espécie de "continente português", fortificado por um número crescente de estabelecimentos comerciais costeiros como os que Henrique havia fundado em Arguim na década de 1440, para enfrentar a hostilidade dos nativos e por ser o local adequado a um entreposto comercial. Desde então haviam surgido numerosos entrepostos comerciais informais, fortificados e não fortificados, na região de Senegâmbia, criados muitas vezes por expatriados que se "africanizavam" em vários graus. No entanto, dom João tinha uma mentalidade belicosa e organizadora, forjada em sua guerra contra entrelopos castelhanos na costa da Guiné, entre 1475 e 1481.

A área mais importante na parte inferior da proeminência africana, tanto do ponto de vista estratégico quanto do econômico, ficava em torno da foz do rio Volta e a oeste dos rios Benya e Pra, onde havia pequenas jazidas de ouro, enquanto quantidades maiores do metal podiam ser comerciadas mais a montante. Foi ali que se estabeleceu, em 1482, o mais importante dos assentamentos portugueses, o forte de São Jorge da Mina, constituído, por ordem de d. João, de um grupo de cem pedreiros, carpinteiros e serventes. A adoção de uma nova política — com base em assentamentos permanentes, comércio disciplinado e iniciativas promovidas pela coroa — não passou despercebida ao chefe nativo, que manifestou sua preferência pelos "homens esfarrapados e mal-vestidos" que antes comerciavam ali. Na Europa, o forte de São Jorge, que na realidade deve ter sido um estabelecimento bastante modesto, era visto como uma fantástica cidade de torreões e agulhas, que os cartógrafos representavam como uma espécie de Camelot de negros.*

Outros componentes da nova política foram a centralização do comércio com a África na Casa da Mina, que ficava sob o palácio real em Lisboa, onde todas as expedições tinham de ser registradas e todas as cargas armazenadas, e o cultivo de relações amistosas com poderosos régulos da costa, como os chefes wolofs em Senegâmbia, os obás em Benin e, por fim, os manicongos — "reis", como os chamavam os portugueses — no reino do Congo. Era difícil chegar às latitudes do Congo enfrentando a corrente de Benguela, porém as dificultosas viagens de Diogo Cão, empreendidas a partir de 1482, estabelece-

---

* Camelot, segundo as lendas, era o lugar onde ficava a corte do rei Artur. (N. E.)

OS DESBRAVADORES

ram contato. Cão subiu o rio Zaire e por volta de 1485 havia determinado a forma da costa até um pouco abaixo do paralelo 22 sul.

Ao mesmo tempo, d. João procurava aumentar o prestígio da exploração africana na corte. Assumiu o título de Senhor da Guiné, para dar ênfase às pretensões lusas na África ocidental, sem dúvida atento à inveja de outros povos cristãos. Além disso, deu maior prioridade à tarefa de evangelização, que, segundo se acreditava, legitimava as ambições portuguesas. Promoveu um importante processo de batismos reiterados de chefes negros, que rapidamente esqueciam a fé. Numa extraordinária pantomima política, em 1488, homenageou um potentado wolof no exílio com uma suntuosa recepção real, na qual o visitante foi adornado com roupas européias e servido em baixela de prata.[37] A essa altura, a exploração portuguesa estava prestes a entrar numa nova fase, que será tratada no capítulo seguinte, na qual frotas haveriam de avançar pelo Atlântico, contornar a África e abrir uma nova rota no oceano Índico.[38]

Até aquele ponto, as realizações espanholas e portuguesas na exploração do Atlântico tinham sido fruto de pequenos milagres da tecnologia medieval: a bússola, a coca, a caravela e os rudimentos da navegação astronômica. Os navegantes calculavam as latitudes relativas com base em avaliações, a olho nu, da altura do Sol ou da estrela Polar sobre o horizonte. Eram, na maioria, "pilotos desconhecidos". Muitos que são conhecidos pelo nome só figuram em documentos dispersos ou em anotações de cartógrafos. Com freqüência tinham experiência como cruzados, a exemplo de Gadifer de La Salle e Joan de Mora, capitão aragonês que em 1366 navegava em águas canarinas. Eram, às vezes, nobres sem recursos que fugiam de sua sociedade de escassas oportunidades; outros eram aventureiros que nada tinham a perder e se empenhavam numa perigosa missão de ascensão social. Buscavam "rotas de ouro", como Jaume Ferrer; "rotas de especiarias", como os irmãos Vivaldi; ou escravos, como os Peraza e d. Henrique. Aos poucos foram se tornando, como os Guzmán, autênticos empreendedores coloniais à procura de terras baratas onde implantar cultivos comerciais.

Esforçavam-se por encarnar ideais cavalheirescos, obter feudos ou criar reinos, como Luis de la Cerda, que ambicionou se tornar o "príncipe da Fortúnia", ou Jean de Béthencourt, que se fez proclamar "rei das Canárias" nas ruas de Sevilha, ou os "cavaleiros" do séquito de d. Henrique, obcecados com o rei Artur. Ou eram missionários, como os franciscanos do bispado de Tilde, que

176

navegaram entre a Espanha e as Canárias durante cerca de quarenta anos até serem, em 1393, massacrados por nativos, que, presumivelmente, suspeitaram que estivessem conluiados com mercadores de escravos ou conquistadores. Os homens que forjaram o destino das explorações ibéricas no Atlântico provinham de um mundo imbuído da idealização da aventura. Aspiravam à fama, mas, em sua maioria, foram esquecidos. Contudo, o impulso e a orientação que deram à expansão ultramarina tiveram um efeito gigantesco e duradouro.

A EXPANSÃO MARÍTIMA EM OUTRAS PARTES DO MUNDO

Entretanto, a península Ibérica não foi o único berço de exploradores, nem a costa atlântica africana o único palco de aventuras naquele tempo. O século XV foi uma época em que, em diversas partes do mundo, muitos se esforçavam por criar novas comunicações marítimas por rotas antes inexistentes ou pouco exploradas. À parte o caso dos chineses,[39] exemplos relativamente bem documentados são os dos turcos e dos russos.

Os turcos otomanos estavam construindo aos poucos o poderio naval que lhes deu condições de tornar-se, no fim do século XV, um império marítimo mundial — a mais notável conversão de um império terrestre em marítimo desde que Roma derrotou Cartago. A vocação turca para o mar não ganhou forma de repente e com toda sua força. Desde o começo do século XIV, chefetes turcos operavam a partir de ninhos de piratas nas costas levantinas do Mediterrâneo. Dizia-se que muitos deles tinham sob seu comando frotas de centenas de embarcações. Quanto maior era a extensão de costa conquistada por suas forças terrestres, mais possibilidades tinham os corsários turcos de permanecer no mar, com acesso a fontes de água e provisões. Durante todo o século XIV, porém, limitaram-se a ações pouco ambiciosas, usando barcos pequenos e táticas de ataque e fuga.

A partir da década de 1390, o sultão otomano Bayezid I começou a construir uma esquadra permanente e própria, mas sem adotar uma estratégia radicalmente diferente da usada pelos chefetes independentes que o haviam precedido. Contra os planos dos turcos, com freqüência ocorriam batalhas em que terminavam derrotados. Ainda em 1466, um mercador veneziano em Constantinopla afirmou que, para terem êxito contra os venezianos num combate naval, os turcos teriam de contar com um número de navios quatro ou cinco vezes maior. No entanto, naquela data, o investimento naval otomano era, provavelmente, maior que o de qualquer estado cristão. Os sultões Mehmed I e Bayezid II, homens de grande descortino, perceberam que, para serem duradouras, suas conquistas por terra tinham de ser apoiadas pelo poder naval. Após muitas gerações de experiências frustradas com batalhas planejadas, a esquadra de Bayezid humilhou a veneziana na guerra de 1499-1503.[40]

No começo do século XVI, alguns conselheiros dos sultões Bayezid II e Selim I foram tomados da obsessão com a necessidade de competir em escala mundial com o poder marítimo de Espanha e Portugal. Colher dados sobre as viagens dos exploradores dessas nações tornou-se uma prioridade para os serviços de espionagem dos sultões. A ansiedade provocada pelas vantagens que os cristãos estavam obtendo é visível no fragmento que ainda existe do mapamúndi feito em Constantinopla em 1513-7 pelo almirante turco Piri Reis: inclui um relato minucioso das descobertas de Colombo e uma representação esquemática das de Vespúcio. Mostram os registros que, quando os otomanos tornaram-se capazes de levar frotas ao mar Mediterrâneo ou ao oceano Índico, podiam enfrentar forças portuguesas ou espanholas com um razoável índice de sucesso. A grande dificuldade, porém, estava em manter iniciativas nesses mares. As terras dos otomanos ficavam separadas do Mediterrâneo e do Índico por estreitos apertados, facilmente patrulhados pelos inimigos. Quanto ao Atlântico, tratava-se de um oceano realmente inacessível. Por fim, os otomanos aceitaram a impossibilidade de investir na busca de um império marítimo. "Deus", disse uma autoridade otomana ao viajante inglês Paul Rycaut em 1660, "concedeu os mares aos cristãos", embora reservasse as terras para os muçulmanos.[41]

Também os russos deram início a sua expansão marítima na década de 1430 — o período em que as iniciativas portuguesas nas ilhas Canárias foram mais intensas. A prova disso está pintada num ícone, hoje numa galeria de Moscou, mas que no passado fez parte do acervo de um mosteiro existente numa ilha no mar Branco. A pintura mostra monges cultuando a Virgem numa ilha com um mosteiro dourado, de cúpulas ogivais, um santuário dourado e torreões que lembram círios acesos. O esplendor da cena devia ser produto de imaginações piedosas, pois na realidade a ilha é escalvada e pobre, além de passar a maior parte do ano cercada de gelo.

O IMPULSO

*A Virgem Maria de Bogoliubovo com são Zózimo e são Savatii,
e cenas de suas vidas, 1544-5.*

Episódios da lenda da fundação do mosteiro, na década de 1430, cerca de um século antes da feitura do ícone, ladeiam a imagem do culto à Virgem. Os primeiros monges remam em direção à ilha. "Figuras jovens e radiantes" expulsam os pescadores nativos com açoites angélicos. Quando Savatii, o abade, toma conhecimento disso, rende graças a Deus. Mercadores vêm em visita.

179

Quando um deles deixa cair a hóstia sagrada que o santo monge Zózimo lhe estende, labaredas saltam para protegê-la. Quando os monges salvam vítimas de um naufrágio, que agonizavam numa caverna de uma ilha próxima, Zózimo e Savatii surgem por milagre, transportados por icebergs, para fazer recuar a massa de gelo. Zózimo tem a visão de uma "igreja flutuante", concretizada com a construção de um mosteiro na ilha. Em desafio ao ambiente árido, anjos abastecem a comunidade com pão, óleo e sal. Os predecessores de Zózimo como abade foram embora por não suportarem as duras condições de vida. Zózimo serenamente expulsa os demônios que o tentavam. Essa história encerra todos os elementos de um típico episódio de imperialismo europeu: a inspiração divina; a heróica viagem para um ambiente perigoso; o tratamento cruel dispensado aos nativos; a luta para adaptar e criar uma economia viável; o rápido surgimento de interesses comerciais; a obtenção da viabilidade por meio da perseverança.[42]

O MILAGRE EUROPEU?

Entretanto, uma coisa é perceber a necessidade de mudança; outra, encontrar os meios de realizá-la. Os historiadores têm vasculhado a Europa em busca dos elementos que levaram os povos do oeste do continente a assumir a dianteira na exploração do mundo.

A tecnologia é, sem dúvida, uma das áreas nas quais empreender essa busca. Por exemplo, teria sido impossível para os exploradores permanecer por longos períodos no mar ou voltar a sua origem, partindo de locais antes desconhecidos, sem que tivessem sido criados meios necessários para localizar baías onde refugiar-se e determinar o rumo a seguir. De modo geral, os instrumentos do período parecem inadequados para esses fins. Não surpreende que, em regiões que conheciam bem, navegadores experientes preferissem ficar perto da costa e guiar-se por pontos de referência. Um conselho encontrado num tratado de aproximadamente 1190 indica a maneira primitiva como foi recebido, na Europa, o instrumento básico do navegante, conhecido havia muito nas costas da Ásia: quando a escuridão envolver o Sol e as estrelas, explica Guyot de Provins, tudo o que o marujo precisa fazer é colocar, no interior de um canudo de palha que flutue num recipiente com água, uma agulha que tenha sido bem esfregada "com uma grosseira pedra castanha que atrai o ferro para si". A agulha de marear ganhou uma configuração mais prática no século XIII: equilibrada sobre uma ponteira, de modo que pudesse girar livremente sobre um gráfico fixo (rosa-dos-ventos), em geral dividido em 32 rumos. Outros instrumentos de navegação foram sendo assimilados aos poucos e de modo imperfeito no decorrer da baixa Idade Média, mas o conservadorismo característico dos ofícios tradicionais de modo geral retardou sua adoção e reduziu seu impacto.

Os astrolábios para navegantes, que permitiam calcular a latitude pela altura do Sol ou da estrela Polar sobre o horizonte, já existiam no século XII. No entanto, até o século XVII, eram encontrados em poucos navios. As tabelas para determinação da latitude de acordo com as horas de luz solar eram mais fáceis de usar, mas exigiam uma medição do tempo mais precisa do que a maior parte dos navegantes conseguia obter com os meios a seu alcance: ampulhetas viradas por grumetes. A chamada "bússola solar" — um pequeno gnômon ou ponteiro que projeta uma sombra sobre uma tabuinha de madeira — era útil para determinar a latitude de um navegador em relação a seu ponto de partida, mas não temos provas de que os navegantes usassem esse instrumento.

Em vista da ausência de meios técnicos úteis, é difícil evitar a impressão de que os navegantes confiavam simplesmente no conhecimento prático de sua arte e na experiência transmitida oralmente para se orientar em águas desconhecidas. A partir do século XIII, utilizando experiências alheias, os compiladores de manuais de navegação elaboraram instruções que poderiam realmente ajudar um navegante que não conhecesse bem as águas em que se achava. Mais ou menos no mesmo período, portulanos começaram a apresentar informações semelhantes, em forma gráfica. A mais antiga referência clara a um deles alude ao que foi levado por são Luís na cruzada por ele empreendida contra Túnis em 1270. Mas talvez essas cartas não passassem de ajuda a navegantes sem prática. Um navegante experiente teria provavelmente confiado na memória, se estivesse familiarizado com o local: caso contrário, daria preferência a instruções escritas.

Duas conclusões parecem claras: os instrumentos de navegação desempenharam um papel pequeno ou nulo na atividade dos exploradores da baixa Idade Média; e os que realmente tiveram utilidade foram tomados de empréstimos a outras culturas. Se essa tecnologia tivesse sido decisiva, marinheiros chineses, muçulmanos e indianos teriam chegado mais longe e mais depressa que os europeus.

O construtor naval exercia um ofício de conotações religiosas, santificado pelas imagens sacras associadas aos navios: a arca da salvação, a barca açoitada pela tempestade, a nau dos insensatos. Grande parte do que sabemos a respeito dos estaleiros medievais vem de imagens da arca de Noé. Os construtores navais do Atlântico e da Europa setentrional construíam embarcações destinadas a mar grosso. Seu principal critério era a durabilidade. Normalmente, construíam os cascos tábua a tábua, dispondo-as de modo a que cada uma ficasse parcialmente superposta à anterior, em toda a sua extensão (tabuado trincado), e depois fixando-as com pregos. Os construtores do Mediterrâneo preferiam começar com o cavername do navio. A seguir, as tábuas eram pregadas nele, mas emparelhadas (tabuado liso). O método mediterrâneo era mais econômico. Exigia menos madeira e muito menos pregos: uma vez construída a armação do navio, a maior parte do trabalho restante podia ser confiado a profissionais menos especializados. Em parte por causa disso, a construção a partir da armação espalhou-se por toda a Europa, a ponto de, no século XVI, ter se tornado o método usual em todos os lugares. Entretanto, no caso de navios destinados a suportar serviço pesado, na guerra ou em águas muito grossas, continuou a valer a pena investir na robustez do tabuado trincado.

Como já vimos, os navios responsáveis pelos primeiros milagres da navegação européia na baixa Idade Média foram principalmente aqueles do tipo denominado coca. Normalmente tinham casco redondo e velas retangulares, que lhes permitiam navegar bem com ventos favoráveis e, portanto, fazer as rotas descobertas no século XIV: da península Ibérica rumo à costa atlântica da África, com ventos de nordeste, e retornar pelos Açores com os ventos de oeste que sopram do Atlântico norte. Não houve grandes mudanças no que continuou a ser um desenho tradicional, mas apenas, no máximo, melhoras graduais na manobrabilidade, em resultado de pequenos aperfeiçoamentos paulatinos no aparelho (massame, poleame e velame).

No século XV, começaram a aparecer na costa ocidental da África navios com pelo menos uma vela triangular — e às vezes com duas ou três, presas a longas vergas que eram fixadas com cordas aos mastros, sendo que estes apresentavam acentuado caimento a ré em relação ao convés. Essas embarcações, geralmente chamadas caravelas, representaram um sensível avanço em duas zonas dessa parte do oceano. A primeira era o trecho entre a costa africana, ou as ilhas próximas, e os Açores, onde podiam navegar contra o vento, num ângulo bem menor que os navios convencionais e cruzar a trajetória dos ventos alísios sem se desviarem excessivamente para sul: normalmente, as caravelas podiam manter um rumo de apenas trinta graus em relação à direção do vento. A segunda zona era a de ventos variáveis e correntes adversas que ficava além da proeminência oeste da África, onde o aparelho das caravelas, combinado com um casco de menor calado que o das cocas, as ajudava a resistir nas condições hostis da região. Com o tempo, a coca e a caravela convergiram para a embarcação que viria a ser denominada "caravela redonda", que se caracterizava por duas inovações. A primeira era uma questão de aparelho. As caravelas redondas envergavam basicamente velas quadrangulares [no jargão náutico, "redondas"], para tirar o máximo proveito dos ventos favoráveis, mas acrescentavam uma vela triangular, a ser utilizada quando necessário. A segunda dizia respeito ao desenho do casco, que conservava as dimensões relativamente grandes da coca, idealizadas para o transporte de cargas, mas tornou-se mais afilado e com calado um tanto menor, tal como as caravelas.

Qual a origem desse tipo de navio? A semelhança da caravela com os *dhows* árabes, que utilizavam as mesmas técnicas para enfrentar os perigos da navegação no mar Vermelho, levou a especulações de que a caravela tenha sido produto do intercâmbio cultural na península Ibérica durante a Idade Média, mas não há indícios diretos disso. Velas triangulares e pequeno calado já eram elementos tradicionais das embarcações de pesca portuguesas. Os navios comumente usados pelos exploradores lusos na costa atlântica da África poderiam ter-se baseado nos barcos de pescadores, com a adição de um convés e pequeno aumento de suas dimensões. Em casos de que temos conhecimento, variavam de doze a dezoito metros de comprimento, com uma capacidade talvez entre 48 toneladas, de modo que podiam levar mercadorias à África e trazer escravos.

O maior problema que a exploração do Atlântico impunha à inventividade dos técnicos era o suprimento de água. Os navios tinham de permanecer no mar durante períodos sem precedentes e, à medida que avançavam cada vez mais pelo litoral africano, muitas vezes se viam diante de costas áridas. A viagem de volta pelos Açores podia exigir três ou quatro semanas, sem possibilidade de repor as reservas de água. Embora não saibamos absolutamente nada sobre como resolviam esse problema, os barris para água decerto foram aperfeiçoados. O certo é que no fim do século xv os aprestadores espanhóis consideravam que os barris de água portugueses eram de melhor qualidade. Para aumentar a durabilidade dos suprimentos de água de bordo, o recurso habitual consistia em acrescentar vinagre, que agia como supressor de microrganismos nocivos.

O progresso tecnológico melhorou o equipamento dos marujos no Mediterrâneo ocidental, mas não explica, por si só, as façanhas exploratórias dos europeus. A tecnologia náutica estava muito mais desenvolvida nos mares orientais. De modo geral, os navios construídos nos estaleiros do oceano Índico tinham cascos feitos de tábuas dispostas que iam de popa a proa, costuradas umas às outras, ou ligadas por cavilhas de madeira inseridas nas juntas, em vez serem fixadas com pregos, como era habitual na Europa e na China. O sistema pode parecer frágil a pessoas influenciadas por preconceitos derivados dos métodos ocidentais. Na realidade, os cascos orientais eram, normalmente, mais estanques, mais grossos e mais resistentes que os ocidentais. Os navios podiam ser muitíssimo maiores e, em média, tinham mais mastros e uma capacidade de carga que podia ser trinta vezes superior à dos maiores barcos europeus da época.

A descrição feita por um navegante luso da tentativa de capturar um junco javanês, empreendida por sua frota em 1511, demonstra as vantagens da presa: era alta demais para que os portugueses a abordassem, e seu casco, reforçado por quatro camadas de tábuas superpostas, era invulnerável à artilharia. A única forma como os portugueses podiam atacar um desses juncos consistia em imobilizar-lhe o leme, de modo a impedir sua manobra. Isso indica uma segunda grande vantagem das embarcações asiáticas, que estavam equipadas com uma avançada tecnologia de controle da direção. No século xv e princípios do século xvi, os navios europeus ainda eram governados com uma barra de leme. Por fim, os navios orientais (ou pelo menos os chineses, ou construídos sob influência chinesa) tinham a vantagem de estar divididos em compartimentos por anteparas, o que lhes permitia flutuar mesmo quando rochedos ou balas de canhão rasgavam parte do casco.

Ao se convencerem da insuficiência de uma explicação baseada na tecnologia, os pesquisadores costumam recorrer às supostas peculiaridades culturais da Europa ocidental. A cultura faz parte de uma trindade maligna — cultura, caos e disparate — que circula freqüentemente por nossas versões da história e passa a ocupar o lugar das teorias tradicionais baseadas na relação de causa e efeito. Ela tem o poder de explicar tudo e nada. A penetração do Atlântico é parte de um gigantesco fenômeno: "a ascensão do Ocidente", "o milagre europeu" — a elevação das sociedades ocidentais à supremacia na história moderna do mundo. Graças ao deslocamento dos focos tradicionais de poder e das fontes de iniciativa, os centros anteriores, como a China, a Índia e o Islã, tornaram-se periféricos, e as antigas periferias, na Europa ocidental e no Novo Mundo, tornaram-se os novos centros. O capitalismo, o imperialismo, a ciência moderna, a industrialização, o individualismo, a democracia — todas as grandes correntes transformadoras da história recente — são vistas, de várias formas, como invenções peculiares de sociedades fundadas na Europa ou que dela provieram. Essa percepção existe, em parte, porque ainda não se deu a devida atenção a contra-correntes vindas de outros lugares. Em parte, entretanto, levando-se em conta os tradicionais exageros sobre o caráter singular do Ocidente, ela é simplesmente verdadeira. É tentador, por isso, atribuir a penetração do Atlântico, com todas as suas conseqüências, a algo de especial na cultura da região onde ela teve início.

A maioria dos aspectos culturais comumente alegados em nada ajuda, porque não eram exclusivos da costa ocidental da Europa, por serem falsos ou porque não estavam presentes no momento certo. A cultura política baseada num sistema de estado competitivo era partilhada com o Sudeste Asiático, com partes da Europa que não contribuíram em nada para a exploração e, em certo sentido, com o Japão dos daimiôs. Como religião que promovia o comércio, o cristianismo era igualado ou superado pelo Islã e pelo judaísmo, entre outras, como o jainismo e algumas tradições budistas, expressas, como vimos, nos Jatakas e nos relevos de Borobudur (ver figura na p. 58). A tradição de curiosidade científica e do método empírico, que certamente parece ter alguma relevância para a exploração (que é, em essência, uma forma de observação experimental) tinha no mínimo a mesma importância no Islã e na China, no período que chamamos de baixa Idade Média ou Idade Média tardia (embora seja verdade que uma cultura científica distintiva tornou-se mais tarde discernível na Europa e nas partes das Américas colonizadas por europeus). O ardor missionário é um vício ou uma virtude universal, e embora nossos historiadores em geral não levem em conta o fato, tanto o Islã quanto o budismo mostra-

OS DESBRAVADORES

ram uma notável expansão em novos territórios e entre novas congregações, ao mesmo tempo que o cristianismo, no fim da Idade Média e no começo da era moderna. Imperialismo e agressão não são vícios exclusivos de brancos. Os exploradores do mundo moderno atuaram numa época em que havia, em todos os continentes, estados em expansão e concorrentes que procuravam imitá-los. Tampouco é convincente recorrer a supostos traços culturais para explicar a interrupção, a estagnação ou o desinteresse pela exploração global por parte de culturas não européias. É impossível, por exemplo, aceitar o "confucionismo" como explicação de fenômenos tão diversos como a expansão chinesa no século XVIII, a estagnação chinesa no século XIX e o vigor das economias dos "tigres asiáticos" no século XX. Devemos evitar recorrer a esse tipo de raciocínio para explicar a irrupção pelo Atlântico de alguns navegantes da Europa ocidental.

Não obstante, já vimos sinais de um aspecto da cultura européia que realmente favoreceu bastante o surgimento de exploradores na região. Eles se achavam impregnados da idealização da aventura. Muitos deles abraçavam ou procuravam personificar o eminente éthos aristocrático da época — o "código" da cavalaria. Os navios eram seus corcéis, e eles singravam as ondas como ginetes. Seus modelos de conduta eram príncipes errantes que conquistavam reinos para si graças a façanhas heróicas nos populares romances de cavalaria — a ficção barata daquela época —, que muitas vezes tinham um cenário marítimo. O herói, numa maré de má sorte, que se arrisca a aventuras marítimas para se tornar o governante de um reino ou feudo numa ilha, é o protagonista das versões espanholas das histórias de Apolônio, de Bruto de Tróia, de Tristão, de Amadis, do rei Canamor, e do príncipe Turian, entre outros, todos eles integrantes do conjunto de ficção popular à disposição de leitores de todos os níveis de alfabetização nos séculos XIV e XV. O desfecho clássico das histórias proporcionou a Cervantes uma de suas melhores passagens cômicas, na qual Sancho Pança pede a Dom Quixote que o faça governador de uma ilha, juntamente com, se possível for, "um pedacinho do céu" acima. Em certos aspectos, os textos de cavalaria e os hagiográficos se confundiam. A *Navegação de são Brandão* — o eremita irlandês que, segundo a lenda, como vimos, explorou o oceano, rumo a oeste, em busca do paraíso terrestre — popularizou a idéia de que viagens por mar podiam enobrecer a alma. Colombo fez várias referências a esse texto e claramente incluiu a busca do paraíso terrestre entre os objetivos de suas próprias viagens.

O romance espanhol *El libro del caballero Zifar*, do século XIV, era, essencialmente, uma divinização da lenda de santo Eustáquio, cujo exílio marítimo o
levou finalmente a reencontrar sua família, cruelmente dividida.

O mar como espaço apropriado para feitos de cavalaria era um lugar-comum estabelecido por uma tradição que remontava ao começo do século XIII.
Era como se a atmosfera romântica pudesse triunfar em meio aos ratos e às
agruras da vida a bordo. A semelhança entre um imponente navio com a bandeira desfraldada e um corcel de batalha havia impressionado vários escritores,
desde Afonso X, o Sábio, até Gil Vicente (*c.* 1470-1536). O navio devia ser
representado à luz das estrelas e com velas enfunadas, e o corcel encilhado e
ajaezado para o combate singular.

> *Digas tu, ó marinheiro,*
> *que nas naves vivias,*
> *se a nave ou a vela ou a estrela*
> *é tão bela.*

> *Digas tu, ó cavaleiro,*
> *que as armas vestias,*
> *se o cavalo ou as armas ou a guerra*
> *é tão bela.*[43]

No séquito de d. Henrique abundavam maneirismos cavalheirescos. Seus
membros eram, com freqüência, pouco mais que réprobos, fidalgos degrada-
dos, banidos da corte por ignomínia ou infâmia. No entanto, atribuíam a si
próprios nomes altissonantes como Tristão da Ilha e Lancelot da Ilha. Tristão,
um paladino da Madeira, ilustra o abismo entre os ideais que professavam e
sua conduta. Levava uma vida novelesca, compatível com seu nome arturiano,
exigindo juramentos de vassalagem aos facínoras que chegavam à sua ilha.
Nenhum incidente ilustra melhor seu comportamento que um curioso episódio de abuso das convenções cavalheirescas que cometeu em 1452. Diogo de
Barrados, cavaleiro a serviço de Henrique, fora exilado para a Madeira, onde
servia no séquito de Tristão, prestando-lhe "honra e vassalagem". Já desde os
tempos de Artur e Lancelot, comumente os senhores tinham de lidar com
questões sexuais relacionadas com as mulheres e os cavaleiros de sua casa. No

caso presente, Diogo abusou de sua condição para seduzir a filha de Tristão. A cena, relatada laconicamente num indulto real, em que Tristão decepa a genitália do vilão e o atira numa enxovia, leva-nos a um estranho mundo em que se mesclam nobreza cortesã e selvageria.

As aventuras marítimas tinham outras contrapartidas na vida real. O mundo das batalhas navais castelhanas é o mundo do conde Pero Niño, cuja crônica, escrita por seu porta-bandeira, no segundo quarto do século xv, é tanto um tratado de cavalaria quanto um relato de campanhas. *El vitorial* canta um cavaleiro nunca vencido numa justa, na guerra ou no amor, cujas maiores batalhas foram travadas no mar; e "vencer uma batalha é o maior bem e a maior glória na vida". Quando o autor discorre sobre a inconstância da vida, seus interlocutores são a Fortuna e o Vento, que têm como "mãe" o mar, "e nele está meu quartel-general".[44]

Desse mundo procedia o próprio sogro de Colombo. Bartolomeo Perestrelo era o filho caçula de um comerciante de Piacenza que amealhara em Portugal uma fortuna suficiente para que ele introduzisse seus filhos na corte ou em círculos próximos. O irmão mais velho de Bartolomeo tornou-se prior de um mosteiro fundado pela casa real. Suas irmãs tornaram-se amantes do arcebispo de Lisboa. Servir no séquito de Henrique valeu-lhe a oportunidade de comandar uma expedição, como navegante e colonizador, à ilha de Porto Santo, perto da Madeira. Após a legitimação dos filhos da irmã, ele foi feito capitão-geral hereditário da ilha, em 1446. Morreu em 1457, e Colombo casou-se com a filha mais velha de seu segundo casamento, em data incerta, em fins da década de 1470.[45]

Embora um menor número de textos tenha chegado até nós, romances de cavalaria da França e da Inglaterra — núcleos de outras comunidades de exploradores no século xv — também transcorriam em ambientes marítimos. O mais importante dos livros perdidos foi *Gesta Arthuri*, mencionado em súmulas do século xvi, em que Artur, por julgar sua ilha natal demasiado exígua, faz-se ao mar para conquistar a Islândia, a Groenlândia, a Noruega, a Lapônia, a Rússia e o pólo Norte. Isso nos parece bizarro, mas era compatível com a tradição: no século xii, Godofredo de Monmouth havia incluído seis ilhas "do Ocidente" nas supostas conquistas de Artur e muitos romances apontavam o local do descanso final de Artur como sendo uma ilha do Atlântico. Outro texto, este do século xiv, mas só conhecido por referências do século xvi, é a história de Roberto (ou, em algumas versões, Lionel) Machin ou Macham, que, tendo fugido com sua amada, foi levado por uma tempestade para a ilha da Madeira, até então desconhecida.[46]

Mesmo Colombo era extremamente sensível aos estímulos dos romances de cavalaria. O mais famoso incidente em toda a história das explorações ocorreu, sem dúvida, naquele momento, em 12 de outubro de 1492, em que, do cesto da gávea da nau capitânia de Colombo, um vigia bradou "Terra à vista!". No entanto, apesar de sua fama, o episódio está envolto em mistério. A identidade do vigia é incerta e a prioridade da visão de terra foi disputada pelo próprio Colombo, que reivindicou a recompensa por ter visto terra alegando que avistara uma luz reveladora na noite anterior. A insistência de Colombo quanto a essa pretensão já foi atribuída à desonestidade, à cobiça e à sede de fama. Torna-se mais fácil entendê-la quando pensamos que, embora a viagem de Colombo não tivesse precedente real — sua rota era, como ele próprio disse, uma "pela qual, ao que saibamos por certo, homem algum já passou" —, tinha precedente na literatura. Numa versão espanhola medieval do romance de Alexandre, o rei macedônio fazia sua própria descoberta da Ásia por mar, e quando a terra surgiu à vista,

> *Díxoles Alixandre de todos mas primero*
> *Que antes lo vió él que ningunt marinero,*[47]

que assim podemos traduzir em ordem direta: "Alexandre, o primeiro de toda a tripulação, disse a seus homens que tinha avistado terra antes de qualquer marinheiro". Será demasiado fantasioso supor que Colombo, que mais tarde chamaria o continente por ele descoberto de um mundo "que Alexandre se esforçara por conquistar",[48] possa ter sido influenciado por esse texto? A trajetória de sua vida se assemelha tanto ao enredo de um romance sobre aventuras marítimas da Idade Média tardia que custa crer que ele não a tenha moldado com base nessas fontes. Em certo sentido, ele as plagiou ao narrar por escrito suas próprias aventuras.

Embora seja ilusório acusar outras culturas de hostilidade ou indiferença em relação ao comércio e à navegação, o fato é que na Europa o culto das façanhas cavalheirescas marítimas teve mesmo o efeito de enobrecer atividades que em outras partes do mundo representavam um ônus para a carreira ou um

OS DESBRAVADORES

obstáculo para a mobilidade social. O desenvolvimento naval da China no começo do século xv foi travado pela oposição dos mandarins, o que refletiu as prioridades de uma classe avessa ao mar. Na Malaca do século xv, mercadores muçulmanos ostentavam títulos nobiliárquicos e mercadores hindus usavam o título mais modesto de *nina*, derivado do sânscrito, mas não podiam atingir os graus mais elevados. Naquela região, os governantes constantemente sujavam as mãos em transações comerciais, nem sempre honestas, mas nenhum ousou intitular-se, como o rei de Portugal, "Senhor do Comércio e da Navegação".

Seria errôneo, porém, atribuir importância excessiva a essas diferenças e supor que a atividade marítima na Ásia fosse prejudicada por preconceitos, ou que seu potencial para o comércio a longa distância e o imperialismo marítimo fossem estorvados ou limitados por deficiências culturais. Pelo contrário, muitos estados asiáticos eram governados por sultões e samorins que mostravam certo tino comercial. A capacidade das sociedades tradicionais da região de se tornarem sedes de impérios e trampolins para o capitalismo é demonstrada pela rica história mercantil e imperial de muitas delas. Ao que parece, o salto dos europeus para uma situação de proeminência não resultou de sua superioridade, e sim da indiferença de outros povos e do afastamento de possíveis competidores.

A atividade naval chinesa, por exemplo, foi abortada depois da última viagem de Zheng He, provavelmente em decorrência do triunfo, na corte, dos mandarins confucionistas, que se opunham ao imperialismo e menosprezavam o comércio. A iniciativa dos otomanos foi obstada pelos estreitos; em todas as direções — no Mediterrâneo central, no golfo Pérsico e no mar Vermelho — o acesso aos oceanos fazia-se através de estreitos apertados que o inimigo podia controlar facilmente. Limitada por mares fechados por gelos, foi inevitável que a expansão territorial da Rússia no século xv se orientasse sobretudo para o continente e para o interior.

DE VOLTA AOS VENTOS

A percepção desses problemas ajuda a explicar a vantagem dos países da Europa ocidental. Para lançar empreitadas em escala global, era vital partir do lugar certo. Na era da vela, a descoberta de caminhos marítimos dependia do acesso a ventos e correntes favoráveis. Mesmo que os navegantes do oceano Índico e do Pacífico ocidental houvessem tentado estender suas rotas de longa distância além da área das monções, não teriam encontrado as condições favoráveis para tanto. A única rota navegável para leste, atravessando o Pacífico, foi, na realidade, um caminho sem perspectivas concretas até o surgimento de postos comerciais na costa ocidental da América na época colonial. Além de serem difíceis e perigosos, os caminhos que saíam do Índico para o sul levavam somente, ao que se sabia, a destinos pouco auspiciosos. Os navegantes afeitos às monções não tinham motivo para fazer experiências em zonas de ventos fixos.

No sistema de ventos fixos do Pacífico, os mais intrépidos navegantes de longo curso do mundo, os polinésios, estavam condenados, por sua localização geográfica, a navegar contra o vento. Como vimos, é provável que tivessem chegado, no começo do milênio passado, ao limite da expansão possível com a tecnologia de que dispunham. Seus mais remotos postos avançados de colonização, no Havaí, na ilha de Páscoa e na Nova Zelândia, ficavam longe demais para manterem contatos entre si. Quando esses lugares receberam os primeiros visitantes europeus, nos séculos XVII e XVIII, já acumulavam centenas de anos de divergência cultural em relação à terra de seus colonizadores.

Já o Atlântico era uma via aberta para o resto do mundo. Para dominar um ambiente oceânico, é preciso conhecer os segredos de seus ventos e de suas correntes. Durante toda a era da vela — vale dizer, ao longo de quase toda a história — a geografia teve um poder absoluto para limitar o que o homem podia fazer no mar. Em comparação com a geografia, pouco significavam a cultura, as idéias, o talento ou o carisma individual, as forças econômicas e todos os demais motores da história. Grande parte de nossas explicações dos fatos históricos peca pelo excesso de palavras ocas e pela pouca substância.

Predomina no Atlântico um sistema de ventos alísios — uma configuração regular em que os ventos dominantes sopram na mesma direção, qualquer que seja a estação. Durante todo o ano, partindo mais ou menos do noroeste da África, os alísios atravessam o oceano, descrevendo uma curva que passa poucos graus acima da linha do equador e prossegue em direção às terras em torno do Caribe. Graças aos alísios de nordeste, as comunidades marítimas em torno das desembocaduras do Tejo e do Guadalquivir tinham acesso privilegiado a grande parte do resto do mundo. A prodigiosa extensão dos impérios espanhol e português na era da vela decorreu, em parte, dessa boa sorte. No hemisfério sul, repete-se mais ou menos a mesma configuração, com ventos que sopram do sul da África para o Brasil. Do mesmo modo que os alísios de nordeste, esses ventos ganham uma trajetória mais direta para leste, à medida que se aproximam do equador. Entre os dois sistemas, em torno ou um pouco a norte do equador, ficam as latitudes quase sem vento — a zona das calmarias. Fora das latitudes dos alísios, em ambos os hemisférios, sopram ventos de oeste. No hemisfério sul, são extraordinariamente fortes e constantes, possibilitando uma rápida viagem de circunavegação.

Existem três importantes exceções à regularidade desse sistema. Na grande reentrância que forma o amplo golfo da Guiné, um efeito semelhante ao de uma monção suga o vento em direção ao Saara durante grande parte do ano, convertendo a parte inferior da proeminência oeste da África numa perigosa costa de sotavento. No cinturão de ventos de oeste do hemisfério norte, um corredor de breves variações na primavera, na altura das ilhas Britânicas, ajuda a explicar por que grande parte da exploração das costas da América do Norte partiu da Grã-Bretanha. Na parte norte do Atlântico, além das ilhas Britânicas, os ventos de oeste são menos constantes e uma série de correntes no sentido anti-horário, dominada pela corrente de Irminger, dirige-se para oeste a partir da Escandinávia, abaixo do círculo polar ártico. Como vimos, isso oferece uma explicação coerente para as navegações dos nórdicos em direção às ilhas Faroë, à Islândia, à Groenlândia e a partes da América do Norte. Os navegantes que desejassem utilizar ao máximo o sistema podiam tirar proveito de outras correntes. Por exemplo, para viagens entre o Caribe e a Europa, a corrente do Golfo, descoberta em 1513 por um explorador espanhol que procurava a "Fonte da Juventude" lhes permitia alcançar os ventos de oeste do Atlântico norte, que os levavam de volta. Ao longo da costa da América do Sul, a corrente do Brasil segue para sul, atravessando a trajetória dos ventos alísios de nordeste, o que diminui os perigos de navegar numa costa de sotavento.

A partir da margem noroeste do Atlântico, o sistema de ventos proporcionava fácil acesso às grandes rotas marítimas do mundo na era dos veleiros. Com exceção de certas comunidades magrebinas, que mostraram uma surpreendente indiferença pela conquista do oceano no período crítico, não havia outros povos nos litorais do Atlântico que gozassem de uma localização próxima à trajetória dos alísios de nordeste ou que dispusessem da tecnologia e das tradições náuticas à disposição dos europeus ocidentais. Por que os magrebi-

O IMPULSO

nos não aderiram às explorações européias ou não se anteciparam a elas? Seu potencial marítimo tem sido tradicionalmente subestimado. Como o oceano era um estímulo para a imaginação, cenário de narrativas fantásticas, evocações fantasiosas substituíram a experiência real na maior parte da literatura do período. Al-Idrisi, o geógrafo da corte de Rogério II da Sicília, criou uma tradição que foi acompanhada pela maioria dos escritores que o seguiram. "Ninguém sabe", escreveu ele, "o que existe além do mar [...] devido às tribulações que dificultam a navegação: a densidade do negrume, a altura das ondas, a freqüência das tempestades, a abundância de monstros e a violência dos ventos. [...] Navegante algum se atreve a atravessar o mar aberto ou a entrar nele, e se restringe às costas." No entanto, não era a falta de navios, homens ou ânimo apropriado que tornava rara a navegação de longo curso. O que inibia expedições mais distantes era o próprio vigor da atividade costeira. Tão intensos eram o comércio, a migração e a guerra naval que as embarcações estavam sempre ocupadas e, tal como ocorria no oceano Índico, havia pouco incentivo para a busca de novas oportunidades.[49]

Em outras áreas do Atlântico não havia comunidades interessadas em competir com a atividade náutica da Europa ocidental. Os povos comerciantes da região do Caribe não desenvolveram meios para a navegação marítima de longo curso. A vocação comercial das cidades e reinos da África ocidental estava voltada para o tráfego fluvial e a cabotagem.[50] Entretanto, um problema permanece: a localização vantajosa da Europa ocidental à margem do Atlântico tinha existido sempre. Se a localização era fator decisivo, por que a aventura marítima dos ocidentais tardou tanto? E por que se desencadeou tão subitamente? Esse é o tema central do próximo capítulo.

5. O salto
O grande salto avante na década de 1490

A cabina cheia: instrumentos, cálculos, mapas,
Conjecturas, mentiras, fatos inverossímeis,
Histórias de viagens, em parte sonhadas, em parte realizadas, talvez.

F. C. Terborgh, "Cristóbal Colón"

Ao fim de uma palestra que fiz em Boston sobre o tratamento dispensado pelos espanhóis aos povos indígenas de seu império, o prefeito, que estava na platéia, levantou-se para perguntar se eu não achava que a conduta dos ingleses em relação aos irlandeses não tinha sido pior. O peso da herança irlandesa em Boston é um dos muitos sinais que fazem com que um viajante que chega à Nova Inglaterra, vindo do Reino Unido, tenha a impressão de que acaba de atravessar uma lagoa e que as mesmas culturas que deixou na margem oposta propagaram-se para a outra, com pouquíssimas mudanças e sem quase nenhuma perda de identidade. Em Providence, no estado de Rhode Island, o único cônsul estrangeiro ali residente é o português, e pode-se comprar pão doce para o café da manhã ou pastéis de Tentúgal* para o chá. Num estacionamento a poucos quarteirões da Universidade Brown, dizia um letreiro: "Não

---

* Doce típico de Portugal, originário da cidade homônima. (N. E.)

estacione aqui, a menos que você seja português". A terrinha dos ancestrais e os ressentimentos deles são lembrados a cada momento. Redutos semelhantes de identidade irlandesa e portuguesa espalham-se aqui e ali ao longo de toda a costa, como reflexo das terras de origem, com os olhos postos no outro lado do oceano. As cidades em volta deles têm também suas reminiscências e continuidades transatlânticas. A Nova Inglaterra é uma civilização litorânea: uma faixa costeira estreita e impregnada de mar, com uma cultura plasmada pela perspectiva oceânica; mais que isso, faz parte de uma civilização com duas costas marítimas, uma voltada para a outra.

De ambos os lados do Atlântico, existem as mesmas pequenas comunidades. Isso dá a sensação de que pertencem a uma única civilização. Quando hoje em dia as pessoas falam da "civilização ocidental", referem-se, essencialmente, a um *continuum* atlântico que compreende partes da Europa ocidental e grande parte, talvez a maior, das Américas. A criação desse mundo transoceânico representou um fenômeno curioso na história das civilizações. Quando outras culturas transcenderam seus ambientes de origem, fizeram-no pouco a pouco, transpondo áreas contíguas ou mares estreitos, avançando por terra ou saltando entre ilhas e portos comerciais. Mesmo o caso extraordinário e precoce do Índico como núcleo de civilizações obedece a esse modelo, pois teve lugar num oceano que, ao contrário de outros, um navegador pode cruzar avançando de porto a porto ou simplesmente acompanhando as costas. A transferência de pessoas, hábitos, gostos, modos de vida e uma consciência nacional para o outro lado de um oceano como o Atlântico — o que só pode ser feito mediante uma longa viagem de navio ou avião — simplesmente não tinha precedentes quando começou.

Entre todos os problemas da história do Atlântico, o primeiro é o mais intrigante e o menos compreendido: explicar como essa história começou, como se originou uma "meta-Europa" no Atlântico. Durante a maior parte da história, os povos litorâneos da Europa, com poucas exceções, mostraram notável indiferença em relação à navegação de longo curso, sobretudo se comparados com os povos litorâneos da Ásia, que cedo se lançaram ao mar, ou com os navegadores polinésios. Qualquer explicação convincente da penetração do Atlântico pelos europeus tem de ser do tipo que Sherlock Holmes deu para o problema do cão durante a noite: tem de explicar não só o que aconteceu, como também o que não aconteceu — não só o súbito avanço dos ocidentais, mas o longo período de apatia que o precedeu, a duração quase incompreensível de tamanha letargia.

Consideramos que a cultura européia, tal como ela é, formou-se por movimentos que ocorreram de oeste para leste: o *Drang nach Osten* [avanço para o leste] de Carlos Magno e dos que lhe sucederam; uma ou três Renascenças; as "revoluções" científica e industrial; o Iluminismo e as revoluções políticas e sociais que o seguiram; e a formação da União Européia. Todavia, durante a maior parte da pré-história e da Antiguidade, os movimentos formadores deram-se na direção oposta: a propagação da agricultura e da metalurgia; a difusão das línguas indo-européias; as migrações de fenícios, gregos e judeus; a comunicação do saber a partir "da face oriental do monte Hélicon"; o advento do cristianismo; as invasões e migrações de alemães, eslavos e dos povos das estepes. A maioria desses movimentos gerou reações de rejeição e migração de refugiados que terminaram na orla do Atlântico, onde, surpreendentemente, permaneceram imóveis, como que manietados pelos ventos de oeste que varriam suas praias. Espero que o leitor me perdoe por insistir nessa questão. A longa passividade dos ocidentais é mais notável que o fato de terem, finalmente, despertado. A civilização ocidental é hoje identificada com empreendimento. No entanto, durante milênios, os ocidentais fitaram o mar apaticamente. Há mais ou menos mil anos, a penetração da cultura e dos conquistadores de Roma, e a seguir — de modo lento, mas inexorável — do cristianismo transformou o arco atlântico da Europa na orla externa daquilo que os historiadores chamam de cristandade latina: uma civilização poderosa, mas que, aparentemente, só podia avançar para oeste.

Essa civilização ocupava a última "margem aquática" — a borda dos mapas-múndi da época. Confiantes na superioridade de suas próprias tradições civilizadas, os letrados da Pérsia e da China mal consideravam a cristandade digna de ser mencionada em seus estudos ou de figurar em suas representações do mundo. As tentativas da cristandade latina no sentido de expandir-se para leste e sul — por terra, em direção à Europa oriental, ou pelo Mediterrâneo, rumo à Ásia e à África — registraram alguns êxitos, mas em geral eram obstadas ou interrompidas por pestes e pelo frio intenso. Em direção ao norte e ao oeste, ao longo de uma costa em grande parte desprotegida, os navegantes, impelidos para o litoral pelos ventos predominantes de oeste, só podiam explorar uma estreita faixa de oceano. Algumas comunidades criaram culturas marí-

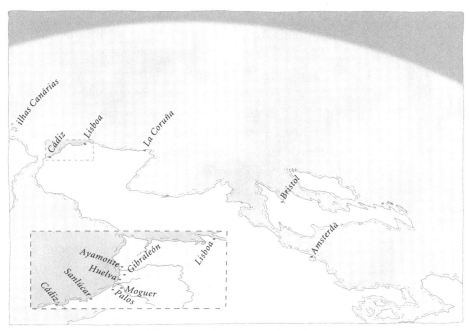
A fronteira atlântica da cristandade.

timas locais e regionais e, em alguns casos, desenvolveram importante atividade pesqueira de alto-mar, funcionando assim como escolas, nas quais os exploradores da década de 1490 iam buscar navios e tripulações. Excepcionalmente, incursões oceânicas profundas eram feitas por navegadores e colonos nórdicos na alta Idade Média e pelos exploradores e colonizadores dos arquipélagos do Atlântico oriental nos séculos XIV e XV. Nas latitudes setentrionais mais altas, tirando proveito de correntes que atravessam o oceano, navegadores da Escandinávia e da Irlanda abriram à colonização a Islândia, no século IX, e a Groenlândia no século XI. Até meados do século XIV, os islandeses fizeram viagens que chegavam até o continente norte-americano. Contudo, as mais distantes dessas precárias ligações se interromperam quando a colônia na Groenlândia foi eliminada.

As sepulturas de seus habitantes atestam como a vida dos groenlandeses se tornava cada vez mais difícil no século XV. Eles continuavam a se alimentar de focas — mas nas fases finais da colônia já não encontravam focas-comuns, que fogem dos gelos flutuantes de verão. Tentaram manter seus rebanhos de gado bovino enquanto os pastos encolhiam. Estudos sobre o pólen mostram que o clima estava se tornando mais úmido. É possível que os últimos colonos tenham sido exterminados por invasões de "pagãos bárbaros vindos de territórios vizinhos", tenham se extinguido ou migrado por sua própria vontade, mas, seja como for, parece que por fim as condições climáticas, com o agravamento do frio, tornaram sua vida mais difícil.[1] Mas os povoadores da Groenlândia não foram os únicos a enfrentar dificuldades. Durante a maior parte do século xv, a Europa foi uma civilização em contração. A recuperação dos desastres e da perda populacional ocorridos no século anterior foi lenta. As epidemias, ainda que menos graves no século xv, continuaram freqüentes. Embora já habituados à severidade do clima da "pequena era glacial", os europeus ocidentais não reocuparam as terras mais altas e as colônias distantes abandonadas no século anterior. Na maioria dos lugares, o aumento populacional foi modesto, e é provável que não tenha restaurado os níveis atingidos antes da Peste Negra. Às adversidades impessoais — a peste, a guerra e a fome — somaram-se inimigos humanos. Em 1396, o fracasso de uma cruzada contra os turcos marcou o começo de um longo período de recuo da fronteira da cristandade no Mediterrâneo oriental. Entrementes, no nordeste, lituanos pagãos desgastavam as conquistas da Ordem Teutônica ao longo do Báltico.

Quando finalmente sobreveio, a penetração do Atlântico ocorreu de maneira repentina e surpreendente, numa única década — a de 1490. Ou melhor, ela se concentrou em alguns poucos anos, desde a primeira viagem transatlântica de Colombo em 1492 e o desembarque de Pedro Álvares Cabral no Brasil, em 1500. Essas viagens geraram dois resultados que remodelaram o mundo.

Em primeiro lugar, puseram a Eurásia e a África em contato com as Américas — unindo, em particular, o densamente povoado cinturão central do Velho Mundo, que ia da China à Europa ocidental, através do sul e do sudoeste da Ásia e do Mediterrâneo, às partes tecnicamente avançadas e intensamente colonizadas do Novo Mundo, na Mesoamérica e em torno do Caribe. Ao invés de um obstáculo à expansão dos povos europeus ao longo de seu litoral, o oceano tornou-se um meio de acesso a impérios e mercados até então inimagináveis. O ocidente europeu ultrapassou seus limites históricos. Em outras palavras, o salto extraordinário da década de 1490 possibilitou, a curto prazo, o nascimento da civilização atlântica. A partir de então, os navegantes conheceram rotas de comunicação confiáveis e regulares entre as costas ocidentais do Velho Mundo e as costas orientais do Novo. O Atlântico, que durante toda a história fora uma barreira, tornou-se um caminho. Em conseqüência daquele salto, abriram-se novas possibilidades: o imperialismo europeu nas Américas, as trocas ecológicas e culturais nos dois lados do Atlântico, a exploração de recursos americanos em benefício das economias européias, o que permitiu nivelar as disparidades entre as civilizações em termos de riqueza, disparidades que até então haviam favorecido as civilizações da Ásia e deixado as da Europa relativamente pobres. Pouca coisa da história universal subseqüente pode ser corretamente compreendida sem que se leve em consideração o contexto criado pelo enorme desenvolvimento marítimo da Europa ocidental na década de 1490.

Em segundo lugar, as rotas abertas pelos exploradores da década de 1490 decifraram o código do sistema de ventos do Atlântico. A partir daí, os europeus dispuseram de um conhecimento preciso e amplo — embora ainda incompleto — do movimento dos ventos e das correntes no Atlântico norte. Conheceram também, o que foi mais importante, o padrão dos ventos no Atlântico sul. Descobriram como podiam utilizar os alísios de sudeste para atravessar o oceano no hemisfério sul e alcançar a faixa de ventos fortes de oeste, que circula por todo o planeta abaixo do equador. O efeito imediato disso foi possibilitar que irrompessem no mais próspero e ativo mercado do mundo: o oceano Índico. Pela primeira vez, os comerciantes puderam levar navios da Europa para aquele oceano e, por conseguinte, participar, como transportadores, do lucrativo comércio intra-asiático. Isso era mais rentável — como novas pesquisas começam a revelar — do que o tão celebrado comércio direto de especiarias, que navios portugueses faziam contornando o cabo da Boa Esperança. Um efeito adicional consistiu em dar aos europeus, potencialmente, acesso rápido às fontes do comércio de especiarias nas Índias Orientais (embora essa possibilidade só tenha sido plenamente explorada no século XVII), e, em última análise, também a abertura de boas rotas para acesso ao Pacífico. Em suma, o salto da década de 1490 foi um fenômeno rapidíssimo, no qual, em apenas sete anos, algumas viagens transformaram o Atlântico numa via para a transmissão cultural em longa distância, depois de séculos ou milênios de relativo marasmo.

O que tornou a década de 1490 tão especial? Os historiadores têm-se esquivado a essa pergunta. Às vezes a tecnologia é tida como responsável, mas nenhum grande avanço tecnológico coincidiu com o momento do salto. Comparada com a China, com grande parte do Islã, com o sul e o sudeste da Ásia, e até, em certos aspectos, com a Polinésia, a cristandade latina parecia mal equipada para a navegação de longo curso. Colombo alardeava destreza técnica no manuseio de instrumentos de navegação e cartas náuticas, mas sua habilidade nessa área era restrita. Em todas as suas viagens transatlânticas levou um quadrante na nau capitânia, mas ao que parece o instrumento servia mais para ostentação e tinha pouco uso prático. Colombo determinava a latitude mediante um método muito mais simples: media a duração da noite verificando o deslocamento das estrelas-guia em torno da estrela Polar, subtraía essa duração de 24 horas, para obter o número de horas de luz solar, e usava esse resultado para ler a latitude numa tabela impressa. Sabemos que empregava esse método porque os erros de latitude que anotou em seu livro de bordo coincidem com os erros tipográficos num exemplar sobrevivente da tabela por ele usada.[2] Ao que sabemos, utilizando um quadrante ou um astrolábio, nenhum navegador foi capaz de fazer uma leitura precisa da latitude no mar antes de meados do século XVI.

Tampouco os mapas foram determinantes nesse grande salto. Colombo levou consigo uma carta náutica em sua primeira travessia do Atlântico, e tanto ele como o vice-comandante, Martín Alonzo Pinzón, usaram-na bastante, consultando-a repetidamente. Em determinado ponto, segundo o relato de Colombo, mudaram de rumo de acordo com sua indicação. No entanto, como ninguém havia seguido a rota de Colombo até então, a carta só podia ser especulativa. Outros navegantes da época davam pouco valor a cartas e outros meios técnicos. Preferiam confiar nos rudimentos da navegação astronômica: determinavam o rumo por instinto e experiência e calculavam a latitude pela altura do Sol e da estrela Polar a olho nu. A cartografia e a navegação beneficiavam-se uma da outra, mas os exploradores tardaram a reconhecer esse fato. Só quando já ia adiantado o século XVII, tornou-se normal que cartógrafos profissionais acompanhassem as expedições.[3]

Nenhuma das razões levantadas no capítulo anterior, numa tentativa de explicar a liderança dos europeus ocidentais na exploração do Atlântico, contribui para explicar que o grande salto tenha ocorrido na década de 1490. Se alguma característica da cultura da região foi responsável pelo fenômeno, devia estar operando durante um longo período: a cultura não se forma aos trancos e barrancos, mas acumula-se lentamente e perdura por muito tempo. A competição entre os países e comunidades decerto teve seu papel nos acontecimentos da década de 1490, com vários portos da orla atlântica correndo para se assenhorear de um quinhão dos frutos da exploração, enquanto Castela, Portugal e Inglaterra disputavam oportunidades de reclamar direito às terras potencialmente rentáveis que os exploradores descobriam. No entanto, as rivalidades já eram antigas. Não explicam por que a década de 1490 foi tão frutífera.

O que melhor elucida as extraordinárias realizações da década de 1490 — e essa explicação tem, ao menos, o mérito de ser irrefutavelmente factual — é o fato de essa década ter se seguido à de 1480. Ou seja, a década de 1490 foi antecedida por dez anos notavelmente lucrativos para aqueles que investiram em viagens pelo Atlântico.[4] Os deputados das cortes portuguesas de 1481-2 enalteceram o *Wirtschaftswunder* [milagre econômico] da Madeira e de Porto Santo, declarando que em apenas um ano, o de 1480, "vinte navios cargueiros e quarenta ou cinqüenta outros embarcaram carregamentos, principalmente de açúcar, não contando outros bens e outros navios que se dirigiram às ditas ilhas [...] atraídos pela qualidade e riqueza das mercadorias de grande valor que possuem e colhem nas ditas ilhas". Em 1482, como vimos, o forte de São Jorge da Mina foi fundado no litoral do golfo da Guiné para assegurar que o ouro chegasse a mãos portuguesas, enquanto a Casa da Mina centralizava o comércio africano. Antes disso, raramente, ou nunca, os que tinham investido na exploração portuguesa do Atlântico haviam recuperado seu dinheiro. A partir de então tornou-se fácil levantar recursos para novos empreendimentos, principalmente junto a banqueiros italianos em Lisboa.

A trabalhosa e cara empreitada castelhana no Atlântico, a conquista das ilhas Canárias, começou a gerar lucros na mesma década, quando as ilhas foram pacificadas e postas a produzir açúcar. O primeiro engenho começou a funcionar na Grande Canária em 1484. Os financiadores de Colombo tinham, todos eles, uma coisa em comum: sem exceção, estavam envolvidos na conquista ou na exploração comercial das ilhas Canárias. No comando do esforço de guerra dos monarcas — formar contingentes, reunir grupos de financiadores — estava Alonso de Quintanilla, responsável pelo erário e um dos mais influentes artífices da política da coroa. Ao que parece, ele assumiu a responsabilidade de organizar a conquista em 1489, quando a forte queda dos rendimentos derivados da venda de indulgências causou uma crise financeira. Quintanilla arquitetou diversos expedientes, entre os quais a utilização dos butins como aval e a colaboração com capitalistas italianos. Nesse processo, iniciou a relação com o grupo que mais tarde contribuiria para financiar as viagens de Cristóvão Colombo.

O próprio Quintanilla teve papel decisivo na busca de financiamento para a "empreitada das Índias", como tinha feito no projeto das Canárias. Em ambos os casos, foi vital a contribuição de dois comerciantes genoveses estabelecidos em Sevilha, Francesco Pinelli e Francesco da Rivarolo. Pinelli estivera envolvido no financiamento das atividades nas Canárias por tanto tempo quanto Quintanilla, pois administrava as receitas da coroa derivadas da venda de indulgências desde março de 1480. A primeira subvenção pessoal de Quintanilla foi feita em abril daquele ano. A seguir Pinelli adquiriu o primeiro engenho de açúcar na Grande Canária e concedeu empréstimos aos conquistadores de Palma e Tenerife. Por sua participação como financiador de Colombo, foi nomeado pelos monarcas um dos primeiros administradores do comércio das Índias quando esse comércio foi organizado como monopólio real, em 1493.

Francesco da Rivarolo talvez tenha lucrado ainda mais. Seu genro foi um dos grandes investidores na conquista da Grande Canária. Rivarolo participou em pessoa do financiamento das conquistas de Palma e Tenerife e tornou-se o mais rico comerciante do arquipélago, com interesses concentrados sobretudo, embora não apenas, nos negócios com açúcar e pigmentos. Foi um dos apoiadores de Colombo: financiou em parte sua quarta viagem e, em certa época, acolheu-o em sua casa.

Além dos genoveses, outros cidadãos de Sevilha, próximos ao círculo de Colombo, também contribuíram com recursos para a conquista das Canárias, como o duque de Medina-Sidonia, herdeiro dos Guzmán, que Colombo via como possível patrocinador, e o florentino Gianotto Berardi, um dos principais financiadores de Colombo e um dos pioneiros do comércio transatlântico. No entanto, foi claro o predomínio dos genoveses. O mesmo se pode dizer do grupo financeiro que apoiou economicamente Colombo ou adiantou o dinheiro para suas viagens. Pareciam existir suficientes interesses comuns na conquista das Canárias e na descoberta da América para que ambos os empreendimentos fossem vistos, em certa medida, como obra do mesmo grupo. Os genoveses desempenharam, para as atividades de Castela no Atlântico, papel semelhante ao dos florentinos de Lisboa na expansão portuguesa no oceano Índico alguns anos depois.[5]

Vista de Sevilha, entre as igrejas de santa Justa e santa Rufina, na predela do altar-mor da catedral de Sevillha.

No Atlântico norte, há bons motivos para crer que a exploração estivesse rendendo benefícios a comerciantes de Bristol. Após um período em que, devido a uma proibição do comércio com a Islândia, imposta pela coroa dinamarquesa, as mercadorias nórdicas tinham sumido dos registros do porto de Bristol, na década de 1480 reapareceram nesse porto o marfim de morsa e produtos derivados da caça de baleias. Como vimos, o fato de que, numa viagem claramente exploratória, em 1481, ter sido transportada uma enorme quantidade de sal parece indicar que pesqueiros ricos já tinham sido descobertos naquela data. Como os lucros da década de 1480 tinham sido tão animadores, houve dinheiro disponível para novas explorações, mesmo na precária economia da Europa ocidental na década de 1490.

Se deixarmos de lado supostas viagens anteriores, com relação às quais os dados são insuficientes ou mesmo inexistentes, quatro viagens realizadas na década de 1490 destacam-se por sua importância transcendental. As primeiras foram as duas travessias do Atlântico por Colombo em 1493: o trajeto de volta de sua viagem mais famosa, a de 1492, e o trajeto de ida de sua segunda viagem, de leste para oeste. O ano de 1492 é o mais celebrado, porém os fatos de 1493 foram muito mais significativos. Tudo o que Colombo fez em 1492 foi atravessar o Atlântico, o mais diretamente que pôde, na direção oeste, até topar com alguma coisa. A rota por ele seguida não tinha valor para as futuras comunicações transatlânticas: era desnecessariamente longa e trabalhosa. Em 1493, entretanto, ele definiu rotas viáveis e lucrativas, de ida e volta, pela parte central do Atlântico — rotas que praticamente não foram melhoradas em toda a era da vela.

A viagem seguinte, na seqüência de expedições determinantes para o grande salto do Atlântico, foi a travessia de ida e volta entre Bristol e a Terra Nova, realizada por João Caboto, em 1497, que criou um caminho por mar aberto para a América do Norte, utilizando os ventos de leste que sopram durante o breve período de variações na primavera. Essa rota foi de pouco valor a curto prazo, mas acabou sendo a via de acesso a um território colonial de enorme importância, a mais rentável das "novas Europas" criadas do outro lado do mundo pelos primeiros movimentos colonizadores da era moderna. A seguir, também em 1497, a primeira viagem de Vasco da Gama à Índia descobriu um caminho marítimo que atravessava o corredor dos ventos alísios do Atlântico, que sopram de sudeste, até alcançar os ventos de oeste no extremo sul.

Nos últimos anos da década, as chamadas viagens andaluzas e anglo-açorianas, juntamente com as explorações de trechos da costa continental do Novo Mundo, realizadas pelo próprio Colombo, ampliaram os descobrimentos feitos até então. A viagem andaluza que desceu mais ao sul encontrou a corrente do Brasil. Em 1500, dando seguimento a essa expedição, Pedro Álvares Cabral avançou tanto no Atlântico, seguindo a rota explorada por Vasco da Gama, que chegou ao Brasil.

A melhor maneira de narrar essa história é também a mais simples: examinar cada uma dessas viagens separadamente.

COLOMBO

Colombo fascina os apreciadores do mistério, que resistem a aceitar a evidência clara e insofismável dos documentos e preferem elaborar seus próprios Colombos fantasiosos — apresentando-o como judeu, espanhol, polonês, escandinavo e até escocês, de acordo com as idéias preconcebidas do autor. Na verdade, não há nenhuma dúvida em relação a sua identidade. Dispomos de melhores informações a seu respeito do que sobre qualquer outra figura de situação social comparável em sua época. Colombo era filho de um tecelão genovês que tinha uma família grande, ruidosa e exigente. Não se pode compreendê-lo sem considerar esse fato, pois o que o levou a se tornar explorador foi o desejo de fugir ao mundo de restritas oportunidades de ascensão social em que nasceu.

Só havia três caminhos possíveis para homens com aspirações sociais ambiciosas como Colombo: a guerra, a Igreja e o mar. É provável que Colombo não descartasse nenhum dos três: quis que um de seus irmãos seguisse a carreira eclesiástica e imaginava a si mesmo como "um capitão de cavaleiros e conquistas". Mas a vida de navegador era uma opção natural, especialmente para um jovem oriundo de uma comunidade tão voltada para o mar como a de Gênova. Na navegação abundavam oportunidades de emprego e ganhos. E, como vimos no capítulo anterior, é provável que ele tenha se inspirado em romances de cavalaria com cenário marítimo.

Na década de 1470, trabalhando como comprador de açúcar para uma família de comerciantes genoveses, Colombo familiarizou-se com as águas do Mediterrâneo oriental e com a costa atlântica da África. Exercendo a mesma função, freqüentou a ilha de Porto Santo, vislumbrou o mundo do infante d. Henrique e conheceu sua futura mulher, que, como vimos, era filha de um dos homens do círculo de Henrique. Colombo afirmava também ter visitado a Grã-Bretanha e a Islândia em 1477 e ter descido a costa da África até a latitude um grau norte na década de 1480. Mas, como megalômano, tendia também a exagerar seus feitos, e por isso devemos ser cautelosos e pôr em dúvida afirmações suas que não tenham sido comprovadas. No entanto, quando formulou o plano para a travessia do oceano ocidental, tinha conhecimento de dois fatos vitais relacionados ao Atlântico: havia ventos de leste na latitude das Canárias, e de oeste ao norte. Ou seja, existiam os requisitos para uma bem-sucedida viagem de ida e volta.

Se desconsiderarmos as lendas engendradas após sua morte e seu próprio relato interesseiro, poderemos reconstruir o processo mediante o qual ele formulou seu plano. Não existe nenhum indício cabal de que ele tivesse qualquer tipo de plano antes de 1486, e só a deferência cega para com fontes duvidosas leva a maioria dos historiadores a aceitar uma data anterior. Nem para ele mesmo o plano estava muito claro. Como todo bom vendedor, ele o modificava segundo as inclinações dos interlocutores. A alguns, propunha uma busca de novas ilhas; a outros, a procura de um "continente desconhecido" que, de acordo com algumas obras antigas, achava-se em um ponto distante do Atlântico; ainda a outros, ele propugnava a busca de uma rota curta para a China e o rico comércio do Oriente. Tentando deslindar essas contradições, os historiadores perderam-se num emaranhado. Na realidade, porém, a solução do "mistério" sobre o destino que Colombo pretendia alcançar é simples: ele o mudava sem cessar. A determinação tenaz que a maioria dos historiadores lhe atribui foi um mito que ele próprio criou e seus primeiros biógrafos consagraram. O Colombo adamantino da tradição tem de ser reconstituído com minerais bem menos duros.

Com efeito, o que importava a Colombo não era tanto a que lugar ele chegaria, mas até onde ascenderia na escala social. Pedidos abusivos de títulos de nobreza e recompensas mirabolantes acompanhavam suas negociações com possíveis protetores ricos que ele procurava em busca de permissão e recursos para tentar a travessia do Atlântico. Nos últimos anos da década de 1480, entretanto, o fato de ele não conseguir o apoio que desejava não decorria apenas de suas exigências descabidas. Para a maioria dos especialistas, não parecia valer a pena investir em nenhum dos objetivos com que ele acenava. Era bem possível que existissem mesmo novas ilhas no Atlântico. Tantas já tinham sido descobertas que era razoável supor que houvesse outras. No entanto, a exploração de novas ilhas que fossem mais distantes do que as Canárias ou os Açores seria menos rentável, mesmo supondo-se que fossem apropriadas ao cultivo do açúcar ou de algum outro produto de forte demanda. A possibilidade de encontrar um continente desconhecido — os Antípodas, como os geógrafos o chamavam — parecia remota. De modo geral, o conhecimento geográfico antigo a desmentia. E mesmo que esse continente existisse, era difícil ver que benefícios poderiam advir dele em comparação com explorações que abrissem novas rotas para os polpudos lucros que se obtinham na Ásia e nos mares orientais. Por fim, a idéia de que navios pudessem alcançar a Ásia pelo Atlântico era rigorosamente inconcebível. O mundo era grande demais. Desde que Eratóstenes havia calculado suas dimensões, os sábios do Ocidente sabiam aproximadamente qual era o tamanho do planeta. A Ásia ficava tão longe da Europa pela rota ocidental que nenhum navio da época seria capaz de fazer a viagem. Os suprimentos se esgotariam e a água potável estragaria quando ainda restassem muitos milhares de quilômetros a transpor.

Todavia, no decorrer das décadas de 1470 e 1480, alguns especialistas começaram a cogitar sobre a possibilidade de que Eratóstenes estivesse errado e que a Terra fosse menor do que se supunha. Paolo del Pozzo Toscanelli, humanista florentino, escreveu à coroa portuguesa recomendando uma tentativa de atingir a China pelo Atlântico. Martin Behaim, o cosmógrafo de Nuremberg que construiu, em 1492, o mais antigo globo terrestre que conhecemos, fazia parte de um círculo de letrados que eram da mesma opinião. Antonio de Marchena, proeminente astrônomo franciscano da corte castelhana, que se tornou um dos maiores amigos e defensores de Colombo, tinha o mesmo parecer.

Em 1492, portanto, a idéia que Colombo concebia, e na qual estava concentrado, era a de comandar uma expedição à China. Pesquisou livros de geografia em busca de provas de que o mundo era menor do que se acreditava e, interpretando mal muitos dados e deturpando os restantes, chegou a uma estimativa do tamanho do planeta fantasticamente pequena — pelo menos 20% menor que a realidade. Também argumentava que a extensão da Ásia no sentido leste tinha sido tradicionalmente subestimada. Seria possível, concluiu, navegar da Espanha até a costa oriental da Ásia "em poucos dias".

Assim, depois de muitos fracassos e mudanças de discurso, o projeto que ele enfim conseguiu vender foi o de uma viagem à China pelo oeste, talvez fazendo uma parada em Cipango, como era então chamado o Japão, que, segundo o cálculo exagerado de Marco Polo, estava localizado a cerca de 2400 quilômetros da China. Porventura os patrocinadores que finalmente concordaram em financiar a viagem acreditavam em Colombo? Nenhum documento deixa claro que Fernando e Isabel, rei e rainha de Aragão e Castela, partilhavam a mesma visão que ele. A incumbência de Colombo referia-se somente a "ilhas e continentes no Mar Oceano". Os monarcas entregaram-lhe cartas dirigidas vagamente "ao Sereníssimo Príncipe, nosso caro amigo", que Colombo tencionava firmemente entregar ao imperador da China. Entretanto, os monarcas estavam inquietos com os ganhos que Portugal estava auferindo como resultado da exploração do Atlântico. Portugal tinha acesso a ouro que vinha de regiões ao sul do Saara e estava à procura de caminhos marítimos para o oceano Índico. Castela não havia adquirido nenhuma colônia nova que ficasse além das ilhas Canárias. Quando ficou evidente que o projeto de Colombo poderia ser financiado sem nenhum custo direto para o rei e a rainha (a antiga balela segundo a qual Isabel teria empenhado suas jóias para fazer frente aos custos da viagem de Colombo é outro mito), nenhum motivo impedia autorizar a expedição e esperar os acontecimentos.

A disponibilidade de navios determinou a escolha de Palos como ponto de partida, mas de qualquer modo Colombo conhecia bem o lugar e tinha feito ali amigos e defensores. Entre eles, dois irmãos bem situados no negócio de transportes marítimos, Martín e Vicente Yáñez Pinzón, recrutaram tripulantes e conseguiram dois dos três navios da frota. Na verdade, Martín serviu como co-capitão de Colombo na primeira travessia do Atlântico.

Mais importante para o êxito do empreendimento que a escolha de Palos como ponto de partida foi a decisão de Colombo de passar pelas ilhas Canárias. De certa forma, seu motivo era simples: a maioria dos mapas-múndi da época situavam o principal porto da China, Guangzhou, na mesma latitude do arquipélago. Mas havia ainda outro fator, talvez mais importante: o regime de ventos. As Canárias localizam-se na trajetória de uma corrente que dá acesso imediato ao corredor dos ventos alísios que sopram de nordeste. Para um navegador audaz o bastante para se fazer ao oceano com vento de popa ou com experiência suficiente para saber que, apesar de se entregar a um vento favorável na viagem de ida, ainda teria a possibilidade de encontrar um vento adequado para o regresso, a rota pelas ilhas constituía uma irresistível via rápida para oeste.

Percorrer toda a faixa dos alísios era uma empresa arriscada. Ninguém sabia ao certo qual era sua extensão, nem o que havia depois. Nos mapas, esse espaço desconhecido aparecia vazio, era ocupado por ilhas hipotéticas ou preenchido, segundo a imaginação dos geógrafos, com os territórios das lendas clássicas: os Antípodas, um continente desconhecido, inferido teoricamente, que restauraria a simetria a um planeta inaceitavelmente desordenado mediante a repetição de sua configuração no "lado escuro" do mundo; as Hespérides de um dos trabalhos de Hércules; uma Atlântida trazida de novo à tona; ou a Antília do mito medieval.

Colombo percorreu diversas cortes européias, apregoando suas idéias junto a possíveis patrocinadores — ou pelo menos expressou seu desejo de assim proceder. Mas a necessidade de fazer a viagem pelas Canárias comprometeu-o com Castela. À medida que avançava o século xv, aos poucos foi ficando claro que as ilhas tinham sido uma aquisição importante para a coroa castelhana. Rendiam escravos e pigmentos, bens cuja demanda crescia na Europa. A partir da década de 1450, a florescente indústria açucareira na vizinha ilha da Madeira proporcionou um exemplo do tipo de produto comercial que poderia prosperar nos solos relativamente irrigáveis da Grande Canária, de Palma e Tenerife. Mas o principal incentivo era o ouro. A corrida pela localização das fontes do comércio de ouro na África ocidental acelerou-se na década de 1470, quando grupos comerciais portugueses adquiriram os direitos de exploração na zona, que ninguém havia reivindicado desde a morte de d. Henrique em 1460. Segundo um de seus cronistas, Fernando v de Castela via as Canárias como a chave para a comunicação com "as minas da Etiópia". Em outubro de 1477, a coroa adquiriu os direitos anteriormente conferidos à família Peraza e a seus herdeiros. A luta para completar a conquista continuou a derramar muito sangue e consumir muitos recursos até 1496, quando a última batalha foi vencida em Tenerife. Entretanto, na época da primeira viagem de Colombo, a maior parte do arquipélago já se achava firmemente em mãos castelhanas.

As Canárias tinham uma importância vital no plano de Colombo também por outra razão: proporcionavam um ponto de partida para a travessia do Atlântico. O porto de San Sebastián de la Gomera, de onde ele zarpou em 6 de setembro de 1492, ajustava-se com perfeição a seu objetivo. Não havia outro porto profundo mais a oeste, nem mais próximo da trajetória dos alísios de nordeste que o levariam ao outro lado do Atlântico. Quando Colombo o utilizou, sua segurança acabava de ser garantida, com a repressão de uma rebelião nativa em 1488-9. A derrota dos rebeldes deixou a ilha nas mãos da viúva do administrador de Gomera, dona Beatriz de Bobadilla, que provavelmente conhecera Colombo em Córdoba, em 1486, e de quem se dizia que, talvez involuntariamente, teria lhe falado ao coração.

As Canárias, é importante ressaltar, mantiveram sua importância estratégica na história do Atlântico — e, portanto, na história do mundo — pelas mesmas razões que atraíram Colombo. Durante toda a era da vela, a posição central das ilhas no sistema de ventos do Atlântico deu à Espanha acesso privilegiado às riquezas da região ao redor do Caribe, onde se concentrava grande parte da riqueza do Novo Mundo, e também, na América Central e no México, aos portos do Pacífico que levavam às riquezas do Peru e eram os portos de retorno das expedições que cruzavam o Pacífico. No dizer de um rei espanhol do século

XVII, as Canárias "são a mais importante de minhas possessões, pois constituem o caminho mais direto às Índias". Colombo teve êxito onde outros malograram porque, viajando sob auspícios castelhanos, teve acesso à melhor rota — pelas ilhas que tinham desvendado o segredo do sistema de ventos do Atlântico — para o corredor de ventos que o levou a terras fascinantes e exploráveis.

Colombo e seus primeiros biógrafos convenceram o mundo de que, na viagem de ida, ele esteve sozinho em sua determinação, enfrentando marinheiros temerosos, ignorantes e rebeldes. Não há nenhuma prova concreta disso, embora a afirmativa de que alguns marujos se queixaram de estar arriscando a vida "para que ele possa se transformar em nobre" pareça verossímil: pelo menos, coincide com as motivações do comandante. Colombo se sentia muito ansioso com a perspectiva de isolamento, e um intenso temor — que raiava a paranóia — de perfídia por parte dos que o cercavam. Ele era um estranho no grupo, um estrangeiro excluído das lealdades quase étnicas que dividiam as tripulações de seus navios: os bascos, que sempre arrumavam encrenca; e os homens de Palos, que deviam fidelidade à família Pinzón. Fica, claro, no entanto, que uma justificada preocupação decorrente de não se avistar terra pairou como uma sombra sobre a expedição nos primeiros dez dias de outubro. A estratégia de Colombo consistia simplesmente em navegar diretamente rumo a oeste até dar em terra. Na verdade, é quase certo que os navios de Colombo tinham se desviado um pouco para o sul, em relação à rota por ele pretendida, devido tanto à dificuldade para calcular a deriva, quanto à variação magnética — que Colombo observou mas não tinha como compensar. Além disso, mais para o fim da viagem, ele alterou um pouco o rumo para sudoeste, talvez porque em sua carta de marear o Japão aparecia ao sul do rumo por eles seguido, ou talvez por causa dos indícios deduzidos do vôo de aves ou de formações de nuvens — recursos de emergência dos marinheiros perdidos no oceano.

Por esses motivos é impossível reconstruir sua rota com absoluta certeza, e por isso não sabemos onde foi exatamente que ele desembarcou em 12 de outubro de 1492. De modo geral, suas descrições de lugares e rumos são demasiado vagas e apresentam muitas contradições para serem confiáveis. Os relatos de suas viagens são imaginativos ao extremo — quase poéticos — e quem os aceitar ao pé da letra condena-se ao martírio que é tentar dar-lhes sentido. Tudo o que sabemos ao certo é que a primeira ilha em que pisou ao chegar ao Caribe era pequena, plana, fértil, cheia de charcos e em grande parte protegida

O SALTO

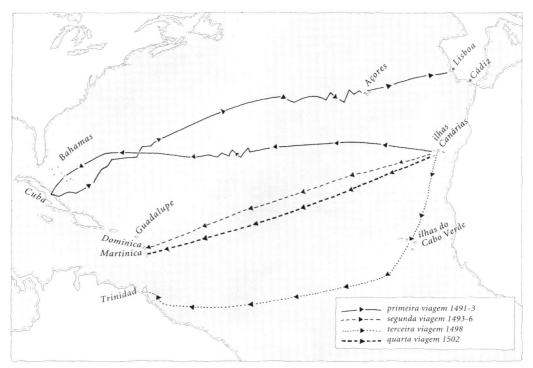

As rotas de Cristóvão Colombo para a América.

por uma barreira de recifes, tendo no meio o que Colombo chamou de uma lagoa, e, no lado leste, uma pequena ponta ou península que formava um porto natural utilizável. Essa descrição se ajusta a quase todas as ilhas das Bahamas ou das Turcas e Caicos. Os nativos chamavam-na de Guanahani, segundo Colombo, que a rebatizou como San Salvador. A ilha hoje chamada Watling é a que se encaixa melhor na descrição.

A julgar pelos documentos ainda existentes, o que mais impressionou Colombo foram os nativos. Isso não significa necessariamente que fossem sua prioridade, mas apenas que seu primeiro editor, cujos excertos dos textos de Colombo são quase tudo o que nos resta do relato que ele fez de sua primeira viagem, era obcecado pelos "índios" do Novo Mundo. Selecionou o que dizia respeito a eles, e talvez tenha descartado muitas outras coisas. Quatro assuntos se destacam na narrativa do encontro com os indígenas, tal como ela chegou a nós.

Primeiro, Colombo ressalta a nudez das pessoas que encontrou. Um leitor da época teria inferido que eram "homens naturais", que não dispunham de instituições políticas legítimas, mas que podiam ser naturalmente bons. Para os humanistas de inclinação clássica, a nudez indicava o tipo de inocência silvestre que os antigos poetas associavam à "idade de ouro". Para os franciscanos, dos quais Colombo tinha recebido as mais fortes influências religiosas, a nudez era um sinal da dependência de Deus: era o estado em que o próprio são Francisco se pôs a fim de proclamar sua vocação.

Segundo, por várias vezes Colombo comparou os ilhéus com os canarinos, os negros e as monstruosas raças humanóides que, segundo a crença popular, habitavam as partes inexploradas da Terra. Essas comparações visavam menos a transmitir uma idéia de como eram os ilhéus do que a estabelecer pontos doutrinários: eram parecidos com os habitantes de latitudes semelhantes, o que coincidia com uma doutrina de Aristóteles; fisicamente eram normais, nada monstruosos, e portanto — segundo um lugar-comum da psicologia da baixa Idade Média — plenamente humanos e racionais. Isso os qualificava a serem catequizados.

Terceiro, Colombo insistiu na bondade natural daquelas pessoas. Pintou-as como criaturas inocentes e pacíficas, não corrompidas pela cobiça material — na verdade, enobrecidas pela pobreza — e com uma inclinação religiosa espontânea, não desviada para correntes tidas como "antinaturais", como a idolatria. Por implicação, os "índios" de Colombo eram um exemplo moral para os cristãos. O quadro lembrava bastante a longa série de pagãos exemplares apresentada na literatura medieval, principalmente em obras de franciscanos e humanistas.

Por fim, Colombo estava atento a sinais de que os nativos pudessem ser explorados comercialmente. À primeira vista, isso parece contradizer o louvor de suas qualidades morais, mas muitas das observações do almirante tem duas leituras. O fato de os indígenas desconhecerem a guerra demonstrava sua inocência, mas também os tornava um povo fácil de conquistar. A nudez podia evocar uma imagem idílica, mas, para mentes céticas, indicar selvageria e semelhança com os animais. Sua inexperiência comercial mostrava que eram destituídos de corrupção, mas também que podiam ser facilmente ludibriados. Suas faculdades racionais os identificavam como seres humanos, e também como escravos em potencial. A atitude de Colombo era ambígua, mas não necessariamente hipócrita. Ele estava genuinamente dividido entre maneiras conflitantes de encarar os nativos.

Colombo passou o período entre 15 e 23 de outubro reconhecendo pequenas ilhas. Suas observações sobre os nativos indica que estes começaram a lhe parecer — ou ele queria se convencer disso — mais civilizados ou, pelo menos, mais astutos. Em certo lugar onde Colombo esteve, mostravam que sabiam regatear. Em outro, as mulheres se cobriam com roupas rudimentares. Num terceiro, as moradias eram limpas e bem conservadas. Por meio de linguagem gestual, ou por interpretações de suas palavras, multiplicavam-se os indícios de organizações políticas desenvolvidas, chefiadas por reis. Embora não saibamos onde localizar essas ilhas no mapa do Caribe, elas ocupam um lugar importante no mapa mental de Colombo: alinhadas seqüencialmente, levando à imaginada "terra que deve ser explorável". Na imaginação de Colombo, a primeira peça grande de ouro que chegou a suas mãos, em 17 de outubro, converteu-se em um exemplo da moeda cunhada por um grande soberano.

A mesma tensão, causada por expectativas crescentes, afetou a maneira como Colombo via a natureza. Afirmou ter visto plantas híbridas que não podem ter existido. Observou uma "quantidade infinita" de lentisco onde não havia nenhum. Especulou sobre pigmentos, drogas e especiarias, que, como admitiu, não era capaz de identificar. Encontrou tabaco — "folhas secas que devem ser muito apreciadas por eles [os índios]" — sem compreender, a princípio, qual era sua serventia. Circulou pelo Caribe adulando ou seqüestrando nativos para que lhe servissem de guias. Canoas transportavam, de ilha em ilha, produtos que eram comercializados, e os nativos dispunham de completos mapas mentais da região, que alguns navegantes locais puseram à disposição de Colombo, numa viagem posterior, usando feijões e seixos.[6]

Ao menos em sua imaginação, Colombo estava se avizinhando de terras civilizadas e de mercados lucrativos. Ao se aproximar de Cuba, em 24 de outubro, supôs que estivesse prestes a tocar no Japão ou na China. Ao desembarcar, refugiou-se em descrições vagas, dissociadas da realidade. Tudo era dulcíssimo e belíssimo. Ao se tornar cada vez mais evidente que seus habitantes eram pobres e que não haveria o que comerciar com eles, pôs-se a defender sua evangelização, como justificativa para sua empreitada. Apresentou então a visão de uma Igreja purificada, uma congregação de inocentes sem pecado. Por outro lado, referia-se reiteradamente às possibilidades de escravizar os nativos, de modo a compensar a falta de outros produtos exploráveis. Isso era típico de Colombo, que jamais teve dificuldade para defender, ao mesmo tempo, idéias incompatíveis.

Insatisfeito com Cuba, ele tentou afastar-se da ilha, porém ventos adversos frustraram várias tentativas. Martín Pinzón, no entanto, conseguiu partir sozinho e manteve-se fora de contato até a expedição estar quase no fim. Como era de esperar, Colombo suspeitava que seu co-capitão estava sendo desleal e procurava vantagens pessoais. Em 4 de dezembro, Colombo finalmente saiu de Cuba e deu com a ilha que batizou como Espanhola (Hispaniola). Para entender o febricitante estado mental que a partir de então tomou conta dele, é preciso um salto da imaginação: qual seria a sensação de estar isolado, a milhares de quilômetros do lar, rodeado de perigos desconhecidos, aturdido por um ambiente fora do comum, para o qual nem leituras nem experiência tinham preparado a ele ou a qualquer um de seus homens, e cercado pela algaravia e pelos gestos ininteligíveis de guias cativos? Não surpreende que, nessas circunstâncias, seu senso de realidade fraquejasse. A princípio, por exemplo, relutou em acreditar nas histórias dos nativos sobre as perseguições de que eram vítimas por parte de inimigos antropófagos (embora, em essência, tais histórias fossem verdadeiras). Dentro de poucas semanas, no entanto, entregava-se às mais estapafúrdias fantasias: sobre ilhas povoadas por amazonas ou por homens calvos, sobre a hostilidade de Satanás, "que desejava impedir a viagem", sobre a proximidade do Preste João (segundo a lenda medieval, um potentado cristão que vivia nos confins da Ásia e ansiava por participar de uma cruzada).

Na véspera de Natal, quando ainda não havia restabelecido contato com Martín Pinzón, a nau capitânia encalhou. O desastre fez com que Colombo começasse a pensar no regresso. Com o madeirame da nau encalhada, construiu uma fortaleza e deixou 39 homens a guarnecê-la. Em 15 de janeiro, achou um bom vento para retornar à Europa. Curiosamente, ao partir seguiu no rumo de sudeste, mas logo retomou o que decerto fora seu plano inicial: seguiu para norte, vasculhando o oceano em busca dos ventos de oeste que conhecia de suas primeiras navegações no Atlântico. Tudo correu bem até 14 de fevereiro, quando o mar foi sacudido por uma tremenda tempestade, que provocou a primeira de uma longa série de intensas experiências religiosas, o que sempre ocorria a cada crise séria na vida de Colombo. Foi tomado por um sentimento de eleição divina tão intenso que nos dias de hoje seria visto como indício de problemas mentais. Deus o havia poupado para propósitos divinos; salvara-o dos inimigos que o rodeavam; "e eram muitas outras coisas de grande maravilha que Deus havia realizado nele e através dele". Depois de refugiar-se nos Açores, chegou de volta a Palos, felicitando-se por uma salvação prodigiosa, passando por Lisboa. Ali tivera três entrevistas com o rei de Portugal — um curioso incidente que levantou suspeitas a respeito de suas intenções. Martín Pinzón, a quem a tormenta separara de Colombo, chegou quase junto dele, esgotado pelos esforços da viagem. Faleceu antes de poder apresentar um relatório aos soberanos. Colombo tinha o caminho livre.

As opiniões se dividiram com relação à façanha de Colombo. Um cosmógrafo da corte classificou-a como uma "viagem mais divina que humana". Mas foram poucos os outros comentaristas a endossar as opiniões de Colombo, que teve de insistir que havia alcançado a Ásia ou se aproximado dela: as recompensas que os monarcas lhe haviam prometido dependiam do cumprimento de suas próprias promessas nesse sentido. Segundo o parecer da maioria dos peritos, porém, era evidente que ele não podia ter atingido a Ásia ou sequer chegado perto dela: o mundo era grande demais para isso. Ele podia ter tropeçado com os "Antípodas", uma opinião que muitos geógrafos humanistas acolhiam com satisfação. "Elevai os vossos corações!", escreveu um deles. "Que glorioso! Que com o apoio de meu rei e minha rainha se tenha vislumbrado o que estava oculto desde a criação do mundo!" Mas o mais provável era que Colombo houvesse descoberto tão-somente outras ilhas atlânticas, como as Canárias. A maioria dos presentes trazidos por ele tinha certo atrativo exótico — indígenas cativos, papagaios, espécimes de plantas antes desconhecidas —, mas nada que, claramente, pudesse ser explorado. Contudo, trouxera também uma pequena quantidade de ouro, obtida junto aos nativos por escambo. E dizia ter chegado perto de sua fonte. Do ponto de vista dos monarcas, só isso justificava uma segunda viagem.

Dessa vez Colombo seguiu uma rota que o fez navegar bem mais ao sul da anterior, levando-o a Dominica, nas Pequenas Antilhas — e esse mostrou ser o caminho mais curto e mais rápido para cruzar o Atlântico. Ao chegar de volta ao Caribe, Colombo viu desmoronar a imagem que fazia de suas descobertas. Primeiro, constatou que os relatos sobre canibais eram tetricamente reais, quando os exploradores deram com um festim antropófago na ilha que Colombo denominou Guadalupe. Pior ainda foi descobrir, ao chegar à ilha

Espanhola, que a guarnição deixada ali tinha sido massacrada pelos nativos — isso acabava com o mito de "índios" inofensivos e maleáveis. Ao tentar construir um povoado, o clima, que ele louvara como muito salubre, revelou-se mortal. A princípio seus homens se mostraram inquietos; logo, em franca rebelião. Falava-se — talvez fossem idealizações posteriores — de gemidos espectrais durante a noite e de procissões fantasmagóricas de homens decapitados que surpreendiam nas ruas os colonos famintos.

Diante de problemas sem solução e horríveis adversidades, Colombo abandonou a tarefa ingrata de administrador e dedicou-se ao que conhecia e de que gostava mais: a exploração. Em 24 de abril, deu início a duas buscas, ambas fadadas ao fracasso: primeiro, descobrir mais ouro; segundo, provar que Cuba fazia parte do continente asiático. Além da tensão mental provocada por seus problemas na ilha Espanhola, ficou fisicamente esgotado por semanas de difíceis navegações entre Jamaica e Cuba, num mar cheio de baixios e recifes. Durante o resto de sua vida, sempre que se lembrava desse período voltava a sentir a dor nos olhos insones, "injetados de sangue", torturados pela vigília constante. Ele chegou a falar em abandonar sua missão para dar a volta ao mundo e retornar à Espanha por Calicute e pelo Santo Sepulcro.

Aferrou-se a qualquer sinal, por implausível que fosse, de que Cuba ficava na Ásia: os topônimos nativos assemelhavam-se aos citados por Marco Polo; Cuba devia estar na Ásia, pois tinha visto ali pegadas de grifos. Depois de passar mais de três semanas na costa de Cuba, convocou o escrivão do navio para registrar o juramento de praticamente todos os homens — sob pena de uma multa elevada e da amputação da língua — de que Cuba era um continente, que nunca se havia visto ilha alguma com tais dimensões e que, se houvessem dado prosseguimento à navegação, teriam encontrado os chineses. Os homens pouco tentaram discutir com ele, talvez em parte porque essas declarações obviamente de nada valiam, e em parte porque Colombo se achava tão transtornado pelas medonhas experiências que já não escutava a voz da razão. Ao retornar à ilha Espanhola, verificou que a situação ali não havia melhorado. A última exploração que fez antes de regressar à Espanha, em março de 1496, foi percorrer a ilha, impondo obediência, a ferro e fogo, a todas as comunidades indígenas que conseguiu encontrar.

CABOTO

Nessa altura dos acontecimentos, o próximo explorador que contribuiria para o grande salto no Atlântico estava na Inglaterra, buscando financiamento para uma travessia do oceano nas latitudes setentrionais. Essa era uma época de intensa atividade no Atlântico norte por parte de comerciantes ingleses e dinamarqueses, bem como de piratas. Os produtos tradicionais — baleias, marfim de morsa, escravos islandeses — continuavam a atrair os comerciantes, mesmo depois da derrocada do comércio da Groenlândia.[7] Na década de 1470, Inglaterra e Dinamarca passaram a disputar, com crescente vigor, o mercado islandês, do qual o rei dinamarquês havia tentado afastar os comerciantes ingleses. Excluídos, ao mesmo tempo, de muitos portos nórdicos pela Liga Hanseática — confederação de algumas das mais prósperas cidades-república das costas do mar Báltico e do mar do Norte —, os comerciantes de Bristol viram-se diante da necessidade de procurar novos objetivos.

Por conseguinte, de modo esporádico na década de 1480, e talvez regularmente na seguinte, partiam expedições de Bristol em busca de novas ilhas. Mesmo hoje, Bristol talvez seja o que mais se aproxima, na Inglaterra, de uma comuna — cidade com forte sentido de identidade, como uma cidade-república italiana na Renascença ou uma pólis grega do período clássico. No fim do século xv, era a segunda cidade da Inglaterra. A riqueza de seus comerciantes lhes permitia financiar a construção de igrejas imensas e suntuosas. O templo da própria comunidade marítima, a de St. Mary Redcliffe, ainda é a maior igreja paroquial das ilhas Britânicas, graças à magnanimidade de uma das mais abastadas famílias de comerciantes da cidade, os Canynge, que custearam sua reconstrução após a devastação causada por uma tempestade em 1445. Os estaleiros de Bristol construíam navios tão grandes quanto os de qualquer outra parte da Europa na época. O grande incremento na importação de produtos do Atlântico norte para Bristol na década de 1480 demonstra a revitalização do comércio nessa parte do oceano, causa ou efeito dessas viagens. Algumas delas, porém, eram mais do que expedições comerciais. Eram esforços conscientes para explorar — para *serche and finde* — "procurar e achar".[8] O objetivo de tais expedições era a busca de uma terra que chamavam de "Brasil". Muitas cartas náuticas da Idade Média tardia indicam essa ilha hipotética, sem acordo quanto à sua localização.

St. Mary Redcliffe, a igreja da comunidade de Bristol, numa gravura de autor desconhecido, datada de 1829.

Até onde chegaram os exploradores de Bristol? A viagem de 1481 transportou uma enorme carga de sal, suscitando especulações de que talvez seguisse para os pesqueiros de bacalhau da Terra Nova. Um mercador que trabalhava como espião espanhol — ou talvez como agente duplo inglês — mencionou numa carta a Colombo, em 1497, a convicção de que "no passado" navegantes de Bristol haviam "descoberto Brasil, como Vossa Senhoria bem sabe" e também o território que hoje chamamos Terra Nova. Mas não existe uma prova inequívoca de uma travessia completa do Atlântico até a que foi realizada por João Caboto, cidadão veneziano (talvez genovês de nascimento) que chegou a Bristol, angariando recursos para uma travessia oceânica, algum tempo depois do regresso de Colombo.

Caboto raciocinou que se Colombo tinha conseguido alcançar a Ásia ou, pelo menos, algum destino útil, atravessando o oceano na latitude de 28 graus norte, onde a circunferência do globo era relativamente grande, seria possível uma travessia muito mais curta em latitudes mais setentrionais. Com base nisso, passou a importunar comerciantes em Bristol, e o próprio rei, em Londres, solicitando permissão e meios para empreender a viagem. Em 1496, o embaixador espanhol na Inglaterra informou que "um homem como Colombo" estava propondo "outra empresa como aquela das Índias". Seu objetivo, de acordo com o embaixador milanês, era "uma ilha a que ele chama Cipango [...] onde crê que tenham origem todas as especiarias do mundo, assim como todas as gemas". Em março daquele ano, o rei Henrique VII concedeu a Caboto e seus filhos o domínio, sob a coroa, de quaisquer terras que viessem a descobrir "que antes deste tempo fossem desconhecidas a cristãos" e que já não tivessem sido reivindicadas por outro rei cristão. A rigor, tratava-se de uma concessão sem valor, porquanto o rei não tinha nenhum direito de dispor das terras de alguém, cristão ou não.

Caboto partiu em um "navio pequeno", como o qualificam todas as fontes. Entre 20 de maio e 6 de agosto de 1497, explorou um trecho de costa que, segundo avaliou, situava-se entre a latitude de Dorsey Head, na Irlanda, e a da foz do Garona, mais ou menos entre 46 e 51 graus norte, antes de dar meia-volta e refazer seu percurso no sentido contrário. Isso limitaria praticamente toda a viagem à costa da Terra Nova — o que faz sentido, uma vez que qualquer navio que alcançasse o extremo sul da Terra Nova começaria a enfrentar correntes adversas. Caboto insistiu que "descobriu terra firme a setecentas léguas de distância, que é o país do Grande Cã". Informou haver ali um rico pesqueiro de bacalhau e especulou a respeito da existência, nas proximidades, de plantas exóticas, inclusive pau-campeche e seda. Segundo um relato feito anos depois pelo também veneziano Pasquale Pasqualigo, Caboto gastou as dez libras esterlinas que recebeu do rei, como recompensa, para comprar trajes ostentatórios e dar largas a seus habituais impulsos cavalheirescos: prometeu nomear como governadores de ilhas seus tripulantes — e até mesmo seu barbeiro genovês.

O rei era, ou tornou-se então, um dos investidores no projeto — contribuindo com vinte libras oriundas de receitas alfandegárias cobradas no porto de Bristol para os custos da segunda viagem de Caboto, concedendo-lhe o direito de requisitar até seis navios, contribuindo com pelo menos 221 libras e 16 xelins para o custeio dos navios e oferecendo incentivos a quem integrasse a tripulação: "John Cair a caminho da nova Ilha" recebeu 40 xelins do erário real em abril de 1497. Segundo um cronista de Londres, comerciantes dessa cidade também contribuíram com dinheiro. Contudo, parece muito provável que a maior parte do financiamento, sobretudo no caso da primeira viagem de Caboto, tenha vindo de comerciantes de Bristol. Foi para isso, afinal, que o explorador procurou essa cidade. Na geração seguinte, o chefe da família

Thorne, uma das principais dinastias de comerciantes da cidade, afirmou ter herdado uma compulsão exploradora "de meu pai" e de outro comerciante de Bristol, Hugh Elyot, que foram "os descobridores da Terra Nova".[9] As numerosas pessoas que investiram na procura do território a que chamavam Brasil constituíam um grupo junto ao qual Caboto podia buscar apoio.

Na viagem seguinte, ele desapareceu, para nunca mais ser visto, juntamente com quatro de seus cinco navios. O quinto deles retornou à Irlanda, muito avariado por uma tempestade. "Diz-se que ele não pôde encontrar as novas terras em parte alguma, salvo no fundo do oceano", comentou Polidoro Virgílio, o humanista italiano contratado pelos ingleses como historiador da corte. Mas a iniciativa de Caboto não foi infrutífera. Navegantes de Portugal e de Bristol seguiram seus passos, às vezes em colaboração, de modo que em 1502 descobriu-se uma extensa costa americana, que ia provavelmente do estreito de Hudson à extremidade sul da Nova Escócia. Todavia, os retornos materiais da exploração da região pareceram desprezíveis, de modo que durante as três ou quatro décadas seguintes foram esporádicos os esforços para dar seguimento ao projeto de Caboto. Colombo tinha encontrado produtos muito mais lucrativos. Ao mesmo tempo, a perseverança de navegantes portugueses que exploravam o Atlântico sul havia aberto perspectivas econômicas ainda mais atraentes.

VASCO DA GAMA

No verão de 1487, Bartolomeu Dias partiu de Lisboa com três navios e a incumbência de descobrir um caminho marítimo pelo qual fosse possível contornar a África. A princípio refez a rota de Diogo Cão pela costa,[10] porém mais adiante, com muita audácia, afastou-se do litoral, talvez na latitude de 27 ou 28 graus sul, procurando usar os ventos alísios de sudeste para adentrar no oceano e tentar achar um vento favorável. Conseguiu encontrar ventos de oeste, que o levaram a desembarcar num ponto localizado a cerca de 480 quilômetros a leste do cabo da Boa Esperança, no local hoje denominado baía de Mossel. Esse percurso representou um avanço importante para o conhecimento do regime dos ventos no Atlântico sul. Bartolomeu Dias prosseguiu a viagem mais ou menos até o cabo Padrone (ou Fish Point) antes de retornar. Ao que parece, a expedição transportava uma quantidade excepcional de provisões, o que leva a crer que o desvio para mar aberto tinha sido planejado com antecedência.

Não temos registros de tentativas de dar prosseguimento a essas explorações nos dez anos que se seguiram. Os historiadores sempre consideraram esse fato surpreendente, recorrendo em geral à explicação de que outras viagens, cujos registros se perderam, "devem ter" ocorrido nesse período ou de que uma política de sigilo as tenha ocultado. Há também os que propõem que disputas de facções na corte portuguesa possam ter retardado ou mesmo paralisado as explorações. Na verdade, porém, a explicação mais simples é a melhor. As descobertas de Bartolomeu Dias devem ter sido desapontadoras. Ele teria relatado a adversidade da corrente no cabo da Boa Esperança e mais além. O fato de não ter conseguido avançar muito pela costa oriental da África dá a entender que ele reconheceu os perigos e dificuldades ali existentes. Com efeito, o escritor seiscentista João de Barros, que se tornou o historiador oficial da exploração portuguesa, e que em geral se mostrou bem informado, diz que a descrição feita por Bartolomeu Dias da fúria do oceano na região do Cabo "criou uma outra lenda de perigos", como aquelas que haviam feito com que os exploradores se mantivessem afastados da costa africana na época do infante d. Henrique.[11] Na verdade, o cabo foi batizado por Bartolomeu Dias como cabo das Tormentas. "Cabo da Boa Esperança" foi uma denominação criada com fins de propaganda para fazer com que a descoberta parecesse mais auspiciosa.

Além disso, é evidente que os portugueses estavam em dúvida: haveria mesmo um caminho marítimo para o Índico? Ptolomeu achara que esse era um mar fechado, e comerciantes europeus que atuavam no Índico no século xv nada fizeram para dissipar essas incertezas. Chegaram a nós muitos itinerários da época para a Abissínia e para o mar Vermelho, através do Nilo, mas são poucos os dados a respeito das rotas utilizadas por europeus além desses pontos. A exceção mais notável é o relato da odisséia oriental de Niccolò Conti, tema de um livro famoso, *De varietate fortunae*, de Poggio Bracciolini, em 1439. Os negócios normais de um mercador veneziano levaram Conti a Damasco, onde, em 1414, ele teria decidido investigar as fontes do comércio de especiarias através do golfo Pérsico. Utilizando a rota mais freqüentada, via Ormuz, percorreu a maioria das linhas comuns de navegação do Índico, chegando até Java e, talvez, a Saigon, deixando de lado as ligações entre a Índia e a África oriental.

OS DESBRAVADORES

A mudança em sua sorte, que, indiretamente, causou a fama de Conti, ocorreu quando ele regressou ao Cairo, através do mar Vermelho, em 1437. Durante a espera de dois anos por um passaporte, ele foi obrigado a abjurar sua fé e viu a mulher e os filhos morrerem numa epidemia. Quando finalmente chegou de volta à Itália, foi a Florença, onde o papa estava presidindo um Concílio Geral, para pedir absolvição por ter renegado o cristianismo. O concílio havia atraído humanistas e cosmógrafos de todo o mundo ítalo-grego, e a história narrada por Conti encontrou ouvidos ávidos. Poggio apresentou-a como um conto moral a respeito "da inconstância da sorte", mas ela fez sucesso como exemplo do gênero tradicional de histórias de viagens. Sobreviveram 28 manuscritos, do século xv, dessa obra. O papa Pio ii baseou-se bastante no livro de Poggio para fazer sua própria suma da geografia mundial, principalmente com relação a Mianmar e à China. As descrições feitas por Conti do Ganges e do Irawaddy exerceram influência sobre a elaboração do mapamúndi mais completo da época, o realizado por Fra Mauro, em Veneza, na década de 1450.

Outra viagem do mesmo gênero produziu uma narrativa que não se perdeu. Na primavera de 1494, os comerciantes genoveses Girolamo di Santo Stefano e Girolamo Adorno subiram o Nilo rumo a Qina, a partir de onde fizeram uma viagem de sete dias, em caravana, até Al-Qusayr, junto ao mar Vermelho. Enfrentaram os temidos perigos da navegação naquele mar, levando 35 dias para chegar a Massawa, que identificaram como "o porto do Preste João". Os lugares mais distantes a que chegaram em seu percurso pelo oceano Índico foram Pegu (hoje Bago), em Mianmar, onde Adorno morreu, e Sumatra, onde Santo Stefano, que corria o risco de ver todos os seus bens serem confiscados, foi salvo por um funcionário que falava italiano. Embora tenha naufragado em Cambay, Santo Stefano voltou para Gênova via Ormuz, pondo-se a serviço de negociantes sírios. Como seus precursores de cujas experiências temos conhecimento, ele e seu companheiro não eram propriamente exploradores, e sim viajantes que percorreram rotas já estabelecidas e nem chegaram até as Ilhas das Especiarias [as ilhas Molucas, hoje Maluku]. De qualquer modo, suas informações chegaram tarde demais para ser de serventia ao projeto português.

Entretanto, em vez de depender de relatos de viajantes, a coroa lusa preferiu encomendar investigações próprias. Pêro da Covilhã, o agente escolhido, serviu primeiro ao duque de Medina-Sidonia e depois ao rei Afonso v de Por-

222

tugal, numa época de guerra entre Portugal e Castela. Conduziu gestões diplomáticas em nome de d. João II, antes de ser enviado, em 1487, com um companheiro, Afonso de Paiva, numa tríplice missão: descobrir o caminho para a terra das especiarias; verificar a existência de uma passagem navegável entre o Atlântico e o Índico; e estabelecer contato com o Preste João, o lendário potentado cristão que na época era identificado, de modo geral, com o negus da Abissínia. Os viajantes partiram para Alexandria e Rodes, disfarçados como mercadores de mel. Do Cairo, juntaram-se a uma caravana para El Tur, no mar Vermelho, pelo qual navegaram até Áden, através de Suaquém. Ali se separaram. Pêro da Covilhã seguiu para leste, em busca da terra das especiarias, enquanto Afonso de Paiva rumou para o sul, em busca do Preste João.

Do restante da viagem de Covilhã só nos chegou um relato, reconstruído, cerca de trinta anos depois, a partir das lembranças de um ancião. Essa narrativa contém episódios românticos, de duvidosa veracidade, e outros cujas complexas peripécias talvez decorressem de confusão mental. Parece improvável, por exemplo, que ele tenha realmente subido e descido o Nilo quatro vezes, ou que tenha visitado Meca e Medina disfarçado, viajando dali para o Cairo, através do mosteiro de Santa Catarina, no Sinai. Por outro lado, é verossímil que ele tenha chegado a Ormuz e Calicute e pesquisado a rota entre o sul da Ásia e a África oriental, em direção ao sul, até Sofala. Em algum ponto de suas viagens (isso teria ocorrido no Cairo, o que é implausível), soube da morte de Paiva e decidiu dar prosseguimento, ele próprio, à busca do Preste João, mas primeiro enviando a Portugal um informe positivo sobre as perspectivas de comércio.

Evidentemente, fazia sentido suspender novos esforços de dobrar o cabo da Boa Esperança até o recebimento de um relatório de Pêro da Covilhã. Infelizmente, porém, sua carta jamais chegou a Portugal. Na corte, as opiniões variavam entre as facções que defendiam que as explorações fossem levadas mais adiante e aquelas que desejavam que se concentrassem na África. A morte de d. João, em 1496, e a acessão ao trono de seu primo d. Manuel certamente tiveram um papel na resolução do impasse. O espírito de d. Manuel estava tomado por imagens de um reinado messiânico e perspectivas milenaristas relacionadas ao fim dos tempos. Desde o século XII, a tradição profética da Europa ocidental tinha sido dominada por vaticínios de uma iminente "era do espírito santo", precedida pelo conflito cósmico entre um "último imperador mundial" e o Anticristo. Colombo e outros cortesãos bajulavam Fernando, o

Católico, insinuando que talvez ele fosse o último imperador mundial, com a missão de liderar uma cruzada, capturar Jerusalém e arrasar Meca. D. Manuel mostrava-se igualmente suscetível a essa retórica.

A escolha do chefe da expedição recaiu sobre um nome surpreendente. Vasco da Gama é um personagem difícil de descrever. Os textos deixados por ele são cartas comerciais sem nada de especial, vazadas numa linguagem de serviço público. Mesmo em sua grandeza, quando se tornou almirante, conde e vice-rei, continuou em silêncio e poucas foram as homenagens a ele. Por conseguinte, os biógrafos tendem a recorrer à fabulação: a lenda dourada de um pioneiro a atuar entre raças inferiores e a lenda negra de um imperialista impiedoso e aproveitador. Na realidade, Vasco da Gama não era nem herói nem vilão, e sim um provinciano irascível que não tinha paciência para a vida na corte: um pequeno nobre rural guindado a uma posição de poder a que não estava afeito; um xenófobo muito pouco disposto a adaptar-se aos trópicos; um adepto frustrado do culto renascentista à fama que pretendia promover o comércio pelas armas.[12] Foi também uma pessoa escolhida para pagar o pato, mas que teve sucesso. Se foi pinçado da obscuridade e recebeu a incumbência de comandar a expedição, isso só aconteceu devido à aquiescência de uma facção da corte que contava com seu fracasso. Como se fez o financiamento da viagem é um fato dos mais obscuros. Tudo que se sabe com certeza é que a coroa levantou grande parte dos recursos junto a casas comerciais florentinas em Lisboa.

Anos mais tarde, ao escrever a história dos empreendimentos portugueses na Ásia, com base em material que não existe mais, João de Barros deixou um relato memorável da partida de Vasco da Gama da corte. Se a descrição de Barros for fidedigna, as palavras de despedida do rei foram vazadas na retórica costumeira da vassalagem feudal, eivadas de admissões implícitas de cobiça. O objetivo da coroa, ao procurar aumentar o patrimônio real, afirmou d. Manuel, era poder recompensar seus nobres e fidalgos. "O descobrimento da Índia e daquelas terras orientais" era "a mais proveitosa e honrada empresa e digna de maior glória [...]". Ele esperava que os portugueses ali difundissem o cristianismo — e que por isso fossem devidamente recompensados —, mas que também "tirassem das mãos dos bárbaros" reinos "com muitas riquezas", bem como "aquelas orientais riquezas tão celebradas dos antigos escritores, parte das quais por comércio têm feito tamanhas potências como são Veneza, Gênova,

Florença e outras mui grandes comunidades de Itália". As credenciais recebidas por Vasco da Gama constituem outras indicações dos objetivos que o monarca tinha em mente. Incluíam cartas para o Preste João e ao samorim de Calicute. Os portugueses estavam buscando, nas palavras famosas de um dos capitães de Vasco da Gama, quando chegaram à Índia, "cristãos e especiarias".[13]

Vasco da Gama zarpou em 8 de julho de 1497, com quatro navios de velas redondas. As caravelas foram deixadas no porto, com exceção de um navio de mantimentos, escolhido por sua capacidade de ir e vir entre as três naus. A decisão pelas naus de velas redondas é uma indicação segura de que os portugueses tinham certeza de que a viagem seria feita com ventos favoráveis. Na viagem de ida, a partir da costa de Serra Leoa, Vasco da Gama levou mais de três meses para percorrer um trajeto superior a 10 mil quilômetros de mar aberto — a maior viagem realizada até então sem que se avistasse terra.

Vasco tocou em terra na baía de Santa Helena, em 4 de novembro. As relações com a gente do lugar, de início amistosas, azedaram em 16 de novembro, quando uma saraivada de dardos fez com que uma patrulha de reconhecimento mandada à praia batesse em retirada para os navios. Dois dias depois, "avistamos o cabo [...] Mas não conseguimos contorná-lo, pois o vento soprava de susudoeste. Por fim, em 22 de novembro, "tendo o vento pela popa, logramos dobrar o Cabo". Quando enfim alcançaram a baía de Mossel, o navio de mantimentos estava inutilizado e teve de ser desmanchado. A partir daí avançaram lentamente, mas em 12 de dezembro "rebentou uma forte tormenta e navegamos com vento de popa" e dentro de três dias tinham passado do cabo do Recife, onde o último padrão erigido por Bartolomeu Dias indicava os limites anteriores da exploração portuguesa. Ali ficaram imobilizados pela corrente, que, de 17 a 20 de dezembro, impediu que prosseguissem. Por fim, porém, ao se aproximarem de KwaZulu-Natal, "aprouve a Deus permitir-nos continuar".

Sempre que se detinham na costa, encontravam pastores khoikhois; em toda parte, suspeitas ou hostilidades abertas de lado a lado prejudicavam as relações com eles. Somente em 10 de janeiro, quando os exploradores lançaram ferros na foz do rio Inharrime, acharam nativos que consideraram "bons". As descrições deixadas por membros da expedição — de uma terra densamente povoada, rica em cobre, estanho e marfim, habitada por gente cortês e hospitaleira, e muitos "nobres" e "reis" — refletem as intensas expectativas dos exploradores à medida que se aproximavam de onde imaginavam que as grandes

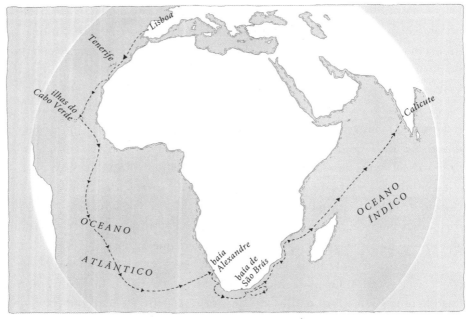

Viagem de Vasco da Gama à Índia.

civilizações da Ásia os aguardavam, do mesmo modo como Colombo havia mudado suas percepções dos nativos do Caribe ao se persuadir que estava perto do deslumbrante Oriente.

Dessa vez, porém, as expectativas exaltadas se justificavam. Quando os exploradores alcançaram a região do Zambeze, onde entraram na área comercial do oceano Índico, observaram que os chefes locais usavam trajes de seda e cetim e encontraram pessoas habituadas a navios pelo menos tão grandes quanto os dos portugueses. A partir de Moçambique, em direção ao norte, usaram pilotos do lugar que os ajudassem a navegar. Na realidade, esses pilotos eram aprisionados e açoitados se os exploradores suspeitavam que pretendiam ludibriá-los. Esses costumes, que Vasco da Gama evidentemente julgava necessários, contribuíram para deteriorar as relações com as comunidades muçulmanas que predominavam na costa. Em 14 de abril, entretanto, tiveram uma acolhida relativamente hospitaleira em Melinde, onde a população estava acostumada a negociar com cristãos. Com efeito, quando Vasco da Gama ali chegou, havia no porto navios mercantes cristãos, provenientes da Índia.

Ali a expedição conseguiu um piloto disposto a guiá-los através do Índico até o grande mercado de pimenta de Calicute. As fontes da época ora dizem que ele era cristão, ora muçulmano, ora indiano de Guzerate. Algumas fontes do começo do século xvi atribuem-lhe o nome de Molemo Cana ou Molemo Canaqua. Molemo é corruptela de uma palavra que significa simplesmente piloto. Cana ou Canaqua pode ser uma versão de um nome pessoal, ou uma tentativa de representar a palavra suaíli que significa piloto. De uma coisa podemos estar certos: não se tratava do famoso hidrógrafo árabe Ibn Majid, com quem uma equivocada mas persistente tradição histórica o identifica, mas que não poderia estar sequer perto dali na época.

No entanto, os muçulmanos que, a partir de fins do século xvi, culparam Ibn Majid por ter ensinado aos europeus o caminho para atravessar o oceano Índico não estavam de todo errados. As instruções de navegação do sábio, escritas perto do fim do século, caíram em mãos portuguesas. Ostensivamente, destinavam-se a peregrinos que viajavam a Meca. "Por quanto tempo", exclamou Ibn Majid, "temos navegado a partir da Índia e da Síria, das costas da África e da Pérsia, do Hejaz e do Iêmen, e ainda de outros lugares, com a firme intenção de não sermos desviados da rota direta para o destino desejado, quer por bens mundanos, quer por ação humana." Na realidade, porém, é provável que os principais usuários da obra de Ibn Majid fossem comerciantes. Esse foi o primeiro exemplo daquilo que se tornaria um hábito normal, mas pouco mencionado, dos exploradores europeus no oceano Índico: recorrer aos conhecimentos locais para chegar aonde desejavam.

Graças aos serviços de seu novo piloto — fosse ele quem fosse — a expedição cruzou o oceano, aproveitando a monção, em apenas 23 dias. Em 20 de maio, Vasco da Gama ancorou a poucos quilômetros de Calicute. Não conhecendo o hinduísmo, os portugueses confundiram a cultura local com uma forma desconhecida de cristianismo. Ao obter uma audiência com o samorim, Vasco levou-lhe presentes de valor desprezível aos olhos locais: tecidos, chapéus e casacos, jarros, manteiga, mel e um pouco de coral. Os cortesãos escarneceram dele e disseram que seu senhor somente aceitaria ouro. Vasco da Gama insistiu que era um embaixador; a gente do lugar tratou-o como um mercador — e, aliás, com mercadorias pífias. Após negociações dominadas por mútuas suspeitas, um dos capitães de Vasco da Gama conseguiu o que parecia ser um contrato — a menos, como parece provável, que tenha sido forjado para encobrir o fracasso da missão. "Vasco da Gama", escreveu o samorim de Calicute ao rei de Portugal, "veio à minha terra, o que muito me alegrou. Em minha terra abunda a canela, assim como o cravo e o gengibre, pimenta e muitas pedras preciosas. E o que desejo de vossa terra é ouro e prata, coral e panos escarlates."[14]

Em 29 de agosto, os portugueses fizeram-se a vela para a viagem de retorno. Dessa vez, na pressa de sair dali e pouco dispostos a confiar na boa vontade da gente da Índia, desrespeitaram os conhecimentos locais. A época não era correta. Os ventos ainda sopravam para a costa. Depois de uma pausa para reparos nas ilhas Anjediva, a frota só conseguiu chegar de volta a Malinde em 7 de janeiro de 1499. A viagem custou a vida de quase metade da tripulação, e os sobreviventes foram acometidos de escorbuto. Ao longo de todo o transcurso da expedição, a resistência de seus homens foi de tal modo posta à prova que mais de metade deles morreu. Em certo momento, as naus ficaram reduzidas a tripulações ativas de apenas sete ou oito homens, e uma das naus teve de ser abandonada, em janeiro de 1499, perto de Mombaça, por falta de sobreviventes que a tripulassem. Os dois navios restantes chegaram de volta a Portugal, um em julho e o outro em agosto.

Vasco da Gama havia cometido quase todos os erros imagináveis. Sua celebrada rota, que o levou ao meio do oceano Atlântico, merece elogios por ter sido uma viagem por mar aberto de duração sem precedentes, até então, para um navegador europeu. Mas foi mais uma demonstração de audácia que de habilidade. Pode-se presumir que ele tenha feito o desvio em busca de ventos que o levassem além do cabo da Boa Esperança. Entretanto, não soube calcular a latitude adequada, guinou para leste cedo demais e foi dar na costa errada da África. Teve então de enfrentar correntes adversas, que o impeliram para trás e quase o fizeram desistir. Embora houvesse chegado ao oceano Índico por uma nova rota, cruzou-o por um corredor oceânico conhecido havia séculos, confiando num guia local. Chegando à Índia, ameaçou o futuro das missões e do comércio europeus na região ao confundir hindus com cristãos e ofendendo seus anfitriões tão gravemente que, segundo um relato, "todos na terra lhe queriam mal". Ao regressar, desafiou temerariamente os conhecimentos locais e pôs em risco o resultado da expedição ao tentar partir para o ocidente em agosto, época caracterizada por tempestades.

Os motivos pelos quais a viagem de Vasco da Gama foi tradicionalmente julgada como uma façanha não resistem a um exame rigoroso. O imperialismo ocidental no oceano Índico por ele iniciado é visto hoje como um episódio infrutífero e a "era de Vasco da Gama" é considerada pouco diferente, naquela parte do mundo, do período que a precedeu. Os impérios locais e os estados baseados no comércio continuaram a dominar ali e praticamente não foram afetados pelos movimentos e atividades dos europeus em suas vizinhanças.[15] Pelo menos até quando já ia bem adiantado o século XVII, a soberania européia se limitava a zonas que em quase nada modificavam o quadro geral, fora das quais a colonização era uma presença "insubstancial", "melhorada" pela iniciativa privada.[16] Mesmo no século XVIII, "o equilíbrio das civilizações" foi pouco ameaçado, de acordo com o consenso acadêmico atual, pelas intrusões ocidentais na Ásia.[17] Os comerciantes europeus que penetraram no Índico pelo cabo da Boa Esperança são hoje vistos como semelhantes a seus predecessores da Antiguidade e da Idade Média, que em geral chegavam ali através do Nilo e do mar Vermelho. Adaptavam-se ao quadro das relações comerciais já existentes, faziam negócios com os compradores e fornecedores regionais e os transtornos que causaram foram, no máximo, breves e localizados.[18] Somente no século XVII, como veremos, a situação mudou radicalmente, uma vez que a Companhia Holandesa das Índias Orientais lançou uma nova rota, mais rápida, para cruzar o oceano, impôs monopólios de produtos vitais e, no fim do século, assumiu diretamente um controle seletivo tanto da produção quanto das rotas comerciais. Atribuir essa revolução a Vasco da Gama parece descabido.

Por fim, a crença de que a rota pelo cabo da Boa Esperança tenha tumultuado a configuração histórica do comércio entre o Oriente e o Ocidente, por desviá-lo das tradicionais rotas através da Eurásia, já há muito tempo foi descartada como mítica. Durante praticamente todo o século XVI, o volume do comércio pelas rotas tradicionais continuou a crescer, juntamente com o da nova rota, à medida que aumentavam a oferta e a demanda mundiais dos principais produtos: pimenta e especiarias exóticas, substâncias aromáticas e medicinais. O comércio tradicional continuou a fluir pelos canais estabelecidos até quando já ia bem avançado o século XVII. Parece hoje irrefutável que a primeira baixa da nova era — as rotas de caravanas intercontinentais da Ásia central — foi causada menos pela concorrência portuguesa do que pela agitação política do fim do século XVI e no século XVII no interior da Ásia.[19] Durante os cem anos subseqüentes à viagem de Vasco da Gama, nenhum rival europeu se deu ao trabalho de emular a concorrência portuguesa. A crise enfrentada pelo comércio de especiarias no século XVII é hoje atribuída, de modo geral, à desordem causada pelos holandeses, e a responsabilidade de Vasco da Gama no caso será no máximo remota e indireta.

Não obstante, a viagem de Vasco da Gama merece ao menos parte da fama que veio a ter. Ela representou um avanço na globalização do comércio. Deu-se numa ocasião de encontros culturais sem precedentes. Abriu uma nova rota para o intercâmbio cultural entre os dois extremos da Eurásia. Possibilitou, finalmente, que navios da Europa participassem do lucrativo comércio que florescia no oceano Índico. Em menor medida, estimulou o comércio direto entre a Europa e a Ásia. Adam Smith a classificou, ao lado da descoberta de uma rota para a América, por Colombo, como um dos mais importantes acontecimentos da história, e com toda justiça, pois ela abriu caminho para o longo e lento processo mediante o qual as economias européias, enriquecidas por seus lucros no Oriente, começaram a emparelhar-se com as da orla do Índico. Ela pode não ter mudado muito as coisas para os povos e as potências do oceano Índico, que mal se deram conta dos pobres bárbaros chegados de Portugal, mas transformou a Europa, ao pôr os europeus em contato mais estreito com o magnífico Oriente, e o emergente mundo atlântico em contato com civilizações mais antigas e mais ricas.

CABRAL, VESPÚCIO E OS NAVEGANTES ANDALUZES

A viagem de Vasco da Gama confirmou a predominância dos ventos alísios de sudeste na área central do Atlântico sul. Presumivelmente, foi com o objetivo de descobrir o caminho mais curto para cruzar esses ventos, que sopram na direção transversal à da rota dos navios que, partindo de Portugal, demandavam o Atlântico sul, que a expedição seguinte, a de Pedro Álvares Cabral, em 1500, tentou um caminho diferente, deixando o Velho Mundo diretamente das ilhas do Cabo Verde e usando os alísios de nordeste, em vez da corrente equatorial do sul, a fim de avançar no sentido sul o máximo possível. Essa rota, seguida com base nos informes e conselhos do próprio Vasco da Gama, levou diretamente ao Brasil. Para essa viagem foi preparada uma imponente esquadra, formada por 1200 homens e treze navios, cuja festiva decoração fez o Tejo parecer "um jardim de primavera em flor". A esquadra fora concebida com o intuito de impressionar os potentados orientais com os quais a coroa esperava fazer negócios. A perspectiva de lucros gigantescos, prometidos pelo precedente de Vasco da Gama, facilitou o trabalho de recrutar tripulantes e reunir investidores. Cabral era um fidalgo da corte, como a maioria dos capitães de cada um dos navios de sua esquadra. Sua confiança era tamanha que depois de partir de Lisboa, em 8 de março, não se deteve em parte alguma para reabastecer a esquadra de provisões ou de água até avistar as terras do Brasil, em 22 de abril.

A etapa seguinte da viagem de Cabral expôs tanto os perigos quanto as vantagens do regime de ventos do Atlântico sul. A expedição achava-se agora além da zona de origem dos ventos de oeste, e a época da partida, que se deu em 2 de maio, não era propícia. Segundo os planos, a esquadra seguiria para a baía de Mossel, apontada por Bartolomeu Dias e Vasco da Gama como um fundeadouro adequado na costa sul da África. Provavelmente na perigosa zona de alta pressão ao norte de Tristão da Cunha, uma tormenta se abateu sobre a esquadra, afundou quatro navios e dispersou os restantes, que só voltaram a se reunir depois de terem transposto o cabo da Boa Esperança e chegado a Moçambique.

A chegada de Cabral ao Brasil foi quase certamente um fato fortuito. Boatos sobre ilhas e continentes no Atlântico sul já circulavam pelo menos desde a década de 1440. Colombo havia demonstrado a existência de uma grande massa de terra além do delta do Orinoco em 1498, em sua terceira missão transatlântica, sobre a qual vale a pena nos determos por um momento. No espírito de Colombo, aquela seria uma viagem de desagravo. Suas descobertas, imaginava, revelariam um "outro mundo, em que se empenharam romanos, Alexandre e os gregos para conquistá-lo". Suas viagens se mostrariam tão importantes quanto a do rei Salomão "que mandou emissários aos confins do Oriente [...]; e Alexandre, que enviou regimento para a ilha de Taprobana [...], e o imperador Nero, para verificar nas nascentes do Nilo [...]". Colombo tentou atravessar o oceano por uma nova rota, passando pelas ilhas do Cabo Verde, que se mostrou relativamente lenta, e desembarcou em Trinidad. Seguiu-se o primeiro reconhecimento por europeus de parte do continente americano, pela costa sul da península de Paria, penetrando na baía onde os rios Orinoco e San Juan despejam uma enorme quantidade de água doce. "E creio ainda", concluiu ele, "que esta terra que Vossas Majestades agora mandaram descobrir seja imensa e tenha muitas outras no Austro, de que jamais se ouviu falar."

Suas leituras erradas da altura da estrela Polar levaram-no a novas especulações, menos corretas. Quanto mais ele se aproximava do continente a que chamamos América do Sul, maior era o raio do círculo que a estrela parecia descrever em torno do pólo. Concluiu que devia estar navegando para o norte:

> [...] E passei a considerar que [o mundo] não era redondo da maneira que escrevem; mas que tem o feitio de uma pêra que seja toda ela bem redonda, menos na parte do pedículo, que ali é mais alto, ou como quem tem uma bola bem redonda e em um ponto dela houvesse como que um mamilo de mulher, e que esta parte desse mamilo é a mais alta e mais próxima ao céu, e que esteja abaixo da linha equinocial, neste Mar Oceano, nos confins do Oriente.

Para Colombo, uma outra conclusão foi irresistível. "Os confins do Oriente" eram tidos, tradicionalmente, como a localização mais plausível do "paraíso terrestre". A água doce que ele tinha visto só podia ser da descarga de seus lendários rios. "E se não é do Paraíso Terrestre que este rio procede, o prodígio é ainda maior, pois não creio que algum rio tão grande e tão profundo seja conhecido em algum lugar do mundo." A perseverança o conduziria às proximidades do Éden:

> Creio que, se eu passasse abaixo da linha equinocial, ao chegar lá, na parte mais alta, encontraria maior amenidade e diversidade nas estrelas e nas águas; não porque creia que ali onde a altura seja máxima seja também navegável ou haja água, nem que se possa subir até lá, mas porque creio que ali é o Paraíso Terrestre, aonde ninguém consegue chegar, a não ser pela vontade divina.[20]

Quando Colombo chegou à ilha Espanhola, a forma inábil como tratou a guarnição rebelada provocou sua desgraça e seu retorno à Espanha em ferros, a fim de enfrentar julgamento por falta grave no cumprimento do dever. Os soberanos suspenderam seu monopólio de navegação pelas rotas que ele havia descoberto e abriram o caminho para o Novo Mundo a outros navegantes. Havia abundância de marujos profissionais nos portos na área do Guadalquivir, principalmente ex-companheiros de viagens de Colombo, que desejavam ampliar seus descobrimentos. O primeiro a fazê-lo, em maio de 1499, foi

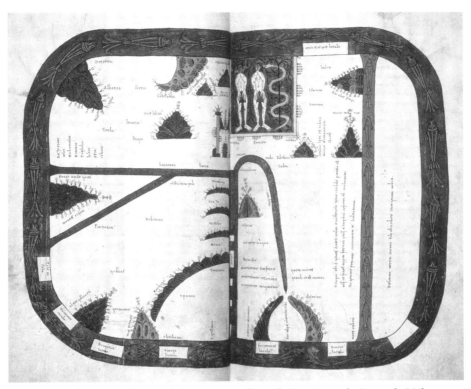

Mapa incluído nos Comentários ao Apocalipse de São João, *do Beato de Liébana (1109), em que aparece um quarto continente, que o Beato considerava habitado. O paraíso terrestre, com Adão e Eva em atitude pudica, aparece no Extremo Oriente.*

Alonso de Ojeda, que fora o braço direito de Colombo, e se fez acompanhar pelo futuro confidente do descobridor, Américo Vespúcio.

Nascido em Florença, provavelmente em 1454, Vespúcio era filho de um rico notário. Tendo mostrado, na infância, pouca inclinação para os estudos, foi obrigado a dedicar-se ao comércio, e tornou-se, na década de 1480, empregado de confiança dos Medici. Em 1489, seus empregadores o incumbiram de investigar a conveniência da realização de negócios em Sevilha, em sociedade com Gianotto Berardi, que já encontramos como um dos mais destacados financiadores de Colombo. Vespúcio transferiu-se para Sevilha, onde se tornou colega e agente de Berardi, além de, como diz o testamento de Berardi, seu "amigo especial". As convulsões políticas em Florença e a falência do banco

OS DESBRAVADORES

dos Medici fizeram com que Vespúcio não mais pudesse deixar Sevilha. A partir de 1496, firmou contratos para aprovisionar as frotas das Índias. Não pode ter realizado, em 1497, a viagem que comumente lhe é atribuída: documentos comprovam sua presença em Sevilha quase durante todo o ano. Sua carreira como explorador só começou — pelo menos ao que saibamos — quando partiu em companhia de Ojeda.

A expedição dirigiu-se de início à ilha Margarita, que Colombo havia descoberto em sua viagem de 1497. Depois seguiram para oeste, ao longo de um trecho desconhecido de costa, contornaram o cabo de São Romão e fizeram sua primeira descoberta: o golfo de Maracaibo. Para Vespúcio, uma aldeia nativa construída sobre palafitas na água lembrou vagamente Veneza. Daí o nome Venezuela ter ficado ligado a toda a costa. Alcançaram o cabo de la Vela antes de aproar para o norte e retornar à ilha Espanhola. O relato do próprio Vespúcio inclui afirmações de que fez um desvio, por sua própria iniciativa, até a foz do Amazonas, mas não há comprovação disso.

Colombo acusou Ojeda de ter-lhe roubado "suas" áreas de pesca de pérolas. Na realidade, Ojeda não encontrou as pérolas e morreu na miséria. Quem tirou proveito delas foram os irmãos Guerra, de Triana, fornecedores de bolachas duras feitas de água, farinha e sal para as frotas das Índias, cuja posição lhes facilitava mobilizar capital para novas explorações. Nesse empreendimento tiveram como sócio Pero Alonso Niño, um dos subordinados de Colombo, que chefiou uma expedição de pesca de pérolas em Margarita no ano de 1499. A viagem pouco ou nada acrescentou aos resultados das explorações realizadas até então, mas em janeiro de 1500 uma nova expedição, liderada por Rodrigo de Bastidas, foi além do limite da viagem de Ojeda e explorou o golfo de Urabá. Devido a ataques de cupins, os navios de Bastidas foram obrigados a procurar refúgio rapidamente na ilha Espanhola, onde afundaram ao chegar.

Na mesma época, outras viagens, financiadas com recursos privados, contribuíram para a exploração da costa do Brasil. Vicente Yáñez Pinzón ali chegou em janeiro de 1500, tendo seguido uma rota semelhante à de Cabral. As quatro caravelas de Pinzón partiram de Palos em 18 de novembro de 1499 e margearam as ilhas de Cabo Verde, seguindo pelo limite meridional dos ventos alísios. Tendo a sorte de serem impelidos velozmente por "terríveis vagalhões", chegaram à altura da ponta a que deram o nome de cabo de Consolación (atualmente cabo de Santo Agostinho) apenas vinte dias depois de terem passado pelas ilhas de Cabo Verde. Se Pinzón pretendia rodear, pelo sul, o suposto continente descoberto por Colombo, deve ter desistido devido ao traçado desfavorável da costa, pois virou para oeste a fim de explorar a foz do Amazonas. Na época do desembarque de Cabral, Pinzón estava retornando para o norte pela costa. Sua expedição não pode ter influenciado Cabral.

Pinzón chegou de volta à Espanha, passando pela ilha Espanhola, em setembro de 1500. Já então, uma empresa semelhante tinha sido realizada sob o comando de Alonso Vélez de Mendoza, fidalgo sem recursos que talvez tenha descido mais ao sul do que Pinzón, tendo provavelmente descoberto a foz do rio São Francisco. Uma terceira viagem, de Diego de Lepe, outro cidadão de Palos, terminou num ponto ao sul do desembarque de Pinzón, mas não obteve dados novos.

A viagem de Vélez de Mendoza ilustra a forma como eram financiadas tais expedições. Foi concebida num espírito romântico e cavalheiresco, e entre seus objetivos estava a busca do paraíso terrestre. No entanto, Mendoza precisava do apoio de homens de espírito prático. Antón e Luis Guerra, especializados em fornecer frotas para expedições à ilha Espanhola, contribuíram com duas caravelas. Mendoza conseguiu outra a crédito. Os irmãos Guerra recuperaram seu investimento capturando escravos e pau-brasil na costa brasileira. O organizador da expedição ficou sem absolutamente nada.

Por fim, Vespúcio eclipsou a fama desses rivais e ameaçou a de Colombo. Foi um homem de declarações pouco confiáveis, que se apoderava de idéias alheias sem mencionar suas fontes e se colocava, com dúbia lealdade, a serviço de espanhóis e portugueses. No entanto, foi também um investidor e cronista de viagens que levaram a descobrimentos importantes. Infelizmente, suas descrições são tão vagas, suas instruções de navegação tão amadoras e seus cálculos tão desvairados que é impossível saber com certeza que rotas ele seguiu ou até onde ele chegou no rumo sul. Não obstante, numa viagem efetuada provavelmente em 1501-2, ele chegou a um porto a que chamou Rio de Janeiro, ampliando o conhecimento sobre o Brasil e incentivando outros navegantes a dar continuidade à exploração da América do Sul.

Entretanto, nenhuma dessas viagens, feitas com recursos privados, solucionou os enigmas da natureza da América do Sul e de sua relação com a Ásia. Pinzón estava convicto de que se encontrava num gigantesco promontório da

Ásia, tal como Vespúcio, apesar de este ter empregado a expressão *Mundus Novus*. Também partilhava com Colombo a opinião de que o mundo era menor do que se pensava. Esses erros e problemas subsistiram no século seguinte. As explorações que os resolveram serão temas do próximo capítulo. Antes, porém, convém lançarmos um olhar ao mundo além do Atlântico, e as iniciativas de pioneiros que não procediam da Europa ocidental, para vermos que outras explorações estavam em andamento na década de 1490.

O MUNDO NO TEMPO DE COLOMBO: EXPLORAÇÕES FORA DO ATLÂNTICO

No resto do mundo, o reconhecimento militar de amplos territórios era o que havia de mais parecido com as explorações que se desenrolavam no Atlântico. Embora a cronologia andina nesse período seja extremamente duvidosa, parece provável que o império inca tenha crescido enormemente naquela década, cobrindo mais de trinta graus de latitude, de Quito a Bío-Bío, abarcando quase todos os povos sedentários da zona cultural andina. Histórias que circulavam no começo dos tempos coloniais atribuíam a Túpac Inca Yupanqui, governante responsável pela ampliação da fronteira do império ao sul, a exploração marítima e a descoberta de "Ilhas de Ouro" no Pacífico. No mesmo período, Ahuitzotl presidia ao *Grossraum* [grande região] asteca; documentos quase certamente copiados de arquivos astecas atribuíam-lhe a conquista de 45 comunidades, em campanhas espalhadas por 200 mil quilômetros quadrados, desde o rio Pánuco, na área central do México, quase até a atual fronteira da Guatemala.

Era difícil superar a ambição dessas expedições. No entanto, o mais assombroso caso de ação militar a grande distância no mundo do século xv foi o de Moscóvia. Durante o reinado de Ivã, o Grande, a área do território nominalmente subordinado a Moscou cresceu de 15 mil para 600 mil quilômetros quadrados. Ivã anexou Novgorod e apoderou-se de territórios nas fronteiras de Kazan e da Lituânia. Foi no nordeste, porém, que seus exércitos aventuraram-se em territórios pouco conhecidos, por uma rota explorada por missionários no século anterior, seguindo o rio Vym em direção ao Pechora. O objetivo dessa ofensiva na "Terra da Escuridão" era garantir a

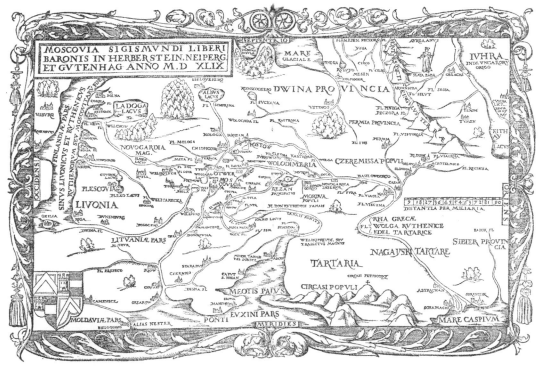

Mapa da Rússia, do Rerum Moscoviticarum Commentarii, *de Sigmund von Herberstein (1549). A Velha Dourada aparece no canto superior direito.*

oferta de peles de animais das zonas boreais — esquilos e zibelinas — que tinham enorme procura na China, na Ásia central e na Europa. Em 1465, 1472 e 1483, Ivã enviou expedições a Perm e ao rio Ob com o objetivo de impor tributos sobre peles às tribos que ali viviam. O maior ataque foi o de 1499, quando se fundou a cidade de Pustozersk na desembocadura do Pechora. Quatro mil homens cruzaram o Pechora no inverno, com trenós, e seguiram rumo ao Ob, regressando com mil prisioneiros e muitas peles. Segundo o embaixador de Ivã em Milão, seu senhor recebia, como tributo anual, peles no valor de mil ducados.

A zibelina era ouro negro, e a fronteira nordeste da Rússia, um eldorado gelado. A região permanecia envolta em mitos. Em 1517, quando Sigmund von Herberstein serviu em Moscou como enviado do imperador do Sacro

Império Romano, colheu histórias sobre gigantes de monstruosas deformações, homens sem língua, "mortos vivos", peixes com rostos humanos e a "Velha Dourada do Ob". Entretanto, em vista do grau anterior de desinformação, a relação da Rússia com a região setentrional e com a Sibéria foi transformada pelos novos contatos.

Afora esses casos marginais de explorações terrestres feitas por expedições militares, o volume das explorações no resto do mundo, no período em causa, espanta por sua exigüidade. Os casos mais surpreendentes e significativos de cessação dessas atividades são encontrados nas áreas litorâneas da Ásia e em torno do oceano Índico e de seus mares adjacentes. Até a década de 1490, qualquer observador objetivo e bem informado teria certamente apontado essas regiões como núcleos das culturas mais dinâmicas e bem preparadas para a exploração, com os mais expressivos históricos de realizações de longo alcance e duradouras. Naquela década decisiva, porém, rivais procedentes da Europa ocidental tomaram a iniciativa, enquanto as potências que as poderiam ter detido ou superado mantinham-se inertes.

No extremo ocidental do oceano Índico, por exemplo, os otomanos, como vimos no capítulo anterior, achavam-se confinados ou limitados por sua localização geográfica. Do mesmo modo, o Egito dos mamelucos trocava embaixadores com o Guzerate, exercendo uma espécie de protetorado sobre o porto de Jidda, e estabelecia comércio com a Índia através do mar Vermelho. Entretanto, devido aos perigos da navegação nesse mar, o Egito estava mal situado para proteger o oceano de intrusos infiéis. A Abissínia deixou de se expandir após a morte do negus Zara-Ya'cob em 1468; depois da derrota para vizinhos muçulmanos em Adel, em 1494, desfizeram-se as esperanças de revitalização, e o objetivo passou a ser a sobrevivência. A Pérsia achava-se numa crise prolongada, da qual a região só sairia no século seguinte, quando Ismail, o jovem profeta, a reunificou. Comerciantes árabes cruzavam o oceano Índico de um lado para outro, do sul da África aos mares da China, sem recorrer à força das armas como meio de defesa ou promoção. No sul da Arábia, o sonho de um império marítimo surgiria posteriormente, como veremos, talvez numa emulação dos portugueses, mas na época não havia nenhum sinal disso.

Na parte central do Índico, nesse tempo, nenhum estado indiano tinha interesse ou capacidade para empreender uma expansão territorial significativa. Vijayanagar mantinha relações comerciais em todo o litoral da Ásia, mas não mantinha frotas. A cidade que abrigava a corte passou por uma ostentatória remodelação urbana no governo Narasimba, na década de 1490, mas o estado tinha deixado de se expandir e a dinastia de Narasimba estava fadada à queda. Entrementes, a Déli de Sikandar Lodi, seguindo sua tradicional inclinação de expansão terrestre, anexou uma nova província em Bihar, mas o sultão deixou para seus herdeiros um estado demasiado extenso, que sucumbiu facilmente a invasores vindos do Afeganistão em 1525. O Guzerate tinha uma enorme marinha mercante, mas carecia de ambições políticas para empreender uma expansão territorial. O poder naval de que dispunha fora concebido para proteger seu comércio, mas não para impô-lo pela força a outros estados. Havia, naturalmente, uma profusão de piratas. No começo da década de 1490, por exemplo, a partir de um refúgio na costa ocidental do Decão, Bahadur Khan Gilani aterrorizou os navegantes e, durante certo tempo, controlou portos importantes, entre os quais os de Dabhol, Goa e Mahimn, perto da atual Mumbai (antes Bombaim).[21] Mas nenhum estado da região se sentiu tentado a explorar novas rotas ou a impor um imperialismo marítimo.

Mais a leste, a China, como vimos, havia abandonado a política naval ativa e nunca a retomou. No Japão, em 1493, o xógum achava-se sitiado em Kyoto, enquanto os chefes militares dividiam o império entre si. O Sudeste Asiático estava num interregno de impérios: a fase agressiva da história de Majapahit — antes um estado imperial em Java — tinha ficado no passado; o imperialismo tailandês e o birmanês ainda estavam subdesenvolvidos e, seja como for, nunca assumiram ambições marítimas. No passado tinham existido impérios marítimos da região: Srivijaya, a Java da dinastia Sailendra, os Chola no sul da Índia nos séculos XI e XII, e Majapahit, no século XIV, procuraram impor monopólios em certas rotas. Mas na época em que os europeus irromperam pelo Índico, depois de dobrarem o cabo da Boa Esperança, nenhuma comunidade local sentia necessidade ou vontade de levar adiante suas explorações, nem existia na região nada semelhante ao imperialismo marítimo praticado por Portugal e, mais tarde, pelos holandeses.

Em suma, a conquista do Atlântico pela Europa coincidiu com a interrupção das iniciativas exploratórias e imperiais em outras partes do mundo. Isso não significa que o mundo houvesse passado por uma transformação instantânea, ou que a balança de riqueza e poder logo passaria para o que hoje chamamos de Ocidente. Pelo contrário, o processo que então se iniciava foi longo, doloroso e interrompido por muitas reviravoltas. No entanto, esse processo havia começado. E as comunidades da borda do Atlântico que o lançaram — principalmente a espanhola e a portuguesa — mantiveram seu ímpeto e dominaram as explorações durante pelo menos três séculos. Os capítulos seguintes serão dedicados a examinar e explicar as realizações e os limites desses impérios marítimos.

6. A circunavegação
A ligação entre as rotas globais, c. 1500-c. 1620

O fluxo e refluxo das marés e seu misterioso ciclo,
Nós, homens de ciência compreenderemos,
E, como por um caminho, avançaremos nos oceanos,
Cujas rotas nos serão familiares como a terra.

Navios hão de acelerar o comércio,
Que liga as regiões mais remotas,
Que torna o planeta uma só cidade,
Onde alguns lucrem e todos sejam abastecidos.

John Dryden, "Annus Mirabilis"

Para Juan Ponce de León, o ex-governador de Porto Rico, o episódio foi uma aventura cavalheiresca e romântica. É possível que tenha sido, também, uma tentativa de rejuvenescimento pessoal. Em fevereiro de 1512, frustrado com uma das várias demissões que pontilharam sua carreira na burocracia espanhola no Novo Mundo, ele solicitou à coroa permissão para explorar as águas ao norte das Bahamas. Seu objetivo era encontrar uma ilha lendária: Bimini ou Bermendi. Colombo havia anunciado a existência dessa ilha — ou, pelo menos, mencionara histórias de nativos sobre sua existência, de que ele tomara conhecimento na ilha Espanhola. Bimini seria, segundo Colombo, um lugar onde o ouro abundava: o tipo de local inexistente para o qual os nativos seriam bem capazes de tê-lo mandado para livrar-se dele. Quando a ilha apareceu num mapa, em 1511, havia adquirido outra espécie de fama. Seria a localização da fonte da eterna juventude — um mito clássico, ao que parece confirmado por lendas indígenas, ou confundido com elas. Ponce partiu em março de 1513 e desembarcou no mês seguinte numa terra que pensou ser uma ilha, mas que se tratava, na verdade, da costa continental da América do Norte, numa latitude que ele calculou ser de aproximadamente trinta graus norte. O nome que deu ao lugar — Florida — pegou. Nesse sentido, o homem que buscava a eterna juventude deixou ao menos uma marca imorredoura.

Ponce de León não encontrou sua fonte. Um desvio para sudoeste quando voltava da Florida levou-o a um lugar que identificou como Bimini: talvez uma parte da costa de Cuba, talvez a ponta da península de Yucatán. Não havia fonte alguma ali, nem nas Bahamas, que ele esquadrinhou depois. No entanto, fez uma descoberta muito mais prática. Na costa da Florida, em 21 de abril, deu com uma corrente contrária tão forte que impeliu seus navios para trás. A expedição tinha entrado na trajetória da corrente do Golfo, que, partindo do Caribe, descreve uma curva, acompanhando a costa norte-americana, antes de virar para leste, cruzar o Atlântico e aquecer as costas ocidentais da Europa setentrional. Anos depois, o piloto de Ponce de León, Antonio de Alaminos, lembrou-se dessa corrente e a utilizou para escapar da vingança de um superior contrariado. A corrente do Golfo era o meio perfeito para um navio sair da região da colonização espanhola no Caribe e alcançar as zonas dos ventos de oeste no Atlântico norte. O conhecimento do regime de ventos no Atlântico pelos europeus ocidentais estava agora completo.

Com isso, restavam duas importantes tarefas para a exploração oceânica: decifrar o código dos ventos do Pacífico, como os navegadores europeus do fim do século XV e começo do XVI tinham feito com relação ao Atlântico; e aprender a utilizar as zonas meridionais do oceano Índico, ainda pouco exploradas, que ficavam além da área das monções. Ambas as tarefas mostraram-se demoradas e trabalhosas. Analisemos cada uma delas, antes de nos dedicarmos às outras realizações dos exploradores dessa época — o reconhecimento da costa e de grande parte do interior das Américas.

A DECIFRAÇÃO DO OCEANO PACÍFICO

As enormes dimensões do Pacífico exigiam uma firme determinação por parte do navegador que se dispusesse a definir rotas de ida e volta em toda a sua extensão. Antes do século XVI, ninguém tinha incentivo algum para fazer esse esforço. Não existia nenhum povo marítimo da Ásia que tivesse negócios com alguém na América. No Pacífico norte, os pescadores aleútes conheciam as águas que banhavam ambos os continentes, mas não tinham interesse em estabelecer intercâmbios comerciais ou culturais entre eles. Nas latitudes em que navegavam os polinésios, as distâncias eram grandes demais para a tecnologia existente. Como já vimos,[1] o Havaí, a ilha de Páscoa e as ilhas Chatham constituíam os limites extremos da navegação polinésia, e nem sequer na área compreendida por suas viagens era possível manter rotas de contato permanentes.

No começo do século XVI, no entanto, chegaram ao Pacífico pessoas que tinham fortes motivos para desejar atravessá-lo. Mediante investigações no sentido oeste-leste, a partir da Índia, comerciantes e diplomatas portugueses estabeleceram contato com todas as regiões costeiras e insulares do Sudeste Asiático e com a China entre 1502 e 1515. E mais: alcançaram as Molucas, fonte das mais caras especiarias do mundo: noz- moscada e cravo. Percorriam uma rota privilegiada, com escalas lucrativas em muitos mercados. Por tratado, aquela via estava vedada a súditos dos monarcas da Espanha, que, por isso, precisavam encontrar outro caminho para as riquezas do Oriente. Para eles, o caminho óbvio era o que atravessava o Pacífico a partir de seus postos avançados no Novo Mundo.

A história de como a mentalidade ocidental aceitou a imensidão do Pacífico é inseparável de duas questões: primeiro, o debate sobre o tamanho do mundo; e segundo, o conflito entre Espanha e Portugal quanto à delimitação de suas respectivas esferas de navegação. Colombo havia dado início àquele debate, ao lançar dúvidas sobre suposições antigas, consensuais e — como se viu — aproximadamente corretas sobre as dimensões do globo. Uma de minhas obras de ficção prediletas, de um escritor do século XX, o galego Rafael Dieste, tem como personagem um estudante que tinha a mania de afirmar: "O mundo é pequeno!". Depois que, indignado, seu senhorio lhe deu um puxão de orelha, ele alterou sua afirmativa: "O mundo não é tão pequeno quanto dizem!". A opinião corrente a esse respeito no século XVI teve uma evolução semelhante. Por um lado, a experiência dos exploradores parecia indicar que o planeta era menor do que se acreditava. Ao menos para alguns geógrafos, o evidente êxito de Colombo parecia justificar seus cálculos e obrigar os letrados a revisar para menos suas estimativas. As viagens de circunavegação que se seguiram tornaram muitos territórios tão acessíveis que as distâncias pareceram encolher. Os fabricantes de globos terrestres deram aos clientes a curiosa sensação de poderem segurar o planeta nas mãos. Em 1566, ao agradecer a seu famoso tio Francisco, líder dos jesuítas e futuro santo, o presente de um globo terrestre, Carlo Borja disse que o objeto lhe fizera perceber o quanto o mundo era pequeno.

Por outro lado, no mesmo período, os cartógrafos estavam sempre encontrando dados que desmentiam sua tendência a subestimar as dimensões do planeta. Embora eles teimassem em fechar os olhos para o fato, e aventureiros otimistas preferissem resistir às suas implicações, ficava cada vez mais evidente que Colombo não tinha, de maneira alguma, chegado perto da Ásia. Pouco a pouco, verificou-se que a América era um vasto continente, e o Pacífico, um oceano de amplidão desafiadora. Em 1546, o mapa de Sebastian Munster mostrava um Novo Mundo estreito, situado perto da costa da "Índia". Nenhum mapa indicava a enormidade do Pacífico até bem avançado o século XVII. Este capítulo conta a história da ampliação da imagem do mundo. Entretanto, como veremos, o processo foi extremamente vagaroso e teve de enfrentar oposições obstinadas.

A PERCEPÇÃO DO PACÍFICO: O PROBLEMA DE ESCALA

Em parte, isso decorreu da tendência a tomar o desejo por realidade. Muitos exploradores insistiam na tese de Colombo e buscavam um caminho rápido entre a Europa e a Ásia; poucos eram capazes de suportar a insatisfação de admitir que essa rota não existia. A política também desempenhou seu papel. Quando Espanha e Portugal dividiram entre si as áreas de navegação no Atlântico, pelo Tratado de Tordesilhas, de 1494, fizeram-no traçando um meridiano de alto a baixo no oceano. Deixaram em aberto uma questão: a linha demarcatória estendia-se ao redor de todo o globo ou se detinha nos pólos? Mas o problema não podia ser adiado indefinidamente. Uma vez que os exploradores portugueses se aventuravam cada vez mais a leste, e os da Espanha avançavam cada vez mais no oceano rumo a oeste, acabariam por se encontrar, e os direitos sobre suas descobertas dependeriam do ponto por onde passasse a linha que separava suas respectivas esferas.

Ainda não sabemos ao certo quando e como a extensão da linha de Tordesilhas — o antimeridiano de Tordesilhas, em linguagem técnica — veio a ser aceito como o critério adequado para a solução acordada. Na época, o principal geógrafo da corte espanhola, Jaime Ferrer, supunha que a zona espanhola cobriria a totalidade do oceano ocidental, "até o ponto mais distante do golfo Arábico". Partia do princípio, é claro, de que só existia um oceano no mundo, sem a menor suspeita de que um continente o dividia em dois.[2] Segundo a interpretação que Ferrer fazia do tratado, os navegantes portugueses ficariam confinados à África, e a Espanha teria o monopólio do acesso à maior parte das costas da Ásia. Os mercados asiáticos só seriam acessíveis pelo ocidente. Em 1497, outra nota explicativa espanhola sobre o tratado — que alguns autores acreditam ter sido escrita pelo próprio Colombo — dizia que a zona da Espanha se estendia "até o ponto onde haja terras pertencentes a um governante cristão" ("*fasta donde avía o oviese príncipe cristiano*"). Para Colombo, isso significava até o cabo da Boa Esperança.[3]

A despeito de muitas especulações em contrário,[4] não se conhece nenhum documento anterior a 1512 que propusesse um prolongamento da linha de Tordesilhas ao redor de todo o globo. Em junho daquele ano, a coroa determinou a Juan Díaz de Solís que realizasse uma viagem à Ásia pelo oeste. Recebeu instruções para verificar se o Ceilão "situava-se na parte que pertencia à Espanha" e depois seguir para Malaca ou, talvez, para as Molucas (no original, "Maluque"), "que recai nos limites de nossa demarcação".[5] A confirmação desse fato aparece numa carta, datada de 30 de agosto daquele ano, em que o emissário português em Castela informa a seu rei que Solís tinha certeza de que "Malaca situa-se a quatrocentas léguas no interior da porção castelhana".[6] As ordens recebidas por Solís declaravam que, segundo as melhores informações de que os soberanos de Castela dispunham na época, "a linha de demarcação devia passar no meio" da ilha do Ceilão. O mesmo documento explicita o raciocínio que conduzia a essa assertiva. O Ceilão, acreditavam os monarcas, situava-se a 120 graus "de longitude a leste de nosso meridiano" ("*por longitud de nuestro meridiano a la parte oriental*"). Não fica claro a que se referiam com "nosso meridiano", mas, fosse o que fosse, obviamente teria sido absurdo supor que a linha de Tordesilhas passasse outros 60 graus mais a oeste.[7] Se esse "nosso meridiano" fosse o de Toledo — a possibilidade mais plausível —, a melhor estimativa feita na Espanha durante o século xvi situava a linha de Tordesilhas a 43 graus e oito minutos a oeste.[8] Rui Faleiro, piloto português cujas opiniões tinham peso na corte castelhana na segunda década do século xvi, estava convicto de que as Molucas se localizavam no lado castelhano da linha. É evidente que estava presente no espírito das pessoas a noção de um antimeridiano, embora ninguém soubesse onde ele passava.

A PENETRAÇÃO DO PACÍFICO: A VIAGEM DE MAGALHÃES

Na época em que Solís recebeu suas instruções, a questão tornava-se urgente, por causa dos lugares mencionados nos documentos: o Ceilão era a principal fonte de canela do mundo; Malaca, de que Portugal se apoderara em 1511, dominava os estreitos que passavam entre a península da Malásia e Sumatra, que davam acesso à maior parte do arquipélago da Indonésia, de onde vinham alguns dos mais valiosos produtos do mundo. As Molucas, as "Ilhas das Especiarias" por excelência — e principalmente as ilhas de Ternate e Tidore — produziam a maior parte do cravo, da noz-moscada e do macis do planeta. Os portugueses, que já tinham chegado a Malaca e firmado relações comerciais privilegiadas em quase toda parte onde chegavam, estavam agora em condições de alcançar a recompensa final.

Afonso de Albuquerque, o vice-rei de Portugal no Oriente, já se empenhava com diligência em coletar informações sobre as Ilhas das Especiarias. Em 1512, o nome de Francisco Rodrigues aparece pela primeira vez num documento — há uma menção a ele em abril, relacionada ao fato de haver obtido um grande fragmento do mapa de um piloto javanês. Em agosto daquele ano, foi escolhido para acompanhar a frota que estava sendo então preparada para uma viagem às Ilhas das Especiarias, sob a alegação de que "possui excelente conhecimento para a elaboração de mapas". A expedição partiu em fins daquele ano, com três navios e 120 homens. "Não foram mais numerosos nem os navios nem os homens que viajaram à Nova Espanha com Cristóvão Colombo",

Desenho de Francisco Rodrigues, que provavelmente representa a ilha de Adonara, nas Sundas Menores, Indonésia.

escreveu o cronista da expedição, "nem à Índia com Vasco da Gama, pois as Molucas não são menos ricas que aqueles lugares, nem devem ser tidas em menor estima."

A expedição retornou das ilhas Banda, antes de alcançar as Molucas — satisfeita, talvez, com as amplas quantidades de cravo, noz-moscada e macis que podiam ser obtidas sem avançar mais. Todavia, um dos capitães da frota, Francisco Serrão, naufragou a caminho mas pôde alcançar, usando embarcações locais, a ilha de Ternate, onde se concentrava a produção dessas especiarias. Ali negociou a base de um monopólio português, que perdurou quase sem interrupção durante o resto do século. Além disso, Rodrigues levou de volta a Portugal esplêndidos mapas e desenhos do perfil de ilhas situadas na rota — presumivelmente copiadas de modelos javaneses — e dados sobre toda a viagem entre a baía de Bengala e a China.

A Espanha tinha de superar dois problemas para chegar às Molucas: primeiro, as Américas se interpunham no caminho; segundo, se os cálculos tradicionais que determinavam a dimensão do planeta tinham algum valor, a distância a ser transposta era excessiva. Fernão de Magalhães afirmou ter os meios para resolver as duas dificuldades: Magalhães era um fidalgo aventureiro, um cavaleiro andante já habituado a ousadas façanhas marítimas. Seus compatriotas não lhe deram ouvidos quando ele insistiu que seria mais fácil chegar às Ilhas das Especiarias através do Atlântico do que pelo Índico: Portugal já dispunha de uma rota satisfatória para a Ásia. Em outubro de 1517, ele abandonou seus esforços na pátria e ofereceu seus serviços a Castela.

Magalhães concordava com a opinião de Colombo a respeito do tamanho do planeta — seria menor do que se supunha — e acreditava que as riquezas da Ásia estavam a pouca distância além da América. O fato de existir um continente de permeio não o incomodava. Se necessário, declarou, navegaria pela latitude de 75 graus sul; e se mesmo assim não encontrasse uma passagem em torno da América, viraria para leste, infringindo o Tratado de Tordesilhas, e alcançaria as Ilhas das Especiarias "pela rota dos portugueses".

De acordo com as normas da coroa de Castela, a viagem teve de ser realizada com recursos privados, e os financiadores — banqueiros de Sevilha — receberam como garantia uma considerável participação nos resultados da expedição: um quinto dos lucros obtidos em qualquer transação comercial, por um prazo de dez anos, e o governo das terras conquistadas. Por conseguinte, Magalhães já zarpava com duras obrigações: tinha de encontrar terras lucrativas e conquistá-las, por mais impraticável que isso fosse.

Magalhães partiu de Sanlúcar de Barrameda em 20 de setembro de 1519, com cinco navios e 250 homens. Os tripulantes e os pilotos eram portugueses, assim como as cartas náuticas e os tonéis de água: os castelhanos ainda tinham pouca experiência em viagens longas por mar aberto no Atlântico sul. Mesmo assim, as tripulações se amotinaram depois de suportar a travessia da zona de calmarias e, novamente, quando Magalhães prudentemente decidiu passar o inverno na costa da Patagônia antes de prosseguir em direção ao sul e penetrar em águas desconhecidas, com climas ainda mais hostis. Quando finalmente encontraram o tão esperado estreito que levava ao Pacífico e à costa oeste da América do Sul, na verdade já haviam fracassado: o estreito situava-se numa latitude demasiado alta, excessivamente ao sul, para ser um caminho conveniente para a Ásia. Além disso, era uma rede labiríntica de canais que torturou os exploradores. A expedição levou sete semanas para transpor o estreito, enfrentando os ventos gelados, a exigüidade de rações e as costas ameaçadoras. As agruras daquele trecho provocaram mais um motim.

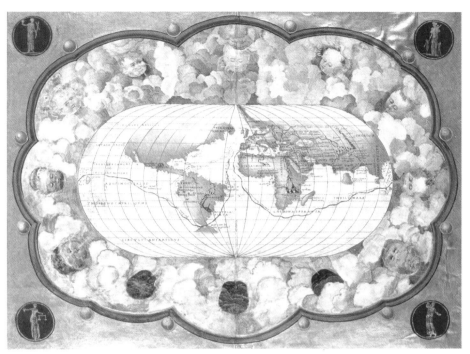

Viagem de circunavegação de Magalhães, representada por Battista Agnese em 1545. Embora Magalhães tenha comprovado a vastidão do Pacífico, Agnese foi um dos poucos cartógrafos a registrar o fato.

No entanto, os atrasos e as privações suportadas por Magalhães tiveram um desfecho feliz: ele chegou ao Pacífico no momento preciso para tirar o melhor proveito dos alísios de sudeste que o fariam atravessar o oceano. Usou a corrente de Humboldt para subir rapidamente pela costa do Chile, buscando latitudes menos frias, antes de guinar rumo a oeste e empreender a parte final da viagem, que ele imaginava fácil: a travessia de um oceano estreito, pontilhado de ilhas e com ventos favoráveis. Na realidade, esperavam-no 99 dias no mar. Quando finalmente avistaram a ilha de Guam, em 6 de março de 1521, os exploradores nada mais tinham para mastigar senão os envoltórios de couro das velas, com as bocas inchadas pelo escorbuto. A água que tinham estava pútrida; os biscoitos, estragados e cheios de vermes, "cheiravam a urina de rato".

No dia 9, Magalhães fez-se de novo ao mar, acreditando que havia passado sem perceber pelas Ilhas das Especiarias e estava se aproximando da China. Sete dias depois, avistou Samar, nas Filipinas. Semanas depois, a tentação fatal de aventureiro imperial custou-lhe a vida em combate, ao se pôr ao lado de um rajá local que lutava contra outro numa ilha próxima, Mactan. A partir dali, seguindo uma rota tortuosa, o restante da expedição alcançou as Ilhas das Especiarias, chegando ao sultanato de Tidore em 6 de novembro de 1521. A um custo imensurável, haviam atingido o destino declarado da expedição.

Por penosa que tenha sido a viagem, de modo algum representou todo o sofrimento que o estreito de Magalhães era capaz de infligir. Uma segunda expedição, em 1525, levou quatro meses e meio para ser completada e recomendou o abandono da rota. Os exploradores que a utilizaram, esporadicamente, durante o restante do século, viveram experiências igualmente desencorajadoras. Durante quase cem anos não se fez nenhuma tentativa séria para achar outra rota pelo Atlântico sul para o Pacífico. E quando, em 1615, os exploradores holandeses Jakob Le Maire e Willem van Schouten descobriram o caminho pelo cabo Horn, não estavam na verdade procurando uma ligação entre os oceanos, e sim o lendário continente austral que existiria além do ponto a que as expedições anteriores haviam chegado.

Apesar de todo seu heroísmo, a viagem de Magalhães nada resolveu. Seus sobreviventes chegaram de volta à Espanha depois de completar a primeira circunavegação do mundo de que se tem notícia. Mas, e daí? O feito teve uma certa repercussão sensacionalista, mas a etapa da viagem que realmente chamou a atenção foi a do Pacífico, pois tratava-se de uma coisa inteiramente nova. Entretanto, a julgar pelos dados relatados pela expedição e pelos de uma outra expedição, a rota não podia ser explorada. Era demasiado longa, demasiado lenta e tinha um defeito fatal: só permitia atravessar o oceano em um sentido. Persistia assim o problema de encontrar uma rota viável para cruzar o Pacífico nos dois sentidos

A DECODIFICAÇÃO DO REGIME DOS VENTOS: A VIAGEM DE URDANETA E SEU CONTEXTO

Além disso, nem mesmo a viagem de Magalhães, que havia revelado a extraordinária amplitude do Pacífico, foi capaz de convencer cartógrafos e marinheiros da verdadeira dimensão do globo. Se os cálculos de longitude

A CIRCUNAVEGAÇÃO

feitos por Magalhães e seus pilotos tivessem sido divulgados, teriam causado um forte impacto. Entre as computações que chegaram a nós, um conjunto, efetuado por Francesco d'Albo, é de notável exatidão, e outro conduz a uma subestimativa, mas bastante elevada. O próprio Magalhães acreditava que um grau na superfície da Terra representava 17,5 léguas — cerca de 112 quilômetros. Nesse caso, se mantivesse registros minimamente precisos das longitudes, é provável que acabasse superestimando em muito as dimensões da Terra. Entretanto, ele morreu na viagem e, infelizmente, o conjunto de dados publicados após a expedição foram os de Antonio Pigafetta, sempre subestimados, talvez por motivos políticos.[9]

Por conseguinte, em 1524, Fernando Colombo pôde manter, sem alteração, a opinião abraçada com ardor pelo pai: a circunferência da Terra era de apenas 5100 léguas no equador.[10] E quase todos os mapas continuavam a representar o Pacífico muito mais estreito do que ele realmente é. Durante as negociações entre Espanha e Portugal que se seguiram à viagem de Magalhães, as duas partes pareceram tomar como certo que as Molucas se localizavam na zona espanhola, definida pelo antimeridiano de Tordesilhas.[11] Isso implicava um Pacífico estreito e um mundo menor que seu tamanho real.

Na década de 1560, quando a questão da localização do antimeridiano foi novamente revista, alguns dos mais renomados cosmógrafos nessa área, como Pedro de Medina (autor de um conhecido manual para navegantes), Alonso de Santa Cruz (exímio cartógrafo) e Andrés de Urdaneta (o mais famoso piloto do Pacífico em seu tempo), continuavam a acreditar que as Molucas se situavam dentro da área atribuída à Espanha.[12] Isso é surpreendente, uma vez que Santa Cruz também acreditava que um grau de longitude equivalia a 17,5 léguas, ao passo que Urdaneta tinha conhecimentos práticos inigualáveis. Entretanto, a sinceridade deles não pode ser questionada, porquanto ambos não hesitaram em declarar que pelo Tratado de Saragoça, de 1529, as Molucas e até mesmo as Filipinas tinham sido reatribuídas a Portugal.[13] Os pilotos que faziam a viagem da Nova Espanha às Filipinas calculavam a distância entre 1550 e 2260 léguas; o número real é da ordem de 2400 léguas. Na Espanha, revisando os dados para o rei, o geógrafo Sancho Gutiérrez referiu-se àqueles especialistas com desdém. Os pilotos profissionais, disse, eram desleixados, ignorantes e careciam de conhecimentos científicos. Gutiérrez reduziu a distância para 1750 léguas.[14] É provável que ele julgasse que os navegadores são dados a exageros — o que em geral é verdade, mas não no caso das estimativas quinhentistas sobre o tamanho do Pacífico.

Nessa época, a exploração do Pacífico limitava-se, em grande parte, a viagens que tinham como origem ou destino as colônias espanholas nas costas da Nova Espanha ou do Peru. Não foi difícil achar uma rota viável para leste. Em 1527, um dos conquistadores do México, Álvaro de Saavedra, demonstrou que era possível alcançar as Filipinas em poucas semanas, utilizando os ventos dominantes de noroeste para evitar a zona de calmarias ao norte. O único problema foi que, tendo completado a viagem, não conseguiu achar um caminho de volta. Mais uma vez, a viagem pareceu mostrar que o Pacífico era um oceano de mão única, que só podia ser cruzado do oeste para o leste. Menos de uma década depois, partindo do Peru, Hernando de Grijalva fez uma tentativa semelhante, que foi prejudicada por um motim e terminou em naufrágio.

Os exploradores espanhóis tiveram de acumular quase três décadas mais de experiência de navegação pelo Pacífico antes de conseguir resolver esse problema. Em 1564, o mais capaz de todos eles era Andrés de Urdaneta. Para um vulto de tamanha importância na história universal, ele tem sido lamentavelmente esquecido. Embora tenha deixado grande número de textos, pesquisar sua vida continua a ser uma tarefa das mais árduas. Sua carreira começou com a segunda viagem ao estreito de Magalhães, em 1525, quando ele tinha 17 anos. Urdaneta participou dela levado não pelos sonhos ou pelo desespero que empurravam tantos de seus contemporâneos para o mar. Era um jovem educado, entusiasmado com a cosmografia. Em seu relato, ele se refere com ingênua franqueza ao despreparo de seus superiores, dois dos quais tinham navegado com Magalhães mas ainda assim confundiram a desembocadura de um rio da Patagônia com a entrada do estreito. Seus mentores retribuíam seu ceticismo com confiança, e durante toda a viagem ele em geral recebia tarefas delicadas ou de responsabilidade. O rapaz demonstrou sua competência ao sobreviver a um naufrágio no labirinto que é o estreito de Magalhães, encontrar o resto da frota e resgatar seus companheiros de naufrágio. Regressou à Europa com uma filha, que teve com uma mulher das Índias, e também um relato da expedição, que, embora compreensivelmente egocêntrico, demonstra a cada passo o discernimento que, de modo geral, seus contemporâneos louvaram nele durante toda a sua vida.

A CIRCUNAVEGAÇÃO

Urdaneta passou a maior parte de sua mocidade nas Índias, trabalhando como navegador ou exercendo funções administrativas em terra. Quando podia, declinava de postos de comando, talvez por modéstia, talvez devido à triste experiência de ver o fracasso ou a morte de tantos capitães ou talvez devido a sua vocação religiosa, que o levou a entrar como noviço na ordem dos agostinianos em 1553 e a tomar ordens em 1557. Em certo sentido, seu progresso na área da cosmografia e sua intensa sensibilidade moral tornavam-no pouco indicado para servir aos interesses espanhóis. Urdaneta sentiu-se obrigado a declarar que depois do Tratado de Saragoça de 1529, que deixou de lado a questão do antimeridiano e concedeu aos portugueses as Molucas e, por implicação, as Filipinas, os espanhóis tinham perdido o interesse e, possivelmente, o direito de continuar a explorar o Pacífico; quando as autoridades lhe pediram com insistência que retomasse a exploração desse oceano, ele não o fez. Mas, por ordem do rei, voltou à ativa em 1560, reiniciando a procura de uma rota de regresso pelo Pacífico. "Ainda que eu tenha hoje mais de 52 anos e não goze de boa saúde", escreveu,

> e, devido às duas lides de meus primeiros anos, pretendesse passar o resto de minha vida aposentado, tendo em mente o grande zelo de Vossa Majestade com relação a tudo o que diz respeito ao serviço de nosso Senhor e à propagação de nossa santa fé católica, estou pronto a enfrentar as labutas dessa viagem, confiando unicamente na ajuda de Deus.[15]

Por recomendação de Urdaneta, a evangelização das Filipinas, e não vantagens comerciais, foi definida como a finalidade da viagem; isso evitaria acusações de que a Espanha estava transgredindo o tratado ao penetrar em águas concedidas à coroa portuguesa.

"Além da fé na ajuda de Nosso Senhor", rezavam as ordens dirigidas ao comandante da expedição, "confiamos que frei Andrés de Urdaneta atuará como o principal agente na descoberta da rota de retorno à Nova Espanha, em virtude de sua experiência, de seu conhecimento do tempo nessas regiões e de suas demais qualificações."[16] Urdaneta tinha consciência de que a escolha das datas seria a chave para o sucesso. Seria vital partir das Filipinas com a ajuda da monção de verão e fazer uma passagem rápida em direção ao norte, a fim de pegar a corrente do Japão, prosseguindo até onde fosse neces-

253

sário para encontrar a corrente do Pacífico norte e virar para leste a fim de regressar. Com uma estada breve em Manila, o feito era possível. Em novembro de 1564, ele deu início à viagem, chegando às Filipinas em fevereiro e começando o retorno em 1º de junho de 1565. A procura de um vento de oeste levou-o além da latitude de 39 graus norte. Os 18 mil quilômetros que ele percorreu tornaram sua viagem a mais longa em mar aberto e sem escala realizada até então. A expedição precisou de quatro meses e oito dias para chegar a Acapulco. Todos a bordo estavam extremamente debilitados devido ao escorbuto e à exaustão. Na verdade, Alonso de Arellana, subordinado de Urdaneta, chegou ao México dois meses antes, depois que uma tempestade o separou da nau capitânia. Mas o plano foi de Urdaneta e o crédito lhe cabe com justiça.

O conhecimento do Pacífico tinha sido obtido graças à mesma ousadia que decifrou o Atlântico: a disposição de navegar com vento pela popa, sem nenhuma certeza de que se encontraria um vento favorável para o retorno. Mas depois que se definiram rotas viáveis nos dois sentidos no Pacífico, sobreveio a inércia. Durante todo o século XVII e na maior parte do século XVIII, os navios se limitaram a cruzar o Pacífico pelas rotas marítimas estabelecidas e usando os ventos conhecidos. Até certo ponto isso foi compreensível: como o regime de ventos era tão regular e confiável, o oceano tão imenso e — em grande parte de sua largura — tinha tão poucas ilhas, não fazia muito sentido perder tempo em caminhos menos conhecidos. Por causa disso, o Pacífico permaneceu misterioso. Suas verdadeiras dimensões continuaram ainda ignoradas. O otimismo descuidado continuou a causar causar desgraças aos navegadores. Até a década de 1590, a maioria deles continuou a rejeitar a verdade com relação à extensão do oceano.

A DETERMINAÇÃO DO TAMANHO DO PACÍFICO: MENDAÑA E QUIRÓS

Os efeitos desse otimismo incauto foram visíveis entre a década de 1560 e os primeiros anos do século XVII, durante as odisséias de Álvaro de Mendaña e Pedro Fernández Quirós pelo Pacífico. Ambos buscaram inspiração em fontes já familiares aos leitores deste livro: fantasias românticas, fabulações, ficções, mitos. As lendas incas sobre "Ilhas de Ouro" mesclavam-se a convicções quanto à existência de um "grande continente austral desconhecido" e à idéia de que as ilhas das amazonas e as minas do rei Salomão situavam-se no mar meridional.[17] Em 1567, o governador do Peru ordenou que uma expedição, comandada por Álvaro de Mendaña, procurasse esses tesouros improváveis. Mendaña era um visionário inflexível que esperava evangelizar povos ainda não conhecidos e fundar uma colônia que ele próprio pudesse governar. Seu piloto, Hernando Gallego, estava tomado de idéias desarrazoadas em relação à ilha que hoje chamamos de Nova Guiné, descoberta por navegantes portugueses vindos pelo oceano Índico. Adotando um projeto já defendido por Urdaneta, ele esperava garantir para a Espanha esse grande e promissor território. A disparidade entre os objetivos de ambos contribuiu para o fracasso da expedição.

Partiram de Callao, cidade situada no limite do mundo conhecido pelos espanhóis. Seus residentes fitavam um oceano quase desconhecido. Poder-se-ia pensar que a cidade se achava suficientemente distante da metrópole e, na realidade, da maioria das colônias espanholas, para satisfazer os mais ávidos viajantes e acolher os mais esquivos migrantes. No entanto, as fronteiras atraem os inquietos e, ao que parece, jamais faltam paladinos ansiosos para ir um pouquinho mais longe.

Mendaña e Quirós fizeram-se ao mar em 19 de novembro de 1567. Quase que a partir desse momento, mudanças de idéia e de rumo desvirtuaram seus objetivos e frustraram seus esforços. Aparentemente, em fins de dezembro haviam abandonado a busca das ilhas lendárias e tomado a direção que, segundo eles, os levaria à Nova Guiné. Em meados de janeiro, começavam a esgotar-se suas reservas de água potável e não tinham descoberto terra alguma. Em 7 de fevereiro, no entanto, deram com um arquipélago a sudeste da Nova Guiné. Os nativos mostraram-se hostis. Não havia sinal algum da presença ou da proximidade de recursos que pudessem ser explorados. Nas circunstâncias, o nome "Ilhas de Salomão" deve ter sido escolhido como um artifício promocional, imaginado para evocar associações com as minas de Ofir e relacioná-las com lendas sobre as "Ilhas de Ouro", supostamente conhecidas pelos incas. O arquipélago localizava-se a uma distância do Peru que foi calculada em noventa dias de viagem, mas em vista dos recursos pouco precisos de medir distâncias e determinar a latitude, e sem meio algum de determinar a longitude, ninguém era capaz de afirmar com segurança onde estavam exatamente. "Tampouco a longitude foi fixada", admitiu o piloto maior da expedição, "excetuadas as estimativas que cada qual possa fazer."[18]

Talvez não cause surpresa que tenham sido necessários 25 anos para levantar recursos e obter licença para outra viagem às ilhas. Mendaña, porém, acalentava esse sonho e jamais renunciou a ele. Em sua segunda viagem, recrutou quatrocentos possíveis colonos para uma jornada aventurosa a um destino que ninguém sabia ao certo onde ficava. Zarparam de Callao em 9 de abril de 1595. Muitos levaram consigo suas mulheres, inclusive Mendaña, cuja companheira, *doña* Isabel Barreto, mulher que impunha respeito, se mostraria tão resistente quanto qualquer homem a bordo.

A espantosa temeridade dos aventureiros fica ainda mais patenteada pelo fato de que não conseguiram encontrar as ilhas. Depois de três meses ainda estavam muito longe do destino. Alguns diziam que as ilhas "tinham fugido, ou que o Adelantado havia esquecido o local onde ficavam, ou que o mar havia subido até cobri-las. [...] Ou tínhamos passado por elas ou não existiam, pois por esse caminho vamos dar a volta ao mundo, ou ao menos chegaremos, enfim, à Grande Tartária".[19] O piloto que escreveu essas palavras estava equivocado: como haviam subestimado absurdamente a distância a ser percorrida, não haviam chegado nem perto das Ilhas Salomão. Por fim, perdidos na vastidão do Pacífico, os viajantes tentaram colonizar Santa Cruz, um pouco a leste das Salomão. Ali, foram vitimados pelos desastres habituais que, no começo da era moderna, acometiam os europeus nos trópicos: doenças fatais, escassez de alimentos e relações difíceis com os nativos. Esse relacionamento começou com abraços, prosseguiu com violação de direitos e terminou em derramamento de sangue: a seqüência habitual nos "encontros culturais" da época. Em um único mês morreram quarenta colonos ou mais.

Após a morte de Mendaña, *doña* Isabel juntou os sobreviventes e os conduziu às Filipinas, numa travessia marcada por tamanhas privações que foi descrita como "uma das clássicas histórias de horror de viagens marítimas".[20] "Os doentes ficaram loucos", escreveu uma testemunha. Alguns imploravam uma única gota de água, "mostrando a língua, apontando com os dedos, como o rico a Lázaro".[21] Desembarcaram "em tal estado", relatou o piloto principal, "que só pode ter sido a vontade de Deus que os levou até ali, pois com a resistência e os recursos humanos não poderíamos ter coberto um décimo da

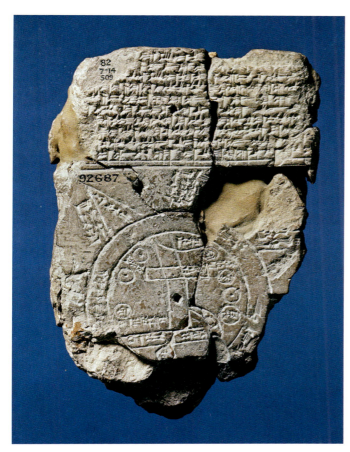

À esquerda: *Mapa-múndi babilônio, c. 600 a.C. A Babilônia aparece na parte superior, dentro do círculo que representa o oceano. As linhas paralelas representam o rio Eufrates. Além do mar, as linhas em forma de cunha representam territórios legendários ou pouco conhecidos.*

Abaixo: *Exploração polinésia.*

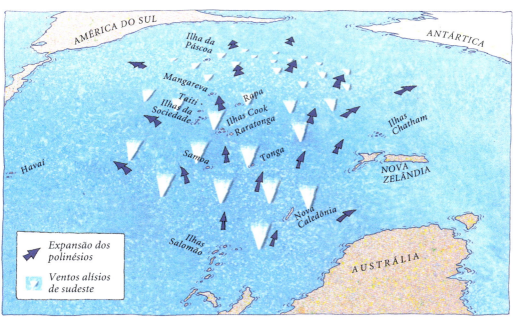

Representação do mundo segundo o geógrafo persa al-Istakri, 1193. O sul aparece na parte superior. A Europa é um pequeno triângulo no canto inferior direito. A casa do cartógrafo persa aparece no centro.

Este mapa, feito pelo cartógrafo maiorquino Gabriel de Vallseca, em 1439, mostra as ilhas visitadas pelo explorador português Diogo de Silves. Pela primeira vez, os Açores aparecem alinhados de noroeste para sudeste. Ainda se notam as manchas de tinta que teriam sido causadas por George Sand.

Acima:
Castela e os ventos atlânticos.

Os ventos alísios atlânticos.

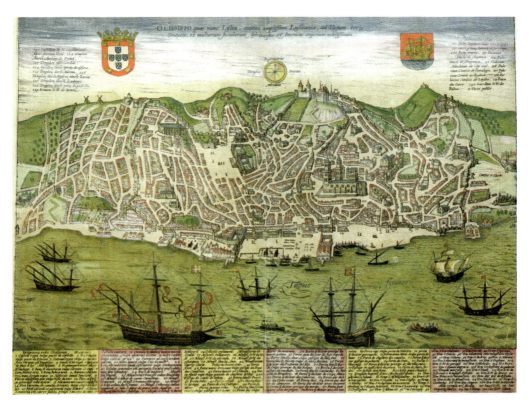

O porto de Lisboa, de Civitates orbis terrarum, de Georg Braun e Franz Hogenberg, c. 1572.

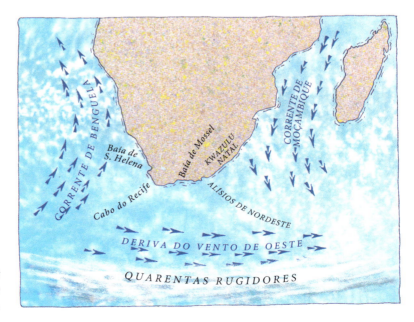

Ventos e correntes em torno do cabo da Boa Esperança.

Mapa-múndi de Fra Mauro, monge do mosteiro de San Michele de Murano, 1459. Repleto de informações de exploradores, o mapa mostra o oceano Índico acessível pelo cabo localizado no extremo sul da África.

Feito em Lisboa e adquirido em 1502 pelo duque de Ferrara, este mapa tinha tanto funções informativas quanto decorativas. Inclui trechos das costas americanas com notáveis detalhes (talvez, em parte, especulativos) e do Caribe, segundo as mais recentes informações da época.

Mapa-múndi de Mercator, 1587, com um suposto continente meridional.

O naturalista alemão Alexander von Humboldt (provavelmente a figura que aparece colhendo uma flor), prepara-se para empreender a escalada do monte Chimborazo, junho de 1802.

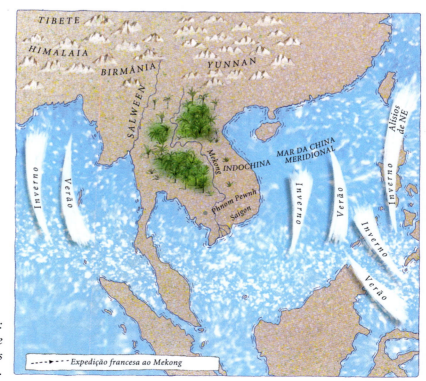

Sudeste Asiático: o sistema de monções e ligações por terra.

viagem".[22] A essa altura dos acontecimentos, mais de três quartos dos que tinham embarcado estavam mortos.

Como explicar um "espírito de aventura" tão nefasto, tão indisciplinado, tão temerário, tão indiferente ao sofrimento, com um custo tão alto de vidas? Uma chave para a leviandade que animava os exploradores da época é encontrada na vida e na obra do piloto principal da expedição, o português Pedro Fernandes Queiróz, mais conhecido pela versão castelhana de seu nome — Pedro Fernández de Quirós. Sem se deixar abater pelos horrores da viagem, dedicou a maior parte do que lhe restava da vida a uma tentativa de repeti-la. No entanto, seus esforços estavam fadados ao malogro. As Ilhas Salomão mostraram-se irrecuperáveis, mas ele se impôs um novo objetivo: a Terra Australis, o continente desconhecido que se afirmava existir no grande mar Meridional.

Ninguém sabe dizer por que tantos geógrafos, entre o século XVI e o XVIII, acreditavam na existência dessa gigantesca quimera, que continuou a aparecer nos mapas europeus até o fim do século XVIII, quando o capitão Cook finalmente provou sua inexistência. Como observou um piadista da época: "Se sabem que se trata de um continente, e que se trata de um continente meridional, por que o chamam de continente meridional desconhecido?". São muitas as especulações de que essa crença derivava de mapas, hoje perdidos, da Austrália, ou mesmo da Antártica, traçados por expedições portuguesas "secretas", por "antigos reis do mar" ou por imaginários navegantes chineses. A crença nesse continente também decorreu, em parte, de um conceito errôneo de simetria. Em geral, aqueles que defendiam a existência do continente meridional desconhecido alegavam que o planeta estaria desorganizado e desequilibrado se uma porção desproporcional de terras estivesse concentrada no hemisfério norte.

Quirós não descobriu a Terra Australis. No entanto, encontrou uma ilha que, de início, confundiu com o objetivo de sua viagem. Deu-lhe o nome de La Australia del Espíritu Santo. No dia 13 de maio de 1606, presidiu à fundação de uma nova Ordem de Cavalaria. Havia planejado o evento antes de partir e estava preparado. "Para esse fim", registrou o escrivão da viagem,

> ele fez cruzes de seda azul, de tamanhos variados, para todos os que viajaram na dita frota, fossem eles brancos, negros ou índios, e até uma para o nativo trazido da ilha de Nuestra Señora de Loreto. Ordenou que todos deveriam usar a insígnia

no peito, que tornava cada um deles Cavaleiro do Espírito Santo, nome pelo qual deveriam ser chamados.[23]

Todos os membros da tripulação, do capitão-mor aos trabalhadores brancos e os cozinheiros negros, foram armados cavaleiros. "E assim", de acordo com o cronista da expedição,

> no domingo de Pentecostes ele deu cruzes de tafetá azul a todos [...] para grande deleite da maioria e mesmo para diversão deles, pois até dois cozinheiros negros foram galardoados com tamanha generosidade, liberalidade e munificência, por reconhecimento de sua bravura e coragem. Ademais, naquele dia ele lhes concedeu alforria, embora não pertencessem a ele e, além disso, posteriormente permanecessem exatamente na mesma condição de escravidão.[24]

O capelão franciscano da expedição, que nesse aspecto era homem mais perspicaz que Quirós, também se deu conta da comicidade daquela farsa quixotesca. "Foi extraordinário", observou, "contemplar tamanha diversidade de cavaleiros, pois na verdade desde o começo do mundo nunca se tinha visto nada daquilo, pois havia ali marujos-cavaleiros, grumetes-cavaleiros, criados-cavaleiros, mulatos-cavaleiros, negros-cavaleiros, índios-cavaleiros e cavaleiros que eram cavaleiros-cavaleiros."[25]

A expedição havia começado no ano da publicação do *Dom Quixote*: um lembrete de que, se a sátira de Cervantes tinha graça, era porque na vida real aventureiros ainda buscavam inspiração em romances de cavalaria. Os exploradores ainda tomavam como modelos para sua vida heróis de ficção que realizavam proezas heróicas em navios magníficos que sulcavam as ondas como corcéis. Nos livros, o final feliz mais apreciado — em geral, o cavaleiro nos braços de uma princesa — costumava ocorrer num feudo situado em alguma ilha. A súplica de Sancho Pança, que queria ser nomeado "governador de alguma ilha", reproduzia as ambições românticas dos heróis. A tripulação amotinada de Mendaña acusou-o de ter arriscado suas vidas para ganhar um título de marquês, do mesmo modo que os marujos descontentes com Colombo o acusavam de sacrificá-los para satisfazer seu desejo de tornar-se um grão-senhor.[26] O espírito da cavalaria andante alimentava a exploração; o impulso quixotesco ajudou a ampliar o império espanhol. O imaginário cavalheiresco não inspirou

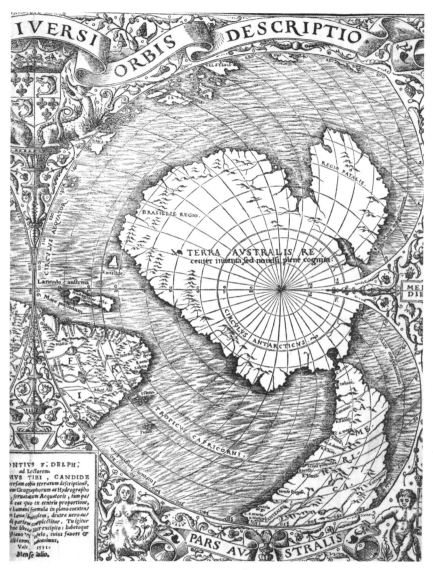

Terra Australis.

apenas façanhas de lunáticos; ajudou a tornar suportáveis os sofrimentos que acarretavam — pois a realidade enfrentada por um explorador como Quirós dificilmente seria suportada sem uma estratégia psicológica de escapismo. A fantasia cavalheiresca exercia na prática o efeito de um entorpecente.

OS DESBRAVADORES

O OCEANO ÍNDICO

A Ásia marítima

Avançando pelo oceano Índico, os exploradores do Pacífico alcançaram a fronteira da área de navegação portuguesa no leste e no sudeste da Ásia. Depois que Quirós partiu de Espíritu Santo, seu companheiro Luis de Torres, pessoa mais equilibrada, percorreu a costa sul da Nova Guiné, avistando a Austrália no percurso e penetrando na zona da navegação portuguesa. No entanto, seu informe ficou abandonado, quase esquecido, por mais de um século e meio. Já em 1526, Jorge Meneses, desviado de sua rota por um vendaval durante uma viagem de Malaca às Ilhas das Especiarias, havia precedido Torres na Nova Guiné. Os primeiros espanhóis a alcançarem Yap, nas ilhas Carolinas, descobriram que os nativos já conheciam algumas palavras em português.

Tratava-se de vestígios dos postos avançados mais remotos fundados pelas expedições que as autoridades portuguesas promoveram em Malaca e em Goa para tentar criar relações comerciais com as partes mais distantes do Oriente. Como primeiro emissário de Portugal na China, foi escolhido Tomé Pires, boticário da casa real, que havia chegado às Índias em 1511, provavelmente a fim de supervisionar o embarque de plantas medicinais. Depois de um ano no cargo, ele se viu, como informou ao irmão, "mais rico do que podes imaginar". Depois de um período como comerciante em Java e coletor de espécimes botânicos no mar da China Meridional, partiu para a China em 1516. Obrigado, por tormentas, a retornar, tentou de novo no ano seguinte. Assim que chegou à China, viu-se tolhido pelo protocolo meticuloso do império. Pires incorreu no desdém com que os chineses tratavam os "bárbaros" vindos de longe e não conseguiu estabelecer com a coroa chinesa uma relação satisfatória para Portugal. Não se conhece com certeza seu destino. Ao que parece, jamais voltou a sair da China. Mas o minucioso relatório que fez de sua viagem chegou à corte, e os portugueses perseveraram — de maneira oficiosa e ilegal — em viajar à China e criar ali uma rede de comércio que aos poucos ganhou aceitação oficial. Enquanto isso, empreendimentos comerciais portugueses espalhavam-se pelo Sudeste Asiático.

Na década de 1540, começaram os contatos com o Japão. Fernão Mendes Pinto, que durante trinta anos, a partir de 1528, singrou os mares da Ásia, afir-

260

mava ter sido o primeiro europeu a pisar naquele país. Entretanto, o romance de sua própria vida estava cheio de invenções. Mendes Pinto foi o Simbad português, e sua carreira, marcada por tempestades, uma crônica de naufrágios. A mão de Deus sempre o salvava dos caprichos da fortuna, e com isso sua vida encenou constantemente o triunfo do cristianismo sobre o paganismo. Foi também um satirista de talento, dono de um senso de humor tão irônico que os leitores nunca sabem quando devem levar suas palavras a sério. Seus textos representam, sem dúvida, uma importante fonte de informações sobre o Japão. Seus depoimentos a respeito da atitude superior, compassiva e condescendente dos japoneses para com os bárbaros ocidentais são verossímeis. Num episódio, ele descreve uma pantomima que, executada pelas filhas de um daimiô, ridicularizava os portugueses tanto por sua pobreza quanto por sua religiosidade: apareciam esperando que os japoneses demonstrassem interesse por seus grosseiros relicários de madeira, fazendo a platéia se dobrar de rir. Parece improvável, no entanto, que a primeira visita de Mendes Pinto ao Japão tenha ocorrido antes de 1546. Nesse caso, ele teria sido precedido em dois ou três anos por Diogo Zeimoto e seus companheiros, que estavam viajando do Sião para a China, quando — desviados por uma tempestade ou impedidos de desembarcar por normas oficiais relativas a comerciantes estrangeiros — desembarcaram numa ilha que antes desconheciam, Tanegashima, ao sul de Kyushu. Fontes japonesas confirmam que foram eles que introduziram no país o uso de armas de fogo (que artesãos nipônicos logo copiaram com êxito).

A travessia do oceano

Ao mesmo tempo que se esforçavam por estender sua rede comercial para leste, os exploradores portugueses pouco se preocupavam em melhorar a rota que usavam para ir da Europa ao oceano Índico. Nesse aspecto, entregaram-se ao marasmo. Durante cem anos após a viagem de Vasco da Gama, os navegantes que lhe sucederam se contentaram, de modo geral, a seguir uma rota muito parecida com a sua: costear o litoral leste da África, depois de dobrar o cabo da Boa Esperança, e atravessar o oceano, com a ajuda da monção, em direção a um porto da costa de Malabar ou a Goa. Até certo ponto, isso não surpreende. As rotas das monções eram confiáveis. E eram rápidas no trajeto de ida: os ventos garantiam uma travessia veloz do oceano. Mas o retorno fazia com que os comerciantes perdessem muito tempo. Se o navegante perdia a época do vento favorável, tinha de esperar no porto às vezes até meio ano. Além disso, para chegar à zona das monções do Índico pelo caminho descoberto por Vasco da Gama, ou para voltar dela, os navios tinham de margear as costas de Natal, juncadas de esqueletos e açoitadas por tempestades na primavera e no começo do verão, o que levava os escritores lusos a deplorar sua "história trágico-marítima".

Em 1512, o capitão Pedro de Mascarenhas tentou atravessar o oceano, numa emergência, a fim de reforçar Goa. Cruzou a frente dos alísios de sudeste e usou os ventos de sul para avançar para norte, descobrindo no processo as ilhas Mascarenhas. Mas essa rota só era exeqüível com a monção de verão e exigia mais tempo no mar do que os comerciantes portugueses desejavam. Por conseguinte, a rota que seguia pela costa oriental da África, até Mombaça, continuou a ser a mais utilizada até que, no fim do século XVI, exploradores audazes começaram a procurar um caminho alternativo.

Em 1997 participei de uma curiosa cerimônia no calçadão da praia de Fremantle, no estado da Austrália Ocidental, onde foi inaugurado um busto de Vasco da Gama em comemoração ao 500º aniversário do início da viagem que, pela primeira vez, levou navios europeus ao oceano Índico. Os indefectíveis dançarinos aborígines, presentes em todos os eventos australianos, se apresentaram com a energia de sempre. Um coral da colônia portuguesa local cantou velhas canções folclóricas da ilha da Madeira. O prefeito fez um discurso. Na época, estava em exposição no museu da cidade um magnífico navio holandês, de trezentos anos de idade, tirado do fundo do mar nas proximidades — um dos muitos naufrágios holandeses que ocorreram nessa época na costa australiana. Não há navios portugueses naufragados. No entanto, o prefeito não se referiu aos holandeses. Apenas exaltou as realizações de Vasco da Gama — que merecia, em sua opinião, ser um cidadão honorário da cidade — e dos navegadores portugueses que lhe sucederam, abrindo o oceano vizinho ao comércio europeu. No entanto, ele forçou um pouco os fatos, ao atribuir a descoberta da Austrália a navegantes portugueses. "Se os portugueses foram os primeiros a chegar aqui", perguntou uma pessoa na platéia, "como é possível que em nossa costa haja tantos navios holandeses naufragados, e nem um só português?" "Ah", redargüiu o prefeito, "isso só mostra como os portugueses eram melhores navegantes." Mais tarde, perguntei-lhe por que havia dito aquilo. "Veja bem, Felipe", respondeu ele, piscando o olho, "não existem eleitores holande-

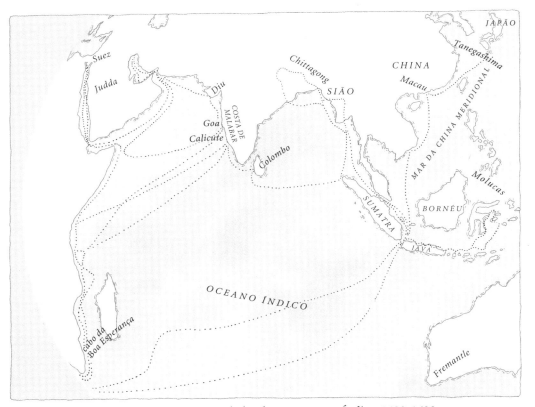

Navegações portuguesas e holandesas no oceano Índico: 1498-1620.

ses na Austrália Ocidental, mas existem aqui 7 mil eleitores de origem portuguesa orgulhosos de seus ancestrais."

A verdade é que, embora navegantes portugueses possam ter, ocasionalmente, visto a Austrália de relance, como fez Torres, não tinham nada que fazer ali e suas rotas regulares não passavam por lá. Para os holandeses, a situação era diferente. Eles chegaram tarde ao oceano Índico. Só na década de 1590 comerciantes holandeses passaram a querer participar do comércio oriental e pensaram em quebrar o monopólio português. Na época, estava em curso uma prolongada guerra no qual as Províncias Unidas, no norte, e os Países Baixos, no leste, que desejavam formar uma república independente, aliaram-se contra as províncias do sul, que permaneceram leais ao monarca hereditário — que, por acaso, era também o rei da Espanha e de Portugal. Embora as Provín-

OS DESBRAVADORES

cias Unidas carecessem de recursos naturais, gozavam de duas vantagens preciosas: um território defensável, que os exércitos espanhóis nunca conseguiram conquistar de todo, e um grande número de navios ociosos, capazes de fazer fortunas no oceano Índico, onde sempre havia demanda de navios, se conseguissem chegar lá.

O interesse em explorar essa possibilidade nasceu na década de 1590, quando Jan van Linschoten, funcionário holandês do arcebispo de Goa, publicou uma brilhante descrição das Índias e de suas opções de comércio. No começo, os holandeses não podiam fazer outra coisa senão trilhar as mesmas rotas que os portugueses — e navegantes nativos durante séculos antes deles — haviam explorado. Mas isso era claramente insatisfatório. Expunha os navios holandeses a riscos de ataque, limitava-os a rotas nas quais os portugueses já controlavam a maioria dos portos e mercados mais desejáveis e não lhes oferecia nenhuma vantagem na concorrência comercial. Os holandeses precisavam de uma rota mais rápida e de operação mais barata que a de seus rivais. A partir de 1602, o controle da navegação holandesa para o oceano Índico foi entregue a uma sociedade anônima que gozava de um monopólio concedido pelo estado: a Vereinigde Oostindische Compagnie (Companhia Holandesa das Índias Orientais).

Em 1611, um dos seus capitães mais respeitados, Hendrik Brouwer, que mais viria a dirigir as operações da Companhia no Oriente, pôs em prática uma idéia que parece lhe ter ocorrido durante viagens anteriores através das ilhas Mascarenhas. Em lugar de virar para cruzar o Índico em diagonal, do cabo da Boa Esperança para as Índias, tirou partido dos fortes ventos de oeste ao sul do Cabo para afastar-se bastante no sentido leste, com ventos favoráveis, antes de virar para norte e rumar diretamente para o estreito de Sunda. Aos poucos, ao longo dos anos, os capitães holandeses utilizaram essa estratégia, com ousadia cada vez maior, até que, na década de 1630, era rotineiro deixar que os ventos de oeste levassem os navios até a costa da Austrália e, a seguir, avançar para o estreito com a ajuda da Grande Corrente da Austrália. Os naufrágios na costa da Austrália são resultados de erros na estimativa da longitude, numa época em que era impossível determiná-la no mar. Mas os lucros eram tão colossais que valia a pena correr os riscos.

Isso era uma façanha de assombrosa ousadia. O perigo de naufrágio era esporádico; já os problemas de fome e sede durante uma viagem oceânica tão longa, sem nenhuma escala da Holanda a Java, eram constantes e contribuem para explicar por que os holandeses criaram um posto de abastecimento no cabo da Boa Esperança a partir de 1652. A abertura da nova rota do Índico é um episódio meio esquecido, mas de enorme importância para a história universal. Com ela, os holandeses ganharam a vantagem competitiva que procuravam. A era áurea da Holanda tornou-se viável. Uma proporção crescente do comércio mundial de especiarias, que os portugueses nunca tinham conseguido tirar de suas vias tradicionais, caiu em mãos européias. A economia da Europa ocidental, por muito tempo mais pobre do que as dos territórios em torno do oceano Índico e das costas da Ásia, começou a equiparar-se com elas.

A borda ocidental

Nesse meio-tempo, na borda ocidental do oceano, exploradores portugueses agregaram novos territórios do interior da África à rede de rotas que percorriam. Já no mar Vermelho seus esforços foram menos produtivos. As monções ligavam as costas da Ásia com o leste da África oriental e o mar Vermelho, mas este último tinha má fama junto aos marinheiros. Em fins do século XVI, Ibn Majid advertiu em seus textos que ele continha "muitos lugares e fenômenos ocultos". Em 1541, seu sucessor português, João de Castro, julgava que "esse mar apresenta mais perigos à navegação do que todo o grande oceano". As possibilidades de criar ligações marítimas com o resto do oceano eram escassas: os portugueses nunca procuraram ou obtiveram ali a boa acolhida que lhes possibilitasse criar um ponto de partida para atuar com sucesso mais a leste ou mais ao sul: a animosidade religiosa lhes vedava o acesso aos portos.

Entretanto, as oportunidades eram muito mais amplas além das fronteiras do mundo islâmico, na África oriental. Quando os portugueses ocuparam Sofala, em 1506, passaram a controlar a saída para o mar do grande império interior de Monomotapa, que se estendia do rio Limpopo ao Zambeze e movimentava enormes riquezas, na forma de sal, marfim e, acima de tudo, ouro. A exploração das rotas para o interior coube, no primeiro momento, a António Fernandes, carpinteiro de profissão, que havia ajudado a construir um forte em Kilwa. Era um dos muitos criminosos que, aceitando o exílio na África, tinham sido beneficiados por indulto. Como muita gente malquista na Europa, desfrutou de excelente acolhida na África. De acordo com um relato da época, "os negros o adoram como a um deus. [...] Se ele vai a algum lugar onde haja guerra, as hostilidades são suspensas por respeito a ele".[27] Sua primeira expedição, entre 1511 e 1514, levou-o a Manica e, atravessando a Mashonalândia, ao Zambeze, e daí à corte do governante de Monomotapa, em Chatacuy. Em 1515, subiu o rio Buzi e enviou relatórios sobre locais distantes no interior. Nas décadas de 1530 e 1540, comerciantes portugueses conheciam bem as feiras comerciais de Monomotapa. Na década seguinte, o cronista português João de Barros pôde descrever as ruínas do Grande Zimbábue a partir de informes de seus compatriotas.

Na mesma época, também a Etiópia — o outro grande império indígena da África oriental — havia chegado a ser relativamente bem conhecida por alguns portugueses. As relações entre esse reino cristão e a Europa nunca se haviam rompido de todo. Mercadores europeus o visitavam de vez em quando, a caminho do oceano Índico pelo Nilo ou pelo mar Vermelho. Em Veneza, em 1549, Fra Mauro havia mapeado a Etiópia, embora com pormenores pouco convincentes. Clérigos etíopes eram vistos com freqüência em Roma, no fim do século xv e no século xvi.[28] Em 1493, em cumprimento às ordens recebidas de investigar os limites do oceano Índico,[29] Pêro da Covilhã havia se instalado no país. No entanto, os contatos foram esporádicos até 1520, quando uma delegação portuguesa foi escolhida para acompanhar um emissário etíope a Portugal. O franciscano Francisco Álvares viajou com a delegação e, atônito, escreveu um relato sobre o que ele afirmou ser a terra do "Preste João" — o personagem que, segundo a lenda medieval, governaria um majestoso império oriental e um dia se uniria à cristandade latina para esmagar os inimigos muçulmanos. Na realidade, a Etiópia estava mais necessitada de ajuda que em condições de oferecê-la. A migração de comunidades pastoris pagãs erodia suas fronteiras, enquanto invasores muçulmanos as cruzavam da região de Adil até a área ocidental do império. Entre 1541 e 1543, uma força-tarefa portuguesa — de início com um efetivo de quatrocentos guerreiros e 130 escravos — interveio para ajudar a salvar o país da conquista pelos muçulmanos. A fama de suas proezas inspirou missionários a segui-los. No começo do século xvii, a Sociedade de Jesus mostrou-se bastante ativa na tentativa de convencer os governantes etíopes a abandonar suas heresias.

Suas mais notáveis contribuições para a exploração foram a descoberta da nascente do Nilo Azul, por frei Pedro Páez, em 1618, e a procura de um caminho, "que confiamos que Deus mantenha aberto", de Gojam a Mogadíscio,

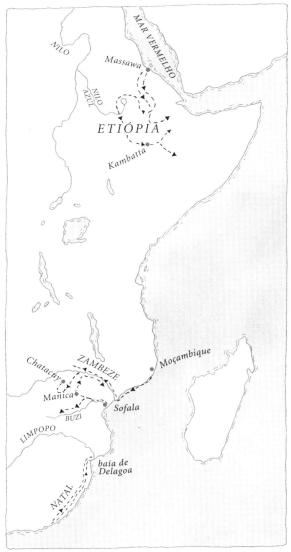

Rotas portuguesas na África oriental no século XVI.

feita por frei António Fernandes, em 1613. A iniciativa de Fernandes fez parte de um esforço cada vez mais frenético para melhorar as comunicações do império ameaçado com o resto do mundo cristão. Ao passar além de Kambata, penetrou num território que os próprios etíopes conheciam mal e que os europeus só voltariam a visitar no século xix, mas foi capturado por muçulmanos e devolvido à Etiópia. Fernandes declarou ao historiador da Ordem que

> nos confins daquele vasto e selvagem ermo via a si mesmo como uma formiga numa ampla campina [...] avançando com o grão do trigo ou painço que levava, sem medo de ser pisada ou esmagada, e sem preocupar-se com os propósitos de outros viajantes. [...] Creio que o Padre teve essa atitude não só nessa viagem, como também durante toda a sua vida.[30]

A DETERMINAÇÃO DO CONTORNO DAS AMÉRICAS

Os navegadores que deram o grande salto no Atlântico, na década de 1490, procuravam um caminho rápido para a Ásia. No entanto, viram-se aos tropeções numa corrida de obstáculos da Idade da Pedra. Foi preciso muito tempo para que percebessem o potencial do Novo Mundo e mais ainda para definir suas dimensões e localizar seus limites. Em meados do século xvi, os cartógrafos europeus ainda não sabiam ao certo se ele era uma grande península da Ásia, como Colombo havia imaginado, ou um continente separado, cercado de mares. A mesma incerteza recaía sobre seu prolongamento ao sul, uma vez que, até o começo do século xvii, ninguém sabia com certeza se o território ao sul do estreito que veio a ser batizado com o nome de Magalhães era uma pequena ilha ou, como supunham em geral os cartógrafos, um vasto continente que se estendia na direção do pólo Sul.

O mar do Caribe e as terras a seu redor

Colombo começou o longo trabalho de traçar os contornos das Américas. Valeu-se de guias nativos que já tinham experiência em navegar pelo Caribe, por rotas comerciais que ligavam todas as ilhas e se comunicavam com linhas de comércio costeiro entre a área central do México, o Yucatán e o delta do Mississippi.

Em sua segunda viagem transatlântica, em 1493, Colombo acrescentou as Pequenas Antilhas, de Dominica para norte, à lista das ilhas que já conhecia. Explorou também a maior parte das costas de Cuba e da Jamaica. Obcecado, como vimos,[31] por seu desejo desesperado de comprovar a afirmativa de ter chegado à Ásia, obrigou seus homens a jurar que Cuba fazia parte de um continente — seria um promontório da China —, mas a maioria deles o fez com evidentes reservas. Em sua terceira viagem ao Novo Mundo, em 1498, Colombo realmente descobriu um continente, e como tal o identificou, ao desembarcar em Trinidad e observar a água doce que fluía da foz do Orinoco. Ali ele criou a expressão "Outro Mundo" para designar a "terra grandíssima" que continuou a considerar, em certo sentido, parte da Ásia — um mundo em que "se empenharam romanos, Alexandre e os gregos para conquistá-lo".[32] Colombo acompanhou a costa até a ilha Margarita antes de retornar à ilha Espanhola.

No decorrer dos anos seguintes, seus seguidores, colaboradores e rivais prosseguiram o trabalho de exploração da costa. No fim de 1501, tinham avançado, para oeste, até Darién e, provavelmente, passado muito além do trópico de Capricórnio ao sul, confirmando que a terra recém-descoberta era realmente de dimensões continentais. Continuavam apegados à esperança de que estivessem na Ásia ou perto dela. Um dos colaboradores de Colombo, Vicente Yáñez Pinzón, por exemplo, imaginou que talvez tivesse dado com o Ganges quando, em 1499, alcançou a foz do rio que hoje chamamos de Amazonas. Vespúcio, discípulo de Colombo que provavelmente se tornou, no mesmo ano, o primeiro europeu a cruzar a linha do equador, seguindo a costa do Novo Mundo, julgou que se encontrava "a uma distância não muito grande" do oceano Índico.

Depois de refletir, Colombo parece ter concluído que a Ásia que procurava devia estar além das terras que já tinha descoberto. Em 1502, por isso, partiu da ilha Espanhola rumo a oeste, fazendo a primeira travessia conhecida do Caribe. Vasculhou a costa que vai de Honduras a Darién, procurando um "estreito", tendo visões de encontros pessoais com Deus que ora o afligiam, ora o confortavam, em momentos de tensão e enfrentando terríveis tormentas tropicais. Dois resultados fortuitos dessa viagem foram a descoberta de Veragua, com seus tantalizantes e inacessíveis depósitos de ouro, e um encontro com um navio mercante maia: esses foram os primeiros sinais de que talvez valesse a pena uma investigação detida do continente americano. Por fim, quando havia alcançado o limite de suas explorações anteriores, Colombo retornou. A essa altura, seus navios estavam crivados de teredos e mal conseguiram chegar à Jamaica antes de afundar.

A partir de então, o estreito que Colombo não conseguiu achar passou a ser procurado mais ao norte, e com a busca completou-se a imagem do Caribe e do golfo do México. Um mapa incluído numa obra de 1511 mostra a costa incompleta; um esboço feito por um integrante de uma viagem em 1519, embora muito grosseiro, revela o conhecimento completo do contorno até a Flórida.

A costa atlântica da América do Norte: a busca de um estreito

Nessa época, madeireiros portugueses e exploradores espanhóis tinham levado a investigação da costa da América do Sul até o rio da Prata. No ano seguinte, Fernão de Magalhães continuou a procura e realmente encontrou, enfim, um estreito — a 55,5 graus sul, a mais de 8 mil quilômetros de onde Colombo o havia buscado. Como vimos, porém, o estreito de Magalhães não era de modo algum o tão esperado caminho de acesso à Ásia.

Contudo, havia ainda a possibilidade de que houvesse uma passagem para a Ásia no Atlântico norte. Na época da viagem de Magalhães, os navegantes espanhóis mal haviam explorado as latitudes entre a Flórida e a Nova Escócia. Em muitos mapas da época, a costa aparece como contínua. Essa suposição se baseava, provavelmente, em informações de pescadores e no que podia ser inferido de um reconhecimento feito em 1508-9 pelo filho de João Caboto, Sebastião: seu relato é tão impreciso que se torna impossível reconstituir sua viagem, mas, independentemente de onde tenha chegado — e em sua exploração da costa atlântica do Novo Mundo ele certamente chegou mais ao sul e mais ao norte que o pai —, fica claro que não descobriu nenhuma via de acesso para o oeste. Por outro lado, a maioria dos cartógrafos considerava a questão como não resolvida, deixando em branco o espaço acima dos limites setentrionais da exploração espanhola.

Quanto à possibilidade de alguma passagem para o oeste não ter sido percebida, a questão foi resolvida por expedições encarregadas de descobrir uma rota para a Ásia, em 1526 — ano em que o sobrinho de Vespúcio publicou um mapa-múndi de grande repercussão que mostrava um caminho para a Índia entre a "Terra de Cod" e a "Terra Florida". Nesse momento, capitais franceses entraram no mercado das explorações. Como Lyon era um centro do comércio de seda, a perspectiva de uma rota curta para a China era de interesse especial para a cidade, onde casas comerciais e financeiras florentinas estavam bem

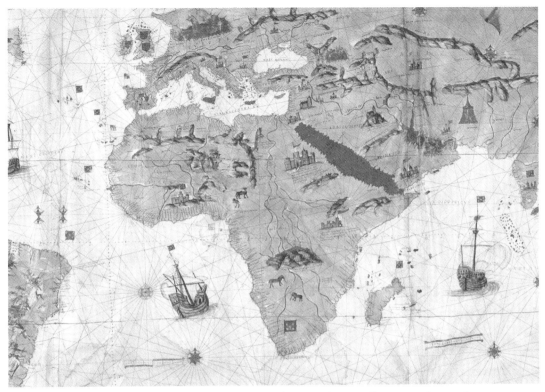

Detalhe do planisfério de João Vespúcio, de 1526. O mapa ilustra, e talvez tenha contribuído para reforçar, a crença num Novo Mundo estreito e na existência de uma passagem, através dele, pelo noroeste do Atlântico.

representadas. Por conseguinte, um aventureiro florentino, Giovanni da Verrazano, foi a Lyon a fim de levantar dinheiro para seu projeto de procurar um estreito ao norte da Flórida. O rei da França contribuiu com um navio.

Segundo seu próprio relato, Verrazano descobriu "uma terra nova, nunca dantes vista por gente alguma, antiga ou moderna" — excetuando, implicitamente, as pessoas que viviam lá. Essa terra bloqueava a esperada passagem para a Ásia. Com um texto promocional pouco convincente, Verrazano procurou compensar a decepção. "Adornada e revestida" de árvores úteis, a terra "tinha algo em comum com o Oriente". Era habitada por gente hospitaleira, pelo menos às vezes. Aparentemente possuía ouro, "para o que uma terra com tal aspecto tem toda inclinação". Abundava ali a caça. Verrazano anunciou a existência de uma costa contínua. E também deu início a um novo mito: o de que a América do Norte era um continente estreito e que o Pacífico o banhava, em sua porção menos larga, a pequena distância da costa atlântica. Afirmou que, depois de dobrar o cabo Lookout, viu-se diante de um istmo com pouco mais de 1,6 quilômetro de largura, "onde do navio podíamos ver o mar Oriental [...] o qual, sem dúvida, circunda as costas da Índia, China e Catai". Cabe presumir que os baixos ilhéus dos Bancos Externos da Carolina o tenham confundido.[33]

Entrementes, o rei da Espanha enviou outra expedição, comandada por outro trânsfuga português, Estêvão Gomes, que havia acompanhado a expedição de Magalhães e desertado para "ir explorar o leste da Catai até nossa ilha de Maluco". Gomes não encontrou nenhuma passagem entre o cabo Breton e a Flórida, zona bem conhecida, mais ou menos até o cabo Fear, ao norte, devido às viagens de Ponce de León e às malogradas tentativas de colonização que as seguiram.

A única possibilidade que restava para achar uma rota marítima rápida entre a Europa e Ásia estava então no extremo norte, através dos abomináveis perigos das águas geladas do Ártico. Nos anos que se seguiram às viagens de João Caboto,[34] explorações portuguesas das costas do Labrador, da Terra Nova e, talvez, da Nova Escócia tinham impressionado os cartógrafos, mas não os financiadores de novas expedições, salvo na Inglaterra, o país com melhor situação geográfica para realizar explorações nessas terras sombrias e de águas enganosas. Um comerciante de Bristol, Robert Thorne, cujo pai fora um dos financiadores de João Caboto, defendeu essa idéia numa petição que dirigiu a Henrique VIII da Inglaterra em 1527. Explorar "as partes setentrionais [...] é um encargo e dever apenas vosso". Thorne abraçava uma teoria muito popular na época, herdada de geógrafos da Idade Média tardia: o oceano Ártico era navegável e podia ser cruzado pelo pólo Norte. Uma das fontes mencionadas por cartógrafos do século XVI para corroborar essa teoria era a obra, hoje perdida, de um frade inglês do século XIV, em que o religioso narrava suas viagens ao pólo.[35] Essa era uma base frágil sobre a qual iniciar a tarefa de exploração do Ártico. John Rut, que em 1527 foi enviado para investigar a teoria, deu meia-volta na altura do paralelo 53, temendo o gelo.

A busca decidida, por parte dos ingleses, da famosa Passagem do Noroeste só começou para valer na década de 1570, quando se acentuou a inveja da Inglaterra em relação à Espanha e a Portugal. Percebeu-se que o reino tinha ficado

Folha de rosto de General and rare memorials pertayning to the perfect art of navigation, *de John Dee, 1577.*

para trás, em relação a seus rivais, na exploração das oportunidades de criar um império e desenvolver seu comércio. Por volta de 1577, o galês John Dee, médico, astrólogo e mago da Renascença, que se dividia entre as cortes de Elizabeth I da Inglaterra e a do imperador Rodolfo II, do Sacro Império Romano-Germânico, trabalhava num livro que celebrava a vocação marítima da entidade política que ele chamava, como se fosse um vidente, de "Império Britânico". Uma ilustração para o frontispício do livro dá uma idéia de como era a obra, hoje quase toda perdida. A rainha está de pé na proa de um navio chamado *Europa*, talvez porque Dee via Elizabeth como a monarca que possivelmente libertaria a Europa do jugo espanhol. A soberana estende a mão para pegar uma coroa de louros oferecida pela Oportunidade — uma donzela que, no alto de uma torre, como a Rapunzel do conto infantil, tem o cabelo sugestivamente solto, esperando ser resgatada. Na praia, de joelhos, Britânia reza por uma frota marinha. Raios provenientes do divino tetragrama impelem o navio. O Sol, a Lua e as estrelas lançam influências benignas. De espada em riste e expressão hostil, são Miguel desce do céu, em direção aos espanhóis que ocupam o Novo Mundo.[36]

O livro de Dee foi uma dentre muitas obras de pressão e propaganda destinadas a persuadir a Grã-Bretanha a dominar os mares e, sobretudo, desafiar a preponderância espanhola, explorando o acesso privilegiado da Inglaterra aos mares boreais. Os propagandistas inventaram (ou compilaram em ficções alheias) uma história imaginária — que, como tantas outras invencionices, mostrou-se a longo prazo mais forte que a realidade — de navegação inglesa no Atlântico norte, uma história que, supostamente, concedia à Inglaterra um direito anterior a terras e rotas setentrionais que eram objetos de litígio, atribuindo ao rei Artur a conquista da Islândia, da Groenlândia, da Lapônia, da Rússia e do pólo Norte.[37]

A estratégia estava condenada ao fracasso. Com relação a suas tradições marítimas, os ingleses tendem à vanglória. Segundo eles, seu império marítimo data do reinado de Elizabeth, quando na verdade o componente mais visível e curioso na história dessa época é a mediocridade da atuação da Inglaterra no mar. Descrevem o reinado de Elizabeth como sua época de grandeza nacional, quando na verdade, pelos padrões do resto da Europa ocidental — da Espanha, da Itália ou mesmo da França e dos Países Baixos —, a Inglaterra era uma terra seriamente subdesenvolvida e de mal-disfarçada selvageria. A Inglaterra tinha todos os pré-requisitos para um império marítimo: acesso fácil ao mar, uma tradição de navegação, experiência direta de imperialismo na Irlanda. Além disso, no século anterior havia perdido seu império continental — as províncias da França controladas pela coroa inglesa. Isso poderia ter liberado energia para a expansão oceânica. No entanto, malgrado essas vantagens, o império da Inglaterra só seria lançado no século XVII. Esse problema é mais um do tipo cão-na-noite: por que o animal não latiu?

Grande parte dos esforços ingleses foram perdidos na exploração de rotas que o gelo transformava em becos sem saída. O mar Branco, ao norte da Rússia, e os estreitos que levam à baía de Hudson — os principais teatros de iniciativas inglesas na busca de rotas setentrionais para a Ásia durante o século XVI — só eram navegáveis durante dois ou três meses no ano. Isso era muito pouco para que os navios completassem a viagem de ida e volta e ainda tivessem algum tempo para realizar alguma exploração. Fora dessas águas, a única maneira de avançar consistia em se dispor a ficar preso no gelo e deixar-se levar pela corrente, à deriva. Mas isso seria um processo prolongado, para o qual os navios da época não estavam preparados, por não disporem nem de espaço nem de meios de manter as provisões frescas por muito tempo. Em vista dos problemas, não surpreende que os resultados dos esforços ingleses tenham sido modestos.

Por volta da época em que Dee trabalhava em seu livro, Martin Frobisher já havia zarpado com a intenção de descobrir — como esperava — a Passagem do Noroeste, ao norte do Labrador. Em três viagens, de 1576 a 1578, ele achou a entrada para a baía de Hudson, rejeitando-a como um equívoco, mas imortalizou seu nome ao batizar como "estreito de Frobisher" o que hoje chamamos de baía de Frobisher. Esse foi outro equívoco. Mas erro pior foi recolher pedaços de pirita, convencido de que se tratava de ouro, e exibi-los na volta à Inglaterra a um público incrédulo. Isso desestimulou novas tentativas até 1585-7, quando John Davis, num novo surto de otimismo, anunciou ter encontrado "águas abertas para ocidente" no estreito de Davis.

As esperanças suscitadas por Frobisher e Davis foram desmentidas assim que a exploração foi retomada, com Henry Hudson, Robert Bylot e William Baffin, entre 1610 e 1616. Para reativar as adormecidas esperanças inglesas de encontrar uma passagem, foi preciso que os holandeses se mostrassem interessados, pois a procura recomeçou sob auspícios holandeses. Hudson já havia acumulado considerável experiência em águas boreais, tendo procurado localizar, em 1607-8, a lendária passagem para o pólo Norte por ordem da Companhia de Moscóvia e concluído que a tarefa era impossível. A Companhia Holandesa das Índias Orientais julgou-o o comandante ideal para achar uma Passagem de Noroeste, se é que a coisa existia. Como vimos, os holandeses estavam em intensa atividade na época, buscando qualquer meio de conseguir uma vantagem competitiva nos mercados de especiarias do Oriente — financiando novas tentativas pela rota aberta por Fernão de Magalhães e procurando meios mais rápidos para evitar os mares de monções. A decisão de contratar Hudson fazia parte de uma estratégia tripla.

A primeira travessia do Atlântico por Hudson, em 1609, apenas confirmou a inexistência de uma passagem na região que hoje fica entre os estados de Maryland e Nova York, onde seus financiadores tinham esperanças de que exploradores anteriores houvessem deixado de perceber uma entrada vital. Subindo o rio que mais tarde receberia seu nome, Hudson abriu aquela rota que se tornaria um caminho promissor para comerciantes de peles entre o Atlântico e as florestas, ricas em caça, próximas aos Grandes Lagos. Na volta para a Holanda, foi detido pelos ingleses e encarcerado como traidor; a forma que encontrou para sair dessa situação foi fazer sua viagem seguinte com patrocínio inglês.

Hudson partiu novamente em 1610, com a incumbência, determinada pelos comerciantes ingleses que o financiavam, de procurar uma passagem a cerca de 61 graus norte. Seu rumo o levou à baía de Hudson, onde foi obrigado a passar o inverno, com as provisões se esgotando e aprisionado pelo gelo no fundo da baía. Ao perceber que o degelo de verão não conseguia, de início, libertar o navio, a tripulação se amotinou e o barco ficou à deriva. Entre os poucos sobreviventes, devastados pelo escorbuto, pela fome, pelo frio e pela violência nas mãos dos inuítes, estava Robert Bylot, que assumiu o comando da expedição. Em 1612, realizou-se uma nova viagem, sob o comando de um oficial da Marinha, Thomas Button. Muito mais aprovisionada que a de Hudson, a expedição provou que um navio podia sobreviver a um inverno na baía de Hudson. Depois disso, Bylot comandou uma nova série de viagens em busca de uma passagem.

Sua maior contribuição consistiu em recrutar para o empreendimento um navegador e hidrógrafo de inigualável talento, William Baffin. As viagens que fizeram, em 1615 e 1616, foram marcadas por falsas esperanças, suscitadas muitas vezes quando as privações e perigos por que passaram pareciam prestes a serem recompensados. Em 1615, nutriram fortes esperanças de achar uma passagem através do canal Foxe, antes de serem obrigados a aceitar a derrota. No ano seguinte, passaram da latitude de 77 graus norte, mas foram obrigados a admitir que o estreito de Davis também só levava a gelos intransponíveis. E Baffin concluiu: "Atrevo-me a dizer (sem jactância) que não se realizaram melhores descobertas em tão pouco tempo (ao que me lembre) desde o começo desta procura, levando-se em conta a quantidade de gelo por que passamos e a dificuldade de navegar tão perto do pólo".

Baffin resumiu admiravelmente as perspectivas das futuras explorações. Havia no Ártico abundância de alimentos para marinheiros equipados adequadamente e capazes de caçar e pescar. Os mares que havia explorado eram excelentes para a caça de baleias, que poderia ser praticada lucrativamente no verão. Já a descoberta de um estreito era questão mais problemática. Algumas rotas que ficavam obstruídas pelo gelo no inverno muitas vezes se mostravam igualmente inacessíveis no verão, pois o derretimento do gelo e da neve alimentava o encrespamento de alto-mar. "Sem dúvida, existe uma passagem", acreditava ele, à qual talvez se tivesse acesso pela baía de Hudson ou pelo estreito de Davis. Mas para encontrá-la um navio teria de invernar repetidamente no gelo. E isso estava além das possibilidades de qualquer navio ou tripulação da época.[38]

Em decorrência desses esforços, faltava à Inglaterra energia para colonizar outras partes acessíveis da América. As colônias inglesas fomentadas por sir Walter Ralegh na ilha de Roanoke, entre 1585 e 1587, fracassaram. Irritados com a cobiça e a violência dos recém-chegados, os índios dizimaram a primeira; os colonos da segunda desapareceram sem deixar rastro e nunca foram localizados. Todavia, entre 1602 e 1607, exploradores privados ingleses procuraram locais adequados para novas empreitadas coloniais ao longo das costas da Nova Inglaterra, experimentando três rotas transatlânticas: seguindo o caminho de Caboto à Terra Nova e depois virando para o sul — embora mesmo na época do ano mais favorável essa opção dependesse de ventos irregulares e enfrentasse correntes adversas; seguindo também os passos de Colombo, sendo que essa rota se tornou a preferida, usando os alísios de nordeste para chegar ao Caribe antes de usar a corrente do Golfo para seguir no rumo norte; e tentando até atravessar o Atlântico diretamente, contra o vento.

Só em 1607 instalou-se uma colônia perto de Jamestown, no continente. Os ingleses não fizeram nenhum plano sério para que ela se tornasse produtiva. Ainda esperavam encontrar muitas riquezas, civilizações perdidas ou uma via de acesso ao Pacífico não muito distante. Não surpreende, pois, que a primeira comunidade ali fosse formada por colonos apáticos, que dependiam de sua amizade precária, e às vezes imposta à força, com os índios powhatans, para obter alimentos. No entanto, havia entre eles um homem empreendedor e de visão. O capitão John Smith era, em parte, um mitômano que mentia para se fazer benquisto e escrevia histórias de exaltação pessoal em que celebrava suas próprias aventuras. Foi também o primeiro "durão" americano: um tirano egocêntrico cuja personalidade real — sanguinária, ousada e resoluta — foi açucarada pelo filme de animação *Pocahontas*, da Disney. Afirmava que, lançando mão de seu encanto, era capaz de obter mercadorias e moças com os índios. Mas seu verdadeiro método para fazer com que os indígenas alimentassem as colônias era o terror. A maior parte de sua abundante energia era dedicada a manter vivos os colonos. No entanto, realizou também algumas modestas excursões de exploração. Em 1607, subiu o rio James até as cachoeiras que ficavam além da aldeia do chefe dos powhatans. Não pôde cumprir o que mais tarde revelou serem suas instruções secretas — "não regressar sem uma pepita de ouro e uma informação segura sobre o mar do Sul ou sobre uma das colônias perdidas de sir Walter Ralegh" —, mas conseguiu um mapa indígena e a informação de que o interior da região era montanhoso.[39] No ano seguinte, explorou a baía de Chesapeake até o rio Susquehannock e, seguindo as indicações de índios a respeito de um "grande mar resplandecente" no interior, acompanhou o Potomac até o local onde hoje fica Washington DC. O melhor que se pode dizer sobre a atividade dos ingleses na Virgínia é que os esforços dos franceses para criar colônias na costa atlântica da América do Norte também deram resultados modestos e que tampouco os dos espanhóis tiveram mais sucesso. Nenhum deles realizou incursões frutíferas ao interior.

A costa do Pacífico

Se a região setentrional da América permanecia oculta sob o gelo e as costas do Atlântico norte não ofereciam uma boa base para o prosseguimento da exploração, a borda ocidental do continente parecia perdida na distância que a separava das bases dos exploradores. Ao sair do estreito que hoje tem seu nome, Magalhães se manteve perto da costa chilena durante cerca de três semanas. A exploração do restante da costa da América do Sul se fez de norte para sul. A primeira expedição de que temos notícia, a de Pascual de Andagoya, em 1522, pretendia, segundo sua recordação posterior, "explorar a parte central do Peru e a costa que fica além do golfo de San Miguel".[40] Essa descrição parece ter sido feita *a posteriori*, mas quase certamente navegantes nativos deram aos espanhóis algumas indicações do que havia naquela direção, e Peru ou "Biru" era, ao que parece, o nome que os nativos da atual Nicarágua e Panamá davam às regiões andinas. Além do Peru, a navegação ao longo da costa encontrava um sério obstáculo: é extremamente difícil navegar contra a corrente de Humboldt. Quando Pedro de Valdivia invadiu o Chile, na década de 1540, e de novo na de 1550, e chegou ao rio Bío-Bío por terra, seus navios de abastecimento tiveram dificuldades para acompanhá-lo. Em 1557-8, Juan Ladrillero perdeu metade de sua frota tentando abrir caminho entre as ilhas rochosas que margeiam grande parte do litoral chileno. Naquele tempo, um navio levava noventa dias para ir de Callao a Valparaiso — mais do que demorava para viajar da Espanha ao México ou ao oceano Índico, ou para percorrer toda a Ásia marítima, da Arábia à China. A única forma de viabilizar a colonização do Chile seria encontrar um melhor caminho marítimo — mais rápido. Tradicionalmente, a descoberta dessa rota tem sido vista como conseqüência da primeira viagem de Mendaña pelo Pacífico, em 1567, que aumentou o conhecimento do regime de ventos. Parece mais provável, porém, que os pilotos simplesmente tenham se afastado cada vez mais da costa para evitar a corrente de Humboldt e aos poucos tenham aprendido quais eram os melhores pontos para virar em direção ao litoral. O mapeamento completo da complexa costa sul do Chile teve de esperar o trabalho de Pedro Sarmiento de Gamboa — um *uomo universale* de excepcional talento como navegante, historiador e propagandista — que, em 1579-80, percorreu as ilhas, explorou o Pacífico até o grupo das Chatham e atravessou o estreito de Magalhães de oeste para leste. Suas viagens fizeram parte de um programa destinado a proteger o Pacífico das incursões de piratas ingleses, franceses e holandeses, buscando localizações adequadas para bases navais e fortificações.

Enquanto isso, a exploração da costa oeste da América do Norte, partindo das colônias espanholas no México, fazia pouco progresso. Os espanhóis ficaram decepcionados com a pobreza e o nomadismo dos nativos ao noroeste da Nova Espanha e estavam mais interessados na busca de uma rota pelo Pacífico para as Ilhas das Especiarias, que, como esperava Cortés, seria "muito fácil e muito curta".[41]

Depois que o próprio Cortés fez-se ao mar e avistou a extremidade da Baixa Califórnia em 1533, em 1539-40 Francisco de Ulloa fez o reconhecimento da maior parte da costa daquela região: comprovou que era uma península, mas os cartógrafos esqueceram ou ignoraram o fato e, em alguns casos, continuaram a representá-la como uma ilha durante mais duzentos anos. O erro deveu-se, talvez, ao nome "Califórnia" — tirado de um conhecido romance de cavalaria, em que designava uma ilha de amazonas, situada perto do paraíso terrestre. Continuava a influência das ficções cavalheirescas sobre os exploradores, sem dar sinal de arrefecer.

Pouco depois do retorno dessa expedição, Hernando de Alarcón seguiu a rota de Ulloa pelo mar de Cortés, como era então chamado, com o objetivo de aprovisionar uma expedição por terra que se encontrava então nas proximidades da escarpa de Mogollon. Alarcón aventurou-se 145 quilômetros pelo curso do rio Colorado. Como de costume, os espanhóis mostravam um otimismo absurdo e estavam redondamente enganados quanto às dimensões de suas descobertas, esperando fazer contato com um destacamento que julgavam estar próximo, mas que na realidade se achava a centenas de quilômetros de distância.

Até então, ninguém na Nova Espanha fazia a mais remota idéia do que havia ao norte da Baixa Califórnia. Em 1542-3, uma expedição liderada por Juan Rodríguez Cabrillo efetuou um reconhecimento da costa, contra a corrente, em condições meteorológicas terríveis e, após a morte de seu comandante, talvez tenha chegado até o Oregon, ou a 43 graus norte, de acordo com a estimativa do piloto, percorrendo cerca de 1600 quilômetros, antes de regressar. Durante o século XVI, os espanhóis percorreram aquela costa regularmente, em busca da rota pela qual Urdaneta havia atravessado o Pacífico vindo das Filipinas. Mas os galeões que procediam dali, carregados de sedas, raramente se arriscavam a parar ou desviar-se para explorar novas zonas antes de chegar ao México. Uma das exceções se deu em 1587, quando Pedro de Unamuno explorou a área de Morro Bay com a intenção de localizar um ponto adequado onde os galeões pudessem parar, se necessário, antes de chegarem ao destino. Sir Francis Drake esteve nessa mesma costa em 1578, por ocasião de sua aventura como pirata no Pacífico e, arrogante como era, tomou posse do território para a Inglaterra, dando-lhe o nome de Nova Albion. Não se pode dizer com certeza se ele contribuiu de alguma forma para o conhecimento da costa, já que a baía descrita por ele tanto pode ser a de San Francisco, não percebida por expedições anteriores, quanto a de Drake, já descoberta por Cabrillo. Os argumentos contra ou a favor não permitem que se chegue a uma conclusão. Seja como for, a imprecisão com que Drake descreveu o lugar o desqualifica como descobridor.

A EXPLORAÇÃO DO INTERIOR DAS AMÉRICAS

Enquanto o contorno das Américas continuava indistinto para os ocidentais, incursões ao interior do continente aos poucos foram dando uma idéia de seu tamanho. Os exploradores seguiram dois tipos de rotas: por terra, em geral de pouca extensão, através de serras, florestas e desertos; e pelos sistemas dos grandes rios, que permitiam uma penetração profunda nos continentes e, em certos lugares, quase cruzá-los totalmente. Até perto do fim do século XVI, praticamente todas as expedições foram motivadas por boatos sobre riquezas — reinos opulentos ou minas muito produtivas.

As expedições por terra

O primeiro desses boatos incitou Vasco Núñez de Balboa a empreender a procura do reino de Dabeiba, pelo vale de San Juan, em 1512. Dois anos antes, Balboa havia se refugiado em Urabá — o ponto mais remoto do reino da Espanha, um precário posto avançado no continente, perto da América Central — para fugir de seus credores. Em busca de um local mais promissor, mudou-se para Santa María la Antigua, em Darién, onde liderou o surgimento de uma colônia que se mostrou viável. Sua primeira viagem o levou rumo ao sul, até avistar os Andes. Na segunda, entre setembro de 1513 e janeiro de 1514, Balboa cruzou o istmo do Panamá, saindo de Carreta, e com isso tornou-se o primeiro europeu "a contemplar o Pacífico".

O reino de Dabeiba não passava de um mito. Entretanto, do mesmo modo que mitos semelhantes pareciam se reproduzir, surgiam também razões plausíveis para se crer neles. Nas décadas de 1520 e 1530, os conquistadores espanhóis demonstraram que a realidade da América podia exceder até as fantasias dos romances de cavalaria. No México e no Peru existiam mesmo reinos ricos em ouro a serem conquistados. A partir deles, naquelas duas décadas, a exploração irradiou para o interior das Américas.

Comandando um contingente tido como uma força de reconhecimento, Hernán Cortés desembarcou em Veracruz em agosto de 1519. Desafiando a autoridade de seus superiores em Cuba, organizou seus homens em uma comunidade civil, da qual se fez eleger prefeito. Era uma espécie de ato reflexo. Quando os espanhóis se viam numa terra virgem, fundavam uma cidade, assim como os ingleses, nas mesmas circunstâncias, fundariam um clube.

Depois de encalhar seus navios, Cortés seguiu em frente, "sem temor de que, ao virar as costas, os homens que ficavam no povoado pudessem me atraiçoar". Os rumores sobre as riquezas astecas reforçavam a resolução de levar a cabo um empreendimento que, com os navios encalhados, significava literalmente conquistar ou morrer. "Confiando na Providência e no poder do nome real de suas Altezas", 315 espanhóis saíram em busca de Motecocuma "onde quer que se encontrasse". A rota foi escolhida expressamente para penetrar nas partes mais inacessíveis do território asteca, onde estariam os súditos mais descontentes com os astecas e seus inimigos mais tenazes. Os espanhóis fizeram a subida a partir de Jalapa, por um caminho "tão abrupto e íngreme que não existe em Espanha nenhum tão difícil", e saíram dele convictos de que estavam agora no reino asteca. Cortés escreveu: "Bem sabe Deus como padeceram meus homens, pela fome, pela sede [...] as granizadas e as tormentas".[42] Avançaram pelo território de Tlaxcala, onde sua coragem foi recompensada pela aliança com o mais feroz bolsão de resistência aos astecas entre o México e a costa.

O fio do qual pendia o moral dos membros da expedição começou a se esgarçar rapidamente. Estavam a milhares de quilômetros de sua terra. Haviam perdido a esperança de receber auxílio e sabiam que se viesse uma força de Cuba seria para puni-los e não para ajudá-los. Achavam-se num ambiente hostil e assustador, cercados por centenas de milhares de "selvagens" ameaçadores, os quais não compreendiam. Tinham de respirar numa atmosfera rarefeita, a que não estavam habituados; suportar extremos de calor e de frio; sustentar-se com uma dieta pobre, sem a carne vermelha e o vinho que os espanhóis consideravam essencial para a saúde e o bom status social. Estavam à mercê de guias e intérpretes nativos que poderiam traí-los a qualquer momento. Em Cholula, Cortés recorreu ao terror. Para neutralizar uma conspiração indígena, como disse, ou talvez, o que é mais plausível, para aliviar a tensão dos espanhóis, massacrou, segundo seu próprio relato, mais de 3 mil nativos.

Cortés é superestimado como conquistador. Foi uma coligação de povos indígenas que derrubou os astecas. A bem-sucedida aliança parece ter sido orquestrada menos por Cortés que por sua amante indígena, que era também sua intérprete e a única pessoa realmente em condições de saber o que se passava na esfera diplomática. Em representações nativas da conquista, ela aparece numa posição central, conduzindo negociações e até comandando as operações.

Como explorador, porém, Cortés merece reconhecimento. É claro que a ajuda dos nativos foi tão importante para seus êxitos na abertura de novas rotas quanto para suas vitórias militares, mas seu trabalho ampliou as rotas de contato entre civilizações de uma maneira que viria mudar o mundo. Até então, os assentamentos espanhóis no Novo Mundo tinham tido um papel marginal: eram de produtividade modesta e quase não influíam na vida da maior parte das pessoas na Eurásia. Cortés pôs esses assentamentos em contato com uma das regiões mais populosas e produtivas do mundo. A grande faixa de civilizações ricas e sedentárias que se estendia ao longo da Eurásia podia agora começar um intercâmbio cultural e biológico com as civilizações das Américas. Uma linha de comunicação — ainda imperfeita, ainda precária — começava a unir o mundo.

Francisco Pizarro conquistou o Peru com uma deliberada imitação de Cortés. As costumeiras ambições fantásticas animavam os conquistadores. Pizarro, analfabeto, seria "governador, capitão-mor e adelantado" do Peru conquistado. Seu homem de confiança, Diego de Almagro, um réprobo e filho bastardo, seria "um nobre com cargo relevante". Hernando de Luque, encarregado das finanças da expedição, seria bispo. Para obter essas recompensas, tiveram de passar por aterradoras provações. Embora tenha iniciado o empreendimento em 1524, só em janeiro de 1532 Pizarro começou a subir as montanhas do território inca, ao longo dos rios Cira e Piura, com apenas 185 homens. Em novembro de 1532, ao entrar em combate com Atahualpa, em Cajamarca, confiou na surpresa e em suas armas de aço para compensar a superioridade numérica do adversário, de mais de quinze nativos para cada espanhol. Tendo Atahualpa como prisioneiro, poderia deter o contra-ataque e pedir um resgate em ouro.

Pizarro usou a estrada inca que contornava os picos dos Andes por oeste, para logo seguir de Cajatamba para Jauja e começar, em fins de outubro, a descida em direção à capital dos incas, Cusco, perto do Vale Sagrado. As estradas incas levaram Diego de Almagro ao sul, a partir do lago Titicaca, em 1535, e Pedro de Valdivia ao Chile, em 1541. Utilizando os mesmos caminhos, Diego Rojas atravessou o Chaco e deu início à conquista de Tucumán em 1543.

Nos últimos anos da década de 1520, espanhóis que exploravam o estuário do rio da Prata ouviram boatos sobre a cidade que veio a ser chamada "dos Césares", nome dos irmãos que foram os primeiros a procurá-la ou a narrar suas buscas. Aventureiros tentaram localizá-la em várias ocasiões, ao longo de mais de um quarto de século e em muitos lugares, da Colômbia à Patagônia. A mais plausível das possíveis localizações era a região norte dos Andes, onde, segundo relatos persistentes, existia um reino de riquezas fabulosas. Para ali convergiam três caminhos, que vinham do Caribe pelos vales de três rios, o Magdalena, o Sinú e o San Juan. E para ali convergiram também, na década de 1530, grupos rivais de conquistadores.

Um deles chegou pelo leste. Carlos v havia concedido a Venezuela a uma firma de banqueiros alemães, os Welzers. Em setembro de 1530, o representante deles, Nicholas Federmann, viu-se no poder em Coro, com "tantos homens, inativos e sem nada que fazer, que decidi realizar uma expedição ao mar do Sul" e "fazer algo de proveito". Isso demonstra quão pouco os exploradores conheciam o continente que se estendia diante deles: a pretensão de chegar ao Pacífico saindo de Coro era de uma ambição ridícula. Federmann atolou-se na lama dos *llanos* venezuelanos, que confundiu com o litoral. Nesse ínterim, seu superior, Ambrose Alfinger, havia empreendido uma exploração própria — que durou três anos e lhe custou a vida — até os rios Magdalena e Sagramoso. Federmann, porém, não se deu por vencido.

Havia realmente uma civilização rica em ouro, sedentária e parcialmente urbana no planalto colombiano em torno de Bogotá: a dos muíscas. Em 1537, um grupo de exploradores que avançava para o interior, partindo de Santa Marta, em busca de uma rota terrestre para o Peru, tropeçou com ela. Durante dois anos, foram os donos do lugar, acumulando riquezas e tecidos nativos. Ocorreu então que, em 1539, Federmann chegou ao mesmo ponto, coberto apenas com algumas peles, tendo perdido a metade de seus homens, que originalmente eram trezentos, durante a difícil travessia dos Andes pelo leste. Uma terceira expedição, que vinha do Peru e avançava para o norte, chegou alguns meses depois, dando início a um processo judicial pela divisão das pilhagens que duraria sete anos.

A descoberta de três civilizações ricas em ouro — a asteca, a maia e a muísca — provocou, naturalmente, mais cobiça. O foco da procura passou agora para as planícies da Venezuela e da Amazônia, onde exploradores procuravam confirmar a existência de El Dorado, um chefe cujo corpo, segundo se dizia, era coberto ritualmente com ouro em pó antes de banhar-se num lago, no qual a seguir se lançavam numerosos objetos de valor.[43]

A CIRCUNAVEGAÇÃO

Pode parecer estranho que os exploradores investigassem as planícies em busca de civilizações perdidas, quando todos os descobrimentos anteriores tinham ocorrido em zonas montanhosas. Entretanto, os impressionantes assentamentos perto da vertente oriental dos Andes pareciam orientar os exploradores para o leste. Comentários dos incas, baseados no respeito pela gente da floresta com quem comerciavam, talvez tenham contribuído para isso. É provável que nas planícies houvesse sociedades que construíam grandes núcleos urbanos, praticavam uma agricultura intensiva e geravam excedentes que destinavam ao comércio. Os primeiros exploradores do Amazonas se referiram à sua existência, que achados arqueológicos dos últimos anos tendem a confirmar. A criação de tartarugas e peixes e a produção de mandioca em grande escala possibilitavam às planícies sustentar populações inalcançáveis pelos índios que hoje em dia vivem nas florestas. Na segunda metade do século XVI, praticamente nenhum relato escrito por espanhóis designados para o leste de Coro deixou de mencionar El Dorado, cuja busca estava agora relegada ao misterioso planalto da Guiana. Ali, a procura continuou durante o século XVII.

Na América do Norte houve lendas do mesmo gênero igualmente persistentes. Em 1539, o criado negro de um missionário, que realizava uma incursão à frente de seu patrão em busca de povos desconhecidos no norte do México, deixou antes de morrer um informe distorcido pelo delírio e exagerado pelas esperanças daqueles que o escutaram. Cíbola, afirmava, era uma das sete grandes cidades do interior da América do Norte. Era maior que Tenochtitlán. Seus templos, segundo os ditos que corriam de boca a boca, eram cravejados de esmeraldas.[44] O efeito produzido por essas balelas podem ser observados num mapa feito por Joan Martínez, na Catalunha, cerca de quarenta anos depois: uma rosa-dos-ventos toda decorada em dourado aponta, de Chihuahua e Sinaloa, para uma região policrômica de cidades cheias de cúpulas, agulhas e torreões que não existiam. Cíbola passou a ser o nome dado a todo o conjunto das sete cidades.

Em abril de 1540, Francisco Vázquez de Coronado liderou uma expedição para procurar essas cidades, formada por uma força de duzentos homens montados, complementada por uma coluna de mil escravos e criados que conduziam mulas de carga e gado destinado a servir de alimento. Como se dizia que Cíbola se localizava além de montanhas, os expedicionários simplesmente subiram os rios até chegar ao divisor de águas da escarpa de Mogollon, para

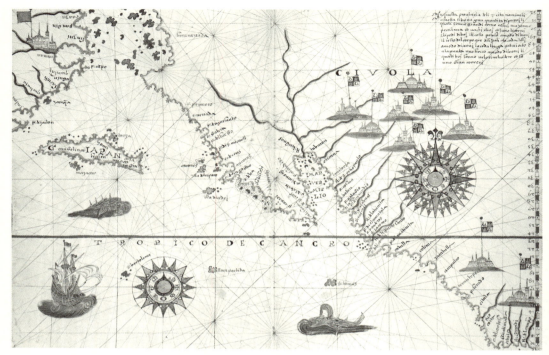

Mapa da costa sudoeste da América do Norte, do atlas de Joan Martínez, de 1578, em que aparecem as sete cidades lendárias de Cíbola.

depois descer pelos rios do outro lado. Como as tropas com as provisões avançavam muito mais devagar, os homens de Coronado sofreram horrores de fome nas montanhas. Alguns morreram envenenados por ervas que mastigavam no caminho. Depois de dois meses, chegaram a uma região povoada. Os índios a que deram o nome de "pueblo" — povoado em espanhol —, por viverem em aldeias com casas bem construídas, eram agricultores sedentários. Eram "boa gente", informaram os espanhóis, "mais dedicados à agricultura do que à guerra",[45] mas seus bens materiais estavam muito distantes das propaladas maravilhas de Cíbola. Não tinham esmeraldas, mas somente turquesas, em pequena quantidade.

As Grandes Planícies estavam próximas. Nas aldeias pueblo de Hawikuh, Coronado ouviu falar, pela primeira vez, do que ele chamou de "a terra das vacas" — o bisão americano.[46] O primeiro que viu estava tatuado ou pintado no corpo de um dos integrantes de uma delegação que transportava escudos, mantos e gorros de pele de bisão, feitos por pessoas que viviam perto dos limites das pradarias. Acompanhando aqueles emissários à povoação em que viviam, Tziquite, Coronado contratou os serviços de um guia que tinha poderes sobrenaturais e "falava com o diabo num jarro de água".[47] Esse homem falava um pouco de náuatle — ou talvez pertencesse ao povo que mais tarde viria a ser chamado de comanche, cuja língua tinha a mesma raiz que a dos astecas. Fascinado pelos boatos sobre um povo que possuía canoas de quarenta remos e proas de ouro,[48] Coronado avançou para o norte, em busca de uma cultura supostamente rica e urbana chamada Quivirá. Sem nunca perder de vista os bisões, percorreu "planícies tão vastas que não consegui cruzá-las, apesar de ter viajado por elas mais de trezentas léguas".[49]

Os relatos dos espanhóis descrevem uma região onde a vida dependia das manadas de bisões. Os nativos não comiam outra coisa. Vestiam-se com peles de bisão, atadas com cadarços de couro de bisão. Moravam em tendas feitas com pele de bisão e usavam mocassins do mesmo material. Surpreenderam os visitantes com uma recepção franca e amistosa, mas a maneira como comiam correspondia plenamente às idéias que os espanhóis tinham de selvageria. Engoliam a carne crua, "meio mastigada, como aves"; bebiam sangue fresco em recipientes feitos com vísceras de bisão. Bebiam com prazer o conteúdo meio digerido de estômago de bisões. Para exploradores que procuravam uma civilização que julgavam esplêndida, a decepção foi cruel.

Depois de cinco semanas de busca infrutífera numa "terra plana como o mar", Coronado concluiu que seus guias estavam tentando desorientá-lo. No entanto, os índios que encontrava continuavam a indicar o norte quando lhes perguntava por Quivirá. Diante disso, tomou uma decisão ousada, na melhor tradição dos conquistadores. Mandando de volta a maioria dos homens, além da comitiva e dos vivandeiros, dirigiu-se ao norte, orientando-se pela bússola, com apenas trinta homens a cavalo. Alimentavam-se dos bisões que caçavam, e empilhavam excrementos de bisões à medida que avançavam, para guiá-los no regresso.

Por fim encontraram Quivirá, onde hoje fica Cow Creek, cidade do condado de Rice, no estado do Kansas, no limite de uma zona de gramíneas altas que se tornavam mais densas à medida que a altitude da pradaria diminuía. As tão esperadas "cidades" não passavam de aldeias, com casas feitas de turfa, dos índios kirikiris, homens com "olhos de guaxinim" e rostos tatuados, que cultivavam com dificuldade trechos da planície e cujos povoados tinham pouco a pouco avançado para oeste, pelo rio Arkansas. Coronado transformou o mundo em que viviam: introduziu nele os cavalos. A cavalo e com uma lança, o conquistador espanhol podia abater quinhentos bisões em duas semanas. A pé, os nativos também podiam fazer capturas múltiplas, utilizando fojos, mas a perícia dos cavaleiros como caçadores era de uma ordem diferente. Era um prenúncio do futuro — um futuro ainda muitíssimo distante, já que mais de um século passaria antes que o cavalo se convertesse em companheiro universal do homem nas planícies.

Hernando de Soto chegou à mesma região por outro caminho. Havia servido com Pizarro no Peru, e esperava enriquecer depressa. Seu butim de conquistador proporcionou o capital necessário para organizar sua própria expedição. A idéia de buscar uma nova fortuna na Flórida não era original. Espanhóis já haviam penetrado antes em território do que é hoje o *deep south* [sul profundo] dos Estados Unidos, em 1528, liderados por Pánfilo de Narváez. Não encontraram tesouro algum, e os poucos sobreviventes voltaram "nus como viemos ao mundo, tendo perdido todos os nossos bens [...] tão esqueléticos que parecíamos mortos".[50]

Soto julgou que poderia se sair melhor, mas a impaciência e o esbanjamento prejudicaram sua expedição. Desembarcou perto da baía de Tampa em 1539. Seus quatrocentos soldados e mais de duzentos cavalos abriram caminho por uma região pantanosa até o territórios dos apa᠄ ᠄hes, seqüestrando chefes para pedir resgates tão pobres que enfureciam tanto quem os recebia quanto quem os pagava. Depois de passar o inverno onde hoje é a Flórida, cruzou as montanhas Blue Ridge e desceu o rio Alabama até Mabila, ao norte da atual cidade de Mobile. A partir dali, o plano previamente definido determinava que a força retornasse para a costa e embarcasse na baía de Pensacola, onde os aguardava uma frota. Mas Soto ainda nutria a esperança de encontrar um grande tesouro. As aldeias bem construídas em que viviam os índios, a bela feitura de seus objetos de conchas e de cobre e a perícia com que trabalhavam o pouco ouro que possuíam o convenceram de que devia estar nas proximidades de uma rica civilização. Por isso, alterou os planos e dirigiu seus homens para o noroeste.

Pela região que Soto atravessou espalhavam-se povoados ricos o bastante para manter o entusiasmo dos exploradores, porém demasiado pobres para satisfazê-los. "De Soto", informou um de seus descontentes seguidores, "nunca estaria satisfeito, porque seu objetivo era encontrar outro tesouro como o de Atahualpa, senhor do Peru." A expedição parecia zanzar sem meta clara. "Nem o chefe", queixou-se um dos homens, "nem ninguém mais sabia para onde se dirigiam, a não ser que queriam achar uma terra tão rica que satisfizesse seus desejos."[51]

Em quase toda parte onde chegavam, parecia-lhes que tinham sido antecedidos por epidemias — provavelmente causadas por doenças trazidas pelos espanhóis, às quais os nativos não eram imunes. Desviando-se para o interior a fim de investigar informações sobre o que acreditaram ser um mar, os homens de Soto chegaram à vastidão do Mississippi em Quizquiz. Cruzaram-no em balsas e seguiram o curso do rio Arkansas até onde hoje fica Little Rock, tentando, sem sucesso, aterrorizar os nativos para que lhes entregassem ouro. Decepcionados com a pobreza daquela gente e com sua feroz resistência, os espanhóis abandonaram a expedição na primavera de 1542. De Soto morreu — ao que parece de morte natural, acometido de disenteria — em maio daquele ano. Depois de buscarem em vão um caminho terrestre para regressar ao México, seus homens retrocederam e seguiram o curso do Mississippi até a costa, em balsas que eles mesmos construíram.

As experiências do começo da década de 1540 foram tão desalentadoras que o sul da América do Norte foi deixado de lado durante a maior parte do resto do século. Só na década de 1590 é que ressurgiu o interesse por explorar a região. A essa altura, os habitantes da Nova Espanha estavam resignados ao fato de que a região não ocultava nenhuma civilização rica, mas começaram a pensar que valia a pena conquistá-la para explorar o potencial pastoril e agrícola, nada desprezível, do Novo México. Em 1595, Juan de Oñate começou a preparar uma expedição de quinhentos homens. Pretendia fundar uma colônia no Novo México e, a partir dali, realizar explorações, com o objetivo de abrir uma rota para o Pacífico. Como de costume, subestimava demais as distâncias que teria de transpor, e é claro que não fazia nenhuma idéia da vastidão e dos perigos do território que se interpunha entre o Novo México e o oceano.

Apenas para chegar ao local da colônia que tencionava criar, Oñate teve de reunir milhares de cabeças de gado — seu rebanho cobria uma área de 7,5 quilômetros quadrados — e conduzi-las por centenas de quilômetros de desertos e montanhas, inclusive um trecho de cem quilômetros tão pior que o res-

OS DESBRAVADORES

tante que recebeu o nome assustador de Jornada de la Muerte (Marcha da Morte) ou, mais tarde, Jornada del Muerto (Marcha do Morto). Conservam-se numerosos relatos sobre a viagem. O mais vívido deles foi deixado por Gaspar Pérez de Villagrá, que descreveu as agruras de uma viagem por desfiladeiros cheios de pedras e por dunas em que a luz era tão ofuscante que seus olhos queimavam como se fossem explodir. O resplendor cegava os cavalos, que avançavam aos tropeções. Os homens respiravam fogo e cuspiam piche. Numa passagem particularmente angustiante, Villagrá descreveu sua fuga do povoado hostil de Acoman. Primeiro, ficou preso num buraco na neve. Tendo conseguido sair, avançou penosamente durante quatro dias, enfrentando tempestades, fome e sede, até que decidiu comer seu cachorro, o último companheiro vivo. Tocado por um sentimento de lealdade ou frustrado pela falta de equipamento para cozinhar, não levou a cabo sua decisão, mas o animal acabou morrendo. "Deixando-o estendido e com o sangue escorrendo, parti, tomado de amargura, em busca de um golpe do destino que pusesse fim aos poucos fiapos de vida que me restavam." Villagrá superou essas idéias suicidas, mas quase se matou ao exagerar na ingestão de água quando a encontrou.

O relato de Villagrá não era, naturalmente, desinteressado. Foi escrito como um pedido coletivo de reconhecimento e recompensas reais, feito em nome do autor e de seus companheiros, um informe dirigido ao rei sobre os padecimentos suportados "sem outro desejo senão o de vos servir e agradar". Uma de suas partes intitula-se "Das labutas sem fim suportadas pelos soldados nas novas terras descobertas e da pouca recompensa que têm seus serviços". No entanto, não há razão alguma para colocarmos em dúvida o contorno geral dos fatos narrados por Villagrá. Na maioria são confirmados por outro relatos e por documentos oficiais.

O que eleva esse trabalho a um nível de discurso superior ao meramente factual não é seu conteúdo, mas sua forma: esse catálogo de horrores, que culmina com a narrativa, particularmente repulsiva, do massacre e contramassacre com que terminou o conflito com os índios de Acoman, foi escrito inteiramente em decassílabos heróicos, com fortes reminiscências de Virgílio. Na verdade, o poema começa com o verso "Canto as armas e o homem heróico", que ocorre com freqüência em outras obras deliberadamente heróicas da época, e as alusões clássicas de Villagrá devem ter parecido apropriadas num mundo em que dominavam os valores humanistas. Em poucos versos, ele

290

A CIRCUNAVEGAÇÃO

insere referências a Roma, Cartago, Circe, Cíneas, Pirro, os Flávios, os Cipiões, os Metelos, Pompeu, Sila, Mário, Lúculo e o cavalo de Tróia.[52]

Villagrá usou também os romances de cavalaria para recriar as realidades da campanha. Segundo sua descrição, a expedição incluía

> Belas damas e donzelas, tão distintas, discretas e encantadoras quanto nobres, graciosas e prudentes; e [...] cavalheiros de bela figura, cada um dos quais rivalizava com os demais na indumentária e atavios, como aqueles que os mais elegantes cortesãos utilizam para se distinguir nas festas de mais luxo e esplendor.[53]

Essas palavras não poderiam de modo algum traduzir uma verdade literal, mas com a ajuda da imaginação literária o autor pôde ver a si mesmo como um cavaleiro, e a expedição como uma irmandade de cavaleiros. Foi até mais longe. Em certo ponto da narrativa, uma mulher indígena, chamada Polca, aparece no acampamento espanhol à procura do marido, que julgava estar preso ali. O sargento de guarda ordena-lhe que entre, sem problemas:

> Viu o sargento quão encantadora e refinada
> Era ela, quão serena, franca e formosa,
> E ordenou que todos a atendessem, sem óbice,
> Com a liberdade devida à beleza sem jaça,
> Com a cortesia a que obriga a gentileza.

Dom Quixote encontra sua Dulcinéia. O cavaleiro honrado reconhece a nobre indígena. A expedição tendia a converter-se — como observou com impaciência um vice-rei da Nova Espanha — num "conto de fadas".[54]

As grandes rotas fluviais

Além das rotas por terra, através de montanhas, desertos, florestas e pradarias, os grandes rios transportavam os exploradores a novos destinos, com freqüência insuspeitados ou indesejados. Grandes sistemas fluviais sulcam a América: o Orinoco, o Amazonas e o Paraguai-Paraná eram estradas que atravessavam grande parte da América do Sul. Na América do Norte, o rio São Lourenço e os Grandes Lagos convidavam os exploradores a penetrar no continente

OS DESBRAVADORES

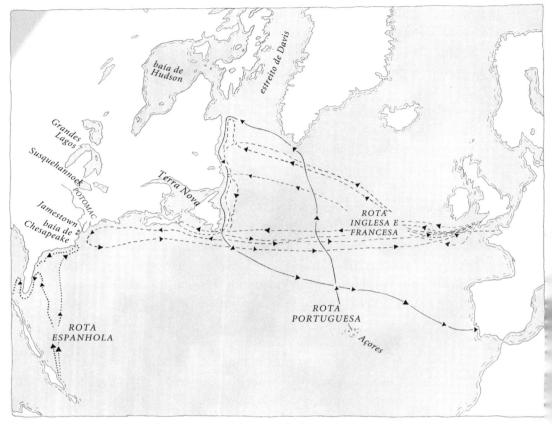

Rotas de acesso à América a partir da Europa, c. 1496-c. 1513.

a partir do Atlântico. No entanto, o Mississippi-Missouri — sistema fluvial não só de grande extensão, como também navegável na maior parte de seu curso — permaneceu relativamente ignorado até já avançado o século XVII.

Em fins de 1541, os primeiros espanhóis chegaram ao rio Amazonas: eram 58 homens, a bordo de uma balsa construída no local, com pregos feitos com restos de metal, e de várias canoas que haviam pedido ou roubado aos índios. Faziam parte de uma típica expedição desafortunada em busca de riquezas quiméricas: a "terra da canela", que se supunha existir no interior do Peru. Buscando com desespero o que comer, chegaram ao Amazonas carregando seus pertences e descendo o rio Napo a remo. "A viagem", escreveu frei Gaspar de

Carvajal, "acabou sendo diferente do que todos esperávamos, pois não encontramos alimento algum em duzentas léguas." De fato, a premissa segundo a qual a floresta úmida era um ambiente de abundância levou ao fracasso de muitos exploradores europeus: na realidade, o solo da floresta apresenta poucas plantas comestíveis pelo homem.[55] Em vez de alimento, prossegue Carvajal, "Deus nos concedeu um papel no descobrimento de algo novo e de todo desconhecido", a primeira navegação do Amazonas de que se tem notícia, desde a confluência com o Napo até o oceano Atlântico.

A aventura se desenrolou de forma acidentada. Os navegantes não tinham intenção de abandonar os companheiros famintos que haviam deixado no acampamento. No começo, enquanto aumentava a distância que os separava deles, seguiram adiante levados pela fome. Depois, quando a busca se mostrou infrutífera, estavam fracos demais para retornar contra a corrente. Durante dias, a torrente os arrastou. Não conseguiam alcançar as margens. Frei Gaspar rezava a missa "como se faz no mar", sem consagrar a hóstia, para o caso de esta cair borda fora. Em 8 de janeiro de 1542, depois de doze dias de navegação, alcançaram a margem e foram alimentados por índios que se compadeceram deles. Isso lhes deu forças para continuar descendo o rio até o mar e construir um bergantim para a viagem. O maior problema era a falta de pregos. Dois soldados com experiência em engenharia foram incumbidos de construir uma forja. Fizeram foles com as botas de homens que haviam morrido de fome. Queimando madeira, obtiveram carvão para fundir o metal. Juntando cada pedacinho de metal que levavam, conservando apenas as armas e a munição, produziram dois mil pregos em vinte dias. Assim chegou a idade do ferro à selva brasileira.

Os expedicionários tiveram de adiar a construção do bergantim até chegar a um lugar onde o alimento fosse mais abundante. Nunca adquiriram muita habilidade para conseguirem eles mesmos sua comida, mas ao passar por uma área densamente povoada onde os índios criavam tartarugas, conseguiram uma boa quantidade de carne desse quelônio, complementada por "gatos e macacos assados". Ali, em 35 dias, construíram a embarcação e a calafetaram com algodão indígena impregnado de piche, "que os nativos trouxeram porque o capitão assim pediu".

A embarcação logo se transformou num navio de guerra. Durante grande parte de maio e junho, os viajantes abriram caminho lutando, servindo-se principalmente de bestas, uma vez que não conseguiam secar a pólvora. Nesse período, subsistiram com os alimentos que roubavam aos índios, em rápidas incursões em terra. Em 5 de junho, ocorreu o encontro que daria nome ao rio. Numa aldeia acharam um santuário fortificado, diante do qual se erguiam esculturas de onças. "O edifício era uma coisa digna de se ver e, impressionados por suas dimensões, perguntamos a um índio para que servia." A resposta foi que ali adoravam os símbolos das mulheres que os governavam. Mais adiante, rio abaixo, os espanhóis escutaram comentários que, segundo interpretaram, indicavam que existia no norte um império poderoso de mulheres guerreiras, formado por setenta aldeias, rico em ouro, prata, sal e lhamas. A história deve ter-se originado das perguntas feitas pelos espanhóis e das respostas mal entendidas dos indígenas. Pouco depois que a expedição desembocou no Atlântico, depois de uma viagem de aproximadamente 1800 léguas rio abaixo, já circulavam na Europa histórias a respeito das heróicas batalhas dos espanhóis contra as amazonas. Em 1544, Sebastião Caboto adornou seu mapa-múndi com uma cena da suposta luta contra as mulheres imaginárias.

O Orinoco foi um desafio mais difícil. Na década de 1530, os exploradores que tentaram subir o rio não conseguiram passar das corredeiras na confluência com o Meta. Não foi possível ir além — embora tenha havido algumas tentativas — até a década de 1580, quando a lenda do El Dorado fez com que a vista dos espanhóis se dirigisse para o maciço montanhoso da Guiana. Antonio de Berrio, herdeiro de um dos conquistadores de Bogotá, investiu sua fortuna na procura do reino lendário. Descendo de sua casa em Chita, no noroeste de Bogotá, começou a exploração minuciosa da bacia fluvial em 1584, seguindo o Orinoco até a confluência com o Ventuari, que corre, caudaloso, do planalto da Guiana. Cruzou o divisor de águas e desceu o rio pelo lado norte, fundando um assentamento em Santo Tomé, perto da foz do Orinoco, como uma base para prosseguir a exploração. O trabalho foi continuado por seu filho Fernando, que subiu penosamente o rio até onde foi possível e explorou, um a um, os afluentes que deságuam no Orinoco, vindos do sul. Esses esforços não levaram a riqueza alguma, nem sequer a uma rota comercial viável que ligasse a Venezuela à Nova Granada. A exploração da bacia hidrográfica ficou incompleta até que, em 1647, Miguel de Ochogavia, "o Colombo do Apure", conquistou os últimos afluentes andinos do Orinoco, comemorando seu feito com maus versos:

A CIRCUNAVEGAÇÃO

Vim, vi e venci, e eis que volto com glória
do Orinoco — que percorri sem exício.
A Deus dedico, grato, essa maravilhosa história,
e a ti, leitor, do comércio o benefício.[56]

Determinar quem foi o primeiro europeu a explorar o rio da Prata tem sido causa de muita discussão. Vespúcio reivindicou esse mérito. Mas talvez tenham sido madeireiros portugueses, ou franceses, que freqüentavam a costa do Brasil em busca de pau-brasil e congêneres. Em 1516, Juan Díaz de Solís entrou pela foz do rio com a vã esperança de encontrar um caminho para o Pacífico, mas não chegou muito longe. Sobre o primeiro europeu que penetrou no interior da América do Sul pelo rio da Prata, nada sabemos. Processado por insubordinação durante a expedição de Díaz, Alejo García foi abandonado numa ilha próxima ao estuário, e ouviu falar de um rico reino no interior, governado por um "rei branco" e rodeado por montanhas de prata. Seria possível que informações sobre os incas tivessem chegado a índios de uma região tão distante dos Andes? Ou foi esse mais um dos boatos a que os espanhóis deram origem com suas perguntas? Numa data incerta, em começos ou meados da década de 1520, García partiu em busca daquela fortuna. Seu percurso não pode ser reconstituído sequer de maneira aproximada e só é conhecido por relatos que posteriormente os espanhóis obtiveram junto a informantes indígenas. Mas consta que ele chegou até perto do Peru e acumulou um tesouro lendário que inspirou outros exploradores. Morreu na região do Chaco, durante a viagem de volta, provavelmente em mãos dos nativos, e as lendas sobre sua fortuna se somaram aos mitos das riquezas indígenas.

As tentativas de imitar sua façanha tiveram o mesmo resultado, e pouco ou nada acrescentaram ao conhecimento da região no resto do mundo até 1541. Naquele ano, Domingo de Irala estava no comando do posto avançado espanhol em Buenos Aires. Ao tomar conhecimento do massacre do último grupo que havia subido o rio, tomou uma decisão típica dos conquistadores bem-sucedidos. Abandonou sua base e criou um novo assentamento a montante do rio Paraná, em Assunção, onde estabeleceu boas relações com os indígenas do lugar. Entrementes, estava a caminho uma expedição de socorro, liderada por Álvar Núñez Cabeza de Vaca, um dos mais capazes comandantes espanhóis no Novo Mundo, autor de um notável relato de suas próprias aven-

295

turas entre 1528 e 1536. Havia sido escravizado pelos índios na costa do Texas, quando fracassou uma expedição destinada à exploração da Flórida. Com três outros espanhóis e um escravo negro, conseguiu escapar e saiu em busca de um caminho de volta para o México. Uma combinação de carisma pessoal e conhecimentos de medicina lhe valeu a reputação de milagreiro. Ao fim daquela odisséia, que durou sete anos, chegou à fronteira espanhola, em Sinaloa, acompanhado de seiscentos seguidores indígenas. Agora aplicaria a mesma determinação à exploração do rio Paraná.

Tendo chegado a Assunção em 1542, no ano seguinte criou uma base avançada em Puerto de los Reyes, de onde partiram grupos em várias direções, com a esperança de encontrar o tesouro perdido de Alejo García. Obrigado a voltar de mãos vazias a Assunção, em abril de 1544, constatou que estava cada vez mais difícil dominar os inquietos conquistadores: "Nem o próprio diabo", escreveu, "poderia ter-nos governado". Em 1546, aceitou a exigência de Irala de "viajar ao interior para ver se conseguíamos encontrar ouro ou prata". Depois de 43 dias de vicissitudes, e com as provisões esgotadas, tiraram a sorte para decidir se seguiriam adiante ou não. "A sorte decidiu que devíamos continuar."[57] Lutando contra índios hostis durante a maior parte da viagem, enfrentaram novas provações durante mais 42 dias, ao fim dos quais alcançaram os postos avançados do vice-reino do Peru. A nova rota transcontinental que haviam aberto mostrou-se de imensa utilidade para o império espanhol, ao criar uma via de comunicação entre o Peru e o Atlântico.

Na América do Norte, o fato de o Mississippi permanecer ignorado impediu a criação do tipo de rede de comunicação fluvial como a que estava se formando na América do Sul. Contudo, a utilidade do rio São Lourenço como uma importante via de acesso ao interior foi percebida relativamente cedo. Como nas rotas fluviais da América do Sul, também aqui as lendas sobre reinos ricos constituíram a principal motivação dos exploradores. Em 1534, o rei da França encarregou Jacques Cartier de "realizar uma viagem, em representação desta coroa, às Terras Novas, a fim de descobrir certas ilhas e países onde, segundo se diz, há grande cópia de ouro e outras riquezas".[58] O êxito espanhol no México e no Peru foram, obviamente, os motivos desse interesse. O projeto iniciado por Verrazano ocupava agora, no máximo, um lugar secundário nos planos da França. Mas a primeira viagem de Cartier foi desalentadora. Ao percorrer a costa da Terra Nova, explorou o golfo de São Lourenço, que lhe pareceu "a terra que Deus concedeu a Caim".[59] Três fatos, no entanto, aconselharam a realização de uma segunda viagem. Primeiro, comerciantes indígenas ofereceram a Cartier peles valiosas — o ouro negro do norte —, às vezes tirando-as do corpo para trocá-las por guizos de falcões. Segundo, ele estabeleceu uma relação amistosa com Donnaconna, o chefe cujo povo dominava o baixo curso do São Lourenço, e que lhe permitiu — depois de negociações que, presumivelmente, nenhuma das duas partes compreendeu muito bem — erigir e cultuar uma cruz adornada com o escudo de armas francês. Donnaconna permitiu até mesmo que dois de seus filhos acompanhassem Cartier em seu regresso à França, onde o explorador esperava que fossem bem recebidos, e que isso lhe granjeasse maiores favores do chefe indígena em sua viagem seguinte. Por fim, índios iroqueses falaram a Cartier de um reino rico em ouro, que chamavam de Saguenay, situado rio acima a partir do estuário no fundo do golfo.

Assim, em 1535, Cartier retornou à América e começou a subir o rio que hoje conhecemos como São Lourenço, o qual, disseram seus informantes iroqueses, "vem de tal distância que nenhum homem já chegou à sua nascente". Em certos aspectos, suas experiências no rio foram positivas. Nativos que encontrou continuaram a animá-lo em sua busca das supostas riquezas de Saguenay. A cultura material dos povos iroqueses parecia próspera: praticavam a agricultura e construíam povoações permanentes. A cidade de Hochelaga, onde hoje fica Montreal, tinha 2 mil habitantes, segundo a estimativa de Cartier, e suas ruas se dispunham numa perfeita ordem geométrica. As pessoas que conheceu eram sempre hospitaleiras, generosas e aceitavam bem as novidades trazidas pelos exploradores: os rituais cristãos, objetos de lata, o estampido das armas e a música dos clarins. Por sua vez, a abundância da caça, de peixes e de peles impressionou os franceses. Ao retornar, Cartier explorou um acidente geográfico que não notara na primeira viagem: um estreito entre a Terra Nova e cabo Breton, que garantia uma chegada mais rápida e segura ao São Lourenço pelas ilhas de Saint-Pierre e Miquelon, que ainda pertencem à França.

Em outros aspectos, porém, a viagem foi decepcionante para os que dela participaram e desconcertante para os historiadores. O relato de Cartier deixa bastante claro que, de acordo com seus guias iroqueses, o "caminho para Saguenay" subia o rio Saguenay, afluente do São Lourenço que desce do norte, precipitando-se com fragor por um escavado vale rochoso. Cartier parece ter-se convencido de que podia chegar a Saguenay continuando a subir o rio principal, menos assustador. Além disso, apesar do esmero com que Cartier tinha tratado os príncipes indígenas, cujo domínio do francês melhorou enormemente as comunicações com a gente do lugar, tornou-se difícil manter a relação amistosa com os nativos. Ficou evidente que não desejavam que os franceses passassem além de Québec, entrando em território de seus inimigos. Cartier começou a desconfiar de suas propostas para guiá-lo, e prosseguiu viagem sem a ajuda deles. No percurso de regresso, rio acima, imitou os conquistadores espanhóis, aprisionando Donnaconna — menos para controlá-lo do que para levá-lo à França, onde suas histórias sobre Saguenay decerto levantariam mais dinheiro para novas viagens. O chefe índio mostrou talento como publicitário, corroborando todas as idéias mirabolantes dos franceses sobre o reino fabuloso: produzia pimenta e romãs e era povoado por monstros de mitos europeus. Os problemas mais sérios advieram da necessidade de invernarem no Canadá. Quando os rios congelaram, os navios ficaram presos numa camada de gelo com 3,5 metros de espessura. Os víveres congelaram. Os homens foram acometidos de escorbuto, até aceitarem os medicamentos indígenas. Cartier fez ao menos mais uma viagem pelo São Lourenço, para fundar uma colônia em Québec, e talvez uma segunda para evacuá-la, quando se mostrou insustentável. Os colonos não acharam nenhum indício da existência de Saguenay nos afluentes do São Lourenço.

Por isso pareceu, ao menos no momento, que o São Lourenço não levava a parte alguma. Até o século seguinte, com o desenvolvimento do comércio de peles e a criação de assentamentos viáveis em Québec e Montreal, a exploração do interior da América do Norte se viu frustrada pela ausência de fontes de riquezas rápidas, como aquelas que os espanhóis exploravam na Nova Espanha e no Peru.

No entanto, tal como ocorreu nos domínios da Espanha, as expectativas da França quanto ao que o Novo Mundo tinha a oferecer mudaram aos poucos. No fim do século XVI, a esperança de riquezas fáceis, na forma de ouro e prata, chegou ao fim: as glórias dos astecas, incas e muíscas ficaram no passado. As peles vistas por Cartier vieram a parecer atraentes o bastante para renovar os esforços de fundação de uma colônia. Entre 1598 e 1600, foram criados entrepostos para o comércio de peles nas margens do São Lourenço até a confluência com o rio Saguenay, mas comerciantes de Honfleur e Saint-Malo disputavam entre si o direito de exclusividade, e os entrepostos ficaram em dificuldades ou fecharam. Em 1600, entretanto, a situação se modificou quando comerciantes de Dieppe entraram em cena. A coroa garantiu o monopólio a um consórcio formado por comerciantes de Honfleur e Dieppe, e seus promotores tomaram uma decisão feliz: escolheram Samuel de Champlain como governador da nova colônia.

Entre 1603 e 1616, quando esteve intermitentemente encarregado das atividades francesas no Canadá, Champlain deu alta prioridade a novas explorações. Foi o primeiro a subir o Saguenay, e explorou afluentes do São Lourenço no sul. Em 1609, seguiu o rio Richelieu até Ticonderoga e conseguiu com os índios uma descrição bastante precisa do território, dali até a costa do Atlântico. Isso foi importante porque a rota pelos vales do Richelieu e do Hudson viria a desempenhar um papel cada vez mais importante para o comércio de peles. Fez contato com os índios huronianos, que se tornaram os mais dedicados aliados que os franceses poderiam esperar, e lutou ao lado deles contra outros povos iroqueses. Explorou as costas dos territórios que formam hoje a Nova Escócia, New Brunswick e Nova Inglaterra, até o cabo Cod, com mais detalhes que qualquer expedição anterior. Finalmente, em 1615-6, baseando-se nos reconhecimentos que tinha mandado fazer anteriormente, seguiu o curso do São Lourenço até o lago Huron, viajou à margem leste do lago Ontário para liderar uma ofensiva contra iroqueses hostis e regressou ao lago Huron para explorar grande parte de sua margem leste. Ajudado por informantes indígenas, pôde formar um quadro bastante completo e correto de todos os Grandes Lagos, exceto o Michigan.

Mesmo no século XVII, as colônias criadas ao longo do São Lourenço sempre foram poucas e mal adaptadas ao meio ambiente. Quando, como veremos, as explorações francesas ganharam acesso ao interior, pela outra grande bacia hidrográfica da América do Norte — a do Mississippi-Missouri —, foi difícil atrair colonos. Por conseguinte, a parte francesa da América do Norte nunca prosperou como as colônias inglesas da costa atlântica. A longo prazo, entretanto, as vias fluviais mostraram todo o seu potencial.

OS GUIAS INDÍGENAS

Em todas as partes do mundo em que ocorreu, a abertura de novas rotas de intercâmbio cultural dependeu da iniciativa de europeus ocidentais. Essa exploração foi liderada por pioneiros provenientes de alguns poucos pontos da

OS DESBRAVADORES

Europa ocidental — sobretudo da Espanha e Portugal, e alguns da Inglaterra, França, Itália, Alemanha e Países Baixos. No entanto, ela não foi, naturalmente, uma atividade exclusivamente européia. Os europeus raramente mencionaram os guias nativos que lhes transferiam conhecimentos gerados por explorações anteriores, de que só sabiam por transmissão oral.

Colombo valeu-se de homens "de inteligência muito sutil, que navegam por todos aquele mares, e é um assombro a facilidade com que se deslocam" em canoas, algumas das quais eram maiores que embarcações européias de dezoito filas de remos. "E com elas navegam por todas aquelas ilhas, que são inumeráveis, e comerciam seus bens. Vi canoas dessa qualidade com setenta ou oitenta homens a bordo, cada um com seu remo."[60] Foi inteiramente franco em relação à sua dependência da perícia náutica e dos conhecimentos geográficos dos nativos. Admitiu que o motivo que o fazia capturar nativos era principalmente "para levá-los comigo e obter informações sobre o que esperar daqueles lugares".[61] De acordo com uma história contada por Bartolomé de las Casas, o primeiro editor de Colombo, dois dos índios cativos que Colombo levou para a Espanha eram capazes de mostrar a localização relativa das ilhas dispondo feijões sobre um prato.

Por volta do começo de outubro de 1526, durante o reconhecimento da costa do atual Equador, entre San Mateo e San Francisco, Bartolomé Ruiz, piloto de Pizarro, divisou ao longe algo que lhe pareceu ser uma galera. Ao se aproximarem, viram que era uma balsa de pau-de-jangada, carregada de conchas coloridas destinadas a pagar o ouro, a prata e os tecidos da civilização chibcha. O comércio costeiro se estendia pelas costas ocidentais do atual Panamá, transportando o cobre que ourives panamenhos e nicaragüenses douravam com uma habilidade que espantou os espanhóis que os viram trabalhar.[62] Embora não existam dados documentais sobre a prática de comércio na direção sul, os trabalhos de joalheria de povos de áreas muito meridionais, como o Chile, incluíam turquesas, ainda que na época não se conhecesse nenhuma jazida dessas pedras ao sul da escarpa de Mogollon. De uma maneira ou de outra, talvez levadas por mercadores, as turquesas chegaram até lá.

Na Flórida, Ponce de León encontrou um nativo que falava espanhol para guiar sua saída da península. Cortés valeu-se de mapas, bem como de guias, a fim de formar uma imagem do mundo mesoamericano e conduzir seu exército, constituído sobretudo de guerreiros náuatles, a Honduras e Gua-

300

temala. Consta que, graças a um chefe indígena, Vasco Núñez de Balboa foi beneficiado por "um desenho do território". Na Mesoamérica, os espanhóis estavam rodeados por culturas cartográficas. O mapa feito por Alonso de Santa Cruz ou por um auxiliar, com base em informações proporcionadas por integrantes da expedição de Hernando de Soto em 1539-43, é mais pormenorizado e preciso do que se poderia esperar, a menos que tenha se baseado em mapeamentos indígenas. Em 1540, um idoso informante local delineou o curso do rio Colorado para Hernando de Alarcón durante a viagem feita por este para localizar Coronado. Exploradores que viajavam por terra recolheram e enviaram à Espanha uma pintura zuni, feita sobre pele, que mostrava um grupo de assentamentos nas proximidades de Hawikuh. Informantes indígenas desenharam "uma descrição de todo o território" da área de Chesapeake para sir Ralph Lane, durante a estada dos ingleses na Virgínia em 1585. Um índio chamado Nigual desenhou, em 1602, para Francisco Valverde de Mercado, um esboço da Nova Espanha que existe ainda hoje. Índios iroqueses usaram varas a fim de descrever, para Cartier, o curso do São Lourenço entre as corredeiras. Utilizando "informes dos selvagens", John Smith pôde traçar um mapa da Virgínia que compreendia um território mais amplo do que ele mesmo e seus companheiros haviam explorado. O próprio Powhatan riscou "planos no chão" para explicar a Smith a natureza do território que se estendia para oeste. Índios desenharam partes da costa para Bartholomew Gosnold, em 1602, e para Samuel de Champlain, em 1605. A respeito de seu encontro com os huronianos, Champlain registrou: "Tive longas conversas com eles sobre a nascente do grande rio, e sobre a terra deles [...] Falaram-me sobre essas coisas com muitos detalhes, e me mostraram desenhos de todos os lugares que tinham visitado".

Cartógrafos asiáticos deram uma contribuição semelhante para o trabalho de exploradores europeus. De acordo com uma tradição reconhecidamente tardia, o piloto muçulmano de Vasco da Gama desenhou "um mapa da Índia à maneira dos mouros", com "meridianos e paralelos", e Gama obteve outro mapa local com o samorim de Calicute. Os contornos do Japão nos mapas europeus deixaram de ser vagos e hipotéticos em 1580, quando cartógrafos jesuítas utilizaram mapas locais como modelos. Mesmo nos lugares onde as tradições cartográficas não deixaram marcas nos mapas conservados, os exploradores basearam-se nelas, conforme seus próprios relatos. Em vista do pouco conhecimento que Francisco Rodrigues tinha da área, seria inexplicável a extraordinária fidelidade com que ele mapeou as costas entre a baía de Bengala e o mar de Banda, a não ser com a ajuda de mapas locais, e pode-se assumir como certo que os primeiros mapas portugueses dos mares orientais incorporam informações provenientes deles. Em 1512, um mapa javanês, que, segundo se dizia, incluía informações procedentes de mapas e portulanos chineses, foi enviado à corte de Portugal por Afonso de Albuquerque, que o classificou como "a melhor coisa que já vi". Esse mapa se perdeu num naufrágio em 1513. Em viagem para a China, Tomé Pires viu "muitas vezes" cartas náuticas locais da rota para as Molucas. A influência de mapas javaneses talvez ajude a explicar um dos enigmas ainda por deslindar da representação da Australásia nos mapas europeus do início da era moderna: a presença insistente de uma grande ilha chamada "Java la Grande", com um contorno curiosamente semelhante ao de uma parte da costa norte da Austrália, a partir da década de 1530 — muito antes de qualquer registro da descoberta da Austrália por europeus. Isso faria sentido se tais mapas fossem copiados dos javaneses. Embora a Austrália não fosse freqüentada, ao que saibamos, por navios javaneses, não é crível que os navegantes de Java não conhecessem uma terra relativamente próxima à sua, à qual podiam chegar cruzando um mar de monções. Um chefe da ilha dos Ladrones (hoje Marianas) mostrou a Urdaneta o caminho para as Filipinas.[63]

Portanto, a exploração dependeu de guias e mapas nativos. Mas os europeus merecem crédito por ter interligado as diferentes rotas dos nativos. Pelo que sabemos, nenhum povo nativo das Américas mostrou qualquer interesse em estabelecer contatos com outros povos distantes do continente, e muito menos com os de outras partes do planeta. Incas e astecas nada sabiam uns dos outros. Alguns traços culturais procedentes da Mesoamérica foram transmitidos, como vimos em capítulos anteriores, até o sudoeste da América do Norte, ao vale do Mississippi, e até mesmo aos Grandes Lagos; mas foram resultado de intercâmbios intermitentes, freqüentemente intermediados, entre mercados contíguos. Em certos casos, essa transmissão levou gerações ou mesmo séculos. O povo que Alejo García encontrou na costa do Atlântico talvez tivesse uma noção nebulosa dos incas — mas, ao que parece, até sua chegada ali nenhum de seus membros havia tentado ir ao Peru. Como resultado das atividades de exploradores europeus do século XVI, todas essas regiões, para o bem ou para o mal, entraram em contato regular não só entre si, mas também com partes da Europa e da África. Graças a Urdaneta, o México entrou em contato com a costa oposta do Pacífico.

No oceano Pacífico, até então nenhum povo indígena havia criado rotas transoceânicas. No Índico, embora os europeus não tenham contribuído com coisa alguma para a exploração dos mares de monções, foram os únicos responsáveis pelo estabelecimento do contato com a Europa e pela criação de uma nova rota, de rapidez inédita e impelida por ventos fixos, desde o Atlântico até o estreito de Sunda. Somente navios tripulados ou construídos por europeus cruzaram o Atlântico.

O mundo estava entrando, claramente, numa nova fase de sua história, em que os ocidentais desempenhariam, pela primeira vez, papel principal nas iniciativas importantes. Isso não deve ser visto como prova da superioridade européia. Em comparação com a maioria dos povos do oceano Índico, os exploradores eram inferiores em algumas tecnologias vitais. Evidentemente, não havia diferenças no que diz respeito a inteligência ou perícia. Só coube à Europa a criação de rotas globais porque os europeus tinham nisso um interesse intenso, ausente nos povos de outras partes do mundo, mais ricos ou mais auto-suficientes. A Europa precisava dos recursos que obteria com o imperialismo. Precisava penetrar em zonas comerciais onde pudesse vender seus serviços de navegação. Precisava ter acesso a novos ambientes que compensassem a relativa pobreza de seus países. Como resultado das explorações dos europeus e daqueles que lhes sucederam, o resto do mundo se transformou em fontes de recursos para a Europa — fontes cuja facilidade de acesso permitia que fossem exploradas. Uma região que até então tivera papel marginal nos grandes temas e correntes da história universal converteu-se no foco de rotas globais de intercâmbio e começou a estender os cabos que uniram as diversas partes do mundo.

7. A confluência
A "reconvergência" global, c. 1620-c. 1740

Dize-me, alma, não vês

O desígnio de Deus desde o princípio?

Que redes de caminhos liguem toda a terra,

Que as raças, e os vizinhos, se casem e sejam dados em casamento,

Que o oceano seja atravessado, que o distante se torne próximo,

Que as terras se fundam umas às outras.

Walt Whitman, "Passage to India"

Neste ponto, a ciência se intromete em nossa história. Em parte devido aos novos dados acumulados durante a exploração do mundo, a ciência ocidental deu um salto no século XVII que a ciência de outras partes do mundo não conseguiu igualar. Os ocidentais tornaram-se coordenadores do conhecimento global, curadores de museus, cartógrafos, compiladores de dados de outras culturas. Os exploradores ocidentais continuaram a depender de guias locais e de mapas indígenas, mas seu papel se tornou cada vez mais dominante. Reuniram, padronizaram e sintetizaram em mapas o trabalho de exploradores de todo o planeta, assumindo o controle das rotas de intercâmbio global como se fossem as rédeas do mundo.

Os jesuítas foram os cartógrafos preferidos da corte imperial chinesa desde a segunda década do século. À medida que o século avançava, culturas que antes se destacavam nas ciências passaram a aceitar as obras do Ocidente. No fim do século, "sábios do Ocidente" dirigiam o observatório imperial em Pequim, o rei do Sião tomava aulas de astronomia com os jesuítas, artistas japoneses copiavam as páginas de rosto dos livros científicos holandeses e os coreanos imitavam os mapas ocidentais.

Enquanto isso, no Ocidente, ciência e exploração confluíam: uma começou a afetar a outra, embora de modo ainda tímido. A exploração continuava sendo uma atividade arriscada e romântica, permeada de lendas e por elas inspirada; mas a ciência proporcionava aos exploradores métodos cada vez mais exatos para determinar o rumo e registrar as rotas. Para melhor contar essa história, poderíamos dividi-la em três etapas: a primeira, sobre como a ciência mudou a forma de trabalhar dos exploradores; a segunda, sobre o que eles fizeram com os novos recursos; e a terceira, sobre a transformação sofrida pela ciência em decorrência do trabalho dos exploradores.

A REFORMA DA NAVEGAÇÃO

Até o século XVII, no Ocidente, a memória dos homens do mar tinha de operar seletivamente. Num trabalho de 1545, Pedro de Medina, o mais culto dos cosmógrafos de seu tempo, explica que muitas vezes tinha visto pilotos

> voltarem das nossas Índias depois de enfrentar grandes perigos, tendo estado mesmo a ponto de morrer, e ainda assim, logo depois da chegada, esquecem daquilo como se tivesse sido um sonho e se preparam para voltar, como se fosse um prazer. Isso não é resultado da ambição, mas da vontade divina; porque se os perigos fossem recordados, ninguém navegaria.[1]

Ainda assim, marinheiros calejados confiavam na experiência para encontrar seu rumo no mar: perscrutavam o Sol ou observavam o céu noturno para julgar se estavam numa latitude conhecida, recordando pontos da costa ou até mesmo a sensação e o aspecto do alto-mar para recuperar suas rotas. Em conseqüência disso, os navegadores dos séculos XV e XVI dispunham de uma tecnologia surpreendentemente pobre.

OS DESBRAVADORES

*Pedro de Medina (1493-1567) demonstrando
o uso do astrolábio.*

É difícil para o leitor moderno aceitar esse fato, em parte porque hoje em dia a navegação depende em grande medida de dispositivos técnicos, em parte porque os historiadores têm insistido há muito tempo na natureza transformadora dos novos instrumentos e das técnicas de orientação que surgiram nesse período. No entanto, uma coisa é inventar novos aparelhos e desenvolver novas técnicas; outra é fazer com que sejam adotados por pessoas que praticam um ofício tradicional. Segundo Colombo, a arte do navegador se assemelhava à visão profética.[2] Brandia seu quadrante como se fosse uma varinha de condão — não para lhe dar uso prático, mas para causar um efeito ilusório. Quase certamente, não sabia usar o instrumento. Pelo contrário, tudo o que sabemos sobre seus cálculos de latitude leva a crer que eram feitos pelo método tradicional de calcular a duração do dia com base na observação das estrelas e consultar uma tabela que relacionava as latitudes de acordo com o número de horas de luz solar ao longo do ano. Os instrumentos serviam para reforçar sua credibilidade aos olhos de uma tripulação impressionável.

Com o passar do tempo, os instrumentos se tornaram mais comuns a bordo e acabaram perdendo até mesmo esse halo de magia. William Bourne, reconhecido em sua época pela competência, escreveu, em 1571, que "antigos capitães de navios [...] zombavam e escarneciam" daqueles que chamavam de "caçadores de estrelas", navegadores de mentalidade moderna que usavam os novos astrolábios e quadrantes. Mesmo para ele — talvez o mais científico dos navegadores da Inglaterra daquela época — a navegação era uma arte pouco mais que conjectural.[3] Ainda que, como se conclui por indícios resgatados de navios naufragados, aparentemente o número de astrolábios e instrumentos equivalentes tenha crescido no século XVI, continuavam a ser vistos como objetos misteriosos ou brinquedos de pouca utilidade.

No entanto, a navegação científica se generalizou, devagar e progressivamente, até se tornar comum em viagens por alto-mar no início do século XVII. É possível que isso tenha ocorrido mais como conseqüência do que como causa da exploração: o resultado de novas oportunidades para o comércio a longa distância que os exploradores haviam aberto. O aumento do comércio gerava maior demanda de navegadores. A velha maneira de formá-los — começavam como aprendizes e acumulavam experiência ao longo de muitos anos — não era capaz de produzi-los em número suficiente. Espanha e Portugal fundaram escolas oficiais de navegação no início do século XVI. A partir de 1508, a Espanha teve um funcionário — o *piloto mayor* — permanentemente dedicado a examinar e habilitar pilotos. A partir da década de 1550, a coroa espanhola começou a criar uma série de cátedras "da arte da navegação e da cosmografia", especializadas em diferentes regiões e mares. Outros países criaram instituições similares no século XVII, quando lançaram suas próprias empresas comerciais e imperiais. A formação profissional exigia um currículo generalista. Multiplicaram-se os manuais para navegadores.

OS DESBRAVADORES

O ADVENTO DAS CARTAS NÁUTICAS

A cartografia e a exploração eram atividades capazes de se beneficiar mutuamente, mas foi preciso muito tempo para que se coordenassem. Os portulanos da Idade Média, que chegaram até nós em número relativamente grande, podem não ter sido muito usados pelos navegadores, cuja preferência tradicional, firmada antes do surgimento dos portulanos, era por instruções de navegação escritas. A história do surgimento das cartas náuticas é tão obscura que nem sequer podemos dizer com segurança que esses documentos tenham surgido para ser usados por navegantes: é possível que não passassem de um complemento visual que servisse de ilustração — destinada a passageiros, marinheiros pouco experientes e grupos interessados, como comerciantes — dos dados que os pilotos preferiam guardar na memória, ou em roteiros.[4]

No século XVI, os exploradores tinham pouco interesse em traçar mapas de seus descobrimentos. Até bem avançado o século XVII, o roteiro — instruções de navegação por escrito — parece ter prevalecido sobre as cartas como a forma preferida pelos navegadores para obter informações. Em muitos casos documentados, essa era também a forma que os exploradores escolhiam para a coleta de dados. A predileção pelos roteiros foi persistente. Mesmo o *Spiegel der Zeevaerdt* [Espelho da navegação marítima], escrito em 1584 por Lucas Janszoon Waghenaer — trabalho que recomendou expressamente a utilização de mapas para as costas da Europa, da Zelândia à Andaluzia —, ainda trazia instruções de navegação na forma tradicional, enquanto os mapas oferecidos pelo autor eram relativamente esquemáticos. O livro *Le grand insulaire et pilotage*, que o cosmógrafo real francês André Thevet estava compilando na mesma época, combinava mapas e roteiros.[5]

A preferência pelos roteiros não era descabida. Eles proporcionavam informações essenciais que os mapas remanescentes daquele período raramente ou nunca continham, a respeito, por exemplo, de correntes, ventos, perigos ocultos, pontos de referência nas costas, profundidades, ancoradouros, instalações portuárias e natureza do leito oceânico. A hidrografia ainda engatinhava no fim do século XVI e início do XVII, e para a navegação de cabotagem os mapas podiam ser perigosamente enganadores. Em um texto de 1594, John Davis admitia que as cartas náuticas faziam parte do equipamento indispensável do navegador, mas alertava: "Uma carta não expressa sobre os locais a certeza que se espera dela".[6] Nas viagens longas, as cartas não ajudavam a determinar o rumo, a não ser de maneira muito aproximada, devido à variação magnética; tampouco ajudavam uma tripulação a determinar sua localização em coordenadas, devido à dificuldade de encontrar e representar linhas de latitude e longitude. As cartas podiam ilustrar e complementar os roteiros, mas dificilmente substituí-los.

As sondagens, que se realizavam submergindo uma corda com um peso até tocar o fundo do mar e eram a informação mais valiosa para os pilotos em costas desconhecidas, só começaram a aparecer nas cartas por volta de 1570. Demorou muito para que essa prática se generalizasse, espalhando-se do canal da Mancha em direção ao mar do Norte, do Báltico e às costas atlânticas da Europa nas décadas de 1580 e 1590, mas essas medições só começaram a aparecer em cartas de costas que estavam sendo exploradas quando os holandeses as incorporaram nas cartas realizadas com base em sua primeira viagem ao Oriente, em 1595-7. A prática generalizou-se no século XVII, nas cartas do Brasil feitas em 1610 pelos portugueses e nas do golfo de Cambay de 1616, e se disseminou rapidamente daí em diante. A inclusão de perfis da costa seguiu um caminho semelhante.[7]

Por todas essas razões, do ponto de vista do navegador e, conseqüentemente, com maior razão, de todos aqueles que faziam explorações por mar, as cartas não eram meios especialmente práticos de registrar informações. Só se tornaram úteis aos poucos e relativamente tarde, à medida que sua precisão aumentava. A partir de 1600, depois que Edward Wright desenvolveu os trabalhos de Mercator e divulgou os resultados obtidos, apareceu uma projeção adequada às necessidades dos navegadores.[8] No início do século XVI, a coroa espanhola determinou que um mapa-mestre (*padrón*) dos descobrimentos espanhóis e cartas náuticas comuns, com a descrição das rotas para se chegar até eles, fossem conservados em Sevilha, guardados a sete chaves e atualizados de acordo com os relatos dos navegantes. Mas parece que esse admirável plano não funcionou bem. O chamado *padrón* raramente era atualizado, ou talvez nunca tenha sido. Isso porque, na verdade, em geral as cartas comuns simplesmente não existiam, e os navegantes que precisavam delas recorriam aos cartógrafos comerciais: não chegou a nossos dias nenhuma carta comum do século XVI.

As técnicas topográficas que permitiam a elaboração de mapas e cartas náuticas em escala precisa foram, em grande parte, criações do século XVII. Um dos inventos que surgiram nesse século foi o telescópio, de extrema utilidade para os navegadores tradicionais porque trouxe as estrelas para mais perto e tornou mais fácil, por exemplo, cronometrar a passagem das estrelas-guia pela estrela Polar. A combinação do quadrante com o telescópio foi inestimável: o quadrante era um instrumento muito simples que permitia obter a latitude medindo-se a altura da estrela Polar ou do sol sobre o horizonte. Com o auxílio do telescópio, ficou mais fácil operar o quadrante à noite. O micrômetro filar, que consiste numa retícula adaptada à lente de um telescópio, tornou possível medir a distância entre corpos celestes, num momento dado, com precisão até então impensável. A técnica da triangulação só começou a ser usada pelos exploradores quando já ia bem avançado o século; sem ela, mesmo em terra as grandes distâncias só podiam ser estimadas. Embora os navegadores experientes tivessem, como vimos, uma capacidade hoje perdida de estimar com precisão assombrosa a latitude relativa, com a simples observação do Sol ou da estrela Polar a olho nu — ou talvez por causa disso —, os instrumentos para calcular a latitude antes do século XVII eram bastante precários: o astrolábio náutico ou versões simplificadas desse instrumento, como o quadrante e o quadrante inglês. Aperfeiçoamentos incorporados antes da década de 1620 pouco contribuíram para aumentar a precisão e a confiabilidade dos resultados.

Durante o século XVII, graças em parte a essas inovações, tornou-se comum que cartógrafos acompanhassem as expedições. O início desse século foi um período de transição em que a carta náutica começou a desempenhar o papel que pertencia antes aos roteiros e a se tornar um instrumento indispensável para o navegador. A produção de cartas náuticas acelerou-se. Em 1602-3 e em 1606, Bartholomew Gosnold e Martin Pring voltaram de suas viagens de reconhecimento de partes da costa norte-americana com mapas recém-esboçados que, até onde sabemos, não chegaram até nossos dias, mas são mencionados em outros documentos.[9] Quirós e Luis de Torres foram cartógrafos consumados, num sentido técnico, por mais que a fantasia distorcesse os mapas do primeiro. Em 1605, James Hall, piloto de uma expedição que Cristiano IV da Dinamarca enviou à Groenlândia para procurar vestígios de antigas colônias nórdicas, produziu uma série de perfis da costa e registrou o resultado de suas sondagens em mapas detalhados da exploração da costa norte, até 68,5 graus norte. Esses

"A demonstração dos vaus, dos rios e da costa", ilustração das cartas da costa oeste da Groenlândia elaboradas por James Hall durante a expedição dinamarquesa de 1605.

mapas sobreviveram em forma de cópias ornamentadas destinadas ao uso pessoal do rei.[10] Entre os mapas elaborados nos primeiros anos da presença inglesa na Virgínia estavam as cartas em escala para navegação do rio James, feitas por Robert Tindall em 1607-8.[11] William Baffin conquistou merecida fama como cartógrafo em suas viagens ao Ártico.[12] Champlain foi excelente cartógrafo.[13] Embora Pedro Páez[14] só tenha produzido esboços de mapas do Nilo Azul, eles integraram a coleção detalhada reunida pelos jesuítas na Etiópia.[15]

O grande desenvolvimento por que passou a cartografia do norte da Sibéria, do mar de Barents e do mar de Kara, no início do século XVII, foi o prenúncio de uma nova era. Nessas regiões, tanto as expedições holandesas quanto as russas parecem ter sido acompanhadas de especialistas em cartografia. Pratica-

OS DESBRAVADORES

mente todo avanço nas rotas percorridas por navios holandeses no leste do oceano Índico e no oeste do Pacífico, no início do século XVII, foi documentado nas cartas de cada barco.[16] Em 1622, os navegadores portugueses ainda empregavam roteiros para registrar as instruções que lhes permitiam encontrar a rota entre Nagasaki e vários portos da China e do Sudeste Asiático.[17] No entanto, nessa época, não só os portugueses produziram cartas úteis dos mares em torno do Japão, para uso de navegantes, como também navegadores holandeses fizeram uma tentativa — embora, como veremos, não muito bem-sucedida — de mapear as costas do arquipélago à medida que passavam por elas, como parte de uma campanha sistemática de mapear todas as águas freqüentadas por seus navios.[18]

Esse fenômeno, que com propriedade podemos chamar de ascensão da carta náutica, afetou as explorações marítimas e foi, por sua vez, afetado por elas. Tanto quanto uma ajuda para a navegação, a carta náutica acabou se tornando a forma-padrão para registro de novas informações. Em 1613, Thomas Blundeville considerava que todo navegador tinha a obrigação de registrar seu percurso numa carta "para que possa dirigir seu navio com mais presteza ao destino quando lá quiser voltar".[19] Ao longo das décadas seguintes, ao que parece, a responsabilidade de indicar em cartas seus novos descobrimentos foi plenamente assumida pelos exploradores. Durante a expedição que fizeram à baía de Hudson, em 1631-2, em suas tentativas frustradas de encontrar a tão desejada Passagem do Noroeste, Thomas James e Luke Foxe sem dúvida aceitaram a elaboração de cartas detalhadas como parte de seu trabalho.

Entretanto, apesar do aumento de sua precisão e de sua confiabilidade, as cartas ainda eram traiçoeiras num aspecto: como as sereias, podiam fazer com que navegantes pouco judiciosos encalhassem em rochedos. Isso acontecia porque a determinação da longitude permanecia além das possibilidades da ciência daquele tempo. Era como se fosse outro dos anseios faustianos da época, como a busca da pedra filosofal, da fonte da juventude, da quadratura do círculo e dos segredos da tradição hermética. Além da estimativa da distância percorrida — método sujeito a um alarmante erro cumulativo —, o método mais freqüentemente empregado a bordo, em fins do século XVI, se baseava na falsa suposição de que a longitude estava relacionada com a variação magnética.[20]

A tradição não legou um método teoricamente satisfatório, com a única exceção do registro da diferença horária em dois lugares diferentes no momento de um eclipse. No entanto, como indicou o cosmógrafo espanhol Alonso de Santa Cruz em 1556, a imprecisão dos relógios invalidava esse método. A precariedade da técnica ficou evidente no início da década de 1580, quando Filipe II da Espanha encarregou a um grupo de astrônomos que determinasse a longitude em vários pontos da América espanhola. Os cálculos feitos para a Cidade do México variaram mais de 10% de um sentido para outro. Os do Panamá apresentaram erros de cerca de 20-25%. Em 1584, o rei anunciou um prêmio nababesco — um subsídio vitalício de 6 mil ducados por ano para o ganhador e seus herdeiros, com mais 2 mil ducados adicionais, também vitalícios, por ano e uma gratificação única de mil ducados, tudo isso equivalente aos polpudos ingressos de um fidalgo — a quem conseguisse resolver o problema de um dispositivo confiável para determinação das longitudes.

Não se fez progresso algum nessa área até que Galileu, com a ajuda do recém-inventado telescópio, fez as primeiras observações das luas de Júpiter, em 1616. Graças à regularidade de seus movimentos, essas luas tornaram-se uma referência confiável para medir a passagem do tempo. Com observações cuidadosas e registros minuciosos, poderiam servir para verificar a diferença de tempo e, portanto, de longitude entre dois pontos quaisquer. Além da grande precisão, tinham uma vantagem a mais sobre o método baseado nos eclipses: estavam sempre disponíveis para observação em dias de céu claro, enquanto os eclipses precisavam ser aguardados. Em 1636, quando Galileu completou suas tabelas dos movimentos das luas, só faltava um método confiável de cronometragem, de modo a tornar possível registrar, com precisão, as diferenças de longitude em terra firme. Vinte anos depois, o relógio de pêndulo de Christiaan Huyghens veio completar a tecnologia necessária.

A bordo de um navio, no entanto, nenhum desses progressos fez muita diferença. No mar, uma embarcação raramente apresentava estabilidade suficiente para permitir a medição do movimento de corpos celestes com a precisão exigida pelo método de Galileu. O movimento de um navio afetava os movimentos do pêndulo. As mudanças climáticas ao longo de uma viagem podiam provocar a contração dos pêndulos e deformar os suportes. Não era diferente o que acontecia até numa mesma zona climática, devido à umidade e às variações meteorológicas, habituais mas imprevisíveis. As costas continuavam surpreendendo os navegadores e os desastres se sucediam nas áreas mais perigosas.

OS DESBRAVADORES

A PERSISTÊNCIA DO MITO

A tradição cartográfica, de qualquer modo, estava repleta de cantos de sereia. Especulações sem fundamento induziam os exploradores a procurar destinos hipotéticos que não existiam ou tinham sido postos no mapa por obra da imaginação. A mitologia acenava ainda com uma passagem pelo mar para o pólo Norte.[21] A Velha Dourada do Ob, criatura mítica — um Eldorado boreal, talvez? — que aparecia no mais conceituado mapa da Rússia do século XVI, atraía os exploradores para a Sibéria. A perspectiva de encontrar uma rota livre de gelo para a Ásia conduzia os navegadores europeus para mares cercados de gelo. No mais extremo sul, estendia-se a Terra Australis, à espera de ser descoberta. Eldorados e outras riquíssimas terras imaginárias proliferavam no interior da América. Em torno delas, continuava oculta uma suposta Passagem do Noroeste. Do mesmo modo, no início do século XVII, persistia a crença de que o Pacífico era um mar estreito.

Às vezes, os mitos tinham a apoiá-los fontes clássicas ou expedições lendárias. Em geral eram o resultado de programas teóricos ou políticos aliados à força do desejo. O pólo Norte tinha de estar em águas desimpedidas para referendar o princípio segundo o qual todos os mares eram navegáveis — princípio este adotado com ardor científico pelos empiristas, que rejeitavam mitos igualmente falsos embora mais antigos sobre os "mares da escuridão" e "oceanos em ebulição" que aplacariam a ambição humana e derrotariam a arrogância dos homens. A existência da Passagem do Noroeste era obrigatória porque os oceanos do mundo tinham de estar ligados uns aos outros. Um Pacífico estreito era necessário para reduzir o mundo a dimensões aceitáveis, manter a simetria com o Atlântico e garantir os direitos do rei da Espanha sobre as Molucas. Os teóricos inferiam a existência da Terra Australis de fatos conhecidos sobre o modo como as terras e as águas se distribuíam na superfície do planeta.

Paradoxalmente, a ciência alimentava as especulações. O avanço da ciência é normalmente saudado como uma das grandes realizações da história européia do século XVII. Mas a observação é falível, e a experiência pode induzir a erro. Bancos de nuvens, o vôo das aves, o aspecto do mar e a presença de objetos flutuantes — tudo isso pode dar margem à "descoberta" de ilhas inexistentes. A força do desejo fazia multiplicar ilhas na cabeça de marinheiros

314

que ansiavam por chegar a terra. Provocava também precauções exageradas no caso de navegadores muito sensíveis a perigos potenciais. Ilhas imaginárias pululavam nos mapas em virtude de princípios comprovados na história da cartografia: é mais seguro ter na carta ilhas demais do que de menos. Em vista da dificuldade de provar uma negação, é mais fácil criar especulações que eliminá-las. As ilhas Rica de Oro e Rica de Plata, que aparecem em muitos mapas do século XVII, não só teriam proporcionado fortuna imaginária a quem tomasse seus nomes ao pé da letra como também teriam sido úteis para a Espanha, ou para piratas decididos a atacar galeões espanhóis: em geral estavam localizadas bem a leste do Japão, não muito longe do rumo normalmente seguido pelos navios que iam de Manila a Acapulco.[22] A observação imprecisa de um navegador que zarpou de Acapulco rumo ao norte, em 1602, serviu de fundamento para a idéia de que a Califórnia era uma ilha.[23]

Promotores de explorações do século XVI elaboraram mapas especulativos que mostravam amplas passagens marítimas desimpedidas em torno da América do Norte, numa tentativa de encorajar exploradores e atrair investidores. Michael Lok, um dos mais ferrenhos defensores da existência de uma Passagem do Noroeste, considerava uma prova muito importante um mapa atribuído ao irmão de Verrazano. Mercator reproduziu o mito em seus mapas.[24] O pólo Norte navegável foi outra fábula a iludir Mercator, que o representou num detalhe de seu mapa-múndi de 1569. Informes falsos, registrados em fins do século XVI, recortaram as costas americanas do Pacífico com um braço de mar batizado como estreito de Anian ou estreito de Juan de Fuca, que penetrava, sedutor, na direção leste. Juntamente com a Passagem do Noroeste, o reino de Quivirá e as cidades de Cíbola, esse estreito aparece com destaque num mapa da América do Norte, impresso por Cornelius de Jode em 1593.

A maior intrusão que a mitologia inseriu nos mapas foi a Terra Australis. No mapa-múndi de Abraham Ortelius, ela parecia abraçar o resto do mundo. No de Mercator, assemelha-se à mandíbula de algum enorme parasita pronto a devorar outras terras. Na versão de Jodocus Hondius, é como uma mão tentando agarrar os outros continentes. Quirós foi um dos grandes responsáveis por isso: juntou trechos do litoral da Nova Guiné a fragmentos do litoral de ilhas que tinha explorado, criando parte da linha da costa de um continente hipotético.

Os informes dos exploradores às vezes alimentavam a fantasia e salpicavam os mapas com maravilhas. A linha divisória entre a exploração e a aventura, ou entre relatos de exploradores e fábulas de viajantes, nunca foi traçada com exatidão. A literatura de viagens existia para descrever um mundo de encantamento, e não para reduzi-lo a fatos facilmente classificáveis. A exploração, desvendando um mundo cada vez mais diversificado, estimulava o apetite popular por curiosidades. As viagens ficcionais serviam de fontes para os cartógrafos, da mesma forma como no século xv os romances de cavalaria haviam sido confundidos com relatos de aventuras reais. As necessidades econômicas da exploração induziam à hipérbole. Era uma atividade que exigia grandes investimentos de capital, mas só gerava lucros esporádicos. Para manter o apoio dos investidores, os exploradores costumavam exagerar seus relatórios, especialmente no que dizia respeito a produtos e descobrimentos suscetíveis de serem explorados.

Assim, talvez não surpreenda que a nova ciência do século xvii não tenha levado os exploradores muito longe. Os mitos ainda determinavam a escolha de seus objetivos. As fábulas continuavam a inspirar suas ações. Ainda viam a América do Norte como um obstáculo no caminho de uma Ásia fugidia. O Pacífico ainda não despertava maior interesse, e só era explorado como um caminho para a busca de terras "desconhecidas" ou de rotas para outros lugares. Os exploradores que cruzaram a Sibéria foram impelidos pela procura de terras de sonhos que não existiam. Vejamos cada um desses teatros em separado.

AMÉRICA: A BUSCA DE UMA ÁSIA INALCANÇÁVEL

Na década de 1630, um fato já estava claro: mesmo que realmente existisse, a Passagem do Noroeste, através das águas do Ártico, só poderia ser usada, no máximo, nas estações mais amenas, devido às dificuldades da navegação, à presença constante do gelo e aos perigos de bloqueio em condições de frio mortal. Para os otimistas, parecia mais atraente buscar um istmo na América do Norte — uma estreita faixa de terra, como o Panamá, com uma margem ocidental que servisse de trampolim para o comércio com a China. Localizada ao norte de uma área já apropriada pela Espanha, a América do Norte era um território de largura uniforme. Mas ninguém ainda tinha certeza disso. Aos poucos, ao longo de todo o século, exploradores franceses que buscavam o oeste a partir dos Grandes Lagos e expedições inglesas saídas das Virgínia e da Nova Inglaterra conheceram o mesmo desapontamento.

As costas dos ingleses

Tendo fracassado na busca do mar do Sul, quando chegaram à Virgínia pela primeira vez, os ingleses mostraram pouco interesse em explorar o interior do continente até que a navegação francesa pelo Mississippi os alertou de que talvez estivessem perdendo uma oportunidade. No entanto, continuaram convencidos de que o continente que se estendia diante deles era estreito: "as venturosas margens do Pacífico", como escreveu em 1651 um funcionário da Virginia Company, ficavam "a dez dias de marcha das cabeceiras do rio James, do outro lado daquelas colinas, passados os ricos vales adjacentes". Em 1670, John Lederer, médico alemão que viajou pelo interior até o rio Catawba, anunciou — entre muitas outras fantasias ou erros — que tinha encontrado índios da Califórnia. Em 1671, por ordem do governador, ingleses que comerciavam com peles de cervo acompanharam um grupo de índios toteros na travessia dos montes Apalaches e, como se relata no diário de viagem feito por Robert Fallam, convenceram-se de que viam o Pacífico ao longe quando começaram a descer o rio Tug Fork na direção do rio Ohio. Mas em 1673-4, as descobertas feitas pelo empregado de um comerciante, George Arthur, tiveram conseqüências desanimadoras. Separado de seu patrão, passou a viver com os índios tomahitans. Da base deles, próxima às cabeceiras do rio Alabama, Arthur andou para cima e para baixo com seus companheiros de guerra, chegando, no norte, ao vale do Ohio, através do passo de Cumberland, que os ingleses ainda desconheciam; e no sul, ao longo do rio Alabama, até perto da costa. A vastidão do continente estava acabando com as esperanças de atravessá-lo facilmente e com rapidez, como queriam os ingleses.

Os ingleses mostraram-se igualmente morosos em empreender explorações a partir de suas colônias norte-americanas. A Nova Inglaterra estava orientada para o mar — era uma estreita franja costeira, que recendia a maresia e com uma cultura moldada pelos contatos marítimos. Na verdade, a primeira tentativa de fundar uma colônia, em Sagadahoc, em 1607, foi ditada por objetivos comerciais, segundo o modelo dos entrepostos portugueses na costa afri-

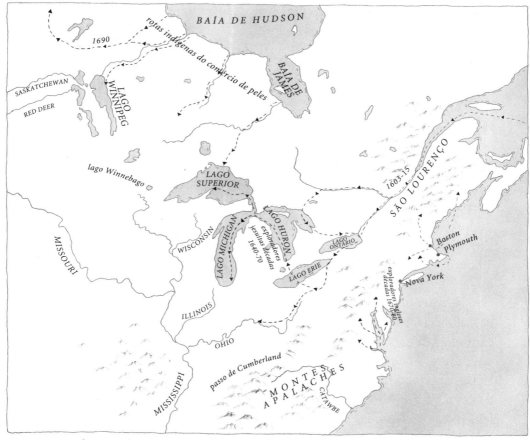

Explorações francesas e inglesas da América do Norte (região norte), século XVII.

cana; mas o esperado comércio nunca se materializou. A primeira colônia permanente, fundada em Plymouth em 1620, era constituída de esforçados agricultores que lutavam para extrair algum produto do solo pedregoso; mas a pesca e a navegação logo se tornaram as principais fontes de riqueza. Em 1627, um grupo de oito colonos assumiu as dívidas da colônia de Plymouth em troca do monopólio comercial.

De início, a exportação de peles firmou-se como atividade comercial, embora nem sempre muito lucrativa. No entanto, a maior parte da Nova Inglaterra estava mal localizada para ter acesso ao comércio de peles. Mesmo em meados da década de 1640, os colonos não faziam idéia de onde ficavam

A CONFLUÊNCIA

os Grandes Lagos. Todas as expedições rio acima em busca de peles só tinham levado a lugares controlados por intermediários franceses. Fornecer aos colonos artigos importados a preços inflacionados era melhor negócio para os comerciantes. Em Boston, por exemplo, em 1639, Robert Keayne foi processado por abuso econômico: "lucrava mais de seis pence por xelim [...] e em alguns artigos pequenos, dois por um". Em 1664, segundo um observador crítico dos métodos dos comerciantes, "se não ganham cem por cento, gritam que estão perdendo dinheiro".[25] Qualquer pessoa que ainda acredite que o puritanismo favoreceu o capitalismo deveria consultar os documentos que registram as tensões entre devotos e gananciosos no seio da elite da Nova Inglaterra.

As tentativas de fundar uma indústria local — fundições, manufaturas de têxteis — fracassaram: só a destilação revelou-se lucrativa. Os comerciantes não tiveram outra opção senão tornarem-se mascates entre mercados distantes entre si. Negociavam também pescado, madeira, bebidas alcoólicas, açúcar e, para o Caribe, enviavam gêneros alimentícios de zonas temperadas que eram trocados por escravos, açúcar e vinhos. Em 1643, as cinco primeiras viagens deram início ao que se tornou um padrão: a venda de peixe salgado e aduelas de barril em portos espanhóis, portugueses, canarinos e africanos. A partir de 1644, as colônias do Caribe tornaram-se os parceiros comerciais mais importantes da Nova Inglaterra. No século XVIII, quando finalmente a Nova Inglaterra se tornou um centro de comércio com a China, as rotas para o Oriente passavam pelo cabo Horn, mas não cruzavam a América.

Os habitantes da Nova Inglaterra mostraram certo interesse em explorar rotas por terra que os pusessem em contato com colônias no rio São Lourenço e nos Grandes Lagos, mas Nova York levava vantagem nesse aspecto, devido ao rio Hudson. Em decorrência de todas essas restrições e perturbações, os colonos da Nova Inglaterra não deram contribuições substanciais para o conhecimento de caminhos que penetrassem no interior até 1692-4, quando comerciantes de Albany exploraram o vale do Ohio. Nessa época, porém, exploradores franceses já tinham como certo que o continente, embora de largura desconhecida, era demasiado grande para ser atravessado facilmente e não ocultava nenhum istmo que pudesse ser utilizado.

De certa forma, é surpreendente que os exploradores franceses tenham dado uma contribuição de tamanha importância. As trilhas de caçadores e comerciantes de pele indígenas conduziam para o oeste a partir da baía do Hudson e dos Grandes Lagos, mas as rotas mais rápidas e mais econômicas favoreciam os ingleses, que controlavam a baía, e não os franceses, que dominavam os lagos. O impulso para o oeste atraía grupos de reconhecimento das duas nações para as pradarias, onde os exploradores tentavam reavivar seu entusiasmo retomando a busca de uma rota para o Pacífico; mas as pradarias não tinham interesse para fins comerciais. As peles de esquilo e castor tinham boa aceitação no mercado; já a do bisão americano, não. Mais ao norte, nas zonas produtoras de pele das florestas boreais, o estímulo para manter a exploração era muito maior. Em 1690, por exemplo, a Hudson's Bay Company determinou que um de seus jovens comerciantes mais empreendedores, Henry Kelsey, com um grupo de caçadores cree, seguisse para oeste, ao longo do rio Saskatchewan até o rio Red Deer. Sua missão era encontrar grupos que dispusessem de muitas peles e convencê-los a ir até a baía de Hudson para negociar. Os motivos particulares de Kelsey eram o desejo de aventura à moda antiga e aperfeiçoamento pessoal, "aprender a língua dos nativos e conhecer suas terras". O caminho que tomou o levou para as pradarias, bem longe da região das peles, e seus achados — considerados sem valor comercial — não mereceram atenção.

La Salle e o Mississippi

Enquanto isso, do lado dos franceses, missionários jesuítas e franciscanos se misturavam a caçadores e comerciantes de peles apelidados *coureurs des Bois* [andarilhos dos Bosques]. Às vezes, as duas profissões pareciam se confundir: alguns dos mesmos gostos e impulsos animavam ambas as vocações. As principais figuras da exploração francesa do Mississippi, Louis Jolliet e René-Robert de La Salle, estudaram em seminários jesuítas, mas abandonaram o apelo religioso pela vida de comerciantes de peles. Tanto missionários quanto *coureurs* precisavam ampliar cada vez mais seus horizontes em busca de gente nova para o comércio ou para a catequese. Pouco a pouco, fizeram avançar a fronteira das terras conhecidas pelos europeus na região. O lago Michigan, por exemplo, do qual Champlain[26] não teve notícia nem mesmo por documentos, foi descoberto em 1634. Viria a servir como uma espécie de base para novas expedições de longa distância. Mas essas expedições dependiam de investimentos e autori-

A CONFLUÊNCIA

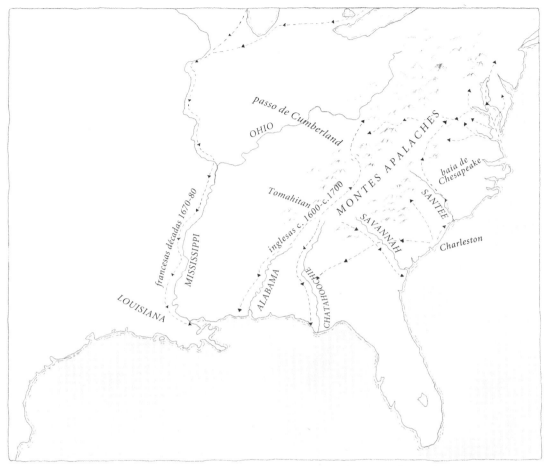

Explorações francesas e inglesas da América do Norte (região sul), século XVII.

zação política: para conseguir esse nível de apoio, ainda era necessária a perspectiva de uma rota rápida para a Ásia.

No lago Michigan, Jean Nicollet, colaborador de Champlain que tinha gosto especial pela companhia dos indígenas e um talento inestimável para assimilar suas línguas, ouviu comentários deles sobre o Mississippi. Também pelos índios, soube que o caudaloso rio corria para o oceano. A idéia de que o oceano no caso poderia ser o golfo do México parece não ter ocorrido aos franceses: o Pacífico era o único oceano que eles tinham na cabeça. Mesmo assim, não era fácil ultrapassar a região dos lagos. Muitos povos iroqueses desconfiavam dos franceses e lhes davam combate implacável. Só na década de 1670 tornou-se possível para os europeus viajar pela região, com alguma segurança, fora dos limites das fortificações francesas, e mesmo então o risco de cair em mãos hostis era considerável. Os jesuítas, paladinos da exploração na região, não estavam preocupados com rotas de comércio, mas podiam se permitir empregar seu tempo explorando a região de ponta a ponta, conhecendo seu povo, mapeando o terreno e expandindo, passo a passo, a fronteira da evangelização.

Por tudo isso, foi só em 1673 que os europeus começaram a navegar pelo Mississippi. Naquele ano, o governo da Nova França encarregou Louis Jolliet de encontrar um caminho dos Grandes Lagos até o rio. Com a ajuda de Jean-Jacques Marquette, padre jesuíta que recrutou em St. Ignace, a missão jesuíta do lago Michigan, Jolliet resolveu o problema: o rio Wisconsin mostrou ser a chave da questão. Mas, uma vez no Mississippi, os exploradores desanimaram da missão. O rio corria para o sul, e não para o oeste, como eles esperavam. Pior ainda, o Missouri se encontrava com ele, vindo do oeste: "um rio de tamanho considerável", advertiram os exploradores, "vindo [...] de muito longe". Evidentemente, havia bastante chão a percorrer antes que pudessem atingir a ansiada rota para o Pacífico. Chegaram até a confluência com o rio Arkansas antes de dar meia-volta. "A julgar pela direção do curso do Mississippi", concluíram, "acreditamos que ele corra em direção ao golfo do México." Não havia razão para prosseguir. Estavam chegando a áreas de firme controle espanhol. Atendendo aos conselhos dos índios que encontraram, voltaram pelo rio Illinois e, a partir de suas nascentes, chegaram ao local onde hoje fica Chicago, nas margens do lago Michigan.

René-Robert de La Salle, no entanto, achou que os esforços de Jolliet e Marquette mereciam continuidade. O Mississippi era, pelo menos, um grande rio navegável e, por isso mesmo, uma rota potencial de comunicações e o eixo do grande império que La Salle sonhava para a França no interior americano. Em 1681-2, La Salle começou a descer o grande rio em canoas indígenas, pelo atual rio Illinois, e chegou ao golfo do México em abril de 1682. Ali, de frente para o mar, presidiu uma cerimônia de posse. Tinha descoberto uma rota que ligava os lagos ao golfo e que, no futuro, poderia ser de enorme importância.

Pode-se dizer que La Salle se antecipou por muito pouco aos ingleses. Nos últimos anos do século XVII, comerciantes de peles de cervo de Charles Town, assentamento recém-fundado no litoral da Carolina do Norte, estavam adentrando o vale do Mississippi à procura de mercadorias. Entretanto, os sonhos de La Salle nunca se concretizaram. A França, mesmo densamente habitada em comparação com outras metrópoles coloniais, como Espanha, Portugal e Inglaterra, nunca produziu tantos colonos quanto suas rivais — pelo menos não o bastante para estabelecer uma presença permanente na América do Norte continental, fora do vale do São Lourenço. A região que La Salle tentou desbravar não chegou a ser suficientemente atraente ou acessível para vencer o espírito caseiro de seus compatriotas. Os começos do império que ele imaginou foram pouco auspiciosos. Ao chegar ao golfo do México, fez uma medição de longitude com uma bússola quebrada e um astrolábio imprestável. Por isso, em 1684, quando quis voltar à desembocadura do Mississippi por mar, não conseguiu encontrá-la. Seus navios naufragaram. Os tripulantes se desentenderam. As tentativas de chegar à área dominada pelos espanhóis falharam. Muitos dos que sobreviveram a seus próprios conflitos internos morreram em combate contra os índios. Um punhado deles chegou a duras penas a um posto avançado francês no rio Arkansas, perto do encontro com o Mississippi.

Embora tendo sido um fracasso como colonizador, La Salle deu uma contribuição importante às explorações. Juntamente com o padre que foi um de seus colaboradores mais próximos, Louis Hennepin, e seu fiel lugar-tenente Henri de Tonti, contribuiu para provar que a América do Norte "compreendia um território enorme". Tonti vasculhou as cercanias do Mississippi, até Cadoquis, em busca do amigo. Depois da morte de La Salle, continuou a explorar a porção leste do rio, preenchendo lacunas no mapa até o Alabama. Hennepin, missionário franciscano que trabalhava com os iroqueses e acompanhou La Salle ao longo do rio Illinois, voltou-se para o norte para explorar o Mississippi rio acima. Como prisioneiro dos sioux de abril a junho de 1680 e acompanhante deles em suas expedições de caça, pôde perceber a imensidão do território situado a leste do grande rio. Tornou-se um eloqüente propagandista do futuro da região, a que deu o nome de Louisiana.

O sudoeste espanhol

Franceses e ingleses não eram os únicos a alimentar a persistente esperança de que a costa do Pacífico estivesse próxima. Os espanhóis do Novo México tinham ilusões semelhantes. Juan de Oñate esperava que a colônia fundada por ele em 1598 estivesse próxima do Pacífico. Nos primeiros anos do século XVII, as expedições no rumo oeste que ele comandou, até o rio Colorado, dissiparam essa esperança. Mas restou a possibilidade de que o Colorado pudesse se tornar algum dia o eixo de uma colônia com acesso privilegiado ao oceano, e convenientemente situada para o comércio com a China. Essas esperanças se baseavam na crença ainda vigente de que a Califórnia era uma ilha. A região intermediária, no entanto, não tinha interesse, a não ser para os missionários. "Rebeliões" de nativos, como diziam os espanhóis, transtornavam as fronteiras das missões e retardavam seu avanço.

A exploração sistemática da região situada entre Pimería Alta e o Pacífico foi obra de frei Eusebio del Kino, paladino jesuíta responsável por levar a cristandade aos ermos que são atualmente o sudoeste dos Estados Unidos. Surgiram as missões de Dolores, em Sonora, em 1687, e a de Tucson, no Arizona, e Caborca, em Sinaloa, em 1700. As incansáveis viagens de Kino tornaram conhecidas duas rotas: a que cruzava o deserto, de Caborca a Yuma, ligando o vale do rio Concepción ao do Gila; e a que seguia dos cursos do Gila e do Colorado até o fundo do golfo da Califórnia. Mesmo então, a convicção de que a Califórnia não era uma ilha demorou a se arraigar na mentalidade oficial, e as representações equivocadas persistiram nos mapas.

Kino sonhava chegar à China por terra, a partir da Califórnia, com base no pressuposto de que bastaria cruzar um pequeno estreito, se é que havia algum, para chegar lá. Mas a quimera de uma rota rápida para a Ásia começava finalmente a ser desacreditada. Jean Nicollet havia vagueado do lago Michigan ao Winnebago vestido com um manto de seda chinês na expectativa de encontrar chineses — ou pelo menos alguém capaz de reconhecer a roupa. Ainda em 1670, John Lederer esperava divisar o mar do Sul do pico das montanhas Blue Ridge, na Virgínia; no ano seguinte, Robert Fallam e seus camaradas acreditaram ter feito o mesmo. Em 1671, La Salle mostrou ser capaz de extrema ironia ao dar a sua casa, à margem do São Lourenço, o nome de "La Chine", e até mesmo o otimismo dos ingleses na Virgínia logo depois se desvaneceu.

A penetração da Amazônia

Assim, no final do século XVII, os exploradores da América do Norte estavam apenas começando a se dar conta da realidade do continente e a admitir que seu trabalho deveria consistir em pesquisar suas próprias rotas internas e seus recursos naturais. Na América do Sul, onde a exploração estava mais adiantada e os diferentes Eldorados já se exauriam, a verdade dos fatos se impôs mais cedo. Isso representou um desestímulo ao avanço das explorações. A principal tarefa do século XVII consistiu em encontrar melhores rotas entre colônias distantes entre si. O desenvolvimento da bacia hidrográfica do Orinoco[27] é um exemplo disso. As iniciativas na Amazônia são outro.

O mundo amazônico descrito pela expedição de Francisco de Orellana desaparecera. Muitas populações tinham se afastado das margens do rio — afugentadas, com toda probabilidade, pelas doenças que os homens de Orellana deixaram atrás de si. As explorações ao longo do rio Amazonas só foram retomadas por causa de um acidente ocorrido em 1637. Naquela época, os franciscanos investiam muito esforço na tentativa de evangelizar os povos do curso superior do rio Amazonas. Tratava-se de uma empresa perigosa. As missões, espalhadas por uma região em que as comunicações eram poucas e precárias, costumavam ter vida curta, às vezes derrotadas por problemas de abastecimento, outras vezes extintas em massacres perpetrados por índios inconstantes que desconfiavam de um conluio entre missionários, conquistadores, mercadores de escravos e grileiros das terras indígenas. Dois irmãos leigos franciscanos, Domingo de Brieva e Andrés de Toledo, aderiram a uma expedição que saiu de Quito para percorrer o curso do Napo e ajudaram a fundar um posto da missão em San Diego de Alcalá, entre os índios encabellados. Separaram-se então de seus companheiros e, numa viagem que repetia a de Orellana cem anos antes,[28] navegaram, "conduzidos por inspiração divina e levados pela necessidade de alimento", até a área portuguesa e a foz do rio.[29]

Os portugueses reagiram enviando-os de volta à sua terra na condição de guias de uma grande expedição comandada por Pedro Teixeira, o funcionário encarregado de livrar o Amazonas de intrusos estrangeiros. Nessa época, Filipe IV era rei de Portugal e Espanha; mas os portugueses não tinham intenção de partilhar seu império nem com o mais próximo aliado estrangeiro. A subida pelo rio levou um ano; as proporções da força-tarefa de Teixeira — cerca de cinqüenta canoas — acarretaram muitos problemas de administração e logística. Mas chegaram em segurança. As autoridades de Quito forneceram-lhes cartógrafos e escrivães oficiais; quando retornaram a Belém, no fim de 1639, tinham o rio já bem mapeado.

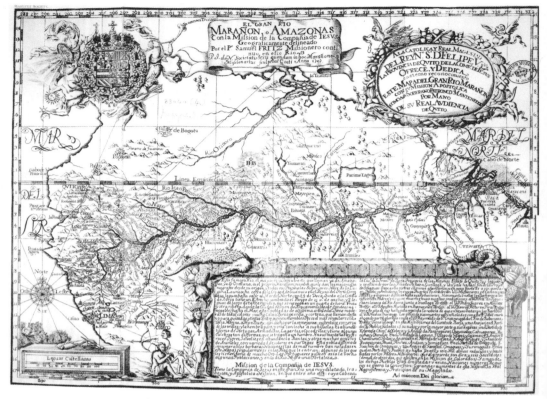

Mapa do rio Amazonas, de frei Samuel Fritz, publicado em 1707.

Se não fosse a revolução que separou as coroas de Portugal e Espanha em 1640, o Amazonas logo poderia ter se tornado uma rota transamericana. Em vez disso, missionários, procedentes das colônias espanholas nos Andes equatoriais, e mercadores de escravos, vindos de entrepostos portugueses no Brasil, disputaram o território em pequenas incursões esparsas. Os missionários eram vulneráveis. Roque González de Santa Cruz e dois de seus companheiros foram martirizados em Caaro, em 1628, por recriminar um cacique por sua poligamia. Ramón de Santa Cruz morreu mapeando o Archidona, em 1662. Francisco de Figueroa foi morto por "bugreiros" em Ucayali, em 1685. Mesmo assim, eles não recuaram. Frei Samuel Fritz liderou uma heróica missão no médio Amazonas enfrentando bugreiros portugueses a partir de 1686 e produziu o melhor mapa da Amazônia até então. O "paraíso" ou "república divina" das missões autônomas que os jesuítas erigiram no interior custou muitos martírios. Os bandeirantes de São Paulo, adversários dos missionários, eram também desbravadores de talento. Grandes e fortes, protegidos por couraças de couro acolchoado e por chapéus de palha, armados até os dentes, penetravam fundo na Amazônia, seguros de si, aterrorizando os índios e desafiando os "projéteis guiados por Deus" das armas que os jesuítas — sem esperança de obter a paz por outros meios — punham clandestinamente nas mãos dos nativos. Em 1650, por exemplo, Antônio Raposo Tavares comandou uma expedição, pelo rio Paraguai, até a vertente oriental dos Andes, e a seguir desceu pelo rio Amazonas, talvez contribuindo para um maior conhecimento do rio Negro.

TERRAS IMAGINÁRIAS, ESTREITOS DE SONHO:
A PROCURA DO PACÍFICO

Em 1639-40, os comerciantes holandeses ganharam privilégios especiais no Japão em comparação com os demais europeus. A hostilidade de longa data do governo japonês em relação à cristandade culminou com a expulsão de todos aqueles que se negassem a pisotear o crucifixo: essa disposição dos estrangeiros era testada em cerimônias anuais. Os holandeses, que davam prioridade ao comércio e eram, na maioria, iconoclastas em sua religião, atendiam de bom grado à exigência. Os espanhóis e portugueses, não.

De sua posição no litoral japonês, dificilmente os holandeses resistiriam ao impulso de explorar os mares próximos. Abel Tasman começou sua carreira como explorador favorito da Vereinigde Oostindische Compagnie (voc), a Companhia Holandesa das Índias Orientais, varrendo o oceano a leste do Japão até 175 graus oeste em 1639. Maarten Vries explorou o norte do arquipélago em 1643. Os resultados foram bastante enganosos. Os cartógrafos continuaram semeando inúmeras ilhas inexistentes pela região explorada por Tasman, enquanto Vries parece ter sido um observador incompetente cujos relatos desfiguraram os mapas, durante gerações, com versões estranhamente deturpadas do norte do Japão e do litoral do nordeste da Ásia. Embora seja difícil dar um sentido ao que ele afirma ter visto, ao que parece fundiu as ilhas Kurilas em duas grandes massas de terra que chamou de Staaten Land e Compagnie Land: a primeira seria uma grande ilha; a segunda, talvez, um continente.

Mais ou menos na mesma época, a voc tentava estender o alcance do comércio e da navegação dos holandeses até a zona dominada por ventos de oeste que levavam seus navios através do oceano Índico, desde o cabo da Boa Esperança até as Ilhas das Especiarias. Isso não significava necessariamente encontrar a Terra Australis. Na época, os holandeses estavam muito mais interessados numa rota para o Cone Sul americano, que viam como o calcanhar-de-aquiles do império espanhol. Antonis van Diemen, encarregado das operações da voc no leste, esperava "assegurar uma passagem do Índico para o Mar do Sul". Na opinião de Van Diemen, o resultado seria que "a Companhia poderá fazer grandes coisas com os chilenos [...] apoderar-se de um rico butim dos castelhanos nas Índias Ocidentais, que jamais esperariam tal coisa".[30] Em 1642, Tasman foi instruído a ir além do meridiano da corrente da Grande Austrália, onde os navios holandeses normalmente se voltavam em direção ao norte,[31] para descobrir o que havia mais adiante.

Contornando a Austrália pelo sul, sem se dar conta de sua existência, alcançou o litoral sul da Tasmânia. Dali prosseguiu no mesmo rumo, topando com a Nova Zelândia, costeou grande parte do litoral oeste das duas ilhas e evitou o estreito que havia entre elas. O achado foi uma grande novidade para os maoris assim como para o resto do mundo: até onde se sabe, essa terra não era conhecida por povo algum de fora das ilhas. Mesmo na Polinésia, só havia referência a ela em mitos. Se tivesse obedecido às ordens, Tasman teria continuado à procura do Chile, mas preferiu seguir a costa em direção ao norte; isso leva a crer que ele provavelmente acreditou ter encontrado a Terra Australis e que, portanto, não havia razão para navegar rumo ao sul. Quando encontrou o ponto mais setentrional da ilha do Norte, desistiu mais uma vez de continuar e preferiu assegurar-se da existência de uma passagem para o leste da Nova Zelândia antes de empreender o regresso. Aproximando-se da região do Pacífico freqüentada pelos europeus por um rumo diferente do habitual, avistou Tonga e tornou-se o primeiro europeu a fazer o reconhecimento visual de Fiji.

No ano seguinte, Tasman mapeou a costa norte da Austrália de oeste para leste até a ponta do cabo York. Como a maior parte dos geógrafos e navegantes do mundo, ignorava as explorações feitas por Luis de Torres, que, como imediato de Quirós, descobriu o estreito que hoje leva seu nome. Por isso, julgou que tinha entrado num grande golfo situado na costa de uma colossal massa de terra que englobava a Austrália — ou Nova Holanda, como a chamavam os holandeses — e a Nova Guiné.

As descobertas foram decepcionantes. As partes da Austrália vistas por Tasman não ofereciam produtos úteis. Seus habitantes "não passavam de pobres homens nus que corriam pela praia", como disse Van Diemen,[32] ou, de acordo com o inglês que foi o primeiro a descrevê-los, em 1699, eram "a gente mais miserável do mundo [...] E, desconsiderando sua forma humana, pouco se distinguem de animais".[33] Quanto à Nova Zelândia, os maoris eram perigosamente hostis — mataram a pauladas os marinheiros que se aproximaram deles no primeiro contato de Tasman — e suas ilhas não ficavam em nenhuma rota comercial. A ambicionada rota para o Chile continuava hipotética. Os diretores da voc perderam o interesse em continuar a procura. "Não esperamos grande coisa da continuação dessas explorações", reafirmaram, "que oneram cada vez mais a Companhia [...] As minas de ouro e prata que melhor servirão a nossos propósitos já foram encontradas: trata-se de nosso comércio em todo o conjunto das Índias."[34]

Só os ingleses mostraram alguma disposição para dar prosseguimento às descobertas de Tasman, e ainda assim seu interesse tardou a amadurecer. Penetraram em algumas áreas do Pacífico fora das rotas de navegação já estabelecidas, pois sonhavam com fundeadouros onde seus navios pudessem se proteger ou com atalhos inesperados para as grandes rotas marítimas. As ilhas se multiplicavam em seus informes pouco confiáveis. Em 1690, um deles resgatou três compatriotas em Juan Fernández. Registraram a existência de terra a 27 graus e vinte minutos, talvez devido a uma leitura errônea da localização das ilhas de San Ambrosio e San Felix, mas isso encorajou a busca da Terra Australis. Em 1699, a marinha britânica enviou à Austrália um simpático ex-pirata, William Dampier, que devia sua autoridade ao sucesso como propagandista. Sua viagem não proporcionou novas informações nem abriu novas rotas, mas ele, com seu estilo característico, descreveu-a habilmente e fez da obra um sucesso literário. Dampier observou que "ainda não se sabe se é uma ilha ou um continente, mas estou certo de que não faz parte da Ásia, da África nem da América".[35]

A febre do mar do Sul estava prestes a se manifestar, dando ensejo a novas fantasias. Em 1701, morreu o último rei da Espanha da casa dos Habsburgo; na guerra pela sucessão que se seguiu, o comércio do império espanhol ficou à mercê de quem se dispusesse a lançar mão dele. Investidores legais, que cobiçavam os lucros obtidos pelos piratas, desejavam aplicar dinheiro na exploração do Pacífico. Em 1721, Jacob Roggeveen fez uma nova tentativa de localizar o arredio continente meridional e procurou averiguar os relatos feitos por piratas. Conta a lenda que se inspirou numa súplica feita no leito de morte por seu pai, detentor de um nunca aproveitado alvará de comércio nos mares do sul; certamente navegou sob as ordens da Companhia Holandesa das Índias Ocidentais, já quase moribunda. A rota atlântica para o Pacífico seria uma tábua de salvação — se ao menos levasse a algum lugar explorável.

Procurando evitar os ventos de oeste e assim facilitar o caminho para o Pacífico em torno do cabo Horn, Roggeveen dirigiu-se para o sul. Uma vez no Pacífico, encontrou icebergs e virou para o norte, atraído pelas lendas de piratas. Em Juan Fernández, guinou para oeste, penetrando em um buraco negro náutico — uma região não mapeada, fora das linhas das rotas marítimas conhecidas. Ali descobriu a ilha de Páscoa, a mais remota ilha habitada do mundo. De lá, depois de novas buscas, seguiu ao contrário a rota dos grandes viajantes polinésios, passando pelas ilhas da Sociedade e por Samoa, até então nunca mencionadas por nenhum navegante europeu, até chegar a Batávia. Ali foi preso por funcionários da Companhia Holandesa das Índias Orientais por tentativa de violar-lhes o monopólio. Os piratas que o tinham enganado eram, concluiu Roggeveen, "saqueadores da verdade, bem como das riquezas dos espanhóis".[36] Nem todos os seus homens concordaram, e depois de voltarem à Holanda argumentaram que se tivessem explorado mais a fundo as ilhas da Sociedade teriam encontrado a Terra Australis. Assim, Roggeveen não dissipou o mito, salvo em sua própria cabeça. No entanto, havia percorrido regiões do oceano que nunca tinham sido visitadas e documentou muitos lugares até então desconhecidos pelos ocidentais.

Para ter uma visão indireta, mas muito esclarecedora sobre a exploração do Pacífico na época, o leitor não pode fazer nada melhor que se voltar para a obra de ficção de Jonathan Swift, escrita no início da década de 1720: *Viagens através de diversas e longínquas nações do mundo por Lemuel Gulliver*, mais conhecida como *Viagens de Gulliver*. Swift foi o mais sutil e também o mais mordaz dos satiristas. Em certo nível, seu livro parodia a literatura de viagem, uma vez que Gulliver sobrevive a uma série de naufrágios mais estranhos que os de qualquer Simbad. Em outro, o protagonista emprega o tom moralizante clássico, recorrendo a nobres selvagens e "monstros" morais como exemplares aos quais compara seus semelhantes — como homens, cristãos e compatriotas. Seu próprio povo, o britânico, é descrito como "a mais perniciosa raça de pequenos vermes abomináveis que a natureza já fez rastejar pela face da Terra". Num outro nível, vitupera seus desafetos favoritos, especialmente políticos, cientistas e especuladores dos mares do Sul. Finalmente, quando enfrenta os seres humanos, a sátira se volta contra toda a humanidade: "Nunca, em todas as minhas viagens, contemplei animal tão desagradável ou pelo qual eu tenha nutrido tão forte antipatia". O mapa que acompanha uma das primeiras edições localiza suas viagens no Pacífico. Mostra as terras "descobertas" por Vries. Laputa — a "ilha flutuante" de Gulliver, habitada por filósofos que têm a cabeça nas nuvens — situa-se a leste dessas terras. Brobdingnag, terra de gigantes, é uma península na extremidade nordeste da América. Todas as viagens de Gulliver são imaginárias, mas todas as suas recordações revelaram verdades. O Pacífico era um oceano onde tudo podia acontecer, um espaço de balelas e blandícia, fantasias e falsidade, liberdade e lorotas.

A TRAVESSIA DA SIBÉRIA: ELDORADOS NO GELO

Enquanto Swift escrevia, os russos se aproximavam, pela Sibéria, das regiões onde supostamente ficavam Laputa e Brobdingnag. Os desbravadores da Sibéria conquistaram rios, e não terras. Os rios correm de sul para norte. A partir de assentamentos nas planícies, constituíam boas vias de acesso às florestas ricas em peles, mas eram de pouca utilidade para atravessar a Sibéria. Os viajantes que navegavam por eles tinham de enfrentar um penoso deslocamento por terra entre os rios Taz ou Ob e o Ienissei, esperando a neve que tornaria o terreno transitável para os trenós. Para os exploradores — mercenários cossacos, mercadores e caçadores — o acerto de contas era simples. Cada um deles se comprometia a entregar ao estado certo número de peles de zibelina e podia ficar com o excedente, se houvesse. À medida que avançavam, iam interrogando os nativos sobre o que havia mais adiante. Sempre se dizia que o próximo rio era o melhor para a caça.

Na década de 1620, a marcha dos russos ficou bloqueada na região do lago Baikal. A obstinada resistência dos buriatas forçou-os a procurar rotas alternativas pelas quais avançar para leste, através do planalto de Tunguska, para chegar ao rio Lena. A melhor dessas rotas exigia subir com grande esforço o rio Nizh Tunguska para chegar ao curso superior do Viliui, que deságua no Lena. Os recém-chegados subjugaram os nativos iacutos, criadores de cavalos do vale do Lena, e chegaram ao delta do rio em 1633. O Lena era um grande rio navegável, irrigava boas pastagens onde os russos poderiam se abastecer de alimentos numa expansão futura. Os territórios situados além do vale, no entanto, eram os mais inóspitos que os russos já tinham encontrado na Sibéria, uma região de montanhas e tundra que ninguém sabia até onde chegava.

A saga do rio Anadyr

Na década de 1630, os russos concentraram a maior parte de seus esforços naquela área em duas rotas: navegaram pelo rio Aldan corrente acima, bordeando o planalto, e realizam expedições por mar, financiadas por caçadores de presas de morsa, em costas do oceano Ártico, usando um barco, construído especialmente para esse fim, o *koch*. Era um navio leve, de fundo chato, com calado de pouco mais de 1,5 metro e, normalmente, cerca de dezoito metros de comprimento. Os costados curvos desviavam o gelo. Remos para manobras perto da costa complementavam uma única vela quadrada. No rio Alazeya, em 1640, os navegadores tiveram seu primeiro contato com pastores chukchis. Em 1644, na região do delta do Kolyma, encontraram, pela primeira vez, os chukchis "errantes" — os mais isolados dos povos que os russos chamavam de "gentes pequenas" do norte. Ali, viviam em choças ao longo do mar — choças de barro no inverno, de ossos de baleia cobertas de couro esticado, no verão — e comiam renas selvagens, focas, baleias e esturjão. No extremo leste das terras dos chukchis, havia pessoas que chamavam a atenção pelo uso de presas de morsa nos lábios perfurados.

Os primeiros russos a comerciar com eles notaram que rejeitavam artigos de morsa: estava claro que eram um povo que dispunha de amplas fontes de presas desse animal. Por isso mesmo, suas terras mereciam ser exploradas. O estímulo veio de riquezas imaginárias: no reino de Pogycha, "uma nova terra situada além do rio Kolyma", mencionado pela primeira vez em 1645,[37] abundavam presas de morsa e zibelina e ali havia também uma montanha de prata e um lago repleto de pérolas. O rio Anadyr — supostamente rico em zibelinas — tornou-se um alvo. Kolyma transformou-se num ímã: as autoridades russas emitiram 404 passaportes para a região. No fim do século XVII, a quantidade de peles sobre as quais incidiam tributos e taxas era invariavelmente a maior da Sibéria.[38]

Petições redigidas por Semen Dejnev, camponês que virou caçador de peles, evocam a vida de então naqueles confins. Ele repisa as penúrias enfrentadas a serviço do império. Reclama muitas vezes do preço das redes de pesca do salmão — literalmente vitais para os exploradores da região, que tinham poucas ou nenhuma fonte alternativa de alimento. Denuncia com insistência a ingratidão dos órgãos públicos, a injustiça de passar a vida a serviço do tsar sem remuneração e o obstáculo representado pelo gelo, que frustrou sua primeira viagem em 1647. Quando o sistema de tributação sobre as peles não conseguia proporcionar os lucros esperados, a culpa era, segundo Dejnev, de guerras entre tribos nativas ou da brutal e desenfreada exploração por parte dos conquistadores russos. O sangue que derramavam inutilmente afastava os nativos e frustrava as iniciativas dele, Dejnev, como explorador. Sua vida parecia feita apenas de "grande carência, miséria e naufrágios".[39]

Seu principal objetivo, ao que parece, era encontrar a desembocadura do Anadyr para facilitar o comércio de pele de zibelina e, a partir dali, "procurar outros novos rios e qualquer lugar onde pudesse produzir lucros para o soberano".[40] No verão de 1648, Dejnev partiu da desembocadura do Kolyma numa expedição que foi a que mais longe chegara até então. Embarcou no início de junho para uma viagem penosa que duraria até o fim de setembro, transpondo os obstáculos da costa ártica. Naquele ano, o gelo estava excepcionalmente favorável, colado à costa e não dividido em icebergs que abalroavam e danificavam muitos navios. Mesmo assim, só restaram dois ou três dos sete *kochs* da expedição. Dejnev atingiu a parte mais remota da Sibéria e circundou o cabo que hoje tem seu nome, embora não seja certo que o tenha avistado: suas descrições da costa são muito vagas. Ele não demonstra nenhuma consciência de ter atravessado um estreito. Prosseguiu em sua exploração além do rio Anadyr. Assim, sua expedição foi a primeira de que se tem registro a passar pelo estreito que separa a Ásia da América. Mas ele supôs que a península de Kamchatka se estendia para leste até alcançar o Novo Mundo.

No ano seguinte à descoberta do Anadyr por Dejnev, um grupo de exploradores rivais chegou por terra ao mesmo local, vindo pelo vale do Kolyma. Segundo Dejnev, prejudicaram toda a operação pela atitude tirânica em relação aos nativos. O conflito que se seguiu impediu iniciativas posteriores. As tentativas de Dejnev para ampliar a busca por terra a fim de encontrar "novos povos e submetê-los ao augusto poder de nosso soberano" fracassaram por falta de guias nativos. Por essa razão, não ficaram registros de sua importante descoberta. Ele voltou com umas poucas zibelinas, muitos ferimentos, uma história de privações, mas nenhuma informação conclusiva sobre a geografia do leste da Sibéria. As informações sobre sua expedição ficaram sepultadas em relatórios oficiais em Tobolsk e não conseguiram chegar aos geógrafos de São Petersburgo ou Moscou. Entre 1649 e 1787, por causa do gelo ou da fome, falharam todas as oito tentativas de repetir a viagem.[41] A maior parte dos mapas da Sibéria do fim do século XVII e do começo do século XVIII mostra a extremidade nordeste do país como uma nebulosa área sombreada no meio do gelo intransponível e deixa em aberto a questão de existir ou não, sob ela, uma passagem por terra para a América.

A procura do "reino de Dauria"

Enquanto isso, no Baikal, os russos finalmente tiveram êxito em impor tributos aos buriatas que viviam na margem oriental do lago. Como possuíam objetos de prata, durante algum tempo as iniciativas convergiram para a busca de uma suposta jazida do metal. Na verdade, porém, a prata vinha da China, por vias comerciais. Ivan Moskvitin chegou ao mar de Okhotsk, partindo do vale do Lena, em 1639, depois de atravessar as montanhas Djugdjur e descer o rio Ulya. Ouviu rumores sobre as riquezas de "Dauria" no rio Amur, em direção ao sul, o que levou seus chefes de Iakutsk a enviar Vassili Poiarkov à procura delas. Poiarkov chegou ao Amur e o seguiu até o mar. Pelo caminho, cometeu todo tipo de violência constante do repertório dos conquistadores, torturando e massacrando pessoas demasiado pobres para atender a suas extorsões, além de, supostamente, alimentar seu contingente com os corpos de membros da tribo daur, mortos por ele porque se recusaram a fornecer comida a seus homens.

Os russos resistiam a abandonar a ilusão de que havia na região uma civilização avançada à espera de ser descoberta. Em 1655, o arcipreste rebelde Avvakum Petrovitch partiu para o exílio na Sibéria. Em Ienisseisk recebeu ordem de se juntar a uma nova expedição ao "Reino de Dauria". Os terríveis sofrimentos a que seus deveres o condenaram tornam fascinante seu relato sobre a expedição. Ele não só teve de enfrentar, junto de seus companheiros exploradores, os rigores de rios adversos, do terreno extenuante e do clima hostil, como também incorreu na ira de seu comandante, por insubordinação, e passou um inverno preso numa tenebrosa masmorra, onde os ferimentos infligidos pelo açoite supuraram e ele definhou por carência de alimento. O resumo da expedição é simples. Anafasy Pachkov, com trezentos homens, foi encarregado de explorar a região entre o lago Baikal e a China, onde deveria implantar a cobrança de impostos, procurar minérios valiosos e estabelecer relações com a China e outros países vizinhos. No caso de não encontrar povos agricultores, deveria também fundar uma colônia agrícola para cultivar os alimentos necessários, no futuro, a exércitos e expedições. Foi instruído a ser moderado no trato com os nativos, manter a disciplina entre seus homens e praticar o autocontrole. Suas quarenta embarcações partiram do rio Angara em julho de 1656. Depois de atravessar o lago Baikal, os expedicionários começaram a subir rios turbulentos — o Selenga e o Khilok — rebocando o equipamento pelas margens recortadas até o lago Irgen. Ali construíram 170 jangadas, que carregaram nas costas, e se encaminharam para o rio Ingoda, que deságua no Shilka. Chegaram a Nercha em junho de 1658.[42]

No fim do século XVII, mensageiros e até embaixadores russos a caminho da China passaram a utilizar a rota da Sibéria. Em 1689, obrigados pela superioridade das forças chinesas, os russos aceitaram a fronteira norte e oeste delimitada pelo Amur; mas a China nunca pôde nem quis impor seus direitos sobre as porções mais remotas da Sibéria oriental, que continuou sob controle de fato da Rússia.

A tentativa para localizar a América

Uma pergunta continuava sem resposta: onde terminava a Sibéria? A questão era importante para o principal objetivo da Rússia: dela dependia a possibilidade da criação de um império no Pacífico. Para os europeus ocidentais era igualmente relevante: se houvesse uma passagem pelo Ártico, ainda não descoberta, em torno da costa setentrional da América do Norte, o esforço de encontrá-la seria inútil se do lado oeste ela estivesse bloqueada pela Sibéria. Mas se, pelo contrário, houvesse apenas água entre o Pacífico e o Ártico — a passagem que a maioria dos mapas da época chamava de estreito de Anian —, seria possível chegar à lendária Passagem do Noroeste pelo leste. Uma profusão de textos deu apoio a essa esperança, mas na maioria eram falsos. Um deles, por exemplo, foi publicado em 1626, como sendo do respeitado navegador espanhol Lorenzo Ferrer Maldonado, embora sem o beneplácito da coroa espanhola. O autor afirmava ter navegado em 1588 pelo estreito de Davis, ter avançado 290 léguas de mar livre de gelo, numa latitude de quase 75 graus norte, em fevereiro, e ter retornado em junho com temperaturas tão elevadas quanto as da Espanha. Havia chegado até um estreito entre a Ásia e a América. Nesse lugar, encontrou comerciantes luteranos com uma carga de sedas, brocados, pérolas, ouro e porcelana. Inúmeros leitores suspenderam de bom grado suas faculdades críticas ante tais afirmações.

Em 1724, o imperador russo Pedro, o Grande, resolveu se dedicar "a uma questão que está em meu espírito há muitos anos".[43] Estava morrendo de uma febre contraída ao lançar-se no golfo da Finlândia a fim de resgatar marinheiros que se afogavam. A certeza característica do moribundo inspirou-lhe essa visão. Embora falasse em "encontrar uma passagem através do mar Ártico", o plano, uma vez formulado por escrito, era mais ambíguo. Os exploradores receberam ordens de zarpar de Kamchatka, no extremo oriental do império, para mapear "a terra que se estende para o norte, que, como ninguém sabe onde termina, parece fazer parte da América" e de encontrar "o lugar onde essa terra pode estar unida à América".[44]

Os almirantes de Pedro, o Grande, entregaram a missão a Vitus Bering, oficial da marinha russa oriundo da Dinamarca — um dos muitos ocidentais que aproveitaram a oportunidade de fazer carreira na Rússia de Pedro. A mulher de Bering, Anna, era sem dúvida a figura dominante da família: esposa e mãe cujos sacrifícios pelo marido e pelos filhos eram ainda mais desbragados devido ao egoísmo que os inspirava. A vaidade fez com que ela inculcasse nos homens da família ambições irreais. Assediava incansavelmente todo possível patrocinador que conhecia — e também a muitos que não conhecia. Mas sua astúcia política nunca esteve à altura de sua mania de grandeza, e a maior parte de seus esforços se esvaiu entre picuinhas da corte e disputas entre facções rivais. O objetivo de Bering era ter um cargo permanente e uma propriedade rural. Mas, em vez disso, escreveu em 1740, "estou nesse serviço há 37 anos e [...] vivo como um nômade". Entregar-se a aventuras era o único caminho para escapar do mundo de oportunidades sociais limitadas a que estava confinado.

A CONFLUÊNCIA

Em março de 1725, pouco depois da morte de Pedro, o Grande, Bering partiu para uma travessia da Sibéria por terra até Kamchatka, ao longo do paralelo sessenta. Para os burocratas de Moscou, a tarefa parecia fácil; vítimas de sua própria propaganda, imaginavam a Sibéria como uma região de abundantes riquezas, pontilhada de populosas colônias russas. Uma compilação da história da Sibéria, escrita poucos anos antes, ilustra essa opinião. O autor, Semen Remezov, era um funcionário de Tobolsk, porta de entrada da Sibéria, que havia realizado um intenso trabalho de coleta de informações, com pesquisas etnográficas e geográficas. A página de rosto do livro mostra raios de luz que emanam do olho de Deus para iluminar a Sibéria, tocando 18 cidades coroadas de torres e pináculos, entre as quais Tobolsk ocupava lugar privilegiado, ao lado da legenda "Ele viverá na virtude e as cidades elevar-se-ão para o Senhor". Na verdade, as "cidades" da Sibéria eram postos avançados caindo aos pedaços, sufocados pela imensidão circundante, mais consentâneas com o texto inscrito na Bíblia aberta que também adornava a página de rosto da Crônica de Remezov: "Onde estiverem dois ou três reunidos em meu nome, aí estou eu no meio deles".[45]

Tobolsk, ponto de partida da viagem transiberiana de Bering, foi a primeira decepção. Esperava recrutar ali soldados da guarnição local, além de carpinteiros e ferreiros. A colônia estava tão carente de mão-de-obra que o governador lhe concedeu pouco mais da metade dos homens de que necessitava. Muitos dos que ele recrutara em Ienisseisk eram "aleijados, cegos e devastados por doenças".[46] Okhotsk, ponto final da viagem pela costa do Pacífico, tinha apenas onze cabanas. Chegar lá exigiu uma viagem de 10 mil quilômetros que durou três anos. Os cavalos morriam por falta de pastagens. Os exploradores precisavam estender toras de madeira sobre o terreno pantanoso. O curso intrincado dos rios que tinham de cruzar obrigava-os às vezes a seis travessias num só dia. Avançavam devagar pelo ambiente em movimento, "como seixos nas águas rápidas de um riacho".[47] Quinze dos homens morreram. Muitos desertaram. Quando chegaram, a pressão sobre a população nativa de Kamchatka — a exigência de suprimentos e trenós, cães e homens — causou uma rebelião. Cumprindo ordens, Bering construiu um navio e lançou-o ao mar no verão de 1728. O verdadeiro tamanho da Sibéria se tornou patente quando Bering mapeou 1600 quilômetros de costa no sentido leste. Ao chegar perto de 68 graus norte, convenceu-se — sem na verdade ter certeza disso —

337

de que a Rússia devia estar separada da América por um trecho de mar. A verdade é que nunca chegou a um ponto onde pudesse comprovar essa hipótese.

Sua segunda expedição, iniciada em 1733, tinha objetivos bem mais ambiciosos: explorar a costa ártica a fim de estabelecer uma rota marítima para leste; encontrar um caminho para a América através da Sibéria; inaugurar o comércio com o Japão; explorar uma nova rota, "a mais curta", de Irkutsk ao Pacífico; criar um percurso viável para a instalação de um serviço postal entre os extremos do império russo; prestar informações sobre a geologia, a geografia, a etnografia, a flora e a fauna da Sibéria; "e, de modo geral, conhecer tudo que seja de interesse científico".[48]

A envergadura da expedição — 3600 homens em dois grupos — esgotava os recursos dos lugares por onde passava. O número de homens aumentava à medida que se aprofundavam na imensidão, pois precisavam de gente para construir barcos e pontes. Em Tobolsk, requisitaram o trabalho de um sexto da população. Em Iakutsk havia apenas 24 casas para alojar os expedicionários. Enquanto os técnicos e cientistas de Bering exigiam conforto, os trabalhadores recrutados à força tinham de ser intimidados para evitar a deserção. "Construímos uma forca a cada vinte verstas" com "resultados extraordinários", mas nada era capaz de deter a "bebedeira infernal" dos siberianos. Em 1739 Bering teve de desistir de encontrar uma rota mais curta para o Pacífico e de abrir uma rota postal viável. Em Okhotsk, em julho de 1738, relatou que muitos homens estavam sem roupas e sapatos; "transportar provisões os deixa muito fracos, e no inverno alguns pés e mãos se congelaram por causa do frio intenso, e com essa dificuldade e a falta de outros víveres muitos deles mal podiam andar".[49]

As tentativas de navegar pela costa ártica e, depois que as expedições marítimas fracassaram, mapeá-la por meio de grupos de reconhecimento por terra custaram um preço altíssimo em vidas. Bering assim resumiu os resultados:

> Certas pessoas instruídas afirmam que se deve afastar da costa e cruzar o mar Glacial perto do pólo, sendo, na sua opinião, que por esse meio se chegaria a mares desobstruídos [...] Não sou capaz de entender isso [...] Nunca ouvi dizer nem li que pessoas tenham chegado a uma latitude superior a 82 graus; e o que tiveram de enfrentar em termos de sacrifícios e privações pelo caminho até conseguir voltar é, com certeza, uma história tenebrosa.[50]

A CONFLUÊNCIA

Viagens de Bering ao Alasca, 1728-41.

A pretendida rota comercial para o Japão não foi menos difícil de achar. Bering enviou navios, na direção das ilhas Kurilas, que chegaram ao Japão, mas suas tentativas de refazer a rota no ano seguinte fracassaram: em vez disso, descobriu a ilha Sakhalin, enevoada e árida. Na volta, os que leram seu relato duvidaram até que ele tivesse chegado ao Japão.

Faltava uma tarefa. Construíram e aprovisionaram dois navios. Em maio de 1741, Bering zarpou de Kamchatka à procura da América. Em vez de rumar para nordeste, onde estava a rota mais curta, começou a busca na direção sudeste, onde visões de terra, falsas ou imaginárias, anunciadas por navegadores precedentes o induziam a crer que poderia encontrar algum braço de terra desconhecido da América. "Meu sangue ainda ferve", escreveu um sobrevivente, "quando penso no logro escandaloso de que fomos vítimas."[51] Navegaram de um lado para outro entre as ilhas Aleutas. Quando Bering finalmente se deparou com a ilha Kayak, diante do litoral da América, em meados de julho, não tinha a menor idéia de onde se encontrava e fazia tentativas cômicas de se

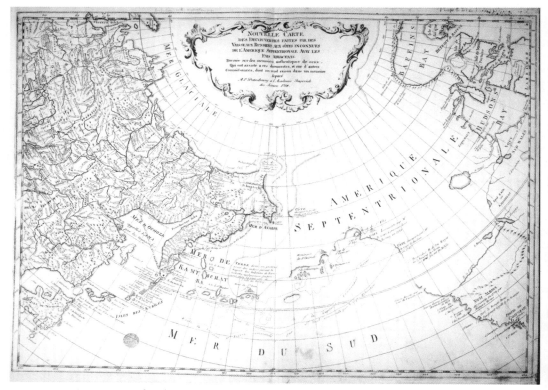

Mapa russo do Alasca, com as rotas das duas expedições realizadas por Bering, em 1728 e 1741.

comunicar com os nativos, usando listas, preparadas de antemão e pouco confiáveis, de palavras supostamente algonquianas e iroquesas. O mesmo aconteceu com os aleútes, na viagem de volta.

Bering sabia que era um erro empreender o regresso em época já tão tardia, mas não tinha alternativa. Sabia que era arriscado voltar por um caminho inexplorado, mas deixou que a vontade de seus subalternos prevalecesse. Sabia que seria fatal fundear diante da ilha de Bering — mas, atormentado pela doença, não teve forças para contrariar seus subordinados e submeteu-se ao desvario de "mentes tão amolecidas pela tempestade como os dentes pelo escorbuto". Ele viveu a tragédia de Cassandra — a dos profetas cujos vaticínios se realizaram porque suas profecias foram desconsideradas. Seguiu pelo "caminho mais curto mas da maneira mais longa, tropeçando com uma ilha após outra", segundo Georg Steller, botânico oficial da expedição, cientista de jaleco cuja modéstia era a contrapartida da ambição de Bering. As relações entre comandante e cientista correspondiam à perfeição aos cânones do drama. Quando Steller apresentou uma estratégia baseada no conhecimento de nativos na zona dos estreitos, Bering rejeitou seus argumentos resmungando: "Quem acredita em cossacos?". Essa dupla incompatível viu-se obrigada a dividir a mesma cabine, onde Steller preocupava-se por "ocupar muito espaço" e vivia temendo pela sorte de espécimes científicos que Bering, com desdém, atirava borda afora para ficar mais à vontade.

No caminho de volta, a expedição tornou-se uma luta épica contra a natureza. Os homens travaram uma guerra até a morte contra o escorbuto — sem esperanças, resignados, em certos casos até a morte, enquanto abundantes remédios desconhecidos estavam à mão. As tempestades fustigaram-nos com ondas "parecidas com tiros de canhão". Bering, que ensinara a seus filhos uma religião de confiança na providência divina, fez com que seus homens subscrevessem uma oferenda votiva que seria dividida entre as igrejas luterana e ortodoxa, se eles sobrevivessem; mas "as maldições pronunciadas durante dez anos de Sibéria impediriam que uma prece fosse escutada". Quando o navio foi a pique, construíram outro. Na ilha de Bering, alimentaram-se da carne nauseabunda de focas que matavam a pauladas. "Quando o crânio já está quebrado em pedacinhos, o cérebro já saiu quase inteiro e todos os dentes estão quebrados, o animal ainda ataca os homens com as nadadeiras e continua lutando." A desgraça reconciliou Bering e Steller. O botânico cuidou de Bering em sua última doença e tornou-se algo assim como o guardião de sua memória. Em 8 de dezembro de 1742 Bering morreu, como atestou seu médico, "de fome, sede, frio, vermes e sofrimentos", meio coberto de areia para se defender do insuportável inverno ártico, cercado de caixas cheias de roupas e perucas de cortesão: "Morreu como um homem rico", segundo o amargo elogio fúnebre pronunciado por seu vice-comandante, "e foi sepultado como um ímpio".

A história de Bering supera a ficção, no que se refere ao interesse humano, e a farsa, quanto a suas fraquezas. Suas ambições foram exorbitantes. Seus sonhos de grandeza fizeram-no abandonar a Dinamarca natal, pôr-se a serviço dos russos e arriscar a vida em troca da recompensa oferecida pela tsarina: dar seu nome a um fim de mundo que nem estava no mapa. Nêmesis castigou-o com a morte. A época de Bering assistiu a um enorme progresso do conhecimento científico do mundo boreal, não só por suas próprias descobertas como também pelos levantamentos que liderou na costa ártica, do mar Branco a Kamchatka, e pela expedição de Pierre-Louis de Maupertuis à Finlândia para determinar o comprimento de um grau na superfície terrestre nas proximidades do Círculo Polar Ártico.[52] A última ironia é que as descobertas de Bering se misturaram, na geografia do Iluminismo, com dados confusos derivados de viagens apócrifas. Os resultados de seu trabalho só foram consagrados em mapas incontestes quase meio século depois de sua morte.

ÁFRICA: ESCRAVATURA E EXPLORAÇÃO

É escassa a documentação sobre explorações na África do século XVII, mas isso não significa que deixaram de ocorrer. Pelo contrário, a passagem de exércitos e caravanas de escravos abriu caminhos na floresta. As viagens com propósito comercial tornaram-se mais longas, graças ao estímulo da riqueza produzida pelo comércio de escravos. Abriram-se novas rotas, ainda que mal documentadas. De Lagos, por exemplo, as canoas viajavam a Allada em busca de sal, que também era vendido no interior, a cerca de trezentos quilômetros, para abastecer os mercados de Oyo. Esse era um comércio mais recente, já que antes Oyo consumia um sal de origem vegetal. Allada era também um empório de contas vindas das terras iorubas, reexportadas para a Costa do Ouro, onde comerciantes de Daomé (atual Benin) também encontravam mercado para feijão e crina de cavalo, usada para enfeitar a empunhadura das espadas. Os mercados atraíam milhares de pessoas a Jakin e Savi.[53] Havia centros comerciais igualmente grandes e movimentados em Gongo, no reino do Congo.

A maior parte das rotas internas da África, no entanto, era pouco usada por não-africanos ou mesmo por viajantes que não procedessem de localidades próximas. No fim da década de 1670 e no começo da seguinte, Jean Barbot, um mercador de escravos huguenote, esteve na costa africana reunindo dados para um livro que pretendia escrever para facilitar a ida de outros viajantes à África. Consultou "os europeus mais inteligentes que tinham vivido longo tempo na Guiné" e "os mais discretos dos nativos aos quais consegui explicar o que queria".[54] Mas conseguiu saber muito pouco sobre qualquer ponto situado no interior, pois "nenhum dos europeus que viviam ao longo da costa tinha jamais se aventurado terra adentro, pelo que pude ouvir".[55] Outras notícias do interior eram normalmente vagas, pinçadas de relatos de comerciantes nativos. Na maior parte do continente, eram poucos os europeus que tinham feito incursões significativas pelo interior.

Na África ocidental, uma rara exceção ocorreu em 1701, quando o conselho do entreposto comercial holandês de Elmina decidiu, "numa aventura nunca antes empreendida", designar um embaixador para um reino do interior. David van Nyendael visitou a corte de Otumfuo Osei Tutu I, rei dos axântis, a fim de estabelecer laços comerciais e cumprimentar o soberano pelas recentes vitórias contra seu antigo chefe supremo, Ntim Gyakiri, de Denkyira. Van Nyendael permaneceu em Kumasi durante quase um ano e voltou a Elmina em outubro de 1702, gravemente doente. Morreu oito dias depois, sem poder preparar o relatório final de sua missão em Kumasi. Deixou apenas fragmentos de cartas, entre os quais uma descrição de Benin que foi publicada poucos anos depois por Willem Bosman, seu companheiro em Elmina. Mas devido à sua morte precoce, a maior parte do que poderia ter contado ao mundo sobre os contatos com os axântis se perdeu.

Etiópia, Monomotapa, Congo e Angola, onde exploradores portugueses já tinham penetrado, continuavam sendo as regiões da África subsaariana mais conhecidas pelos europeus. Todas as instituições missionárias e militares da área portuguesa tinham os olhos postos em além-mar — as do Congo e Angola no Brasil, as da Etiópia e da costa suaíli em Goa —, mas ainda era possível fazer incursões no interior do continente. Em 1623-4, os jesuítas de Goa, na Índia, foram incentivados a tentar novas rotas para a Etiópia através de portos da África oriental, porque "chegavam mouros que comerciavam com a Abissínia cristã e podiam servir de guias". O projeto incluía uma nova tentativa de seguir pelas rotas que frei Antônio Fernandes tentara abrir sem êxito.[56] Jerônimo Lobo, um dos dois padres designados para a tentativa, não tinha ilusões quando partiu de Goa.

> E na verdade, entre os que nos deram adeus, poucos previam vida longa para nós. Porque o empreendimento era extremamente arriscado, nunca dantes tentado ou imaginado; as terras eram desconhecidas, e as pessoas, selvagens que nunca tinham tratado com portugueses; a estrada, quando existia, não podia deixar de ter um número infinito de percalços reservados para dois estrangeiros de pele

branca que penetravam no interior da África onde a pele de todos era da cor do carvão; e a cultura, a comida, a altura das montanhas, os ermos e os desertos eram a menor de nossas preocupações.[57]

Não conseguiu encontrar guias. Foi vencido pela febre e pelo medo do "selvagem" povo gala, por cujo território viajava. Além disso, "não há rota nenhuma por ali", afirmou Manuel de Almeida, o jesuíta que melhor conhecia a Etiópia, por causa das "sinuosidades" das estradas e dos obstáculos políticos disseminados onde "régulos e chefes são tão numerosos quanto os dias de viagem".[58] Os exploradores foram obrigados a voltar e retomar a rota habitual pelo mar Vermelho e Massawa. Enquanto isso, outro grupo de jesuítas tentava uma rota que passava por Zeila — aparentemente em decorrência de erro induzido por uma carta vinda da corte da Etiópia. Sua viagem acabou em martírio em mãos da tribo dos adelianos. O fluxo de informações se deteve, em primeiro lugar, porque as incursões de galas e de muçulmanos aprofundaram o isolamento da Etiópia e, em segundo, porque a colaboração dos governantes com Portugal se interrompeu: os jesuítas, cada vez mais intolerantes para com as heresias etíopes, tornaram-se indesejáveis na região.

As informações que chegavam de Monomotapa eram ainda mais fragmentárias. Entre 1608 e 1614, Diogo Simões Madeira, comandante do forte de Tete, deu seqüência à busca das minas de Monomotapa, que ficariam nas proximidades de Chicoa. Como o monarca, por motivos compreensíveis, relutava em revelar a localização das minas, Simões retomou o projeto de conquistar o reino; mas ainda estavam vívidas as lembranças da derrota portuguesa na tentativa anterior, na década de 1570, e em 1622 a coroa cancelou o projeto. As lutas pela sucessão se multiplicaram e o reino se dividiu. Para os aventureiros portugueses — "homens que queriam ser reis" — aumentaram as oportunidades de fundar feudos privados. Mas a maior parte deles tinha pouco interesse em ampliar os contatos da região com o resto do mundo, e com isso reduziu-se a possibilidade de encontrar rotas, através de Monomotapa, que ligassem o oceano Índico ao interior da África.

Não tiveram melhor resultado as incursões portuguesas no interior a partir da costa atlântica de Angola. Exploradores que, partindo de Benguela, procuraram as jazidas de cobre e ouro que se supunha existirem, quase nada descobriram sobre os mistérios do interior. No entanto, expedições militares, missões

A CONFLUÊNCIA

diplomáticas e missionários que saíram de Luanda reuniram informações e avançaram cada vez mais para leste. Andrew Batell, por exemplo, que passou anos no interior de Luanda como mercenário, cativo e mascate, escreveu uma narrativa de suas experiências, publicada em 1610. Em meados do século, a corte da rainha Jinga, do Ndongo, era um verdadeiro ímã para estrangeiros. Essa formidável soberana, que de acordo com sua conveniência professava o cristianismo ou o paganismo, ora lançando mão de sedução feminina, ora vestindo roupas masculinas, dedicou a maior parte de sua longa vida a lutar pelo controle do reino que herdara. Seguindo-a, os missionários se embrenhavam pelo interior cada vez mais, à medida que necessidades estratégicas empurravam a corte em direção ao leste, tendo chegado a Matamba em 1656.

Por essa época, missionários capuchinhos chegaram ao reino do Congo, em 1645, e fundaram missões por todo o território: em Sona Bata e Sanda, no sul do Zaire (atual República Democrática do Congo), não muito longe da atual Kinshasa; na zona montanhosa de Bamba, que separa o vale do Mebridege e o do Cuanza, além do rio Dande; em Unanda, lugarejo isolado onde fica hoje a província de Uige. Mateo de Anguiano, historiador da Ordem, que coletou e cotejou relatos de missionários em 1716, lembrou as dificuldades:

> o calor do sol, a pestilência do ar; os víveres, insuficientes e intragáveis; a constante falta de água potável; as grandes distâncias que separam os assentamentos humanos; o fato de não criarem os nativos nenhuma raça de cavalos; a aspereza dos caminhos, onde não há tabernas ou pousadas e que mais parecem trilhas para cabras que estradas, e nas quais, estreitas e pouco freqüentadas, cresce um mato cerrado, da altura de meia lança e grosso como nossos juncos europeus. Tudo isso cansa demais. Fica difícil respirar. Para nós, que caminhamos descalços, é muito desagradável, já que a cada passo moitas espinhentas ferem-nos os pés. A sangria é, em geral, o único remédio disponível para as graves doenças que afetam o sangue [...] As chuvas, copiosas, começam normalmente em maio e duram até setembro. Precedem-nas ventos furiosos, com tempestades horrendas e céus tão negros que deprimem o espírito, e isso acontece todos os dias.[59]

Em 1727, pela primeira vez, um cartógrafo europeu rompeu a tradição que mandava preencher as embaraçosas lacunas dos mapas com especulações sem fundamento. A maior parte de seu mapa da África ficou em branco. Da mesma

345

OS DESBRAVADORES

forma que as *Viagens de Gulliver* pareciam demonstrar as limitações da exploração do Pacífico, outra obra de ficção destacou a ignorância sobre a África subsaariana que ainda prevalecia na Europa no início do século XVIII. Em 1740, a *Histoire de Louis Anniaba, roi d'Essénie en Afrique sur la côte de Guinée* nada continha que fosse reconhecidamente africano. Todo o continente descrito nessa obra era de invariável exotismo. Sua população nem mesmo era negra: a trama do romance gira em torno de episódios de identidade trocada, como os que são provocados pelas fantasias de albaneses usadas pelos heróis de *Così fan tutte*.

O MAPA DO MUNDO

No entanto, embora as descobertas do século XVII — e do início do século XVIII — tenham sido modestas, exerceram efeitos importantes. Nossa imagem mental do mundo começou a tomar forma. Pode-se dizer que essa história começou com a inauguração do Observatório de Paris em 1669, ou talvez com a fundação da instituição que lhe deu origem, a Académie Royale des Sciences, criada por Colbert em 1666 para a retificação e o aperfeiçoamento de mapas e cartas náuticas. Esse foi um exemplo típico de iniciativa do estado na área científica, como a entendemos hoje: a pesquisa tratada como meio de investimento, voltada, com intenções pragmáticas, para objetivos de "criação de riquezas" e não como um fim em si mesma. No entanto, entre os membros da Académie estava a vanguarda da época, e em pouco tempo seu trabalho transcendeu o âmbito prático. As figuras mais destacadas durante os primeiros anos da instituição foram Jean Picard e Christiaan Huyghens.

Picard foi a força propulsora na criação da Académie, recomendando a Colbert especialistas competentes e ajudando, quando necessário, a levá-los para a França. Os primeiros anos de sua vida são nebulosos. Diz-se que sua primeira profissão foi a de jardineiro, o que talvez deva ser entendido em sentido amplo, incluindo aí a horticultura e a botânica. Como muitos homens de seu tempo com pendores intelectuais, abraçou a vocação para o sacerdócio — ou, pelo menos, uma carreira na Igreja — e acabou se tornando prior de uma faculdade para religiosos em Rille. A virada em sua vida se deu com uma revelação bem mais profana. Em 1645, aos 25 anos, acompanhou o grande astrônomo Gassendi na observação de um eclipse do sol. Tornou-se seu fiel discípulo e

346

A CONFLUÊNCIA

sucedeu a ele na cátedra de astronomia em 1655. Foi pioneiro no uso de lentes para a medição de ângulos e, explorando as possibilidades do relógio de pêndulo inventado por Huyghens, propôs um novo método para determinação da posição aparente das estrelas em relação a sua passagem pelo meridiano. Para justificar a dedicação simultânea à astronomia e ao sacerdócio, esforçou-se por aprimorar a exatidão do calendário religioso. Seu livro *Connaissance des temps*, que saiu em 1679, foi anunciado como "uma coletânea de dias santos e festas de guarda", mas continha tantas informações astronômicas valiosas para a verificação de latitudes e longitudes que se tornou insuperável como guia de navegação até a publicação do *Nautical Almanac*, em 1766.

Huyghens, num primeiro momento, dedicou-se às leis. Mas sua precocidade para a matemática, que atraiu a atenção de Descartes, desviou-o para uma nova carreira. Sua obra *De circuli magnitudine inventa* [Sobre a descoberta da dimensão do círculo], de 1654, propôs o mais exato valor encontrado até então para a constante π. Como Picard, entendeu que o progresso da astronomia dependia de inovações técnicas. Seus novos métodos para cortar e polir lentes aumentou exponencialmente a definição dos telescópios e fez dele o primeiro a observar a nebulosa de Órion, em 1655-6, e imagens nítidas dos anéis e satélites de Saturno. A necessidade de uma medição exata do tempo para complementar as observações astronômicas impulsionou seu trabalho com o relógio de pêndulo. Depois de radicar-se na França, trabalhou principalmente na questão da natureza da luz e na construção de enormes telescópios com grandes distâncias focais. Em 1681, no entanto, voltou à Holanda para sempre, desiludido por desavenças profissionais e possivelmente pessoais com seus colegas. Formulou uma teoria sobre a forma da Terra, que seria um esferóide oblato, "achatado" nos pólos e "abaulado" no equador. A teoria foi enfaticamente contestada mas, como veremos no próximo capítulo, acabou sendo referendada pela Académie.

Em 1669, a Académie ganhou um novo membro, de excepcional importância: um grande astrônomo italiano que passou a ser conhecido como Jean-Dominique Cassini. Nascera Gian Domenico Cassini no condado saboiano de Nice, em 1625. Na época, a região pertencia cultural e administrativamente ao norte da Itália. Cassini freqüentou a escola dos jesuítas em Gênova. Suas inclinações de juventude foram mais poéticas, místicas e astrológicas do que científicas, na acepção moderna do termo. Mas era comum, nos primeiros tempos

347

Jean-Dominique Cassini (1625-1712).

da Europa moderna, que o caminho para a ciência passasse pela astrologia e mesmo pela magia. Uma leitura minuciosa da denúncia de Pico della Mirandola contra os astrólogos convenceu Cassini a queimar seus apontamentos astrológicos e a se dedicar ao estudo desinteressado da astronomia. Tinha apenas 25 anos quando assumiu a cátedra de astronomia em Bolonha, que ficara vaga com a morte de Cavalieri, defensor de Galileu. Cassini manteve Bolonha na vanguarda da astronomia. Demarcou um novo meridiano, que ainda se encontra gravado em bronze no piso do transepto norte da catedral, e convidou os principais astrônomos de toda a Europa para observarem suas tentativas de verificar as hipóteses de Kepler sobre as variações aparentes no deslocamento e no diâmetro do Sol.

A obra de Cassini *Novum eclipsium methodum* [Novo método de calcular os eclipses], de 1659, relacionava seu trabalho sobre o Sol com um dos problemas mais desconcertantes da cartografia da época: a determinação das longitudes. Cassini propôs um método que aprimoraria o cálculo da longitude, mediante uma medição mais precisa das diferenças horárias dos eclipses em diferentes meridianos. Em 1665, descobriu a primeira de uma série de luas de Júpiter até então insuspeitas. Em 1668 publicou suas *Éphémérides*, ou quadros do movimento dos satélites de Júpiter. Esse trabalho completou o iniciado por Galileu: estabelecer um parâmetro celeste para a medição exata do tempo. Seu trabalho como astrônomo não impediu que conquistasse excelente reputação em outros campos: como teórico em hidrografia e como engenheiro hidráulico a serviço do papa e do senado de Bolonha; como calculista do calendário eclesiástico, na linha de Picard; como pioneiro em transfusão de sangue; como especialista nas propriedades físicas dos líquidos; e como topógrafo da fronteira entre a Toscana e os Estados Papais, com o propósito de defini-la. Mas foi sua contribuição para a questão das longitudes que o tornou imprescindível ao projeto cartográfico que Colbert estava iniciando na França. No entanto, seu ingresso na Académie não foi um mar de rosas. Desentendeu-se com Picard, que defendera sua vinda para a França, e afastou Huyghens. Mas o impulso que deu à agilização do projeto e à compilação de dados compensou de longe os prejuízos que causou ao ânimo dos colegas.

Nos anos que se seguiram à chegada de Cassini, o trabalho da Académie centrou-se em duas iniciativas: a determinação da latitude e longitude de alguns pontos importantes em todo o mundo; e, em atendimento à solicitação de Colbert, o mapeamento mais exato da França. No piso do terceiro andar da torre oeste do Observatório de Paris, Cassini traçou um enorme mapa de sete metros de diâmetro, cheio de meridianos e linhas de latitude a intervalos de dez graus. Grupos de estudiosos descreviam detidamente o mundo.

À medida que eram determinadas, mediante a técnica de Galileu e a invenção de Huyghens, as longitudes antes desconhecidas, os lugares mais importantes do planeta iam sendo representados no mapa, de acordo com suas coordenadas. Ao visitar o projeto em andamento, Luís XIV pôde caminhar sobre o mundo e indicar lugares, com precisão, com a biqueira do sapato.

De certa forma, essa obsessão de enquadrar o mundo numa grade de linhas de referência era surpreendentemente antiga. Originou-se de uma sugestão de Cláudio Ptolomeu, cosmógrafo de Alexandria, no século II. Desde a redescoberta de Ptolomeu pelo mundo ocidental, no século XV, os estudiosos vinham considerando esse método ideal, mas sem muita esperança de algum dia vê-lo materializado. O mapa de Cassini traçado no piso apresentava uma imagem distorcida do mundo, condicionada pelas dimensões da torre do Observatório e incapaz de oferecer uma imagem fiel das distâncias reais entre os lugares marcados. Ainda assim, representou um autêntico salto científico, de incomparável importância para a história da cartografia. Pela primeira vez, o mundo estava sendo mapeado em escala, com base em mensurações verificáveis.

Do mundo inteiro chegavam dados. Cassini deu instruções a expedições enviadas a Caiena, Egito, Cabo Verde e à ilha de Guadalupe. Missões jesuíticas em Madagáscar, Sião e China fizeram observações em prol do objetivo comum. Halley enviou informações do cabo da Boa Esperança; Thévenot, de Goa. A principal discrepância que se evidenciou vinha do aparente atraso dos relógios de pêndulo nas proximidades do equador, apesar dos cuidadosos meios utilizados por Cassini para compensar os efeitos do calor e da umidade.

Esses esforços viam-se refletidos nos mapas. Em 1702, o corpo de sábios da Académie ampliou-se com a eleição do cartógrafo Guillaume de L'Isle. Dizia-se que desde os nove anos de idade desenhava mapas para ilustrar o cenário de fatos da história antiga. Tornou-se seguidor de Cassini e, aos 25 anos, resolveu reformular o acervo cartográfico existente produzindo novos mapas sobre grades criadas com base na mensuração científica de longitudes. Em 1700, publicou uma série de mapas-múndi que marcaram época e mapas de cada um dos continentes, nos quais, pela primeira vez, o Mediterrâneo aparecia com suas verdadeiras dimensões. Sua produção total, de 134 mapas, literalmente ilustrou os progressos da Académie na coleta de dados exatos sobre as coordenadas de qualquer lugar do mundo.

De L'Isle morreu em 1726, mas sua ambição de corrigir os mapas do mundo foi herdada por um jovem nascido em 1697. A descoberta casual de um mapa inspirou em Jean-Baptiste Bourguignon d'Anville, aos doze anos de idade, uma devoção perpétua à cartografia. Deu uma demonstração do rigor acadêmico pelo qual se tornou conhecido ao impedir a publicação, por inexatidão, de um mapa a ele encomendado pelo príncipe regente, o duque de Orléans. Em 1727 saiu seu famoso mapa da África, a que já fizemos menção. Nos anos seguintes, ilustrou com mapas a *Histoire de Saint-Domingue*, de Charlevoix; o *Oriens christianus* [Oriente cristão], de Le Quieu; e a grande compilação dos jesuítas sobre a China, publicada por Du Halde. Em 1744, em *Analyse géographique d'Italie*, propôs uma redução no tamanho aceito até então para o país, por analogia com dados sobre a França revelados por estudos da Académie. Quando se iniciou na Itália um trabalho de medição topográfica pelo método de triangulação, sob o patrocínio do papa Bento XIV, a opinião de D'Anville se confirmou. Reunindo criticamente tradições cartográficas e observações alheias, ele produziu versões surpreendentemente exatas de lugares remotos. Um explorador de 1782, por exemplo, considerou admirável seu mapa das Molucas. Intelectuais que acompanharam Napoleão ao Egito em 1798 orientaram-se por um mapa de D'Anville. Em sua obra publicada, formada por um total de 211 mapas, além de 78 outros trabalhos impressos, ele mapeou o mundo sem nunca ter saído da França.

O outro grande projeto da Académie era o Levantamento Topográfico da França. Esse trabalho tornou-se famoso na história da exploração em virtude da contribuição dada pelos topógrafos à ciência cartográfica e, por conseguinte, ao registro e recuperação das rotas dos exploradores.

O grau de conhecimento do mapa da França antes do trabalho da Académie pode ser avaliado com base no principal trabalho da época nesse campo: o de Nicolas Sanson, o Velho. Sanson iniciou uma tradição que seus filhos e discípulos transmitiram a todos os grandes cartógrafos franceses do fim do século XVII e início do século XVIII. Nascido em 1600 e educado pelos jesuítas em Amiens, ficou impressionado, ainda estudante, com a precariedade dos mapas que ilustravam textos clássicos e, particularmente, *De bello gallico* [Das guerras da Gália], de Júlio César. Ainda adolescente, fez seu próprio mapa da antiga Gália, mas seu interesse pela Antiguidade ainda era essencialmente diletante. Só em 1626 problemas econômicos fizeram com que ele publicasse o mapa para ganhar dinheiro. O fato chamou a atenção de Richelieu, que nomeou Sanson preceptor de geografia da casa real e *géographe du roi*. Seus filhos foram geógrafos competentes e renomados: o mais velho morreu na Fronda aos 22 anos, mas o mais jovem, Guillaume, viveu até o fim do século, produzindo seus próprios trabalhos sobre teoria geográfica e encarregou-se de sucessivas edições dos mapas do pai.

Como não podia deixar de ser, os mapas de Sanson eram do tipo tradicional: compilações de trabalhos já existentes, e não obras novas, baseadas em dados científicos. O projeto da Académie de aperfeiçoar o mapa da França só teve início de fato em 1669 — uma década antes da publicação da última edição do mapa de Sanson — quando Picard partiu, decidido a determinar o meridiano de Paris. Trabalhou seguindo a tradicional rota norte para Amiens, onde Jean Fernet tentara, 144 anos antes, medir o comprimento de um grau usando um hodômetro preso à roda de sua carruagem. Com o hodômetro, Fernet media a distância percorrida sobre a superfície da Terra e, para verificar a latitude, usava um quadrante que media a altura da estrela Polar. Picard também obtinha as latitudes com o quadrante, à medida que avançava, mas a precisão de suas medidas aumentou com a incorporação de um telescópio. Para a medida da distância, o rudimentar hodômetro foi aposentado em favor da técnica topográfica de triangulação. A partir das extremidades de uma linha de base medida com varas ou fios, em condições estáveis de temperatura, determina-se um vértice por meio de um teodolito, de modo que as distâncias entre os três pontos possam ser determinadas por cálculo trigonométrico, a partir da linha de base e dos ângulos adjacentes.

Paralelamente à triangulação de Picard, a Académie encomendou medições topográficas adicionais ao engenheiro David du Vivier. Em 1671, começou a publicação dos resultados, com o novo cálculo de Picard para o comprimento de um grau: supondo que o mundo fosse uma esfera perfeita, ele avaliara o valor de um grau, no equador, em 111,2099 quilômetros. Em 1678, o mapa que ele e Vivier traçaram, com base em medidas obtidas por triangulação entre Paris e Amiens, estava completo e à disposição do público. Durante os anos seguintes, a Académie se dedicou a estabelecer a verdadeira longitude de vários pontos situados ao longo da costa e a consolidar os resultados de medições confiáveis num mapa preciso do litoral do país. Os resultados pareciam mostrar que a França era bem menor do que imaginara Sanson.

A FORMA DA TERRA

O principal problema cartográfico suscitado pelo programa da Académie era o do comprimento do grau, que parecia não ser uniforme, o que levava a crer que o mundo podia não ser uma esfera perfeita. O Levantamento Topográfico da França prosseguia de modo lento e intermitente, e algumas discrepâncias podiam ser esperadas à medida que as técnicas se aperfeiçoavam, mas os resultados mostravam continuamente que os valores para o comprimento do grau eram menores no norte do que no sul do país. Esse fato alimentou a suposição de que o mundo poderia ser alongado no sentido entre os pólos — um esferóide prolato em vez de uma esfera perfeita. Em 1718, Jacques Cassini, herdeiro e sucessor de Jean-Dominique Cassini, aceitou essa conclusão, que aparentemente foi confirmada por um experimento realizado, em 1733, ao longo de uma perpendicular ao meridiano de Paris, entre Paris e Saint-Malo. Os resultados, conseqüência de um erro, pareciam demonstrar que o comprimento de um grau naquela latitude era pequeno demais para que o mundo fosse esférico. Essas conclusões contradiziam os dados que a própria Académie havia recebido sobre a região equatorial, onde se comprovara que os relógios de pêndulo se atrasavam. Jean-Dominique Cassini se inclinara a desprezar esse fato, atribuindo-o a leituras incorretas, mas agora o fenômeno parecia demasiado consistente para ser descartado: exigia uma explicação cabal. Newton e Huyghens, as principais autoridades sobre o movimento pendular, julgavam que o fenômeno decorria de uma dilatação da superfície do globo nas proximidades do equador, de modo que nas baixas latitudes o centro de gravidade do planeta estaria relativamente mais afastado e a atração exercida sobre o pêndulo seria, portanto, relativamente menor. A teoria da força centrífuga proporcionava uma explicação plausível para essa distorção. Assim, enquanto os topógrafos da França postulavam um planeta alongado nos pólos, os sacerdotes da gravidade inclinavam-se para um esferóide oblato, com pólos achatados e equador abaulado.

O debate deveria ser solucionado por um elaborado e dispendioso experimento patrocinado pela Académie. Duas expedições simultâneas mediriam o comprimento de um grau, o mais exatamente possível, nos dois extremos da variação: uma no equador, ou quase nele, e outra na Lapônia Ártica, no ponto mais ao norte que as condições permitissem chegar.

Nenhuma das expedições conseguiu operar em condições propícias. Os exploradores da área equatorial trabalharam sob a liderança de Charles-Marie de La Condamine, com a assistência de dois talentosos colaboradores espanhóis, António de Ulloa e Jorge Juan, a partir de 1735. Os expedicionários empreenderam uma longa jornada a Quito, onde se dividiram em virtude de discrepâncias internas e foram detidos pelo ambiente assustador. Levaram cerca de dez anos para obter resultados, ao término dos quais La Condamine concluiu que tinha sido desnecessário viajar a Quito e que poderiam ter realizado o mesmo experimento em Caiena, com muito menos dificuldades. Os relatórios de Juan e de Ulloa saíram com relativa rapidez e se destacaram num aspecto inesperado: apesar da austera natureza científica de suas investigações geográficas, geológicas, hidrográficas e climatológicas, ilustraram seu trabalho com imagens de surpreendente beleza, com representações românticas de paisagens americanas que se tornariam o primeiro ato de uma longa história: a estimulação do romantismo europeu com imagens da América.

Enquanto isso, no Ártico, Maupertuis já tinha resolvido na prática a questão da forma da Terra. Tendo chegado por mar ao ponto mais setentrional possível, até o golfo de Bótnia, avançou pelo continente até achar um terreno alto o bastante para fazer triangulações. Em dezembro de 1736, em Tornio, perto do Círculo Polar Ártico, começou a medir sua linha de base, com cerca de dezenove quilômetros de comprimento — "a mais longa linha de base até então usada, e na superfície mais plana, já que a medimos sobre um rio congelado". As varas para a medição foram feitas de abeto, porque, de todos os materiais disponíveis, era o que provavelmente menos encolheria com o frio. O exército sueco cedeu um destacamento para carregá-las. "Imagine-se o que era", escreveu,

caminhar sobre uma camada de mais de meio metro de neve, carregando varas pesadas [...] sob um frio tão intenso que quando queríamos tomar um gole de brandy — a única bebida que se mantinha em estado líquido — a língua e os lábios grudavam no copo gelado e ficavam sangrando, sob um frio que congelava nossos membros, enquanto o resto do corpo, devido ao trabalho excessivo, ficava banhado em suor.[60]

Ainda que fosse praticamente impossível obter precisão absoluta em tais condições, mesmo assim as leituras de Maupertuis apresentaram um erro para mais inferior a 0,33%. Suas descobertas bastaram para convencer o mundo de que o planeta era realmente um esferóide oblato — achatado nos pólos. Na página de rosto de suas obras reunidas, ele aparece vestido com gorro e gola de pele sobre um panegírico que significa "Coube-lhe, por destino, determinar a forma do mundo".

Como muitos exploradores científicos calejados, Maupertuis acabou desiludido com a ciência e encantado com a natureza. No começo de sua expedição, acreditava que toda verdade seria quantificável, e que todo fato poderia ser captado pelos sentidos. Terminou-a quase como místico. "Não se pode procurar Deus na imensidão dos céus", concluiu, "nas profundezas do oceano ou nos abismos da Terra. Talvez ainda não estejamos prontos para compreender o mundo de maneira sistemática — mas apenas para contemplá-lo, maravilhados." Nas *Cartas sobre o progresso das ciências*, que publicou em 1752, propôs que os próximos experimentos que a ciência deveria realizar tivessem como objeto os sonhos e os efeitos de drogas alucinógenas — "certas poções das Índias" — como o único meio de conhecer o que existe além do universo. Talvez, especulou, o mundo sensível seja ilusório: talvez exista apenas Deus, e as percepções sejam somente as propriedades de uma mente "sozinha no universo".

As experiências de Maupertuis suscitaram profundas incertezas em seu íntimo sobre o valor da ciência. Mas a controvérsia sobre a forma do mundo, pelo menos, foi superada. Provou-se que Newton estava certo e Cassini, errado. Certamente, a imprecisão dos cálculos dos exploradores tendia a exagerar as distorções do globo. O valor que Condamine encontrou para o comprimento de um grau foi de 110,92 quilômetros, em vez de 110,567. O de Maupertuis foi de 111,094 quilômetros, em vez dos 110,734 que, com precisão absoluta, teria obtido na latitude em que ele trabalhou. As dúvidas que isso suscitou com relação a levantamentos anteriores arranharam o prestígio da Académie, mas a glória de conseguir um resultado tão importante o restaurou.

Sob a liderança do membro seguinte da dinastia Cassini, César-François Cassini de Thury, a Académie fez prontamente as necessárias correções nas descobertas anteriores. Em 1740, tendo em mãos os resultados da expedição de Maupertuis, embora ainda não tivesse os de La Condamine, Cassini e seu tio-avô Maraldi publicaram um mapa provisório de toda a França baseado nas descobertas da Académie até então. Ocupava dezoito páginas, em escala média de 1:878.000. Embora a versão final, em escala menor (1:86.400), só tivesse ficado pronta em 1789, o mapa provisório foi suficiente para despertar a inveja dos países e excitar a ambição dos cartógrafos de toda a Europa.

As descobertas dos exploradores mudaram o modo como os europeus viam o mundo. Confirmaram a imensidão do globo, revelaram a existência de um "Novo Mundo" no hemisfério ocidental e expuseram animais, minerais e plantas — provas da diversidade da criação — nas "salas de milagres" dos colecionadores europeus: essas coleções, concebidas para inspirar assombro, serviram para estimular a pesquisa e se transformaram nos primeiros museus modernos. O intercâmbio cultural, sempre crescente, entre diferentes culturas unia agora quase todos os povos litorâneos do mundo. Mesmo áreas costeiras do Ártico asiático, da Austrália e da Nova Zelândia, antes isoladas, agora faziam parte da rede de rotas. Linhas de comunicação já cruzavam os oceanos em todos os sentidos. As tarefas seguintes consistiriam em preencher as lacunas existentes entre as rotas marítimas, principalmente no Pacífico, e estabelecer laços com culturas ainda isoladas, principalmente no interior da África e da América.

8. O avanço final

A busca da imagem completa do mundo,
c. década de 1740-c. década de 1840

Não fosse o prazer que advém, naturalmente, de ser o primeiro a descobrir […] esse trabalho seria insuportável.

Cook, *Diário da viagem do Endeavour*

O que fustiga o barco, o aparelho e a tripulação em seu avanço a barlavento por esse mar turbulento é a necessidade de convencer o governo e o público de que terra alguma passou sem que a percebêssemos. Porventura a porção mais incrédula do público ficaria satisfeita se todo o oceano fosse inspecionado?

Johann-Reinold Forster, *Diário do Resolution*

Lá pelos meus treze anos
Viajei a uma terra dourada.
Chimborazo, Cotopaxi
Levaram-me pela mão.
[…]
Ouvi baixinho a voz do Mestre
E meninos que brincavam ao longe.
Chimborazo, Cotopaxi
Levaram-me com eles.
Walter J. R. Turner, "Romance"

OS DESBRAVADORES

Que bem redundou de todas essas explorações? Quase todos os *philosophes* se apaixonaram por essa pergunta. E quase todos deram a mesma resposta: o progresso. No entanto, Diderot, o pontífice secular do Iluminismo, o editor da *Encyclopédie*, não foi da mesma opinião. Em 1773, escreveu uma diatribe contra os exploradores, acusando-os de serem os agentes de uma nova espécie de barbárie. Teriam sido levados por motivos mesquinhos: "A tirania, o crime, a ambição, a miséria, a curiosidade, uma estranha inquietude de espírito, o desejo de saber e de ver, fastio, o desdém pelos prazeres do dia-a-dia" — todas as características de um temperamento inquieto. A ânsia de descobrimentos seria uma nova forma de fanatismo por parte de homens que buscavam "ilhas para arrasar, povos para saquear, subjugar e massacrar". Os povos descobertos pelos exploradores eram moralmente superiores a eles, pois levavam uma vida mais natural e civilizada, ao passo que os descobridores se tornavam cada vez mais selvagens quando longe das regras de civilidade que vigoravam em seus países. E Diderot continuava: "Todas as explorações a longa distância produziram uma nova geração de nômades selvagens [...] homens que conhecem tantos países que acabam não pertencendo a nenhum [...] anfíbios que vivem na superfície das águas", desarraigados e desprovidos de moral, no sentido mais estrito da palavra.

Sem dúvida, os excessos cometidos pelos exploradores — de arrogância, de egoísmo, de ambição — demonstravam como era falsa a idéia de que viajar necessariamente alarga o espírito e aprimora o caráter. Mas Diderot exagerava. No exato momento em que escrevia, multiplicavam-se os casos de explorações desinteressadas, com finalidades científicas ou altruístas.

Se o século XVIII redescobriu o encanto da natureza e a beleza do pitoresco, foi em parte porque os exploradores chamaram a atenção de seus compatriotas para as maravilhas do mundo que estavam descobrindo. Se a conservação das espécies e do ambiente se tornou, pela primeira vez na história do Ocidente, um objetivo da política imperialista, foi por causa daquilo que o historiador Richard Grove chamou de "imperialismo verde" — o despertar de um senso de proteção da natureza inspirado pela descoberta de novos édens em oceanos remotos. Se os filósofos ampliaram sua visão da natureza humana e questionaram seriamente a conveniência de continuar a excluir da comunidade de seres morais determinados grupos humanos — os negros, os "hotentotes", os aborígines australianos e todos os demais povos vistos como estranhos por sua aparência ou cultura —, foi porque a exploração os tornou cada vez mais familiares. Se os detratores das instituições ocidentais acharam que suas críticas se fortaleciam e se sentiram incentivados a defender a soberania popular, o "despotismo esclarecido", o "livre pensamento", as liberdades civis e os "direitos" humanos, foi em parte porque a exploração os fez tomar conhecimento de modelos completamente diferentes de organização social e de modos de vida.

É claro que continuaram as atrocidades, os saques, os esbulhos e as violências. Ao mesmo tempo, porém, a exploração transformou-se numa expressão de atitudes benevolentes. Cada vez mais, aqueles que se dedicavam a ela faziam-no sem interesse pessoal. O lucro e o poder começaram a deixar de ser as motivações preponderantes dos exploradores europeus. O mesmo ocorreu, em certa medida, com a evangelização. E alguns dos motivos menos perniciosos mencionados por Diderot — a curiosidade, o fastio, o escapismo — aos poucos se tornaram mais importantes. Em certa medida, o velho espírito persistiu em novas formas. Os exploradores já não buscavam inspiração diretamente de romances de cavalaria, mas ainda eram sensíveis a alguns princípios da cavalaria andante: ambição social, sede de aventuras e aquilo que o capitão James Cook chamou de "o prazer de ser o primeiro". Alguns dos mesmos mitos que haviam motivado gerações anteriores de exploradores europeus continuavam atuantes, exercendo sua influência sobre mentes suscetíveis.

A PERSISTÊNCIA DOS MITOS

O Pacífico, por exemplo, ainda tinha como limites dois mitos: ao sul, o "continente desconhecido" da Terra Australis; e ao norte, a hipotética passagem marítima em torno da América, do Atlântico para o Pacífico.

A persistência do mito da Terra Australis causa admiração, em vista da falta de indícios que o corroborassem, mas talvez seja compreensível diante dos argumentos mobilizados em sua defesa. Pierre-Louis Moreau de Maupertuis, um dos mais renomados cientistas de sua época,[1] expôs a questão de forma clara e sucinta em 1752:

> Todos sabem que existe no hemisfério sul um espaço desconhecido onde talvez se situe uma nova parte do mundo, maior do que qualquer uma das outras quatro

OS DESBRAVADORES

[...] Em nenhuma outra parte do globo há um espaço tão vasto quanto esse, mas em vez de estar totalmente ocupado por um mar contínuo, é muito mais provável que se encontre terra ali.[2]

Um planeta em que o oceano ocupasse uma parte desmesuradamente grande — um planeta como aquele em que efetivamente vivemos — parecia desafiar todos os princípios de ordem e simetria que as mentes racionais esperavam de um criador divino.

Diante da premissa da existência da Terra Australis, não tentar encontrá-la seria demonstração de negligência e perda de uma boa oportunidade. Alexander Dalrymple, principal hidrógrafo da marinha britânica, previa que a Terra Australis seria "suficiente para manter o poder, as dependências e a soberania da Grã-Bretanha, ao empregar todas as suas manufaturas e toda a sua frota". O advogado Charles de Brosses, um dos mais incansáveis propugnadores da exploração dos mares do sul, apresentou argumentos de maior peso e, para algumas pessoas, ainda mais convincentes para se procurar o lendário continente: "Que comparação pode ser feita entre a execução de um projeto como esse e a conquista de um pequeno território carente?".[3]

Do mesmo modo, o mito da Passagem do Noroeste sobreviveu a todas as decepções nas tentativas de encontrá-lo e resistiu a todos os argumentos contrários, por mais persuasivos que fossem. Em 1731, por exemplo, um explorador de salão, o irlandês Arthur Dobbs, membro do Parlamento, argumentou que o fato de a maré fluir pelo noroeste da baía de Hudson era inexplicável, a menos que "suponhamos que as águas de um Oceano Ocidental nela penetrem através de um Estreito".[4] Esse raciocínio era infundado. O pessoal da Companhia da Baía de Hudson sabia perfeitamente que a baía não tinha nenhuma saída para oeste; já em 1719, um de seus diretores, James Knight, tinha perdido a vida no gelo ao tentar encontrar a chamada Passagem do Noroeste. Mas Dobbs convenceu a marinha a reiniciar a procura e, quando esta fracassou, retomou a iniciativa com uma companhia privada. Havia um mercado para informações sobre a passagem, e comerciantes não se faziam de rogados. Charlatães se apresentavam, alegando conhecer o interior da América e invocando o testemunho de viagens fictícias de navegadores desconhecidos. Nem mesmo o fracasso das duas expedições promovidas por Dobbs na década de 1740 atenuou a esperança de êxito, ainda que transferisse a procura da entrada do estreito para o Pacífico, "onde", escreveu em 1750 Henry Ellis, um dos mais ativos defensores da idéia, "é provável que o clima seja mais ameno, e o Mar mais livre de gelo" e "a Passagem, no caso de existir, mais visível".[5]

Acumularam-se exemplos de um paradoxo: quanto mais conhecimentos as pessoas adquiriam sobre o mundo, mais crédulas se tornavam. Cada nova descoberta gerava uma dúzia de especulações. O mitos tradicionais persistiam, enquanto os novos se multiplicavam e se tornavam renitentes. Por exemplo, segundo vários geógrafos teóricos do século XVIII, a Austrália era dividida por inúmeros estreitos ou banhada por um mar interior; a América do Norte era atravessada, se não pela Passagem do Noroeste, por uma série de hidrovias navegáveis que cruzavam o continente quase sem interrupção. A Austrália devia ter um rio como o Amazonas. O Nilo devia corresponder às descrições da Antiguidade, por falsas que fossem, e o Níger, às da Renascença; os tesouros do antigo reino do Mali deviam estar concentrados em Timbuktu; devia haver mares livres de gelo ao redor do pólos.

Aqueles que se dispuseram a desmentir ou comprovar esses mitos tiveram de superar dois graves problemas de natureza prática antes que seus projetos pudessem avançar seriamente: veremos a seguir como procederam. O primeiro problema era a impossibilidade de determinar a longitude, o que fazia os exploradores se espatifarem contra rochedos e praias, por ignorarem sua localização exata; o segundo era o escorbuto, que condenava os viajantes, carentes de alimentos frescos, a dores, debilitação e morte.

A LONGITUDE

Um incidente exemplifica com perfeição as limitações apresentadas até pela mais confiável das técnicas tradicionais para a determinação da longitude.[6] Em 9 de novembro de 1769, quando o capitão Cook se achava na Nova Zelândia, Mercúrio transitou diante do Sol. Cook teve, portanto, uma oportunidade magnífica para, medindo a duração do eclipse, calcular a longitude do lugar em que se encontrava. Além disso, Cook era um dos mais meticulosos hidrógrafos do mundo. Ainda assim, situou a Nova Zelândia bem mais a leste de sua posição real. Mesmo nas melhores condições do tempo, o método do eclipse era pouco seguro. Com o céu nublado, impossível; num navio em movimento, impraticável.

Em fins do século XVII, a invenção do octante de reflexão — instrumento semelhante ao quadrante acrescido de um telescópio — havia trazido novas esperanças. Esse instrumento utilizava a luneta astronômica para aumentar a precisão das leituras da posição relativa dos corpos celestes, "e embora o instrumento venha a oscilar devido ao Movimento de vosso Barco no Mar", escreveu Newton numa descrição do invento em 1672, "a Lua e as Estrelas se moverão juntas, como se estivessem unidas umas com as outras no Céu; de modo que uma Observação pode ser feita no mar exatamente como em terra". Nas duas primeiras décadas do século XVIII, aperfeiçoamentos e simplificações produziram um instrumento melhor, o quadrante de dupla reflexão, e um outro mais cômodo, o sextante, que se tornou o companheiro dos navegadores em qualquer viagem oceânica.

O sextante era um instrumento de valor inestimável para o cálculo da latitude porque permitia aos navegantes medir a altura do Sol ou da estrela Polar com absoluta precisão. Teoricamente, podia ser usado também para a determinação exata da longitude. Com um sextante, o marinheiro podia determinar a hora com absoluta precisão, medindo a distância entre a Lua e determinadas estrelas. Comparava então a hora no lugar em que se encontrava com tabelas que relacionavam as horas, para a mesma distância lunar, num meridiano padrão, como o do observatório de Paris ou o de seu equivalente inglês, fundado em Greenwich em 1675.

A compilação dessas tabelas exigiu muito tempo. Concluídas em alguma data da década de 1760, foram publicadas em 1766 por Nevil Maskelyne, astrônomo real britânico. A partir de então, o *Nautical Almanac* passou a publicar, todos os anos, tabelas com os ângulos mensuráveis entre o Sol e a Lua, ou entre pares de pequenas estrelas, em intervalos de três horas, em diferentes longitudes. Entretanto, antes que essa técnica chegasse à perfeição, um novo método, infalível, começou a suplantá-la.

O estímulo para esse avanço foi o prêmio oferecido pelo governo britânico. Em 1714, após uma série de desastres marítimos, criou-se o Conselho de Longitude (Board of Longitude), destinado a conceder prêmios à criação de instrumentos confiáveis para o cálculo da longitude. Se o Conselho aprovasse seu funcionamento, um instrumento que apresentasse margem de erro de um

O AVANÇO FINAL

grau seria premiado com 10 mil libras, enquanto um instrumento com margem de erro de quarenta minutos de grau teria direito a 15 mil libras. Se, numa travessia do Atlântico, entre um porto inglês e as Índias Ocidentais, um instrumento desse resultados com margem de erro igual ou inferior a meio grau — ou seja, dois minutos de tempo (1/30 da hora) ou trinta milhas náuticas —, o prêmio seria de 30 mil libras. Resultados dessa ordem representariam uma revolução para a segurança no mar: pela primeira vez na história, os navegadores saberiam, com razoável grau de certeza, se estavam chegando perto de uma costa perigosa. A solução óbvia estava em criar um instrumento — um relógio — capaz de inspirar a confiança necessária. Um cronômetro que resistisse aos balanços do navio, aos efeitos de climas diversos, às ameaças da umidade e da corrosão, às variações da gravidade e aos problemas do atrito permitiria aos navegantes manter um registro preciso da diferença de fuso horário em relação a um meridiano padrão.

John Harrison — o inventor que viria a resolver o problema — tinha 21 anos quando o Conselho de Longitude foi criado. Sabe-se, com segurança, que desde criança tinha fascínio por relógios. Consta que, aos doze anos de idade, mantinha um relógio debaixo do travesseiro para estudar seu movimento e escutar seu tiquetaque. Em 1728, empenhado em ganhar o prêmio oferecido pelo Almirantado, já tinha inventado dois possíveis componentes de um cronômetro marítimo confiável: um pêndulo feito de cobre e aço, no qual os coeficientes de contração e dilatação dos dois metais se compensavam mutuamente; e o escapo do tipo dito "gafanhoto", que quase não apresentava atrito. Construiu seu primeiro cronômetro em 1735, eliminando todo o pêndulo em favor de dois pesos que corrigiam um ao outro. Esse cronômetro, o "Número Um", já era, provavelmente, preciso o bastante para ganhar o prêmio do Conselho. Entretanto, concorrentes de Harrison e críticas interesseiras o impediram. Astrônomos profissionais, entre os quais Maskelyne, achavam difícil acreditar que um artesão como Harrison fosse capaz de superar as realizações de cientistas como eles. E houve dificuldades para a realização de um teste imparcial.

De início, as invenções de Harrison levaram somente a progressos modestos. Mais tarde, porém, seu cronômetro "Número Quatro" representou uma melhoria significativa em relação tanto ao desempenho quanto à praticidade de seus projetos anteriores. Em vez de um artefato volumoso, este era um instru-

363

OS DESBRAVADORES

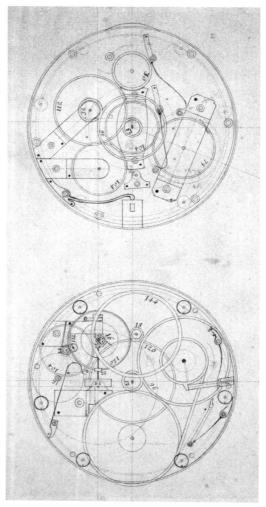

Dois esquemas do cronômetro Número Quatro, de John Harrison, mostrando seu funcionamento. A ilustração foi feita pelo próprio Harrison, c. 1760-72.

mento fácil de transportar, parecido com um relógio de bolso grande, que não exigia nenhum suporte especial, podendo ser guardado numa caixa e consultado com uma simples olhada. Testado em 1761 numa viagem transatlântica, mostrou uma margem de erro de 1¼ minuto de longitude ou cinco segundos de tempo. Após cinco meses no mar e um acidentado regresso, iniciado na Jamaica, seu desvio era de apenas um minuto e 54½ segundos de tempo ou 28½ minutos de longitude — 28½ minutos de longitude ou dezoito milhas terrestres (trinta quilômetros). Na década de 1770, o instrumento havia sido aprovado em todos os testes e começou a ser adotado como equipamento padrão dos navios.

O COMBATE AO ESCORBUTO

Na mesma época, a busca do outro prerrequisito para o progresso da navegação — a prevenção e a cura do escorbuto — avançava ainda mais devagar. Henry Ellis[7] assim descreveu os sintomas do mal:

> Na fase inicial da doença, nossos homens mostravam-se abatidos, sem forças, fracos e, mais adiante, apáticos em grau extremo: seguiam-se uma opressão no tórax, dores no peito e grande dificuldade para respirar; surgiam depois manchas arroxeadas nas coxas, inchaço nas pernas, rigidez dos membros, putrefação das gengivas, queda dos dentes, coagulação do sangue na área da coluna vertebral, com a fisionomia congestionada e pálida. Os sintomas não cessavam de se agravar, até que a Morte os levava, quer por hemorragia quer por hidropisia.[8]

Além disso, os enfermos tinham dificuldade para ingerir alimentos e morriam de inanição. A prostração física, um dos sintomas da doença, podia ser fatal, por si só, nas difíceis condições de uma viagem de exploração. Ferimentos antigos voltavam a abrir-se, agravando a debilidade dos doentes.

Os aparentes vínculos entre os escorbuto e as viagens marítimas confundiam os médicos, que consideravam a umidade ou a salinidade possíveis causas do mal. O fato de ele ocorrer entre tripulações comprimidas em espaços restritos levava a crer que se tratava de uma doença contagiosa ou infecciosa. Henry Ellis culpava a bebida. A idéia de que alimentos frescos podiam aliviá-la apareceu no fim do século XVI, graças em parte ao humanismo renascentista. Leitores de Galeno — e essa autoridade da Grécia antiga ainda tinha a devoção de muitos médicos — notaram que ele recomendava o limão como uma fruta "vitalizante". Ainda mais influente foi o conhecimento que os médicos espanhóis acumularam no Novo Mundo, onde atenderam muitos casos de escorbuto e tiveram acesso à farmacopéia dos indígenas.

Na década de 1560, o frade franciscano Juan de Torquemada fez uma descrição dramática do horror que era tratar homens moribundos, que não suportavam ser tocados ou vestidos e que se consumiam por falta de alimentos sólidos. Recomendava uma medicação indígena: algumas porções de abacaxi-vermelho: "e Deus concedeu a essa fruta uma virtude tal que ela reverte a tumefação das gengivas e faz com que segurem os dentes, e ainda as limpa, expulsando toda a putrescência e o pus das gengivas". Já em 1569, Sebastián Vizcaino observou em travessias do Pacífico que "não existia nenhum remédio [...] nem qualquer outro modo humano de curar essa doença; ou se tal cura houvesse seria tão-somente alimentos frescos e em abundância". No fim do século XVI, os médicos espanhóis prescreviam habitualmente frutas, sobretudo limões e laranjas.

Para as tripulações espanholas era relativamente fácil obter frutas frescas, pois gozavam de livre acesso aos portos de seu extenso império. Para nações menos privilegiadas, era mais difícil. Entre 1740 e 1744 ocorreu uma crise na história da doença, quando George Anson perdeu quase 1400 homens, de um efetivo de 1900, durante uma viagem de circunavegação. O escorbuto foi somente a pior de uma lista de doenças causadas por carências alimentares, entre elas o beribéri, a cegueira, "a idiotia, a loucura e convulsões",[9] mas a experiência de Anson levou, finalmente, a uma pesquisa sistemática sobre como tratá-lo. James Lind, oficial-médico da marinha britânica que servira nas Índias Ocidentais, experimentou num grupo de doze pacientes, numa viagem por mar, uma ampla seleção dos remédios propostos até então, entre eles alguns francamente pouco promissores, como água do mar, o "elixir de vitríolo" — uma solução de ácido sulfúrico — e uma sinistra mistura de alho, mostarda, rábano, quinino e mirra.

Seus casos eram os mais parecidos entre si que pude reunir. Todos, em geral, apresentavam gengivas pútridas, as manchas e a prostração, e uma debilidade nos joelhos. Estavam deitados num mesmo lugar [...] e recebiam a mesma alimentação, a saber: um mingau feito com água, adoçado com açúcar, de manhã; no almoço, às vezes uma sopa de cordeiro, outras vezes bolo de massa com recheio de carne, biscoitos fervidos com açúcar etc.; e para jantar, cevada com passas, arroz com groselha, sagu com vinho e outros pratos parecidos. A dois desses doentes era servido um quarto de galão de cidra por dia. Outros dois recebiam

O AVANÇO FINAL

> vinte e cinco gotas de elixir de vitríolo três vezes ao dia, de estômago vazio, com um gargarejo bastante ácido para a boca. Dois outros tomavam duas colheradas de vinagre três vezes ao dia, de estômago vazio, e seus mingaus e outros alimentos eram bem acidificados com o vinagre, assim como o gargarejo para a boca. Dois dos pacientes em piores condições [...] foram tratados com água do mar. Bebiam meio litro dela por dia, às vezes um pouco mais ou um pouco menos, segundo seu efeito. A outros dois eram dadas a cada dia duas laranjas e um limão. Comiam-nos com avidez, a diferentes horas, com o estômago vazio. Esse tratamento foi mantido durante seis dias, ao fim dos quais haviam consumido a quantidade de fruta de que se podia dispor. Os dois pacientes restantes receberam, três vezes por dia, um gole do eletuário recomendado pelo cirurgião de um hospital, constituído de alho, grãos de mostarda, *Radix raphana*, bálsamo-do-peru e mirra líquida; como bebida habitual tomavam água com cevada, bem acidificada com tamarindos; mediante uma decocção dessas frutas, à qual se acrescentava cremor de tártaro, foram levemente purgados três ou quatro vezes durante o tratamento. O resultado foi que os mais súbitos e visíveis efeitos positivos foram percebidos com o uso das laranjas e limões; um daqueles que os haviam ingerido estava em condições de voltar a trabalhar ao cabo de seis dias.[10]

Os que tomaram cidra mostraram ligeira melhora. Todos os demais pioraram.

Lind havia descoberto uma cura, mas não um preventivo, pois não existia ainda um meio de conservar laranjas e limões a bordo durante tempo suficiente para garantir a saúde da tripulação. Tampouco seu trabalho deixava claro se as frutas cítricas serviriam como remédio para todos os pacientes: a teoria dos humores ainda mantinha certo prestígio no espírito dos médicos, que desconfiavam de tratamentos universais, vistos como curandeirismo.

Durante a década de 1750 e começo da seguinte, apareceram ao menos quarenta publicações, somente na Grã-Bretanha, com propostas para tratamento do escorbuto. Richard Mead, que estudou as anotações e descrições de Anson, desistiu de encontrar uma solução e concluiu que o ar marinho era irremediavelmente insalubre. A água de alcatrão era amplamente recomendada, sem nenhum motivo aparente. A proposta do próprio Lind foi distribuir rações de suco de limão concentrado, mas o processo destruía o ácido ascórbico e seu custo era maior do que o Almirantado estava disposto a assumir. John Huxham advogou a inclusão da cidra nas rações dos marinheiros, mas os modestos efei-

367

tos benéficos dessa bebida desapareciam com seu armazenamento nas embarcações. Gilbert Blane considerou que para manterem suas propriedades terapêuticas nas viagens marítimas os sucos de frutas precisavam de um conservante e sugeriu adicionar-lhes álcool: isso mantinha a preparação tolerável ao paladar, mas não lhes restituía a eficácia. David MacBride defendia o malte não fermentado, que, por seu baixo preço, foi adotado pela Marinha Real, mas mostrou ser inteiramente ineficaz. O malte contava com o apoio entusiástico de Johann Reinhold Forster, médico de bordo da viagem de Cook em 1772-5, mas sua recomendação foi eliminada na edição impressa de seu diário.[11]

Um médico com experiência em explorações do Ártico russo aconselhava "sangue quente de rena, peixe cru gelado e exercícios", além de qualquer vegetal comestível disponível.[12] Durante à odisséia que viveu no Pacífico, de 1785 a 1788, Jean-François de La Pérouse confiou em respirar "ares de terra" e em misturar melado, "mosto, cerveja de abeto e uma infusão de quinino na água potável da tripulação".[13] A "cerveja de abeto", invenção do capitão Cook, era elaborada a partir de um extrato de abeto da Terra Nova, misturado a melado, seiva de pinho e um pouco de álcool. Não continha praticamente nenhuma vitamina C.

O único alimento vegetal que, em conserva, mantém uma quantidade razoável de ácido ascórbico é o chucrute, alimento que, no começo do século XVIII, só era consumido nos navios holandeses, mas parecia ter efeitos benéficos. Na década de 1760 e começo da de 1770, as experiências feitas pelo capitão Cook convenceram-no das virtudes dessa beberagem, que, graças à sua reputação inquestionável, passou a ser usada normalmente em viagens de longa duração. Após cuidadosos testes com todos os remédios recomendados, Cook praticamente eliminou as mortes por escorbuto. Para seu êxito foi importante também o regime de limpeza por ele adotado e imposto com mão de ferro. Mas enquanto não se descobrisse um meio de conservar o suco de frutas cítricas, que fosse barato e não destruísse o ácido ascórbico, qualquer sucedâneo era de valor limitado. A única solução eficaz consistia em abastecer os navios com alimentos frescos em todas as oportunidades e ingerir a maior quantidade possível de verduras sempre que o navio encostasse em terra, além de explorar ilhas desertas em busca da planta de sabor desagradável que os marinheiros chamavam de "erva do escorbuto". Na época da viagem de Alessandro Malaspina, a mais ambiciosa expedição científica do século XVIII, rea-

O AVANÇO FINAL

A *"erva do escorbuto"* (Oxalis enneaphylla), *assim chamada porque era, muitas vezes, o único vegetal que os marinheiros encontravam em latitudes meridionais extremas. Gravura feita na expedição de Malaspina, de 1789-94.*

lizada entre 1789 e 1794, a frota se manteve praticamente livre do escorbuto, graças à convicção do oficial-médico, Pedro González, de que frutas frescas — principalmente laranjas e limões — eram medicamentos essenciais. Em toda a viagem só ocorreu um único surto da doença, durante a travessia de 56 dias entre Acapulco e as ilhas Marianas. Cinco homens, já debilitados por uma disenteria contraída no México, foram acometidos pela doença e apenas um apresentou sintomas graves. Depois de tratado durante três dias, em Guam, com uma dieta rica em verduras, laranja e limão, recuperou-se inteiramente.[14] Mas as marinhas de outros países, que não dispunham, como os espanhóis, de um grande império colonial com numerosos portos que as suprissem, conti-

OS DESBRAVADORES

nuavam a buscar, ansiosamente, um diagnóstico alternativo e uma cura mais fácil. Ainda em 1795, quando as tripulações espanholas já eram beneficiadas pela ingestão freqüente de frutas cítricas, George Vancouver atribuiu um surto de escorbuto em seu navio ao hábito "pernicioso" que tinham os tripulantes de comer gordura com o feijão, embora não deixasse de aproveitar a oportunidade de lhes dar uvas, maçãs e cebolas quando fundearam em Valparaíso.[15] A distribuição rotineira de suco de limão às tripulações dos navios ingleses começou no ano seguinte.

O escorbuto ainda não era compreendido em termos científicos. Tampouco era sempre possível dispor de alimentos frescos no meio do oceano, de desertos ou mares gelados. A doença não havia sido erradicada, mas agora estava contida, em limites que permitiam a exploradores empreender viagens mais longas do que nunca.

O PACÍFICO: ALÉM DOS CORREDORES DOS VENTOS

Superados os problemas da longitude e do escorbuto, cresceram a duração e a extensão das atividades dos exploradores. A aceleração da exploração do Pacífico no fim do século XVIII é um bom exemplo. O Pacífico era então uma arena de concorrência desenfreada entre a Grã-Bretanha, a França, a Espanha e a Rússia. Em 1756, Charles de Brosses publicou sua *Histoire des navigations aux terres australes*, recomendando "a utilidade de ali se fazerem descobertas mais amplas e de meios de nelas se criarem assentamentos". Defendia a cooperação internacional, porém interesses conflitantes restringiam a possibilidade de isso acontecer. Com o término da guerra dos Sete Anos, em 1763, todos os países europeus com interesses na região viram esses interesses redobrarem, ao mesmo tempo que navios e homens antes ocupados na guerra foram direcionados para explorações. Para a Espanha, o Pacífico era uma fronteira perigosa — a zona vulnerável de um imenso império. Para a Grã-Bretanha, um oceano de oportunidades comerciais. Para a França, que se retirou da maior parte da América ao fim da guerra dos Sete Anos, representava a perspectiva de começar a construção de um novo império. Para a Rússia, aprisionada ironicamente pela imensidão de seu território, quase sem acesso ao mar, obstruído pelo gelo e espremido por estreitos apertados, o Pacífico era a única via de expansão marítima.

Os resultados logo apareceram. Até a década de 1760, as viagens pelo Pacífico limitavam-se a rotas costumeiras e a trajetos previsíveis. Em 1765, por exemplo, John Byron, comandante de uma expedição da marinha inglesa, ignorou as ordens de realizar novas explorações e cruzou o Pacífico o mais rápido que pôde. Mas o progresso no cálculo da longitude e nos tratamentos antiescorbúticos aos poucos permitiram que os exploradores assumissem maiores riscos. Em 1767, Philip Carteret passou ao sul da rota habitual para a travessia do Pacífico, que levava às ilhas Juan Fernández, e demonstrou que a Terra Australis não se encontrava na zona do oceano, até então não mapeada, a leste da ilha de Páscoa. Seu comandante, Samuel Wallis, fez o primeiro desembarque no Taiti — a tripulação a princípio tomou a ilha pelo "tão esperado continente meridional"[16] — e referiu-se em seu relato à hospitalidade sexual pela qual a ilha se tornaria famosa ou mal-afamada. Uma expedição francesa chegou pouco tempo depois. Louis-Antoine de Bougainville não fazia mistério sobre seus motivos. "Vendo que o Norte estava fechado para nós, pensei em dar a meu país, no hemisfério meridional, o que ele já não possui no setentrional."[17] Os resultados foram parcos na área política: a caminho do Pacífico, construiu um forte nas ilhas Malvinas, ou Falkland, mas teve de devolvê-las à Espanha em abril de 1767; entretanto, retomou o contato com as Novas Hébridas (atual Vanuatu), descobertas por Quirós,[18] e prosseguiu no rumo oeste até a Grande Barreira de Coral, onde foi obrigado a desviar-se para a Nova Guiné.

Seguiram-se dez anos de progressos extraordinários. A investigação sobre os mitos da Terra Australis e da Passagem do Noroeste tornou-se o objetivo de um explorador de capacidade e determinação excepcionais, o oficial da marinha britânica James Cook. Após acumular experiência com cargueiros de carvão em sua Yorkshire natal, alistou-se na Marinha Real. Sua atuação no Atlântico norte durante a guerra dos Sete Anos chamou a atenção para sua perícia como hidrógrafo e cartógrafo. Em 1769, partiu no velho barco carvoeiro *Whitby* para observar o trânsito de Vênus no Taiti, lugar que astrônomos londrinos consideravam o melhor ponto de observação. De lá regressou com a mais firme vocação de explorador que o Pacífico já vira desde o tempo de Quirós,[19] e com o projeto de viajar "mais longe do que qualquer homem antes de mim e tão longe quanto considero possível que alguém possa chegar".[20]

Naquela primeira viagem, Cook realizou seu trabalho na Nova Zelândia com precisão e eficiência sem precedentes. Avistou a Nova Zelândia em 7 de outubro de 1769. Nos seis meses seguintes, mapeou 4500 quilômetros de costa. Reuniu dados para traçar o contorno de toda a costa em 117 dias, navegando cerca de 32 quilômetros por dia a uma distância razoável do litoral, enquanto fazia leituras da bússola e traçava esboços da linha da costa e de seus acidentes mais importantes. Com um sextante, media o ângulo entre dois pontos selecionados. A distância percorrida era medida com uma "linha de barquinha" — corda com nós que corria pelos dedos de um marinheiro na popa do navio. Calculava-se a velocidade da embarcação contando o número de nós que passavam entre os dedos do marinheiro durante um minuto. O navio seguia então pela costa até um lugar do qual vários pontos de referência fossem visíveis ao mesmo tempo, e repetia-se o procedimento.

Cook fez também o que foi chamado de "levantamento em navegação" — o resultado de 58 dias de medições minuciosas, feitas com o barco fundeado, com o objetivo de produzir mapas detalhados de todas as baías e ancoradouros encontrados pelo *Endeavour*, para evitar que os navios de futuros visitantes encalhassem. Em terra, usou a técnica de triangulação. Transferia diariamente seus resultados para "folhas de compilação", desenhadas em escala. Exemplos que se conservaram utilizam de dez a dezesseis polegadas (25 a quarenta centímetros) para representar um grau de longitude. Nas condições de instabilidade e falta de espaço a bordo, transformar essas folhas numa série de cartas náuticas em escala era um trabalho lento que só foi terminado depois do retorno do *Endeavour* à Grã-Bretanha.[21] Cook empreendeu também uma exploração muito minuciosa da costa oriental da Austrália, escapando por pouco a um naufrágio na Grande Barreira de Coral. Seu relatório sobre o desembarque na baía de Botany, em abril de 1770, inspirou uma nova aventura imperial: a colonização de Nova Gales do Sul.

No Pacífico, principalmente quando se afastavam dos grandes corredores dos ventos, os europeus precisavam da ajuda dos nativos. Embora Cook não lhe tenha dado muito crédito em seus relatos, Tupaia, o navegador polinésio que o acompanhou, foi um guia de vital importância. Devido à sua personalidade — era astuto, engenhoso, orgulhoso e obstinado —, às vezes ficava difícil trabalhar com ele. Informou o nome de mais de setenta ilhas em seu primeiro encontro com Joseph Banks, e desenhou os mapas de 74 delas, embora Cook

O AVANÇO FINAL

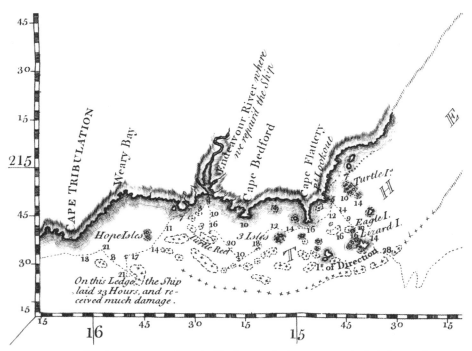

Mapa realizado para uma obra de divulgação da época, a partir de informações coletadas por James Cook. Mostra a região do rio Endeavour, hoje Cooktown, em Queensland, onde as avarias sofridas pelo navio de Cook na Grande Barreira de Coral foram reparadas.

tivesse dificuldade para entender esses mapas. A seu respeito, Cook escreveu que "conhece a geografia das ilhas situadas nestes mares, seus produtos e a religião, leis e costumes dos habitantes melhor do que qualquer outra pessoa que tenhamos conhecido".[22]

Em outras duas viagens de exploração do Pacífico, Cook navegou com uma liberdade antes desconhecida. Cruzou o paralelo setenta norte e o 71 sul. Mapeando a Nova Zelândia, a costa ocidental do Alasca e a costa oriental da Austrália, descreveu os limites do Pacífico. Preencheu grande parte dos espaços vazios do mapa, localizando com precisão as ilhas da Polinésia, da Melanésia e o arquipélago do Havaí. Conferiu uma nova precisão à cartografia, utilizando o cronômetro de extrema exatidão de John Harrison como o "guia fiel" em suas segunda e terceira viagens. Praticamente refutou o mito da Terra Australis ou, pelo menos, confinou sua possível existência a latitudes "condenadas a jazer para sempre sepultas sob neves e gelos eternos".[23] No começo da década de 1770, expedições francesas e espanholas haviam provado que não existia nenhum continente desconhecido ao norte ou em torno do paralelo quarenta sul. Na verdade, Yves-Joseph de Kerguelen informou que tivera "a boa sorte de descobrir o continente meridional"[24] na latitude de cinqüenta graus sul, mas que não passava de uma ilhota. Por isso, em 1773-4, Cook desceu mais ao sul — além do paralelo 71 — vasculhando o oceano para ter certeza de que não havia deixado de perceber nenhuma terra de dimensão substancial.

Ao regressar, provocou seus possíveis sucessores:

> Acabei de percorrer o oceano Meridional por latitudes altas, cruzando-o de uma forma tal que não ficasse nenhum espaço onde pudesse existir um continente, a não ser nas proximidades do pólo, fora do alcance da navegação. [...] Que possa existir um continente, ou um grande trato de terra, perto do pólo, não vou negar; pelo contrário, sou da opinião de que realmente existe; e é provável que tenhamos visto uma parte dele.[25]

Na realidade, só tinha visto icebergs. Mas comprovara que a Terra Australis não existia na escala postulada até então. Se existia um continente meridional, situava-se em latitudes inabitáveis. "Assim, afirmo com orgulho", continuou, "que os objetivos da viagem foram, em todos os sentidos, plenamente cumpridos [...] pôs-se um ponto final na busca do continente meridional, que por vezes ocupou a atenção de algumas potências marítimas durante quase dois séculos, assim como a dos geógrafos de todas as épocas."[26] Se alguém, acrescentou, "tiver a determinação e a perseverança de elucidar essa questão, avançando mais para o sul do que fui, não lhe invejarei a honra do descobrimento; mas me atrevo a afirmar que isso não renderá nenhum benefício ao mundo".[27]

Em sua viagem seguinte, Cook voltou-se para o mistério que ainda perdurava: o da Passagem do Noroeste. Seguiu uma rota inteiramente nova, direto para o norte, a partir das ilhas da Sociedade. No caminho, descobriu o Havaí, no interior de um notável "buraco negro" — espaço que os exploradores do Pacífico tinham rodeado, mas no qual nunca tinham entrado. Pelo menos, não constava nenhuma "descoberta" do Havaí nos anais da exploração européia, embora seus habitantes possuíssem alguns utensílios de ferro. "Isso nos induziu", concluiu Cook,

> a crer que algum Bucaneiro ou algum navio espanhol houvesse naufragado nas proximidades dessas ilhas. Mas quando se recorda que a rota do comércio espanhol, de Acapulco para as Manilas, passa a apenas alguns graus ao sul das ilhas Sandwich, no trajeto de ida, e a alguns graus ao norte no regresso, a suposição não parece de modo algum improvável.[28]

Cook continuou a avançar pelo estreito de Bering, até que o gelo obrigou-o a dar meia-volta, além da latitude de setenta graus norte. Seu comentário sobre a Passagem do Noroeste foi semelhante à conclusão a que já chegara com relação à Terra Australis: "Não dou crédito algum", escreveu, "a essas histórias vagas e improváveis, que encerram em si sua própria refutação".[29] Ressaltou que exploradores já tinham desmentido qualquer possibilidade de existir a boca de um estreito até o paralelo 52 norte, e que nenhum explorador experiente aceitaria as fantasias a respeito de rios e lagos interligados.

A viagem culminou com a morte de Cook, golpeado com um porrete, numa altercação com nativos, de regresso ao Havaí, num episódio nunca bem explicado. Foi ele vítima de um repentino mal-entendido ou de algum sacrifício religioso? Teria ofendido os nativos chegando num momento importuno? Ou por acaso infringiu algum ritual que não conhecia?

Suas realizações, de qualquer forma, ultrapassaram o mapa do Pacífico. Mediante normas rigorosas de higiene e nutrição a bordo de seus navios, contribuiu para a eliminação do escorbuto. Abriu caminho para a colonização da Austrália e da Nova Zelândia. Trouxe de suas viagens desenhos e espécimes de seres vivos — humanos, botânicos e zoológicos — que contribuíram para o desenvolvimento da ciência na era da razão e estimularam as sensibilidades na era do romantismo. O canguru que George Stubbs pintou em 1772 — reconstituído a partir da pele que Cook trouxe de uma de suas viagens — parecia farejar as possibilidades do futuro, voltando a cabeça graciosamente para uma paisagem brumosa e ilimitada.

Cook atuou como ponta de lança para uma enorme invasão científica do Pacífico, realizada por expedições da França, Espanha e Rússia no fim do século XVIII e começo do século XIX. Essas viagens fizeram o público europeu se dar

375

Canguru, *de George Stubbs*, c. 1771-2.

conta, como nunca antes, das dimensões e da diversidade daquele oceano. A partir de então, tornou-se possível concebê-lo como uma unidade geográfica, ainda que só pudesse se tornar uma zona econômica quando o navio a vapor facilitou as viagens por suas imensidões.

Em 1785, Jean-François de Galaup de La Pérouse zarpou com o intuito de conferir — a palavra é quase essa mesmo — se era verdade que Cook não deixara nada passar despercebido. O plano de La Pérouse começava rendendo tributo a seu predecessor:

> Porque embora esse viajante, de fama imorredoura, tenha ampliado enormemente nossos conhecimentos geográficos, e embora o globo que ele percorreu em todas as direções, onde mares de gelo não lhe obstaram o avanço, nos seja agora conhecido o bastante para estarmos seguros de que não existe nenhum continente onde europeus não tenham pisado, ainda carecemos de um conhecimento completo do planeta, e principalmente da costa noroeste da América, da costa da Ásia que lhe é fronteira e das ilhas que devem se achar espalhadas nos mares que separam esses dois continentes. A posição de diversas ilhas que foram encontradas no oceano

meridional, entre a África e a América, cuja existência só é conhecida pelas crônicas dos navegantes que as descobriram, ainda não foi determinada; e algumas áreas nos mares orientais continuam esboçadas de maneira apenas aproximada. Em conseqüência, ainda resta muito a ser feito por uma nação que pretenda completar a descrição do globo. Os portugueses, os espanhóis e os holandeses no passado, e os ingleses no século atual, abriram novas rotas à navegação; e tudo parece convidar os franceses, que dividem com eles o domínio dos mares, a completar uma empresa na qual, até agora, tiveram uma participação apenas modesta.[30]

O plano de La Pérouse era ambicioso, mas seus resultados foram pífios. Com relação à Passagem do Noroeste, concordou com Cook que "essa passagem não passa de um sonho".[31] Percorreu cada desvão do Pacífico — e desapareceu, tão completamente quanto a tripulação do *Marie Céleste*. Louis Antoine d'Entrecasteaux foi enviado para procurá-lo em 1791-3. Vasculhou o oceano e acrescentou ao mapa algumas ilhas ainda desconhecidas — Rossel, as Trobriand, as Entrecasteaux; mas morreu na busca, junto com muitos homens de sua tripulação, acometidos de escorbuto e disenteria. Sobre o destino dos exploradores desaparecidos, não surgiu nenhuma pista.

Entrementes, a intensa atividade da França e da Grã-Bretanha no Pacífico induziu a Espanha à ação. Isso não ocorreu apenas, ou mesmo principalmente, porque os espanhóis temessem a ingerência de outros países num oceano em que antes atuavam praticamente sozinhos. Foi o caráter científico das explorações francesas e britânicas que realmente provocou uma resposta por parte das mentes pensantes na Espanha. A coroa espanhola da época dedicava ao progresso científico verbas incomparavelmente maiores que as de qualquer outro estado europeu. O império do Novo Mundo era como um vasto laboratório para a experimentação e uma imensa fonte de espécimes. Carlos III era apaixonado por tudo quanto dissesse respeito às ciências físicas e à técnica, da relojoaria à arqueologia, dos balões aerostáticos à silvicultura. Nas últimas quatro décadas do século XVIII, um número assombroso de missões de pesquisa percorreu o império espanhol. Expedições botânicas à Nova Granada, ao México, ao Peru e ao Chile reuniram um mostruário bastante significativo da flora americana. De todas as expedições, a mais ambiciosa foi uma viagem à América e através do Pacífico realizada por Alessandro Malaspina, súdito da coroa espanhola, mas de origem napolitana.

OS DESBRAVADORES

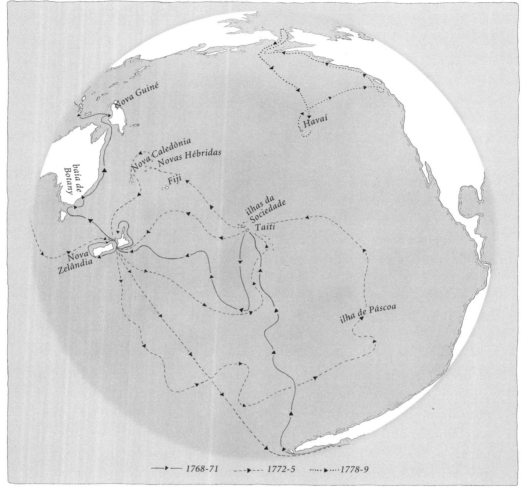

Expedições do capitão Cook ao Pacífico.

Malaspina partiu em 1789, com objetivos explicitamente científicos e declaradamente morais: "o progresso", disse, "da navegação, da geografia e da humanidade". Alguns dos maiores cientistas da época o acompanharam. A coleta de amostras botânicas, zoológicas, químicas e físicas foi confiada ao espanhol Antonio Pineda, a Luis Née, francês de nascimento, e ao tcheco Thaddeus Haenke. Também iam a bordo especialistas em mineralogia e medicina. Além disso, vários oficiais da marinha também presentes eram especialis-

O AVANÇO FINAL

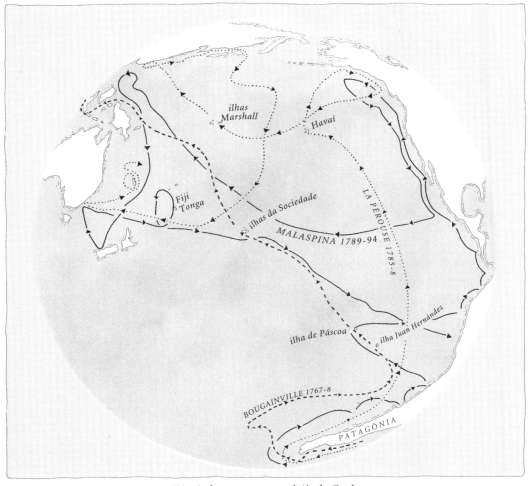

Rivais franceses e espanhóis de Cook.

tas nas tarefas hidrográficas atribuídas à expedição. Todos os participantes da missão dividiam as várias tarefas e contribuíam para os trabalhos menos especializados, recolhendo dados etnográficos e lingüísticos nas costas da América e nas ilhas oceânicas.

A atividade científica da missão foi impressionante: o Museu Naval de Madri guarda mais de trezentos diários pessoais e de bordo, 450 álbuns de observações astronômicas, 1500 informes hidrográficos, 183 cartas náuticas,

361 croquis do perfil da costa e mais de oitocentos desenhos, principalmente de conteúdo botânico e etnográfico. Née reuniu quase 16 mil plantas e sementes para o Jardim Botânico Real. A expedição deu contribuições importantes para o estudo de vulcões e fontes termais. Suas descobertas etnográficas foram valiosas para o debate sobre o "nobre selvagem" e para o desenvolvimento do conceito de uma comunidade moral que abrangesse toda a espécie humana. Como observou Dolores Higueras, do Museu Naval, os dados colhidos pela expedição Malaspina constituem o maior acúmulo de materiais científicos da época.

Como se explica, então, que essa extraordinária contribuição para a ciência do Iluminismo permanecesse oculta, quase esquecida, até fins do século xx? A expedição Malaspina foi mais do que estritamente científica. Foi incumbida também de avaliar a situação política e econômica do império espanhol.[32] Malaspina fez as recomendações que se esperaria de um liberal do Iluminismo. As colônias, em sua opinião, deveriam gozar de maior autonomia ou até ser independentes, sob o cetro de um membro da casa real espanhola. O livre comércio as enriqueceria, sem prejudicar as relações políticas — o "pacto familiar" que Malaspina propunha para o futuro da América espanhola.

Naquele momento, o Novo Mundo espanhol poderia ter evitado as revoluções sangrentas que o ameaçavam. Mas o sonho de Malaspina não se concretizou. Ao regressar à Espanha, em 1794, verificou que os efeitos da Revolução Francesa haviam transformado tudo. A corte estava paralisada pelo temor de uma mudança política. Um ministério reacionário havia substituído os amigos de Malaspina no governo. As boas intenções com que a expedição tinha partido quatro anos antes eram agora vistas como incendiárias e conspiradoras. Malaspina foi encarcerado. Os informes e as coleções que havia trazido foram fechados a sete chaves e sua publicação, expressamente proibida. Malaspina tornou-se "mais famoso por seu infortúnio que por seus descobrimentos".[33] Sua expedição fora concebida com o objetivo de igualar ou superar as pesquisas científicas de seus predecessores ingleses e franceses, e não resta dúvida de que essa meta havia sido cumprida. Mas a história se interpôs em seu caminho, e são as viagens de Cook, de La Pérouse e de Bougainville que continuam a exercer o papel dominante no discurso e na imaginação dos historiadores.

A VOLTA À PASSAGEM DO NOROESTE

Na década de 1790, a atenção dos exploradores se concentrou nas extremidades da diagonal percorrida por Cook, na Austrália e, principalmente, no Alasca, onde a ambição dos comerciantes ingleses provocaria uma crise de âmbito mundial. O posto comercial criado em 1788 pelos ingleses em Friendly Cove, no estreito de Nootka, ligava duas rotas: uma delas era a usada pelos comerciantes de peles para cruzar o Pacífico, pelo Havaí, até se unir às rotas oceânicas que levavam aos mercados europeus; a outra, ligando Cantão à costa oeste da América do Norte, havia sido projetada por John Meares, oficial da marinha inglesa muito ligado ao comércio com a China e defensor da idéia do "homem certo no lugar certo".

Estava em curso uma corrida aos territórios mais distantes e virgens da América do Norte. Os impérios estendiam as débeis pontas de seus dedos até onde podiam. Agentes espanhóis fincaram sua bandeira no curso alto do Missouri; nos Estados Unidos, um estado incipiente, Thomas Jefferson começou a imaginar a incorporação, para a ciência e o império, de territórios desérticos e montanhosos, até então muito mal conhecidos, além daquele rio; expedições britânicas, procedentes do Canadá, investigavam os limites do oceano Ártico no extremo noroeste do continente; russos procuravam antecipar-se a seus rivais nos trechos da costa do Pacífico ainda não controlados pela Espanha. As autoridades espanholas já estavam alarmadas com a presença de postos comerciais russos na costa e com a freqüência com que baleeiros visitavam as baías do extremo meridional do Cone Sul, mandavam patrulhas para expulsar os navios estrangeiros ou capturar os que oferecessem resistência. Em julho de 1789, os espanhóis expulsaram os comerciantes ingleses do estreito de Nootka e apoderaram-se de seus trabalhadores chineses para que construíssem uma base espanhola. O governo britânico decidiu fazer valer o direito de seus súditos a comerciar em Nootka, mas sem tentar interferir na atividade comercial pacífica dos espanhóis.[34] As duas partes brandiram sabres, preparando-se para um conflito, mas chegaram a um acordo pacífico: os britânicos recuperaram seu assentamento e o direito de arribar em partes desabitadas do extremo norte da costa oeste americana, para fazer aguada ou buscar refúgio. Em troca, prometeram manter-se bem distantes das colônias espanholas.

OS DESBRAVADORES

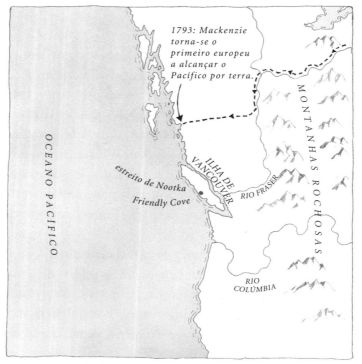

Trecho final da travessia da América do Norte.

Isso representou um forte estímulo para a exploração da costa norte, e logo os britânicos foram para lá, a fim de tirar proveito da concessão feita pelos espanhóis, recriando sua base em Nootka,

> com a intenção de abrir uma via de comércio com os nativos, e de estabelecer uma linha de comunicação através do continente da América do Norte, e com isso prevenir qualquer intrusão futura, ao assegurar para este país a posse daqueles territórios situados além do Canadá e da baía de Hudson, bem como a navegação nos lagos que já são conhecidos e nos que venham a ser doravante descobertos.[35]

A missão foi confiada a George Vancouver, que na segunda viagem de Cook, ainda como jovem guarda-marinha, havia dado mostras de seu interesse pela exploração, encarapitando-se no gurupés do *Resolution*, no momento em que o navio iniciava sua viagem para o norte, no ponto mais meridional da expedição, e bradando: "*Ne plus ultra!*" ["Não mais além"]. Deu continuidade ao trabalho de Cook, seu ídolo, produzindo cartas náuticas com a precisão que fez a celebridade do mestre, mas que em sua viagem à América do Norte não teve tempo de fazer.

Vancouver recebeu instruções para pesquisar a costa entre trinta e sessenta graus norte. De início, incluíam um trecho segundo o qual "os descobrimentos do capitão Cook e dos navegadores que lhe sucederam parecem demonstrar que nenhuma comunicação por mar, como a conhecida comumente pelo nome de Passagem do Noroeste, pode ser procurada com razoável possibilidade de êxito". Na versão final das instruções, essas palavras foram cortadas e substituídas por outras que pediam "informações precisas com respeito à natureza e à extensão de qualquer via de comunicação por mar que possa facilitar, em grau apreciável, as trocas comerciais entre a costa noroeste e o território do outro lado do continente".[36]

Tudo bem considerado, aparentemente o que a marinha inglesa esperava de Vancouver era que procurasse uma série de ligações entre rios e lagos. Na prática, não dispunha de meios para isso, embora tenha efetivamente conseguido que alguns barcos subissem o rio Columbia até cerca de 150 quilômetros da foz. O grupo voltou com dúvidas sobre a que distância estaria a nascente, mas convicto de que o rio "podia comunicar-se com alguns dos lagos no outro lado do oceano".[37] De sua parte, porém, ao que parece, Vancouver nunca acreditou na existência dessa passagem e acabou convencido de sua impossibilidade. Em 1792, dedicou três meses a fazer o levantamento da costa e confirmar a inexistência de uma passagem. Observou a presença da "barreira de altas montanhas, eternamente cobertas de gelo e neve, que se estende, formando uma cordilheira praticamente contínua, ao longo da borda ocidental do continente, até, acredito, seu extremo limite norte".[38] E concluiu:

> Confio em que a precisão com que se executou o levantamento da costa da América do Norte dissipará todas as dúvidas e refutará qualquer opinião sobre a existência da Passagem do Noroeste, ou de qualquer outra via navegável, entre o Pacífico norte e o interior do continente americano, dentro dos limites de nossas pesquisas.[39]
>
> Não existe nenhum tipo de via navegável entre o Pacífico norte e o Atlântico norte, entre 30 e 56 graus de latitude norte, nem entre as águas do Pacífico nem por nenhum dos lagos e rios no coração do continente norte-americano.[40]

OS DESBRAVADORES

Não obstante, a esperança continuou a prevalecer sobre a experiência. As expedições russas enviadas para investigar os boatos suscitados pela viagem de Cook nessas águas produziram mapas admiráveis da costa do Alasca, ainda desconhecida na Europa ocidental, que incluíam pormenores — sobretudo assentamentos indígenas — ainda não registrados em outras fontes. Em 1816, Otto von Kotzebue introduziu em mapas um de seus primeiros descobrimentos, a baía de Kotzebue, que ele confundiu a princípio com a desejada passagem. Em 1820, M. N. Vasiliev e G. S. Chichmariev chegaram além de 71 graus norte, atentos à possível descoberta da Passagem do Noroeste, enquanto investigavam áreas de caça da lontra-marinha. Em 1824, a Rússia enviou uma expedição por terra para neutralizar a presença inglesa na região e, sobretudo, determinar as coordenadas da foz do Mackenzie e o limite norte das montanhas Rochosas. Segundo o relatório dos exploradores, "elas poderiam ser aceitas como uma fronteira natural entre as possessões de nossa Companhia Americana e a dos ingleses".[41]

Nesse ínterim, a Europa era convulsionada por guerras — desencadeadas pela Revolução Francesa e sustentadas pelas ambições de Napoleão e por seus inimigos. De certa forma, essas guerras estimularam o desenvolvimento das ciências, pois Napoleão atribuía alto valor ao prestígio científico. Mas também interromperam as expedições. O mais importante viajante científico da época, Alexander von Humboldt, viu vários de seus planos se frustrarem. Em 1798, pretendia estudar a hidrografia do Nilo, mas uma invasão francesa o impediu; em 1812, planejou pesquisar o magnetismo na Sibéria, mas Napoleão lançou sua malfadada invasão no momento menos oportuno. Além disso, a guerra absorvia dinheiro, navios e pessoal, que de outra forma poderiam estar disponíveis para explorações. Em 1815, porém, as guerras haviam chegado ao fim, deixando livres muitos navios e navegantes experientes.

Primeiro o governo britânico e, depois, investidores privados britânicos retomaram a exploração. Mas fizeram-no com um novo espírito. O orgulho patriótico desobriga os exploradores de bom senso. A procura da Passagem do Noroeste converteu-se numa atividade patológica, uma obsessão irracional a que os homens se aferravam como que cegados pela neve e enlouquecidos pelo gelo. Depois de terem jurado não repetir a tentativa, empreendiam uma nova viagem sem entusiasmo, impelidos por um fascínio que lhes fazia mal e por um impulso que lamentavam. Todos os que participavam da expedição sabiam que — nas palavras de William Scoresby, cientista com muita experiência como baleeiro e considerado a maior autoridade nos mares setentrionais — "como via de acesso ao oceano Pacífico, a descoberta de uma passagem pelo noroeste não teria nenhuma importância".[42] Era evidente que, pela enorme extensão e dificuldades, essa via não seria lucrativa. Scoresby acreditava que "se tal passagem realmente existir, só estará desobstruída a intervalos de vários anos. Deduzo isso da atenta observação da natureza, da deriva e do perfil geral dos gelos polares".[43] Os fatos mostrariam que ele tinha razão. Nenhum navio seria capaz de cruzar o Ártico americano no decurso de uma única estação; e poderiam passar vários anos antes que um verão fosse quente o bastante para abrir uma via navegável no gelo. Mas apesar das escassas possibilidade de êxito e das poucas recompensas, o fervor patriótico, a curiosidade científica e o desejo de desafiar um ambiente até então inexpugnável eram suficientes para alimentar a busca.

Novas tentativas pela costa oeste da Groenlândia e por ambos os lados da baía de Baffin levaram apenas a perigosos bancos de gelo, como o que em 1820 ameaçou esmagar o navio do capitão William Parry no passo Viscount Melville, durante o primeiro inverno que passou aprisionado no gelo. Parry era um oficial da marinha, com uma longa — para muitos, pasmosa — experiência como comandante de escoltas de baleeiros. Mas amava o gelo. Usava comida enlatada para alimentar seus tripulantes e representações teatrais de amadores para animá-los. O fato de sua tripulação ter sobrevivido à expedição foi uma armadilha para aqueles que repetiram sua rota. No fundo, Parry sabia que sua busca era impossível: havia, simplesmente, gelo demais para poder ir em frente. Mas havia subordinado sua reputação ao êxito do empreendimento e estava obrigado a realizar novas expedições e a suportar mais sacrifícios.

Na mesma época, John Franklin, simples tenente da marinha, sem nenhum renome, conhecido por seu andar desajeitado e sua determinação quase obtusa, levou a cabo um levantamento da costa por terra e em canoa, destinada a complementar o trabalho por mar. Acabou comendo os sapatos de reserva, larvas tiradas de velhas peles de veado e liquens arrancados de pedras. Um de seus homens enlouqueceu e matou três ou quatro companheiros para comê-los. Em sua última expedição, autorizada em 1826, mudou inteiramente seus métodos. Contratou um pescador experiente para ajudar a alimentar a tripulação e levou consigo botes leves que podiam ser desmontados para ser transportados

OS DESBRAVADORES

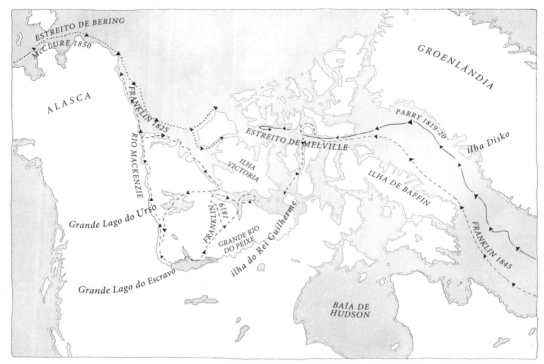

Investigadores da Passagem do Noroeste, 1819-50.

por terra, "guardados como guarda-chuvas",[44] e rapidamente remontados em vinte minutos. Ele e seus homens exploraram 8 mil quilômetros de litoral e mapearam grande parte dele. Os resultado confirmou que não existia nenhuma via navegável a partir da costa.

As iniciativas privadas eram vistas com desdém pela marinha. Entretanto, esta tinha muitos oficiais com experiência em mares gelados, então desmobilizados ou recebendo apenas meio soldo, que podiam ser recrutados por promotores particulares. Entre os que se achavam nessa situação, um dos mais resolutos e dispostos a embrenhar-se no gelo era John Ross. Em 1829-30, aos 53 anos de idade, 43 deles passados na marinha, levou a cabo uma expedição, financiada por um filantropo privado, que passou dois invernos no gelo, "a bordo de um navio imprestável [...] para qualquer fim", segundo as palavras depreciativas de um oficial da marinha.[45] Na realidade, tratava-se de uma iniciativa séria, baseada na convicção de Ross de que a melhor maneira de encon-

Expedição de James Clark Ross ao Ártico, à procura de Franklin, em 1848-9.

trar a Passagem do Noroeste seria navegar junto à costa, num barco a motor e de pouco calado. As palavras de Ross traduziam o pensamento de muitos:

> Apesar de toda a sua resplendência, essa terra, a terra do gelo e da neve, sempre foi e será um ermo monótono, triste e desalentador, sob cuja influência a mente se paralisa, deixando de se importar ou de raciocinar, e pára de sentir o que poderia — se ocorresse uma única vez, ou se durasse um só dia — nos estimular por sua novidade; porque tudo o que há nessa terra é a visão do imutável e o silêncio da morte.[46]

Em 1837, após gerações de inércia, a Companhia da Baía de Hudson financiou uma expedição que tinha como objetivo completar o levantamento hidrográfico das costas, que Franklin deixara incompleto. George Simpson, o infatigável administrador da Companhia, incluiu o sobrinho Thomas na tarefa. Na realidade, Thomas assumiu efetivamente seu comando e escreveu uma presunçosa *Narrativa das descobertas na costa norte da América* (1845), na qual declarou que "eu e somente eu gozei da merecida honra de unir o Ártico ao grande oceano ocidental".[47]

Franklin, entrementes, insistia numa nova oportunidade para buscar a desejada via através do gelo, mas quase dezoito anos se passaram antes que o Almirantado concordasse. A essa altura dos acontecimentos, ele estava com quase sessenta anos. As perspectivas de sucesso pareciam boas. Toda a costa ártica da América do Norte tinha sido mapeada. Havia disponibilidade de navios resistentes ao gelo. Alimentos enlatados lhe permitiram estocar provisões para três anos. Entretanto, depois que os dois navios de Franklin e seus 134 tripulantes partiram da ilha Disko, ao largo da Groenlândia, em 13 de julho de 1845, nunca mais foram vistos. "Só os esquimós", cantavam os baladistas, "em sua canoa de pele conhecem o destino de lorde Franklin e de sua valente tripulação."

Relatos encontrados mais tarde debaixo de assustadoras pilhas de pedras amontoadas contavam uma história terrível. Em setembro de 1846, os navios ficaram aprisionados no gelo a noroeste da ilha do Rei Guilherme, depois que condições meteorológicas excepcionalmente favoráveis os atraíram para um caminho sem saída. Ali permaneceram durante dois invernos e dois degelos. Franklin e outros 34 homens morreram de doenças misteriosas — talvez envenenamento decorrente de latas de conservas mal vedadas. Os sobreviventes abandonaram os navios em abril de 1848 e dirigiram-se para o sul pelo gelo, talvez com a esperança de chegar ao Grande Rio do Peixe, onde havia um posto de comércio da Companhia da Baía de Hudson. Todos morreram no percurso — alguns de escorbuto, outros de fome, outros ainda envenenados pelo chumbo presente na solda usada em suas latas de alimentos. Na Inglaterra, a viúva de Franklin tornou-se uma heroína popular — a personificação de um ideal vitoriano de feminilidade: primeiro, a esposa paciente que aguarda o retorno do marido; depois, a viúva que estoicamente consome os bens de família na procura de seu corpo.

As expedições de resgate pelas quais ela lutou chegaram tarde demais. Em 1853, porém, uma delas encontrou a passagem que Franklin havia procurado. Em 25 de outubro, avançando de oeste para leste, Robert McClure alcançou o ponto, no passo de Melville, em que Parry tinha dado meia-volta trinta anos antes. A Passagem do Noroeste existia, e McClure podia vê-la. No entanto, o gelo que a obstruía dificultava a navegação. McClure dedicou-se à tarefa com um arrebatamento de fanático, esquecendo-se de Franklin em seu entusiasmo por completar a travessia. Passou mais tempo no gelo do que permitiam suas provisões. Restringiu a alimentação de seus homens a uma refeição por dia e cortou pela metade o suco de limão que tomavam. Passou a poupar carvão e petróleo mesmo quando o termômetro desceu a níveis nunca registrados antes. Quando a expedição de resgate o alcançou, tentou fazer com que voltasse, embora os homens de sua tripulação estivessem agonizando ou perdendo o juízo. Tudo quanto ele pôde fazer foi cruzar a pé o trecho final de gelo. A Passagem do Noroeste era inútil para a navegação comercial: um percurso labiríntico por águas que, quando não se congelavam, enchiam-se de icebergs.

A ANTÁRTICA

Uma luta paralela contra o frio extremo travava-se na orla da Antártica. Em sua última viagem, Cook havia descoberto as ilhas Sandwich do Sul, em latitudes em que o *krill* é abundante, atraindo enorme quantidade de focas e baleias. Segundo a descrição feita por um guarda-marinha, as focas preferiam reunir-se "onde as ondas quebram com grande violência. [...] Cada palmo de areia [...] está literalmente coberto por elas", que chafurdavam, atolavam-se, nas fezes de pingüins.[48] Em fins do século XVIII e começos do século XIX, a caça de focas tornou-se tão intensa na região que colônias desses animais eram exterminadas em locais sucessivos, e os caçadores se viam obrigados a procurar constantemente novas áreas onde atuar. Os caçadores de focas tinham, assim, um incentivo para procurar os lugares mais remotos, mais frios. Nesse processo, desordenavam os mapas, dando informações sobre ilhas fictícias e possíveis continentes, suscitando no espírito dos cientistas dúvidas sobre a relação entre o gelo e a terra que requeriam comprovação *in loco*. Talvez a Terra Australis não existisse realmente. Talvez o mar chegasse até o pólo. As descobertas dos caçadores de focas exigiam atenção oficial. Eram importantes não só para as potências européias com interesses competitivos na região, como também para as novas repúblicas sul-americanas do Chile e da Argentina, que no começo do século XIX saíam das guerras cruentas que culminaram na separação dos estados latino-americanos da metrópole espanhola.

OS DESBRAVADORES

Em 1819, Faddei Bellingshausen foi indicado para retomar as atividades que visavam à formação de um império russo no Pacífico. Bellingshausen havia participado de uma viagem de circunavegação, em 1803-6, em que se descobrira uma nova ilha no arquipélago do Havaí e se fizera o levantamento hidrográfico de grande parte da costa ocidental do Japão, durante uma tentativa infrutífera de estabelecer relações comerciais com aquele país. Agora sua tarefa consistia em achar novos fundeadouros para fazer com que os navios russos pudessem navegar por todos os oceanos sem depender de outras nações. Nisso fracassou. Mas Bellingshausen tinha também um objetivo pessoal: reconstruir a rota de seu ídolo, o capitão Cook. Depois de ter feito, a caminho, um levantamento hidrográfico das ilhas Sandwich do Sul, pesquisou a banquisa ao sul desse arquipélago. Passou o inverno na Austrália e na Nova Zelândia, e a seguir iniciou sua volta, durante a qual descobriu Ostrov Petra (ilha de Pedro I) e a ilha Alexandra, que confundiu com uma costa continental, e muitas outras ilhas. Em 27 de janeiro, na latitude de cinqüenta graus e 23 minutos sul, um dos membros da tripulação registrou: "encontramos uma camada de gelo de enorme espessura". Começou a nevar, o que ocultou uma "imagem maravilhosa" vislumbrada por um momento. Avançaram para o sul, mas "continuamos a encontrar o continente de gelo a cada vez que nos aproximávamos". Bellingshausen registrou a localização daquele "continente de gelo atrás de gelos flutuantes e ilhas" na latitude de 69 graus, sete minutos e 37 segundos sul e longitude de dezesseis graus e quinze minutos leste. Tinha "o perfil cortado perpendicularmente e se estendia além do limite de nossa visão, inclinado em aclive para o sul como uma costa".[49]

Um dos caçadores de focas que atuavam na área era William Smith, membro excepcionalmente letrado e comunicativo de um grupo profissional quase sempre obsessivo e reticente. Descobriu terra ao sul do cabo Horn, em 1819, durante uma viagem em que havia alugado seu barco para transportar, de Buenos Aires a Valparaíso, uma carga que incluía fumo, pianos e água de colônia. Rumou para sul, passando além da latitude de sessenta graus, procurando evitar os ventos de oeste. Na viagem de volta, teve novos vislumbres intermitentes de terra, na mesma área, o que o fez concluir que se achava ao largo de uma longa costa, cuja extensão calculou em quatrocentos quilômetros. Escarneceram dele, e não sem alguma razão — ele havia descoberto as ilhas Shetland do Sul.

Smith voltou à área no começo do ano seguinte, sob o comando de Edward Bransfield, capitão de um navio da marinha que patrulhava a costa do

390

O AVANÇO FINAL

Chile, para salvaguardar os interesses britânicos durante as lutas de independência que se travavam então em terra. Foram abrindo caminho pela costa sul das ilhas. Em 30 de janeiro o nevoeiro se dissipou. Viram uma extensa costa, "meio circundada de ilhas" e com uma "alta e abrupta serra disposta no sentido de NE a SO". Não duvidaram de que se tratava de um continente, embora tivessem se afastado assim que o nevoeiro voltou, temendo por sua segurança. Deram ao suposto continente o nome de Terra da Trindade, buscando inspiração na Trinity House, o edifício londrino em que ficava a sede do Almirantado. "Para comprovar que a Nova Inglaterra do Sul", pensou o jovem guarda-marinha que acompanhava a expedição, "pode adicionar um novo Pesqueiro à coroa britânica, falta apenas que a suas costas arribem alguns navios cuja viagem, se bem-sucedida, logo decidirá quão lucrativa será a colheita aqui obtida — e concluir-se-á que essa colheita consistirá de óleo de baleia e elefante-marinho e de peles de foca."[50]

Começava a movimentação nos mares da Antártica. Smith encontrou-se com Nathaniel Palmer, de Stonington, Connecticut, que procurava novas áreas para a caça de focas. Em 1821, embarcou num navio que tinha como capitão George Powell, que descobriu a ilha da Coroação, nas Órcadas do Sul, e fez suas primeiras cartas detalhadas. Poucos dias depois, a chegada de James Weddell, com o objetivo de fazer uma captura seletiva, dá uma idéia da intensa atividade dos caçadores de focas na região. Em sua viagem seguinte, em 1823, Weddell tinha instruções explícitas de "prosseguir a busca além da rota de navegantes anteriores". Avançou para sul, entre trinta e quarenta graus oeste, mais que qualquer outro navegador até então, indo além da latitude de setenta graus e trinta minutos, sem encontrar terra ou mesmo muito gelo. Com isso, a localização e a extensão do continente tornaram-se verdadeiros enigmas. O próprio Weddell acreditava que o mar talvez chegasse até o pólo.[51] O mito de um oceano Antártico começava a sepultar o da Terra Australis.

Expedições com equipes de cientistas, que incluíam hidrógrafos e geólogos, afluíram para as rochas da Antártica. Em meados da década de 1830, expedições rivais chegavam de todas as partes. Da França, foi Jules-Sébastien-César Dumont d'Urville, homem de cultura vasta e universal, mais famoso como o apreciador de arte que adquiriu a *Vênus de Milo* para a França. Durante sua viagem, de 1837 a 1840, pôs no mapa a Terra de Adélia. Era inevitável que os Estados Unidos se interessassem por esse movimento. Os comerciantes da

391

Nova Inglaterra dependiam dos ventos de oeste, nos mares do sul, para se comunicarem com o resto do mundo. Os caçadores de baleias e focas participaram no avanço para o sul porque necessitavam de novas áreas de caça. Enquanto isso, os Estados Unidos se expandiam pela América do Norte, buscando concretizar a ideologia do destino manifesto. A anexação da república da Califórnia deu aos Estados Unidos uma via de acesso ao Pacífico, que os primeiros assentamentos no Oregon, na década de 1840, em breve ampliariam. Se os americanos relutavam em envolver seu governo em aventuras ultramarinas, também o governo dos Estados Unidos resistia a participar delas. Mas era praticamente impossível que os americanos ficassem de braços cruzados enquanto seus competidores tomavam conta de uma região de incalculáveis possibilidades comerciais. Em 1836, o Congresso aprovou uma expedição "aos Mares do Sul". Charles Wilkes, designado para chefiá-la, mostrou ser um mau observador (e um péssimo comandante, cuja expedição terminou numa troca de ácidas recriminações de parte a parte entre ele e seus oficiais e numa série de constrangedoras cortes marciais). Dumont havia chegado antes dele à parte da costa que alegava ter descoberto. Apesar de tudo, Wilkes realizou um trabalho meritório: percorrendo 2500 quilômetros da costa da Antártica, demonstrou que existia ali uma massa de terra contínua, e não um simples conjunto de ilhas.[52]

James Clark Ross superou Wilkes, em favor da Grã-Bretanha — ou, pelo menos, foi o que afirmou. Impensadamente, Wilkes lhe enviou um esboço esquemático de sua rota, que Ross usou para desacreditar o rival, apontando erros e insinuando que Wilkes era ou mentiroso ou néscio. Ross tinha vasta experiência em mares gelados. Havia acompanhado o tio, John Ross, em suas buscas da Passagem do Noroeste. Em 1829, participara de uma viagem em busca do pólo Norte, iniciada em Spitzbergen e abandonada na latitude 82 graus, 48 minutos e trinta segundos — recorde mantido durante cinqüenta anos.[53] Havia determinado a localização do norte magnético, na península de Boothia, no Canadá, em 1831. Agora cumpria a missão de busca do ponto antípoda, sonhando tornar-se o homem "que fincou a bandeira de nosso país em ambos os pólos magnéticos de nosso planeta".

Sua expedição partiu da Inglaterra em 1839, em dois navios escolhidos pela sólida construção, que lhes permitia resistir ao recuo dos morteiros com que estavam equipados. No decorrer da viagem, Ross identificou grande parte da costa da Antártica. Seu relato resplandece com o fulgor do gelo. Seu estilo combina grandiloqüência e freqüentes evocações poéticas e piedosas de Deus com encantadores detalhes da vida cotidiana — um brinde com cherry brandy para comemorar o êxito ao penetrarem na banquisa, a captura de um pingüim ou de um petrel, o uso de ácido cianídrico para matar pingüins.

No dia de ano novo de 1841, Ross cruzou o Círculo Polar Antártico. Dias depois, seus navios estavam cercados de gelo. No começo, avançaram lentamente. No dia 9 de janeiro, ao dissipar-se o nevoeiro, viram-se num mar claro. "Ao meio-dia, tínhamos uma visão ampla e muito animadora: do alto do mastro não se via uma única partícula de gelo." Em 11 de janeiro de 1841, chegaram ao lugar que batizaram como Terra de Vitória. No mesmo dia, passaram do ponto mais ao sul que Cook havia atingido. No dia 23, quebraram o recorde de Weddell, ao ultrapassarem a latitude de 74 graus e quinze minutos sul. Navegaram até a ilha Franklin e avistaram os vulcões a que chamaram Erebus e Terror. As montanhas que encobriam o ponto onde ficava o pólo Sul magnético estavam agora à vista. Todas as passagens achavam-se tomadas pelo gelo. Tanto a frustração quanto o orgulho de Ross transparecem em sua carta ao príncipe Albert:

> Sinto certa satisfação por ter-me aproximado do pólo algumas centenas de milhas mais que qualquer um de nossos predecessores, e também pelo grande número de observações feitas por ambos os navios [...] sua localização pode ser determinada praticamente com a mesma precisão que teríamos se houvéssemos realmente chegado ao ponto desejado.[54]

A partir de então Ross perdeu a alegria e até mesmo o amor ao gelo, declarando que "não voltaria a liderar uma expedição ao pólo Sul, por maior que fosse a remuneração ou pensão oferecida".[55]

A AUSTRÁLIA

Não se pode dissociar a história da exploração da Austrália e a das duas regiões adjacentes, o Pacífico e a Antártica. A Austrália, tal como a Antártica, era geradora de muitos mitos, um ímã que atraía aqueles que procuravam o "grande continente meridional", e também um ambiente desconhecido, difícil de circunavegar e de explorar por terra. Na década de 1790, Matthew Flinders e George Bass descobriram que um estreito separava a Tasmânia da terra que veio a ser chamada de Austrália, e isso suscitou a hipótese de que talvez outros estreitos dividissem a Austrália em ilhas ou em porções acessíveis. Entre 1801 e 1803, expedições inglesas e francesas completaram a circunavegação da Austrália: com efeito, Flinders e Nicolas Thomas Baudin se encontraram na baía do Encontro em 8 de abril de 1802. Pouca dúvida restava sobre a continuidade do território australiano. Mas que mistérios ocultaria seu interior?

Na segunda década do século XIX, a colônia inglesa em torno de Sydney — ainda o único assentamento na Austrália — deu início ao movimento rumo ao interior, em busca de novas pastagens. A expedição foi liderada por Gregory Blaxland, um autêntico pioneiro, que havia migrado para a Austrália sem estar fugindo de nenhum problema em sua terra, mas somente por acreditar que a nova fronteira representava novas oportunidades. Em maio de 1813, depois de muitas tentativas, Blaxland encontrou uma passagem através da Grande Cordilheira Divisória, ligando os vales dos rios Hunter e Namoi. Ali viu "matas e campos suficientes para alimentar o gado da colônia durante os próximos trinta anos". Além das montanhas, vastos campos e "planícies verdejantes" estendiam-se ao longo da bacia hidrográfica Murray-Darling, mas muito tempo passou antes que o curso desses rios pudesse ser determinado. Os pântanos de Macquarie formavam uma barreira que permaneceu intransponível até 1828, quando Charles Sturt, secretário do governador, seguiu o curso do Murray até sua confluência com o Darling. No mesmo período, a Tasmânia era percorrida em todas as direções, mas a Austrália continental, além da bacia Murray-Darling, continuava a ser um mistério absoluto, a não ser nas proximidades dos assentamentos costeiros fundados nas décadas de 1820 e 1830 em Queensland, Victoria, Austrália Ocidental e Austrália do Sul.

Quando a Sociedade Geográfica de Londres foi fundada, em 1830, seu presidente considerou que a Austrália era uma de suas prioridades:

Até agora, um território grande como a Europa tem aparecido em nossos mapas como um espaço em branco. Hoje, visto que, com toda probabilidade, esse vasto território chegará com o tempo a estar ocupado por uma numerosa população, descendente de britânicos, e pode ser um meio para a difusão da língua, das leis e das instituições inglesas em grande parte do Arquipélago Oriental, temos como certo que todo acréscimo a nosso conhecimento sobre seus aspectos geográficos será bem recebido por esta Sociedade.[56]

Os grandes problemas que a exploração deveria resolver eram os novos mitos de um Amazonas australiano — um grande rio que cortaria o coração do continente — e de mares interiores semelhantes aos Grandes Lagos.

Na década de 1840, eram poucos os australianos que depositavam fé nesses mitos. Mas Charles Sturt era um deles. Concretamente, estava convencido de que, além do Murray e do Darling, estendia-se uma grande depressão, comparável ao Oeste americano, pela qual rios fluíam da borda do continente para um lago semelhante ao Grande Lago Salgado da América do Norte, uma das recém-descobertas curiosidades geográficas da época. Em 1844, Sturt estava numa maré de azar — desempregado e, em suas próprias palavras, "desesperado".[57] Propôs empreender um projeto ambicioso, se o governo arcasse com as despesas: atravessar a Austrália do sul para o norte e do leste para o oeste. Parecia uma aventura despropositada, mas oferecia a oportunidade de, como rezavam as instruções dadas pelo governo a Sturt, resolver uma questão de suma importância: descobrir "se no território situado na margem direita do Darling existe uma cadeia de montanhas que se estende de NE para SO [...] de modo a formar uma grande divisão natural do continente, e investigar que rios nascem nessa suposta cadeia de montanhas e que curso parecem seguir".[58] A expedição partiu de Adelaide, cidade litorânea recém-fundada no sul do país, em agosto de 1844, com sete toneladas de provisões e equipamentos transportados em carros de bois, duzentas cabeças de ovelhas, para que dispusessem de carne fresca, e um barco baleeiro a ser utilizado no mar que esperavam encontrar.

Sturt estava tão obsedado com a idéia de chegar ao centro da Austrália e encontrar um grande lago que, entre Floods Creek e Evelyn Creek, quatro meses depois de sua partida, atravessou por uma passagem a cadeia de montanhas que o governo lhe ordenara procurar, sem percebê-la. Em janeiro de 1845, estava preso num oásis no meio do deserto, sem poder avançar por não dispor de outra fonte de água num raio de quatrocentos quilômetros. Sua única possibilidade era esperar pela chuva. Quando ela chegou, em julho, fazendo a terra fulgurar com falsas esperanças, os alimentos frescos haviam se esgotado e o

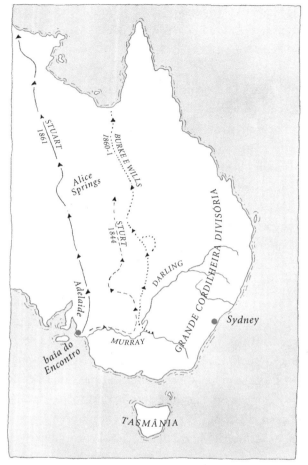

Explorações da Austrália.

escorbuto grassava no acampamento. Entretanto, em vez de regressar a Adelaide, Sturt seguiu adiante, persuadido pela salinidade da terra e pela baixa altitude que estava se aproximando de uma costa. Partindo de seu acampamento em Fort Grey, perto da atual divisa entre Queensland, Nova Gales do Sul e Austrália do Sul, fez incursões em todas as direções, sem achar senão desertos que nem ele tentaria atravessar. Em novembro, os poços de cuja água necessitariam para a viagem de regresso começavam a secar. O próprio Sturt estava prostrado pelo escorbuto e teve de ser levado quase à força de volta a Adelaide.

A AMÉRICA

O acesso ao Pacífico continuava a ser o objetivo dos exploradores que avançavam para o oeste da América do Norte. As comprovações do tamanho do continente não fizeram cessar de todo a procura de uma via rápida de acesso à Ásia, pois restava ainda a possibilidade de que houvesse outro grupo de lagos, a oeste dos Grandes Lagos, que se comunicasse com o Pacífico, do mesmo modo que o rio São Lourenço se ligava ao Atlântico. Ao que parece, as riquezas e o potencial da América só satisfizeram seus conquistadores na segunda metade do século XIX, quando a industrialização ofereceu novos meios para explorar o interior do continente.

Os esforços dos franceses se concentraram inicialmente na procura de um grande mar interior — cuja existência foi deduzida, presumivelmente, de informações dos nativos sobre vários lagos — no qual desembocassem rios que permitissem a rápida travessia do continente. Em 1736, Pierre Gaultier de Varenne de La Vérendrye, ex-militar que se tornara comerciante de peles, alcançou o lago Winnipeg. Isso foi motivo de alegria, ao contrário do que ocorreu com a baixa descarga do rio Saskatchewan. Por isso, La Vérendrye rumou para sul. Em fins de 1738, encontrou a tribo dos mandans no curso alto do Missouri. Tornou a seguir em direção ao norte, para tentar navegar pelo Saskatchewan, enquanto seus filhos continuavam avançando para sul, por pradarias intermináveis. Outras expedições percorreram a região a oeste de Saint Louis, o posto avançado francês no curso médio do Mississippi, de onde os irmãos Mallet chegaram a Santa Fé em 1739. Do esperado sistema de lagos, nem sinal.

A Companhia da Baía de Hudson — o consórcio comercial que controlava, para a coroa britânica, a exploração do território canadense ao norte do vale do São Lourenço — viu-se forçada a reagir. Ordenou a realização de expedições em direção ao norte, incumbidas de procurar novos produtos comerciais que lhe permitissem concorrer com os franceses, investigar as fontes do cobre utilizado por esquimós a noroeste da baía de Hudson e determinar a extensão do continente para norte, o que, por sua vez, contribuiria para definir a viabilidade de uma Passagem do Noroeste. Quanto mais ao norte se encontrasse a costa, menos

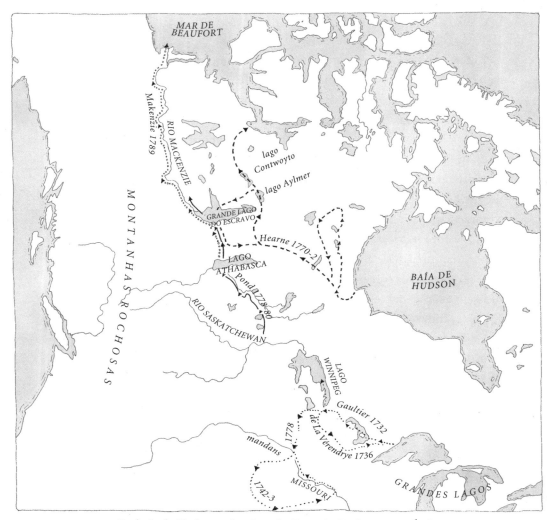

Da baía de Hudson e dos Grandes Lagos às Rochosas e ao Ártico.

provável seria que o mar além dela fosse navegável. Em 1763, o trabalho da Companhia tornou-se mais fácil. Pelo Tratado de Versalhes, o Canadá francês passou para as mãos da Inglaterra. Em 1770-2, com a ajuda de guias chipewyan, Samuel Hearne cruzou os lagos Aylmer e Contwoyto e chegou por terra ao rio Coppermine. Desceu-o com uma canoa até a costa, calculando que ela se situava, lamentavelmente, acima de 72 graus norte. Sua estimativa excedia em cerca de quatro graus a latitude real, mas de qualquer maneira representava uma realidade desalentadora para os investidores. A partir desse momento, a Companhia se concentrou na criação de novas atividades comerciais no interior do continente: em Cumberland House, às margens do Saskatchewan, em 1774, e no lago Athabasca, em 1778. Dali, o representante da companhia, Peter Pond, recomendou que a exploração em busca de um caminho para o Pacífico prosseguisse pelo Grande Lago do Escravo. Alexander Mackenzie tentou fazê-lo, descendo o rio que hoje tem seu nome. No entanto, o Mackenzie só levava ao Ártico. Em 1793, fez outra tentativa, chegando ao Pacífico por um caminho tortuoso.

Por todo lado parecia haver montanhas. Os espanhóis tinham enfrentado a mesma dificuldade em todas as suas tentativas de abrir uma rota transcontinental de acesso ao Pacífico. Na década de 1770, o prolongamento da navegação espanhola pela costa da Califórnia, a descoberta de excelentes portos em San Francisco e Monterey e a fundação de uma série de missões na costa despertaram o interesse pela definição de rotas que ligassem o norte da Califórnia aos assentamentos no Novo México e às missões no Arizona. Em 1776, frades espanhóis talharam uma escada na rocha viva para cruzar a Sierra Nevada numa malograda tentativa de abrir uma rota direta do Novo México à Califórnia. A extensão de suas viagens excedia o conhecimento dos nativos; por isso, em vez de recorrer a eles, guiavam-se por oráculos, "havendo implorado a intercessão de nossos santíssimos padroeiros para que Deus nos orientasse pelo caminho que mais conviesse a seu serviço".[59] Silvestre Vélez de Escalante fez a crônica das explorações, que os levaram ao norte até o lago Utah e de volta através do Colorado, pelo caminho que desde então se conhece como Vau dos Padres. Não entendendo direito o que os índios yuta lhes disseram, acreditaram que o lago Utah fosse parte do lago Salgado: isso fez com que durante muito tempo os mapas da parte baixa da Grande Bacia mostrassem um mar interior desproporcionalmente grande.

Um dos mais ativos missionários, Francisco Garcés, tentou encontrar uma rota através das montanhas no sentido contrário. Mas apesar de sua notória habilidade no trato com os índios — conversava pacientemente com eles, comia e elogiava seus alimentos, que os outros espanhóis achavam intragáveis —, a hostilidade dos hopis acabou por obrigá-lo a regressar para as proximidades de Oraibi. Com isso, as comunicações dos espanhóis através das montanhas continuaram precárias; a Sierra Nevada continuou a dividir os domínios espa-

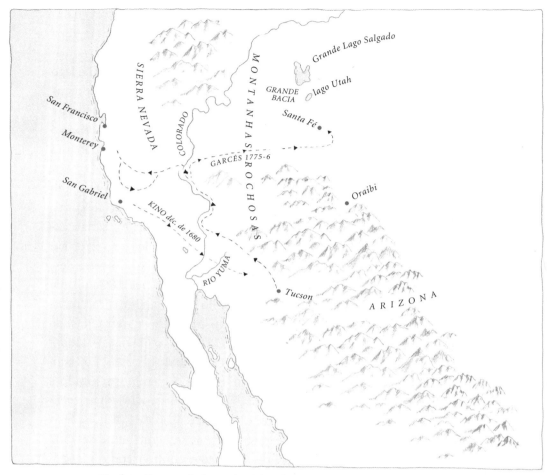

Exploração espanhola na América do Norte nos séculos XVII e XVIII.

nhóis, e as missões ao norte de San Gabriel continuaram a depender de comunicações por mar. Por algum tempo, contudo, os espanhóis acreditaram que "a porta se abrirá para a criação de um novo império" no interior da Califórnia,[60] e por isso foram criadas missões ao longo do rio Yuma; entretanto, os índios as destruíram em 1781, e a iniciativa não foi repetida.

As montanhas que constituem a espinha dorsal da América tinham sido descobertas. Sua extensão era desconcertante. Mas até que ponto eram impenetráveis? Existiriam passagens viáveis para o comércio? Teriam os exploradores franceses e ingleses deixado de perceber alguma via por rios e lagos até o Pacífico que contornasse ou atravessasse aquelas montanhas? As tentativas de dar resposta a essas perguntas renovaram-se em 1804.

Isso ocorreu porque a história acidentada da Louisiana havia mudado inteiramente a situação. Em 1763, tendo perdido a esperança de colonizar a região, a França cedera à coroa espanhola o vasto território de limites imprecisos que compreendia o vale do Mississippi, grande parte do vale do Missouri e um trecho das pradarias contíguas, motivo de litígios. Em 1800, num momento de fervor imperialista, Napoleão pediu a devolução daquele território. Em 1802, porém, desistiu de ampliar o império francês na América, ao perceber que era impossível sufocar uma rebelião em São Domingos. No ano seguinte, vendeu o território da Louisiana aos Estados Unidos por 15 milhões de dólares. Para Thomas Jefferson, o acordo representou a culminação de um sonho antigo. Previa que "em um só dia de viagem, uma expedição por terra poderia ir do curso alto do Missouri até o rio Columbia e, a seguir, descer rapidamente até o mar". Entregou a missão a Meriwether Lewis, que havia conquistado a confiança do presidente como membro de sua equipe. Lewis, por sua vez, recrutou William Clark para ajudá-lo a liderar a expedição. Seus temperamentos ajustavam-se à perfeição e uma sólida amizade os unia. "Asseguro-lhe", escreveu Lewis a Clark, convidando-o a acompanhá-lo na expedição, "que não existe um homem, senão você, com quem eu preferisse dividir as dificuldades dessa viagem." Lewis era cortês e confiável; Clark, arrojado e impulsivo.

O principal objetivo da expedição era "explorar o rio Missouri e aquela que for sua corrente principal, que, por seu curso e comunicação com as águas do oceano Pacífico, constitua a via mais direta e praticável através do continente, para os fins do comércio". Mas os objetivos supremos da expedição eram de cunho político. O governo espanhol sabia o que os Estados Unidos queriam: uma rota sob seu controle exclusivo — uma "via pela qual os americanos possam, um dia, ampliar sua população e sua influência até as costas dos Mares do Sul". Lewis percorreu os territórios dos indígenas americanos com uma atitude arrogante, afirmando o domínio dos Estados Unidos sobre eles, exigindo reparações por ataques e roubos, confirmando o poder de alguns chefes e, ao menos em uma ocasião — entre os mandans — nomeando um chefe supremo. Essas ingerências políticas faziam-se acompanhar de presentes, que não significavam grande coisa para aqueles que os recebiam, a não ser mostras

OS DESBRAVADORES

de generosidade. Os mandans sempre foram vistos, erroneamente, como uma nação submetida voluntariamente ao poder dos "grandes pais brancos".

Lewis e Clark passaram o inverno com os mandans, e puderam contar com os serviços de uma preciosa guia. Sacajawea era a esposa, de dezesseis anos, de um comerciante francês. Seu povo, os shoshones, vivia na área dos desfiladeiros pelos quais Lewis e Clark deveriam passar para chegar à vertente oposta das montanhas Rochosas. Depois de um longo período de cativeiro entre os mandans e de ter-se casado com o francês, Sacajawea conhecia várias línguas que a qualificavam para ser a principal intérprete da expedição. Além disso, dizia-se que, entre seu próprio povo, pertencia a uma família de chefes. O único problema era que se achava em adiantado estado de gestação; entretanto, prestou uma ajuda inestimável à expedição, e nem ela, nem o bebê em nenhum momento causaram atrasos. Como ocorre com tanta freqüência na história moderna da exploração, todos os que participam dela, com exceção de meia dúzia de chefes e heróis brancos, recebem pouca atenção, pouco importando que tenham dado contribuições fundamentais. O papel de Sacajawea quase não é mencionado nas crônicas da expedição, mas é evidente que foi vital.

Ao iniciarem a navegação do Missouri, rio acima, em 7 de abril de 1805, Lewis descreveu sua "pequena frota" como "não tão respeitável quanto a de Colombo ou do capitão Cook":

> Estávamos nos preparando para penetrar em um território com pelo menos 3 mil quilômetros de largura, no qual o homem civilizado nunca havia pisado; a boa ou má fortuna que ele nos reservava não podia ser conhecida de antemão, e essas pequenas embarcações continham todos os artigos de que dispúnhamos para sobreviver e nos defender. No entanto, como o estado de ânimo em geral permeia nossa visão das coisas, quando permitimos que a imaginação se projete no futuro, a imagem que ela então me apresentava era extremamente agradável. Por alimentar a mais firme confiança no êxito de uma viagem que constituiu um projeto acalentado em meu espírito nos últimos dez anos, eu não podia senão considerar esse momento de partida com um dos mais felizes de minha vida. Os membros do grupo gozam de excelente saúde e estado de espírito, sentem-se intensamente ligados à empreitada e estão ansiosos por partir; não se escuta da parte deles nenhum sussurro ou murmúrio de insatisfação, e todos agem em uníssono e com a mais perfeita harmonia.[61]

O AVANÇO FINAL

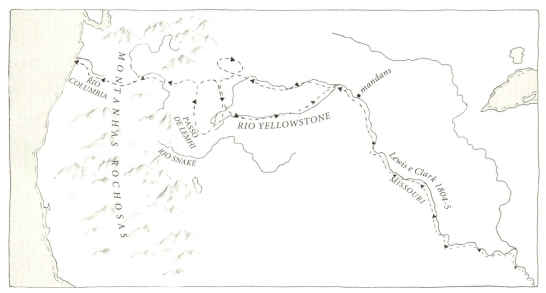

Expedição de Lewis e Clark.

Subiram o Missouri até alcançar a crista mais alta das montanhas, perto da nascente do rio Lehmi, mais ou menos onde fica hoje a divisa entre Idaho e Montana. Uma breve descida pela corrente e chegaram à área de desova de salmões, prova de que o rio em que estavam terminava desaguando no Pacífico. Na verdade, estavam num afluente da bacia do rio Columbia. À sua frente erguiam-se muitas montanhas e os rios não eram navegáveis, nem mesmo de canoa, com o peso que levavam. Em outubro, desceram o rio Snake. Além das cataratas Cecilo, encontraram sinais de que se aproximavam de seu objetivo. Surgiram índios que possuíam produtos comerciais europeus — prova de que o oceano não estava muito longe. Passaram o inverno perto da foz do Columbia, onde o fragor constante do mar mantinha Lewis acordado, perto da costa daquele oceano de nome inadequado: "e não vi um só dia pacífico desde minha chegada nessa região, e suas águas espumejam e quebram continuamente com ondas imensas nas areias e nos rochedos, tempestuosas e assustadoras". A viagem de volta foi árdua e deprimente. Tiveram de recorrer a trocas para obter cavalos, caçar para comer ou pedir cavalos e comida aos índios. Não souberam administrar os produtos comerciais que levavam e ficaram sem ter com que fazer trocas. Apesar de terem feito muitas incursões em busca de um caminho

OS DESBRAVADORES

pelas montanhas que pudesse ser explorado com fins comerciais, não acharam nenhum. Embora tivessem aberto uma ousada rota através de uma região difícil, a expedição foi um retumbante fracasso.

As expedições seguintes confirmaram as dificuldades. Grande parte do oeste não parecia digna de exploração: a região não levava a lugar algum e era quase inabitável. Quando os franceses abandonaram a Louisiana, militares espanhóis procuraram rotas que ligassem o Mississippi ao rio Grande, acabando por definir um caminho direto entre Santa Fé e Saint Louis. Mas esses caminhos eram apenas ligações precárias entre postos militares, e não grandes vias para o comércio e novos assentamentos. Mesmo depois das amplas explorações dos rios e planícies do oeste, realizadas por militares, as pradarias pareciam um deserto. Stephen Long, que comandou as operações entre 1816 e 1824 e atravessou as pradarias seguindo o curso do rio Platte, descreveu-as como "praticamente impróprias para o cultivo e, naturalmente, inabitáveis por um povo que dependa da agricultura para subsistir".[62] Em seu romance *A pradaria*, de 1827, James Fenimore Cooper concordou com essa opinião. Mesmo ao descrever a lenta invasão de posseiros brancos, que acabariam transformando aquelas pradarias numa terra de ricas fazendas e cidades, não viu nelas mais que "um vasto território, incapaz de sustentar uma população substancial". Na época, sua descrição era inteiramente justa. A tecnologia que transformou as pradarias — os arados de aço que sulcaram a terra, os pregos produzidos mecanicamente que construíram as cidades, os trens que chegavam com madeira e voltavam com trigo — ainda não existiam. A pradaria, como as montanhas, era um obstáculo, e não uma terra de oportunidades, no caminho para o oeste.

Primeiro, portanto, os povoadores tinham de contornar ou atravessar a pradaria. O objetivo dos pioneiros que demandavam oeste eram os ricos territórios do Oregon e da Califórnia, na costa do Pacífico — principalmente a partir da década de 1830, quando a Califórnia se converteu primeiro numa república independente e depois num estado distante da União. O que os atraía era a terra barata. Na década de 1820, Jed Smith ligou os caminhos dos espanhóis numa rota contínua que atravessava a Sierra. Comerciante com uma estranha vocação religiosa panteísta, Smith dizia que explorava o território "para que eu possa ajudar os que precisam".[63] Nas entrelinhas, seus longos diários revelam outro motivo: não suportava sua própria ignorância sobre o território que o rodeava nem aceitava informações que ele próprio não houvesse verificado.

404

O AVANÇO FINAL

As rotas que o explorador e comerciante de peles Jed Smith seguiu pelas montanhas Rochosas e pela Grande Bacia, nas décadas de 1820-30. O mapa original de Smith não existe mais; o mapa acima foi elaborado com base nas descrições de David Burr sobre as viagens de Smith, e foi publicado em 1839.

Seus mapas da parte central das montanhas Rochosas e da Grande Bacia serviram de referência para os mapas que foram elaborados, com maior rigor científico, por expedições federais e topógrafos da estrada de ferro a partir de 1840.

Propagandistas apresentavam o caminho para o Oregon como "uma rota aberta [...] melhor para as carroças do que qualquer outra estrada dos Estados Unidos". Utopistas astutos, como os da Sociedade Americana para Incentivo à Colonização do Território do Oregon, compravam terras ali para vendê-las a colonos, com a promessa de uma "cidade da Perfeição" no oeste. Distribuíam-se mapas falsos, que mostravam uma fácil via fluvial que começava no Grande Lago Salgado e avançava por rios inexistentes. Em 1813, o *Missouri*

Gazette anunciou que "uma travessia do continente pode ser realizada de carroça, por não existir, em todo o caminho, obstáculo algum que uma pessoa possa em sã consciência chamar de montanha". No mesmo ano dessa declaração otimista, um grupo de comerciantes de peles encontrou uma passagem, através das montanhas Rochosas, que se transformaria no principal acesso ao Caminho do Oregon. A Passagem do Sul — South Pass —, uma planície muito regular com cerca de dois quilômetros de largura junto à cordilheira do rio Wind, no Wyoming, permaneceu desconhecida até que Jed Smith a viu num mapa de pele de veado feito pelos índios crow.

As primeiras carroças com produtos comerciais cruzaram a Passagem do Sul já em 1824; comerciantes de peles saíram de Independence, passando pela cordilheira, e chegaram ao Oregon em 1832. Entretanto, sem eixos de ferro, as carroças eram demasiado frágeis para transitar por caminhos agrestes como aqueles. Num clima árido, onde, nas palavras da mulher de um missionário, em 1836, "os Céus sobre nossa cabeça eram de cobre; e a terra sob nossos pés, de ferro", o ressecamento da madeira provocava o encolhimento das rodas, fazendo os raios de madeira e os aros de ferro se soltarem.

Uma forma de solucionar esse problema era eliminar os aros de ferro e reforçar as rodas, pregando nelas peças adicionais de madeira, ou atando-as com cordas feitas de couro quando os pregos acabavam. Os aros de ferro eram aquecidos ao máximo possível, colocados nas rodas e a seguir molhados com água fria, para que se contraíssem. As carroças tinham de ser puxadas e empurradas à mão nos aclives íngremes, e, nas descidas, seguradas com cordas — um trabalho que podia exigir oitenta homens para uma única carroça. Os sulcos produzidos pelo escoamento de águas nos caminhos tinham de ser preenchidos com entulho.

As duas primeiras carroças de colonos a completarem a viagem partiram em 1840. O grupo de missionários que organizou a viagem contratou um caçador, Robert "Doc" Newell, para que conduzisse a eles e as carroças do rio Green, na borda leste das montanhas Rochosas, através da cordilheira, até Fort Vancouver, à margem do rio Williamette. Os viajantes partiram do rio Green em 27 de setembro e seguiram até onde puderam em suas carroças, abrindo uma estrada à medida que avançavam. Quando se tornou impossível continuar com as carroças, passaram seus pertences para os cavalos e desmontaram os veículos até reduzi-los a duas armações. Por fim, inutilizaram uma das carroças para dispor de componentes sobressalentes para a outra. Ao chegarem ao forte Walla Walla, onde hoje fica o estado de Washington, Newell construiu uma barcaça, com a qual transportaram a carroça restante pelo rio Columbia, até a foz do Williamette. Newell estava exultante, embora enganado, quando escreveu, em 19 de abril de 1841, "que eu, Robert Newell, fui o primeiro a transportar carroças através das montanhas Rochosas".

A ROTA EM DIREÇÃO AO ROMANTISMO

As rotas abertas na América do Norte no século XVIII e no começo do século XIX não se destinavam basicamente ao comércio ou mesmo — salvo no fim desse período, no Oregon — à colonização. No entanto, conduziram a paisagens inspiradoras e a contatos culturais estimulantes entre os europeus recém-chegados e os povos nativos. Em termos gerais, o descobrimento mais importante feito pelos franceses na América do Norte não foi nenhum dos majestosos acidentes geográficos relacionados por Hennepin, mas sim o dos povos que inspiraram a idéia do "nobre selvagem". O primeiro indígena identificado explicitamente como um "nobre selvagem" foi um índio micmac das florestas do Canadá, descrito por Marc Lescarbot, que passou alguns anos na Nova França, no começo do século XVII. Lescarbot julgava os micmacs "verdadeiramente nobres" no sentido estrito do termo, pois seus homens se dedicavam às nobres ocupações da caça e das armas. Mas também exibiam virtudes que a civilização corrompia: a generosidade ("essa mútua benevolência que, ao que parece, perdemos"), um senso natural de justiça ("que faz com que raramente briguem") e uma vida em comum em que a propriedade é partilhada. A ambição e a corrupção eram desconhecidas entre eles. Mas esse era um Éden imperfeito, uma vez que era comum a vingança com violência e não havia comedimento no comer e no beber. Por outro lado, a admiração de Lescarbot pela moralidade dos micmacs não impediu que ele justificasse sua subjugação e a conquista de suas terras.

A idéia do nobre selvagem arraigou-se de modo definitivo na tradição ocidental quando foi transferida para os huronianos, cujo território ficava a sudoeste da área dos micmacs, nas margens do nordeste dos Grandes Lagos. Ao contrário de outros povos de língua iroquesa, os huronianos acolheram bem os franceses, pois necessitavam de aliados na luta contra seus vizinhos.

Embora tenha sido difícil afastá-los de alguns de seus rituais pagãos — como os sacrifícios humanos, nos quais torturavam lentamente seus prisioneiros até a morte, por meios concebidos para maximizar a dor e prolongá-la por vários dias —, mostraram-se notavelmente receptivos ao cristianismo. Franciscanos e jesuítas os louvavam como a encarnação da sabedoria natural, atribuindo-lhes perícia no artesanato, na construção, na fabricação de canoas e na agricultura, além de certa superioridade moral: bondade para com estranhos e entre eles próprios, e uma predisposição à paz com os forasteiros e à eqüidade no seio de sua comunidade. Foi-lhes atribuído até mesmo um sistema primitivo de escrita: símbolos com que gravavam nos troncos de árvores registros de suas vitórias e mensagens sobre a localização de áreas de caça.

Os huronianos converteram-se na mais prolífica e influente fonte de idéias sobre a nobreza dos selvagens. A idéia formulada em relação aos micmacs, que viviam nas florestas do nordeste, logo se transferiu para os huronianos. Os missionários não deixaram de fazer críticas ao modo de vida dos selvagens, mas os filósofos seculares que leram os textos dos missionários destacaram os aspectos positivos e omitiram os negativos. As recomendações de cautela foram eliminadas das crônicas dos missionários, e delas só restou um huroniano idealizado. A transformação dos fatos em lenda tornou-se mais fácil à medida que os huronianos reais literalmente desapareciam — primeiro reduzidos e depois praticamente exterminados pelas doenças transmitidas pelos europeus e pelas guerras que travaram, com ajuda dos franceses, contra povos vizinhos.

O grande secularizador da huronofilia foi Louis-Armand de Lom de L'Arce, que chamava a si mesmo pelo título que sua família havia vendido: sieur de Lahontan. Como muitos dos que fugiam de sociedades que não os aceitavam bem, emigrou para o Canadá na década de 1680 e arvorou-se em especialista nas curiosidades daquela terra. O porta-voz para seu anticlericalismo livre-pensador foi um huroniano fictício chamado Adario, com quem passeava pelas florestas, discutindo as imprecisões das traduções da Bíblia, as virtudes do republicanismo e os méritos do amor livre. Suas sátiras contundentes à Igreja, à monarquia e às pretensões e à mesquinhez do *haut monde* francês tiveram influência direta sobre um conto de Voltaire, da década de 1760, acerca de um sábio huroniano "inocente" em Paris.

O potencial de encantamento social do mito dos huronianos cristalizou-se numa comédia baseada no conto de Voltaire e representada em Paris em 1768.

Nela, o huroniano sobressai em todas as virtudes do nobre selvagem — como caçador, como amante e como soldado contra os ingleses. Percorre o mundo com uma ambição de intelectual: "conhecer um pouco o modo como está feito". Instado a adotar as roupas francesas, denuncia a imitação como um modismo "de macacos, mas não de homens". E um observador opina a seu respeito: "Embora não conheça os ensinamentos dos grandes pensadores, possui abundância de sentimentos, que julgo mais valiosos. E receio que ao se civilizar, ele se torne mais pobre". Vítima do costumeiro triângulo amoroso das comédias de costumes, o huroniano exorta a populaça a atacar a prisão-fortaleza de Paris, a Bastilha, a fim de resgatar sua amada, ali encarcerada. Por isso, é preso por sedição. "Seu crime é evidente. Encabeçou uma rebelião."

Ao mesmo tempo, a intensificação das viagens pelo Pacífico completou o conjunto de imagens sobre os povos nativos. Multiplicaram-se os encontros, ampliando não só o conhecimento que os povos tinham dos demais como também as idéias que faziam de si próprios e da humanidade em geral. Os indígenas que os exploradores do Pacífico levaram para a Europa confirmaram a nobreza do selvagem. Philibert de Commerson, o naturalista da expedição de Bougainville, louvou "o homem em seu estado natural, que nasceu essencialmente bom, livre de todos os preconceitos, que obedece, sem suspeita ou remorso, ao amável impulso de um instinto que é sempre certeiro, por não ter-se degenerado e se transformado em razão".[64] Bougainville levou para a Europa o taitiano Ahutoru. O recém-chegado fez-se íntimo de cientistas e aristocratas; a duquesa de Choiseul o tomou sob sua proteção. Freqüentava a ópera e o parque, onde — segundo um poema sentimental do Abbé Delille, defensor de paisagens românticas artificiais — abraçava-se a uma árvore "que conhecera desde a infância. [...] Ele a banha de lágrimas, cobre-a de beijos".[65]

Omai, um polinésio inquieto e desajustado, foi igualmente tratado como celebridade na Inglaterra em 1774-6. Duquesas elogiavam seu encanto pessoal. Reynolds pintou-o como a encarnação da dignidade incorruptível. Lee Boo, nativo de Palau, na Micronésia, foi ainda mais hábil na assimilação dos costumes da alta sociedade. Ao morrer de varíola, em 1783, foi enterrado no cemitério da igreja de Santa Maria, em Rotherhithe, com o seguinte epitáfio:

> *Pára, leitor, pára! Que derrame uma lágrima a Natureza,*
> *Pois aqui jaz* Lee Boo, *meu príncipe.*

Quem viajava ao Pacífico descobria ali um paraíso de voluptuosidade, pintado por William Hodges, que acompanhou o capitão Cook em 1772. O Taiti de suas telas era um paraíso arrebatador das ninfas que ocupavam o primeiro plano. Uma delas mostra, sedutora, uma tatuagem nas nádegas. Outra nada por trás de uma diáfana película de água. A hospitalidade sexual da ilha pôs à prova a disciplina dos homens de Cook e acabou com a da tripulação de Bligh. Em *Suplemento à viagem de Bougainville*, a influente e um tanto solene sátira de Diderot, de 1773, um capelão francês — "um monge na França, em Taiti um selvagem" — não consegue compreender a atração que as moças taitianas parecem sentir por ele e da qual tira pleno proveito. Um nativo lhe explica, com simplicidade, que o desejo sexual é coisa natural, decorrente de boas razões, e não deve ser reprimido.[66] Em suma, o Pacífico exibia a exata combinação de liberdade e libertinagem que enobrecia o selvagem a olhos predispostos.

Ao lado desses intensos encontros culturais, os exploradores abriram caminhos para uma espécie de autodescoberta, pois sob a influência das novas experiências reveladas pela exploração, os intelectuais europeus passaram a explorar seus próprios sentimentos. Transmutadas pelo culto à sensibilidade, próprio do século XVIII, as paisagens do Novo Mundo passaram a ocupar um lugar permanente no imaginário romântico. O processo começou com os belos e sugestivos desenhos de Jorge Juan e António de Ulloa.[67] Essas representações assumiam sempre a forma ostensiva de diagramas científicos, mas eram calculadas para despertar os sentidos com uma respeitosa reverência pela natureza virgem. Por exemplo, os desenhos do Cotopaxi em erupção, com arcos de luz sobre as montanhas de Panambarca, que aparecem no fundo, combinam a precisão descritiva com uma fantasia tumultuosa. Os cenários andinos neles representados foram a fonte das mais evocadoras imagens da América. O Cotopaxi tornou-se o tema favorito dos pintores de paisagens americanas. As ilustrações realizadas por Alexander von Humboldt em suas viagens por regiões montanhosas, sobretudo nos Andes, publicadas com o título de *Vues des cordillères,* entre 1806 e 1814, representaram o ponto alto dessa tradição.

Nascido no mesmo ano que Napoleão, Humboldt foi um personagem napoleônico, dominado por ambições científicas tão exacerbadas quanto as ambições bélicas de Napoleão. Procurou classificar os fenômenos naturais no mais alto nível possível, no qual todo o cosmos pudesse ser ordenado em um único sistema coerente. No entanto, o impulso inicial das viagens desse destacado cientista, que Darwin qualificou como "o maior viajante científico de todos os tempos", foi o desejo de ver "a natureza em toda suas variedade de grandeza e esplendor". Suas expedições à América começaram por acaso, quando se frustraram seus planos de viajar ao Egito. Por sua própria conta, com o beneplácito da coroa espanhola, teve uma viagem heróica e uma volta triunfal.

Grande parte de seus feitos se deram sobre uma base já existente, graças ao enorme progresso que as autoridades espanholas e portuguesas tinham realizado no mapeamento das bacias hidrográficas de seus domínios americanos e na determinação dos limites entre eles nos confins da América do Sul. Empreendedores privados haviam liderado essas atividades na primeira metade do século XVIII. Em 1742, por exemplo, o explorador João de Sousa de Azevedo determinou o curso do Tapajós, desde sua nascente, em Mato Grosso, até o Amazonas, enquanto Manuel Félix de Lima abria uma rota semelhante pelo Madeira. Na segunda metade do século, porém, a iniciativa passou para expedições oficiais, devido principalmente à modificação dos limites da expansão espanhola e portuguesa acertada no Tratado de Madri. Em 1782, o engenheiro Francisco de Requena, encarregado de traçar o mapa dessas fronteiras, havia completado a exploração da bacia do Amazonas. Quando Humboldt navegou do Orinoco ao Amazonas, em 1800, sua viagem foi saudada como uma façanha pioneira, quando, na realidade, ele usou rotas bastante conhecidas dos índios e colonizadores, mas ainda não divulgadas na Europa.

O ponto alto alcançado por Humboldt em suas viagens foi, literalmente, sua ascensão ao pico gêmeo do Cotopaxi, o Chimborazo, no verão de 1802. Julgava-se na época que fosse a montanha mais alta do mundo, o teto intocado da criação. O relato que Humboldt fez de sua ascensão, habilmente contido, é uma comovedora expressão do culto ao inalcançável, tão característico do romantismo, tão essencial a seu espírito. A escalada se deu entre nuvens e, em dado momento, por uma crista de 25 centímetros de largura. "À nossa esquerda havia um precipício nevado; à direita, um abismo apavorante, de 250 a 300 metros de profundidade, no qual apontavam enormes fragas nuas." Numa altitude de 5300 metros, seu maior tormento eram as mãos, cortadas pelas rochas. Uma hora mais tarde, ele estava entorpecido de frio e começou a sentir náusea e falta de ar. Sofrendo tonturas devido à altitude, fustigado pelo frio e com o nariz e os lábios sangrando profusamente, uma fissura intransponível, de vinte metros de largura e 120 de profundidade, obrigou-o a retroceder quando já se encontrava a pouca distância do pico. Deteve-se apenas para recolher algumas pedras, "pois previmos que na Europa nos pediriam com freqüência um fragmento do Chimborazo [...] Durante toda a minha vida pensei que, entre todos os mortais, era eu que tinha chegado mais alto no mundo". No desenho que fez da montanha, ele aparece no primeiro plano, agachado, recolhendo um espécime botânico.

Vistas como as que Humboldt desenhou dos Andes definiram uma imagem romântica da América a que os pintores se ateriam daí em diante. Thomas Cole, o fundador da Escola do Rio Hudson, deu início ao modismo de utilizar paisagens sul-americanas como fundo de cenas de emoção cósmica. Em 1828, pintou a expulsão de Adão e Eva do Éden, depois de fazer muitos esboços numa longa viagem pelas Índias Ocidentais. "Preservadas intactas desde a criação", as montanhas americanas eram "sagradas para minh'alma", escreveu, num continente onde "toda a Natureza é nova para a arte".

ÁFRICA: TÚMULO DE BRANCOS

Enquanto as Américas e o Pacífico aos poucos integravam-se ao "mundo conhecido" pelos europeus, a África continuava a ser um "continente escuro" na imaginação e um espaço em branco nos mapas. Os obstáculos que em séculos anteriores haviam limitado a exploração desse continente continuavam presentes. A tecnologia da época não tinha ainda soluções adequadas para problemas como a malária, as dificuldades do terreno, o transporte, o equipamento e o vestuário, que impediam que os europeus se internassem na África. E embora comerciantes nativos de escravos — árabes e de Zanzibar — continuassem a abrir caminhos, embrenhando-se ainda mais no continente em busca de sua sinistra mercadoria, mantinham suas rotas em segredo, ocultas ao resto do mundo.

Algumas regiões do sul da África, no entanto, tinham clima excepcionalmente temperado e eram acessíveis em carros de bois. No fim do século XVIII, a África do Sul já se achava bem mapeada até o rio Orange. Entre 1819 e 1854, numa prodigiosa série de viagens para fundar e manter missões metodistas entre os tsuanas e os ndebeles, Robert Moffat cruzou o deserto de Kalahari. Moffat era um ex-jardineiro cuja vocação missionária o tirara de uma função

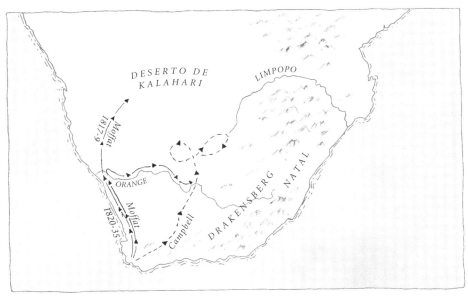
Penetração do interior da África do Sul no começo do século XIX.

subalterna numa propriedade aristocrática na Inglaterra para transformá-lo num poderoso pioneiro, que havia convertido ao menos um chefe africano, conhecido como Afrikaner, até então causador de problemas, na zona do cabo da Boa Esperança. Em 1820, seu colega mais culto John Campbell, que trabalhava entre os tsuanas, tornou-se o primeiro branco a chegar a Kureechane, a imponente capital dos marootzes, e descobriu a nascente do Limpopo. Os exploradores mais audazes, no entanto, foram fazendeiros de ascendência holandesa, que buscavam novas terras no interior onde criar seus assentamentos, fora dos domínios ingleses.

As viagens em carros de boi já tinham se transformado num modo de vida para os bôeres, cujas casas eram suas carroças, nas quais se deslocavam de um poço de água para outro. Haviam criado o veículo ideal com o qual colonizar os altos velds, os planaltos do interior da África do Sul: um carroção coberto de lona, com até cinco metros de comprimento e 1,20 de largura, puxado por até dez juntas de bois. Em sua migração, levavam consigo grandes números de bois e ovelhas — cerca de duzentas cabeças de bovinos e até 3 mil ovelhas por família. Cruzavam a vau o curso médio do rio Orange, numa frente de mais ou

OS DESBRAVADORES

menos 160 quilômetros de largura. Aqueles que, a seguir, viraram para leste, em direção a Natal, tiveram de atravessar os montes Drakensberg, que os zulus chamavam de Quathlamba — "empilhados e denteados". Os viajantes fizeram subir e descer centenas de seus carroções por íngremes desfiladeiros. Um de seus líderes mais resolutos, Louis Tregardt, procurou um caminho para o mar que tornasse os bôeres independentes dos britânicos. Chegou a Lourenço Marques, porém a maioria dos membros de sua expedição morreu ali de malária.

Os esforços para incorporar a África oriental à parte do mundo conhecida pelos europeus recrudesceram quando o escocês James Bruce, proprietário de terras sedento de aventuras, chegou à Etiópia, em 1768, para descobrir por conta própria, segundo disse, as fontes do Nilo. Sua afirmação de ter feito uma descoberta "que havia desafiado o engenho, a diligência e as pesquisas de homens antigos e modernos no decorrer de 3 mil anos" estava equivocada em quase todos os sentidos. O Nilo Azul era um afluente do Nilo, e não sua nascente. A fonte do Nilo Azul, no lago Tana, fora documentada por Pedro Páez mais de século e meio antes.[68] Era conhecida pelos etíopes desde tempos imemoriais, e para chegar a ela Bruce só teve de pedir ao imperador que lhe desse guias locais. Entretanto, Bruce era um atento observador, e suas informações sobre a flora, a fauna e as questões políticas da região ampliaram bastante o conhecimento sobre a Etiópia no resto do mundo. Sua viagem de volta, na qual atravessou o deserto da Núbia, ao norte de Shendi, antes de regressar ao Nilo, foi uma façanha heróica. Em 1793-6, W. G. Browne tentou refazer o caminho de Bruce, a fim de comprovar suas alegações; como teve negada a licença para entrar na Etiópia, decidiu explorar a região a oeste do Nilo, em Darfur, chegando até Al-Fachir.

Em certo sentido, o episódio protagonizado por Bruce prenunciou o futuro da exploração: sua viagem não teve objetivos missionários, comerciais ou imperiais, e foi motivada tão-somente por anseios faustianos de conhecimentos e fama. Mas, naquele tempo, o comércio e a evangelização eram as únicas atividades capazes de atrair os investimentos necessários para a abertura de novas rotas no interior da África. Assim sendo, nem Bruce nem Browne haviam proporcionado aos comerciantes e missionários a informação que estes realmente queriam sobre o Nilo: por acaso comunicava-se com o Níger, a grande artéria de comércio da África ocidental, onde se concentrava a maioria dos interesses comerciais europeus?

414

O curso do Níger, por selvas insalubres e pelo árido Saara, era um dos grandes mistérios que seduziam os exploradores. As buscas de Bruce e Browne não dissiparam as suspeitas de que o Níger pudesse ser o próprio Nilo ou que nele desaguasse. A suposição de que o Níger corria para leste deixava em aberto a questão de onde mais poderia desembocar. Seria no Atlântico, abaixo da protuberância litorânea da África ocidental? No rio Congo? No lago Chade? Se, pelo contrário, corresse para oeste, podia desembocar no Atlântico ou lançar-se na Gâmbia ou no Senegal: essa era a informação de Leão Africano, autor do século xvi que ainda era tido como a maior autoridade na matéria.

Além de ser intrigante por motivos geográficos, o Níger provocava interesse por suas supostas riquezas. Ao longo do rio havia empórios já desde muito associados com "o comércio de ouro dos mouros", no qual o sal era trocado por ouro.[69] As margens do Níger, segundo um relato especulativo de 1809, eram "tão povoadas quanto as de qualquer rio da China". A cidade mais famosa era Timbuktu, cujo soberano "possuía uma quantidade infinita de ouro puro" e comia em pratos de ouro, num palácio construído com pregos de ouro.[70] Na realidade, fazia muito tempo que o esplendor de Timbuktu terminara, mas os europeus não tinham como saber disso. Nenhum deles já vira a cidade. Não era uma "cidade proibida", no mesmo sentido de Meca ou Lhasa, mas os governantes muçulmanos não teriam permitido que um cristão entrasse nela ou, se tivesse entrado, não permitiriam que saísse.

Todas as tentativas realizadas nas décadas de 1780 e 1790 para chegar ao Níger pelo deserto, ou pelos rios Gâmbia e Senegal, partindo da costa atlântica da África, fracassaram. Era como se nenhum branco tivesse uma constituição bastante forte, ou uma índole bastante temerária, para completar o percurso. Foi então que Mungo Park entrou em cena.

Park era vítima de uma síndrome potencialmente fatal: pobreza e ambição. Com apenas 23 anos de idade, médico recém-formado, tomou gosto por viagens a lugares remotos quando um cliente, Joseph Banks, conseguiu-lhe o cargo de médico de bordo em um navio que viajaria a Sumatra, em 1793. Banks tinha bastante habilidade para mexer os pauzinhos e conseguir coisas no império. Havia acompanhado Cook, promovido a colonização da Austrália e coletado plantas do mundo inteiro para os Kew Gardens. Em 1788, com companheiros de jantares e colegas cientistas, fundou uma associação para promover o "descobrimento do interior da África", pois a ignorância sobre o continente era "a vergonha da época atual". Outras metas da associação eram menos desinteressadas: nas palavras de Park, as tarefas de que tinha sido incumbido consistiam em "proporcionar a meus compatriotas um melhor conhecimento da geografia da África e pôr à disposição de sua ambição e indústria novas fontes de riqueza e novos canais para o comércio".

Em 1794, depois de vários exploradores terem morrido na busca do Níger, Banks procurava um homem que estivesse bastante desesperado para fazer uma nova tentativa. Park tinha qualificações perfeitas para a missão: era inquieto, fanfarrão, incontrolável, fácil de manipular, curiosíssimo, sumamente resistente e não tinha um tostão. Sua crônica da viagem à área do Níger, *Travels in the interior districts of Africa* [Viagens pelas regiões interiores da África], foi um sucesso de vendas em 1799. Na história das viagens e da exploração abundam textos de extrema expressividade, mas esse é um dos mais fascinantes que já foram escritos. Predominam nele cinco temas: os horrores da viagem, o bom humor com que Park os suportou, o espanto e o desdém que provocava nos nativos, a evidente impraticabilidade de todo o projeto e a mal disfarçada frustração de Park com a extensão de seus feitos e a parcimônia de sua recompensa.

Cumpre dizer que as publicações de Park, como todas as dos demais exploradores da África que lhe sucederam, foram escritas — e, talvez, reescritas — com olho no que poderiam render. É provável que as adversidades tenham sido exageradas, e as façanhas, embelezadas; sem dúvida, pecam pelo sensacionalismo. Cada viajante parecia decidido a superar seus antecessores em histórias improváveis de coragem e privações. Referências a aventuras amorosas, provavelmente falsas, animavam todas essas narrativas. Nos relatos de viagens pelo Pacífico de fins do século XVIII, as descrições da atividade e da permissividade sexual dos nativos eram um recurso quase inevitável para atrair leitores. O puritanismo vitoriano não tinha ainda tomado conta da sociedade. Para divertir seus leitores, Park contou ter feito uma "demonstração ocular", diante de lascivas mulheres negras, de que não era circuncidado. Até a década de 1840, pelo menos, os sucessores incluíram em suas narrativas muitas passagens semelhantes. Entre aquelas em que se baseia o restante deste capítulo, a de Hugh Clapperton inclui uma história improvável sobre sua dolorosa separação de uma beldade fulani; a de Richard Lander menciona várias ocasiões em que se esquivou, reticente, a propostas de casamento e namoricos com mulheres fogosas e moças disponíveis; a de Dixon Denham entremeia auto-elogios à sua moderação diante das inúmeras jovens africanas que lhe foram oferecidas com histórias sobre emocionantes fugas de batalhas, flechas envenenadas que atravessavam seu chapéu e encontros com serpentes, leopardos e crocodilos que provocariam o ceticismo de qualquer leitor de romances juvenis.

Mungo Park zarpou da Inglaterra em maio de 1795, parando alguns meses em Gâmbia para aprender a língua mandinga e recrutar um pequeno grupo de guias e criados. Quando chegou o momento de partir para o interior, também havia contraído malária. Ter sobrevivido à doença e suportado sucessivas recidivas é um dos mistérios de sua viagem. Avançou rapidamente rio acima enquanto esteve na região conhecida pelos mercadores europeus de escravos. Usou notas promissórias para adquirir suprimentos; e para garantir sua segurança pagou quantias predeterminadas aos chefes que encontrou no caminho. Seus parcos conhecimentos de medicina granjearam-lhe a simpatia dos nativos, uma vez que a sangria se transformou numa moda apreciada e bem-sucedida na região. Em Fatteconda, as esposas do rei de Bondu lhe pediram com risadas que as sangrasse.

Entretanto, uma vez transposta a região em que transitavam os negreiros, ele não podia contar com boa acolhida. Para os nativos, era um ser estranho e de aspecto monstruoso devido à pele branca e ao nariz fino, ou, para os muçulmanos, um bárbaro, por não ser circuncidado. Para os governantes podia ser um espião; para os mercadores, um possível competidor; para os muçulmanos, uma pessoa desprezível, porquanto infiel. A única estratégia de sobrevivência que lhe restava consistia em comprar a boa vontade dos nativos, entregando-lhes suas mercadorias à medida que avançava. Entretanto, por não ter como fugir aos saqueadores, espoliadores e extorsionários que encontrava em cada etapa da viagem, seus bens logo se esgotaram.

Sua sorte mudou ao chegar ao território de Khaarta. Ali, algumas mulheres e crianças admiraram seu aspecto estranho, aproximando-se dele com curiosidade e logo se afastando, fingindo espanto e medo. O rei mostrou-se afável, vendo em Park um representante de possíveis parceiros comerciais. Mas avisou o viajante que era iminente uma guerra com povos vizinhos. A única coisa sensata a fazer seria voltar. Park já tinha escutado aquelas advertências muitas vezes: cada comunidade que visitava se mostrava ansiosa em

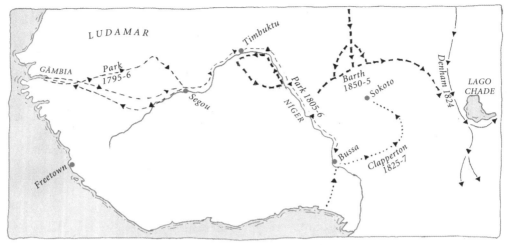

A região do rio Níger (1795-1855).

mantê-lo distante dos vizinhos, por medo de perder uma possível vantagem competitiva no comércio com os europeus. Park pouco se importava com esses avisos. Nessa ocasião, no entanto, o conselho do rei foi acertado, "e talvez eu tenha feito mal em não lhe dar ouvidos", escreveu Park. "Mas pensei que se aproximavam os meses de calor, e a última coisa que queria era passar a época das chuvas no interior da África. Essas considerações e o temor que sentia ao pensar em regressar sem ter contribuído com novas descobertas induziram-me a seguir adiante."[71] Por causa da guerra, só uma rota permanecia aberta: um desvio pelo norte, em direção à borda do Saara, passando pelo reino de Ludamar.

Ao se dar conta de que Park era incapaz de consertar armas de fogo ou fabricar tinturas, e que parecia inábil até como barbeiro, o rei de Ludamar decidiu que aquele estrangeiro só teria utilidade como cativo que demonstrasse a inferioridade dos infiéis. Segundo seu próprio relato, Park foi metido num chiqueiro com um porco, privado de alimento, ameaçado e despojado de todos os pertences que lhe restavam, com exceção da bússola, que talvez tenha sido confundida com um amuleto demoníaco. Em 1º de julho, conseguiu fugir, sozinho e em farrapos, enfrentando terríveis privações, sem água ou comida, nem meio algum para obtê-los, a não ser durante alguma chuva. Depois de três dias, chegou ao território dos fulanis, alguns dos quais se compadeceram dele, e não só lhe pouparam a vida como até o alimentaram. Com os últimos botões de sua túnica, comprou a passagem para o Níger.

Em 20 de julho, em Segou, "vi com prazer infinito o grande objetivo de minha missão, o tão esperado e majestoso Níger, reluzente ao sol da manhã, largo como o Tâmisa em Westminster, e correndo lentamente *para o leste*". Park grifou as três últimas palavras, embora a direção do rio já não o surpreendesse,

> porque embora eu tivesse deixado a Europa tomado de muitas dúvidas sobre essa questão, e quase acreditando que ele corresse no sentido oposto, havia feito tantas investigações sobre o rio no decorrer de minha viagem, e tinha ouvido de negros de diferentes nações afirmações claras e seguras de que seu curso geral seguia para o sol nascente, que quase nenhuma dúvida subsistia em meu espírito.[72]

Agora ele se achava entre comunidades de comerciantes, que conheciam os possíveis benefícios das relações com os brancos e se dispunham a negociar com ele a crédito. Segou deixou-o impressionado. "A visão dessa extensa cidade, as numerosas canoas no rio, a grande população e os cultivos da área circundante transmitiam uma imagem de civilização e prosperidade que eu não esperava encontrar no coração da África."[73]

Seu plano era descer o Níger até a desembocadura, mapeando o curso do rio à medida que avançasse, ou pelo menos chegar ao famoso empório de Timbuktu. Chegou até Silla. Mas havia perdido tudo de seu, estava "meio nu", atormentado pela febre, com medo dos "fanáticos impiedosos" cujo território teria de atravessar e preocupado com a possibilidade "de que eu sacrificasse minha vida em vão, pois minhas descobertas morreriam comigo".[74] No fim de julho de 1796, começou a volta. Inundações e bandidos quase deram cabo dele. Em Kamalia, entretanto, encontrou um traficante de escravos que, diante da promessa de que seria ressarcido de seus gastos no futuro, cuidou dele até que estivesse em condições de prosseguir a viagem e depois mandou-o para a costa com uma caravana de escravos. O único navio disponível levou Park a Antigua, de onde regressou à Inglaterra, em dezembro de 1797, para descobrir que todos os seus conhecidos o davam como morto.

As experiências de Park deveriam ter dissuadido outros exploradores — e principalmente ele mesmo. Mas sua constituição excepcionalmente robusta ocultou a natureza letal do clima, e o estilo frio da narrativa mascarou as agruras da viagem. No entanto, havia realizado uma façanha inegável. Apesar de ter sido abandonado por seus homens e capturado por nativos muçulmanos, havia comprovado a afirmação de Heródoto e dos geógrafos árabes medievais: o Níger corria de oeste para leste. Como o próprio Park reconheceu, isso só confirmava o que podia ser inferido, pela lógica, do que já se sabia. Mas parecia uma conclusão substancial o bastante para justificar novas expedições e avivar o desejo de chegar a Timbuktu e estudar a navegabilidade do Níger.

As dificuldades repetiram-se em 1800, quando Friedrich Hornemann partiu de Murzuk com uma caravana comercial em direção ao sul, até Bornu, onde virou para oeste, passando pelos reinos da Hauçalândia; entretanto, morreu antes de chegar ao grande rio. Por isso, na primavera de 1805, Park retornou à África para seguir o curso do rio, do interior do continente até a foz. Não havia esquecido nada nem aprendido coisa alguma. Supôs que o grande erro da viagem anterior fora a falta de proteção: precisava de uma força maior para proteger seus bens. Por conseguinte, organizou uma enorme expedição, guardada por 35 soldados oferecidos pelo governo inglês. Foi uma estratégia errada: se havia sobrevivido na primeira expedição foi porque viajava com pouca bagagem e não parecia ameaçador. Quanto mais acompanhantes levasse consigo àquele território insalubre, sem a sua notável resistência física, mais vítimas tombariam pelo caminho. E cometeu outro erro que seu conhecimento do território deveria ter evitado: optou por jumentos para transportar o material em vez de carregadores nativos. Essas alimárias incontroláveis não se adaptaram ao terreno africano e a cada dia tinham de ser carregadas e descarregadas. Cada jumento transportava a carga de dois homens, mas era preciso um guia para cada animal, e com isso desaparecia a vantagem do maior efetivo humano. Os soldados ficaram tão debilitados por doenças que não puderam defender a expedição contra roubos e extorsões.

A expedição foi uma sucessão de desastres. As anotações de Park que se conservaram enumeram desde os homens que morreram ou tiveram de ser abandonados devido a doenças, aos sofrimentos causados pelas chuvas, à obstinação dos jumentos e aos ataques dos nativos. Com exceção de quatro, todos os membros da expedição morreram antes de chegar ao Níger, em novembro de 1805. "Sozinhos e sem amigos em meio aos ermos da África", os sobreviventes construíram um barco. "Se eu não conseguir êxito em minha missão", escreveu Park pouco antes de zarpar, "ao menos morrerei no Níger."[75] Mais

420

adiante, um dos escravos da expedição fugiu para Freetown, na costa do Atlântico. Contou que a expedição havia sido atacada por nativos nas corredeiras de Bussa, a cerca de 800 quilômetros rio acima. Park morreu tentando alcançar a margem do rio a nado.

Park era o único europeu de quem se sabia ter regressado com vida do Níger nos últimos trezentos anos. O rio continuou a fazer vítimas. Os viajantes iam lá, na maioria, por serem servidores de seus governos ou porque buscavam fortuna. A supressão do comércio de escravos aumentou os incentivos para as explorações. A diplomacia precisava estabelecer contato com governantes do interior, cuja influência podia ser útil. O comércio precisava de novos produtos. Assim que findaram as guerras napoleônicas, a marinha britânica determinou que James Kingston Tuckey subisse o rio Congo, a fim de verificar se o Níger desaguava nele. Trezentos quilômetros rio acima, ao encontrar as cataratas Yellalla, teve de desembarcar e prosseguir a expedição por terra. A febre amarela atacou a expedição. Alguns meses depois, Tuckey e quase todos os seus homens estavam mortos. Em vista dessa sua experiência e das de Park, que havia encontrado a morte ao tentar buscar o Níger pelos trópicos, uma descida de norte para sul, cruzando o Saara, começou a parecer mais prática.

Surgiu uma oportunidade em 1822, quando Hugh Clapperton e Dixon Denham iniciaram uma expedição para Sokoto, escoltando o futuro cônsul inglês naquele reino. Desceram pelo Saara, com o objetivo de tentar estabelecer relações diplomáticas com o império fulani. Os dois homens se odiavam. Clapperton considerava-se responsável pelo que a expedição tinha de "civil e científico" e se irritava com as tentativas de Denham de impor uma disciplina militar.

O relato de Denham sobre a travessia do Saara parece calculado para torturar o leitor com suas descrições do deserto semeado de ossos, com cadáveres desfigurados de homens e camelos onde grupos de escravos acorrentados tinham perecido. Denham mostrou ser um explorador dedicado e conseguiu percorrer grande parte das margens do lago Chade. Descobriu o rio Chari, mas não pôde seguir seu curso. Não desenhou nenhum mapa, alegando a impossibilidade de fazer esboços ou medições sem levantar suspeitas de espionagem. Clapperton, enquanto isso, subiu o Yobe, ou Yeau, até Kano, atravessando áreas "nunca dantes pisadas por pés europeus". Embora o cônsul tivesse morrido no caminho, Clapperton seguiu adiante e, ao chegar a Sokoto, assumiu pessoalmente a função de representante diplomático britânico. Voltou a Londres em 1825, com cartas que propunham uma aliança. Desfez pelo menos um mito, o de que o Yobe e o Níger eram o mesmo rio. Mas suas investigações em Sokoto convenceram-no de que os nativos desejavam manter em segredo o curso do rio para impedir o expansionismo europeu. As informações que levou de volta a seu país, segundo um artigo da época, publicado na *Quarterly Review*, "emaranharam a questão ainda mais que antes".[76]

Quase imediatamente Clapperton iniciou uma nova tentativa de determinar o curso do Níger. Voltando à África, seguiu uma rota diferente, pela baía de Benin, e cruzou o rio Níger em Bussa, o ponto mais distante atingido por Park. Levava presentes para o soberano fulani, entre eles armas de fogo, retratos da família real e um exemplar dos *Elementos* de Euclides em árabe. Sua primeira missão consistia em voltar a Sokoto. Foi também a última, pois ali sucumbiu à febre.

Seu criado, Richard Lander, que, graças à extrema inteligência, logo se tornou um verdadeiro companheiro, voltou à Inglaterra refazendo o caminho ao contrário, mas decidiu ir mais uma vez à África para "resolver de uma vez por todas a questão do Níger", argumentando, com a humildade de uma vítima do esnobismo, que se morresse na tentativa, "o vazio que poderemos causar à sociedade mal será notado".[77] Em 1830, com seu irmão John, navegou de Yauri até a foz do rio, e informou que o Níger poderia proporcionar "uma via fluvial para uma parte tão extensa da África que dará origem a um comércio considerável". Mas quando lá voltou em 1832, com o projeto de organizar uma rede comercial utilizando barcos a vapor, sofreu ferimentos fatais numa emboscada em Angiama, armada, ao que parece, por sequazes do rei de Brass, que desejava conservar sua posição como intermediário do comércio europeu com o interior. Foram necessários vinte anos de esforços ingentes para produzir mapas precisos da parte do rio que ele havia explorado.[78]

Alexander Gordon Laing empreendeu uma nova tentativa de traçar o mapa do Níger, aproximando-se de suas fontes pela costa ocidental. Oficial da guarnição de Freetown, Laing era malquisto pelos companheiros por sua presunção e seu pedantismo. Para se livrar dele, o governador enviou-o ao interior com a incumbência de investigar oportunidades comerciais. Laing aproveitou o ensejo para ir além do cumprimento de suas ordens, buscando a nascente do Níger e

O AVANÇO FINAL

completando o mapeamento de trechos ainda inexplorados do rio. Em sua primeira tentativa, conseguiu explorar todo o curso do rio Rokelle, mas não pôde ir muito mais longe. A notoriedade que conquistou com seu relato da expedição lhe valeu uma nova incumbência do governo — descobrir o caminho por terra para Timbuktu, atravessando o Saara. Cumpriu a missão recorrendo a um estratagema que durante muito tempo seria o único meio seguro: disfarçar-se de peregrino muçulmano. Entretanto, quase no começo do caminho de volta, descobriu-se o ardil e ele foi morto e teve seus papéis destruídos.

Por essa época, a Société Géographique de Paris ofereceu uma recompensa de 10 mil francos ao ocidental que conseguisse chegar a Timbuktu. René Caillié fazia parte da tradição romântica de leitores de aventuras de cavalaria ambientadas na costa atlântica da África e no Novo Mundo nos séculos XV e XVI.[79] Segundo dizia, afastara-se do comércio por causa das histórias de viagens e ficara "arrebatado" com a leitura de *Robinson Crusoe*. Criou para si mesmo uma elaborada caracterização, fazendo-se passar por um egípcio chamado Abdallahi, que, seqüestrado na infância por franceses, estava agora regressando à sua família e sua religião. Aprendeu o árabe e, com suas economias no total de cem libras, comprou produtos que pudesse revender e um guarda-chuva. Partiu de Kakondy, no norte de Serra Leoa, em 19 de abril de 1827. Viajando por áreas onde as pessoas nunca tinham ouvido falar do Egito, teve de modificar sua história, tornando-se "um autêntico xerife de Meca" — um descendente do profeta. Disfarçar-se era vital para seu êxito. Os viajantes ingleses tinham-se recusado a fazê-lo, "decididos a viajar com nossa verdadeira identidade de britânicos e cristãos", como disse Denham, não só por orgulho, mas também para evitar as graves conseqüências da revelação de uma impostura.[80]

A viagem de Caillié progredia com diferentes caravanas e guias, mas em agosto ele foi acometido de feridas nos pés e escorbuto. Levou quase um ano para chegar ao Níger, onde um chefe local lhe conseguiu transporte para Timbuktu, em troca de seu guarda-chuva. A barcaça, feita de pranchas unidas com fibras vegetais, calafetada com palha e barro e coberta de esteiras, precisava ser esvaziada constantemente com cabaças. Transportava um carregamento de arroz, mel, tecidos e cerca de cinqüenta escravos.

Em 20 de abril de 1828, Caillié chegou a Timbuktu. Experimentou uma rápida sucessão de emoções, mas reprimiu, por medo de ser descoberto, sua indescritível satisfação. [...] Quantas preces de agradecimento fiz pela proteção que Deus me havia concedido diante de obstáculos e perigos que pareciam insuperáveis. Havendo cumprido esse dever, olhei em redor e constatei que o panorama diante de mim não correspondia a minhas expectativas. Eu havia formado uma imagem completamente diferente do esplendor e da riqueza de Timbuktu.

À primeira vista, Timbuktu não parecia mais que um conjunto de casas de barro rodeado de planícies monótonas e estéreis. No entanto, "havia algo de imponente em sua imagem de grande cidade, edificada no meio de areais, e as dificuldades vencidas por seus fundadores não podem deixar de causar admiração".[81]

A viagem de volta de Caillié levou-o através do Saara até Tânger. "Deixei um vasto campo de descobertas para aqueles que vierem depois de mim."[82] Tornou-se praticamente um cativo de seus companheiros de viagem, que o provocavam com suspeitas quanto à sua verdadeira identidade e racionavam sua comida a fim de lhe arrancar dinheiro. Mas ao chegar a Tafilet, o chefe da caravana vendeu, na opinião de Caillié, "o silêncio de sua consciência a um preço módico", deixando que fosse embora em liberdade com apenas alguns xelins no bolso.[83]

O Níger havia deixado de ser um "mistério", mas nenhum dos exploradores que haviam elucidado os problemas de seu curso conseguira abrir uma rota para o comércio europeu no Sahel, o território por onde corre o rio. Numa viagem pelo império turco, em sua juventude, Heinrich Barth encontrou um escravo hauçá que lhe disse: "Queira Deus que o senhor possa ir a Kano". Essas palavras, como Barth admitiu mais tarde, "me voltavam constantemente à lembrança". Seria essa história verdadeira? É possível: Barth era um narrador pouco imaginativo, pouco dado, ao contrário de muitos de seus antecessores, a projetar uma imagem romântica de si mesmo. Era um prussiano inquieto, de certa forma comparável a Humboldt, erudito de imensa energia e ambições dispersivas. Teve oportunidade de viajar a Kano em 1849, acompanhando uma missão evangélica britânica pelo Saara, na qualidade de especialista em ciências, com a incumbência de realizar pesquisas independentes assim que chegassem ao lago Chade. Embora tivesse percorrido cerca de 16 mil quilômetros, seus esforços para criar uma rede de comunicações entre as bacias hidrográficas da região foram desanimadoras. O Benuê, descobriu-se, não procedia do lago Chade. Existiam poucas ligações entre os rios, que em sua maioria não eram facilmente navegáveis. "A propósito, estou convencido", escreveu, "que um dia será aberta uma rota pelo sul até o coração da África, mas esse dia ainda não chegou."[84] Depois disso, os esforços se concentraram na África oriental. Na segunda metade do século, o Nilo voltaria a absorver a atenção dos exploradores.

OS CAMINHOS DO FUTURO

Até meados do século XIX, os exploradores foram obrigados a permanecer afastados dos ambientes extremos. Mas os meios para conquistá-los multiplicavam-se depressa. Fármacos antiescorbúticos, mecanismos para determinação da longitude e fuzis de alma raiada foram algumas das primeiras inovações transformadoras. Seguiram-se as roupas especiais para os climas tropical e ártico. Na África, os medicamentos antimalária mostraram-se tão importantes quanto os antiescorbúticos no mar. Também nesse caso, os conhecimentos dos pajés ameríndios são vistos em geral como uma das fontes da mudança: o marquês de Chinchón, vice-rei do Peru, já dava sua esposa como desenganada quando os médicos lhe trouxeram a casca de uma certa árvore, recomendada pelos indígenas. Aos poucos, no decurso do século XIX, novos métodos para ministrar esse medicamento foram melhorando sua eficiência; na segunda metade do século, ele era cultivado em plantações e transformado em comprimidos por processos industriais. De modo geral, a industrialização teve profundas conseqüências. Os navios movidos a vapor e revestidos de ferro não libertaram inteiramente os exploradores da tirania dos ventos e das correntes, mas atenuaram seus efeitos. Os revestimentos de aço e os motores mostraram-se particularmente importantes nos mares gelados. As estradas de ferro, por outro lado, exigiram a abertura de novas rotas à medida que levavam o comércio em novas direções. A definição de rotas para as linhas férreas tornou-se uma das principais atividades dos exploradores a partir da década de 1840.

As explorações do começo do século XIX foram as últimas de uma era pré-industrial, quando o poder transformador de novas tecnologias podia ser vislumbrado, mas não aplicado. Eram ainda muito rudimentares, pouco confiáveis. Tuckey, por exemplo, havia de início planejado explorar o rio Congo num navio a vapor, mas esse barco mostrou-se pouco marinheiro e foi transformado em veleiro antes do início da expedição. Os barcos a vapor que Lander levou para a África ocidental terminaram apodrecendo nas margens dos rios. Na África subsaariana, a maioria dos exploradores da época morreu. Só pessoas de excepcional constituição física — como Park, Laing e Clapperton — conseguiam sobreviver ao clima, e em geral terminavam vítimas de violência. Em 1841, a proporção de mortes entre os europeus que serviam nos postos britânicos da costa ocidental da África era de 58,4% — o triplo da taxa das Índias Ocidentais.[85]

A tecnologia do começo da era industrial também não esteve à altura das condições reinantes no Ártico. Ao que parece, os homens de Franklin foram envenenados pelos alimentos enlatados. Nenhuma expedição do período sobreviveu a mais de dois invernos no gelo sem terríveis conseqüências para a saúde e sem perda de vidas. Em sua busca da Passagem do Noroeste, financiada com capital privado, John Ross apregoou as vantagens do navio a vapor, mas ao chegar ao Ártico retirou-lhe os motores e os abandonou, considerando-os inúteis. Os quebra-gelos com que James Ross abriu caminho na Antártica, em 1841, arremetendo contra a banquisa, estavam reforçados com meios inteiramente tradicionais, como vigas de carvalho no interior do casco e um revestimento de cobre no exterior.

Macgregor Laird, um dos sonhadores que levou barcos a vapor para a foz do Níger na década de 1830, resumiu assim sua opinião:

A influência e a iniciativa britânicas penetrariam assim nos recessos mais remotos do continente; cem milhões de pessoas entrariam em contato direto com o mundo civilizado; abrir-se-iam mercados novos e ilimitados para nossos industriais; um continente de inexaurível fertilidade franquearia suas riquezas a nossos comerciantes; não somente uma nação, mas centenas delas, despertariam de uma letargia de séculos e tornar-se-iam membros ativos e úteis da grande comunidade do gênero humano; e cada posto britânico tornar-se-ia um centro a partir do qual a religião e o comércio se propagariam para a área circundante. Quem é capaz de calcular os efeitos que adviriam se tal plano fosse posto em prática, e a África, liberta de suas peias morais e físicas, pudesse desenvolver suas capacidades com paz e segurança?

James Watt era o ídolo de Laird.

> Graças à sua invenção, todos os rios se submetem a nosso avanço, e o tempo e as distâncias encurtam. Pudesse seu espírito contemplar o sucesso de sua invenção aqui na Terra, não posso conceber nada mais digno de sua aprovação que ver as potentes caudais do Mississippi e do Amazonas, do Níger e do Nilo, do Indo e do Ganges vencidas por centenas de barcos a vapor, que levam as boas-novas de "paz e boa vontade entre os homens" aos lugares recônditos do mundo, dominados até agora pela crueldade.[86]

As expectativas na esfera da moral eram excessivamente otimistas, mas os efeitos potenciais do uso da maquinaria industrial para permitir o acesso a regiões desconhecidas ou pouco conhecidas foram, no mínimo, subestimados.

RETROSPECTO E PERSPECTIVAS: AS OPORTUNIDADES E LIMITAÇÕES DA ÉPOCA

Depois das guerras napoleônicas, a Grã-Bretanha assumiu a iniciativa das explorações, liderando essa atividade como antes tinham feito a Espanha e Portugal. As últimas décadas do século XVIII tinham sido um período de relativo equilíbrio, no qual as três maiores potências da costa atlântica da Europa — a Espanha, a França e a Grã-Bretanha — tiraram proveito do acesso privilegiado ao oceano. De uma posição menos favorável, também a Rússia teve papel importante. Entre 1815 e meados do século XIX, o quase-monopólio da Grã-Bretanha foi um fenômeno visível e curioso. Barth era prussiano, navegava sob a bandeira britânica, escreveu de preferência em inglês e se fazia chamar de Henry, em vez em Heinrich. Giovanni Battista Belzoni era italiano, um ex-atleta de circo que ganhou reputação de arqueólogo predador, célebre pela capacidade de achar tumbas de faraós e pela ambição desmesurada de explorar o Níger. Mas chegou à região, em 1823, num navio britânico — pouco antes de sua morte. Dumont d'Urville viu seus feitos serem logo eclipsados pelos de James Ross. Caillié teve êxito onde seus predecessores ingleses haviam fracassado, mas sua viagem não foi uma expedição oficial do estado francês — e sim uma aventura de baixo orçamento, empreendida por iniciativa própria.

Na verdade, como informou a *Quarterly Review*, esse fato causava muito orgulho a ele e seus compatriotas: "O que a Inglaterra não conseguiu fazer com a participação de todo um grupo de viajantes e a um custo superior a 20 milhões, foi realizado por um francês, somente com seus parcos recursos pessoais e sem nenhuma despesa para seu país".[87]

A que se deveu essa liderança da Grã-Bretanha? Evidentemente, não foi resultado de seu suposto pioneirismo na industrialização; pelo contrário, sua indústria pouco contribuiu para a exploração, a não ser proporcionando produtos comerciais baratos para viajantes, e mesmo nessa área mostrou ser pouco eficiente: uma vez no Níger, os irmãos Lander descobriram, constrangidos, que os milhares de agulhas de aço que pretendiam distribuir entre os nativos não tinham olho para a linha. Tampouco o sucesso britânico deveu-se apenas ao fato de as guerras terem poupado seu território, quando devastavam o de seus vizinhos continentais. Duas vantagens pesaram mais que todas as outras. Em primeiro lugar, acabadas as guerras, a Grã-Bretanha tinha uma formidável marinha com grande capacidade ociosa e milhares de oficiais ainda na ativa, recebendo meio soldo e loucos por aventuras gloriosas. A paz não tornou a exploração apenas possível: fez com que fosse uma necessidade premente.

Em segundo lugar, a agenda britânica de exploração foi traçada por um gênio de energia demoníaca. John Barrow era irascível, mesquinho e, de modo geral, de uma obstinação desatinada. Suas opiniões sobre geografia eram caprichosas: acreditava com perigoso fervor na navegabilidade da Passagem de Noroeste, na possibilidade de acesso aos pólos por mar e na ligação entre os rios Nilo e Congo. Além disso, não sabia julgar as pessoas: por exemplo, tachou Caillié de charlatão, Richard Lander de ignorante e Charles Sturt de incompetente. Afirmou que o clima do Congo seria benéfico para a saúde de Tuckey. Do conforto dos escritórios do Almirantado, acusou de covardia exploradores que haviam falhado em suas missões, embora demonstrassem inexcedível coragem. Mas durante os trinta anos em que ocupou altos cargos no Almirantado, a exploração se tornou, graças à sua determinação, uma das mais altas prioridades da marinha britânica; e na década de 1830, quando o entusiasmo oficial começou a arrefecer, usou a Sociedade Geográfica (depois Real Sociedade Geográfica) de Londres, de que foi o primeiro presidente, para reavivar o envolvimento do governo, motivar os investidores, animar os clientes, equipar os exploradores e despertar o entusiasmo da população.

O AVANÇO FINAL

Agora os exploradores procuravam as regiões desabitadas próximas aos dois pólos. Franklin levou índios e caçadores de peles franceses como guias em sua primeira expedição, mas descobriu que desconheciam o território ainda inexplorado que ele deveria mapear. Daí em diante, dispensou seus serviços. Os inuítes riscavam mapas na areia, representando as montanhas com areia empilhada, as ilhas com seixos, os povoados com pauzinhos. Seu colega, Beechey, mapeou 950 quilômetros da costa, em 1827, aparentemente sem ajuda de nativos. Nos territórios habitados, entretanto, a exploração em geral dependia dos conhecimentos deles; o "homem branco" foi fundamental para interligar rotas anteriormente conhecidas, documentá-las, mapeá-las e estendê-las em direções adequadas ao comércio e à colonização. Cook buscou informações junto a Tupaia. Lewis e Clark precisaram de Sacajawea. Tanto nas regiões nórdicas quanto nas tropicais, os exploradores tiveram de recorrer ao saber dos nativos. Em 1829, quando John Ross mostrou aos esquimós um mapa do Ártico, cheio de espaços em branco, eles o completaram. Ahmad Bello, emir de Kano, desenhou na areia um mapa do rio Níger para Hugh Clapperton, embora o inglês não o compreendesse. Sem a ajuda de seu chefe nativo convertido, é duvidoso que Robert Moffat tivesse conseguido chegar ao Kalahari, e muito menos atravessá-lo.

A natureza da exploração estava mudando. O fanatismo com que se procurou a Passagem do Noroeste demonstrou isso. A descoberta de rotas já não era motivada apenas — nem mesmo principalmente — pelas necessidades do comércio, da guerra e da migração. A abertura de caminhos através de territórios antes impenetráveis se justificava por si mesma. A busca de novos produtos, mas também de conhecimento desinteressado, impeliu os investigadores a preencher os espaços em branco que os exploradores haviam deixado no mapa-múndi. Em fins do século XVIII e começos do XIX, os exploradores da Arábia e aqueles que elaboraram os mapas da Índia empenharam-se num trabalho desse tipo. Examinaremos no capítulo seguinte o legado que deixaram.

A explorações do século XVIII pressagiavam essas mudanças: a vontade de Cook de chegar mais longe do que qualquer outro ser humano demonstrava o poder de ambições sem fundamentos concretos, embora talvez se ligasse à tradição cavalheiresca e romântica que os exploradores ocidentais haviam encarnado durante tanto tempo. O desejo de Cook e de seus contemporâneos de percorrer o Pacífico em todas as direções, além dos corredores de ventos e das

OS DESBRAVADORES

rotas previamente definidas, demonstrava um anseio de conhecimento global — mas também, em parte, uma competição entre as nações imperialistas pelo controle das rotas e dos recursos. No começo do século XIX, o desejo de dominar a natureza, de conquistar todos os ambientes, começou a invadir e afetar o espírito dos exploradores. No entanto, não dispunham da tecnologia necessária para concretizar essa ambição. Na segunda metade do século, como veremos, deu-se uma conciliação entre os objetivos e os meios.

9. A globalização
O horizonte se estreita, c. 1850-c. 2000

Embora muito tenha sido tirado, muito ainda resta; e embora
Já não sejamos mais aquela força que outrora
Movia a terra e o céu, ainda somos o que somos;
Um grupo harmônico de corações heróicos,
Debilitados pelo tempo e pelo destino, mas com firme disposição
De lutar, procurar, encontrar e não ceder.

Tennyson, "Ulysses"

Na verdade, a aventura é uma opção fácil. [...] É preciso bem menos
coragem para ser um explorador do que para ser um perito contador.

Peter Fleming, *Brazilian Adventure*

Os exploradores das explorações — como os leitores e o autor deste livro — podem perder o rumo com facilidade. Os descaminhos proliferaram no último século e meio, mais ou menos, da história desse tema. À medida que o traçado das rotas de acesso entre as culturas ia se completando, os exploradores se diversificaram. "O desconhecido" já quase deixara de existir, e a atenção deles se voltou para os elementos pouco conhecidos da geografia. Em primeiro lugar, dedicaram-se ao aperfeiçoamento e à particularização das rotas já conhecidas: ao mapeamento minucioso, à identificação de montanhas que pudessem ser perfuradas para a passagem de túneis, a obstáculos em condições de ser detonados e a vãos que comportassem pontes. Cada vez mais, exploraram os lugares onde ninguém vive, as altitudes inabitáveis, as regiões de frio extremo, as profundezas oceânicas, o solo e a crosta terrestre. Tornaram-se topógrafos e prospectores — fazendo escavações ou varreduras em busca de novos recursos, identificando características físicas antes despercebidas do planeta — ou cientistas, voltados para a descoberta de novas espécies ou novos aspectos da biosfera em vez de novos povos e novas terras. Os exploradores tornaram-se conquistadores de ambientes hostis — como um fim em si mesmo, e não para abrir caminho entre regiões receptivas à humanidade. A exploração científica — o desejo de conhecer o planeta e tudo o que ele contém — deixou de ter a busca de rotas como seu principal objetivo. Na Ásia central, o estímulo foi a arqueologia; no mundo malaio, a botânica e a zoologia. No início do século xx, o trabalho antropológico de campo tornou-se uma prioridade em toda parte.

Houve casos em que os exploradores abandonaram a busca do conhecimento e voltaram à aventura — refazendo rotas já exploradas, na tentativa de percorrê-las mais depressa do que qualquer outra pessoa, ou em condições mais difíceis, ou sozinhos. No fim do século xx, a quebra de recordes consumia uma quantidade de energia e de investimentos inexplicável pelo ponto de vista racional. Em certo sentido, isso representou uma reversão ao modelo tradicional, já que o desejo de correr mundo, o orgulho e a romantização sempre fizeram parte da bagagem psíquica dos exploradores. Motivos mais prosaicos — imperialistas, comerciais e científicos — tiveram seu momento de predomínio antes que o romantismo voltasse ao primeiro plano. Ao mesmo tempo, surgiu uma nova moda de reconstrução histórica das antigas explorações que visava a demonstrar de que maneira as proezas antigas poderiam ter sido executadas: era uma forma de arqueologia experimental que levou estudiosos a viajar à ilha de Páscoa em balsas de madeira,[1] a cruzar o Atlântico em barcos de vime,[2] a rodear o Ártico num umiaque,[3] a navegar ao Havaí de canoa[4] e até mesmo, em 2005, a Flores, na Indonésia, numa piroga, como tentativa de provar que o *Homo erectus* conhecia a arte da navegação.[5]

É tentador acompanhar o que fizeram. Mas este livro tem em vista um objetivo maior, que poderemos atingir se nos ativermos a ele: reconstituir o estabelecimento da infra-estrutura da história do mundo — as rotas que voltaram a pôr em contato povos antes separados após uma longa história de divergência e que lhes possibilitaram trocar objetos, idéias e pessoas. Assim, o presente capítulo se concentra nas atividades dos exploradores que impulsionaram essa causa: a penetração de regiões e a descoberta de rotas na África, no Sudeste Asiático, na Austrália, na Nova Guiné, na Arábia e no Tibete, ainda não integradas na crescente rede do intercâmbio mundial; o reconhecimento das novas rotas exigidas ou facilitadas pelo transporte a vapor e pelas comunicações telegráficas; o reconhecimento de recantos do Ártico e da Antártica antes ignorados, onde, nos últimos tempos, o transporte por avião e submarino simplificou a vida dos exploradores; e o restabelecimento do contato com as restantes regiões "perdidas" do mundo ou — no jargão dos exploradores — com povos "não contatados". À medida que o ritmo da exploração se acelerou, as frentes se multiplicaram; é difícil acompanhar seu ritmo. Os cenários deste capítulo giram como um carrossel e cintilam como um zootrópio.

ÁFRICA: A BATALHA DOS LIVROS

O período final do século XIX foi a era do último renascimento. A formação clássica era a marca de todo ocidental educado. O grego e o latim eram elementos essenciais da educação nas potências imperiais. A transmissão do legado clássico ao resto do mundo era uma obrigação assumida pelas elites coloniais. O interesse dos ocidentais pela África era condicionado pelo saber da Antiguidade. A geografia antiga moldava a visão de todos os leitores. A especulação e a exploração acrescentavam notas de rodapé às obras de Ptolomeu e Heródoto. Defender ou vilipendiar os geógrafos clássicos tornou-se hábito de todos os que participavam do debate sobre como seria realmente o interior da África.

Em meados da década de 1850, a curiosidade científica se voltou para o problema da busca da nascente do Nilo nas regiões lacustres e montanhosas do interior da África oriental. O influente presidente da Real Sociedade Geográfica Britânica, W. D. Cooley, fundador da Sociedade Hakluyt, estava convencido de que a exploração provaria que os antigos estavam certos: o Nilo nascia abaixo do equador, no lugar que Aristóteles chamava de Montanhas da Prata e outros estudiosos chamavam de Montanhas da Lua. Esse lugar deveria ficar bem a leste do curso conhecido do rio, para obedecer à afirmação de Heródoto segundo a qual, perto de sua nascente, o Nilo corria de leste para oeste. A imagem de lagos gêmeos, sob a montanha, alimentando o rio, aparecia em quase todos os mapas: aparentemente, surgiu de um comentário do século IV ou V inserido numa obra de Ptolomeu.[6] Seguiu-se uma "batalha dos livros": a geografia era uma ciência ou uma área de erudição? Os textos antigos deviam ser defendidos, ou a observação devia pôr seus erros a nu? O mundo culto da geografia estava dividido entre humanistas de gabinete e empiristas ávidos pela pesquisa de campo.

Assim, quando em 1855 missionários alemães vislumbraram "neve no equador" — cumes brancos no interior do Quênia —, a repercussão foi sensacional. A revelação suscitou desconfiança, e o mesmo ocorreu com os relatos sobre um grande lago. Mas neve e lagos indicavam a existência de nascentes e reforçavam a confiança que os classicistas depositavam em Heródoto.

Patrocinado pela Real Sociedade Geográfica, Richard Burton — explorador de excelente reputação científica e energia demais para ser contida ou conduzida — partiu de Zanzibar em junho de 1857 "para determinar os limites do mar interior". Como outros europeus que se aventuravam pelo interior da África, seguiu rotas abertas por caravanas de escravos. Não há como exagerar a importância dos comerciantes de escravos como exploradores. Mas na segunda metade do século XIX, quando o império britânico travou sua guerra extraordinária e tenaz ao comércio de escravos, a atividade negreira tornou-se um obstáculo. Os comerciantes de escravos se esforçaram ao máximo para impedir o avanço de brancos cujos relatos poderiam ser fatais para seu negócio.

A carreira do maior de todos os negreiros estava apenas começando à época da expedição de Burton. Tippu Tip, o pequeno e sorridente traficante de "olhos cheios de fogo", afirmava que seu nome vinha do som de um tiro de fuzil. Na opinião de um de seus colaboradores no Congo, na década de 1880, "de suas imensas *plantations*, cultivadas por milhares de escravos, todos cegamente devotados a seu amo, e do comércio do marfim, cujo monopólio ele detinha, vinha sua dupla condição de conquistador e comerciante bem-sucedido na missão de criar para si mesmo um autêntico império no coração da África".[7] Durante o auge de sua riqueza e poder naquela década, os europeus passaram a depender dele para qualquer serviço desde Zanzibar ao centro do Zaire.

Enquanto isso, as rivalidades imperialistas agravavam as dificuldades que Burton tinha de enfrentar. Barghash Said, novo sultão de Zanzibar, que chegara ao trono em 1856, cheio de ambições juvenis, estava ansioso para construir um império próprio no interior da África oriental e não queria a ingerência de exploradores brancos agindo em nome de potências ocidentais. Mas o grande problema da expedição foi o choque de temperamentos entre Burton e seu companheiro, o explorador John Speke. A relação entre os dois oscilava entre o amor e o ódio, e foi envenenada pela rivalidade. Em 1858, Speke, numa missão de reconhecimento adiante de seu companheiro, chegou ao *nyanza** a que deu o nome de Vitória. O famoso resumo de Burton sobre o acontecimento prenuncia a controvérsia que viria em seguida:

> Por fim, meu companheiro teve sucesso, seu "vôo de reconhecimento" levou-o às águas do norte, e ele acreditou que suas dimensões ultrapassavam nossas expectativas mais otimistas. No entanto, mal tínhamos terminado o café da manhã quando ele me anunciou o fato surpreendente: tinha descoberto a nascente do Nilo. Talvez se tratasse de uma intuição: no mesmo instante em que avistou o *nyanza**, não teve dúvida alguma de que o "lago que estava a seus pés era a origem daquele misterioso rio que tinha sido motivo de tanta especulação e o objetivo de muitos exploradores". A convicção do afortunado descobridor era forte; suas razões, fracas.[8]

Speke insistiu em que havia descoberto a nascente do Nilo, embora não houvesse disso prova convincente. Tinha avistado apenas a margem sul do lago, não determinara seu tamanho nem se era uma única massa de água. Ao retornar, no ano seguinte, envolveu-se na política do reino de Buganda, nas montanhas, que controlava o acesso à margem norte do lago. Finalmente, em 1862, avistou as cataratas a que deu o nome de Rippon derramando suas águas num rio que ele supôs ser o Nilo. Tinha razão, como se verificaria, mas não dispunha de nenhuma prova.

As inevitáveis disputas sobre as descobertas de Speke se agravaram quando ele morreu de um tiro disparado por si mesmo em setembro de 1864, pouco antes de um debate público que teria com Burton. Foi quase que com certeza um acidente, mas a hipótese de suicídio era irresistível para quem achava que

---

* Palavra da língua banta para "lago". (N. T.)

OS DESBRAVADORES

ele estava errado. A Real Sociedade Geográfica precisava de alguém que comprovasse — ou, como muitos esperavam, refutasse — as afirmações de Speke. O escolhido foi David Livingstone.

Livingstone já era famoso como autor daquilo que ele chamava de "explorações dos missionários". Não se sabe até que ponto a atividade missionária e a exploratória são coincidentes ou mesmo compatíveis. O trabalho dos missionários é paciente e minucioso. Exige fazer concessões a culturas alienígenas e colaborar com regimes afrontosos. Livingstone não era talhado para esse trabalho. Tinha mudanças de humor próprias de um maníaco depressivo.[9] Sua agitação e desassossego o mantinham em constante movimento. Dizia sempre que o repouso era a pior coisa para as doenças: só quando foi colhido por sua última enfermidade ficou "contente com o repouso".[10] Tinha a forte convicção de ter sido eleito "veículo do Poder Divino", mas a verdadeira dimensão de sua vocação missionária é controversa. Pelo que se sabe, atribui-se a ele a conversão de uma única pessoa, que em pouco tempo reverteu ao paganismo. A exploração era sua prioridade, ou, como ele dizia, "vejo o fim do trabalho geográfico como o começo da empresa missionária".[11] Não via o evangelho como uma planta que exigisse cuidados especiais em ambientes estranhos. Plantava e ia embora, deixando a nativos parcamente evangelizados a tarefa de alimentá-la ou abandoná-la.

Estava mais preocupado em superar obstáculos políticos e geográficos à exploração do que com a propagação do evangelho. Enfrentava escravos, bôeres e intratáveis chefes nativos com prazer. Sua reputação derivava pelo menos em parte da maneira como seus objetivos coincidiam com os do império e do comércio. Defendia a expansão do poder britânico porque frustraria os comerciantes de escravos e promoveria o Evangelho. Acreditava no incentivo ao comércio legítimo porque ocuparia o lugar da escravidão e promoveria a segurança. "Devemos estimular os africanos", escreveu em seu primeiro livro, "a cultivar produtos para nossos mercados como o meio mais efetivo, ao lado do Evangelho, para sua elevação espiritual."[12] Era um desbravador em benefício dos interesses britânicos.

Como geógrafo, era autodidata, com uma sede de conhecimentos nunca satisfeita. Seu primeiro foco foi o alto Zambeze, nas cercanias de Linyanti. Mas exploradores portugueses e agentes da expansão do império já atuavam na região, de modo que ele teve de se voltar para o baixo curso do rio e assim, em

436

A GLOBALIZAÇÃO

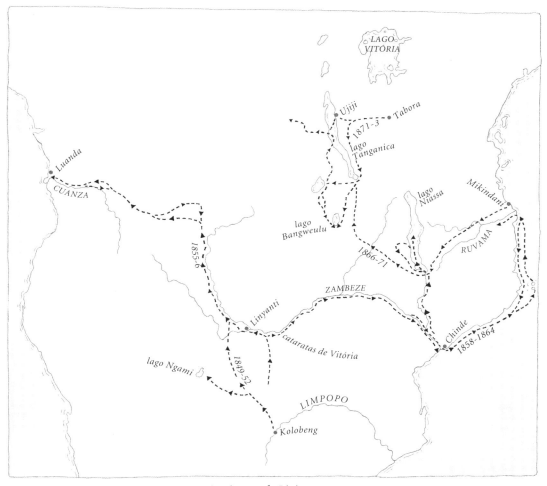

As viagens de Livingstone.

1855, descobriu as cataratas de Vitória. Foi o bastante para garantir popularidade e vender muitos livros. Sua expedição seguinte, de 1858 a 1863, foi uma iniciativa conjunta do governo e da Universities Mission Society. "Os milhares de libras investidos", informou *The Times*, "só produziram os resultados mais desastrosos."[13] A expedição fracassou em todos os seus objetivos: comércio, conversões, localização de pontos adequados para a colonização britânica, novas descobertas geográficas, nada disso resultou dela.

Quando Livingstone voltou sua atenção para a questão do Nilo, quase todas as suas sugestões e especulações se revelaram infundadas. Forçado a uma desagradável convivência com comerciantes de escravos, percorreu a região errada em busca das cabeceiras que Speke já encontrara. Em 1871, voltou às margens do lago Nyasa, em Ujiji, desanimado demais para continuar e muito desapontado para voltar. Livingstone não estava "perdido": todos na região conheciam seu paradeiro, mas suas perambulações não o levavam a nada de relevante.

Enquanto isso, a imprensa e o público, ansiosos por notícias dele, entravam em pânico com o passar dos anos. Era uma celebridade e qualquer informação a seu respeito seria um furo de reportagem. "Saque mil libras agora", disse o dono do *New York Herald* ao super-repórter Henry Morton Stanley, "e quando tiver gasto tudo, pegue outras mil libras, e quando gastar tudo pegue outras mil... e assim por diante, mas ENCONTRE LIVINGSTONE."

Se Livingstone recorria à Bíblia, Stanley brandia um porrete. Esbanjou a fortuna de seu patrão e a vida dos homens de sua expedição com a mesma prodigalidade. Enveredou como um potentado pela floresta, com 157 carregadores e uma barraca pessoal, com uma banheira esmaltada e um tapete persa. Seu lema, como o do marechal Blücher, e aplicado da mesma forma indiscriminada, era "Avante". Mais tarde, quando Stanley subia o rio Zaire, seus homens apelidaram-no Bula Matari — Quebrador de Pedras. Um exército de negreiros bloqueou a passagem para Ujiji e obrigou-o a fazer um grande desvio. Seu diário tornou-se febril quando a malária tomou conta dele. "Nenhum homem vivo me deterá [...] Mas a morte? Nem mesmo ela [...] Hei de encontrá-lo — escrevam isso bem grande — ENCONTRÁ-LO! ENCONTRÁ-LO!"[14]

Em 6 de novembro de 1871, Stanley perdeu a esperança de encontrar Livingstone "sem ser levado à miséria" pela extorsão dos chefes nativos. Comprou a maior quantidade de alimentos que era capaz de transportar e subornou um bom guia nativo para que conduzisse seus homens em pequenos grupos para o oeste, por fora da estrada, protegidos pela escuridão. Quatro dias depois avistaram Ujiji. Stanley abriu o champanhe e usou as taças de prata que tinha reservado para a ocasião. As palavras com que descreveu o encontro com o missionário estão entre as mais citadas da história da exploração, mas são boas demais para deixar de repeti-las:

> Abri caminho entre a multidão e [...] avancei pela avenida formada pelas pessoas [...] Aproximando-me lentamente dele, vi que estava pálido, parecia cansado, tinha a barba grisalha e usava um chapéu azulado com uma fita dourada desbotada, paletó de mangas vermelhas e calças de tweed cinza. Tive vontade de correr em sua direção, mas me intimidei com a presença de tanta gente — quis dar-lhe um abraço, mas, sendo ele inglês, eu não sabia como reagiria; por isso fiz o que a covardia e a falsa modéstia julgaram ser o melhor — caminhei em sua direção, tirei o chapéu e disse: "Dr. Livingstone, presumo".

Depois de cumprimentos com os chapéus, Stanley continuou: "Dou graças a Deus por ter-me permitido vê-lo". O outro replicou: "Estou grato por estar aqui para recebê-lo".[15]

Livingstone reagiu com cortesia, mas ficou claramente ressentido com o "resgate". Depois que morreu, no ano seguinte, Stanley elucidou a questão do Nilo com seu característico jeito despachado. Em 1874-6 viajou diretamente para o lago Vitória, navegou por ele em todas as direções e confirmou a importância das cataratas que Speke tinha encontrado. Durante os quinze anos seguintes, usando a força do vapor e a persuasão das armas de fogo, desvendou outro dos "mistérios" da África: a dimensão da bacia hidrográfica do rio Congo e sua relação com os lagos.

Mas não arrebatou todos os louros. Entre 1879 e 1884, a Real Sociedade Geográfica patrocinou expedições bem-sucedidas para encontrar rotas diretas da costa até os lagos — de Dar-es-Salam ao lago Nyasa e à bacia do Congo, através do rio Lualaba, e de Mombaça ao lago Vitória. Joseph Thomson, que liderou as duas missões, era um sedutor excêntrico à moda antiga que subjugou os massais alegando poderes mágicos, que demonstrava exibindo um dente postiço e provocando a efervescência do sal de frutas. Mas esses métodos não eram suficientes para abrir rotas permanentes. A região dos lagos parecia promissora, com áreas montanhosas que se elevavam sobre a floresta malárica; mas continuava sendo difícil chegar até ela — era protegida pelas agruras do terreno e por habitantes hostis, e cortada por rios pouco ou nada navegáveis.

Nesse meio tempo, de qualquer modo, as iniciativas no campo da exploração tinham passado das mãos de intrépidos entusiastas — missionários, cientistas e aventureiros independentes — às de homens poderosos e grandes batalhões. Na exploração da África, a era do amadorismo estava encerrada.

OS DESBRAVADORES

Stanley trabalhava para milionários ou para governos. Os outros grandes êxitos na exploração de rotas transcontinentais na década de 1870 foram de iniciativa governamental e financiados por instituições públicas. Pierre Savorgnan de Brazza explorou a bacia do Congo a serviço da França e definiu o rio Ogowe como rota viável, enquanto exploradores portugueses chegavam aos lagos e, finalmente, ao oceano Índico a partir de Angola. Tudo isso foi resultado de um esforço nacional consciente, pago por um governo ansioso para que os outros governos europeus reconhecessem suas antigas reivindicações de supremacia sobre suas colônias de Angola e Moçambique, por longo tempo negligenciadas.

Na década de 1880, as potências européias disputavam territórios. A fixação de fronteiras tornou-se crucial. Topógrafos escalaram montanhas e se embrenharam por pântanos e florestas na tentativa de estabelecer as fronteiras pretendidas pelas potências imperiais. Foi preciso derrubar árvores de modo a vislumbrar porções do céu suficientes para observações astronômicas. Até o século xx, predominaram as suposições. O meridiano de 30 graus leste, por exemplo, foi escolhido como base para numerosas fronteiras, mas não havia acordo sobre onde ele passava. Só com a medição do tempo pelo rádio (inventado em 1901) foi possível resolver as disputas. Mesmo assim, o continente ficou retalhado por fronteiras absurdas que cindiram estados e comunidades tradicionais e obrigaram inimigos a dividir o mesmo espaço.

SUDESTE ASIÁTICO: BARCOS LENTOS PARA A CHINA

Também no Sudeste Asiático a geografia tornou-se uma responsabilidade oficial de governos europeus, com a Grã-Bretanha, a França e os Países Baixos repartindo entre si a maior parte da região. Ali, como na África, os objetivos imperiais começaram a dominar as prioridades dos exploradores na década de 1860. Se concebermos a história universal como a história do intercâmbio cultural, o sudeste da Ásia, de todas as partes do mundo, era a que menos precisava de integração com o resto. Pelo fato de situar-se transversalmente às monções, entre a China e a Índia, a costa sudeste da Ásia é um dos grandes corredores de comércio a longa distância. Mas com relação às comunicações por terra, a situação era bem diferente.

440

A GLOBALIZAÇÃO

A região foi sempre de difícil acesso por terra, a partir da China, do Tibete e da Índia: os grandes rios — o Salween, que corre através de Mianmar, e o Mekong, que serpenteia pela região contígua ao mar da China Meridional, descem abruptamente do Himalaia. Nenhum outro caminho cruza a densa floresta. A grande oportunidade de estabelecer novas rotas — na opinião das autoridades coloniais — estava no rio Mekong, que pelo menos no mapa parecia ser uma via rápida para a China, a partir de Mianmar, controlada pelos britânicos, e da Indochina, sob domínio francês. Um oficial do exército indiano, T. E. McLeod, tinha avistado o curso superior do Mekong ao fazer o reconhecimento da tradicional rota entre Mianmar e a China em 1837. Mas as maiores vantagens de uma nova rota, se viesse a ser encontrada, beneficiariam a França.

Em 1866, as autoridades francesas em Saigon enviaram uma expedição incumbida de subir o Mekong e chegar à China. Dessa forma, a expedição do rio Mekong foi uma empresa imperial. O governo francês pagou por ela. Seu comandante era um funcionário do governo: Ernest-Marc-Louis de Gonzague Doudart de Lagrée, diplomata que induzira o rei khmer a aceitar o protetorado dos franceses. Seu divulgador mais ativo era François Garnier, oficial da marinha de vinte e poucos anos que forjou, a partir de um emaranhado de fábulas, aquilo que nos salões de Saigon era chamado de "a grande idéia" de "riquezas desconhecidas" escondidas nos vales e montanhas que circundam esses rios. "A darmos fé nas histórias dos viajantes", escreveu Garnier, "esses vales abrigam povos ativos e laboriosos que negociam com o império celestial. O que há de certo é que a província de Yunnan envia muitos trabalhadores todos os anos às minas de âmbar, serpentina, zinco, ouro e prata situadas ao longo do curso superior do Mekong."[16] Pelo caminho, os exploradores faziam paradas periódicas para procurar as fabulosas minas, que não encontravam.

Poucos dias depois do início da viagem, foram derrotados pelas corredeiras, "onde a água borbulhava e a correnteza fazia um barulho ensurdecedor".[17] Garnier insistia em que um barco a vapor poderia vencer as corredeiras do Sambor. Mas à distância de seis semanas de Phnom Penh rio acima, o rio tornou-se tão raso — ou então os caudais profundos eram tão cheios de curvas e impraticáveis — que não comportava embarcação alguma além de uma canoa. Reduzido pela febre a dezoito dias de delírio, Garnier deve ter entendido que seu sonho era irrealizável. Quando chegaram às cataratas Khone, em 17 de agosto, a mais de dois meses de Phnom Penh, a expedição já não tinha esperan-

441

A expedição do Mekong, em sua passagem por uma ravina nas proximidades de Sop Yong.

ças: estava alimentando uma ilusão. No Natal em Bassac, isolado da capital por causa de uma rebelião ao longo do rio, Garnier continuou apegado à idéia de que todas as dificuldades que tinha experimentado iam desaparecer de alguma forma. Na verdade, as passagens estreitas, as correntezas e os longos trechos difíceis que teriam por diante eram ainda mais desanimadores que os já enfrentados. Em 18 de outubro de 1867, cruzaram a fronteira da China. Assim, puderam dar por terminada sua viagem, mesmo tendo explorado uma rota praticamente inviável e sem encontrar meio de tornar o rio navegável. Ficaram sem dinheiro para pagar carregadores e guias e subornar funcionários. Rebeliões locais impediram-nos de avançar. Em janeiro de 1868, Lagrée morreu, torturado pela febre e pela disenteria. Os sobreviventes da expedição trocariam acusações pelo resto da vida.

AUSTRÁLIA: O CAMINHO PARA O MONTE HOPELESS

Patrocínio oficial e financiamento público não impediram que vários exploradores procedessem de modo amadorístico. Nenhuma iniciativa demonstrou isso com mais clareza do que a Expedição Transaustraliana de 1860. Atravessar a Austrália não acarretava nenhum problema ou mérito especial. Ninguém, naquela época, esperava que uma rota terrestre pudesse ser de utilidade. A maneira como a expedição se desenrolou provou que se tratava de um projeto absolutamente destituído de bom senso. Foi um ato grandioso, com o objetivo de demonstrar a riqueza e o empreendedorismo da cidade de onde partiram os exploradores.

Melbourne era a capital da colônia de Vitória, glória da Austrália e inveja do império britânico. Em 1858, um observador registrou que o progresso "superava totalmente toda a experiência humana" e o crescimento "não tinha paralelo na história do mundo".[18] De uma pequena cidade de 23 mil habitantes em 1850, saltou à condição de metrópole com 126 mil habitantes à época em que a expedição partiu. Ovinos e ouro eram os esteios econômicos da cidade. Quando se decidiu organizar a expedição, não se pouparam despesas. Tomaram parte nela 23 exploradores, comandados por Robert O'Hara Burke, impetuoso prospector de ouro, de quarenta anos de idade, que, depois de falir, se transformara em inspetor da polícia montada. Vinte e cinco camelos indianos integravam a caravana, que contava também com muitos outros animais. Carros de boi transportavam 21 toneladas de mantimentos. Até sua partida, em agosto de 1860, a expedição já custara 12 mil libras — mais de cinco vezes o custo de qualquer expedição anterior. Subscrições públicas responderam por metade dessa soma; o governo de Vitória pagou o restante. "Nenhuma expedição anterior partiu em circunstâncias tão favoráveis", declarou seu líder. Mas no momento em que chegavam a sua primeira base, em Menindee, no oeste de Nova Gales do Sul, divergências e desconfianças já dividiam o grupo, e seus

OS DESBRAVADORES

principais cargos ficaram vagos por causa das demissões. William Wills, topógrafo de 27 anos, tornou-se o novo vice-comandante.

Burke avançou na frente para estabelecer uma base em Cooper's Creek. A retaguarda deveria juntar-se a ele em seguida, mas desentendimentos e incompetência fizeram com que se atrasasse. Em dezembro, Burke perdeu a paciência. Fez uma "rápida incursão a Carpentária" com Wills e outros dois homens. Levaram provisões para apenas três meses e nenhum guia experiente. Em dois meses chegaram ao golfo. Ou melhor, provaram a água salgada da desembocadura do rio Flinders, mas não conseguiram abrir caminho através dos manguezais até o mar. Deram meia volta com provisões para um mês, sabendo que o regresso levaria dois. Em março de 1861, mataram para comer ou perderam muitos dos camelos e seu único cavalo. Os sobreviventes jogaram tudo fora, menos as armas de fogo, montaram seus dois últimos camelos e rumaram para Cooper's Creek. Ao chegar, em 21 de abril, encontraram tudo deserto. Poucas horas antes, os homens daquela guarnição tinham partido para Menindee. O desespero levou-os adiante — sem notícia alguma dos que tinham partido nem da retaguarda, que estava ainda com quilômetros ao sul.

Mesmo assim, tinham ficado no acampamento fartas provisões, e Burke poderia ter seguido até Menindee ou esperado por resgate. Em vez disso, tentou abrir uma nova rota até o posto policial do monte Hopeless, no sul da Austrália. Mas o grupo se perdeu e depois seus membros adoeceram, talvez por terem ingerido sementes de uma planta conhecida como *nardoo*, que os aborígines colhiam e transformavam numa espécie de farinha. Sem o preparo adequado, as sementes intoxicam, debilitam e matam. No início de julho, Burke e Wills estavam mortos. O único sobrevivente foi John King, tratador de camelos.

Foi resgatado por aborígines. Quando Edwin Welch o encontrou, em 15 de setembro de 1861, o cameleiro estava em andrajos. "Quem é você, em nome de Deus?", perguntou Welch — ou talvez, como mais tarde ele confessaria, tenha usado outra expressão, que achou imprópria para publicação.

"Sou King, senhor... o último homem da expedição exploradora."
"O quê? A expedição de Burke? Onde está ele? E Wills?"
"Mortos! Os dois estão mortos há muito!", gritou o esfarrapado, e caiu desfalecido.[19]

444

A GLOBALIZAÇÃO

O mais importante legado das expedições transaustralianas foram as pinturas vibrantes de Ludwig Becker, que transmitem o calor abrasante das regiões desérticas e a inclemência dos céus.

Enquanto isso, John McDougall Stuart, topógrafo que já tinha trabalhado com Sturt,[20] empreendia uma série de tentativas mais modestas de cruzar o continente a partir de Adelaide. Suas iniciativas foram financiadas por ele mesmo até que conseguiu uma subvenção de 2500 libras do governo da Austrália do Sul, colônia rival de Vitória — porém mais jovem e mais pobre. Mais prudente que Burke, Stuart regressava sempre que os suprimentos ameaçavam se esgotar ou quando trechos intransponíveis impediam seu avanço. Por isso sua vida foi poupada — mas por pouco. Em outubro de 1861, quando o destino de Burke era incerto, Stuart fez sua última tentativa. Levou sete meses para atingir a costa norte, a leste do rio Adelaide. E ainda tinha de voltar. A partir de agosto de 1862, seu diário de viagem tornou-se uma crônica de escorbuto, "dores terríveis, lancinantes", princípio de cegueira, córregos secos, abandono de cavalos e assédio de aborígines hostis. Em outubro, ele suportava "a pior agonia que um homem pode sofrer". O escorbuto tinha avançado a ponto de fazê-lo sentir-se "nos braços da morte".[21] Conseguiu voltar a território povoado no fim de novembro, para relatar que a região atravessada por ele desde o rio Roper para o norte era "bem adequada ao estabelecimento de uma população européia, sendo o clima propício em todos os aspectos, e a terra circundante de excelente qualidade".[22] A história da exploração poderia ser breve, não fosse a extraordinária propriedade da memória humana de filtrar os sofrimentos e, em retrospecto, embelezar as desgraças.

Desde então, os exploradores levaram ainda uma década e meia para se convencer de que não havia grandes lagos ou terras aproveitáveis nas proximidades do centro da Austrália. Essa descoberta poderia ter sido feita da mesma forma se tivessem levado em conta a palavra dos aborígines. No entanto, houve resultados úteis: rotas transcontinentais para linhas telegráficas, que começaram a cortar a Austrália na década de 1870. Na década de 1920 ainda saíam livros sobre uma "recôndita" Austrália "que não está no mapa", e certamente o vasto interior continha alguns desertos, espaços em branco cujo conhecimento só foi melhorado com o mapeamento aéreo; mas a estrutura das comunicações de alcance nacional estava lançada.[23]

445

NOVA GUINÉ: "UM PAÍS REALMENTE NOVO"

O espírito que animava Burke continuava vivo na Nova Guiné, que não sem motivo ganhou a reputação de última fronteira do mundo conhecido. Foi "um alívio", disse um missionário que chegara em 1871, "visitar uma terra realmente nova, sobre a qual nada se sabe, lugar de autênticos canibais e verdadeiros selvagens, onde o missionário e explorador tem de fato a vida nas próprias mãos".[24]

Otto von Ehlers era um membro típico da nova geração de aventureiros, animado pela vaidade e financiado pelos lucros de seus best-sellers sobre viagens. As novidades vendiam bem, e até então ninguém tinha empreendido a travessia da cordilheira central da Nova Guiné. Quando Ehlers decidiu enfrentá-la, em 1895, admitiu ingenuamente, como relataria um funcionário colonial alemão, "que não pretendia realizar um feito científico. Disse que seu único propósito era fazer algo de novo".[25]

De certa forma, a rota proposta por Ehlers era modesta, pois devia atravessar a ilha num ponto relativamente estreito, que tinha apenas 170 quilômetros de largura, subindo o rio Francisco e chegando à costa sul pelo Lakekamu. Mas as proporções da cordilheira interior eram desconhecidas. Ehlers avaliava que a viagem inteira levaria 28 dias. Era um palpite, e estava errado. Ele cometeu outro erro de cálculo: calculou que teria de levar apenas seiscentos quilos de arroz para alimentar seu grupo de 43 homens. Um oficial de polícia designado para acompanhá-lo comentou: "De que me valerão fama e dinheiro quando eu estiver morto? Não faço fé neste empreendimento. Fracassará, com certeza".[26]

Quando chegaram ao topo das montanhas, ficaram sem comida por oito dias. Doze homens já tinham morrido. Os sobreviventes tinham perdido ou quebrado suas bússolas. Não havia outro meio de orientação. O período de chuvas deixava-os permanentemente ensopados. Vermes infestavam os ferimentos que as sanguessugas lhes abriam por todo o corpo. A viagem já durava sete semanas quando alguns dos carregadores nativos se amotinaram, mataram os alemães e saíram em busca da sobrevivência.

A proeza sonhada por Ehlers foi concretizada em 1906 por um magistrado britânico belicoso e bom de gatilho chamado Christopher Monckton, para quem essa realização foi "a coisa mais importante que já se fez na Nova

A GLOBALIZAÇÃO

Nova Guiné: a exploração do interior.

Guiné".[27] Já no caso das assustadoras montanhas do centro da ilha, onde ela fica mais larga e nasce o rio Fly, ninguém conseguiu abrir caminho até 1927, quando as rivalidades entre britânicos e alemães acabaram forçando as autoridades de Port Moresby a autorizar uma expedição privada. Charles Karius, juiz assistente, e o policial Ivan Champion, natural da ilha, atravessaram a região que os carregadores chamavam de "terra do diabo" — uma barreira de calcário quase vertical de 2700 metros de altura.

ARÁBIA: A FRUSTRAÇÃO DO PROIBIDO

Nessa época, a Arábia era o único território onde exploradores amadores ainda poderiam realizar alguma descoberta. Visitas a Meca estavam proibidas por normas religiosas que raramente eram relaxadas. A península permanecia fechada a expedições européias oficiais, suspeitas de obedecer a desígnios imperialistas. Mas os geógrafos muçulmanos tinham sempre negligenciado a região; só no século XVII, Evliya Çelebi, compilador dos dados narrados por viajantes, descreveu em detalhe cada uma de suas partes. Embora os hadjis tivessem transformado os caminhos que levam a Meca nas rotas mais conhecidas do Islã, os peregrinos se atinham às vias mais transitadas e evitavam os supostos perigos da Arábia central e meridional.

No fim do século XVIII, na fértil e próspera Hadramut, o dinamarquês Carsten Niebuhr deu início a um detalhado mapeamento em escala da península. No começo do século XIX, seu principal sucessor, o suíço Jakob Burchardt, conquistou a confiança dos muçulmanos. Era bem-recebido até mesmo em Meca, onde cristãos eram normalmente proibidos de entrar sob pena de morte. Os estudos que ele completou antes de morrer, em 1817, tornaram a Síria, a Jordânia e a área norte da Arábia bem conhecidas no Ocidente. Durante o que restava da primeira metade do século, as poucas explorações empreendidas seguiram o avanço das forças egípcias invasoras. Na década de 1840, especialistas franceses que acompanhavam as tropas egípcias — o botânico E.-F. Jomard, o hidrógrafo J.-P. Chedufau, o notável arqueólogo P.-E. Botta — elaboraram mapas do sudoeste da península e coletaram espécies botânicas, amostras geológicas e objetos antigos. Mas todas as tentativas egípcias de criar um império árabe fracassaram. Richard Burton, enquanto isso, procurava as supostas minas de ouro que, segundo falsos boatos, existiriam no oeste da Arábia, antes de voltar sua atenção para o Nilo.

Na década de 1860, o projeto do canal de Suez tornou a Arábia estrategicamente importante para os europeus. Napoleão III patrocinou missões que penetraram pelo deserto de Nafud e pelo planalto do Nedj, incumbidas de colher informações. Em meados da década de 1870, Charles Doughty, explorador mais responsável e confiável que Burton, lançou-se ao trabalho. Animado pelo entusiasmo romântico que alimentava sobre o modo de vida dos beduínos, coletou e selecionou informações sobre regiões que não poderia estudar pessoalmente. Em 1895, Renato Manzoni, neto do romancista, publicou uma detalhada relação de rotas para Meca. Uma década mais tarde, D. G. Hogarth, monitor em Oxford que se considerava "intelectual itinerante", resumiu os resultados dos empreendimentos dos cem anos anteriores. A península era "relativamente" desconhecida: os dados disponíveis informavam o que havia

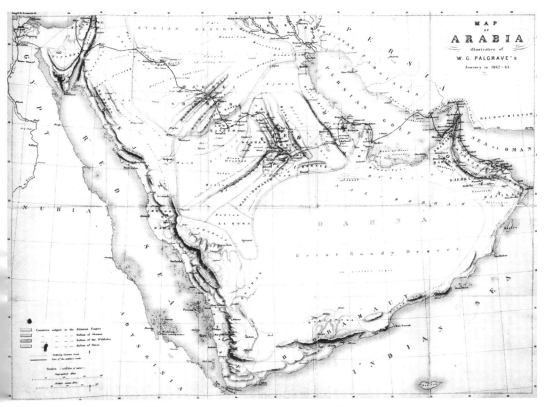

Mapa da Arábia, elaborado por W. G. Palgrave, na década de 1860, quando o projeto do canal de Suez estava sendo debatido; vastas regiões aparecem nele de forma vaga.

lá e como fazer para contornar a península, mas os mapas ainda eram rudimentares. E no centro da porção sul

> há um trecho ainda virgem, misterioso o bastante para que um geógrafo se detenha [...] um espaço desconhecido com mil quilômetros de norte a sul e 1300 quilômetros de leste a oeste [...] e suficientemente vasto para esconder muitos segredos dos quais o geógrafo ainda não tem idéia; na verdade, abriga certos meios-segredos de que o geógrafo suspeita, mas não tem como desvendar. Até que a península seja mais bem explorada, o problema do percurso e do destino de todos os numerosos cursos d'água internos do sul da península permanecerá insolúvel. Deve haver um grande lago central, como Chedufau acreditava, ou mesmo

mais que um, ou pode haver um canal transarábico sul, superficial ou subterrâneo. [...] Em decorrência desses cursos d'água deve haver trechos desconhecidos de fertilidade e civilizações nômades ou sedentárias sobre as quais nenhuma notícia chegou até nós. Ou pode não haver nada disso, só areia e pedra.[28]

Foi preciso muito tempo para que se comprovasse que areia e pedra dominavam a região.

Hogarth entendeu que "o grande invisível", como ele dizia, tinha duas zonas: o noroeste era semelhante a uma estepe amenizada por oásis; mas o sudoeste era a "Região Vazia" — "uma amante provocante que seduz só para rejeitar".[29] Uma miríade de exploradores "desvairados pelo feitiço da Arábia longínqua" atrapalhou os planos de Hogarth. A importância cada vez maior do petróleo para a economia mundial, em decorrência da industrialização e do surgimento de motores a gasolina, foi um incentivo poderoso. Mas a Região Vazia continuou a desafiar todas as iniciativas: o clima era tórrido, os beduínos demasiado hostis, os países circundantes muito desconfiados.

O levantamento aéreo foi uma solução amplamente cogitada como meio de contornar as dificuldades. No entanto, Bertram Thomas objetou. Era um oficial britânico que serviu de contato com as forças árabes durante a Primeira Guerra Mundial e permaneceu na região, a serviço de uma série de líderes regionais. A fauna, os habitantes, a estrutura geológica da Região Vazia, destacou, não podiam ser estudadas do ar. Suas reais objeções eram de índole romântica. "Parece um tanto indelicada", escreveu, "a intromissão de máquinas ocidentais nestes silêncios virgens; um sentimento que não deve ser confundido com a emoção do desconhecido, aqui delimitado pela borda da tigela invertida que é o céu, nem com o estímulo mental que advém dos projetos em seu lento processo de realização."[30]

Em poucas palavras, Thomas era um primitivo dogmático que se negava a lançar mão da tecnologia moderna. Mas contava com certas vantagens em relação a seus malogrados predecessores. Depois da Primeira Guerra Mundial, passou treze anos a serviço de diversos governos da faixa litorânea da península; conhecia as condições do lugar melhor do que qualquer de seus rivais e mantinha relações com a maior parte dos homens mais poderosos da região. Estava plenamente aculturado. Adquiriu, segundo ele mesmo revelou, "um conhecimento singular dos dialetos tribais e dos costumes árabes".[31] Sua fortuna pessoal lhe proporcionava meios de organizar secretamente suas expedições, sem ter de pedir permissão oficial. Antes de tentar atravessar o deserto, tratou de conhecer seus limites extremos, ou, como ele dizia, em sua "primeira abordagem [...] eu não alimentava nenhuma ilusão [...] de uma conquista imediata e definitiva".[32] Só empreendeu a travessia depois de conhecer a localização de cada manancial e de ter estabelecido relações de confiança com guias que decifravam todas as pistas fornecidas pelas trilhas de camelos e o significado de cada movimento da areia, pois "seguir uma trilha na Arábia", segundo Thomas, "é uma ciência exata, ao lado da qual os métodos datiloscópicos do Ocidente são limitados, já que a areia é um instrumento perfeito".[33] Em dezembro de 1930 ele finalmente estava pronto. Mesmo assim, foi uma viagem árdua. Durante o trecho final, pela parte mais implacável do deserto, que começou em 10 de janeiro de 1831 e durou dezoito dias, Thomas subsistiu alimentado-se principalmente de leite de camela. Seus instrumentos ficaram entupidos de areia. Foi torturado pelas oscilações da temperatura, dos dias abrasadores às noites glaciais. A leitura de seus relatos é fascinante, habilmente permeada de histórias de heróis beduínos, narradas de noite, junto ao fogo, que parecem ofuscar suas próprias aventuras. Foi um observador minucioso e fecundo. Mas provou que a Região Vazia era realmente vazia. Nenhuma das suposições sobre o interior da Arábia, que se acumulavam desde as explorações de Carsten Niebuhr, no fim do século XVIII, às quais o geógrafo Hogarth se referiu, mostrou ser verdadeira.

TIBETE: O HORIZONTE EXTRAVIADO

A Arábia encerrava os mais profundos mistérios da geografia que ainda desafiavam os exploradores do século XX, por estar tão próxima das mais antigas rotas de comércio de longa distância e por causa de sua importância para a história, as religiões e culturas de grande parte do resto do mundo. Por essas circunstâncias, seus segredos suscitavam perplexidade e grandes desafios. O Tibete, pelo contrário, tinha uma longa história de isolamento, mas também se encontrava no meio de importantes rotas históricas de intercâmbio cultural — entre a China e a Índia, o leste e o centro da Ásia. E, como a Arábia, constituía um permanente desafio à curiosidade dos estrangeiros, com sua reputação de terra proibida e ameaçadora. Também no Tibete, como na Arábia, a resistência

Tibete, *1922*, do pintor e guia espiritual russo Nikolai Roerich, de 1933. Suas expressivas pinturas, que pareciam infundir vida às paisagens, alimentaram a imagem romântica do Tibete como uma terra carregada de espiritualidade.

às missões oficiais do Ocidente era difícil de superar ou burlar, mas aqui os amadores não tinham mais sucesso do que os agentes do governo, que conseguiram penetrar no país de início disfarçados e depois pelas armas.

Todo mundo tem duas imagens do Tibete. Por um lado, a do "país gelado", como o chamam os próprios tibetanos, de montanhas mortíferas e desertos de barrilha e sal, por onde perambula o "abominável homem das neves". É o país mais alto do mundo e um dos mais inóspitos. Também é o país do horizonte perdido — o lugar onde os sonhos de Shangri-lá podem se tornar realidade, onde a vida longa e a paz duradoura podem vicejar. Mas a pureza está sempre em perigo. No Tibete, nos séculos XVIII e XIX, os rigores da natureza e a prudência dos governantes se aliaram para resguardar o país da ingerência estrangeira.

As defesas naturais do Tibete são as mais assustadoras do mundo. A aproximação pela China é mais fácil do que pelo norte, pelo oeste e pelo sul, mas até meados do século XX a viagem entre Pequim e Lhasa levava oito meses. Em outros pontos, o relevo é escarpado e passagens são raras, além de

A GLOBALIZAÇÃO

altas e perigosas. Sven Hedin, um predecessor sueco de Indiana Jones que unia o gosto pelas antiguidades ao interesse pela aventura, considerou o Tibete "uma das regiões mais difíceis da terra para a conquista com propósitos de pesquisa humana e conhecimento". Fez suas primeiras incursões no país na década de 1890.

> Eu sabia que a primeira condição era um coração tão resistente que suas fibras e válvulas não rachassem nem estourassem [...] e que as funções do sistema cardiorrespiratório deviam se adaptar à metade do oxigênio a que estavam habituadas. Eu sabia que nem uma só árvore e sequer um arbusto seriam encontrados naquelas alturas, que as pastagens nos vales era insuficiente para os animais de carga domesticados e que a resistência de homens e animais era submetida às mais duras provas pelas intermináveis tempestades, pelo frio intenso e as torrenciais chuvas de verão que amolecem o chão estéril em que os animais se atolam.[34]

Durante a escalada de Hedin para Lhasa, através de passagens situadas a 5 mil metros de altitude, o melhor de seus camelos morreu, irremediavelmente congelado na lama, e "os homens tentavam fugir, mas o terreno nos detinha".[35] Dificuldades como essas tornam todo êxito uma surpresa.

No fim do século XVIII e início do XIX, viajar ao Tibete era, se não comum, pelo menos possível. Coletores de plantas e emissários que partiam da Índia britânica visitaram o lugar. O mesmo fizeram comerciantes armênios e missionários jesuítas, assim como, em grande número, funcionários chineses e peregrinos budistas da China, Índia e Mongólia. Em 1811, um médico inglês, Thomas Manning, fez a viagem através do Butão como turista. Mas então a China temeu perder a distante dependência que era o Tibete.

Um padre lazarista, Évariste Huc, chegou ao Tibete em 1846 para retomar o trabalho missionário ensaiado no século anterior, quando os jesuítas foram dispersados. As autoridades não mostravam receio. "Se a doutrina pregada por esses homens é falsa, os tibetanos não vão aderir a ela. Se é verdadeira, o que temos a temer?" Mas os chineses ficaram apreensivos em relação aos missionários que, como indicava a experiência, muitas vezes eram arautos do imperialismo europeu. O representante do governo chinês perguntou: "A introdução no país da religião do Senhor dos Céus não levará diretamente à destruição do santuário de Potala e, conseqüentemente, à derrocada da hierarquia dos lamas e do governo do Tibete?".[36] As autoridades tibetanas nativas não estavam inclinadas a aceitar isso — suspeitando, talvez, que os chineses estavam mais preocupados em manter seu próprio controle do que com a autoridade do dalailama. Mas eram impotentes para desafiar a China. Em 1846, os chineses expulsaram os missionários franceses de Lhasa e proibiram qualquer nova penetração de europeus.

Um ambiente difícil, tabus religiosos, hostilidade política e, na China, um poder hegemônico remoto e descomprometido, se uniram para manter os forasteiros a distância. Mas a Grã-Bretanha e a Rússia eram partes profundamente e cada vez mais interessadas — vizinhas do Tibete por força de seus interesses no Sudeste Asiático e na Ásia central, respectivamente. Embora nenhuma dessas potências pretendesse subtrair o Tibete da influência ou do controle dos chineses, ambas queriam que o país se abrisse para o comércio. No fim do século XIX, o Tibete viu-se no meio do Grande Projeto de Topografia Trigonométrica da Índia e do Levantamento Russo da Ásia Central. Esses projetos ilustravam a evolução da exploração — do traçado das rotas ao mapeamento dos espaços existentes entre elas. Nas décadas de 1860 e 1870, os britânicos empregaram pandits indianos para mapear o país. Sir Thomas Holdich resumiu assim suas qualidades, em 1906:

Ágeis, dedicados, persistentes e *baratos,* eles se aventuram por toda parte, e não há obstáculo físico, seja montanha ou deserto, que não enfrentem [...] Não receberam até agora ajuda alguma de europeus, a não ser a localização por triangulação dos picos mais remotos do Himalaia, determinada pelos topógrafos [...] que lhes serviram como pontos de orientação em campo, e referências por meio das quais o registro final de seus levantamentos foram compilados. Esses exploradores empregaram os mais diversos artifícios para chegar a seu objetivo. Esconderam instrumentos sob o fundo falso de caixas de mercadorias e de chá. Seus relatos diários de distâncias e localizações foram escritos em versos e narrados como um poema budista. Suas roupas foram equipadas com uma dezena de diferentes instrumentos, e nas mãos esses piedosos peregrinos levavam rosários budistas, desfiando uma conta a cada cem ou mil passos que davam.[37]

Escondiam instrumentos também nas rodas de oração e nos bastões de peregrinos. Uma história significativa é a do pandit Kinthup, conhecido como

A GLOBALIZAÇÃO

KP. (Por motivos de segurança, os britânicos mantinham em segredo o nome verdadeiro dos exploradores.) Enviado ao Tibete em 1880 e escravizado em duas ocasiões, escapou em 1881 e se refugiou num mosteiro. De lá retomou suas explorações disfarçado de peregrino. Encontrou uma rota direta para Lhasa sem acompanhar o rio. Finalmente retornou à Índia, quatro anos depois do início de sua odisséia. Em conseqüência do empenho dele e de seus colegas, o curso do Brahmaputra foi quase inteiramente mapeado, desde a nascente até a Índia e a grande curva para o sul.

Embora os pandits pudessem entrar e sair de Lhasa disfarçados com alguma chance de enganar a vigilância, isso não era tão fácil para exploradores de aspecto ocidental. Lhasa tornou-se um centro de atração, como Meca ou, em tempos anteriores, Timbuktu, troféu necessário, tão irresistível quanto inalcançável. Os chineses mantinham os russos de fora, embora Nikolai Prjevalski tivesse vagueado pelas bordas do Tibete, reunindo dados científicos e excelentes histórias. Autoridades pouco amistosas fizeram-no dar meia-volta em suas quatro tentativas de chegar a Lhasa entre 1870 e 1888. O acadêmico americano Walter Rockhill não teve melhor sorte. Outros que pretenderam chegar a Lhasa na década de 1890 — aventureiros franceses, um missionário holandês — morreram na tentativa, aprofundando o mistério da "Cidade Proibida". Inimigos menos temíveis mas igualmente eficazes eram os funcionários que detectavam todas as tentativas e punham os insolentes para correr. Hedin fez sua tentativa com a cabeça rapada, "untada com gordura e fuligem. [...] Minha aparência era terrível! Mas não havia senhoras que convidassem à coqueteria, e não encontrei uma só pessoa no caminho para Lhasa".[38] Nem mesmo esse sacrifício — considerável, posto que era vaidoso — adiantou.

Em 1899, no entanto, dois súditos do império russo conseguiram entrar na cidade. Gombojab Tsybikov era um estudante que herdara as feições centro-asiáticas da família de pelo menos um de seus pais, e desempenhou convincentemente o papel de peregrino budista numa caravana para a Mongólia. Já o buriata Agran Dorjiev, que era realmente budista, tornou-se conselheiro muito chegado ao dalai-lama e usou sua influência para promover os interesses russos. Os britânicos ficaram alarmados, possivelmente porque a longa exclusão do Tibete tivesse um efeito desestabilizador. Thomas Holdich resumiu a situação em 1906:

OS DESBRAVADORES

> Existem no mundo da geografia certos laços entre sistemas de comunicação bem conhecidos e muito trilhados, mas ainda fechados e mesmo inexplorados, que, com o passar do tempo, à medida que o mundo comercial se desenvolve e as necessidades da comunicação internacional se tornam demasiado prementes para serem deixadas de lado em benefício da inação política, terminarão integrando-se inevitavelmente ao sistema das grandes vias mundiais. Com certeza, uma dessas situações existe na atualidade no vale do Dihong, ou Brahmaputra, que une duas grandes rotas comerciais, ou seja, o Tsampo, ou alto Brahmaputra, e o Assam, ou Brahmaputra inferior.[39]

Foi esse o estímulo que fez com que os britânicos afinal perdessem a paciência e forçassem a entrada em Lhasa com baionetas caladas em 1904. A temerária marcha de inverno de Francis Younghusband lembrava aos participantes "mais a retirada de Moscou que o avanço de um exército britânico", à medida que subiam penosamente a borda gelada de um aclive que um dos membros da infantaria chamou, de modo inesquecível, de "a merda de um pé de mesa da merda da meseta".[40] Mais de 4 mil iaques se perderam na viagem. Nela se esbanjou quase tanta boa vontade quanto dinheiro e sangue. Depois o Tibete recaiu no isolamento, e pelas rotas que exploradores haviam descoberto e exércitos haviam garantido quase só passavam peregrinos. Não havia nenhum "Horizonte Perdido". Só estivera temporariamente extraviado.

OS CAMINHOS DAS MÁQUINAS A VAPOR: A BUSCA DE ROTAS PARA UM MUNDO INDUSTRIALIZADO

Na segunda metade do século XIX, o vapor envolveu o mundo. Estradas de ferro e linhas de navegação a vapor tornaram o globo cada vez menor. O volume de intercâmbio de mercadorias entre pontos distantes bateu todos os recordes. O mesmo ocorreu com a escala de migração e com as distâncias percorridas pelos migrantes. A industrialização e o imperialismo se juntaram para criar um novo tipo de economia global, na qual algumas regiões se especializaram em produtos primários e em oferta de mão-de-obra, e outras, em manufaturas. A nova tarefa dos exploradores consistia em encontrar rotas que facilitassem essas mudanças. Em primeiro lugar, precisava-se de boas rotas terrestres, capazes de suportar trânsito pesado, para migrantes intra-continentais, principalmente na América do Norte, onde ocorreram as maiores concentrações demográficas. Depois — e acima de tudo — eram necessários caminhos adequados para os novos meios de transporte: as estradas de ferro e a navegação a vapor. O desenvolvimento progressivo de outras tecnologias criou demandas ou abriu possibilidades. A partir da década de 1840, começou a instalação de linhas de cabos elétricos: na década de 1860, elas estavam sendo estendidas sob os oceanos. No início do século xx, a navegação submarina e aérea e os motores de combustão interna começavam a causar impacto.

Na maior parte do mundo, os técnicos das estradas e ferrovias não precisavam descobrir novas rotas: tratava-se com maior freqüência de aperfeiçoar caminhos já existentes, aplainar superfícies irregulares, cortar barrancos e abrir túneis. Na América do Norte, no entanto, os topógrafos tinham de ser desbravadores.

O modelo dos topógrafos das ferrovias foi John Charles Frémont, que as precedeu, na década de 1840, quando, incumbido pelo Congresso, pesquisou rotas rumo ao oeste para pioneiros. Antes disso, o próprio Frémont tinha feito sua primeira experiência como topógrafo para a ferrovia Charleston-Cincinnati em 1836-7. No ano seguinte, foi um dos primeiros recrutas do Corpo de Topógrafos do exército. A importância histórica de seu trabalho deve-se ao fato de ter percebido o potencial agrícola da planície que exploradores anteriores tinham descartado como desértica.[41] Mas sua devoção à observação científica também serviu de modelo para os topógrafos que vieram depois. Suas expedições à área que ele chamou de "Grande Bacia" destacam a importância da pesquisa geológica e botânica. Frémont foi um técnico brilhante, que improvisou uma espécie de tina de barômetro com um pedaço de polvorinho.[42] "As interrupções freqüentes dos índios" perturbavam seus "cálculos astronômicos" e seu mapeamento. Seus relatos são austeros — o que faz uma de suas poucas tiradas de humor (registrada no rio Laramie, perto da junção com o Nebraska, em 1842) digna de menção:

> De vez em quando um selvagem se apresentava a fim de me convidar para um banquete de honra — um banquete de carne de cachorro — e se sentava e esperava até que eu estivesse pronto para acompanhá-lo. Fui a um desses. [...] O

cachorro estava dentro de um panelão, no fogo, no meio da tenda, e assim que chegamos foi cortado e posto em grandes tigelas de madeira. [...] A carne parecia muito pegajosa, com cheiro e aparência que lembravam a do carneiro. Sentindo que algo se movia atrás de mim, virei-me e vi que meu assento estava no meio de uma ninhada de cachorrinhos gorduchos. Se eu fosse sensível a essas coisas, os preconceitos da civilização certamente teriam interferido em minha tranqüilidade; mas por sorte não tenho nervos delicados e continuei calmamente a esvaziar minha tigela.[43]

Essa é uma das passagens mais comedidas em que Frémont revela seu verdadeiro caráter. Estava sempre fazendo o possível para passar a imagem de paladino rude que conhece as ambições da civilização e sabe como resistir a elas. Era realmente um "homem de ação", de espírito incansável, temperamento impaciente, que precisava estar constantemente ocupado. Sentia-se melhor bem longe de altas autoridades.

Era, senão o modelo, o arquétipo do herói americano. Sua fama dificulta qualquer julgamento objetivo. Dificilmente ele pode ser visto como um explorador em essência. Na maior parte do tempo, revisitava rotas conhecidas com o objetivo de mapeá-las e estudar seu aproveitamento, sobretudo determinando os lugares mais adequados para construir fortes e postos de diligências. Nas entrelinhas de seus relatos se escondem rumores de guerras: parte de seu trabalho consistia em reconhecer rotas para o deslocamento de tropas, se eclodisse uma guerra contra os britânicos na disputa pelo Oregon ou — como de fato aconteceu — contra o México pela posse do Texas ou da Califórnia, ou contra povos nativos pelo controle de suas terras. É difícil avaliar o quanto Frémont colheu de novas informações. A descoberta do Grande Lago Salgado, em 6 de setembro de 1843, depois de escalar um morro, figura tradicionalmente entre os grandes momentos da exploração: o estilo parece certamente inspirado nas descrições convencionais de exploradores marítimos das primeiras terras avistadas; as imagens lembram Homero na tradução de Chapman. Mas os exploradores de seu grupo já tinham visto isso antes:

e subindo ao topo, contemplamos bem a nossos pés o objeto de nossa ansiosa busca — as águas do mar interior, em sua grandeza plácida e solitária, estendendo-se bem além do alcance de nossa vista. Foi um dos pontos altos da exploração; olhávamos emocionados para o lago, nas primeiras sensações de prazer exacerbado, e duvido que os seguidores de Balboa tenham sentido maior entusiasmo quando, das alturas dos Andes, divisaram pela primeira vez o grande Oceano Ocidental.[44]

Ele não foi, é claro, o primeiro — nem mesmo o primeiro branco, ou o primeiro ianque — a contemplar a Grande Bacia. Mas foi seu padrinho, quem lhe deu nome e alimentou sua fama:

> A própria idéia de um deserto como esse e de um povo como esse é uma novidade em nosso país, e instiga idéias asiáticas, não americanas. Bacias interiores, com seus próprios sistemas de lagos e rios, e muitas vezes estéreis, são bastante comuns na Ásia; povos ainda em organização familiar elementar, vivendo em desertos, sem outra ocupação que a simples busca animal de alimento, ainda podem ser vistos naquele velho canto do globo; mas na América essas coisas são novas e estranhas, desconhecidas e insuspeitas, a ponto de provocar incredulidade. Mas posso me gabar do que foi descoberto, pois embora insuficiente para satisfazer a curiosidade, é o bastante para excitá-la, e de que as explorações seguintes completarão o que foi iniciado.[45]

Embora o próprio Frémont estivesse entre os primeiros construtores de ferrovias da América, essas linhas mal arranhavam o interior do continente quando ele explorou o oeste pela primeira vez. Embora já existisse uma rota para carroças até o Oregon,[46] para a Califórnia nem isso havia quando a febre do ouro de 1849 atraiu dezenas de milhares de colonos que se atropelavam através das planícies e das Montanhas Rochosas para chegar até lá. Durante os anos seguintes, expedições militares contra os navajos assumiram o objetivo complementar de procurar essa rota, mas não tiveram êxito. Os comerciantes, enquanto isso, lamentavam a impossibilidade de explorar os mercados repletos de ouro que cintilavam na costa do Pacífico. Para o comércio americano, o acesso ao comércio do Pacífico, das "Índias Orientais" e da China havia sido, durante muito tempo, um objetivo tão vital quanto difícil. Uma ferrovia transcontinental que conduzisse aos portos do Pacífico reduziria preços e estimularia a demanda de produtos orientais em todo o país, além de facilitar os meios de importar mão-de-obra barata da Índia e da China.

OS DESBRAVADORES

O impasse político entre defensores de rotas rivais paralisou a decisão. As possibilidades eram muitas. A rota originalmente proposta por Asa Whitney em 1844 ligaria as margens do lago Michigan ao Pacífico na altura da desembocadura do rio Columbia. Partidários de outras soluções angariavam apoio para rotas que partiriam de Chicago através da passagem do Sul, de Saint Louis através da passagem de Cochetpa, de Memphis ou Fulton ao longo do paralelo 35, de Vicksburg pelo rio Gila e de Springfield (Illinois) através de Albuquerque — para mencionar apenas as opções que tinham maior apoio. Cada ponto de partida e de chegada tinha seus defensores. Em 1848-9, uma tentativa preventiva de Frémont para encontrar uma rota que beneficiasse seus financiadores de Saint Louis exacerbou o problema. Atirou-se à tarefa com um otimismo ilusório. Dez de seus homens morreram na neve. Frémont teve de voltar, mas continuou afirmando que "nem as neves do inverno nem a altura das montanhas eram obstáculos".[47] Nenhuma outra investida privada nos anos seguintes teve mais sucesso ou satisfez seus rivais. Como aconteceu tantas vezes na história do capitalismo, os concorrentes se asfixiaram mutuamente. A ação federal era o único meio de prosseguir.

Em 1853, o Congresso decidiu que o governo financiaria uma série de expedições — complementadas com especialistas em botânica e zoologia e pintores oficiais — para encontrar rotas para ferrovias através do continente. A ciência resolveria de modo objetivo a decisão disputada por interesses regionais. A busca de rotas se faria *pari passu* com a pesquisa científica, já que os técnicos deveriam verificar a elevação e o gradiente de cada passagem, fazer relatórios sobre clima, recursos naturais e povos nativos existentes ao longo das rotas propostas. O modelo aparece nas instruções que o técnico I. I. Stevens redigiu para si mesmo quando foi enviado a explorar o caminho sugerido por Whitney. Ele deveria

> examinar as passagens existentes em diversas cadeias de montanhas, a geografia e a meteorologia de toda a região intermediária, as características e possibilidades de comércio e transporte dos rios Columbia e Missouri, as chuvas e neves da rota, especialmente nas passagens das montanhas, e, em suma, coletar todo tipo de informação que possa interessar à questão da viabilidade da ferrovia.[48]

A seleção feita pelo Congresso das rotas rivais não foi imparcial: a rota ao longo do paralelo 32 não foi examinada pelos topógrafos — supostamente

460

A GLOBALIZAÇÃO

porque se pensava que fosse viável e porque era apoiada por fortes interesses regionais no Sul, que, naquele tempo, o governo federal precisava satisfazer. A obsessão com o paralelo 32 provavelmente surgiu de um erro de cálculo da latitude cometido por colonos mórmons que viviam na passagem de Guadalupe em 1845.[49] Na verdade, o paralelo 32 era intransponível. Mesmo hoje em dia a ferrovia precisa desviar para o sul e penetrar em território mexicano para cruzar os Estados Unidos naquela latitude.

O paralelo 35 oferecia perspectivas muito melhores, e um levantamento realizado em 1853 demonstrou esse fato, abrindo uma rota praticamente direta de Fort Smith, no rio Arkansas, a Los Angeles; na região que era considerada um deserto, o grupo encontrou muitos vales férteis, adequados para a fixação de colônias ao longo de uma rota que eles consideravam "visivelmente vantajosa". Mas o oficial responsável, tenente Amiel Whipple, superestimou grosseiramente os custos da construção da ferrovia, o que teve conseqüências dissuasivas. O pintor oficial descreveu o fim dos desconfortos toleráveis suportados pela expedição, quando o grupo se aproximava de Los Angeles, com inequívoca satisfação:

> a região selvagem reduzira a maior parte das roupas que denotavam civilização a tal estado de deterioração que pendiam em farrapos ou tinham suas deficiências corrigidas por remendos de couro, escurecido pela fumaça de muitas fogueiras. Esse mesmo material, enrolado nos pés, fazia as vezes de botas, uma distinção que poucos podiam ostentar, mesmo em sua forma mais simplificada, e nossos chapéus redondos de feltro tinham adquirido as formas mais fantásticas que se possa imaginar, e pareciam grudados aos cabelos embaraçados que em muitos casos chegavam até os ombros. Mas mesmo sabendo que nossa vestimenta e nossa aparência pessoal estavam a merecer melhorias, não deixávamos de sentir certo orgulho dos sinais de nossa longa e penosa viagem, proporcionado pelo aspecto dos integrantes do grupo, queimados de sol e barbudos, e de nosso rebanho magro e cansado.[50]

O "rebanho" era totalmente composto de mulas: todas as ovelhas e vacas tinham sido abatidas para servir de alimento, assim como os bois que puxavam os veículos.

Quanto ao mais, os relatos dos topógrafos eram tão prolixos, nebulosos, contraditórios e difíceis de comparar que os fatos acabaram obscurecidos. Todas as propostas eram impraticáveis, como revelaram os exploradores, e a rota da Union Pacific Railroad, quando foi finalmente construída, era diferente de todas elas.[51]

Enquanto os Estados Unidos esperavam pela estrada de ferro, engenheiros do exército e, em alguns casos, empresas privadas abriam rotas para carroças através do continente: estradas de terra, melhoradas por engenheiros que aplainavam as subidas mais íngremes, transpunham desfiladeiros e nivelavam trechos esburacados. Essas estradas constituíam monumentos menos à paciência dos topógrafos que à impaciência do público. Em maio de 1856, 75 mil californianos solicitaram ao Congresso uma estrada de carroças a partir da fronteira do Missouri.[52] A abertura de rotas de norte a sul através da Grande Bacia ficou esquecida até que o exército assumiu o trabalho, no fim da década de 1860. Enquanto isso, uma nova safra de cientistas civis começou a assumir a tarefa de promover o interesse pelo oeste.

O exército tinha deixado de lado uma área importante, ainda desconhecida de todos, com exceção dos nativos. Joseph Christmas Ives, encarregado de encontrar uma rota de invasão da terra dos mórmons a partir do sul, escapou com dificuldade do Grand Canyon, salvando pouco mais que a vida, em janeiro de 1858. Ninguém — possivelmente nem mesmo os índios — tinha chegado mais longe ao longo do rio Colorado, a menos que a inacreditável história contada por James White fosse verdadeira. Explorando as montanhas de San Juan, ele saltara para uma balsa, a fim de fugir de um grupo de guerreiros utes, e foi levado pela correnteza por oitocentos quilômetros, meio louco de cansaço e fome, em setembro de 1867. Isso teria mesmo acontecido Era possível? John Wesley Powell já planejava uma expedição para descobrir.

Powell era um herói de guerra. Tinha perdido um braço na batalha de Shiloh, lutando, como ele ingenuamente acreditava, contra a escravatura. Como fundador e primeiro diretor do Museu de História Natural do Estado de Illinois, levantou verbas privadas para uma expedição ao cânion: era uma ruptura decisiva com a tradição de exploração por soldados pagos pelo estado. De agora em diante, no mapeamento dos Estados Unidos, predominariam geógrafos civis. Em maio de 1869, a equipe de Powell, escolhida a dedo um tanto caprichosamente, composta de estudantes entusiasmados e imaturos, partiu do rio Green, em Wyoming. Em 13 de agosto estavam com poucos mantimentos, diante do cânion. "Estamos agora prontos para começar", escreveu Powell numa passagem de seu diário que ficou famosa:

vamos pelo caminho de descida ao Grande Desconhecido. [...] Só restam rações para um mês. [...] Estamos a mil metros no interior das profundezas da terra, e o grande rio parece reduzido à insignificância, com suas ondas furiosas batendo contra as paredes e penhascos que se elevam para o mundo exterior. [...] Desconhecemos a distância que ainda temos a percorrer; um rio desconhecido para explorar. Que quedas d'água encontraremos, não sabemos; que rochas obstruem o canal, não sabemos; que desfiladeiros se elevam acima do rio, não sabemos. Ah, bem! Podemos imaginar muitas coisas. Os homens conversam animadamente como sempre; as brincadeiras correm soltas nesta manhã; mas para mim essa animação é sombria e as brincadeiras parecem medonhas.[53]

Outro membro da expedição, o incansável sargento do exército George Bradley, contemplando o cânion com olhos pouco românticos, expressou franco desagrado. Era "um pequeno córrego repulsivo, tão imundo e lamacento que simplesmente fede. [...] Não é lugar para um homem como eu, mas me permitirá sair do Exército e por isso eu aceitaria até explorar o rio Estige".[54] Os índios mataram dois desertores que fugiam para fora do cânion, mas, mais por sorte do que por juízo, Powell foi até o fim.

Em sua expedição seguinte, os homens de Powell subiram a remo o Escalante, um rio não documentado até então. As "regiões áridas" a cujo mapeamento ele se dedicou foram um verdadeiro banco de prova para a liberdade americana. Só métodos cooperativos e um regulamento estrito poderiam, ainda que com dificuldade, racionar a água de maneira satisfatória. O individualismo teve de ceder. Mas todas as iniciativas de Powell fracassaram, enquanto o arrendamento de terras prosseguia. Afastou-se então para organizar o Bureau de Etnologia, de início como um departamento do governo, depois ligado ao Instituto Smithsoniano, e mais tarde como parte do Levantamento Geológico: uma unidade permanente, financiada pelo estado, composta de cientistas dedicados ao levantamento topográfico dos Estados Unidos. Powell acabou deplorando a violação de áreas virgens e pedindo o fim do estabelecimento de colônias no oeste.

Finalmente, as ferrovias se tornaram realidade. A primeira linha férrea de costa a costa, ou, mais exatamente, de Nova York a Sacramento, onde um barco a vapor completava o trajeto até San Francisco — foi aberta finalmente em 1869, justamente quando o grupo de Powell se reunia para o assalto ao

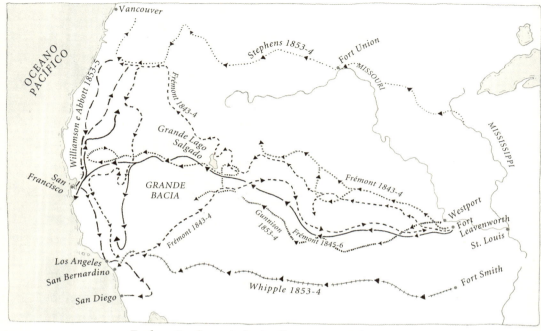

Explorações de possíveis vias férreas nos Estados Unidos.

Grand Canyon. A Ferrovia Transiberiana imitou a conquista, começando a funcionar em 1891. Os pioneiros sonhavam com uma ferrovia transafricana comparável às da América: quando Louis Binger cruzou as terras situadas à leste da bacia do Volta, em 1887-9, estava procurando a localização adequada para uma linha férrea. A ferrovia "Cidade do Cabo—Cairo" tornou-se uma quimera que afastou os imperialistas britânicos de uma visão realista. A ferrovia transaariana desempenhou papel semelhante no imaginário dos imperialistas franceses. Esses sonhos nunca se tornaram realidade, mas a África ficou cheia de estradas e linhas férreas, muitas das quais foram encravadas em lugares dos mais inóspitos, onde anteriormente não existira sequer uma trilha.

    Enquanto isso, o navegação a vapor estava modificando as rotas marítimas. Suas conseqüências foram se acumulando aos poucos. Durante muito tempo, os operadores de linhas regulares de paquetes evitavam as embarcações a vapor por achá-las pouco confiáveis. O primeiro transatlântico a vapor só dispunha de energia para oitenta horas de viagem: foi desmanchado e vendido

A GLOBALIZAÇÃO

como veleiro.[55] Aos poucos, no entanto, os aperfeiçoamentos técnicos na propulsão e no consumo de combustível garantiram o futuro do barco a vapor. Essas embarcações não exigiam novas rotas e sequer teriam feito uso delas: a maior parte dos primeiros barcos a vapor era movida a velas na maior parte do tempo e só recorria a suas máquinas para obter energia adicional ou como recurso para enfrentar calmarias. Mesmo os navios que de modo geral dispensavam o velame se valiam da ajuda dos ventos e das correntes propícias. Em alguns aspectos, no entanto, os barcos a vapor podiam arrostar o vento. Isso era mais perceptível no Atlântico norte, onde as rotas mais transitadas para o oeste, entre os portos do norte da Europa e da América do Norte, eram extremamente trabalhosas para os veleiros por causa dos rodeios a que o vento oeste obrigava. O primeiro serviço transatlântico de paquetes começou a funcionar em 1838. No fim da década de 1840, a travessia durava habitualmente de dez a doze dias.

Os vapores podiam cruzar o oceano por uma rota mais direta, assumindo o risco de se manter no limite das condições favoráveis. Tinham de navegar em quaisquer condições climáticas, já que a regularidade era tão importante quanto a velocidade para a viabilidade comercial do serviço. As pinturas — há uma grande coleção delas no Museu Peabody Essex de Salem, Massachusetts — mostram claramente o desconforto que isso representava. Os navios investiam e avançavam por mares revoltos. Às vezes, obedecendo ao espírito publicitário das encomendas, os artistas faziam os vapores superar o desempenho dos veleiros. Às vezes, incluíam alusões simbólicas a um futuro esperançoso — uma réstia de luz, uma nesga de céu azul. Outros representavam a viagem na amena placidez do verão. Os quadros mais dramáticos e de melhor qualidade dão uma idéia do que era "o balanço, a agitação, a luta, as elevações, os mergulhos, os saltos, as pancadas, as guinadas e o sacolejo" que Charles Dickens descreveu durante sua travessia do Atlântico em 1842. Sua visão do navio desafiando o vento adverso "com cada pulsação e cada artéria de seu corpanzil inchado e a ponto de rebentar" é reconhecível em algumas das telas.

Os cruzamentos entre as linhas marítimas e ferroviárias constituíam os andaimes do mundo, pelos quais viajantes e produtos comerciais podiam chegar a qualquer uma de suas partes. James Hill, milionário e filantropo, proprietário de uma empresa ferroviária e que construiu a catedral de mármore de Saint Paul, em Minnesota, fundou uma linha de barcos a vapor que ligava a rota màis rápida, através das montanhas Rochosas, à Ferrovia Transiberiana,

465

Transatlântico a vapor da National Line, fundada em Liverpool em 1863.

inaugurada em 1900. O grande cinturão produtor e consumidor de alimentos do mundo, que ia de Vladivostok a Vancouver, estava integrado por transporte a vapor. Ao possibilitar o carregamento por terra, mais barato, de mercadorias pesadas, a máquina a vapor provocou uma profunda transformação: na verdade, orientou o comércio mundial para novas direções, para longe das costas, para o interior e através dos continentes. As grandes áreas internas, distantes do mar, dos portos e até mesmo de rios navegáveis, situadas nos pontos mais remotos dos continentes, puderam ser integradas numa economia cada vez mais global.

Os navios a vapor lançaram os elos seguintes do sistema integrado das comunicações de alcance mundial: os cabos elétricos. Os cabos submarinos rompiam-se com freqüência; foram necessários nove anos de tentativas fracassadas antes de ganhar a experiência necessária para que a ligação se tornasse confiável, em 1866. Em 1924, como se demonstrou em Londres, uma mensagem telegráfica podia dar a volta ao mundo em dezesseis segundos. Isso era impressionante. Em *Sonho de uma noite de verão*, Shakespeare fazia Puck pronunciar a seguinte frase: "Hei de rodear a Terra em quarenta minutos". Teoricamente, os cabos eram capazes de ligar um lugar a qualquer outro no mundo, mas na prática, como tinham de ser instalados por navios, acompanhavam as rotas marítimas já existentes. Mas em 1901 a telegrafia sem fio ou radiotelegrafia tornou supérfluos os descobridores de rotas. Com a ajuda de mastros instalados em lugares altos, as ondas de rádio conseguiam cobrir o mundo sem serem detidas por limites climáticos e obstáculos geográficos. A história contada por este livro estava mesmo chegando ao fim.

OS FRIOS EXTREMOS: ROTAS ANTÁRTICAS E ÁRTICAS

Por mais limitadas que fossem as novas rotas abertas mediante levantamentos topográficos destinados ao desenvolvimento tecnológico, o último grande projeto de descoberta de rotas do mundo começou no século XIX e se concretizou no século XX: a criação de rotas de grande extensão pelo pólo Norte e pelo pólo Sul. Só a aviação e o transporte submarino poderiam tirar proveito delas, mas os exploradores que começaram sua busca não dispunham desses recursos.

A lenda de uma passagem livre de gelo para o pólo Norte ganhou força no fim do século XVIII e começo do século XIX, graças a histórias de baleeiros sobre os mares sem gelo ao norte de Spitzbergen. Teria sido um grande avanço para o comércio navegar da Europa ao Pacífico pelo pólo, mas todas as tentativas encontraram o caminho bloqueado. Em 1827, a marinha encarregou William Parry de tentar ir de trenó pelo gelo ártico de Spitsbergen ao pólo Norte. Suas renas empacaram e seus homens tiveram de rebocar trenós de meia tonelada através de banquisas flutuantes só para descobrir que, enquanto eles lutavam para avançar, a correnteza os empurrava para trás a uma velocidade de quatro nós por dia. Chegaram a 82 graus e 45 minutos norte.

O projeto foi retomado, na segunda metade do século XIX, por um jornalista alemão, August Petermann, que conseguiu despertar o interesse do dono do *New York Herald* — o mesmo James Gordon Bennett que foi patrão de Stanley — pela possibilidade, em que ele acreditava, de que o oceano Glacial Ártico fosse navegável. Saíram expedições de quase todos os pontos possíveis, sempre com o mesmo resultado. A última tentativa foi a mais trágica e a mais frutífera. Em 1881, o americano George de Long morreu no gelo quando seu navio se rompeu ao meio no mar da Sibéria Oriental. Mas os restos do naufrá-

OS DESBRAVADORES

gio vieram à tona na Groenlândia, mostrando que a correnteza poderia ser usada como meio de circundar o oceano Ártico. Construiu-se um novo tipo de navio para exploração no gelo, o *Fram*, com costados pronunciadamente inclinados e curvos, de modo que pudesse deslizar entre as banquisas e erguer-se acima do gelo à medida que a pressão fosse levantando seu casco. Em 1893, Fridtjof Nansen encalhou deliberadamente seu navio no gelo, ao norte das ilhas da Nova Sibéria. Três anos mais tarde, o *Fram* apareceu em mar aberto, ao largo da Terra de Francisco José.

Evidentemente, não havia caminho algum para o norte pelo meio do gelo. O pólo só poderia ser alcançado de trenó ou a pé. Para homens que viajavam de trenó, o mar aberto, tão desejado pelos exploradores do passado, tornou-se o inimigo. "Era como atravessar um rio numa sucessão de pedras gigantescas", relatou Robert Peary, enquanto realizava treinamentos para uma tentativa de chegar ao pólo.

> No gelo polar, saudávamos alegremente o frio extremo, já que o aumento das temperaturas e a redução da espessura da neve significavam sempre mar aberto, perigo e atraso. Naturalmente, incidentes secundários, como o congelamento e sangramento das faces e do nariz, são considerados parte do grande jogo. Bem mais grave é o congelamento dos calcanhares e dos dedos dos pés, porque reduzem a capacidade de viajar, e estamos aqui para viajar.[56]

Durante vinte anos de preparação, Peary passou nove invernos no norte, fazendo amizade com os inuítes. Com eles aprendeu os segredos da sobrevivência no Ártico, a caçar, a construir um iglu, a lidar com os huskies siberianos. Contratou condutores de trenó inuítes no cabo Sheridan, no extremo de Smith Sound, e partiu assim que o inverno de 1909 deu uma trégua, levando cerca de catorze toneladas de carne seca. O grupo de vanguarda avançou penosamente, com sapatos de neve, enquanto os trenós seguiam atrás, levando os víveres. Construíram iglus pelo caminho para ter abrigo na volta. No início de abril, as temperaturas se elevaram a 22 graus negativos. Ainda estavam a uma distância de catorze graus do pólo. Peary determinou que fizessem uma incursão rápida com um único trenó tripulado por seis pessoas: ele próprio, seu servidor negro de confiança, Matthew Henson, e quatro inuítes. Três dias depois, em 6 de abril, chegaram ao que julgaram ser o pólo. O próprio Peary não podia crer em

A GLOBALIZAÇÃO

Rotas dos exploradores do pólo Norte.

seus olhos. "O prêmio de três séculos, meu objetivo de vinte anos! Não consigo acreditar. Parece tudo tão simples."[57]

O achado foi muito debatido — primeiro, por um explorador rival que dizia ter chegado primeiro. *"I'll be Peary"*, cantavam artistas de shows de variedades, *"you be dr. Cook. If you don't believe me, come and have a look"* ["Eu serei Peary, e você, o dr. Cook. Se não acredita, venha e dê uma espiada"]. Cook era evidentemente um farsante. Mas as afirmações verdadeiras de Peary também eram impossíveis de verificar, e se ele identificou corretamente a localização do pólo é uma questão que permanece duvidosa. As disputas sobre quem chegou primeiro estão entre os subprodutos mais enfadonhos da história da exploração. A mesma seqüência se repete em quase todos os casos: primeiro, os críticos negam a descoberta; depois disputam a primazia, mais adiante questionam o rigor com que foi relatada. Terminam atribuindo pouca importância ao fato.

Enquanto isso, Roald Amundsen demonstrou o paradoxo da Passagem Noroeste. O Ártico americano era navegável entre o Pacífico e o Atlântico — mas inutilmente. Amundsen usou um pequeno barco e navegou perto da costa. Mas os breves períodos em que o gelo impenetrável permitia a navegação fizeram com que ele levasse quatro anos, de 1903 a 1906, para completar seu trabalho.

Nessa época, a exploração da Antártica tinha sido retomada, depois da longa interrupção desde meados da década de 1840.[58] Os abundantes dados reunidos por Dumont d'Urville e James Ross pareciam mostrar a inutilidade de novos trabalhos: não havia nenhuma Terra Australis que se pudesse explorar; não havia uma rota marítima curta pelo pólo Sul. Os 29 volumes escritos por Dumont aparentemente tinham paralisado a comunidade científica e posto fim à ambição imperialista. Caçadores de baleias, e não comandantes navais, tornaram-se os pioneiros do sul, já que a industrialização e a militarização criaram um aumento da demanda de gorduras e lipídios para lubrificar artefatos e máquinas e para alimentar exércitos e cidades. Na década de 1860, essas matérias graxas passaram a ser obtidas por vários meios: plantio de dendê para a extração de óleo na África ocidental, prospecção de combustíveis fósseis na América do Norte, a invenção da margarina e o aperfeiçoamento dos barcos baleeiros — movidos a vapor e equipados com arpões mortíferos. Baleias maiores e mares mais distantes do que nunca estavam agora entre os objetivos dos baleeiros.

A caça da baleia e a exploração, no entanto, podiam ser uma combinação frustrante. Durante a viagem do baleeiro *Dundee* ao sul em 1892-3, a Real Sociedade Geográfica pôs um naturalista e um artista a bordo. "Estamos num mundo desconhecido", queixou-se o último, "e paramos por causa de... gordura de baleia."[59] No fim da década de 1880, Henryk Johan Bull, empresário norueguês, propôs pagar aos exploradores com os lucros obtidos na captura da foca e da baleia. No início, seus gastos foram mais altos e as receitas mais baixas do que esperava, mas em 1895 vários fatores melhoraram as condições da exploração. Bull fez o primeiro desembarque no continente antártico de que se tem registro. Enquanto isso, os resultados de uma expedição de mais de vinte

A GLOBALIZAÇÃO

anos antes foram finalmente publicados integralmente: a viagem do *Challenger* foi a primeira tentativa da marinha inglesa de produzir um mapa geológico completo do assoalho oceânico. A expedição não avançou muito em direção ao sul se comparada às de exploradores anteriores — só pouco abaixo de 66 graus sul. Mas reuniu matéria deslocada por geleiras antárticas, demonstrou a vastidão do continente e ressuscitou o interesse pelas possibilidades de prospecção de recursos minerais na Antártica e em áreas próximas. Em 1893, sir Clements Markham, incansável defensor da exploração da Antártica, tornou-se presidente da Real Sociedade Geográfica. Era um presidente interino, eleito para preencher o vazio deixado por uma crise na entidade que se dividira quanto à questão de admitir ou não mulheres.[60] Mas sua eleição deu novo vigor à exploração na época em que a Sociedade estava desviando seu trabalho para propósitos educativos; e garantiu que a Antártica seria agora o foco da ação da Sociedade.

Em 1895, o VI Congresso Geográfico Internacional expressou essa mudança de orientação, declarando oficialmente,

> em relação à exploração das regiões antárticas [...] que esse é o grande trabalho de exploração geográfica ainda por fazer; e em vista do progresso dos conhecimentos em quase todos os ramos da ciência, que resultariam de tal exploração científica, o Congresso recomenda que as diversas sociedades científicas do mundo inteiro se empenhem, da maneira que seja mais eficaz, para que esse trabalho seja empreendido antes do fim do século.[61]

O prazo era um pouco otimista demais, mas dezesseis expedições de nove países foram organizadas antes da Primeira Guerra Mundial. Em 1898, uma expedição belga passou o inverno no gelo antártico. Em 1899, o grandiloqüente explorador dinamarquês Carsten Borchgrevink, que tinha navegado como marinheiro de Bull e disputava a honra de ter sido o primeiro a pôr o pé na Antártica, passou um inverno no continente demonstrando a utilidade dos cães naquele meio. Em 1904, numa expedição patrocinada pelo governo britânico, o capitão Robert Scott enfrentou o escorbuto, a cegueira provocada pela neve, a morte de cães, o término dos víveres e divergências entre seus homens para chegar além de 82 graus sul. Em 1903-5, e numa expedição posterior em 1908-10, Jean-Baptiste Charcot, da França, sentiu uma "elevação da alma" no "santuário dos santuários" da natureza, enquanto fazia o levantamento de cerca de 3200 quilômetros da costa antártica. Em 1908, o companheiro indômito de Scott, Ernest Shackleton, fez o reconhecimento de uma promissora rota para o pólo além de 88 graus sul. E durante todo o tempo crescia em todos o desejo de "penetrar naquele espaço branco", como disse Scott.[62]

Scott era um comandante irresponsável. Na expedição de 1904, persistiu em avançar, apesar da perda dos instrumentos de navegação, sem os quais não poderia registrar com exatidão a rota percorrida. Pôs em risco a vida de seus homens recusando-se a reconhecer os sintomas evidentes de escorbuto. Ao lutar por cumprir a missão de chegar ao pólo Sul, talvez seu maior erro tenha sido subestimar a utilidade dos cães. "Na minha cabeça", disse Scott, "nenhuma viagem já feita com cães se equipara ao nobre conceito encarnado por um grupo de homens que avança enfrentando dificuldades, perigos e obstáculos com suas próprias forças." Era um preconceito que Scott tinha em comum com Markham, que possivelmente o influenciara. Puxar trenós, segundo Markham, transformava os homens numa equipe — como os nove tripulantes de um oito-com* ou os onze jogadores de um time de futebol — e servia para desenvolver e celebrar a "virilidade" superestimada por aqueles produtos da educação vitoriana. "Não resta dúvida de que nesse caso", afirmava Scott, "a conquista se realiza com mais nobreza e esplendor."[63] Uma forma bem britânica de sentimentalismo subvertia seu julgamento: ele não suportava ver o sofrimento dos cães, não suportava atirar neles, não suportava comê-los. Seu grande rival Roald Amundsen, pelo contrário, concebia os cães como "almas viventes". Por ter alto apreço pela utilidade dos cães, fazia deles parceiros em seus empreendimentos; por considerá-los desprovidos de sentimentos, explorava-os sem piedade.

Não que Scott fosse contrário, em princípio, ao uso de cães: antevia chegar ao pólo combinando a potência muscular humana, eqüina e canina. Mas, nesse caso, o fato de não admitir a vital importância dos cães foi funesto para suas esperanças. Julgava que os cães não seriam capazes de puxar os trenós nos terrenos íngremes que os exploradores teriam de enfrentar; e por isso foi taxa-

---

* Barco de competição com oito remadores, sendo que cada um usa apenas um remo. Além deles, há um timoneiro na embarcação para auxiliar na direção. (N. E.)

A GLOBALIZAÇÃO

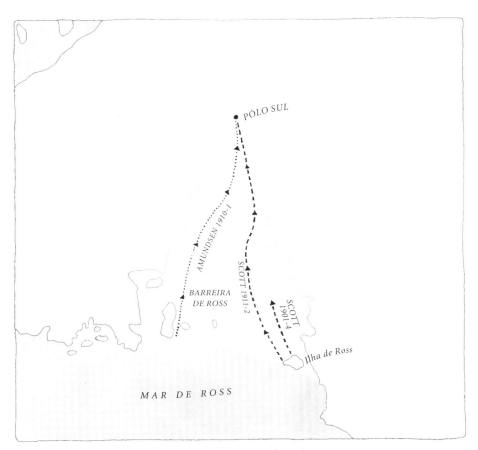

A corrida para o pólo Sul.

tivo quanto a deixá-los para trás. Em conseqüência disso, sobrecarregou sua expedição com pôneis da estepe, e seus trenós tiveram de transportar uma quantidade de alimento imprestável para o estômago humano. Ao contrário dos cães, os cavalos não eram capazes de comer os restos de seus semelhantes mortos. Quando ficavam presos em fendas no gelo, eram difíceis de resgatar. Para se abrigar na neve, são conseguiam buscar proteção ou abrir buracos.

Como era de prever, a expedição de Scott acabou num dos heróicos fracassos que os britânicos adoram celebrar. Seu episódio mais famoso ocorreu quando o capitão Oates livrou seus companheiros do fardo de sua presença e caminhou para morrer na neve, pronunciando o clássico eufemismo inglês:

"Só estou indo lá fora, e talvez por algum tempo". A mensagem final de Scott, com sua emoção e seu patriotismo, sua nostalgia histórica e sua religião indefinida, foi calculada à perfeição para comover a sensibilidade britânica e ajustar-se à imagem que os ingleses fazem de si mesmos:

> [...] não me arrependo desta viagem, que demonstrou o quanto somos, os ingleses, capazes de arrostar dificuldades, ajudar-nos mutuamente e enfrentar a morte com uma fortaleza tão grande quanto a de outrora. Corremos riscos, e tínhamos consciência disso; as circunstâncias nos foram adversas, e mesmo assim não temos razão de queixa, mas nos curvamos à vontade da Providência, ainda determinados a fazer o melhor até o último homem [...] Se tivéssemos sobrevivido, eu teria para contar uma história sobre a audácia, a resistência e a coragem de meus companheiros que tocaria o coração de cada um dos ingleses. Caberá a estas grosseiras anotações e a nossos corpos sem vida contar essa história.[64]

A mensagem não foi totalmente insincera. Scott sempre procurou oportunidades de aperfeiçoamento moral. Nunca tentou — como fez Amundsen — tornar suas tarefas mais fáceis ou mais exeqüíveis. Abraçou o perigo como um componente da firmeza de caráter — uma espécie de cimento que reforçava o companheirismo entre os homens. Mas apesar das belas palavras, os expedicionários morreram com o moral arrasado, sem disposição ou condições de prosseguir, embora estivessem a apenas dezoito quilômetros de uma fonte de alimentos e a pouco mais de 150 quilômetros de sua base. Há suspeitas de que, em certo sentido, morreram como suicidas, preferindo perecer dramaticamente a sobreviver no anonimato.

A desculpa de Scott para o fracasso foi a má sorte — sobretudo devido às condições meteorológicas inusitadamente ruins que com certeza acompanharam seus passos. Os cães fizeram uma diferença decisiva. Mas as razões pelas quais Amundsen tomou a dianteira na viagem ao pólo são mais complexas. Estava fugindo da derrota num combate anterior. Tinha planejado de início uma viagem ao pólo Norte e levantou dinheiro tendo em vista esse objetivo. Mas Peary se adiantou, e o que Amundsen pretendia era a glória de ser o primeiro. Sem avisar seus financiadores — entre os quais, ironicamente, estava a Real Sociedade Geográfica, os principais patrocinadores de Scott — nem a maior parte de seus companheiros, decidiu em segredo mudar seu destino.

A GLOBALIZAÇÃO

Quando o barco chegou à ilha da Madeira, ele reuniu seus homens.

Declarou que tinha nos enganado, e também à nação norueguesa. Mas que não havia outro remédio [...] Qualquer pessoa a bordo que não quisesse ir ao pólo Sul estava livre para deixar o navio de imediato [...] Agora o que queria saber é se estávamos prontos para ir com ele ao pólo Sul.

Amundsen descreve a reunião de seu próprio ponto de vista:

De vez em quando eu tinha de fitá-los de frente. No começo, como era de esperar, manifestaram os mais inconfundíveis sinais de surpresa, mas prontamente a expressão deles mudou e, antes que eu terminasse, sorrisos passaram a iluminar seus semblantes. Agora eu já estava certo da resposta que me dariam.

As comemorações a bordo naquela noite foram de tal ordem "que se poderia pensar que o trabalho tivesse sido realizado com êxito em vez de ainda estar apenas no começo".[65] Amundsen foi sincero ao considerar a expedição como uma competição e relegando a segundo plano trabalhos de importância científica, enquanto Scott afirmava considerar essa atitude como imprópria. Amundsen traçou sua própria rota, a partir da baía das Baleias, enquanto Scott, orientado por Shackleton, havia rejeitado essa opção por causa da instabilidade do gelo. Mas ela ficava cem quilômetros mais perto do pólo do que a base escolhida por Scott, e nela abundavam focas que serviriam de alimento. A série de vantagens com que contava Amundsen produziu o resultado inevitável. Em 14 de dezembro de 1911, Amundsen e seus homens fumaram charutos no pólo Sul.[66]

As principais conseqüências da exploração polar demoraram a se manifestar, mas transformaram o mundo. Em primeiro lugar, uma nova rota, de alcance mundial, foi aberta no Ártico, que se tornou o último oceano do mundo aberto ao comércio e ao intercâmbio cultural de longa distância. Na Idade Média, o estabelecimento de comunicações no oceano Índico produziu um lago islâmico. Das muitas travessias do Atlântico, em ambos os sentidos, surgiu a moderna civilização ocidental. De maneira menos clara, podemos dizer que o desenvolvimento da navegação no Pacífico deu maior proeminência aos povos que viviam nas costas desse oceano: uma potencial civilização do Pacífico. O Ártico há de dominar a última fase da história mundial dos oceanos, com aviões e submarinos circulando por cima e por baixo do pólo Norte, encurtando sobremaneira as distâncias. Atualmente existem cidades além do Círculo Polar Ártico. Norilsk, com cerca de 200 mil habitantes, tem casas que se erguem sobre pilotis acima da camada de permafrost e são aquecidas 288 dias por ano, com remoção permanente da neve e "iluminação pública quatro vezes mais forte que a das cidades do sul da Rússia".[67] Em menor medida, as rotas de transporte aéreo que passam pelo pólo Sul terão importância cada vez maior para as redes mundiais de comunicação. Se a globalização cumprir sua promessa mais recente, e uma civilização autenticamente global se tornar realidade, os historiadores um dia descreverão como ela tomou forma em volta das rotas de círculo máximo da mesma forma que as civilizações anteriores se formaram a partir das rotas que cruzavam os oceanos que lhes eram próximos. O Ártico poderá chegar a ser visto como o oceano de todo o planeta.

OS NOVOS ENCONTROS

À medida que o mundo se tornava "menor", as histórias de viajantes se faziam mais exageradas. Suas fantasias avançavam além de fronteiras inexploradas, em zonas cada vez mais remotas da biosfera. No fim do século XIX e início do século XX, escritores de ficção procuravam mundos perdidos para ambientar aventuras sem fim. Heróis de Júlio Verne encontraram as ruínas submarinas da Atlântida. Conan Doyle situou um mundo primitivo de dinossauros nas regiões montanhosas da Guiana e um mundo assombrado por monstros na atmosfera superior, pouco além do alcance dos primeiros aviadores. James Hilton localizou a terra maravilhosa da eterna juventude no coração do Himalaia. H. P. Lovecraft imaginou uma civilização desaparecida que vicejava no gelo da Antártica.

Na vida real, abundavam os Munchausen. Os autores de livros comerciais de viagens alimentavam o apetite de um público crédulo e ansioso. O gênero sempre tinha sido popular: agora era capaz de transformar escritores em celebridades e em milionários. Em 1875, para usar um exemplo extremo, um escritor que se fazia chamar capitão J. A. Lawson publicou um trabalho aparentemente calculado para pôr à prova a credulidade dos leitores. No livro *Wanderings in the interior of New Guinea* [Viagem pelo interior da Nova Guiné]

A GLOBALIZAÇÃO

ele descreve macacos e margaridas gigantes, aranhas do tamanho de um prato, cervos com longa crina sedosa, um tronco de árvore com 25 metros de circunferência, um lírio encarnado cujo perfume impregnava as mãos durante horas e uma montanha mais alta que o Everest em abrupto isolamento. Ele dizia tê-la escalado até a altitude de 7700 metros. Tudo isso — nota um crítico mais cético — enquanto demonstrava "tanto conhecimento filológico que conseguia conversar fluentemente com líderes selvagens prestes a lhe cortar o pescoço".[68]

De certo modo, havia realmente mundos perdidos a descobrir. Em primeiro lugar, estavam as "cidades perdidas". O século xix estava acostumado à redescoberta de antigas civilizações. As ruínas de Borobudur — o magnífico templo onde relevos de navios atestam as proezas dos exploradores javaneses do período Sailendra[69] — eram desconhecidas até 1814. Na década de 1840, J. L. Stephens topou com cidades maias ao esquadrinhar a floresta. O ardiloso *showman* que se fazia chamar de Grande Farini falava de ruínas no Kalahari — talvez enganado por rochas. Na década de 1860, os primeiros habitantes de Phoenix, Arizona, deram esse nome à cidade inspirados nas ruínas das culturas anasazi e hohokan. Anteriormente desconhecidas ou apenas supostas, antigas cidades foram reveladas pelas pesquisas de Heinrich Schliemann, Arthur Evans, Aurel Stein e diversos outros arqueólogos menos célebres. A atração exercida pela "cidade perdida" nunca arrefeceu. Hiram Bingham encontrou Machu Picchu em 1925 quando procurava outra cidade perdida autêntica, Vilcabamba (na verdade, situada nas planícies próximas). No mesmo ano, um obsessivo esportista, o coronel Percy "Jack" Fawcett, que segundo parece era mentalmente perturbado, desapareceu nas florestas do alto Xingu onde procurava uma cidade mitológica situada em montanhas que não existiam.

Mais importante para os objetivos deste livro é a existência de povos perdidos: comunidades isoladas, às vezes desconhecidas até mesmo de seus vizinhos, sem contato com a maior parte do resto do mundo, alijadas da rede de comunicações globais. As explorações não cessaram de alimentar o fluxo de curiosidades etnográficas para ilustração ou divertimento dos leitores do Ocidente. Frémont, por exemplo, tinha ocasionalmente a sensação de que os índios que ele conhecera eram "primeiros contatos" que jamais tinham visto "homens brancos" anteriormente. Topógrafos a serviço de ferrovias ou estradas de rodagem no sudoeste dos Estados Unidos encontraram povos desconhecidos até então: os mojaves, com suas saias de fibra, e os paiutes, comedores de gafanhotos.

477

OS DESBRAVADORES

Mas a maior demanda, no entanto, era de espécimes humanos fisicamente extraordinários. O racismo científico procurava com avidez crânios animalescos. A criminologia buscava provas de que pessoas inferiores tinha "feições de degenerescência". O imperialismo procurava uma justificativa científica para um mundo retalhado e reagrupado em função da raça. Na década de 1840, a paleantropologia começou a descobrir provas da existência de espécies de hominídeos no passado. A partir de 1859, a teoria da evolução animou as expectativas de descoberta do "elo perdido" entre macacos e homens. Assim como a Idade Média ansiava por silvícolas e *similitudines hominis* [seres semelhantes aos homens], e o Iluminismo suspirava por meninos-lobos e nobres selvagens, o Ocidente moderno buscou seus próprios antropóides bizarros.

Os pigmeus pareciam ser os mais promissores objetos da pesquisa. Não eram estranhos aos visitantes europeus das Filipinas e das ilhas Andaman desde o século XVI. Sua existência na África central era conhecida por antigos relatos. Homero imaginou pigmeus em luta com cegonhas. Eles estavam entre os prodígios que Sebastião Caboto desenhou em seu mapa-múndi de 1544, no qual apareciam conversando e gesticulando à maneira da Renascença, empunhando cajados: era uma tentativa de tranqüilizar os observadores de que esse povo, embora diminuto, era plenamente humano, dotado de razão e não devia ser classificado entre os monstros que supostamente habitavam as terras recém-exploradas.

Stanley foi responsável pelos primeiros contatos registrados com sociedades pigméias da África central. Estava no "Éden selvagem", nas proximidades da floresta de Ituri em 1887-8, fazendo outro de seus "resgates" de vítimas relutantes: dessa vez, era Emin Pachá, governador da província egípcia de "Equatoria" na região dos grandes lagos, que uma revolta no Sudão tinha isolado da rota normal de comunicação ao longo do Nilo. Stanley veio a conhecer os povos pigmeus da região e a descrever suas singularidades com certa exatidão: sua diversidade na aparência, pigmentação, cultura e línguas, além do extraordinário grau de isolamento em relação a todos os que não fossem seus vizinhos mais próximos. Os primeiros pigmeus que ele avistou foram mulheres, capturadas por um negreiro árabe, perto da confluência dos rios Ituri e Lenda. Suas impressões iniciais foram nubladas pelos clichês do exotismo, ao ver-se diante de "mulher jovem de perfeita constituição física", com 84 centímetros de altura:

478

de cerca de dezessete anos, com uma pele macia e brilhante em todo o corpo. Sua imagem era a de uma mulher de cor em miniatura, a quem não faltava certa graça, e sua fisionomia das mais cativantes. Sua tez era a de uma mulata clara, ou da cor do marfim amarelo. Seus olhos eram magníficos, mas absurdamente grandes, como os de uma gazela; enormes, proeminentes e extremamente brilhantes. Completamente nua, a pequena dama estava bastante segura, como se estivesse habituada a ser admirada, e realmente gostasse disso.

Uma "rainha pigméia", encontrada como escrava de um árabe poucos meses depois, era também "uma pequena criatura muito encantadora".[70]

Mas Stanley teve dificuldade para encontrar um espécime masculino adulto. No início, encontrou apenas aldeias e campos desertos, e então capturou algumas mulheres e crianças. Apesar dos "olhos de macaco" e das mandíbulas salientes que Stanley notou em alguns espécimes, sua impressão continuou favorável. Finalmente, em 28 de outubro de 1888, Stanley conheceu o primeiro pigmeu adulto do sexo masculino:

> Nenhum editor de Londres poderia imaginar os sentimentos com que contemplei aquele homúnculo saído dos ermos da vasta floresta da África central. Para mim, era mais venerável que o Memnonium de Tebas. Seu corpo pequenino representava os mais antigos tipos do homem primitivo, descendente dos réprobos de tempos remotos, os Ismaéis da raça primordial, excluídos para sempre do trabalho da comunidade [...] exilados eternamente por seus vícios, para viver a vida de bestas humanas nos brejos, nos pântanos e na floresta selvagem. Pensem nisso![71]

Embora os relegasse à categoria de seres inferiores, Stanley pelo menos reconheceu a humanidade dos pigmeus. "Ainda que suas almas permaneçam ocultas sob uma camada de animalidade anormalmente espessa, e seus sentimentos mais nobres estejam atrofiados e entorpecidos pela falta de uso, não deixam de possuí-los."[72]

A segunda frente de busca de pigmeus estava na Nova Guiné. Ali, em 1910, foram encontrados por ornitólogos britânicos que estudavam as montanhas Nassau. Em 1921, uma equipe holandesa, patrocinada por uma comissão científica, encontrou os pigmeus tomorini, de "ventres de batata", ao explorar as montanhas do extremo oeste da mesma cadeia. No entanto, quando Mat-

OS DESBRAVADORES

thew Stirling chefiou uma expedição aérea para encontrar outros desses povos, em 1926, ainda se surpreendeu ao encontrar os pigmeus da área do rio Nogullo, que também manifestaram surpresa — as mulheres mordiam o dedo médio e agitavam os seios, os homens estalavam com as unhas as bainhas que cobriam suas partes íntimas.[73]

Os pigmeus não constituíam de modo algum o mais estranho dos novos povos — novos, entenda-se, para o resto do mundo — encontrados na Nova Guiné. De certo modo, não podiam mesmo ser surpreendentes, já que as expectativas sobre as ilhas e sobre as novidades que suas profundezas desconhecidas poderiam encerrar eram muito extravagantes. A Nova Guiné era singularmente misteriosa — pareceu a um dos primeiros exploradores "uma vaga e imensa terra de maravilhas onde [...] as aventuras da época do rei Artur seriam eclipsadas" e a outro como "uma das regiões encantadas das mil e uma noites, tão nebulosa é a atmosfera de obscuridade que paira atualmente sobre as maravilhas que ela oculta".[74] No mesmo ano em que apareceu a mistificação do "capitão Lawson", um marinheiro francês que naufragara no litoral norte da Nova Guiné, uma terra de canibais, deu início à última lenda do Eldorado. As aventuras de Louis Trégance superaram até mesmo as de Lawson. Segundo ele, tinha fugido para o interior, onde se deparou com um império rico em ouro, com pessoas morando em cidades e cavaleiros aristocratas que ele chamou de orangwoks. Cabe observar que a história não era implausível. Seus leitores nada sabiam sobre as montanhas que ele descreveu, exceto que existiam. Não se conhecia ninguém que tivesse estado lá anteriormente. A fantasia revelou-se falsa. A Nova Guiné não tinha cavalos — na verdade, não tinha grandes quadrúpedes, apenas porcos e cangurus pigmeus. Tampouco tinha qualquer tipo de metalurgia, pois os habitantes do interior desdenhavam o ouro que aflorava nos rios em favor de conchas raras do mar distante. Em vez de um grande império, o interior escondia centenas, talvez milhares de minúsculas comunidades mutuamente hostis.

Esses eram "mundos perdidos" reais. A realidade era praticamente mais estranha que a ficção de Trégance. Isolada e a salvo da influência do mundo exterior, uma população densa vivia na ilha havia milênios, sem contato algum com quaisquer outros grupos humanos.

Em junho de 1930, o caçador de ouro Michael Leahy deixou o mapa da Nova Guiné "completamente imprestável", como declarou um oficial britâ-

480

nico, depois de atravessar a ilha dos rios Markham e Ramu até o Purari, através de uma bacia hidrográfica até então desconhecida.[75] Ao avistar pela primeira vez a savana além da cordilheira Bismarck, em junho de 1930, achou que as clareiras tinham sido abertas por incêndios florestais. Naquela noite, porém, percebeu, aterrorizado, a luz de mil fogueiras. Havia penetrado numa região densamente habitada onde ninguém esperava ninguém. Ele e seus homens passaram a noite de prontidão.[76]

Já os nativos, embora estivessem em conflito permanente entre si, se mostraram notavelmente receptivos aos recém-chegados. "Um homem branco pode ir aonde quiser, sem arma alguma além de um bastão", relatou Leahy.[77] Os exploradores conseguiam induzir os guerreiros à submissão simplesmente mostrando-lhes uma dentadura postiça e garimpar ouro nos rios sem despertar ganância. Compravam mulheres e porcos em troca de punhados de conchas ou armas de aço.

Os novos encontros se multiplicaram. Em 1933, Leahy avistou outro vale promissor, o Goroka, de um ponto situado a 2 mil metros de altitude, perto de Bena Bena. Voltou ao lugar de avião para examiná-lo e viu de cima o vale do Chimbu,

> possivelmente com cerca de trinta quilômetros de largura e não se sabe quantos de comprimento, entre duas altas cordilheiras, com um rio cheio de meandros serpenteando por ele. Sob nós havia indícios de um solo muito fértil e uma grande população — uma contínua colcha de retalhos de jardins dispostos em quadrados perfeitos, como um tabuleiro de xadrez, com casas de palha retangulares em grupos de quatro ou cinco densamente distribuídas na paisagem. A não ser pelas casas de palha, a vista lembrava os campos quadriculados da Bélgica vistos de cima. Com certeza, as 50 mil ou 60 mil pessoas que havíamos encontrado no curso superior do Purari nada eram se comparadas à população que devia morar nesse vale.[78]

Na verdade, os números estimados pelos primeiros observadores desses vales foram grosseiramente subestimados. O mito de montanhas desabitadas que preencheriam o centro da Nova Guiné não se sustentava mais. O vale do Goroka tinha mais de 100 mil pessoas; o do Chimbu, metade disso. No total, mais de meio milhão de pessoas viviam nas áreas montanhosas desconhecidas até a década de 1930.

OS DESBRAVADORES

Já não havia descobertas dessa escala por fazer em lugar algum do mundo. O grande trabalho dos exploradores, o de reatar os laços entre comunidades humanas separadas, aproximava-se do fim. Mas nas densas florestas havia ainda alguns pequenos grupos isolados e sem contato com o mundo além de seus vizinhos mais próximos. O mundo — aquela parte do mundo que se autoproclama civilizada — as imaginava como comunidades fracassadas, que tinham ficado de fora do caminho do progresso. Na verdade, deveriam ser vistas como as comunidades mais bem-sucedidas da história: tinham chegado a um nirvana conservador, preservando sua cultura de mudanças e resistindo às agitações convulsivas da "modernidade". É claro que relativamente poucas delas haviam conseguido permanecer totalmente distantes dos frenéticos intercâmbios culturais ocorridos no mundo durante mais ou menos os últimos quinhentos anos. A maior parte delas apreciou os produtos do mundo industrializado que tiveram a seu alcance, principalmente facas de metal e bugigangas indestrutíveis, e conseguiram-nos por meio de guerra ou escambo com os vizinhos que estavam em contato com os limites do mercado global.

Os problemas para definir uma comunidade isolada ou sem contato tornaram-se óbvios em 1971, quando Manuel Elizalde, político e filantropo filipino com sólidos laços com o ditador, anunciou a descoberta de 26 ou 27 cavernícolas na floresta pluvial de Cotobato do Sul, a poucas horas a pé da colônia moderna mais próxima. Os tasadays, como eles próprios se denominavam, usavam roupas de folhas, tinham utensílios de pedra e bambu e comiam produtos silvestres que coletavam. Pareciam corresponder a todos os estereótipos do primitivismo: índole supostamente pacífica, uma língua em que não havia palavras relacionadas à guerra e uma atitude reverente para com Elizalde, a quem consideravam um deus. Não matavam animais para comer e, segundo os primeiros relatos, nem sequer sabiam caçar. O governo praticamente isolou-os num habitat protegido, mas quando um jornalista percorreu a área, cerca de doze anos depois, vieram à luz incongruências surpreendentes. Os tasadays, verificou-se, usavam bambu cultivado para fabricar seus utensílios e aparentemente não empregavam instrumentos de pedra para nada, exceto quando observados. Ao que parecia, tinham acesso a arroz cultivado e a outros produtos de fora da floresta; sua língua, embora peculiar em alguns aspectos, era bem próxima — ou talvez mesmo derivada — das línguas das comunida-

A GLOBALIZAÇÃO

des vizinhas. Alguns admitiram que sua existência como tribo tinha sido um embuste arquitetado por seu "descobridor".

A verdade permanece obscura, mas de acordo com indícios hoje disponíveis, os tasadays parecem ter sido um grupo formado a partir de desertores de comunidades próximas e nunca foram tão isolados ou tão ignorantes a respeito da caça, da agricultura e da guerra como eram pintados pelo primitivismo romântico.[79] Sua história ilustra dois fatos importantes: por um lado, demonstra o perigo da percepção distorcida por uma mentalidade romântica; por outro, mostra que nem mesmo comunidades extremamente tradicionais e avessas a mudanças permanecem íntegras para sempre, mas se dividem e participam da corrente maior da humanidade, ou mesmo revertem ao isolamento depois de experimentar o contato com outras comunidades. No mundo moderno, isolamento é um termo relativo.

Não obstante, é justo afirmar que ao longo do século xx existiu um grande laboratório de novos encontros na Amazônia. No começo do século, os povos remanescentes da floresta eram numerosos, mas estavam condenados. De acordo com as opiniões tidas como mais abalizadas, a evolução os condenaria à extinção, ou o lema "ordem e progresso" da bandeira brasileira exigiria sua supressão. Já que "nenhum trabalho sério ou contínuo pode ser esperado" deles, como afirmou Hermann von Ihering, diretor científico do Museu Paulista [o Museu do Ipiranga] em 1908, "não temos alternativa senão exterminá-los".[80] A construção de uma ferrovia semeou a floresta de mortos, entre indígenas e sacerdotes que tentavam protegê-los.

Por outro lado, sempre houve brasileiros que encararam os nativos como tesouro nacional e o progresso como um processo destinado a redimi-los, a seu tempo, de suas características "selvagens". Essa foi uma forma de aculturação ou reconfiguração cultural tão eficaz quanto o genocídio. Em 1912, por exemplo, o recém-fundado Serviço de Proteção aos Índios fez contato com seu primeiro povo "novo", os caingangues. Os que chegavam nus ao acampamento "eram imediatamente vestidos". O governo anunciou orgulhosamente a "pacificação" deles: os ferroviários "agora podem penetrar impunemente em seus domínios mais remotos".[81] Novas doenças mataram o povo contatado; sua taxa de nascimentos decresceu.

As estradas de ferro e de rodagem disseminaram os contatos e aceleraram a morte dos indígenas. Logo depois da Segunda Guerra Mundial, o governo brasileiro decidiu abrir uma estrada, através da floresta, que fosse do Araguaia ao Xingu e ao Tapajós, com pistas de pouso no trajeto. Os irmãos Orlando e Cláudio Vilas-Boas, que na juventude se interessaram pela exploração amazônica com espírito de aventura, com a experiência tornaram-se a vanguarda heróica do Serviço de Proteção aos Índios. Contataram grupos desconhecidos antes dos madeireiros, advogados, mineiros e missionários, com o propósito de apresentar os índios à modernidade da maneira menos traumática possível. No início, eram abastecidos em sua marcha por boiadas ou tropas de mulas. Mais tarde, na década de 1960, predominaram os lançamentos por ar. Em 1953, os irmãos tiveram sua primeira vitória. Foram no encalço dos mentukitres, índios conhecidos de outras tribos somente por sua fama de ferocidade. "Os homens batiam no peito e diziam que eram nossos irmãos. As mulheres correram para se esconder atrás de árvores ou se internaram na floresta; meninos e meninas corriam de um lado para outro. As crianças choravam."[82] Em 1960, eles encontraram os suiás — povo do qual nada se sabia desde 1884, quando Karl von der Steinen deu início a um novo método de exploração do interior do Brasil: em vez de se limitar aos rios como caminhos principais, o que é relativamente fácil, ele chegou ao alto Xingu por terra, atravessando o norte de Mato Grosso, antes de se voltar rio abaixo, fazendo a primeira travessia das corredeiras de Von Martius de que se tem registro. Os suiás exemplificavam um dos grandes problemas da "proteção ao índio": a violência era parte de seu modo de vida e a hostilidade em relação aos forasteiros integrava sua cosmologia. Não poderiam ser "pacificados" sem sacrifício de sua identidade.

Uma das expedições seguintes abriu uma rota pela zona do curso alto do rio Iriri, que não constava de nenhum mapa, até a serra do Cachimbo, em 1961, onde, ao que se soubesse, não havia nenhuma tribo isolada. Seu chefe, Richard Mason, um jovem inglês idealista, foi encontrado morto no caminho, adiante de seus companheiros, crivado de flechas e com a cabeça quebrada. Isso foi o que se soube primeiro sobre os panarás, que acabaram fazendo contato com representantes do governo brasileiro em 1971. Foram transferidos várias vezes de seu território de origem para diversos assentamentos, preparando o caminho para o desenvolvimento comercial, e finalmente deixados em paz numa reserva adequada em 1966. John Hemming, que ia logo atrás de Mason quando este morreu, participou de quatro novas descobertas nos anos seguintes. "Uma das tribos era hostil, com os homens sempre empunhando

A GLOBALIZAÇÃO

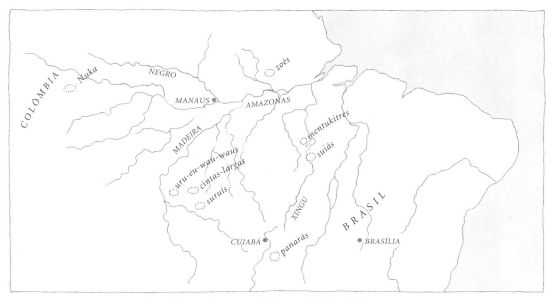

Localização de povos indígenas do Brasil durante os "contatos" no século XX.

arcos e flechas; duas ficaram em estado de choque, e a quarta nos tratou como se fôssemos deuses, querendo nos dar o pouco que possuíam."[83]

Em 1967-8, a abertura de uma rodovia para Porto Velho, à margem do rio Madeira, promoveu mais contatos, mais doenças, mais colonização. Cinco grupos diferentes apareceram nas montanhas ao norte da estrada, entre eles os cintas-largas e os suruís. O mergulho desses povos no conhecido ciclo de depressão, dependência e desarraigamento começou quando exploradores comerciais chegaram a seus territórios para a criação de gado, a mineração e a exploração da madeira. Antônio Cotrim, herói de uma série de primeiros contatos com índios cuja confiança ele conquistou, renunciou ao serviço público em 1972, decepcionado com as conseqüências mórbidas e freqüentemente fatais do contato com os índios, que ele via como "obrigar uma comunidade a dar o primeiro passo num caminho que a levará à fome, à doença, à desintegração, muitas vezes à escravidão, à perda de suas tradições e, no final, à morte na miséria absoluta que chega a todos tão precocemente".[84] No mesmo ano, uma pesquisa do governo brasileiro revelou "cumplicidade sórdida em ganância, crueldade e crime" por parte de funcionários do Serviço de Proteção aos Índios.[85]

OS DESBRAVADORES

Índio brasileiro da tribo suruí.

Mitos e mal-entendidos faziam com que o resultado dos encontros fosse imprevisível. Antes do contato, acreditava-se que os panarás eram gigantes, porque um menino capturado por uma tribo vizinha cresceu muito (de modo excepcional, como se viu mais tarde) e chegou a mais de 1,80 metro. Quando os panarás tentaram fazer contatos pacíficos, a força aérea mandou pára-quedistas armados com metralhadoras. O conflito entre as diferentes percepções que a sociedade brasileira tinha dos índios continuava tão intenso naquela época quanto nos primeiros anos do século. Quando, em 1970, Robin Hanbury-Tenison, um dos fundadores da Survival, percorreu o Brasil com o objetivo de preparar um relatório sobre as necessidades e possibilidades de ajuda internacional para os índios, suas discussões com representantes do governo, que entendiam a integração imediata como único futuro possível para os índios, contrastaram com a visão de Cláudio Vilas-Boas, para quem:

486

A GLOBALIZAÇÃO

é uma estupidez tentar integrar o índio, pois o índio é melhor do que nós, sabe viver muito melhor do que nós e tem a nos ensinar muito mais do que nós a ele [...] Acompanhe qualquer processo de integração que tenha ocorrido e assista à destruição do povo em questão.[86]

De forma análoga, os missionários estavam divididos entre os representantes de igrejas evangélicas e fundamentalistas, que entendiam como seu dever extirpar as raízes da cultura indígena, e seus concorrentes, principalmente católicos pós-concílio Vaticano II, que consideravam seu dever trabalhar com os índios dentro de suas próprias tradições culturais. Em 1987, um lobby de interesses comerciais acusou a Igreja de conspirar para "induzir o Estado a aceitar restrições à sua soberania nos territórios indígenas" e interromper a exploração das riquezas amazônicas.[87]

Os novos contatos pareciam inesgotáveis. Em 1981, os uru-eu-wau-waus finalmente responderam aos chamarizes postos durante anos a fio por funcionários do governo no rio Jarami, ao sul de Porto Velho. Mas seus chefes continuavam divididos, e grupos de índios hostis resistiram ainda durante anos. Os índios começaram a construir suas aldeias sob a cobertura da floresta para impedir o reconhecimento aéreo, o que os tornou mais difíceis do que nunca de localizar. Em maio de 1989, um episódio de contato foi captado pelas câmeras da televisão: a existência dos zoés — 133 pessoas em quatro aldeias — era conhecida por relatos do início da década de 1970, e suas aldeias foram avistadas por aviadores em 1982.[88] A presença de uma tribo isolada a menos de trezentos quilômetros de Santarém parecia sensacional, e os telespectadores viram os zoés oferecendo flechas quebradas como símbolo de suas intenções pacíficas. Isso ocorreu no alto Cuminapanema, na junção com o Curuá, região onde os missionários protestantes eram pioneiros. Novos contatos continuaram ao longo da década de 1990, época em que apareceram os nukaks, tribo coletora e caçadora que desconhecia a agricultura. No início do século XXI, acreditava-se que existiam no Brasil[89] cerca de quarenta comunidades indígenas ainda não contatadas.

OS DESBRAVADORES

AVENTURAS IMPRESSIONANTES

A história das explorações no fim do século xix e no século xx é paradoxal: fracassos individuais e êxitos coletivos. Quase todas as tarefas se cumpriram, quase todas as histórias se concluíram. Com exceção dessas comunidades remanescentes no Brasil, todo ser humano do planeta estava em contato com outros ao término desse período. A história de divergência cultural se inverteu. O trabalho retomado de convergência estava bem avançado. No entanto, quase todos os exploradores retratados neste capítulo tiveram fracassos pelo caminho, atrapalhados por vícios típicos: amadorismo, ingenuidade, corrupção, credulidade, desatenção, belicosidade, presunção, falsidade, miopia romântica, simples incompetência.

Alguns dos problemas que os derrotaram eram estruturais, derivados da natureza mesma da exploração como negócio e, em particular, da maneira como era financiada. Em grande parte, a exploração esteve vinculada à especulação econômica. Os levantamentos topográficos para a construção de vias férreas, por exemplo, foram realizados porque encerravam perspectivas de lucro; embora amparadas pelo governo, muitas dessas iniciativas foram financiadas por boa porção de capital privado. Ao embarafustar pelas florestas do Congo, Stanley pretendia lançar as infra-estruturas necessárias à exploração — e, aliás, uma exploração bastante impiedosa. Prospectores de ouro e de carvão foram responsáveis, em grande medida, pela abertura de rotas em lugares secretos da Nova Guiné. A maior parte das expedições à Antártica contou com financiamento independente, por parte de filantropos e empresários ou por subscrição pública. O maior investidor na empreitada de Scott foi um fabricante de tintas que não tinha nenhum interesse imediato no empreendimento. O governo alemão e o japonês financiaram expedições inteiras. O governo britânico participou com 50% da primeira investida de Scott e deu contribuições para outras iniciativas semelhantes. França, México, Brasil, Chile, Argentina, Nova Zelândia e Austrália deram contribuições complementares a iniciativas patrocinadas pelo capital privado.

A imprensa desempenhou um papel essencial na questão. Jornais, editoras e — na época da expedição fatal de Scott — produtoras cinematográficas pagavam pelas histórias de exploradores. O magnata da imprensa americana

488

foi o maior patrocinador de Henry Stanley. *Le Matin* angariou dinheiro para Charcot entre seus leitores. E nem só os exploradores é que precisavam de dinheiro: as instituições que organizavam esses empreendimentos eram normalmente grupos missionários ou sociedades geográficas que também disputavam subscrições públicas. Assim, sem grandes tiragens, não haveria dinheiro para os exploradores.[90] Sem boas histórias e heróis cobertos de glória, o apoio e o interesse do público teriam diminuído. O exagero e a mentira foram algumas das conseqüências disso, além de um grande desperdício de tinta e sangue.

Os meios de financiamento distanciaram a exploração dos objetivos científicos. A estes, antepôs-se a aventura. A última fase de muitas expedições tornou-se um espetáculo. Exploradores como Amundsen, que admitiam pôr o sensacionalismo adiante da ciência, eram raros. As dissimulações eram mais comuns, como a de Douglas Mawson, para quem a ciência e a aventura eram inseparáveis. A diretoria da Real Sociedade Geográfica Britânica — ainda a mais rigorosa promotora de exploração na época de Scott — foi inabalável na afirmação explícita de que nenhuma exploração se justificava a não ser pelo valor de seus resultados científicos; e Scott, ao que parece, compartilhou sinceramente essa idéia até que o brilho do gelo bateu em seus olhos e o cheiro da busca em suas narinas. Aí ele esqueceu seu "claro dever [...] de obter a maior coleta de dados científicos que as circunstâncias permitam"[91] e se lançou por inteiro à corrida polar. Embora a Real Sociedade Geográfica tenha mantido suas prioridades científicas, não há dúvida de que a carência de verbas não lhe foi indiferente: a Sociedade precisava de exploradores com brilho e *succès d'estime*[*] — ou, em bom português, com "desassombro e galhardia". Sempre que o fervor público precisou ser estimulado, a competição patriótica predominou sobre outros objetivos. Amundsen descreveu com emoção a imagem da "amada bandeira" de seu jovem país a tremular no pólo Sul. Dedicou à bandeira as últimas linhas de seu relato do episódio — artifício retórico empolgante e de enorme eficácia. Os exploradores tornaram-se viciados em adrenalina. "Um dia sem uma nova experiência emocionante", dizia Garnier, "é uma decepção."[92]

A expedição transantártica de Shackleton, cujo fracasso se somou ao de Scott na tentativa de redimi-lo, não fazia sentido do ponto de vista científico. Só

---

[*] *Succès d'estime*: sucesso importante, acolhido pela crítica, mas desmerecido pelo público. (N. E.)

se justificava como aventura escancarada, e terminou em outro malogro heróico. Tudo deu errado nessa expedição já a partir do começo, mas a fantástica viagem de seu líder num barco descoberto à Geórgia do Sul para buscar ajuda e seu retorno para resgatar sua tripulação fez com que tudo parecesse glorioso. Douglas Mawson, companheiro de Shackleton na expedição anterior, expressou bem a confusão que levava tantos exploradores a empreender aventuras impulsivas: "A ciência e a exploração nunca foram mutuamente excludentes; pelo contrário, o desejo de revelar os elementos naturais puros repousa na origem desse impulso insaciável — a 'paixão pela aventura'".[93] Mawson liderou sua própria expedição em 1911-4, com o objetivo de mapear a porção da Antártica que fica bem diante da Austrália e fazer valer os direitos australianos no caso de uma eventual partilha. Na tentativa de fixar os limites orientais da região, ficou sem alimentos e teve de sepultar seus homens, comer seus cães e voltar com esforço ao acampamento, esfomeado e atacado de gangrena.

Garnier, no curso médio do rio Mekong, foi outro explorador que demonstrou temeridade surpreendente, obrigando os remadores nativos a transportá-lo, sob a mira de armas, pelas corredeiras de Preatapang, que troam, rebentam e corcoveiam ao longo de cinqüenta quilômetros junto à margem oeste do rio. Seu pretexto era conferir a informação, dada pelos guias, segundo a qual as corredeiras eram perigosas demais para navegar a favor da corrente e fortes demais para navegar rio acima. Poderia ter aceitado o conhecimento local, mas, como confessou em outra ocasião, "estava habituado a que os nativos previssem dificuldades que jamais se materializavam. Por isso nunca levei a sério nenhuma objeção".[94] Pelo contrário, preferiu arriscar a vida para admitir que seus informantes estavam certos.

Para a carreira de alguns exploradores, o melhor incentivo era a morte. Seus empreendimentos esbanjavam vidas alheias. Os modelos a seguir eram quase todos homens que tinham "dado a vida": Cook, La Pérouse, Park, Laing e Livingstone projetavam suas sombras sobre a lápide de cada explorador. Garnier e seus companheiros buscaram inspiração no exemplo de Henri Mouhot, naturalista francês solitário que morreu no interior do Laos em 1861. Scott e seus companheiros cultuavam o "risco". A morte deles mascarou seus erros e tornou-se uma modalidade perversa de sucesso. Frente a frente com a morte no centro da Nova Guiné em 1910, o jovem Donald Mackay[95] escreveu: "Imagino que, se tenho de transpor o Limite, não terei uma jornada tão dura quando

A GLOBALIZAÇÃO

empreender a última Grande Aventura. É estranho que, afinal, todo homem tenha de explorar o Desconhecido". Essa foi uma idéia inculcada nos leitores de *Boy's Own Paper** e arraigada nos consumidores de literatura juvenil da época. Para Peter Pan, que nunca cresceu, a morte podia parecer "uma aventura impressionante".

Evidentemente, em alguns aspectos, a tecnologia modificou a exploração, redirecionando a descoberta de rotas para fins determinados por interesses industriais, aumentando as distâncias percorridas, dinamitando as rochas de Stanley, abrindo túneis, desmontando serras, aplainando terrenos irregulares e, finalmente, tornando acessíveis todos os climas, todas as profundezas e todas as altitudes da terra. Mas quiçá pela persistência do espírito de aventura e pelo fascínio do romance, algumas inovações técnicas demoraram a se impor. Ao descobrir as nascentes do Nilo, Speke usava terno e colete de tweed, dispensando roupas mais esportivas. Bertram Thomas queria explorar a Arábia com um espírito à moda antiga, sem tecnologia para estragar a brincadeira. Mesmo na década de 1960, no Brasil, John Hemming e seus companheiros recorreram a técnicas de observação astronômica e triangulação idênticas às do século XVIII, com instrumentos não muito diferentes dos que se usavam naquela época.

Naturalmente, as grandes transformações tecnológicas ajudaram a impressionar, amedrontar, subornar e derrotar as populações locais, que de outra forma teriam impedido a exploração. Mas, com freqüência, os pequenos milagres da modernidade foram os mais úteis para esse fim. Thomson simulou poderes mágicos chocalhando uma dentadura postiça. Outro tanto fez o vice-comandante Tidball diante dos mojaves por ocasião do levantamento topográfico que levaria à construção da ferrovia do sudoeste norte-americano.[96] O caçador de ouro Michael Leahy, na Nova Guiné, foi o último explorador a se valer do efeito mágico das dentaduras. Hedin achou que seu relógio de algibeira podia ser útil para impressionar guardas tibetanos. "Eles não entendiam o movimento incessante [...] Expliquei que havia um pequeno deus dentro do relógio."[97] Garnier e companheiros exibiram com tanto sucesso seu equipamento topográfico que deixaram o governador de Khong, no Laos, convencido de que "com toda certeza Buda deve ter nascido na França".[98]

---

* Publicação juvenil britânica editada entre 1879 e 1967. (N. T.)

Todavia, à medida que a tecnologia se aprimorava e as lacunas nos mapas diminuíam, os exploradores brancos passavam a depender menos de guias nativos — ou, pelo menos, demonstravam menos respeito por eles. Os pandits que colhiam informações sobre o Tibete para especialistas da Índia eram tratados como rudes trabalhadores braçais. Descendo pelas corredeiras de Preatapang, François Garnier mostrou um desdém bastante característico: com a correnteza disparada a dez ou doze quilômetros por hora e "já era tarde demais para voltar", a "angústia patética de meus remadores me teria feito rir se eu não estivesse totalmente absorto no estudo daquele trecho do rio que estava diante de meus olhos".[99] Frémont fez amplo uso de guias nativos, porém ainda mais de caçadores e prospectores brancos que conheciam as trilhas mas não sabiam mapeá-las. Quando os guias taghliks de Sven Hedin tentaram roubá-lo, este passou a achar que "eles não eram mais hábeis como guias que como ladrões".[100] Os topógrafos de Whipple partiram sem guia algum, exceto um "menininho mexicano que não sabia nada do caminho".[101] Depois do rio Little Colorado, no Novo México, recorreram a caçadores. Mas ainda contavam com a ajuda dos nativos para outras coisas. Sem o apoio dos mojaves, ao chegar perto do Colorado "é impossível dizer como teríamos nos arrumado", disse Sherburne.[102]

É difícil dizer também como foi que os exploradores se arrumavam com as populações locais, especialmente em regiões de maior número de contatos novos, no Brasil e na Nova Guiné, onde as profundas diferenças lingüísticas tornavam a fala de um povo incompreensível para seus vizinhos. Isso é, em si mesmo, uma comprovação da prolongada duração da divergência cultural. Sem dúvida, os mal-entendidos eram um lugar-comum; como já vimos, as diferentes interpretações para os mesmos gestos impediram o contato com alguns povos nativos do Brasil. Os irmãos Vilas-Boas usavam um vasto repertório de gestos para comunicar suas intenções pacíficas — acenavam com presentes, representavam abraços — e normalmente conseguiam se fazer entender. O poder da linguagem dos sinais não deve ser subestimado, principalmente quando se utiliza uma espécie de língua franca de sinais. A conversa de Stanley com o guia pigmeu cujos serviços ele utilizou durante um curto período em 1888 indica seu alcance:

"A que distância está a cidade mais próxima onde se pode conseguir comida?" Ele cruzou a mão direita sobre o punho esquerdo. (Mais de dois dias de caminhada.)

"Para que lado?" Ele apontou para leste.

"A que distância está o Ihuru?"

"Oh!" Ele cruzou a mão direita sobre o cotovelo esquerdo — o que significa o dobro da distância anterior, quatro dias.

"Há comida para o norte?" Ele fez que não com a cabeça.

"E no oeste ou noroeste?" Ele balançou a cabeça de novo e fez um movimento com a mão como se estivesse espalhando um monte de areia.

"Por quê?"

Ele movimentou as duas mãos, como se estivesse segurando uma arma, e disse "Buuuuum!"...

"Há algum 'Buuuum' nas proximidades?" Ele levantou os olhos e sorriu com uma efusão marota, igual à de uma coquete de Londres, como se quisesse dizer: "Você sabe muito bem! Oh, homem malvado, por que zomba de mim?".

"Você vai nos mostrar o caminho para a aldeia onde podemos conseguir comida?"

Ele fez um rápido aceno com a cabeça e alisou o barrigão, o que queria dizer: "Sim, porque lá eu vou poder fazer uma boa refeição; já que aqui" — ele sorriu com desdém e pressionou a unha do polegar contra a primeira articulação do indicador — "as bananas são deste tamanho, mas lá elas são grandes assim, e envolveu a panturrilha com as duas mãos".

"Oh, Paraíso!", gritaram os homens, "bananas do tamanho da perna de um homem!"[103]

O "capitão Lawson" era um grande mentiroso — mas sua afirmação de que era capaz de conversar com nativos da Nova Guiné era menos inacreditável do que *The Times* declarou.

O QUE RESTA POR FAZER?

Quando era diretor da Real Sociedade Geográfica, John Hemming ouviu muitas vezes essa pergunta, formulada por pessoas cultas, inteligentes e bem-intencionadas. Ficava surpreso com isso. "Uma pessoa que vai além do mundo que sua própria sociedade conhece, descobre o que há por lá e volta para contar a sua própria gente o que viu", na definição de Hemming, sempre vai ter trabalho, porque neste planeta mundos desconhecidos estão sempre se multiplicando e reconfigurando. A evolução não pára nunca. Espécies aparecem e desaparecem, as culturas se tornam irreconhecíveis. As mudanças climáticas nunca acabam. Os ecossistemas se reconstroem continuamente. A geomorfologia nunca deixa de mudar a superfície da terra, o curso das águas. A tecnologia torna o meio ambiente útil e os produtos aproveitáveis, ou propicia novas maneiras de ver as coisas — mais de perto, ou de outros ângulos. O século xx, na experiência de Hemming, foi uma "idade de ouro" das descobertas.[104] As montanhas mais altas do mundo — gigantes de mais de 8 mil metros de altura — não puderam ser escaladas até a década de 1950 por montanhistas que tenham sobrevivido para contar a história. Ninguém, até onde sabemos, navegou por toda a extensão do Nilo Azul e do Nilo Branco até 2004.

As profundezas do oceano, a terra que está sob a crosta, a cobertura da floresta pluvial, as camadas superiores da atmosfera — nesses lugares, a exploração ainda está engatinhando. Mapeamos a superfície do globo, porém mal arranhamos a biosfera. A maior parte das espécies continua por descrever e catalogar.

Ainda assim, o principal trabalho histórico de desbravamento e mapeamento está feito e desde o meado do século xix se encaminhava visivelmente para um desfecho. As rotas que unem as diferentes partes do mundo e as que o rodeiam estão bem estabelecidas. Agora a globalização está reunindo comunidades antes separadas num único mundo. Este foi um capítulo de conclusões. Os horizontes encolheram, as fronteiras se aproximaram. A aventura tornou-se rara. Mesmo o que é verdadeiramente desconhecido é previsível, detectado por câmeras e radiotelecópios antes de ser visto por astronautas e mergulhadores. Os antigos exploradores não sabiam realmente o que encontrariam além da montanha ou da onda seguinte, pois não tinham radares ou robôs para alertá-los. Em comparação com eles, os astronautas parecem meninos mimados. A tecnologia sufoca o romantismo. Essa situação foi prevista há muito tempo. Já em 1933, Peter Fleming, autor de livros sobre viagens que na época era ainda jornalista principiante, comprendia que

> a aventura em grande estilo está obsoleta, depois de exaltada como trabalho de especialistas ou denegrida como exibicionismo [...] É claro que, de certa maneira, ainda existem aventuras aos borbotões para serem vividas. Pode-se até ganhar

A GLOBALIZAÇÃO

dinheiro com isso, desde que atraia a atenção pública para qualquer exploração que seja ao mesmo tempo altamente improvável e completamente inútil. Pode-se lançar as bases de uma breve mas gloriosa carreira no show business tornando-se a Primeira Mãe Adolescente a Dar Duas Voltas a Nado em Torno da Ilha de Man; e qualquer pessoa que tenha sucesso na tentativa de percorrer de carro um trecho bem conhecido ao longo da Grande Muralha da China de marcha a ré dificilmente deixará de ter sua recompensa. Pode-se dar um espetáculo permanecendo dentro das melhores tradições ou tentar humilhar os Mortos Ilustres repetindo as proezas deles com alguma variação. Pode-se remontar rios que eles subiram em pequenas embarcações num bote menor que o deles; se eles levaram cinco meses para atravessar um deserto, pode-se tentar fazer a mesma coisa em quatro.[105]

Talvez não devêssemos reclamar que a aventura tome o lugar da exploração, ou do fato de que aquilo que uma vez foi ciência degenere em espetáculo. Uma lição necessária deste livro é que a exploração foi a marcha da insensatez, na qual quase todo passo adiante representou o resultado fracassado de um salto que pretendia ir bem mais longe. Com muita freqüência, os exploradores foram personagens excêntricos, visionários, românticos, arrivistas, marginais, fugitivos da limitação e da rotina, com uma visão do mundo suficientemente distorcida a ponto de serem capazes de reinventar a realidade. O menor e mais útil de seus vícios foi a ambição desmedida. O estardalhaço, a precedência e a emoção estavam quase sempre entre seus objetivos, ao lado do conhecimento e do enriquecimento cultural. Mesmo a atual loucura monumental de gastar bilhões na exploração espacial — quando há tantos projetos mais úteis perto de casa, e quando sabemos ainda tão pouco sobre nossa própria biosfera — parece coerente com o passado que acompanhamos ao longo deste livro. Se algum dia a exploração espacial puser a humanidade em contato com culturas extra-humanas em outras galáxias, suponho que terei de acrescentar mais um capítulo e reconhecer que os desbravadores que habitaram estas páginas não completaram o trabalho de fixar todos os caminhos da convergência cultural. De fato, essa foi a justificativa do grupo humorístico Monty Python para o prosseguimento do trabalho de exploração além da Terra. Esperemos, como Eric Idle, principal voz do grupo e seu letrista, que lá em cima exista vida inteligente, porque "aqui em baixo", na boa e velha Terra, "não há o menor sinal dela".

Notas

1. A DISPERSÃO [pp. 13-60]

1. Quando este livro já se achava no prelo, David Northrup propôs uma nova periodização da história universal, segundo um esquema semelhante, mas com uma diferente cronologia. ("Globalisation and the great convergence". *Journal of World History*, 16 (2005), pp. 249-67).

2. J. Goodall. *The chimpanzees of Gombe: Patterns of behaviour*. Cambridge, Mass., 1986; F. de Waal. *Chimpanzee politics: Power and sex among apes*. Baltimore, 1998, pp. 19, 153, 210-3. Para um sumário das diferenças entre a cultura dos chimpanzés e a humana, ver M. Tomasello. "The question of chimpanzee culture", em R. Wrangham et al. (orgs.). *Chimpanzee cultures*. Chicago, 1984, pp. 301-17.

3. F. de Waal. *The ape and the sushi-master*. Nova York, 2001, pp. 199-212.

4. B. Sykes. *The seven daughters of Eve*. Nova York, 2001, pp. 49-62, 196-286. [*As sete filhas de Eva*. Rio de Janeiro, Record, 2003.] Com relação aos problemas de datação, ver L. M. Vigilant et al. "African populations and the evolution of human mitochondrial DNA". *Science*, 258 (1991), pp. 199-212.

5. R. P. Clark. *The global imperative: An interpretative history of the spread of humankind*. Boulder, Colo., 1977, pp. 24-8.

6. B. Fagan. *The journey from Eden: The peopling of our world*. Londres, 1990, pp. 104-38; L. e F. Cavalli-Sforza. *The great human diasporas: The history of diversity and evolution*. Reading, Mass., 1994, pp. 230-3.

7. C. Gamble. *Timewalkers: The prehistory of global colonization*. Cambridge, Mass., 1994, p. 110.

OS DESBRAVADORES

8. Essas variáveis são mostradas por meio de úteis mapas em L. Cavalli-Sforza, P. Menotti e A. Piazza. *The history and geography of human genes*. Princeton, 1994. Para uma sinopse, ver L. e F. Cavalli-Sforza. *The great human diasporas*.

9. Ver adiante, pp. 262-4.

10. E. Morgan. *The aquatic ape hypothesis*. Londres, 1997.

11. S. Oppenheimer. *The real Eve: Modern man's journey out of Africa*. Nova York, 2003, pp. 220-41; fig. 5.5, p. 221; fig. 5.7, p. 233; fig. 5.9, p. 241.

12. Oppenheimer. *The real Eve*, fig. 3.1, pp. 130-8.

13. T. Taylor. *The prehistory of sex*. Nova York, 1997. [*A pré-história do sexo*. Rio de Janeiro, Campus, 1997.]

14. A. H. Brodrick. *The Abbé Breuil, prehistorian*. Londres, 1963, p. 11. Cf. S. R. James. "Hominid use of fire in the middle and lower Pleistocene". *Current Anthropology*, 30 (1989), pp. 1-26, que observa que os dados são inconcludentes.

15. R. Wrangham. "The raw and the stolen". *Current Anthropology*, 40 (1999), pp. 402-5.

16. J. Goudsblom. *Fire and civilisation*. Harmondsworth, 1994, pp. 21-5.

17. K. Lorenz. *On aggression*. Nova York, 1995; R. Andrey. *The territorial imperative*. Nova York, 1997.

18. M. Mead. "War is an invention, not a biological necessity". *Asia*, 40 (1940), pp. 402-5.

19. L. H. Keeley. *War before civilization*. Nova York, 1996, p. 37.

20. Wrangham e D. Peterson. *Demonic males: Apes and the origins of human violence*. Londres, 1997, pp. 83-199. [*O macho demoníaco*. Rio de Janeiro, Objectiva, 1998.]

21. B. de Vries e J. Goudsblom (orgs.). *Mappae mundi*. Amsterdã, 2002, p. 57.

22. J. Adovasio. *The first Americans*. Nova York, 2002, pp. 146-88.

23. T. Dillehay. *Monte Verde: A late pleistocene settlement in Chile*, 2 vols. Washington, DC, 1997, 2002, pp. ii, 1-24.

24. M. W. Helms. *Ulysses' sail*. Princeton, 1988; *Craft and the kingly ideal*. Austin, Tex., 1993.

25. J. Mellaart. *Çatal Hüyük: A neolithic town in Anatolia*. Nova York, 1967, pp. 131-78.

26. J. Haas et al. (orgs.). *The origins and development of the Andean state*. Cambridge, 1987, pp. 44-5.

27. D. R. Harris (org.). *The origins and spread of agriculture and pastorialism in Eurasia*. Washington, DC, 1996.

28. S. Mithen. *After the ice*. Cambridge, Mass., 2004, pp. 407-13.

29. J. Diamond. *Guns, germs and steel*. Nova York, 1999.

30. J. B. Harley e D. Woodward (orgs.). *The history of cartography*, ii/III. Chicago, 1987—, p. 26.

31. Harley e Woodward (orgs.). *History of cartography*, ii/III, p. 27.

32. Idem, ii/I, p. 307; E. Neumeyer. *Prehistoric Indian rock-paintings*. Delhi, 1983, p. 68, fig. 26e.

33. Harley e Woodward (orgs.). *History of cartography*, ii/II, p. 132.

34. T. Save-Sonderbergh. *Ägypten und Nubien*. Lund, 1941, pp. 11-30.

35. J. Tyldesley. *Hatshepsut: The female pharaoh*. Londres, 1996, pp. 144-53, 170-4.

36. H. Goedicke (org.). *The report of Wenamun*. Baltimore, 1985, pp. 58-87.

37. Hesíodo, *Works and days*, pp. 392-420, 450-75, 613-705; trad. de A. W. Mair. Oxford, 1908, pp. 11, 15-7, 23-5. [*Os trabalhos e os dias*. Trad. Mary de C. N. Lafer. São Paulo, Iluminuras, 2002.]

NOTAS

38. M. R. Bierling (org. e trad.). *The Phoenicians in Spain: An archaeologial review of the eighth-sixth centuries B.C.E.* Winona Lake, Ind., 2002.

39. Heródoto. *História.* I, p. 163, IV, p. 152.

40. Cunliffe. *The extraordinary voyage of Pytheas the Greek.* Londres, 2002.

41. Heródoto. *Histórias,* IV, p. 42.

42. L. Casson. *Ships and seamanship in the ancient world.* Baltimore, 1995.

43. Harley e Woodward (orgs.). *History of cartography,* I, pp. 177-200.

44. Estrabão. *Geography,* I. I. pp. 8-10.

45. Horácio. *Odes,* 3.29.27.

46. J. Needham. *Science and civilisation in China,* I. Cambridge, 1956, pp. 173-96.

47. R. e S. Whitfield e N. Agnew. *Cave temples of Mogao.* Los Angeles, 2002, pp. 19-20.

48. Needham. *Science and civilisation in China,* I, pp. 196-206.

49. L. Casson (org.). *The periplus maris Erythraei.* Princeton, 1989, pp. 61-91.

50. D. T. Potts. *The Arabian Gulf in Antiquity,* 2 vols. Oxford, 1990, II, pp. 23-264; M. Rice. *The archaeology of the Arabian Gulf.* Londres, 1994, pp. 121-6.

51. E. B. Cowell (org.). *The Jatakas; or, stories of the Buddha's former birth,* 7 vols. Cambridge, 1895-1913, I, pp. 10, 19-20; II, 89-91; IV, pp. 10-2, 86-90.

52. Harley e Woodward (orgs.). *History of cartography,* II/II, p. 72.

2. A EXPANSÃO MARÍTIMA [pp. 61-94]

1. P. V. L. Kirch. *On the road of the winds: An archaeological history of the Pacific islands before European contact.* Berkeley, 2000, pp. 215-9.

2. Kirch. *On the road of the winds,* p. 230.

3. T. Heyerdahl. *The voyage of the Kon-Tiki.* Londres, 1952 [*A expedição Kon-Tiki.* Rio de Janeiro, José Olympio, 1987]; *American indians in the Pacific: The theory behind the Kon-Tiki expedition.* Londres, 1952; *La navegación marítima en el antiguo Peru.* Lima, 1996.

4. P. Bellwood. *The Polynesians: The history of an island people.* Londres, 1978, pp. 39-44; Bellwood, *Man's conquest of the Pacific: The prehistory of Southeast Asia and Oceania.* Auckland, 1979, pp. 296-303; G. Irwin. *The prehistoric exploration and colonisation of the Pacific.* Cambridge, 1992, pp. 7-9, 43-63.

5. D. L. Oliver. *Oceania: The native cultures of Australia and the Pacific islands,* 2 vols. Honolulu, 1989, I, pp. 361-422.

6. P. H. Buck (Te Rangi Hiroa). *Vikings of the sunrise.* Nova York, 1938, pp. 268-9.

7. Ver anteriormente, p. 48.

8. A. Fienup-Riordan. *Boundaries and passages: Rule and ritual in Yup'ik eskimo oral tradition.* Norman, Okla., 1994, pp. 266-98.

9. J. Bockstoce. *Arctic passages.* Nova York, 1991, pp. 18-9, 32.

10. Bockstoce. *Arctic passages,* pp. 41-8.

11. G. Jones. *A history of the Vikings.* Oxford, 1968, p. 270.

12. *Navigatio sancti Brandani abbatis.* Org. C. Selmer. Dublin, 1989, p. 12.

13. T. Severin. *The Brendan voyage.* Londres, 1978.

OS DESBRAVADORES

14. *Navigatio Brandani*, pp. 80-1.

15. V. I. J. Flint. *The imaginative landscape of Christopher Columbus*. New Haven, 1992, pp. 87, 91-7, 162-7.

16. F. Fernández-Armesto. "The Indian Ocean in world history". Em A. Disney e E. Booth (orgs.). *Vasco da Gama and the linking of Europe and Asia*. Delhi, 2000, pp. 11-29, em 14.

17. I. Glover e P. Bellwood. *Southeast Asia from history to prehistory*. Londres, 2004, p. 238.

18. J. Miksic. *Borobudur: Golden tales of the Buddha*. Hong Kong, 1990, pp. 17, 67-93.

19. Al-Masudi. *Les prairies d'or*. Org. C. Barbier de Meynard e A. Pavet de Courteille, 9 vols. Paris, 1861-1914, iii, p. 6; F. Fernández-Armesto, *Millenium*. Londres, 1999, p. 3.

20. G. R. Tibbetts. *Arab navigation in the Indian Ocean before the coming of the Portuguese*. Londres, 1971, p. 2.

21. Buzurg ibn Shahriyar. *The book of wonders of India*. Org. G. S. P. Freeman-Grenville. Londres, 1981, pp. 41 ss.

22. K. N. Chaudhuri. *Trade and civilisation in the Indian Ocean*. Cambridge, 1985, p. 19; *Asia before Europe*. Cambridge, 1990.

23. Tibbetts. *Arab navigation*, p. 189.

24. Idem, p. 12.

25. D. Keene. *Anthology of Japanese literature*. Nova York, 1960, pp. 82-91; T. J. Harper. "Bilingualism as bisexualism". Em W. J. Boot (org.). *Literatuur en teetalifgheid*. Leiden, 1990, pp. 247-62.

3. OS CAMINHANTES [pp. 95-139]

1. I. C. Glover. "The Southern Silk Road: Archaelogical evidence for early trade between India and Southern Asia". Em N. Chuttiwongs et al. (orgs.). *Ancient trades and cultural contacts in Southeast Asia*. Bangkok, 1996, pp. 57-8, em 81; V. M. Di Crocco. "References and artifacts connecting the Myanmar area with Western and Central Asia and China proper". Idem, pp. 161-80.

2. *The literary works of Ou-yang Hsiu*. Org. R. C. Egan. Cambridge, 1984, p. 113.

3. R. von Glahn. *The country of streams and grottoes*. Cambridge, Mass., 1987, pp. 12, 36, 85-90.

4. R. e S. Whitfield. *Cave temples of Mogao*. Los Angeles, 2002, pp. 5-20.

5. O. Lattimore. *The desert road to Turkestan*. Boston, 1929, p. 183.

6. Si-yu-ki. *Buddhist records of the western world: Chinese accounts of India*, i. Calcutá, 1957, pp. 11-2.

7. *The travels of Marco Polo*. Org. R. Latham. Harmondsworth, 1972, p. 85. [*As viagens de Marco Polo*. Adapt. Carlos Heitor Cony e Lenira Alcure. São Paulo, Ediouro, 2005.]

8. M. Ipsiroglu. *Painting and culture of the Mongols*. Trad. E. D. Phillips. Londres, 1967, pp. 70-81, 102-4.

9. Lattimore. *Desert road to Turkestan*, p. 274.

10. J. Mirsky. *The great Chinese travellers*. Londres, 1964, pp. 29-118; Si-yu-ki. *Buddhist records*, i, pp. 7-9, 74-81.

11. Ver anteriormente, pp. 56-7, 79-81, 85-7.

12. Mirsky. *Great Chinese travellers*, pp. 124-71.

13. Idem, pp. 34-82.

14. *Travels of Marco Polo*, p. 39.

15. M. Rossabi. *Voyager from Xanadu*. Tóquio, 1992.

16. Rossabi. *Voyager from Xanadu*, p. 186.

17. Mirsky. *Great Chinese travellers*, p. 185.

18. H. Yule. *Cathay and the way thither*, 4 vols. 1913-6, iii, pp. 146-52.

19. Ver anteriormente, p. 52.

20. Yule. *Cathay and the way thither*, iii, pp. 146-52.

21. I. de Rachewiltz. *Papal envoys to the great Khans*. Stanford, 1971, 109.

22. G. G. Guzman. "Reports of Mongol cannibalism". Em S. D. Westrem (org.). *Discovering new worlds*. Nova York, 1991, pp. 31-68.

23. *The travels of Friar William of Rubruck*. Org. P. Jackson. Cambridge, 1981, pp. 72-101.

24. H. Cortazzi. *Isles of gold: Antique maps of Japan*. Nova York, 1983, p. 4.

25. Ver anteriormente, pp. 40-1.

26. J. Veillard. *Le guide du pèlerin*. Mâcon, 1938, pp. 50, 26, 28.

27. Adão de Bremen. *History of the Archbishops of Hamburg-Bremen*. Org. F. J. Tschan. Nova York, 1959, p. 186.

28. Adão de Bremen. *History of the Archbishops*, p. 202.

29. E. Christiansen. *The northern crusades*. Harmondsworth, 1997, p. 18.

30. Adão de Bremen. *History of the Archbishops*, p. 134.

31. Idem, pp. 194-7.

32. Idem, p. 189.

33. Idem, p. 204.

34. P. M. Watts. *Nicolaus Cusanus: A fifteenth-century vision of man*. Leiden, 1982, p. 26.

35. Watts. *Nicolaus Cusanus*, p. 212.

36. Idem, p. 214.

37. A. S. Cook (org.). "Ibn Fadlan's account of Scandinavian merchants on the Volga in 922". *Journal of English and Germanic Philology*, 22 (1923), pp. 54-63.

38. N. Levtzion e J. F. K. Hopkins (orgs.). *Corpus of early Arabic sources for west African history*. Cambridge, 1981, p. 13.

39. Levtzion e Hopkins (orgs.). *Corpus of early Arabic sources*, p. 25.

40. Idem, pp. 270-1.

41. Idem, pp. 130-1, 190-1, 272-3.

42. D. Drew. *The lost chronicles of the Maya kings*. Londres, 1999; D. Stuart. "The arrival of strangers". Em D. Carrasco, L. Jones, e S. Sessions (orgs.). *Mesoamerica's classical heritage*. Boulder, Colo., 2000, pp. 465-513; S. Martin e D. Grube. *Chronicles of the Maya kings and queens*. Londres, 2000, pp. 28-9.

43. R. T. Zuidema. *El sistema de ceques del Cuzco*. Lima, 1995.

OS DESBRAVADORES

4. O IMPULSO [pp. 140-93]

1. S.-S. H. Tsai. *Perpetual happiness: The Ming emperor Yongle.* Seattle, 2001, pp. 178-208.

2. J. Duyvendak. "The true dates of the Chinese maritime expeditions in the early fifteenth century". *T'oung Pao*, 34 (1938), pp. 399-412.

3. Duyvendak. "The dates of Chinese maritime expeditions", pp. 399-406.

4. L. Levathes. *When China ruled the seas.* Nova York, 1994.

5. R. Finlay. "The treasure ships of Zheng He: Chinese maritime imperialism in the age of discovery". *Terrae Incognitae*, 23 (1991), pp. 1-12.

6. Duyvendak. "The dates of Chinese maritime expeditions", p. 410.

7. Ma Huan. *The overall survey of the ocean's shores.* Org. J. R. V. Mills. Cambridge, 1970, pp. 69, 70, 179.

8. E. L. Dreyer. *Early Ming China.* Stanford, 1982, p. 120.

9. Kuei-Sheng Chang. "The Ming maritime enterprise and China's knowledge of Africa prior to the age of Great Discoveries". *Terrae Incognitae*, 3 (1971), pp. 33-44.

10. V. Rau. *Estudos sobre a história do sal português.* Lisboa, 1984.

11. Ver anteriormente, pp. 55-60, 88-91.

12. A. V. Berkis. *The reign of Duke James in Courland.* Lincoln, 1960.

13. Petrarca. *De vita solitaria.* Org. A. Altamura. Nápoles, 1943, pp. 125-6.

14. F. Sevillano Colom. "Los viajes medievales desde Mallorca a Canarias". *Anuarioi de estudios atlánticos*, 23 (1978), pp. 27-57.

15. A. Rumeu de Armas. *El obispado de Telde.* Madri, 1960.

16. F. Fernández-Armesto. *Before Columbus.* Filadélfia, 1987, p. 143.

17. Ver anteriormente.

18. *Monumenta henricina.* Coimbra, 1960—, i, pp. 201-6.

19. E. Serra Rafóls e M. G. Martínez. "Sermón de Clemente vi papa acerca de la otorgación del Reino de Canarias a Luis de España, 1344". *Revista de Historia Canaria*, 19 (1963-4), pp. 99-104.

20. C. Rosell (org.). *Crónicas de los reyes de Castilla*, 3 vols. Madri, 1875-8, ii, p. 274.

21. J. Pérez Vidal. *Endechas populares.* La Laguna, 1952, pp. 52, 38.

22. A. J. Russell-Wood. *The black man in slavery and freedom in colonial Brazil.* Londres, 1982, p. 20. [*Escravos e libertos no Brasil colonial.* Rio de Janeiro, Civilização Brasileira, 2005.]

23. P. E. Russell. *Prince Henry "the Navigator": A life.* New Haven, 2000, pp. 73-4.

24. Russell. *Prince Henry*, 136.

25. *Monumenta henricina*, v, p. 91.

26. Fernández-Armesto. *Before Columbus*, pp. 188-91; Russell, *Prince Henry*, pp. 14-8.

27. *Crônica dos feitos notáveis que se passaram na conquista de Guiné.* Org. T. Sousa Soares, 2 vols. Lisboa, 1978-81, i, p. 45.

28. G. Beaujouan. "Fernand Colomb et le traité d'astrologie d'Henri le Navigateur". *Romania*, 82 (1961), pp. 96-105.

29. *Monumenta henricina*, v, p. 256.

30. Ver adiante, p. 187.

31. *Monumenta henricina*, ii, pp. 235-7.

32. C. de la Roncière. *La découverte de l'Afrique au moyen-âge*, 3 vols. Paris, 1924-7, ii, pp. 162-3; iii, pp. 1-11.

33. P. E. Russell. *O infante dom Henrique e as Ilhas Canárias*. Lisboa, 1979, pp. 38-52.

34. Fernández-Armesto. *Before Columbus*, p. 192.

35. C. Verlinden. "Un précurseur de Colomb: Le flamand Fernand van Olmen". *Revista portuguesa de história*, 10 (1962), pp. 453-9.

36. F. Fernández-Armesto (org.). *Questa e una opera necessaria a tutti li navig[an]ti*. Nova York, 1992.

37. P. E. Russell. "White kings on black kings". Em I. Michael e R. A. Cardwell (orgs.). *Medieval and Renaissance in honour of Robert Brian Tate*. Oxford, 1986, pp. 151-63.

38. Fernández-Armesto. *Before Columbus*, pp. 188-91; Russell. *Prince Henry*, pp. 14-8.

39. Ver anteriormente, pp. 140-7.

40. F. Fernández-Armesto. "Naval warfare after the Viking age". Em M. Keen (org.). *Medieval warfare*. Oxford, 1999, pp. 230-52.

41. A. Hess. "The evolution of the Ottoman Empire in the age of oceanic discoveries". Em F. Fernández-Armesto (org.). *The global opportunity*. Aldershot, 1999, p. 199.

42. R. Cormack e D. Glaser (orgs.). *The art of Holy Russia*. Londres, 1998, p. 180.

43. G. Vicente. *Obras completas*. Org. A. J. da Costa Pimpão. Lisboa, 1956, p. 55. [*Auto da sibila Cassandra*. Trad. Alexandre Soares Carneiro e Orna Messer Levin. São Paulo, Cosac Naify, 2007, pp. 121, 123.]

44. G. Diez de Games. *El vitorial*. Org. J. de Mata Carriazo. Madri, 1940, pp. 40-7, 86-96, 201, 256-61, 300; J. R. Goodman. *Chivalry and exploration, 1298-1630*. Woodbridge, 1998, p. 170.

45. W. D. e C. R. Phillips. *The worlds of Christopher Columbus*. Cambridge, 1992, pp. 97-8.

46. F. Fernández-Armesto. "Inglaterra y el Atlantico em la baja edad media". Em A. Bethencourt et al. *Canarias e Inglaterra a través de la historia*. Las Palmas, 1995, pp. 11-28.

47. J. Canas (org.). *Libro de Alixandre*. Madri, 1988, p. 182.

48. C. Varela (org.). *Cristobal Colón: Cartas y documentos completos*. Madri, 1984, p. 205.

49. C. Picard. *L'océan Atlantique mussulman au moyen-âge*. Paris, 1997, pp. 31-2.

50. M. Tymowski. "Le Niger: Voie de communication des grands états du Soudan jusqu'à la fin du xvıᵉ siècle". *African Bulletin*, 6 (1967), pp. 73-98.

5. O SALTO [pp. 194-240]

1. T. McGovern. "The economics of extinction in Norse Greenland". Em T. M. L. Wigley, M. J. Ingram e G. Farmer (orgs.). *Climate and history: Studies in past climates and their impact on man*. Cambridge, 1980, pp. 404-34; cf. K. A. Seaver. *The frozen echo: Greenland and the exploration of North America, ca. AD 1000-1500*. Stanford, Calif., 1996.

2. R. Laguarda Trias. *El enigma de las latitudes de Colón*. Valladolid, 1974.

3. F. Fernández-Armesto. "Cartography and explorations". Em D. Woodward (org.). *History of cartography*, iii. Chicago, 2007.

4. F. Fernández-Armesto. "The origins of the European Atlantic". *Itinerario*, 24/1 (2000), pp. 111-28.

OS DESBRAVADORES

5. F. Fernández-Armesto. "La financiación de la conquista de Canarias durante el reinado de los Reyes Católicos". *Anuario de estudios atlánticos*, 28 (1981), pp. 343-78.

6. A. Szasdy-Nagy. *Un mundo que descubrió Colón: Las rutas del comercio prehispánico de los metales*. Valladolid, 1984.

7. Ver anteriormente, pp. 81, 139, 198-9.

8. J. A. Williamson. *The Cabot voyages and Bristol discovery under Henry VII*. Cambridge, 1962, pp. 197-203.

9. Williamson. *The Cabot voyages*, pp. 26-8.

10. Ver anteriormente, p. 176.

11. J. de Barros. *Ásia*. Década I, liv. IV, cap. I. Lisboa, 1778, i, p. 270.

12. S. Subrahmanyam. *The career and legend of Vasco da Gama*. Cambridge, 1997, pp. 64-7, 224-79, 320.

13. Barros. *Ásia*. Década I, liv. IV, cap. I, i, pp. 271-6.

14. Subrahmanyam. *Vasco da Gama*, p. 144.

15. J. C. van Leur. *Indonesian trade and society: Essays in Asian social and economic history*. Haia, 1955, pp. 122, 268-89; A. Disney (org.). *Historiography of Europeans in Africa and Asia, 1450-1800*. Aldershot, 1981, p. 95.

16. G. Winius. "The settlement of Goa in the Bay of Bengal". *Itinerario*, (1983), pp. 83-101; S. Subrahmanyam. *Improvising empire: Portuguese trade and settlement in the Bay of Bengal, 1500-1700*. Delhi, 1990, p. 90.

17. P. Marshall. "Retrospect on J. C. van Leur's essay on the XVIIIth century as a category in Asian history". *Itinerario*, 17 (1993), pp. 45-58.

18. M. N. Pearson. *The Indian Ocean*. Londres, 2003, pp. 113-89.

19. M. Rossabi. "The decline of the central Asian caravan trade". Em J. Tracy (org.). *The rise of merchant empires: Long-range trade in the early modern world, 1350-1750*. Cambridge, 1990, pp. 351-70.

20. F. Fernández-Armesto (org.). *Columbus on himself*. Londres, 1992, p. 162.

21. Subrahmanyam. *Vasco da Gama*, p. 111.

6. A CIRCUNAVEGAÇÃO [pp. 241-303]

1. S. Subrahmanyam. *The career and legend of Vasco da Gama*. Cambridge, 1997, pp. 46-7, 49.

2. M. Fernández de Navarrete. *Obras*. Org. C. Seco Serrano, 3 vols. Madri, 1954-5, i, p. 358.

3. C. Varela (org.), *Cristobal Colón: textos y documentos completos*, 2 vols. Madri, 1984, pp. 170-6.

4. A. Rumeu de Armas (org.). *El Tratado de Tordesillas y su proyección*. Madri, 1992, pp. 207-9; J. Cortesão. "João II y el tratado de Tordesillas". Ibid. pp. 93-101.

5. R. Ezquerra. "Las Juntas de Toro y Burgos". Em Rumeu de Armas (org.). *El Tratado de Tordesillas*, i, p. 155; "La idea del antimeridiano". Em A. Teixeira da Mota (org.). *A viagem de Fernão de Magalhães e a questão das Molucas: Actas do II Colóquio Luso-Espanhol de História Ultramarina*. Lisboa, 1975, pp. 12-3; Navarrete. *Obras*, ii, p. 89; U. Lamb. "The Spanish cosmographical Juntas of the sixteenth century". *Terrae Incognitae*, 6 (1974), p. 53.

6. Navarrete. *Obras*, ii, p. 87.

7. A. Laguarda. *El predescubrimiento del Río de la Plata por la expedición portuguesa de 1511-12.* Lisboa, 1973, p. 62.

8. M. L. Díaz-Trechuelo. "Filipinas y el Tratado de Tordesillas". Em Rumeu de Armas (org.). *El Tratado de Tordesillas*, i, pp. 229-40; D. Goodman. *Power and penury: Government, technology and science in Philip II's Spain.* Cambridge, 1988, pp. 59-61.

9. R. A. Laguarda Trías. "Las longitudes geográficas de la membranza de Magallanes y del primer viaje de circumnavegación". Em Teixeira da Mota (org.). *A viagem de Magalhães*, pp. 151-73.

10. Navarrete. *Obras*, ii, p. 612; cf. Colón. "Declaración del derecho que... Castilla tiene". Em *Colección de documentos inéditos para la historia de España*, xvi. Madri, 1850, pp. 382-420.

11. Díaz-Trechuelo. "Filipinas y el Tratado", p. 235.

12. Lamb. "Spanish cosmographical Juntas"; Díaz-Trechuelo. "Filipinas y el Tratado", p. 236.

13. Goodman. *Power and penury*, p. 59.

14. Idem, p. 56.

15. *Colección de documentos inéditos para la historia de ultramar*, ii. Madri, 1886, p. 109.

16. Idem, 2ª ser., ii. Madri, 1887, p. 261.

17. C. Jack-Hinton. *The search for the Islands of Solomon, 1567-1838.* Oxford, 1969, pp. 1-27; *The discovery of the Solomon Islands by Alvaro de Mendaña in 1568.* Org. Lord Amherst of Hackney e B. Thomson, 2 vols. Londres, 190, vol. ii, p. iv.

18. *The voyages of Pedro Fernández de Quirós, 1595-1606.* Org. C. Markham, 2 vols. Londres, 190), i, p. 137.

19. *Voyages of Pedro Fernández de Quirós*, i, p. 33.

20. Jack-Hinton. *Search for the Islands of Solomon*, p. 132.

21. *Voyages of Quirós*, i, p. 105.

22. *Sucesos de las Islas Filipinas by Antonio de Morga.* Org. J. S. Cummins. Cambridge, 1971, p. 104.

23. *La Australia del Espíritu Santo: The journal of Fray Martin de Manilla, OFM, and other documents relating to the voyage of Pedro Fernández de Quiros to the south seas (1605-06) and the Franciscan Missionary plan (1617-27).* Org. C. Kelly, 2 vols. Cambridge, 1966, i, p. 216.

24. Idem, ii, p. 286.

25. Idem, ii, p. 223.

26. B. de Las Casas. *Historia de las Indias.* Org. A. Millares Carló, 3. vols. Cidade do México, 1951, i, p. 189; *Voyages of Quirós*, i, p. 33.

27. H. Tracey. *Antonio Fernandes, descobridor do Monomotapa.* Lourenço Marques, 1940.

28. G. W. B. Huntingford. *The historical geography of Ethiopia from the first century AD to 1704.* Cambridge, 1989.

29. Ver anteriormente, pp. 222-3.

30. C. F. Beckingham e G. W. B. Huntingford (orgs.). *Some records of Ethiopia, 1593-1646, being extracts from the History of High Ethiopia or Abassia, by Manoel de Almeida, together with Bahrey's History of the Galla.* Londres, 1954, p. 154.

31. Ver anteriormente, pp. 214-6.

32. F. Fernández-Armesto (org.). *Columbus on himself.* Londres, 1992, pp. 148, 171.

33. W. P. Cumming (org.). *The discovery of North America*, 2 vols. Londres, 1972, i, pp. 80-4; S. E. Morison. *The European discovery of America: The northern voyages*. Oxford, 1971, pp. 191-2.

34. Ver anteriormente, pp. 217-20.

35. F. Fernández-Armesto. "Inglaterra y el atlántico en la baja edad media". Em A. Bethencourt Massieu et al. *Canarias e Inglaterra a través de la historia*. Las Palmas, 1995, p. 16.

36. P. French. *John Dee: The world of an elizabethan magus*. Londres, 1972, p. 184.

37. Fernández-Armesto. "Inglaterra", pp. 14-5.

38. C. R. Markham (org.). *The voyages of William Baffin*. Londres, 1881, p. 221.

39. W. Strachey. *The historie of travell into Virginia Britannica* (1612). Org. L. B. Wright e V. Freund. Londres, 1953, pp. 59-61.

40. *Relación y documentos de Pascual de Andagoya*. Org. A. Blázquez. Madri, 1986, pp. 13, 111-3.

41. A. R. Pagden (org.). *Hernán Cortes: Letters from Mexico*. Nova York, 1971, p. 327.

42. Pagden (org.). *Hernán Cortes*, pp. 52, 55.

43. J. Hemming. *The search for El Dorado*. Londres, 1978, pp. 97-109.

44. W. Brandon. *Quivirá*. Atenas, Ohio, 1990, p. 27.

45. Brandon. *Quivirá*, p. 31.

46. *The journal of Coronado*. Org. G. Parker Winship. Golden, Colo., 1990, p. 117.

47. Idem, p. 29.

48. Idem, p. 119.

49. Brandon. *Quivirá*, p. 36.

50. A. Nuñez Cabeza de Vaca. *Naufragios y comentarios*. Org. R. Ferrando. Madri, 1985, pp. 72, 101. [*Naufrágios e comentários*. Trad. Jurandir Soares dos Santos. Porto Alegre, L&PM, 1999.]

51. L. A. Clayton, V. J. Knight e E. C. Moore (orgs.). *The De Soto chronicles: The expedition of Hernando de Soto to North America in 1539-1543*, 2 vols. Tuscaloosa, Ala., 1993, i, p. 84.

52. G. P. Hammond e A. G. Rey. *Don Juan de Oñate, colonizer of New Mexico, 1595-1628*, 2 vols. Albuquerque, Novo México, 1953, ii, pp. 94-118.

53. G. Pérez de Villagrá. *Historia de la Nueva México, 1610*. Org. M. Encinias, A. Rodríguez e J. P. Sánchez. Albuquerque, 1992, p. 210.

54. Hammond e Rey. *Don Juan de Oñate*, ii, p. 1007.

55. G. de Carvajal, P. Almesto e A. de Rojas. *La aventura de Amazonas*. Org. R. Díaz. Madri, 1986, pp. 46-67.

56. F. Fernández-Armesto. *The Américas*. Londres, 2003, p. 75.

57. Nuñez Cabeza de Vaca. *Naufragios y comentarios*, pp. 200-68.

58. R. Cook (org.). *The voyages of Jacques Cartier*. Toronto, 1993, p. 117.

59. Cook (org.). *The voyages of Jacques Cartier*, p. 10.

60. A. Szaszdi Nagy. *Los guías de Guanahaní y la llegada de Pinzón a Puerto Rico*. Valladolid, 1995, pp. 7-8.

61. Szaszdi Nagy. *Los guías de Guanahaní*, p. 14; Las Casas. *Historia de Indias*, liv. 1, cap. 74.

62. A. Szaszdi Nagy. *Un mundo que descubrió Colón*. Valladolid, 1984, pp. 105-6.

63. F. Fernández-Armesto. "Maps and exploration". Em D. L. Woodward (org.). *History of cartography*, iii. Chicago, 2007.

NOTAS

7. A CONFLUÊNCIA [pp. 304-56]

1. P. de Medina. *Arte de navegar*. Valladolid, 1545, prefácio, citado em D. Goodman. *Power and penury: Government, technology and science in Philip II's Spain*. Cambridge, 1988, p. 72.

2. C. Varela (org.). *Cristoval Colón: Textos y documentos completos*. Madri, 1984, p. 325.

3. W. Bourne. *A regiment for the sea and other writing on navigation*. Org. E. G. R. Taylor. Cambridge, 1963, p. 294.

4. F. Fernández-Armesto (org.). *Questa e una opera necessaria a tutti li navig[an]ti*. Nova York, 1992, pp. 7-9.

5. C. Koeman. *Miscellanea cartographica: Contributions to the histrory of cartography*. Utrecht, 1988, p. 59; F. Lestringant. *Mapping the Renaissance world: The geographical imagination in the age of discovery*. Berkeley, 1994, p. 106.

6. J. Davis; *Seamans secrets*. Londres, 1643, pt. I, sig. G2.

7. M. Destombes. "Les plus anciens sondages portés sur les cartes nautiques". *Bulletin de l'Institut Océanographique*. Mônaco, edição especial, 2 (1968), pp. 199-222; Koeman. *Miscellanea cartographica*, p. 53.

8. J. P. Snyder. *Flattening the earth: Two thousand years of map projections*. Chigago, 1993, pp. 43-9.

9. D. B. Quinn. *English New England voyages*. Londres, 1983.

10. W. P. Cumming, R. A. Skelton e D. B. Quinn. *The exploration of North America*. Londres, 1971, pp. 208-11.

11. Ver anteriormente, p. 278; Cumming et al. *The exploration of North America*, pp. 236-7.

12. Ver anteriormente, p. 278.

13. Ver anteriormente, p. 299; C. E. Heidenreich. *Explorations and mapping of Samuel de Champlain*. Toronto, 1976.

14. Ver anteriormente, pp. 267-8.

15. R. A. Skelton. *Explorers' maps*. Londres, 1960, pp. 275-8.

16. P. van Mil e M. Scharloo (orgs.). *De VOC in de kaart gekeken*. Haia, 1988.

17. C. R. Boxer. "Portuguese commercial voyages to Japan three hundred years ago". *Transactions and Proceedings of the Japan Society of London*, 33 (1936), pp. 13-64.

18. F. C. Wieder (org.). *Mon cart*. Haia, 1925.

19. T. Blundeville. *M. Blundeville his exercises*. Londres, 1613, p. 649.

20. A. Fontoura da Costa. *A marinharia dos descobrimentos*. Lisboa, 1960, pp. 147-57.

21. Ver anteriormente, pp. 88-9.

22. O. H. K. Spate. *The Spanish lake*. Londres, 1979, pp. 106-9.

23. J. B. Leighly. *California as an island*. San Francisco, 1972.

24. Skelton. *Explorers' maps*, p. 119; R. Hakluyt. *A discourse of western planting*. Org. D. B. e A. M. Quinn. Londres, 1993, pp. 84-7.

25. B. Bailyn. *New England merchants in the seventeenth century*. Cambridge, Mass., 1955, pp. 41, 98.

26. Ver anteriormente, p. 299.

27. Ver anteriormente, pp. 293-4.

507

28. Ver anteriormente, pp. 291-2.

29. G. de Carvajal, P. Almesto e A. Rojas. *La aventura del Amazonas*. Org. R. Diaz Madri, 1986, p. 237.

30. O. H. K. Spate. *Monopolists and freebooters*. Minneapolis, 1983, p. 44.

31. Ver anteriormente, p. 264.

32. Spate. *Monopolists and freebooters*, p. 50.

33. W. Dampier. *A new voyage round the world*. Org. M. M. Penzer. Londres, 1927, p. 313.

34. Spate. *Monopolists and freebooters*, p. 51.

35. Dampier. *A new voyage round the world*, p. 311.

36. J. Roggeveen. *Journal*. Org. A. Sharpe. Oxford, 1970.

37. R. H. Fisher. *The voyage of Semen Dezhmev 1648*. Londres, 1981, p. 139.

38. Fisher. *The voyage of Semen Dezhmev*, p. 137.

39. Idem, p. 51.

40. Idem, p. 45.

41. Idem, p. 170.

42. A. Wood. "Avvakum's Siberian exile, 1653-64". Em A. Wood e R. A. French (orgs.). *The development of Siberia: People and resources*. Basingstoke, 1989, pp. 11-35.

43. E. Bobrick. *East of the sun*. Londres, 1992, p. 150.

44. O. W. Frost. *Bering: The Russian discovery of America*. New Haven, 2003, p. 34; B. Dmytryshyn, T. Vaughan e E. A. Crownhart-Vaughan (orgs.). *Russia's penetration of the North Pacific Ocean*. Portland, Oreg., 1988, p. 69.

45. T. Armstrong. *Yermak's campaigns in Siberia*. Londres, 1975, p. 88.

46. Frost. *Bering*, p. 43.

47. Idem, p. 44.

48. Idem, p. 68.

49. Idem, p. 88.

50. Idem, p. 73.

51. Idem, p. 137.

52. Ver adiante, pp. 354-5.

53. R. Law. *The slave commerce of West Africa*. Oxford, 1998, pp. 45-52.

54. P. E. H. Hair e R. Law (orgs.). *Barbot on Guinea: The writings of Jean Barbot on West Africa, 1678-1712*, 2 vols. Londres, 1992, vol. i, p. xiii.

55. Hair e Law (orgs.). *Barbot on Guinea*, v. ii, p. 454.

56. Ver anteriormente, pp. 265-6.

57. M. G. da Costa e C. F. Beckingham (orgs.). *The itinerario of Jeronimo Lobo*. Londres, 1984, p. 51.

58. C. F. Beckingham e G. W. Huntingford (orgs.). *Some records of Ethiopia*. Londres, 1957, pp. 192-3.

59. M. de Aguiano. *Misiones capuchinas en África*. Madri, 1950, p. 67.

60. P.-L. M. de Maupertuis. *The figure of the Earth, determined from observations made by order of the French king, at the Polar Circle*. Londres, 1738, pp. 34, 38-40.

8. O AVANÇO FINAL [pp. 357-430]

1. Ver anteriormente, pp. 353-4.

2. P.-L. M. de Maupertuis. "Lettre sur le progrès des sciences". Em *Œuvres*, 4 vols. Lyon, 1768, i, pp. 384-6.

3. Citado em T. Ryan. "Le président des Terres Australes: Charles de Brosses and the French Enlightenment". *Journal of Pacific History*, 37 (2002), p. 170.

4. W. Barr e G. Williams (orgs.). *Voyages to Hudson Bay in search of a Northwest Passage*, 2 vols. Londres, 1993-4, i, p. 2.

5. Barr e Williams (orgs.). *Voyages to Hudson Bay*, ii, p. 352.

6. Ver anteriormente, p. 44.

7. Ver anteriormente, p. 361.

8. Barr e Williams (orgs.). *Voyages to Hudson Bay*, ii, p. 171.

9. G. Williams. *The prize of all the oceans*. Londres, 2000, pp. 45-6.

10. Citado em F. López-Rios Fernández. *Medicina naval española en la época de los descubrimientos*. Barcelona, 1993, pp. 85-163.

11. M. E. Hoare. *The resolution journal of Johann Reinhold Forster*, 4 vols. Londres, 1981-2, iii, p. 454.

12. P. LeRoy. *A narrative of the singular adventures of four Russian sailors who were cast away on the desert island of East Spitzbergen*. Londres, 1774, pp. 69-72.

13. *The journal of Jean-François Galaup de La Pérouse*. Org. J. Dunmore, 2 vols. Londres, 1994, ii, pp. 317, 431-2.

14. M. Palau (org.). *Malaspina '94*. Cádiz, 1994, p. 74.

15. G. Vancouver. *A voyage of discovery to the north Pacific Ocean and around the world*. Org. W. K. Lamb, 4 vols. Londres, 1984, iv, pp. 1471-2.

16. G. Robertson, citado em G. Williams. "Seamen and philosophers in the south seas in the age of Captain Cook". *Mariner's Mirror*, 65 (1979), p. 7.

17. *The Pacific journal of Louis-Antoine de Bougainville*. Org. J. Dunmore. Londres, 2002, p. xx.

18. Ver anteriormente, pp. 257-8.

19. Ver anteriormente, pp. 254-8.

20. J. Beaglehole. *The life of captain James Cook*. Londres, 1974, p. 366.

21. A. David (org.). *The charts and coastal views of captain Cook's voyages*, 3 vols. Londres, 1988-97.

22. *Journals of captain Cook on his voyages of discovery: The voyage of the Endeavour*. Org. J. C. Beaglehole, 3 vols. Cambridge, 1955-67, i, p. 117.

23. Idem, i, p. 366.

24. Citado em *Journal of La Pérouse*. Org. Dunmore, p. xix.

25. *Journals of captain Cook*. Org. Beaglehole, ii, p. 239.

26. Idem, ii, p. 643.

27. Idem, i, p. 243.

28. J. King. *A voyage to the Pacific Ocean*. Londres, 1785, iii, p. 185, citado em R. Langdon. *The lost caravel*. Sydney, 1975, p. 273.

29. *Journals of captain Cook*. Org. Beaglehole, i, p. 335.

30. *Journal of La Pérouse.* Org. Dunmore, vol. i, p. cxi.

31. Idem, p. 148.

32. J. Pimentel. *La física de la monarquía: Ciencia y política en el pensamiento colonial de Alejandro Malaspina (1754-1810).* Madri, 1988.

33. A. Humboldt. *Ensayo político sobre el reino de la Nueva España* (1822), citado em I. Engstrand. "Of fish and men: Spanish marine science during the late xviiith century". *Pacific Historical Review*, 69 (2000), p. 4.

34. A. Frost. *The global reach of empire.* Londres, 2003, p. 219.

35. Idem, p. 242.

36. G. Vancouver. *A voyage of discovery to the north Pacific Ocean and round the world, 1791-1795.* Org. W. K. Lamb, 4 vols. Londres, 1984, i, p. 41.

37. Idem, i, p. 112.

38. Idem, i, p. 182.

39. Idem, iv, p. 1390.

40. Idem, iv, p. 1552.

41. A. V. Postnikov. "The search for a sea-passage from the Atlantic Ocean to the Pacific via North America's coast". *Terrae Incognitae*, 32 (2000), pp. 31-54.

42. Citado em E. S. Dodge. *The polar rosses.* Londres, 1973, p. 35.

43. Citado em F. Fleming. *Barrow's boys.* Londres, 1998, p. 33.

44. Idem, p. 171.

45. F. Fleming. *Barrow's boys*, p. 306.

46. J. Ross. *Narrative of a second voyage in search of a Northwest Passage.* Londres, 1835, p. 191.

47. P. Berton. *The Arctic grail.* Toronto, 1988, p. 134.

48. *The discovery of the South Shetland Islands: The voyages of the Brig Williams, 1819-1820.* Org. R. J. Campbell, Londres, 2000, p. 161.

49. *Discovery of the South Shetland Islands*, p. 73.

50. Idem, pp. 73, 160.

51. J. Weddell. *A voyage towards the South Pole.* Londres, 1827.

52. N. Philbrick. *Sea of Glory.* Nova York, 2003. [*Mar de glória.* São Paulo, Companhia das Letras, 2005.]

53. M. J. Ross. *Ross in the Antarctic.* Londres, 1982, p. 8.

54. Ross. *Ross in the Antarctic*, p. 99.

55. Idem, p. 203.

56. Fleming. *Barrow's boys*, p. 276.

57. R. C. Davis (org.). *The Central Australian expedition.* Londres, 2002, p. xliii.

58. Davis (org.). *Central Australian expedition*, p. 329.

59. L. R. R. Hafen e A. W. Hafen. *The old Spanish trail: Santa Fe to Los Angeles.* Glendale, Calif., 1954, p. 68.

60. Bernardo Miera y Pacheco, citado em G. G. Cline. *Exploring the Great Basin.* Norman, Okla., 1963, p. 53.

61. *The journals of Lewis and Clark.* Org. B. DeVoto. Boston, 1953, p. 92 (7 de abril de 1805).

62. R. L. Nichols e P. L. Halley. *Stephen Long and American frontier exploration.* Newark, NJ, 1980, p. 167.

63. Hafen e Hafen. *Old Spanish trail*, p. 108.

64. *Journal of La Pérouse*. Org. Dunmore, p. lvi.

65. Citado em *Journal of La Pérouse*, p. lix.

66. A. R. Pagden. *European encounters with the New World from Renaissance to Romanticism.* New Haven, 1992, p. 142.

67. Ver anteriormente, pp. 267-8.

68. Ver anteriormente, pp. 130-3.

69. Ver anteriormente, pp. 132-3.

70. J. G. Jackson. *An accurate and interesting account of Tahiti.* Londres, 1814, p. 296.

71. *Mungo Park's travels in Africa.* Org. R. Miller. Londres, 1954, p. 72.

72. Idem, p. 149.

73. Idem, p. 150.

74. Idem, p. 162.

75. Idem, pp. 364-5.

76. Fleming. Barrow's boys, p. 198.

77. Idem, p. 254.

78. C. Lloyd. *The search for the Niger.* Londres, 1973, p. 139.

79. Ver anteriormente, pp. 166-8, 186-90.

80. D. Denham, H. Clapperton e W. Oudeney. *A narrative of travels and discoveries in North and Central Africa*, 2 vol. Londres, 1828, i, p. 14.

81. R. Caillié. *Travels through Central Africa to Timbuctoo*, 2 vol. Londres, 1968, ii, p. 49.

82. Idem, ii, p. 84.

83. Idem, ii, p. 173.

84. Lloyd. *Search for the Niger*, p. 173.

85. Idem, p. 159; cf. P. Curtin. *The world and the West.* Cambridge, 2000, p. 43.

86. Idem, pp. 144-5.

87. Fleming, *Barrow's boys*, p. 212.

9. A GLOBALIZAÇÃO [pp. 431-95]

1. Ver anteriormente, p. 68-9.

2. Ver anteriormente, pp. 76-81.

3. Ver anteriormente, p. 73.

4. Ver anteriormente, pp. 68-9.

5. Ver anteriormente, p. 19.

6. F. Relaño. *The shaping of Africa.* Aldershot, 2002, p. 198.

7. N. R. Bennett. *Arab versus European: Diplomacy and war in nineteenth-century East Central Africa.* Nova York, 1986, p. 47.

8. R. Burton. *The lake regions of equatorial Africa.* Londres, 1860, p. 401.

9. O. Ransford. *David Livingstone: The dark interior.* Londres, 1978.

10. *The last journals of David Livingstone in Central Africa.* Org. H. Waller, ii. Londres, 1874, p. 296.

OS DESBRAVADORES

11. D. Livingstone. *Missionary travels and researches in South Africa.* Londres, 1857, p. 673.

12. Idem, p. 675.

13. Citado em A. Ross. *David Livingstone: Mission and empire.* Londres, 2005, p. 187.

14. H. M. Stanley. *How I found Livingstone.* Londres, 1872, pp. xviii, 309.

15. Stanley. *How I found Livingstone*, pp. 411-2.

16. Citado em M. Osborne. *River road to China.* Londres, 1975, p. 32.

17. F. Garnier. *Voyage d'exploration en Indochine.* Org. J.-P. Gomane. Paris, 1985, p. 43.

18. A. Briggs. *Victorian cities.* Harmondsworth, 1968, pp. 278-302.

19. A. Moorehead. *Cooper's Creek.* Londres, 1963, p. 139.

20. Ver anteriormente, pp. 393-6.

21. *Explorations in Australia: The journals of John McDougall Stuart.* Org. W. Hardman. Londres, 1964, pp. 453, 460, 466.

22. *Journals of John McDougall Stuart.* Org. W. Hardman, p. 482.

23. G. H. Wilkins. *Undiscovered Australia.* Londres, 1928.

24. G. Souter. *New Guinea: The last unknown.* Londres, 1964, p. 4.

25. Idem, p. 80.

26. Idem.

27. Idem, p. 85.

28. D. G. Hogarth. *The penetration of Arabia.* Londres, 1904, pp. 325-6.

29. B. Thomas. *Alarms and excursions in Arabia.* Londres, 1931, p. 257.

30. B. Thomas. *Arabia Felix.* Londres, 1932, p. xxvii.

31. Thomas. *Arabia Felix*, p. xxv.

32. Thomas. *Alarms and excursions*, p. 257.

33. Thomas. *Arabia Felix*, p. 251.

34. S. Hedin. *A conquest of Tibet.* Londres, 1953, pp. 71-2.

35. Idem, pp. 104-5.

36. J. Bedier (org.). *High road in Tartary.* Nova York, 1948, p. 208.

37. T. Holdich. *Tibet, the mysterious.* Londres, 1906, pp. 225-6.

38. Idem, p. 113.

39. Idem, p. 214.

40. P. Fleming. *Bayonets to Lhasa.* Londres, 1961, pp. 232-3, 240.

41. Ver anteriormente, pp. 403-4.

42. Fleming. *Bayonets to Lhasa*, p. 166.

43. J. C. Frémont. *Narratives of exploration and adventure.* Org. A. Nevins. Nova York, 1958, p. 136.

44. Frémont. *Narratives*, p. 243.

45. Idem, p. 424.

46. Ver anteriormente, p. 327.

47. W. H. Goetzmann. *Exploration and empire: The explorer and the scientist in the winning of the American West.* Nova York, 1966, p. 270.

48. Idem, p. 279.

49. Idem, p. 257.

50. H. B. Möllhausen. *Diary of a journey from Mississippi to the coasts of the Pacific*, 2 vol. Nova York, 1969, ii, pp. 335-6; J. P. Sherburne. *Through indian country to California: John P. Sherburne's diary of the Whipple expedition, 1853-4*. Org. M. McDougall Gordon. Stanford, Calif. 1988, p. 212.

51. W. H. Goetzmann. *Army explorations in the American west 1803-63*. New Haven, 1959, pp. 263-6.

52. Goetzmann. *Army explorations*, p. 343.

53. J. W. Powell. *The exploration of the Colorado river and its canyons*. Nova York, 1997, p. 247, citado em Goetzmann. *Exploration and empire*, p. 549; D. Worster. *A river running west: The life of John Wesley Powell*. Nova York, 2001, pp. 184-5.

54. Worster. *A river running west*, p. 183.

55. G. R. Taylor. *The transportation revolution*. Nova York, 1951, pp. 113-4.

56. R. E. Peary. *Nearest the Pole*. Nova York, 1907, p. 125.

57. J. E. Weems. *Peary: The explorer and the man*. Boston, 1967, p. 270.

58. Ver anteriormente, pp. 392-3.

59. W. G. Burns Murdoch, citado em M. H. Rosove. *Let heroes speak*. Annapolis, Md, 2000, p. 57.

60. M. Jones. *The last great quest*. Oxford, 2003, p. 51.

61. Rosove. *Let heroes speak*, p. 67.

62. R. F. Scott. *The voyage of the Discovery*. Londres, 1905, ii, p. 32.

63. Idem, i, pp. 467-8.

64. R. F. Scott. *Scott's last expedition*. Org. L. Huxley. Londres, 1913, i, pp. 605-7.

65. Rosove. *Let heroes speak*, p. 181.

66. Idem, p. 192.

67. R. Vaughan. *The Arctic: A history*. Dover, NH, 1994, p. 240.

68. J. A. Lawson. *Wanderings in the interior of New Guinea*. Londres, 1875, p. 13.

69. Ver anteriormente, pp. 58, 85-7.

70. H. E. M. Stanley. *In darkest Africa*, 2. vol. Londres, 1890, i, pp. 198, 353.

71. Stanley. *In darkest Africa*, ii, pp. 40-1.

72. Idem, p. 44.

73. Souter. *New Guinea*, p. 154.

74. B. Connolly e R. Anderson. *First contact*. Nova York, 1987, p. 9.

75. Idem, p. 180.

76. Idem, p. 24.

77. Idem, p. 29.

78. Idem, pp. 181-2.

79. R. Hemley. *Invented Eden: The elusive, disputed history of the Tasaday*. Nova York, 2003.

80. J. Hemming. *Die if you must: Brazilian indians in the twentieth century*. Londres, 2003, p. 17.

81. Idem, p. 30.

82. Idem, p. 149.

83. J. Hemming. *The golden age of discovery*. Londres, 1998, p. 19.

84. Hemming. *Die if you must*, pp. 286-7.

85. E. Brooks et al. *Tribes of the American basin in Brazil in 1972: Report for the Aborigenes Protection Society*. Londres, 1973, p. 1.

86. R. Hanbury-Tenison. *A question of survival for the indians of Brazil*. Nova York, 1973, pp. 45-76.

87. Hemming. *Die if you must*, p. 348.

88. Idem, p. 404.

89. Idem, p. 635.

90. B. Riffenburgh. *The myth of the explorer: The press, sensationalism and geographical discovery*. Cambridge, 1994.

91. Jones. *Last great quest*, p. 75.

92. Osborne. *River road to China*, p. 87

93. Citado em Rosove. *Let heroes speak*, pp. 242-3.

94. Osborne. *River road to China*, p. 75.

95. Scouter. *New Guinea*, p. 103.

96. Sherburne. *Through indian country*, p. 198.

97. Hedin. *Conquest of Tibet*, p. 156.

98. Garnier. *Voyage d'exploration*, sig. G54.

99. Idem, pp. 43-4.

100. Hedin. *Conquest of Tibet*, p. 27.

101. Sherburne. *Through indian country*, p. 61.

102. Idem, p. 184.

103. Stanley. *In darkest Africa*, i, pp. 42-3.

104. Hemming. *Golden age of discovery*, p. 8.

105. P. Fleming. *Brazilian adventure*. Londres, 1933, pp. 28-30. [*Uma aventura no Brasil*. São Paulo, Marco Zero, 1996.]

Créditos das ilustrações

Os mapas originais deste livro foram desenhados por David Atkinson e Hand Made Maps (www.handmademaps.com).

akg-images: 237; Herbert Kraft/akg-imges: 38; © Fundació Amattler. Arxiu Mas: 203; Bibliothèque de l'Assemblée nationale de France (MS 1248.ED,19): 247; Bibliothèque nationale de France (cliché RC-B-18155): 159; Palazzo Ducale, Veneza/Alinari/The Bridgeman Art Library: prancha V; The British Museum, Londres/The Bridgeman Art Library: prancha I; John Carter Brown Library, Brown University, RI, EUA/The Bridgeman Art Library: 249; coleção particular/The Stapleton Collection/The Bridgeman Art Library: prancha IV, 387; Royal Geographic Society, Londres/The Bridgeman Art Library: prancha VI; The Worshipful Company of Clockmakers' Collection, Reino Unido/The Bridgeman Art Library: 364; The British Library: (010C15406.a.74/1) 40; (MS Add.11696, ff.39v-40), 233, (G.7033) 259, (48.h.18) 273, (MS Harley 3450, f.10) 286, (MS Royal 17.A.XLVIII, f.9v) 311, (AC.6172/108) 326, (mapas C21.e.l.(2)) 340, (36.g.8, vol V) 369, (W7140, vol III) 373, (145.e.8) 405, (V10222) 442, (10077.dd.21, vol I) 449; © Philadelphia Museum of Art/Corbis: 143; © Albrecht G. Schaefer/Corbis: 58; © Swim Ink 2, LLC/Corbis: 466; © Paulo Whitaker/Reuters/Corbis: 486; The Master and Fellows of Corpus Christi College, Cambridge (MS 66A, f.67r): 114; com autorização da Academia Dunhuang, China/foto cortesia de Projeto Internacional de Dunhuang: 101; cortesia da Hispanic Society of America, Nova York: 271; Biblioteca da Universidade de Leiden, Coleções Especiais (MS Or.3101, pp. 4-5): prancha II; Museu Marítim de Barcelona: prancha III; Jonathan Wright/National Geographic Image Collections: 75; Ninnaji, Japão: 116; Novosti: 179; da coleção do Parham Park, West Sussex, Reino Unido: 376; Photo12.com/Oronoz: 306; Nicholas Roerich Museum, Nova York: 452;

OS DESBRAVADORES

© coleção Roger-Viollet: 348; John Pickard/St. Mary Redcliffe, Bristol: 218; The British Library/ HIP/TopFoto.co.uk: prancha VII; Derrick Witty/TopFoto.co.uk: prancha VIII; © The Viking Ship Museum, Dinamarca/foto Werner Karrasch: 77; de Mao Yuan-I, *Wu-pei-chih*, registros de preparativos militares, 1621: 146.

Índice remissivo

Abhara, 89-90

Abissínia, 221, 223, 238, 343

Académie Royale des Sciences, 346

Açores, 83, 163, 164, 172-4, 182, 183, 206, 215, 292

Adão de Bremen, 121, 124, 126

Adorno, Girolamo, 222

Afonso v, 222

Afonso xi, 162

África: agricultura, 35; comércio, 129, 174, 342; exploração por mar, 132-4; exploração por terra, 129, 131-2; ferrovias, 463; *Homo erectus*, 19; mapas, 345, 350; pigmeus, 478; Portugal e, 173-5; rota oceânica em torno da, 220; século xix, 412-24, 433-9; século xvii, 342, 343, 344, 345

África do Sul, 18, 412, 413

África ocidental, 35, 60, 129, 133, 161, 173-4, 176, 193, 209, 343, 414-5, 426, 470

África oriental, 16, 55, 60, 99, 129, 142, 144, 146, 149, 221, 223, 265, 266, 267, 343, 414, 425, 433, 435

África subsaariana, 39, 132, 343, 346, 426

agricultura, 25, 30, 33-6, 39, 43, 72, 129, 156, 196, 285-6, 297, 404, 408, 483, 487

água: provisão de água para navios, 183

Ahuitzotl, 236

Ahutoru (nativo do Taiti), 409

Alarcón, Hernando de, 280, 301

Alasca, 73, 155, 339-40, 373, 381, 384

Albo, Francesco d', 251

Albuquerque, Afonso de, 246, 302, 460

Alexandra, ilha, 390

Alfinger, Ambrose, 284

alísios, ventos, 191

Allada, África, 342

Almagro, Diego de, 283

Almeida, Manuel de, 344

Álvares, Francisco, 266

Amarelo, rio, 21, 39, 41, 45

Amazonas, rio, 292, 325-7

Amazônia, 34, 138, 284, 324-7, 483

ambientais, desastres *ver* desastres ambientais

ambientes extremos, 425

ambientes novos, 16, 18, 25

América do Norte: agricultura, 35; Atlântico, costa do, 270-7; exploração por terra, 285, 287-8, 290; mapas, 285, 405; Pacífico, costa do, 279-80; rotas fluviais, 296-8;

517

século xix, 381-8, 397, 398, 400-2, 404, 405, 457-60, 462-3; século xvii, 316-7, 319-20, 322-3

América do Sul: Colombo, 232; costa do Pacífico, 278-9; exploração interna, 281-4; exploração por terra, 137; rotas fluviais, 291, 293, 295-6; século xix, 411; século xvii, 325-7; século xviii, 411; viagens, 232, 234

americanos, índios *ver* índios

Américas: costas, 268-80; exploração por terra, 281-2, 284, 285, 287-8, 290; guias, 301; *Homo sapiens*, 22; migrações, 28; obstáculos naturais, 129; rotas, 134, 135, 137-8; rotas fluviais, 291, 293, 295-8

ameríndios *ver* índios

Amundsen, Roald, 73, 469-70, 472, 474-5, 489

Amur, rio, 21, 334, 335

Anadyr, rio, 332, 333

Andagoya, Pascual de, 278

andaluzas, viagens, 204

Andes, 33-5, 62, 96, 134, 137-8, 281, 283-5, 295, 326, 327, 410, 412, 459

Angola, 37, 343-4, 440

Anguiano, Mateo de, 345

animais sociais, 15

Anson, George, 366-7

Antártica, 257, 389, 391-3, 426, 433, 470-1, 476, 488, 490

anteparas em navios, 184

Anville, Jean-Baptiste Bourguignon d', 350-1

apalaches (índios), 288

árabes, conquistas, 88

Arábia, 40, 51, 54-6, 58, 90, 99, 153, 238, 279, 429, 433, 447-51, 491

Arellana, Alonso de, 254

Argentina, 389, 488

Arthur, George, 317

Ártico, oceano, 62; costa russa, 334; exploração, 272; inuítes, 73; século xix, 385, 467, 468; século xx, 470, 475; tecnologia, 425

astecas, 236, 282, 287, 298, 302

astrolábios, 181, 200, 306, 307, 310, 323

astronomia, 305, 347, 348

Atlântica, civilização, 198

Atlântico, oceano: colonizadores nórdicos, 74-5; costa da América do Norte, 270-7; costa européia, 117, 128, 155; Espanha, 153; Maiorca, 157, 158, 160; navios, 182; Norte, 182, 199, 203, 217, 242, 270, 274, 278, 371, 465; pesca, áreas de, 197; Portugal, 166, 168-71, 173; Sul, 199, 220, 230-1, 248, 250; travessia, 62; ventos, 190, 199, 205, 220, 230-1

Austrália: colonizada, 20; Cook, 372; mapas, 302; Portugal e, 262; século xix, 393-4, 396, 443-4; Tasmânia, 328

austronésios, 86

aviação, 467

Azevedo, João de Sousa de, 411

Baffin, William, 275-7, 311, 385

Bahadur Khan Gilani, 239

Balboa, Vasco Núñez de, 281, 301, 459

baleia, caça de, 470

Báltico, 44, 94, 122-3, 127-8, 198, 217, 309

Banks, Joseph, 372, 415-6

Bar Sauma, Rabban, 107-10

Barbot, Jean, 342

Barghash Said, 434

Barrados, Diogo de, 187

Barreto, Isabel, 256

Barros, João de, 221, 224, 266

Barrow, John, 428

Barth, Heinrich, 424, 427

bascos, 119-20, 151, 164, 210

Bass, George, 394

Bastidas, Rodrigo de, 234

Batell, Andrew, 345

Baudin, Nicolas Thomas, 394

Bayezid i, 177

Bayezid ii, 178

Becker, Ludwig, 445

Beechey, Frederick, 429

Behaim, Martin, 207

Belarus, 128

Bellingshausen, Faddei, 390

ÍNDICE REMISSIVO

Bello, Ahmad, 429

Belzoni, Giovanni Battista, 427

Bennett, James Gordon, 467

Berardi, Gianotto, 202, 233

Bering, Vitus, 336-9, 341

Berrio, Antonio de, 294

Berrio, Fernando, 294

Béthencourt, Jean de, 164, 165, 171, 176

Béthencourt, Mathieu de, 171

Binger, Louis, 464

Bingham, Hiram, 477

bisão, 286, 287, 320

Bjarni Herjólfsson, 82

Blane, Gilbert, 368

Blaxland, Gregory, 394

Blundeville, Thomas, 312

Boa Esperança, cabo da ver cabo da Boa Esperança

Bobadilla, Beatriz de, 209

Bockstoce, John, 73-5

bôeres, 413-4, 436

Bojador, cabo ver cabo Bojador

Borchgrevink, Carsten, 471

Borobudur, 58, 85, 185, 477

Botta, P.-E., 448

Bougainville, Louis-Antoine de, 371, 380, 409-10

Bourne, William, 307

Bradley, George, 463

Brahmaputra, rio, 455-6

Branco, mar, 178, 274, 342

Brandão, são, 80, 85, 186

Bransfield, Edward, 390

Braquemont, Robert de, 164

Brasil, 173, 192, 198, 204, 217, 218, 220, 230-1, 234, 235, 295, 309, 326, 343, 484-6, 488, 491-2

Brazza, Pierre Savorgnan de, 440

Bremen, Alemanha, 118, 121-2

Brieva, Domingo de, 325

Bristol, Inglaterra, 80, 173, 197, 203-4, 217-20, 272

Brosses, Charles de, 360, 370

Brouwer, Hendrik, 264

Browne, W. G., 414-5

Bruce, James, 414-5

búfalo ver bisão

Bull, Henryk Johan, 470-1

Burchardt, Jakob, 448

buriatas, 331, 334, 455

Burke, Robert O'Hara, 443-6

Burton, Richard, 434-5, 448

bússola, 75-6, 176, 181, 287, 323, 372, 418

Button, Thomas, 276

Bylot, Robert, 275-6

Byron, John, 371

cabo Bojador, 172

cabo da Boa Esperança, 150, 199, 220-1, 228-9, 231, 239, 245, 265, 350

cabo de Santa Catarina, 174

cabo Horn, 250, 319, 330, 390

cabo Lookout, 272

cabos elétricos, 457, 466

Caboto, João, 204, 218, 270, 272

Caboto, Sebastião, 294, 478

Cabral, Pedro Álvares, 198, 204, 230

Cabrillo, Juan Rodríguez, 280

caça na Idade do Gelo, 28

Caillié, René, 423, 424, 427-8

caingangues (índios), 483

Calicute, Índia, 216, 223, 225-8, 301

Califórnia, EUA, 28, 279-80, 315, 317, 324, 392, 399-400, 404, 458, 459

Campbell, John, 413

Canadá, 75, 298, 299, 381-2, 392, 398, 407, 408; ver também Passagem Noroeste

Canárias, ilhas: Castela e, 162, 202, 208-9; colônia européia, 164; maiorquinos, 157-8, 160; mapas, 163; Portugal e, 170, 171; ventos, 208

canibalismo, 113

Cão, Diogo, 175, 220

capuchinhos, missionários, 345

caravelas, 182, 183, 225, 234, 235; redondas, 183

Caribe, 83, 94, 129, 137, 191-3, 198, 209-10, 213, 215, 226, 242, 268-70, 277, 284, 319
Carlos III, 377
Carlos V, 284
Carolinas, ilhas, 37, 65, 66, 70, 260
carroças, estradas de, 462
cartas náuticas, 54, 147, 200, 217, 248, 302, 308-10, 346, 372, 379, 383; *ver também* mapas
Carteret, Philip, 371
Cartier, Jacques, 296-8, 301
Carvajal, Gaspar de, 293
Cassini, Jacques, 353
Cassini, Jean-Dominique, 347-8, 353
Castela, 151; Atlântico, 164; Canárias, ilhas, 162, 207-9; Magalhães, 248
Castro, João de, 265
Çatalhüyük, Anatólia, 33, 39
cavalaria, 166, 167, 186-9, 205, 258, 279, 281, 291, 316, 359, 423
Cazaquistão, 128
Ceilão, 140, 142, 145, 245-6
Çelebi, Evliya, 448
Ceuta, África, 132, 170-1
Ch'ien Ch'ang *ver* Zhang Qian
Chak Tok Ich'aak, 136
Champion, Ivan, 447
Champlain, Samuel de, 299, 301, 311, 321
Changzhun, 105, 106
Charcot, Jean-Baptiste, 471, 489
Chatham, ilhas, 68, 71-2, 243, 279
Chedufau, J.-P., 448-9
Chichmariev, G. S., 384
Chile, 29, 137, 249, 279, 283, 300, 328, 329, 377, 389, 391, 488
Chimborazo, monte, 357, 411-2
Chimbu, vale do, Nova Guiné, 481
chimpanzés, 15-6, 25
China: Amarelo, rio, 41; Arábia, mar da, 89; comércio, 148; distanciamento do mundo, 147-9, 190; estados beligerantes, 45; Índico, oceano, 140-1, 144; influências culturais sobre a Europa, 113; mapas, 41,

115-6; Rússia, 334; Sichuan, 97; Tibete, 452; vida política, 145; Yongle, 140
chukchis, 332
Cíbola, 285-6, 315
Cíclades, ilhas, 44
cidades agrícolas mais antigas, 32
ciência, 304, 377, 432, 434, 460
cintas-largas (índios), 485
circunavegação do mundo, 250
civilizações antigas, 476, 477
Clapperton, Hugh, 416, 421-2, 426, 429
Clark, William, 401
Clemente VI, 162
climas frios, 19, 26, 28
cocas (embarcação), 158, 183
Colbert, Jean-Baptiste, 346, 349
Cole, Thomas, 412
coletores, 23, 28, 30, 35, 160
Colombo, Cristóvão, 204-16; Canárias, ilhas, 208-9; Caribe, 268-9; casamento, 188; destino, 205; façanha, 215; financiadores, 201, 205; guias, 300; latitude, 200, 306; mapas, 200; México, golfo do, 137; motivação, 209; mundo natural, 212; mundo, tamanho do, 243; nativos, 211-2; primeiro desembarque, 188-9, 210; travessias do Atlântico, 198, 203-4, 210, 231-2
Colombo, Fernando, 251
Colorado, rio, 280, 301, 324, 399, 462, 492
Columbia, rio, 383, 401, 403, 407, 460
comércio: África, 129, 174, 342; artigos de luxo, 32; Atlântico Norte, 217; China, 148; especiarias, 199; Eurásia, 51-2, 54; Europa, 117; Índico, oceano, 144, 228; Mediterrâneo, mar, 117; mundial, 466; Nova Inglaterra, 318, 319; Panamá, 300; produtos básicos, 33
Commerson, Philibert de, 409
Companhia da Baía de Hudson, 360, 387-8, 397
Companhia de Jesus *ver* jesuítas
Companhia Holandesa das Índias Orientais, 229, 264, 275, 327-30

ÍNDICE REMISSIVO

comunicação entre civilizações, 39-43

confucianos, 145, 148

Congo, 37, 175, 342-3, 345, 428, 434, 439-40, 488

Congo, rio, 415, 421, 426, 439

Conselho de Longitude, 363

Conti, Niccolò, 221-2

convergência, 13-4, 30

convergência cultural, 495

Cook, James, 371-4; Banks, 415; cerveja de abeto, 368; longitude, 361; Terra Australis, 257; Tupaia, 372, 429; Vancouver, George, 382

Cooley, W. D., 433

Cooper, James Fenimore, 404

Coroação, ilha da, 391

Coronado, Francisco Vázquez de, 285-8, 301

corrente de Humboldt, 249, 279

corrente do Brasil, 192, 204

corrente do Golfo, 242, 277

correntes oceânicas, 191, 242

Cortés, Hernán, 137, 279-83, 300

Cotrim, Antônio, 485

Covilhã, Pêro da, 222-3, 266

cozinhar, emprego do fogo para, 23

Creta, 44, 88

cristandade latina, 116-8, 122, 132, 156-7, 196, 200, 266

Cristiano IV, 310

cronômetros, 363-4, 373

Cuba, 213, 214, 216, 242, 268-9, 281-2

culturais, transmissões, 39, 156

Dalrymple, Alexander, 360

Dampier, William, 329

Dario I, 54

Davis, John, 275

Dee, John, 273-5

Dei, Benedetto, 133, 170

Dejnev, Semen, 333-4

Déli, Índia, 239

Denham, Dixon, 417, 421, 423

desastres ambientais, 138

diagramas cósmicos, 36-7

Dias, Bartolomeu, 220-1, 225, 231

Dickens, Charles, 465

Diderot, Denis, 358-9, 410

Diemen, Antonis van, 328-9

divergência, 14-20, 22-5, 29, 62

divergência cultural, 28-9, 191, 488, 492

Djebel Sahaba, batalha de, 24

Dobbs, Arthur, 360

Domingo de la Calzada, 118

Dorjiev, Agran, 455

Doughty, Charles, 448

Drake, sir Francis, 280

Dunhuang, Ásia, 52-3, 99

Egito, 41-6, 49, 52, 55, 109, 132, 238, 350-1, 411, 423

Ehlers, Otto von, 446

Elizalde, Manuel, 482

Ellis, Henry, 361, 365

embarcações ver navios

Emin Pachá, 478

Entrecasteaux, ilhas, 377

Entrecasteaux, Louis Antoine d', 377

Eratóstenes, 50, 206, 207

Erik, o Ruivo, 74, 81, 82

Eritreu, mar, 54-5, 59

Escalante, Silvestre Vélez de, 399, 463

Escandinávia, 28, 44, 48, 62, 78, 122, 154, 156, 192, 197

escorbuto, 228, 249, 254, 276, 298, 340-1, 361, 365-70, 375, 377, 388, 396, 423, 445, 471-2

escravidão, 258, 436, 485

eslavos, 122, 125, 127, 156, 196

Espanha: Amazônia, 291, 293; América do Norte, 279-80, 285, 287, 288, 380-1; América do Sul, 281-2, 284; Américas, 411; bascos, 119; Califórnia, 399; Canárias, ilhas, 209; ciência, 377; cultura de exploração, 62; fenícios, 46; mapas, 309; médicos, 365; Molucas, 247; navegadores, 307; Novo México, 323; Pacífico, 243, 252, 329, 369-70, 374-5, 377; peregrinações, 118;

século xviii, 427; Tratado de Tordesilhas, 244; *ver também* Castela
Espanhola (Hispaniola), ilha, 214, 216
especiarias, 51, 55, 144, 176, 199, 213, 219, 221, 223, 225, 229-30, 243, 247, 265, 275
Especiarias, Ilhas das *ver* Molucas
Espíritu Santo, ilha, 257, 260
esquimós *ver* inuítes
Estados Unidos, 82, 288, 324, 381, 391-2, 401, 461-3, 477; *ver também* Américas; América do Norte
estepes, 110, 112, 113
Estrabão, 50
estradas de ferro *ver* ferrovias
Etiópia, 34, 56, 129, 209, 266, 268, 311, 343-4, 414
Eurásia, 19, 20, 39, 44, 51, 59-60, 62, 96, 99, 106, 109-10, 114, 127, 129, 138, 151, 153, 156, 198, 229-30, 283
Europa, 21, 22, 115-9, 127, 198, 303
européia, colonização, 18
Evans, Arthur, 477
exploração espacial, 495
exploradores, motivações dos, 144, 359, 414, 429, 432
extremos, ambientes *ver* ambientes extremos

Fa Hsien *ver* Faxian
Faleiro, Rui, 246
Falkland, ilhas, 371; *ver também* Malvinas, ilhas
Fallam, Robert, 317, 324
Faroë, ilhas, 78, 81, 192
Fawcett, Percy "Jack", 477
Faxian, 98, 99, 101-3
Federmann, Nicholas, 284
fenícios, comerciantes, 46-7, 57, 128
Fernandes, António, 267
Fernando ii, rei de Aragão, 207
Fernet, Jean, 352
Ferrer, Jaime, 245
Ferrer, Jaume, 159
ferrovias, 457, 459-60, 463, 477

Figueroa, Francisco de, 326
Fiji, 64, 65, 69, 328
Filipe ii da Espanha, 313
Filipe iv da Espanha, 325
Filipinas, 64, 250-4, 256, 280, 302, 478
finanças, 283
Finney, Ben, 69
fisiologia humana, 18, 26-7
Fleming, Peter, 431, 494
Flinders, Matthew, 394
florestas, 16-9, 25, 28, 33, 45, 97-8, 116, 119-20, 127, 129, 134, 168, 276, 281, 285, 291, 320, 331, 407-8, 440, 477, 482, 488
Flórida, eua, 270-2, 288, 296, 300
focas, caça de, 389, 391
fogo, 23, 32
Forster, Johann Reinhold, 357, 368
Foxe, Luke, 312
França: África, 440; América do Norte, 271, 296-8, 319, 397, 407; Antártica, 391; Austrália, 393; Louisiana, 401; mapas, 351-2, 355; Mississippi, 322; Pacífico, 370, 374-5; século xviii, 427; Sudeste Asiático, 440
franciscanos, 168, 176, 212, 320, 325
Franklin, John, 385, 387-9, 393, 426, 429
Frémont, John Charles, 457-60, 477, 492
Fritz, Samuel, 326
Frobisher, Martin, 275

Galileu, 313, 348-9
Gallego, Hernando, 255
Gama, Vasco da, 204, 224-31, 247, 261, 262, 301
Gâmbia, 132, 174, 415, 417
Gamboa, Pedro Sarmiento de, 279
Gana, 131, 132
Garcés, Francisco, 399
García, Alejo, 295-6, 302
Garnier, François, 441-2, 489-92
Gassendi, Pierre, 346
Gengis Khan, 105, 106, 112, 138
Gênova, 106, 117, 132, 154, 157, 205, 222, 224, 347

Giovanni da Pian del Carpini, 112

girafas, 43, 142

Giraldus Cambrensis, 120

Gobi, deserto de, 21, 53, 99, 103, 105

Góes, Diogo, 169, 170, 171

Golfo, corrente *ver* corrente do Golfo

Gomes, Estêvão, 272

Gomes, Fernão, 174

González, Pedro, 369

Gosnold, Bartholomew, 301, 310

Grã-Bretanha, 48; Antártica e, 392; Companhia da Baía de Hudson, 397; Pacífico, 370; Passagem do Noroeste, 381, 384; século xix, 427, 428; Sudeste Asiático, 440; Tibete, 454, 455; ventos, 192; *ver também* Inglaterra

Grand Canyon, 462, 464

Grande Fenda Africana (Rift Valley), 129

Grande Lago Salgado, 395, 405, 458

Grandes Lagos, 82, 276, 291, 299, 302, 317, 319-20, 322, 395, 397-8, 407

grau, comprimento do, 352

Grécia, 34, 44, 46, 52, 122, 153, 365

Grijalva, Hernando de, 252

Groenlândia, 62-3, 73-4, 76, 78-9, 81-3, 122, 125, 188, 192, 197-8, 217, 274, 310-1, 385, 388, 468

Guerra, Antón, 235

Guerra, Luis, 235

guerras, 24, 153

guias nativos, 137, 268, 300, 334, 492

Guilherme de Rubruck, 114

Guiné, golfo da, 192, 201

Gunnbjorn Ulf-Krakason, 74, 81

Gutiérrez, Sancho, 251

Guzerate, Índia, 153, 227, 238-9

Gyogi, 115-6

Haenke, Thaddeus, 378

Hall, James, 310-1

Hanbury-Tenison, Robin, 486

Hanno, 49

Harald Hardrada, 123

Harkhuf, 41

Harrison, John, 363-4, 373

Havaí, 68-9, 71-2, 191, 243, 373-5, 381, 390, 432; *ver também* Sandwich do Sul, ilhas

Hearne, Samuel, 398

Hedin, Sven, 453, 455, 491-2

Hemming, John, 484, 491, 493-4

Hennepin, Louis, 323, 407

Henrique iii, 164

Henrique vii, 219

Henrique, dom (Henrique o Navegador), 166, 168-71

Henson, Matthew, 468

Herberstein, Sigmund von, 237

Herbord, 121

Heródoto, 46, 47, 49-50, 420, 433, 434

Heyerdahl, Thor, 68

Hill, James, 465

Himilco, 49

Hiru, 85

Hodges, William, 410

Hogarth, D. G., 448, 450-1

holandeses (Países Baixos), 85, 230, 239, 250, 262-5, 275, 279, 305, 309, 312, 327-9, 368, 377

Holdich, sir Thomas, 454-5

Homero, 50, 458, 478

Homo erectus, 19, 22, 432

Homo helmei, 20

Homo sapiens, 18-22, 24, 26

Hondius, Jodocus, 315

Hongxi, 148

Horn, cabo *ver* cabo Horn

Hornemann, Friedrich, 420

Huc, Évariste, 453

Hudson, baía de, 275-7, 312, 320, 360, 382, 397-8

Hudson, Henry, 275

Humboldt, Alexander von, 384, 410

Humboldt, corrente de *ver* corrente Humboldt

huronianos (índios), 299, 301, 407, 408

Huxham, John, 367

Huyghens, Christiaan, 313, 346-7, 349, 353

Iakutsk, Rússia, 334, 338
Ibérica, península, 151, 153, 161, 177, 182, 183
Ibn Battuta, 90, 131
Ibn Fadlan, 127
Ibn Fatima, 133
ibn Majid, Ahmad, 227
Ibn Shahriyar, Buzurg, 89
Idrisi, Al-, 133, 193
Ihering, Hermann von, 483
Ilhas Salomão, 64, 65, 256, 257
impérios marítimos, costa atlântica européia, 154, 155
imprensa, 438, 488
incas, 38, 68, 255, 283, 285, 295, 298, 302
Índia, 39, 52-6, 59, 84, 87-9, 91, 96-9, 101-4, 111, 144-5, 157, 185, 204, 221, 224-8, 238-9, 243-4, 247, 270, 272, 301, 343, 429, 440-1, 451, 453-5, 459, 492
Índico, oceano, 84, 86-90, 149; China, 141, 144; comércio, 144, 228; embarcações, 184; Europa, 199, 228, 230; holandeses, 263-4; Índia, 238; mapas, 86; Portugal, 260, 262, 264-6; povos marítimos, 150; século xv, 238; tempestades, 149; ventos, 57, 86, 261
indígenas, guias ver guias nativos
índios: América do Norte, 277, 286-7, 296, 299, 301, 317, 321, 407-8; América do Sul, 325, 483, 485, 487; ver também inuítes
Indo, rio, 39
industrialização, 156, 185, 397, 425, 428, 450, 456, 470
Inglaterra, 78, 109, 154-5, 157, 167, 188, 201, 217, 218, 272-5, 277, 280, 300, 307, 318-9, 323, 388, 392, 398, 409, 413, 417, 419, 422, 428; ver também Grã-Bretanha
inuítes, 73, 276, 429, 468
iorubas, África, 342
Irala, Domingo de, 295, 296
irlandeses, monges, 78-80
iroqueses (índios), 38, 297, 299, 301, 322-3
Isabel, rainha de Castela, 207-8

Isalguier, Anselme d', 132, 170
Islã, 87, 88, 90-1, 94, 96, 116, 139, 185, 200, 448; ver também muçulmanos
Islândia, 62, 74-6, 78, 81, 83, 122-3, 155, 188, 192, 197, 203, 205, 274
isolados, povos ver povos perdidos
Itália, 155, 222, 225, 274, 300, 347, 351
Ivã, o Grande, 236
Ives, Joseph Christmas, 462

Jamaica, 216, 268-9, 364
James, Thomas, 312
Jamestown, Virgínia, eua, 277, 292
Japão, 91-3; Bering, 339; cartas náuticas, 312; exploração interna, 115; holandeses, 327; imperialismo, 153; mapas, 115, 390; Portugal, 260
Java, 21, 58, 85, 88, 90, 139, 142, 221, 239, 260, 265, 302
Jefferson, Thomas, 381, 401
jesuítas, 244, 301, 305, 311, 320, 322, 327, 343-4, 347, 350-1, 408, 453
Jinga, rainha do Ndongo, 345
João, infante dom, 174-6
Jode, Cornelius de, 315
Jolliet, Louis, 320, 322
Jomard, E.-F., 448
Juan, Jorge, 353, 410

Kamchatka, Rússia, 333, 336-7, 339, 342
Kan Ying, 54
Karakoram, Mongólia, 112, 114
Karius, Charles, 447
Kayak, ilha, 339
Kelsey, Henry, 320
Kerguelen, Yves-Joseph de, 374
Khaarta, África, 417
Khotan, Turquestão, 101, 108
King, John, 444
Kino, Eusebio del, 324
Kinthup (kp), 454
kirikiris (índios), 287
Knight, James, 360

524

ÍNDICE REMISSIVO

koch (navio), 332
Kolyma, Rússia, 332-3
Kotzebue, Otto Von, 384
Kumarajiva, 99

L'Arce, Louis-Armand de Lom de, 408
L'Isle, Guillaume de, 350
La Condamine, Charles-Marie de, 353, 355
La Pérouse, Jean-François de Galaup de, 368, 376-7, 380, 490
La Salle, Gadifer de, 163-4, 166, 176
La Salle, René-Robert de, 320, 322-3
La Vérendrye, Pierre Gaultier de Varenne de, 397
Ladrillero, Juan, 279
Lagrée, Ernest-Marc-Louis de Gonzague Doudart de, 441, 443
Laing, Alexander Gordon, 422, 426, 490
Laird, Macgregor, 426-7
Lander, Richard, 416, 422, 426, 428
Lane, sir Ralph, 301
lápita, cultura, 64-6
lapões, 125
latitude, 181, 200, 305, 310
Lattimore, Owen, 99-100
Lawson, J. A., 476, 480, 493
Le Maire, Jakob, 250
Leahy, Michael, 480-1, 491
Lederer, John, 317, 324
Lee Boo (nativo de Palau), 409
Leif Eriksson, 76
Lena, rio, 332
Lepe, Diego de, 235
Lescarbot, Marc, 407
levantamento em navegação, 372
levantina, costa, 46
Lewis, Meriwether, 401
Lhasa, Tibete, 415, 452-6
Libro dell pratticatura, 110
Lima, Manuel Félix de, 411
Lind, James, 366
Linschoten, Jan van, 264

Lisboa, Portugal, 123, 133, 168, 174-5, 188, 197, 201-2, 215, 220, 224, 226, 231
Livingstone, David, 436-9, 490
Lobo, Jerônimo, 343
Lok, Michael, 315
Long, George de, 467
Long, Stephen, 404
longitude, 312, 349, 361, 363
Lookout, cabo *ver* cabo Lookout
Louisiana, EUA, 323, 401, 404
Lübeck, Alemanha, 117
Ludamar, África, 418
Luque, Hernando de, 283
luxo, comércio de artigos de, 32

Ma Huan, 147
MacBride, David, 368
Machu Picchu, 477
Mackay, Donald, 490
Mackenzie, Alexander, 382, 384, 399
Madagáscar, 86, 87, 350
Madariaga, Salvador de, 155
Madeira, Diogo Simões, 344
Madeira, ilha da, 157, 163, 174, 187, 188, 189, 201, 262, 475
Magalhães, estreito de, 250, 252, 270, 279
Magalhães, Fernão de, 247, 248, 251, 270, 275
magnético, norte *ver* norte magnético
magrebinos, 133, 161
maias, 134-7, 477
Maiorca, 117, 132, 158, 160, 172
Maitrakanyaka, 86
Malaca, estreito de, 145
Malaca, Malásia, 140, 145, 190, 245, 246, 260
malária, remédios contra, 425
Malaspina, Alessandro, 368-9, 377-8, 380
Maldonado, Lorenzo Ferrer, 336
Malfante, Antonio, 133, 170
Mali, 131-3, 161, 174, 361
Malocello, Lancelotto, 157
Malta, 44
Malvinas, ilhas, 371; *ver também* Falkland, ilhas

525

Manning, Thomas, 453
Manohara, príncipe, 84
Manuel I, dom, 223
Manzoni, Renato, 448
maoris, 328, 329
mapas: Açores, 172; África, 345, 350; Amazônia, 326; América do Norte, 285, 405; Australásia, 302; Canárias, ilhas, 163; China, 41, 59, 115; Colombo, 200; continentes, 349; Espanha, 309; especulativos, 315; França, 351-2, 355; Groenlândia, 310; Índico, oceano, 86; indígenas, 301; Itália, 351; Japão, 115, 390; Mesoaméica, 300; Nicolau de Cusa, 126; Pacífico, oceano, 244, 251; Piri Reis, 178; primitivos, 36-8; século XIV, 162; Sibéria, 334; usos, 59
mapas *ver também* cartas náuticas; mapas-múndi
mapas-múndi: gregos, 50; indianos, 55; Mauro, Fra, 222; século XVI, 315; século XVII, 346; século XVIII, 349, 350
mapeamento, 115, 279, 349, 411, 423, 432, 445, 448, 454, 457, 462-3, 494
Maracaibo, golfo de, 234
Maragha, Azerbaijão, 108
Marchena, Antonio de, 207
marginais, povos, 120, 153, 154
Markham, sir Clements, 471-2, 481
Markos (companheiro de viagem de Bar Sauma), 108
Marquette, Jean-Jacques, 322
Martínez, Joan, 285-6
Mascarenhas, Pedro de, 262
Maskelyne, Nevil, 362-3
Mason, Richard, 484
Masudi, al-, 88, 89
Maupertuis, Pierre-Louis Moreau de, 342, 354-5, 359
Mauro, Fra, 222, 266
Mawson, Douglas, 489-90
McClure, Robert, 388
McLeod, T. E., 441
Mead, Richard, 24, 367

Meares, John, 381
Meca, Arábia Saudita, 88, 94, 132, 147, 223-4, 227, 415, 423, 447-8, 455
Medina, Pedro de, 251, 305, 306
Medina-Sidonia, 202, 222
Mediterrâneo, 22, 39, 43-4, 55, 57, 59-60, 62, 78, 88, 94, 111, 117, 127-8, 130, 151, 154-5, 157, 162, 177-8, 182, 184, 190, 196, 198, 205, 350
Mehmed I, 178
Mekong, rio, 441-2, 490
Melanésia, 373
Melbourne, Austrália, 443
Mendaña, Álvaro de, 254-6, 258, 279
Mendoza, Alonso Vélez de, 235
Meneses, Jorge, 260
mentukitres (índios), 484, 485
Mercado, Francisco Valverde de, 301
Mercator, Gerhard, 309, 315
Mesoamérica, 34, 62, 96, 129, 134, 137, 198, 301-2
México, 35, 134-7, 209, 236, 252, 254, 268, 279-82, 285, 289, 296, 303, 313, 323, 369, 377, 458, 488
México, golfo do, 129, 137, 270, 321-3
Mianmar (antiga Birmânia), 98, 222, 441
Michigan, lago, 299, 320-2, 324, 460
micmacs (índios), 407-8
Micronésia, 65-6, 409
migrações, 18-20, 22, 25-6, 28, 29, 31, 34, 45, 63, 69, 129, 156, 196
Minnesota, EUA, 82-3, 465
missionários: África, 266, 345, 412, 436; Amazônia, 325-6, 487; América do Norte, 320, 399, 406; China, 99; Guiné, 168; Japão, 115; Maiorca, 160; Tibete, 453
Mississippi, rio, 289, 292, 320, 322-3
Missouri, rio, 292, 322, 401-2
mitos, 314, 316, 359, 360
mobilidade, 19, 23, 116, 190
Moffat, Robert, 412, 429
Molucas (Ilhas das Especiarias), 222, 243, 245-7, 251, 253, 302, 314, 351

ÍNDICE REMISSIVO

Monckton, Christopher, 446

monções, ventos de, 57-8, 149, 261

mongóis, 100, 104-5, 109, 112-3, 129, 138

Monomotapa, África, 265, 266, 343-4

Monte Verde, Chile, 29

morte, 490

Moscóvia, Rússia, 236, 275

Moskvitin, Ivan, 334

Mosto, Alvise da, 174

Mouhot, Henri, 490

muçulmanos, 88-91, 132, 140, 148, 160, 178, 182, 190, 227, 238, 266, 268, 344, 415, 417, 420, 448; *ver também* Islã

mudança climática, 26-7, 29, 313, 494

muíscas, 284, 298

mundo: circunavegação, 250; comércio, 466; forma, 347, 352-4; povoamento do, 20, 22-5, 27-9; situação atual do, 30; tamanho, 50, 206, 243, 251

mundo, representações do, 37

Muqaddasi, al-, 88

Murray-Darling, bacia hidrográfica, 394

Nansen, Fridtjof, 468

Napoleão I, 401

Napoleão III, 448

nativos, 211-2; *ver também* índios; inuítes

nativos, guias *ver* guias nativos

naval, construção, 182-4

navegação, 69, 75, 191, 195, 305, 307

navegação de longo curso, 69, 129, 149, 193, 195, 200

navegadores: Caribe, 213, 268; Carolinas, ilhas, 70; Espanha, 176, 307; experientes, 180; latitude, 200; Polinésia, 69; Portugal, 176, 307

Navigatio Sancti Brandani Abbatis, 79

navios: a vapor, 465; anteparas, 184; Atlântico, 182; Índico, oceano, 183-4; lemes e outros meios de governo, 184; Mediterrâneo, 182; nórdicos, 76; Portugal, 183; provisão de água, 183; revestidos de ferro, 426; tipos, 73, 79, 158, 182-3, 332

Née, Luis, 378, 380

nestorianismo, 107

Newell, Robert "Doc", 406-7

Newton, sir Isaac, 353, 355, 362

Nicolau de Cusa, 125

Nicollet, Jean, 321, 324

Niebuhr, Carsten, 448, 451

Níger, rio, 129, 132, 161, 361, 414-24, 426-9

Nigual (índio), 301

Nilo Azul, rio, 266, 311, 414, 494

Nilo, rio, 41, 414, 433-4, 439

Niño, Pero Alonso, 188, 234

nobre selvagem, 380, 407, 409

Nogullo, pigmeus do rio, 480

Nootka, estreito de, 381-2

nórdicos, 62, 74-6, 78, 81-3, 96, 126, 138, 192, 197, 217

Norilsk, Rússia, 476

norte magnético, 392

Norte, costa do mar do, 128

Nova Guiné, 21, 36, 63-4, 255, 260, 315, 329, 371, 433, 446-7, 476, 479-81, 488, 490-3

Nova Inglaterra, 17, 82, 194, 195, 299, 317, 319, 391, 392

Nova Zelândia, 17, 67-9, 71-2, 191, 328, 329, 356, 361, 372-3, 375, 390, 488

Novas Hébridas, 65, 371

Novo México, 17, 289, 399, 492

nukaks (índios), 487

Nyendael, David van, 343

Oates, Lawrence, 473

oceanos, 61

Ochogavia, Miguel de, 294

Ocidental, civilização, 184-5, 195

octante de reflexão, 362

Ojeda, Alonso de, 233-4

Okhotsk, mar de, 334

Okhotsk, Rússia, 337-9

Omai (nativo polinésio), 409

Oñate, Juan de, 289, 323

Oregon, EUA, 280, 392, 404-7, 458-9

Oriente Médio, 20, 94

Orinoco, rio, 231, 269, 291, 294-5, 411

527

Ortelius, Abraham, 315
Osei Tutu I, Otumfuo, 343
Ostrov Petra (ilha de Pedro I), 390
otomanos, turcos, 177-8, 190, 238
ouro, 129, 131, 161, 174, 209
Oyo, África, 342

Pachkov, Anafasy, 335
Pacífico, ilhas do, 36, 58
Pacífico, oceano: costa sul-americana, 278-9; dimensão, 243, 250, 254; divergência, 62-5, 67-70, 72; Espanha, 152, 252; Magalhães, 248, 250; mapas, 243, 250; mitos, 359; penetração, 62; Polinésia, 66-70, 72, 191, 242; século XVII, 327-30; século XVIII, 370, 371, 373-5, 377; ventos, 64, 253
Páez, Pedro, 266, 414
Países Baixos ver holandeses
Paiva, Afonso de, 223
Palmer, Nathaniel, 391
panarás (índios), 484-6
pandits, 454-5, 492
Paramesvara, 145
Park, Mungo, 415, 417-20
Parry, William, 385-8, 467
Páscoa, ilha de, 67-9, 71-2, 191, 243, 330, 371, 432
Passagem do Noroeste: Cook, 371, 374; Inglaterra, 272; inuítes, 73; século XIX, 381, 383-6, 388; século XVII, 275-6; século XVIII, 360
Peary, Robert, 468, 469, 474
Pechora, rio, 236-7
Pedro, o Grande, 336-7
peles, 237, 297, 318, 333
pêndulo, relógio de, 313, 347
Pequenas Antilhas, 215, 268
Peraza, Fernán, 164
Peraza, Guillén, 165-6
peregrinação, 57, 80, 102, 108, 117, 132, 138
Perestrelo, Bartolomeo, 188
Peru, 33, 68, 137, 209, 252, 255, 278, 281, 283, 284, 288-9, 292, 295, 296, 298, 302, 377, 425

pesca no Atlântico, áreas de, 197
Petermann, August, 467
petróleo, 389, 450
Petrovitch, Avvakum, 334
Picard, Jean, 346-7, 349, 351, 352
Pigafetta, Antonio, 251
pigmeus, 478-80
Pineda, Antonio, 378
Pinelli, Francesco, 202
Pinto, Fernão Mendes, 260
Pinzón, Martín Alonzo, 208, 214
Pinzón, Vicente Yáñez, 208, 234, 269
Pinzón, Martín Alonzo, 200
piratas, 76, 85, 93, 122, 125, 145, 154, 158, 168, 177, 217, 239, 279, 315, 330
Pireneus, 118, 119
Pires, Tomé, 260, 302
Pítias, 48, 50, 73, 123
Pizarro, Francisco, 283, 288, 300
Plymouth, Massachusetts, EUA, 318
Poggio Bracciolini, 221-2
Pohnpei, ilha, 65
Poiarkov, Vassili, 334
Polinésia, 22, 69, 72, 200, 328, 373
pólo Norte, 188, 272, 274-5, 314-5, 392, 467, 469, 474, 476
pólo Sul, 268, 393, 467, 470, 472-3, 475-6, 489
Polo, Marco, 102, 106-7, 110, 207, 216
Ponce de León, Juan, 241-2, 272, 300
Pond, Peter, 399
população, crescimento da, 22-3
Portugal, 151; África, 173-5, 344, 440; Amazônia, 325; América do Sul, 411; Atlântico, 165-6, 168, 169-71, 173; caminho marítimo em torno da África, 220-3; cartas náuticas, 312; China, 260; Índico, 260, 262, 264-6; Molucas, 243, 246-7; navios, 183; ouro, 207; Tratado de Tordesilhas, 244
povoamento da Terra, 20, 22-5, 27-9
povos perdidos, 433, 477-9, 481-3, 485, 487
Powell, George, 391
Powell, John Wesley, 462
powhatans (índios), 277-8

ÍNDICE REMISSIVO

Prata, rio da, 270, 283, 295

Prjevalski, Nikolai, 455

projéteis, 18, 27, 327

Ptolomeu, Cláudio, 50, 221, 349, 433-4

pueblos (índios), 286

Punt, África, 41, 43

quadrante, 200, 306, 310, 352, 362

quadrante de dupla reflexão, 362

Quintanilla, Alonso de, 201-2

Quirós, Pedro Fernández (de), 254-5, 257-60, 310, 315, 328, 371

Quivirá, América do Norte, 287, 315

rádio, 440, 467

Ralegh, sir Walter, 277-8

Real Sociedade Geográfica, 433-4, 436, 471, 474, 489, 493

relógios, 313, 350, 353, 363

Remezov, Semen, 337

Requena, Francisco de, 411

Rift Valley ver Grande Fenda Africana

rios, 138, 291, 293, 295-8, 331; ver também rios específicos

Rivarolo, Francesco da, 202

Roanoke, ilha, 277

Rockhill, Walter, 455

Rodrigues, Francisco, 246, 247, 302

Roggeveen, Jacob, 330

Rojas, Diego, 283

romantismo, 97, 167, 354, 375, 407, 411, 432, 494

Ross, James Clark, 387, 392

Ross, John, 386, 392, 426, 429

Rossel, ilha, 377

Rota da Seda do Sul, 97, 138

rotas, 37-8

Rotas da Seda, Ásia, 21, 53, 102, 106, 108, 110, 112-3, 129, 138

rotas de círculo máximo, 476

rotas, abertura de, 29

roteiros de navegação, 308

Ruiz, Bartolomé, 300

Rússia: Alasca, 384; América, 339; China, 335; expansão por mar, 178, 180; império, 155; Ivã, o Grande, 236; Pacífico, 370, 375, 381, 390; século xviii, 427; Sibéria, 331-4, 336-8; Tibete, 454, 455; União Européia, 128; varegos, 126-7

Rut, John, 272

Saara, África, 35-6, 49-50, 60, 96, 129, 130-2, 139, 160-1, 166, 170-2, 192, 207, 415, 418, 421, 423-4

Saavedra, Álvaro de, 252

Sacajawea (guia de Lewis e Clark), 402, 429

Sahel, África, 34, 129, 132, 424

Salween, rio, 441

samis, 125

San Sebastián de la Gomera, ilhas Canárias, 209

Sandwich do Sul, ilhas, 389-90; ver também Havaí

Sanson, Guillaume, 351

Sanson, Nicolas, o Velho, 351

Santa Catarina, cabo de ver cabo de Santa Catarina

Santa Cruz, Alonso de, 251, 301, 313

Santa Cruz, Ramón de, 326

Santa María la Antigua, Darién, 281

Santiago de Compostela, 118

Santo Stefano, Girolamo di, 222

São Jorge da Mina, África, 175, 201

São Lourenço, rio, 82-3, 291, 296-9, 301, 319, 323, 324, 397

Schliemann, Heinrich, 477

Schouten, Willem van, 250

Scoresby, William, 385

Scott, Robert, 471-2, 474

Segou, Mali, 419

Selim i, 178

Serrão, Francisco, 247

Serviço de Proteção aos Índios, 483-5

Severin, Tim, 79

sextante, 362, 372

Shackleton, sir Ernest, 472, 475, 489-90

OS DESBRAVADORES

Shen Tu *ver* Xendu
Shetland do Sul, ilhas, 390
Sibéria, Russia, 21, 238, 311, 314, 316, 331-5,
337-8, 341, 384, 467, 468
Sichuan, China, 97-8
Silves, Diogo de, 172
Simpson, George, 387
Simpson, Thomas, 387
Siyaj K'ak, 134, 135-7
Smith, Jed, 404-6
Smith, John, 277, 301
Smith, William, 390
Sokoto, Nigéria, 421-2
sol, relógio de, 75-6
Solís, Juan Díaz de, 245-6, 295
sondagens, 309-10
Soto, Hernando de, 288-9, 301
Speke, John, 435-6, 438-9, 491
Stanley, Henry Morton, 438-40, 467, 478-9,
488-9, 491-2
Stein, Aurel, 477
Steinen, Karl von der, 484
Steller, Georg, 341
Stephens, J. L., 477
Stevens, I. I., 460
Stirling, Matthew, 480
Stuart, John McDougall, 445
Sturt, Charles, 394-6, 428, 445
suaíli, costa, 343
submarino, 433, 467
Sudão, 131, 133, 478
Sudeste Asiático, 63-5, 84, 94, 99, 144, 148-50,
185, 239, 260, 312, 440, 454
Sui, dinastia (China), 103
suiás (índios), 484-5
Sumatra, 16, 84, 90, 140, 142, 145, 222, 246, 415
suruís (índios), 485
Svein Estrithson, 121-3
Swift, Jonathan, 330-1
Sydney, Austrália, 394

tabaco, 213
Taghaza, Mali, 131

Taiti, 68-9, 371, 410
Taklamakan, deserto de, 53, 99, 100
Tartesso, Andalusia, 46-7
tasadays, 482-3
Tasman, Abel, 327-9
Tasmânia, 394
Tavares, Antônio Raposo, 327
tecnologia, 180-1, 457, 491
Teixeira, Pedro, 325
telescópios, 347
tempo, medição do, 181, 440
Teotihuacán, 134-7
Terra Australis, 257, 259, 314, 315, 328-30,
359-60, 371, 373-5, 389, 391, 470
Terra de Adélia, 391
Terra Nova, Canadá, 74-6, 79, 82, 173, 204,
218-20, 272, 277, 296-7, 368
Terra *ver* mundo
Thevet, André, 308
Thomas, Bertram, 450, 491
Thomson, Joseph, 439, 491
Thorfinn Karlsefni, 82
Thorne, Robert, 220, 272
Thule, 48, 73, 76, 123
Thury, César-François Cassini de, 355
Tianxan, 100, 103, 111-2
Tibete, 52, 53, 97-8, 102, 140, 433, 441, 451-6,
492
Tien Shan *ver* Tianxan
Tikal, Guatemala, 134, 135, 136
Timbuktu, Mali, 133, 170, 361, 415, 419, 420,
423-4, 455
Tindall, Robert, 311
Tippu Tip, 434
Tobolsk, Rússia, 334, 337-9
Toledo, Andrés de, 325
tomahitans (índios), 317
tomorini, pigmeus, 479
Tonga, 64, 66, 328
Tonti, Henri de, 323
topográficas, técnicas, 310, 352
Tordesilhas, antimeridiano de, 245, 251
Tordesilhas, linha de, 245-6

530

Tordesilhas, Tratado de *ver* Tratado de Tordesilhas

Torquemada, Juan de, 366

Torres, Luis de, 260, 310, 328

Toscanelli, Paolo del Pozzo, 207

transaariana, rota, 130, 464

Tratado de Madri, 411

Tratado de Saragoça, 251, 253

Tratado de Tordesilhas, 244, 248

Trégance, Louis, 480

Tregardt, Louis, 414

triangulação, 310, 351, 352, 372, 454, 491

Trinidad, 231, 269

Tristão da Ilha, 187

Trobriand, ilhas, 377

Tsybikov, Gombojab, 455

Tuckey, James Kingston, 421, 426, 428

Túpac Inca Yupanqui, 236

Tupaia (guia de Cook), 71, 372, 429

turcos, 91, 177-8, 198

Tutmés I, 42

Ucrânia, 128

Ulloa, António de, 353, 410

Ulloa, Francisco de, 279

umiaque (barco), 73-5, 432

Unamuno, Pedro de, 280

União Européia, 128, 196

Urdaneta, Andrés de, 251-5, 280, 303

uru-eu-wau-waus (índios), 485, 487

Urville, Jules-Sébastien-César Dumont d', 391, 427, 470

Usodimare, Antoniotto di, 173-4

Vaca, Álvar Núñez Cabeza de, 295

Valdivia, Pedro de, 279, 283

Vancouver, George, 370, 382

vapor, 456-7, 463, 465

varegos, 126-7

Vasco da Gama *ver* Gama, Vasco da

Vasiliev, M. N., 384

Venezuela, 234, 284, 294

ventos: alísios, 191; Atlântico, oceano, 190, 199, 205, 220, 230-1; Canárias, ilhas, 208; exploração marítima, 57, 64; fixos, 149, 191; Grã-Bretanha, 192; Índico, oceano, 58, 86, 261; monções, 57, 58, 149, 261; Pacífico, oceano, 64, 253

Vereinigde Oost-indische Compagnie (VOC) *ver* Companhia Holandesa das Índias Orientais

Vermelho, mar, 33, 43-4, 49, 54-5, 59, 84, 91, 129, 183, 190, 221-2, 238, 265-6, 344

Verrazano, Giovanni da, 271, 296, 315

Vespúcio, Américo, 174, 178, 233-6, 269-71, 295

viagens, livros de, 106, 476

Vijayanagar, 239

Vilas-Boas, Cláudio, 484, 486

Vilas-Boas, Orlando, 484

Villagrá, Gaspar Pérez de, 290-1

Vitória, lago, 439

Vivaldi, irmãos (Gênova), 157, 176

Vivier, David du, 352

Vizcaino, Sebastián, 366

VOC *ver* Companhia Holandesa das Índias Orientais

Volga, rio, 78, 111-2, 126-8

Vries, Maarten, 327, 331

Waghenaer, Lucas Janszoon, 308

Wallis, Samuel, 371

waqwaqs, 86

Weddell, James, 391, 393

Welch, Edwin, 444

Wenamun, 45-6

Whipple, Amiel, 461, 492

White, James, 462

Whitney, Asa, 460

Wilkes, Charles, 392

Wills, William, 444

Wright, Edward, 309

Xendu, 142, 143

Xuanzang, 102-4

Yaqubi, al-, 88, 131
Yobe, rio, 421-2
Yongle, imperador, 140-1, 144, 148
Younghusband, Francis, 456

Zambeze, rio, 129, 226, 265-6, 436
Zeimoto, Diogo, 261

Zhang Qian, 52, 53
Zheng He, 141-2, 144-9, 190
Zhufanjie, 144
zoés (índios), 485, 487
Zurara, Gomes Eanes de, 168-9, 171-3

ESTA OBRA FOI COMPOSTA EM MINION POR OSMANE GARCIA FILHO E IMPRESSA EM
OFSETE PELA GEOGRÁFICA SOBRE PAPEL PÓLEN SOFT DA SUZANO PAPEL E CELULOSE
PARA A EDITORA SCHWARCZ EM MARÇO DE 2009